U0896218

济南年鉴

JINAN YEARBOOK

（2021）

中共济南市委党史研究院
（济南市地方史志研究院）编

新华出版社

图书在版编目（CIP）数据

济南年鉴．2021 / 中共济南市委党史研究院（济南市地方史志研究院）编．-- 北京 ：新华出版社，2021.11

ISBN 978-7-5166-5806-2

Ⅰ．①济… Ⅱ．①中… Ⅲ．①济南－2021－年鉴 Ⅳ．①Z525.21

中国版本图书馆 CIP 数据核字（2021）第 242326 号

济南年鉴 2021

编　　者：中共济南市委党史研究院（济南市地方史志研究院）

责任编辑：沈文娟　祝玉婷　　封面设计：宋　悌　赵萌萌

出版发行：新华出版社

地　　址：北京市石景山区京原路 8 号　　邮　　编：100040

网　　址：http://www.xinhuapub.com

经　　销：新华书店

购书热线：010-63077122　　中国新闻书店购书热线：010-63072012

照　　排：山东黄氏印务有限公司

印　　刷：山东黄氏印务有限公司

成品尺寸：210mm×285mm

印　　张：28　　字　　数：847 千字

版　　次：2021 年 11 月第 1 版　　印　　次：2021 年 11 月第 1 次印刷

书　　号：ISBN 978-7-5166-5806-2

定　　价：298.00 元

版权所有，翻印必究。如有印装问题，请与印刷厂联系调换：0531-83183333

编辑说明

一、《济南年鉴》坚持以马克思列宁主义、毛泽东思想、邓小平理论、“三个代表”重要思想、科学发展观、习近平新时代中国特色社会主义思想为指导，坚持辩证唯物主义和历史唯物主义的立场、观点和方法，全面、系统地记载济南市政治、经济、文化、社会、生态文明建设诸方面的基本面貌和发展变化情况，为各行各业提供咨询服务，为续修地方志储备资料，为读者了解济南、研究济南提供帮助。

二、《济南年鉴》采用分类编辑法，主体内容划分为类目、分目、条目3个层次。卷首设置反映济南风光、各行各业发展成就和活动的彩页，正文后设置综合性主题索引。《济南年鉴（2021）》系创刊以来的第三十三卷。为更好地反映全市基本情况，全书框架结构与往年相比，栏目名称、排列顺序、所辖分目均有调整。调整后，正文设32个类目：（1）特载；（2）专记；（3）大事记；(4)济南概貌；（5）中国共产党济南市委员会；（6）济南市人民代表大会；（7）济南市人民政府；（8）中国人民政治协商会议济南市委员会；（9）纪检监察；（10）民主党派；（11）群众团体；（12）外事·台港澳事务；（13）法治；（14）军事；（15）宏观经济管理；（16）经济监督管理；（17）经济开发园区；（18）工业·信息产业；（19）农业；（20）商贸服务业；（21）财税·金融；（22）交通·邮电；（23）城乡建设·生态环境保护；（24）教育；（25）科学技术；（26）文化·旅游；（27）医疗健康；（28）体育；（29）社会生活；（30）区县；（31）人物；（32）附录。

三、《济南年鉴（2021）》主要记述2020年度济南市行政区域内的大事要闻，卷首彩页个别图片适当突破年度界限；对首次在本年鉴中记载的行业、事业或工作，简要回溯其历史情况。

四、本年鉴的条目由济南市市直各部门、各县区和有关的中央、省驻济单位负责撰写，均经过各自单位负责人的审阅。为示负责，作者署名于条目或分目之后的括号内，单位审稿人员列名单于卷首。主要数据以统计公报为准，因个别供稿单位统计口径不同等原因，有的数据在不同条目中不尽一致，使用时请注意出处。

中共济南市委党的文献编审委员会
（济南市地方史志编纂委员会）

主　任　孙立成

副主任　孙述涛　陈　阳

成　员　王勤光　黄贵利　朱玉明　马志勇　张　强

　　　　周鸿雁　禚建基　刘　浩　谢　堃　程　伟

《济南年鉴（2021）》编审委员会

主　审　陈　阳

主　编　刘　浩

副主编　李贞锋　牛继兴　李作顺

　　　　李尚明　亓玉胜　毕泗国　纪福道

编　委　解　慧　高　新　张云雷　郭建群

　　　　曹　智　丁爱军　李洪德　亓军华

《济南年鉴（2021）》编辑部

编辑部主任　王　炜

编辑部副主任　张　阳

编　　辑　（以姓氏笔画为序）

　　　　王　炜　谷　雪　张　阳　魏添乐

彩页设计　王　炜　张　阳

撰稿单位审稿人员

（以姓氏笔画为序）

丁林桥　丁保国　弓瑞民　马志勇　马效恩　王　东　王　纮
王　欣　王永金　王发棠　王志刚　王志军　王利民　王新明
亓子明　亓京云　尹红梅　石　玮　田　磊　白　涛　冯　毅
吕建涛　吕春明　朱志恒　乔　森　任骁瑞　任晓策　庄云锋
刘　动　刘　鹏　刘　霞　刘念成　刘梦海　刘雅涵　衣光军
许　莉　许多兵　许荣利　孙志刚　孙君涛　孙洪成　苏本宽
李少杰　李本海　李茂鑫　李经发　李越千　李敬德　李慎生
杨庆绪　杨志利　杨学斌　张　军　张　勇　张　楠　张　鹏
张元玺　张文臣　张华松　张守强　张国松　张居忠　张爱云
张谨国　陈　红　陈小兵　范立山　林　军　林博斌　郅　良
金德岭　庞　涛　孟　伟　孟兆军　赵玉海　段青英　侯翠荣
姜秀志　袁谊波　徐　刚　徐冬梅　黄延仁　曹　青　崔曰仑
扈书乘　董宝珂　韩　军　傅金峰　焦兆钢　谢丞仁　虞　凯
管圣喜　翟旭东　薛兴海

1个跨越

GDP 突破万亿元，经济总量迈上新台阶

2020 年全年全市地区生产总值达到 **10140.91** 亿元，首次突破万亿大关。从 2001 年全市经济总量突破 1000 亿元，到 2013 年跨越 5000 亿元，再到“十三五”时期先后跃上 7000 亿元、8000 亿元、9000 亿元、10000 亿元台阶，20 年时间经济总量扩大了 **10** 倍。

2个突破

常住人口突破 900 万人，一般公共预算收入突破 900 亿元，综合实力显著提高

据第七次全国人口普查，初步估计，2020 年全市常住人口突破 **900** 万人。

全市一般公共预算收入达到 **906.1** 亿元，首次突破 **900** 亿元。

这两个突破，充分体现了城市的规模效应、集聚效应在进一步显现。

3个新高

规模以上工业增速、进出口总额增长速度、金融机构本外币存贷款余额达到“十三五”时期最高点，重点领域强势引领

全市规模以上工业增加值同比增长 **12.2%**，增速达到“十三五”时期最高点。

全市进出口总额同比增长 **23%**，高于全国 **21.1** 个百分点，高于全省 **15.5** 个百分点，四个季度均保持在 **20%** 以上的增速，创下近五年新高。

全市金融机构本外币存贷款余额双双突破 **20000 亿元**，达到历史最高水平。

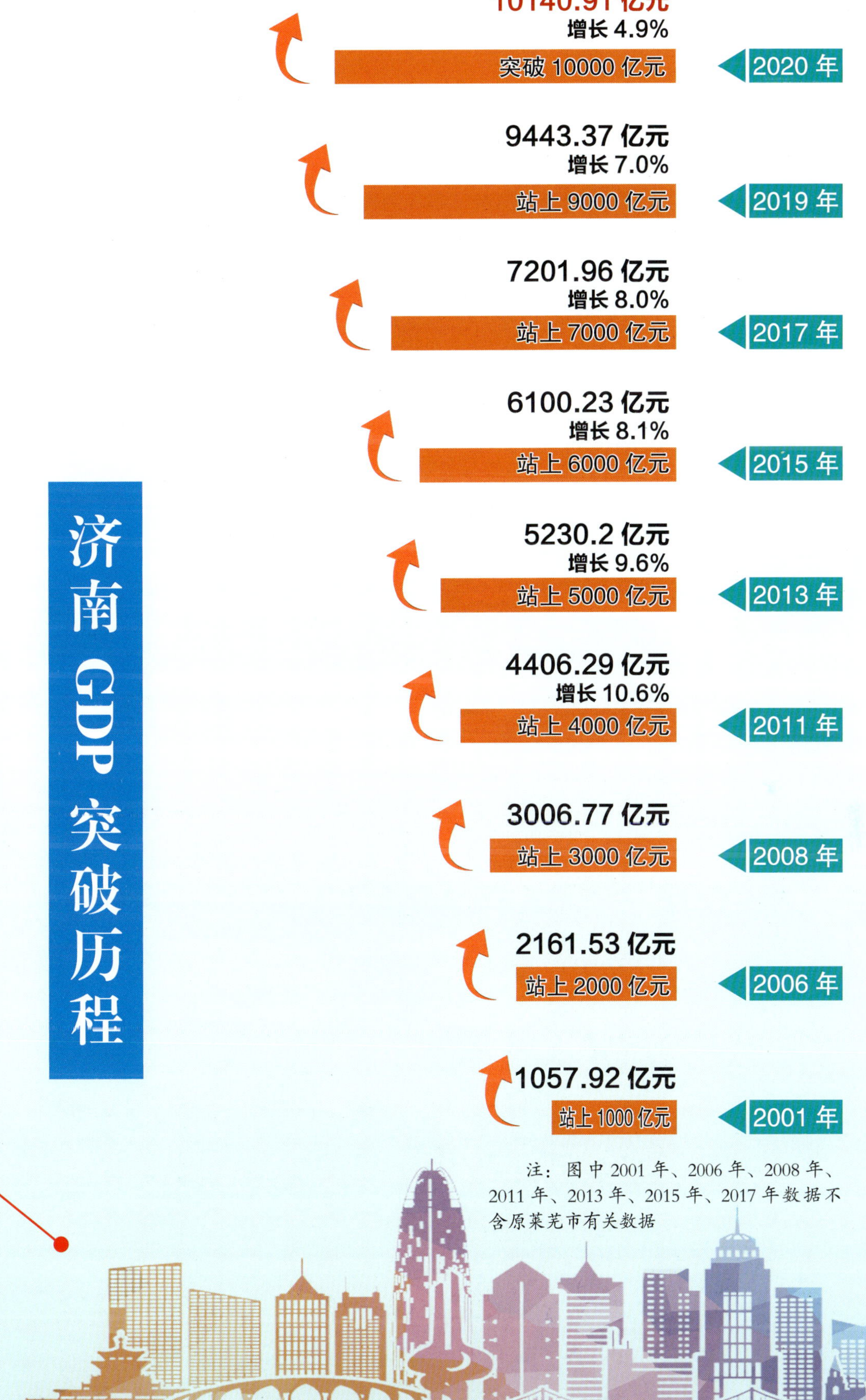

注：图中 2001 年、2006 年、2008 年、2011 年、2013 年、2015 年、2017 年数据不含原莱芜市有关数据

大河之畔的济南　（王仁锋　摄）

2020年10月10日，省委常委、济南市委书记孙立成（前中）到山东国际会展中心调研疫情防控及应急处置准备工作。孙立成强调，做好疫情防控至关重要，要切实提高思想认识，严防严控，时刻绷紧疫情防控这根弦，不折不扣落实好各项防控措施　（陈长礼　摄）

2020年4月15日，市委副书记、市长孙述涛（前中）到南部山区西营街道黄鹿泉村调研脱贫攻坚工作　（市扶贫办　供稿）

2020年6月22日，市人大常委会主任殷鲁谦（右二）开展《济南市历史文化名城保护条例（草案）》立法调研，到章丘区博平村察看历史文化名村保护情况 （市人大办公厅 供稿）

2020年12月2日，市政协主席雷杰（中）在济南托马斯实验学校开展青春版“商量”
（市政协办公厅 供稿）

2021年6月28日，市委副书记边祥慧（右）走访慰问老党员柳贵英，并为她戴上“光荣在党50年”纪念章

（市委办公厅　供稿）

2020年9月1—4日，纪念中国人民抗日战争暨世界反法西斯战争胜利75周年济南抗战历史图片影像展在龙奥大厦举办

（市委党史研究院　供稿）

2020年7月23日，中国共产党济南市第十一届委员会第十一次全体会议召开。全会坚持以习近平新时代中国特色社会主义思想为指导，听取和讨论关于市委常委会工作的报告，审议通过《关于实施黄河流域生态保护和高质量发展国家战略行动的意见》，明确要以更高站位、更大格局谋划推动济南发展，进一步形成“东强、西兴、南美、北起、中优”的城市发展新格局　（陈长礼　摄）

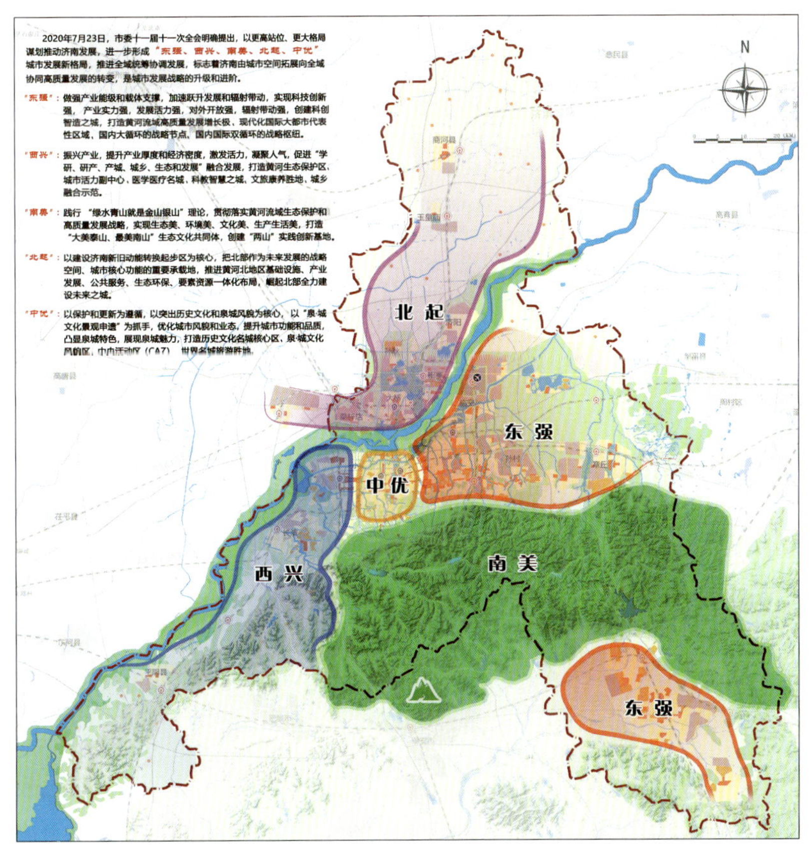

济南城市发展新格局　（市自然资源和规划局　供稿）

济南市援鄂抗疫医疗队队员带着必胜的信念出征　　（市卫健委　供稿）

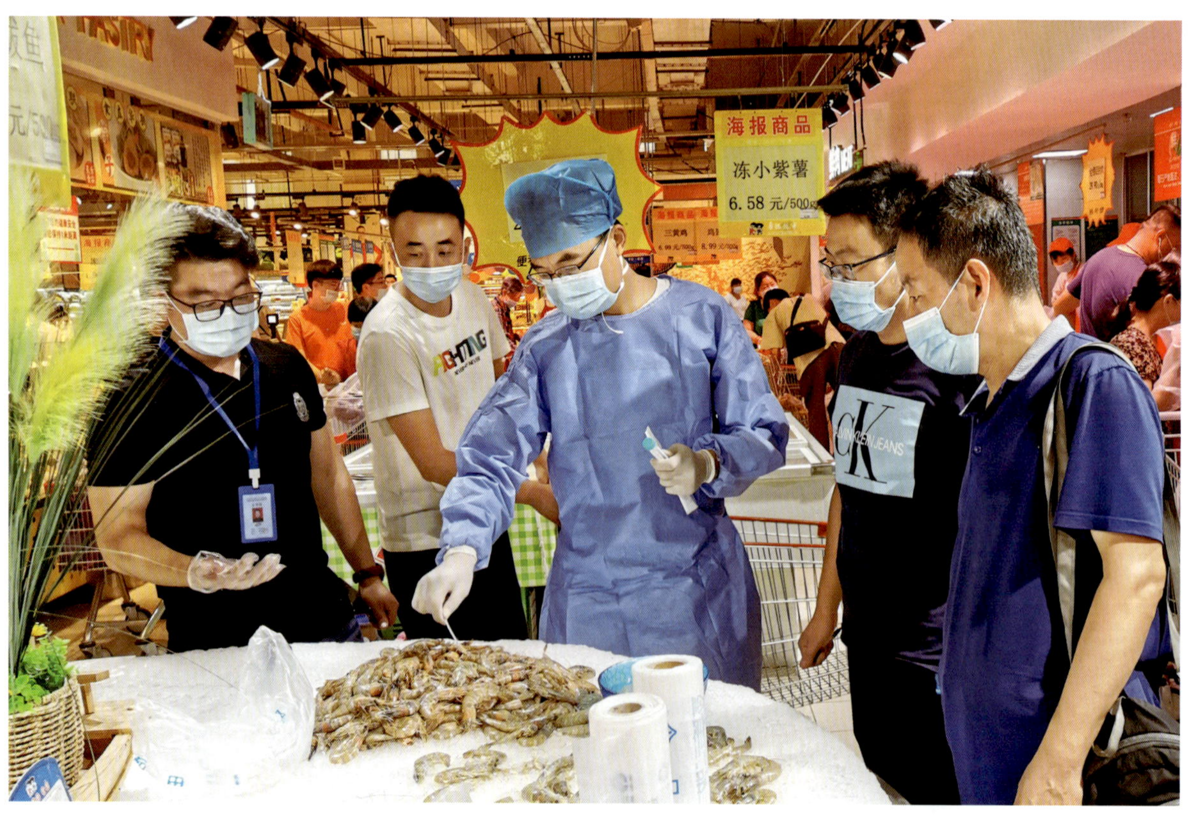

2020年6月21日，疾控中心工作人员对进口海产品交易场所进行新型冠状病毒应急监测

（历城区党史研究中心　供稿）

2020年2月6日，济南市首批2例新冠肺炎患者康复出院　　（市卫健委　供稿）

2020年2月26日，济南日报报业集团泉城义工志愿服务中心志愿者在市中区金都酒店疫情防控医学观测点值守，开展疫情防控志愿服务活动　　（市委宣传部　供稿）

济南公交开通扶贫线路，助力脱贫攻坚　　　　（济南公交集团　供稿）

2020年4月24日，由市工商联智慧社区产业协会设立的济南市精准扶贫农产品销售公益摊位正式开业

（市扶贫办　供稿）

2020年，南部山区老峪村易地扶贫搬迁新旧面貌对比　（市扶贫办　供稿）

2020年11月7日，黄河流域生态保护和高质量发展国际论坛在济南举办　　（济南出版集团　供稿）

2020年6月19日，“深化文明城市创建，加快打造魅力泉城”行动动员大会召开　　（市委宣传部　供稿）

平阴县安城镇黄河滩区迁建安置楼　（平阴县党史研究中心　供稿）

雪野湖风景区生态修复工程再现绿水青山　（市园林和林业绿化局　供稿）

济南黄岗路隧道及南北接线北岸俯瞰　　（济南新旧动能转换先行区　供稿）

济南国际医学中心　（韩伟明　摄）

2020年10月30日，"万里黄河第一隧"——济南黄河隧道工程东线隧道率先贯通　（房龙飞　摄）

济南黄河公路大桥扩建项目　　（济南新旧动能转换先行区　供稿）

2020年9月1日，济南至乐陵高速公路南延线项目正式通车运营　（房龙飞　摄）

2020年11月6—8日，“2020第四届世界生命科技大会”在济南举办（市医科中心　供稿）

2020年9月19日，第三届中国济南新动能国际高层次人才创新创业大赛在济南举办
（市委组织部　供稿）

2020年11月19日，中国重汽智能网联（新能源）重卡项目正式投产 （亓秀宝　摄）

贝兰圭公司新一代半导体芯片项目 （平阴县党史研究中心　供稿）

2020年7月30日，济南市建成的全国首个支持商业医保快速结算的“保医通”服务平台正式上线

（市大数据局　供稿）

2020年6月9日，由济南市总工会和济南日报报业集团联合主办的“泰山杯”2019年度“济南工匠”选树命名暨“工匠成长营”成立活动在舜耕会堂举行

（市总工会　供稿）

2020年10月23日，济南警备区举办抗美援朝纪念章颁发仪式　　（刘帅　摄）

繁荣发展的夜经济　　（市商务局　供稿）

汶河西流绕山峦　（李玉华　摄）

目　录

特　载

专　记

大　事　记

济南概貌

中国共产党济南市委员会

济南市人民代表大会

济南市人民政府

中国人民政治协商会议济南市委员会

纪检监察

民主党派

群众团体

外事·台港澳事务

法　治

军　事

宏观经济管理

经济监督管理

经济开发园区

工业·信息产业

农　业

商贸服务业

财税·金融

交通·邮电

城乡建设·生态环境保护

教　育

科学技术

文化·旅游

医疗健康

体 育

社会生活

区 县

人物

附录

CONTENTS

Special Excerpts

Special Record

Chronicles of Events

General Introduction

Jinan Municipal Committee of the Communist Party of China

Jinan Municipal People's Congress

Jinan Municipal Government

Jinan Municipal Committee of the Chinese People's Political Consultative Conference

Discipline Inspection and Supervision

Democratic Parties

Social Organizations

Foreign Affairs and Hong Kong and Macao and Taiwan Affairs

Rule of Law

Military Affairs

Macroeconomic Management

Economic Administration and Supervision

Economic Development Zones

Industry • Information Industry

Agriculture

Commerce•Service

Revenue • Tax • Finance

Transportation • Posts and Telecommunications

Urban and Rural Construction • Environment Protection

Education

Science and Technology

Culture • Tourism

Health Care

Sports

Social Life

Districts and Counties

Figures

Appendix

在“重温习近平总书记重要指示精神扎实抓好干部队伍建设”座谈会上的讲话

（2020年6月5日）

中共山东省委常委、济南市委书记 孙立成

2018年6月14日，习近平总书记在视察山东、视察济南结束时发表重要讲话，做出了“四个扎实”的重要指示要求，其中提出要“扎实抓好干部队伍建设”。总书记紧密结合山东实际，从坚定理想信念、涵养道德品格、严明政治纪律等方面，就事关干部队伍建设的根本性、长远性问题做出深刻论述，为我们抓好新时代干部队伍建设提供了重要遵循。

两年来，全市各级党组织牢记总书记嘱托，把扎实抓好干部队伍建设作为推动省会各项事业发展的根本保障，全面贯彻新时代党的建设总要求和新时代党的组织路线，以实际行动把总书记的重要指示要求落细落实，推动全市干部队伍呈现出新气象、展现出新作为。一是打造干部“选育用管”全链条，一大批忠诚干净担当的优秀干部进入各级领导班子；二是深入实施“选树‘出彩型’好干部行动”，连续3年推选表彰535个好干部好团队；三是持续推进年轻干部培养选拔，为省会高质量发展储备了一批优秀人才；四是构建干部正向激励机制，旗帜鲜明为担当者担当、让实干者实惠，营造了担当作为、干事创业的浓厚氛围。实践证明，“为政之要，贵在用人”。只要坚定不移贯彻落实习近平总书记重要指示要求，扎实抓好干部队伍建设，我们的事业就会无坚而不克、无往而不胜。

当前，济南正处在落实黄河流域生态保护和高质量发展重大国家战略的历史机遇期。省委、省政府深入贯彻落实习近平总书记视察山东、视察济南重要讲话精神，明确要求济南咬定建设“大强美富通”现代化国际大都市目标不动摇，为全省新旧动能转换趟出路子、山东半岛城市群建设当好引领、黄河流域生态保护和高质量发展作出示范。落实好这些新目标、新定位、新要求，主要靠实干，关键在干部。在习近平总书记2018年视察山东、视察济南两周年即将到来之际，我们召开这次座谈会，目的就是要在新的形势下、新的起点上、新的征程中，再次重温、再次学习、再次领悟习近平总书记关于扎实做好干部队伍建设的重要指示精神，努力打造一支适应新时代省会发展需要、忠诚干净担当的高素质干部队伍。

第一，持续推进自我革命，筑牢干部思想政治根基。习近平总书记深刻指出，“我们党要永远立于不败之地，就要不断推进自我革命”。这就要求我们要以更高的标准、更严的要求、更实的举措推进自我革命，教育引导各级干部从思想上、政治上正本清源、固本培元，增强拒腐防变和抵御风险能力，时刻保持共产党人的政治本色。

一要坚定理想信念。习近平总书记强调，党员、干部特别是领导干部有了坚定的理想信念，才能在纷繁复杂的形势面前保持政治定力，在各种风险考验面前不消沉、不动摇。就拿这次疫情防控来说，一大批党员干部之所以能够舍生忘死、冲锋在前，最根本的就是他们对理想信念有执着追求。我们要把坚定理想信念作为思想政治建设的首要任务，毫不放松加强理想信念教育，引导广大党员切实筑牢信仰之基、补足精神之钙、把稳思想之舵。要把理想信念建立在对科学理论的理性认同上。习近平新时代中国特色社会主义思想，是马克思主义中国化最新成果，是中国特色社会主义理论体系的重要组成部分，是全党全国人民为实现中华民族伟大复兴而奋斗的行动指南。党的十八大以来，党和国家各项事业之所以能开新局、谱新篇，最根本的就在于有习近平新时代中国特色社会主义思想的科学指引。必须始终把学习贯彻这一重要思想作为首要政治任务，带着信念学、带着情感学、带着使命学、带着责任学，深刻掌握贯穿其中的马克思主义立场、观点、方法，深刻感受蕴藏其中的强大真理力量、独特思想魅力和巨大实践伟力，切实把学习成果转化为对马克思主义的坚定信仰。要把理想信念建立在对历史规律的正确认识上。百年党史、70年新中国史、40年改革开放史充分证明，理想信念凝聚了力量、统一了行动、战胜了险阻，使我们党、我们国家从胜利走向胜利。我们必须更加注重学习党史、新中国史、改革开放史、社会主义发展史，在历史脉络中深刻把握共产党执政规律、社会主义建设规律、人类社会发展规律，更加坚定共产主义远大理想和中国特色社会主义共同理想。要把理想信念建立在对现实问题的准确把握上。今年以来，面对严峻复杂的疫情和国内外经济形势，在习近平总书记的亲自指挥、亲自部署下，全党全军全国各族人民上下同心、全力以赴，疫情防控取得重大战略成果，统筹疫情防控和经济社会发展工作取得显著成效。有习近平总书记为我们掌舵领航，有党中央坚强领导，我们就没有战胜不了的困难。要把理想信念教育同新时代我们党带领全国人民应对重大挑战、克服重大危机、化解重大风险的丰富实践联系起来，深刻认识以习近平同志为核心的党中央坚强领导，是我们战胜一切风险挑战的“定海神针”，切实增强“四个意识”，坚定“四个自信”，做到“两个维护”。

二要涵养道德品格。习近平总书记明确指出“在道德品格上，党员、干部特别是领导干部要比群众有更高追求、更高要求。”德才兼备、以德为先是我们选拔任用干部的重要标准。无“德”的干部，才华越高，做坏事的能力越强，发生道德败坏、腐化堕落的几率越大。每一名党员干部都要讲修养、讲道德、讲诚信、讲廉耻，不为名利所累，不为物欲所获，不为美色所诱，自觉明大德、守公德、严私德。要修好政治品德。政德是整个社会道德建设的风向标。我们衡量一名干部，首先要看政治上清醒不清醒、成熟不成熟、坚定不坚定。要加强党性锤炼，引导广大党员干部在大是大非面前旗帜鲜明，在风浪考验面前无所畏惧，在各种诱惑面前立场坚定。要注重文化滋养。要用重要历史文化资源和革命文化资源来加强干部队伍建设，把优秀传统文化教育与党性教育结合起来，引导党员干部涵养崇德修身、克己奉公、无私奉献的为政之德。要强化榜样引领。持续选树表彰各领域敢于担当、奋发有为的先进典型，教育引导党员干部学习榜样精神、汲取榜样力量，在深学、细照、笃行中不断理解“德”的内涵、履行“德”的要求、升华“德”的境界。

三要严明政治纪律。习近平总书记强调，政治纪律是党最根本、最重要的纪律。大量事实表明，在政治纪律方面放松警惕、降低要求是非常危险的。近年来，我们通过深化全面从严治党，风清气正的政治生态逐步形成，但违反政治纪律和政治规矩的问题仍有发生。我们要时刻绷紧政治纪律这根弦，把“两个维护”作为最大的政治纪律，一事当前、所言所行，首先要看是不是有利于维护习近平总书记党中央的核心、全党的核心地位，是不是有利于维护党中央权威和集中统一领导，做到党中央提倡的坚决响应、党中央决定的坚决照办、党中央反对的坚决杜绝，始终在思想上政治上行动上同以习近平同志为核心的党中央保持高度一致。各级纪检监察机关要把严明政治纪律和政治规矩作为监督检查的首要任务，加强对贯彻落实习近平新时代中国特色社会主义思想情况的监督检查，加强对贯彻落实习近平总书记视察山东、视察济南重要指示要求情况的监督检查，加强对贯彻落实党中央各项重大决策部署情况的监督检查，以严格的“政治体检”督促各级不断增强“两个维护”的自觉性和坚定性。

第二，聚焦省会事业发展，不断提升选人用人质量。党的十八大以来，习近平总书记围绕培养选拔新时代党和人民需要的好干部，创造性地提出“20字好干部标准”“三严三实”“四个铁一般”等一系列新要求，为新时代选人用人工作提供了科学理论指导。我们要以此为指针，认真抓好贯彻落实，着力提升选人用人质量。

一要树立正确用人导向。习近平总书记强调，对干部最大的激励是正确用人导向，用好一个人能激励一大片。选什么人就是风向标，不仅关系党的作风、党的形象，也影响着民心向背和事业成败。我们要坚决倡树正确选人用人导向，一方面，要把优秀干部找出来、用起来。牢牢把握好干部标准，大力选拔政治过硬、本领高强、作风务实的好干部，大力选拔敢担当、有激情、善攻坚、能成事的好干部，特别是以实绩论英雄、凭实绩用干部。另一方面，要把问题干部拿下去、调出去。对懒政怠政者纵容，就是对事业不负责任。要大力推进干部能上能下，特别是加大干部“下”的力度，坚持不换思想就换人，不尽责就问责，不担当就挪位，不作为就撤职。对那些做样子、混日子、要位子的干部，不作为、慢作为、乱作为的干部，要坚决调整、及时拿下，决不能以牺牲事业为代价迁就照顾干部，决不能让占着位子不干事的人浪费了稀缺宝贵的领导岗位资源，决不能出现“干与不干、干多干少、干好干坏一个样”的怪相。

二要不拘一格选贤任能。习近平总书记强调，要坚持五湖四海、任人唯贤，切实把政治坚定、实绩突出、作风过硬、群众公认的干部选拔上来。近年来，我们在广开进贤之路上做了一些工作和探索，比如，率先面向全省公开遴选了315名优秀年轻干部，其中驻济高校12人，企事业人员81人，这些做法在干部队伍中产生了很好反响，要进一步总结经验。要严把政治标准。政治合格是衡量干部素质的首要标准，我们强调干部选用不拘一格，必须是建立在政治合格前提下的不拘一格，这一条要作为干部考察选用的铁律。要坚持“首关不过、余关莫论”，坚决把政治上的两面人识别出来、挡在门外。去年，省里专门出台了政治素质考察意见，我们要结合济南的实际，细化完善相关实施细则，确保把干部的政治素质考准考实。要精准考察识别。坚持把功夫下在平时、工作做在经常，推进调研巡视和“后评估”工作常态化制度化，既考察一贯表现、又考察关键时刻表现，既看八小时之内、又看八小时之外，既看工作圈、又看社交圈，努力把干部的真实情况全方位掌握起来，为选人用人提供准确依据。要破除隐形台阶。按照人岗相适的原则，勇于打破职务层级界限、地域部门界限、体制身份界限，破除论资排辈、平衡照顾、迁就凑合的观念，坚决摒弃唯票、唯分、唯GDP、唯年龄等“四唯”倾向，只要是思想政治过硬、有利于事业发展，就要大胆使、大胆用、大胆提，确保人尽其才、才尽其用、用当其时。

三要注重培养年轻干部。习近平总书记强调，培养造就一代又一代可靠接班人，是党和国家事业发展的百年大计。优秀年轻干部是战略资源，是未来执政队伍的骨干。要真正站在事业长远发展的战略高度，加快建立一支数量充足、质量优良、梯次接续的年轻干部队伍。要完善日常储备机制，通过开展优秀年轻干部专项调研、实施事业单位定向招录等措施，构建持续发现优秀年轻干部的常态化机制，建立完善优秀年轻干部信息库，加强动态管理，确保随时更新、随时能用。要完善持续培养机制，深入推进年轻干部递进培训、跟踪培养计划，建立干部成长档案，防止“大水漫灌、自由生长”。探索“下管一级”机制，遵循不同领域、不同行业干部成长规律，结合运用“调、挂、派”等方式，让干部到火热的一线加强学习、积累经验、增长才干。要完善及时使用机制，坚持提拔干部时优先考虑、职位空缺时优先补充、重点岗位配备时优先使用，不断提高干部集中调整时年轻干部配备比例，定期开展年轻干部公开遴选，尽快把优秀的干部选出来、用起来。当前，要结合明后年的换届，及早提拔使用一批“好苗子”，不断优化班子和干部队伍年龄结构。

第三，着力加强能力建设，锤炼适应高质量发展需要的过硬本领。习近平总书记强调，干部不仅要有担当的宽肩膀，还得有成事的真本领。当前我市干部队伍总体素养是好的，但与新形势新任务新要求相比，还不同程度地存在能力短板和本领恐慌。要把干部能力建设摆在更加突出的位置，努力使干部队伍的专业素养和工作能力跟得上时代节拍。

一要强化实践锻炼。加强实践锻炼是提升干部能力素质最直接、最有效的途径。要“派下去”锻炼。有计划地选派优秀干部到条件艰苦、情况复杂的一线岗位进行实打实锻炼，让他们在项目建设、“双招双引”、脱贫攻坚、信访维稳等工作中经风雨、见世面、壮筋骨、长才干。要“走出去”锻炼。近年来，我们选派优秀干部到发达地区、知名企业实训锻炼，起到了良好效果。要继续坚持下去，主动对标先进省市，通过蹲点实训、融入体验等方式，让干部开阔视野、更新理念、提升本领。要“多岗位”锻炼。规范完善轮岗交流机制，加大干部跨部门、跨区域、跨系统交流任职力度，让干部在多岗位历练中积累经验。

二要强化专业训练。从我市情况看，目前高素质专业化干部还比较缺乏，真正具备国际化视野、掌握现代治理手段、懂得市场化运作的干部尤为紧缺。在市场、产业、科技快速发展的新形势下，要求干部必须有几把“刷子”、掌握几门“硬功”，成为所在领域的行家里手。要抓好精准培训。按照缺什么、补什么的原则，深入实施专业素质提升计划，加快人工智能、区块链等新兴前沿产业专业知识更新，加快补齐知识短板、能力弱项和经验盲区。要抓好精准选配。把专业匹配度作为班子配备的重要指标，既注重选配复合型领导人才，也重视充实专业素养好的干部，使各级班子的专业素养适应地方发展需要、单位核心职能和企业主营业务。特别要聚焦开发区体制机制改革，把一批懂专业、善管理、能攻坚的干部配备进来，打造高素质专业化园区干部队伍。要抓好精准引进。紧扣重点领域、重点产业需求，精准引进一批高素质专业化领导干部，精准选拔一批紧缺专业优秀选调生，精准考录一批紧缺专业人才，不断优化全市干部队伍的专业结构。

三要强化斗争历练。实践证明，任务越重、越急、越难、越复杂的地方，越能锻炼干部。比如，这次新冠肺炎疫情发生后，我们成立党建保障督导组，注重在疫情防控一线考察识别干部，激励广大党员干部冲锋在前、担当在肩，取得了明显成效。再比如，在这次雪野湖名胜区专项整治中，参战党员干部冲锋在前、担当奉献，在较短时间里就打了一个漂亮的攻坚战，涌现出一批有拼劲、有激情、敢战能胜的优秀干部。要把重大斗争一线作为“试金石”“大赛场”，引导各级干部在复杂斗争一线、急难险重任务中真枪真刀磨砺，增强斗争精神、提高斗争本领。

第四，激励干部担当作为，汇聚干事创业的磅礴力量。习近平总书记要求我们，“要以永不懈怠的精神状态和一往无前的奋斗姿态，真抓实干、埋头苦干，做新时代泰山‘挑山工’”。应当说，近年来我们通过强化正向激励，涌现出一批敢于担当、善于担当的好干部。但实事求是地讲，对照总书记重要要求，对照新形势新任务，一些干部在担当作为上还有很大差距。对此，我们必须高度重视，切实加以解决。

一是思想要再解放。习近平总书记指出，山东“有些干部还存在思想解放不够、观念变革不深等问题。”这一问题在我市干部队伍身上也不同程度地存在，有的同志习惯自己和自己比、今天和昨天比、拿自己的长处和别人的短处比，缺少争第一、创一流的进取精神；有的眼光不够敏锐，对新形势新战略新机遇浑然不觉，机遇来了看不见、抓不住、用不好；有的过于教条死板，凡事都要找依据、按惯例，只会说不行，等等，这些都是不担当不作为的思想根源。必须打开思想解放的闸门，推动广大干部来一次思想上的冲击波，着力破除“小成即满”的思想、树立“奋进求强”的志向，着力破除“守成守旧”的思想、强化“创新求变”的意识，着力破除“畏首畏尾”的思想、增强“敢闯敢试”的胆识，着力破除“推拖等靠”的思想、锤炼“务实担当”的作风，在新旧观念的大破大立中，实现工作的大突破、发展的大提升。当前，要结合实施全市12项重点攻坚任务，引导各级干部勇于到矛盾最集中、问题最棘手、风险隐患最突出的地方去，大胆试、大胆闯、大胆干，培养造就一批“改革闯将”和“开路先锋”。

二是容错要真落地。习近平总书记指出，干事业总是有风险的，要允许试错。要进一步落细落小容错纠错防错和诬告陷害查处“四位一体”工作机制，在增强实战性、操作性上下功夫，让容错真正从理念变为现实、从特例变为常态。要完善容错裁定机制，明确容错裁定主体和程序，探索建立容错裁定委员会，由纪检监察机关和组织部门等相关单位，协同对容错事项进行核实和界定。要及时更新容错正负面清单，及时推出一批便于把握和操作的典型案例，及时澄清干部不实举报，绝不让改革者受屈、实干者吃亏、担当者流泪。宽容不是纵容，保护不是庇护。要防止拿容错当“保护伞”，该容的要大胆容，不该容的坚决不容，既鼓励支持勇挑重担、开拓进取的干部，又严肃查处胡干蛮干、违规违纪的干部。

三是关爱要做到位。近年来，我们出台了党内激励关怀、干部身心健康、疗休养等制度，但还存在力度不大、实惠不多、落实不到位的问题，干部特别是基层干部获得感不够强。要持续提升关爱温度，切实创造良好的干事条件。要推动绩效考核、平时考核在基层落实落地，推进编制资源下沉，切实解决基层收入、编制“倒挂”难题。要用活用好职务与职级并行政策，探索有效办法，破解市辖区镇与街道、部门间交流难题。要完善谈心谈话制度，开展“向组织说说心里话”活动，及时咬耳扯袖、提醒纠偏。要健全落实待遇保障体系，制定交流干部服务保障办法，关注干部身心健康，既为干部加油鼓劲，也为干部减负减压，以组织温情激发干部干事热情，让干部安身安心安业。

四是问责要更精准。党的十九届四中全会强调，要完善发现问题、纠正偏差、精准问责有效机制。问责是手段，尽责才是目的。要处理好从严与从实的关系，进一步明确问责情形，坚决避免“鞭打快牛”“多干多错”式问责。干部为事业担当，组织就要为干部担当。对被问责干部，不能一问了之、一棍子打死，只要符合“三个区分开来”精神，只要他们端正思想、改正错误，一样是我们的好干部。对这些干部，只要做出积极贡献，该表扬的表扬，该评优的评优，该使用的要大胆使用，不能因为干部有过问责经历，而让他们背上“包袱”。当前，要尽快出台被问责干部跟踪帮扶、考察评估和重新使用意见，做好问责“后半篇文章”，切实为勇于改革创新的干部撑腰鼓劲。

第五，持之以恒改进作风，保持为民务实清廉的政治本色。“山东干部吃苦耐劳、踏实肯干。”这是总书记对山东干部的极大褒奖，也是巨大鞭策和殷切期望。我们要紧盯作风顽瘴痼疾，持之以恒纠治“四风”，让“吃苦耐劳、踏实肯干”在新时代济南干部队伍身上得到更加充分的展现。

一要深入整治群众身边腐败和作风问题。干部作风怎么样，群众感受最深切、评判最有力。根据12345市民服务热线分析，2019年以来热线受理市民反复反映、权限不明、久拖不决的问题较多，主要涉及房地产开发、小区物业管理、市容环境等43类。我们要深刻汲取教训、举一反三，紧紧围绕群众反映强烈的痛点堵点问题，持续深化漠视侵害群众利益问题专项整治，让广大市民群众切实感受到作风转变带来的实惠。要着力整治脱贫攻坚领域腐败和作风问题，严肃查处贪污侵占、雁过拔毛、优亲厚友，以及搞数字脱贫、虚假脱贫等违规违纪行为；要精准打击涉黑涉恶腐败和“保护伞”，坚决清除包庇、纵容黑恶势力的腐败分子；要严厉查处惠民政策落实中的“微腐败”问题，确保各项惠民政策不折不扣落到群众头上。

二要扎实深化形式主义官僚主义集中整治。形式主义、官僚主义同我们党的性质宗旨和优良作风格格不入，是我们党的大敌、人民的大敌、事业的大敌。现在有些工作之所以在“空转”“打滑”，根本原因还是形式主义和官僚主义在“作怪”。比如：有的以文件落实文件，用发文代替行动，导致贯彻上级部署要求“上下一般粗”；有的热衷于搞“政绩工程”“形象工程”，不怕群众不满意，就怕上级不注意；有的遇难题不敢担责，要么对上层层请示，要么同级推诿扯皮，要么对下推卸甩锅，等等。对这些不正之风必须下决心、出重拳予以纠治，各级领导干部在这方面要以身作则、当好表率，坚持谋实事、出实招、求实效，把雷厉风行和久久为功有机结合起来，以钉钉子精神推动各项工作落地落实。要坚持以上率下，既要当好指挥员、又要当好战斗员，带头挑最重的担子，敢啃最硬的骨头，多一些“一竿子插到底”的行动，用实际行动影响和带动“绝大多数”；要践行“一线工作法”，通过现场办公、蹲点解剖、联合会商等形式，做到问题在一线发现、工作在一线推动、矛盾在一线化解、形象在一线树立；要进一步精简会议文件，着力解决督查检查考核过多过频过度留痕的问题，持续为基层松绑减负，让基层干部有更多时间和精力解难题、抓落实。

三要扎紧扎实日常管理监督的制度笼子。习近平总书记指出，好干部是选出来的，更是管出来的。严管就是厚爱，是对干部真正负责。要拿出恒心韧劲，深化运用监督执纪“四种形态”，坚持真管真严、敢管敢严、长管长严，持续拧紧从严治吏的“螺丝扣”。要注重全覆盖。建立完善管思想、管工作、管作风、管纪律的从严管理体系，综合运用履职监督、选人用人监督、日常监督等多种方式，织密横到边、纵到底的干部管理监督网络。要注重抓重点。聚焦各级领导干部特别是“一把手”，加强对权力集中、资金密集、资源富集的重点部门、关键岗位干部的监督，管好关键人、管到关键处、管住关键事。要注重建制度。深入查找干部队伍建设的薄弱环节和风险点，推进体制机制创新，强化制度执行刚性约束，把科学的制度设计、严格的制度执行、有力的监督问责结合起来，促使各级党员干部认真履职尽责，严格按照党的原则和规矩办事。

抓好干部队伍建设，事关改革发展大局，事关省会发展前途。让我们更加紧密地团结在以习近平同志为核心的党中央周围，全面贯彻落实习近平总书记对山东、对济南工作的重要指示精神，不断谱写新时代干部队伍建设新篇章，为建设“大强美富通”现代化国际大都市提供坚强组织保证！

政府工作报告

——在济南市第十七届人民代表大会第三次会议上

（2021年1月12日）

济南市市长　孙述涛

各位代表：

现在，我代表市人民政府，向大会报告工作，请予审议，并请各位政协委员和其他列席人员提出意见。

一、2020年工作和“十三五”发展回顾

2020年是极不平凡的一年。面对错综复杂的国际形势、艰巨繁重的改革发展稳定任务，特别是新冠肺炎疫情严重冲击，我们坚持以习近平新时代中国特色社会主义思想为指导，坚决落实习近平总书记对山东、对济南工作的重要指示要求，按照省委、省政府工作部署，在市委坚强领导下，主动融入、服从服务黄河流域生态保护和高质量发展重大国家战略，统筹推进疫情防控和经济社会发展，加快打造“五个济南”，建设“大强美富通”现代化国际大都市，较好完成了市十七届人大二次会议确定的目标任务。

（一）全力做好“六稳”“六保”工作，疫情防控和经济社会发展夺得双胜利。我们牢牢坚持“人民至上、生命至上”总原则，聚力打好疫情防控人民战争、总体战、阻击战，抓牢抓实抓细常态化疫情防控，织密织牢联防联控、群防群控疫情防控网，在副省级城市中首个实现本地确诊病例零新增，自2月12日起无新增本地确诊病例，在抗疫大考中交出了一份优异答卷。我们坚持疫情防控和经济社会发展两手抓、两促进，率先推动复工复产，扎实推进“四进”攻坚行动，出台惠企利民、促消费、稳外贸等各类扶持政策200余项，新增减税降费328亿元。市场主体总量突破130万户，净增“上规入库”企业超过1000家。发放稳岗补贴5.9亿元、稳定岗位123万个，新增城镇就业16.3万人，城镇登记失业率2.03%。全力保障重点项目建设，270个市重点项目完成投资3350亿元。预计全市地区生产总值增长5%，规模以上工业增加值增长12%，进出口总额增长28%，完成一般公共预算收入906.1亿元、可比增长7.2%，主要经济指标增幅继续领跑全省。

（二）积极推动重大战略落地实施，省会发展势能加速集聚。黄河流域生态保护和高质量发展国家战略行动加快实施，策划推出一批引领性、标志性、支撑性重大项目。城市发展战略规划编制完成，国土空间总体规划、重点区域专项规划编制取得积极进展。主动加强与沿黄城市交流合作，黄河生态风貌带等重点项目加快建设。新旧动能转换起步区列入国家《黄河流域生态保护和高质量发展规划纲要》，重点片区、园区建设全面铺开。山东自贸试验区济南片区形成60余项制度创新成果，累计新注册企业1.8万余家、总量突破7万家。建立健全省会经济圈一体化发展工作机制，城市间交流合作更加紧密。省市一体化推进济南加快发展工作成效显著，一批制约省会发展的关键问题得到有效解决。

（三）大力发展现代产业体系，新旧动能转换步伐进一步加快。科技创新能力持续提升，中科院济南科创城建设加快推进，新增省级技术创新中心12家，新备案省级新型研发机构48家，实现技术合同成交额350亿元，济南高新区获批建设国家级双创示范基地。人才特区建设扎实推进，引进海内外院士4人，全省首个“人才贷”金融服务窗口落地。工业强市战略深入实施，规模以上工业增加值增速领跑全国主要城市，山东重工绿色智造产业城智能网联（新能源）重卡项目顺利投产。人工智能“双区”同建取得积极进展，数字经济占比达到42%，获批建设4个工业互联网标识解析二级节点。建筑业增加值突破1000亿元，高水平举办山东省绿色建筑博览会。金融业增加值预

计增长 8.5%，本外币存贷款余额分别突破 2.1 万亿元和 2 万亿元，新增上市企业 8 家。获批商贸服务型国家物流枢纽和首批国家骨干冷链物流基地，国家 5A 级物流企业达到 16 家。中医药创新发展先行先试示范区创建全面启动，世界中医药互联网产业大会永久落户济南。获批国家特色型信息消费示范城市、国家文化和旅游消费示范城市，高水平承办第六届中国非遗博览会、山东省旅游发展大会、中国药学大会、第二届全国巾帼家政服务职业风采大赛，成功举办第 103 届全国糖酒商品交易会。

（四）持续加大改革开放力度，发展动力活力显著增强。12 项改革攻坚行动深入实施，重点领域改革有序推进。“一次办好”改革不断深化，商事登记实现全城通办、跨市通办、跨省通办，涉企事项 100% 容缺受理，高分通过政务服务标准化国家试点验收。规划、土地、财政、产业市级统筹扎实推进，省级以上开发区体制机制改革基本完成。市属国企改革三年行动全面启动，完成混改项目 25 个。深入开展“民营经济服务年”活动，12345 接诉即办平台开通运行，“济企通”平台作用持续提升。社会信用体系加快完善，创新推出“信易贷”济南模式。稳住外资外贸基本盘，新增外贸进出口实绩企业 950 家。中欧班列开行突破 500 列、增长 2 倍以上，新开通国际货运航线 11 条，章锦综保区封关运行。成功承办“儒商青企会”，组织线上线下招商推介活动 40 余场次，签约项目 909 个，预计实际使用外资增长 10%。获批国家全面深化服务贸易创新发展试点。中国中小企业国际合作交流大会永久落户济南。

（五）着力增强城市承载能力，城乡融合发展水平明显提升。济南国际机场北指廊投入使用，京沪、青兰高速莱芜段，济泰高速、济乐高速南延、绕城高速大东环建成通车。轨道交通 2 号线竣工试运行，3 号线二期、4 号线一期开工建设。望岳快速路隧道建成通车，打通瓶颈路 27 条。东湖水库扩容增效工程建成蓄水，旅游路水厂建成运行，新建改建供水管网 120 公里。新增城市集中供热面积 1300 万平方米。城市精细化管理水平加快提升，城市家具一体化综合保洁模式全面推广，生活垃圾“四分类”创建示范成效明显。新建 5G 基站 1.1 万个，智慧城市建设取得新进展。乡村振兴扎实推进，建成 6 个市级田园综合体，农村人居环境整治三年行动圆满收官，农村饮水安全两年攻坚行动全面完成，39 个省级美丽乡村示范村、105 个乡村振兴齐鲁样板村和 123 个示范村全面建成。脱贫攻坚成效巩固提升，黄河滩区迁建任务全面完成。

（六）坚决打赢污染防治攻坚战，生态环境保护取得新成效。持续推进工业污染源提标改造、移动污染源整治和工地扬尘治理，完成清洁取暖改造 37.4 万户，空气质量优良率达 62%、提高 10.5 个百分点，PM2.5 平均浓度达到有监测数据以来最好水平。完成国家黑臭水体治理示范城市创建任务，新增城市污水日处理能力 13.5 万吨，国省控河流断面水质全部达标，好于Ⅲ类水体比例达到 85.7%，饮用水水源地水质稳定达标。受污染耕地、建设用地污染地块安全利用率达到 100%，危险废物年处置利用能力增加 27.4 万吨。违建别墅问题清查整治工作全面完成。济西湿地有序开园，小清河风貌带建成开放，建设绿道 133 公里，建成各类公园 136 处，建设提升特色景观道路街区 109 条（处）、生态廊道 151 公里，完成人工造林 16 万亩。济阳区入选国家生态文明建设示范区。

（七）加快提升公共服务水平，民生福祉持续增进。23 件为民办实事全面完成。开工新建改扩建中小学校幼儿园 144 所、新增学位 2.87 万个，普惠性幼儿园覆盖率达到 87%，公办幼儿园就读幼儿占比 53%。省市共建公共卫生临床中心一期建成启用，感染性疾病科、核酸检测实验室实现区县全覆盖，38 家基层医疗机构达到社区医院标准。企业退休人员基本养老金待遇、城乡居民基本养老保险基础养老金标准进一步提升。职工大病“二次报销”、药械联合招采等医保惠民举措成效显著，率先实现医保在线支付结算一体化。实现基本殡仪服务全免费。新建提升各类养老服务设施 327 处，增设托育服务机构 42 处。新建泉城书房 12 处，新增健身场地 861 处、社会足球场 48 块。棚改安置房新开工 1.8 万套、基本建成 2.5 万套，改造老旧小区 50 个、惠及居民 6 万余户，筹集各类租赁住房 8.6 万套（间）。扫黑除恶专项斗争取得重大阶段性战果，连续 10 年命案全破。信访积案化解工作成效明显。生产安全事故起数、死亡人数分别下降 36.2% 和 26.4%。公共法律服务供给能力明显提升，“七五”

普法任务全面完成。第七次全国人口普查取得重要阶段性成果。国家安全、人民防空、气象地震、民族宗教、外事侨务、援藏援疆、档案史志、妇女儿童、红十字、残疾人等工作取得积极进展。

（八）全面加强政府自身建设，行政效能不断提升。巩固拓展“不忘初心、牢记使命”主题教育成果，政府系统党的建设全面加强。强化整体政府意识，实施政府部门制度建设三年行动，政府规章制度体系更加健全。推进机关内部“一次办成”改革，部门间协调配合机制加快完善。法治政府建设扎实推进，获评全省首批法治政府建设示范市。自觉接受人大及其常委会监督、政协民主监督和审计监督、社会舆论监督，办理市人大代表建议412件、政协提案736件，扎实做好审计查出问题整改工作。坚决整治形式主义、官僚主义等突出问题，多措并举激励和保护干部干事创业，政风行风持续好转。

各位代表！2020年是“十三五”规划收官之年。过去五年，我们深入贯彻党中央、国务院决策部署，按照省委工作要求和市委工作部署，攻坚克难、砥砺奋进，战胜了诸多困难和风险，经受住了严峻挑战和考验，干成了许多大事难事实事，“十三五”时期成为济南经济社会发展质量最高、区域功能地位提升最快、城乡面貌变化最大、人民群众获益最多的时期之一。

——五年来，我们聚焦聚力扬起经济龙头，省会综合实力迈上新台阶。主要指标增速领跑全省，经济总量实现历史性突破，预计地区生产总值年均增长7%，占全省比重由2015年的9.7%提高到14%左右，固定资产投资、进出口总额年均分别增长9.1%和14.4%，一般公共预算收入过百亿的区达到4个。章丘、济阳撤市（县）设区，圆满完成济南莱芜区划调整重大政治任务，行政区划面积超过1万平方公里，常住人口突破900万人。省会经济圈建设取得突破性进展，省会城市能级加速提升，辐射带动能力明显增强。

——五年来，我们聚焦聚力新旧动能转换，经济发展质效迈上新台阶。产业结构不断优化，“四新”经济占比达到36%，现代服务业占服务业增加值比重达到61%。产业能级加快跃升，大数据与新一代信息技术、智能制造与高端装备产业规模达到4000亿级，精品钢与先进材料、生物医药与大健康产业达到1500亿级，培育形成千亿级工业企业2家、百亿级企业10家、独角兽企业4家，信息技术服务产业集群入选全国首批战略性新兴产业集群。科创资源加速集聚，齐鲁科创大走廊发展框架初步形成，落地中科系院所14家，山东产业技术研究院孵化高技术企业99家，高新技术企业突破3000家、增长3.9倍，创建综合性国家科学中心迈出坚实步伐。

——五年来，我们聚焦聚力拓展发展空间，城市功能品质迈上新台阶。“东强西兴南美北起中优”城市发展新格局破题起步，东部汉峪金谷崛起成峰、中央商务区拔地而起，西部国际医学科学中心初具规模，“生态南山、诗画南山”魅力彰显，携河北跨取得实质性突破，中心城区有机更新加快实施，城市发展由外延拓展向内涵提升加速转型。现代化立体交通体系加快构建，“米”字型高铁网建设全面提速，“三环十二射”高快一体路网基本成型，轨道交通一期3条线路建成运营，济南快速驶入“地铁时代”。污染防治攻坚成效显著，东部老工业区工业企业搬迁改造基本完成，PM2.5平均浓度改善41.2%，空气质量综合指数改善32.7%，在全省率先消除劣Ⅴ类水体，小清河水质实现历史性突破。重点泉群连续17年保持喷涌，“济南泉·城文化景观”入选中国世界文化遗产预备名单，拆违拆临1亿平方米以上，建成各类公园700余处，山水泉城特色日益彰显。

——五年来，我们聚焦聚力优化发展环境，改革开放水平迈上新台阶。重点领域改革不断深化，新一轮政府机构改革顺利完成，“放管服”改革加快推进，“拿地即开工、建成即使用”等一批创新举措在全省、全国复制推广，12345市民热线服务水平和影响力持续提升，“在泉城·全办成”品牌效应凸显。对外开放步伐持续加快，自贸试验区、综合保税区、开发园区等高能级开放平台体系加快形成，进出口总额实现翻番，引进世界500强企业达到81家，领事机构实现零的突破，济南签证中心投入使用，泉城国际影响力大幅提升，济南正成为“近者悦、远者来”的投资兴业热土。

——五年来，我们聚焦聚力凝聚城市力量，省会文明程度迈上新台阶。坚持以人民为中心，持续深化文明城市创建工作，全市上下众志成城、协同奋战，勇夺全国文明城市年度测评“三连冠”。我们着力抓好理想信念的大事、群众身边的小事、城市发展的实事和社会治理的难事，推窗见绿、出门入园成为市民生活新常态，礼让斑马线成为城市文明新风尚，涌现出“乡村振兴领路人”高淑贞、“排爆英雄”张保国、“小巷总理”陈叶翠等一批典型榜样，共同凝聚起推动城市前行的文明力量，济南这座千年古城变得更有温度、更具魅力。

——五年来，我们聚焦聚力增进民生福祉，市民生活水平迈上新台阶。脱贫攻坚任务圆满完成，21.13万贫困人口实现稳定脱贫，黄河滩区33.9万人圆了安居梦，乡村振兴取得重要进展。公共服务水平全面提升，民生支出占财政支出比重达到79.5%、提高4.3个百分点，新增城镇就业100万人，城乡居民人均可支配收入较快增长，教育实现从“有学上”到“上好学”，社会保障水平不断提升，人均预期寿命稳步提高。社会治理体系更加完善，平安济南、法治济南建设成效明显，创建全国双拥模范城实现“九连冠”，人民群众获得感幸福感安全感显著提升。

各位代表！过去五年成绩的取得，是以习近平同志为核心的党中央坚强领导、亲切关怀的结果，是省委、省政府科学决策、关心支持的结果，是市委团结带领全市人民顽强拼搏、扎实苦干的结果。在此，我代表市人民政府，向全市人民，向各位人大代表、政协委员，向各民主党派、工商联、无党派人士、各人民团体，向中央、省在济单位和各类驻济机构，向驻济人民解放军、武警官兵，向参与城市建设的劳动者，向所有关心支持济南发展的港澳台同胞、海外侨胞和国际友人，表示衷心的感谢！

同时，我们也清醒认识到，我市经济社会发展还存在不少矛盾和问题，主要是城市综合实力与核心竞争力还不够强，工业经济、县域经济、民营经济发展仍不充分；城市治理方式仍较粗放，生态环境保护任重道远，城市功能品质仍需提升；重点改革任务依然艰巨，有效市场作用发挥还不充分，对外开放的层次水平还不够高；泉城文化软实力尚需增强，公共服务供给与市民期待仍有差距，维护社会稳定和城市安全的压力仍然较大；部分政府工作人员服务意识、担当精神、专业素养有待加强，一些领域的消极腐败现象仍时有发生。对此，我们一定高度重视，采取有力措施，认真改进和解决。

二、“十四五”发展主要目标任务

“十四五”时期是我国全面建成小康社会、实现第一个百年奋斗目标之后，乘势而上开启全面建设社会主义现代化国家新征程、向第二个百年奋斗目标进军的第一个五年，也是济南在新的起点上深入落实黄河重大国家战略，加快建设“大强美富通”现代化国际大都市极为关键的五年。黄河流域生态保护和高质量发展战略的推进实施，把济南首次放在国家战略发展大局、生态文明建设全局、区域协调发展布局中高点定位。省委十一届十二次全会明确提出实施“强省会”战略，省市一体化推进济南加快发展，为我市跨越发展带来了前所未有的重大战略机遇。我们要深刻认识我国社会主要矛盾变化带来的新特征新要求，深刻认识错综复杂的国际环境带来的新矛盾新挑战，准确把握省委省政府对省会发展的新目标新定位，积极回应人民群众对城市发展的新期待新愿景，切实增强机遇意识和风险意识，保持战略定力，集中精力办好自己的事情，全力以赴展现新作为、干出新成效、实现新跨越。

根据中共济南市委《关于制定济南市国民经济和社会发展第十四个五年规划和二〇三五年远景目标的建议》，市政府制定了《济南市国民经济和社会发展第十四个五年规划和二〇三五9年远景目标纲要（草案）》（以下简称《纲要（草案）》），提请大会审议。经大会批准后，市政府将认真组织实施。

“十四五”时期经济社会发展的指导思想是：高举中国特色社会主义伟大旗帜，深入贯彻党的十九大和十九届二中、三中、四中、五中全会精神，坚持以马克思列宁主义、毛泽东思想、邓小平理论、“三个代表”重要思想、科学发展观、习近平新时代中国特色社会主义思想为指导，认真落实习近平总书记对山东、对济南工作的重要指示要求，全面贯彻落实黄河流域生态保护和高质量发展重大国家战略，紧紧抓住省委、省政府实施“强省会”战略重大机遇，坚定不移贯彻新发展理念，坚持稳中求进工作总基调，以推动高质量发展为主题，以深化供给侧结构性改革为主线，以改革创新为根本动力，以满足人民日益增长的美好生活需要为根本目的，主动融入新发展格局，打造国内大循环的战略节点、国内国际双循环的战略枢纽，坚持科技创新，坚持工业强市战略，加快建设现代化经济体系，持续提升社会治理效能，咬定建设国家中心城市目标，全力打造科创济南、智造济南、文化济南、生态济南、康养济南，加快建设“大强美富通”现代化国际大都市，为全省新旧动能转换蹚出路子，为山东半岛城市群建设当好引领，为黄河流域生态保护和高质量发展作出示范。做好“十四五”时期经济社会发展各项工作，必须坚持党的全面领导，必须坚持以人民为中心，必须贯彻新发展理念，必须融入新发展格局，必须深化改革开放，必须强化系统观念。

《纲要（草案）》明确了到2035年基本建成新时代现代化强省会的远景目标和“十四五”时期经济社会发展主要目标。到2035年，建成全国重要的区域经济中心、科创中心、金融中心、贸易中心、文化中心，初步建成“大强美富通”现代化国际大都市。到2025年，科创济南、智造济南、文化济南、生态济南、康养济南基本建成，新时代现代化强省会建设实现新跨越。综合实力实现新跨越，地区生产总值年均增长7%，省会城市首位度明显提升，常住人口规模达到1000万人，常住人口城镇化率达到77%，经济和人口承载能力显著增强，成为黄河流域核心增长极。发展质量实现新跨越，“四新”经济占比达到45%，先进制造业占工业增加值比重达到70%，初步建立实体经济、科技创新、现代金融、人力资源协同发展的现代产业体系。改革创新实现新跨越，重点领域关键环节改革取得新的突破，营商环境持续优化，市场主体更加充满活力，创新能力显著提升。对外开放实现新跨越，“一带一路”重要节点城市建设取得重大进展，开放型经济发展水平显著提高，初步形成内外兼顾、陆海联动、东西互济、多向并进的全面开放新格局。城市品质实现新跨越，城市功能布局更加优化，人居环境大幅改善，泉城特色风貌更加彰显，市民文明素质和城市文明程度全面提升，城市吸引力显著增强。治理效能实现新跨越，政府运转更加便民务实高效，城市安全、城市韧性显著增强，平安济南、法治济南、诚信济南建设深入推进，基层社会治理水平持续提升。民生保障实现新跨越，新增城镇就业75万人，城乡居民人均可支配收入年均分别增长7%和8%，人均预期寿命达到80.5岁，覆盖全民的多层次社会保障体系更加完善，率先实现基本公共服务均等化、普惠化、便捷化。重点在科技创新、高端智造、文化旅游、生态文明建设、医疗康养、基础设施建设、数字赋能、民营经济、县域经济、乡村振兴等方面取得新突破。

围绕实现上述发展目标，《纲要（草案）》提出了一系列支撑发展的重大政策、重大工程、重大项目和重要举措，主要突出以下七个方面。

（一）深入落实黄河流域生态保护和高质量发展战略。坚持拥河发展，促进产城河共兴共荣，全力打造黄河流域生态保护示范标杆和高质量发展核心增长极，为建设国家中心城市奠定坚实基础。高水平建设新旧动能转换起步区，打造改革先行区、自主创新区、开放示范区、绿色产业聚集区。全力保障黄河长治久安，加快建设绿色生态走廊。统筹推进全域水生态建设，聚力创建节水典范城市。保护传承弘扬黄河文化，打造具有国际影响力的黄河文化旅游带。强化省会龙头作用和核心地位，推动省会经济圈一体化发展。

（二）坚持创新驱动发展。强化创新在现代化建设全局中的核心地位，深入实施科教兴市战略、人才强市战略、创新驱动发展战略，全面塑造强省会高质量发展新优势。加快建设综合性国家科学中心，积极争取一批重大科技创新工程，布局建设一批重大科学基础设施。提升企业自主创新能力，促进各类创新要素向企业集聚，推动创新链产业链协同发展，建立以企业为主体、市场为导向的协同创新体系。加快建设人才强市，打造人才特区和全国人力资本产业高地。营造一流创新发展生态，深化科技体制改革，畅通科技成果转移转化渠道，打造科技创新重要策源地。

（三）加快发展现代产业体系。坚持把发展经济着力点放在实体经济上，坚定不移推动新旧动能转换，推进产业基础高级化、产业链现代化，提高省会经济规模、质量效益和核心竞争力。深入实施工业强市战略，加快支柱产业集群化规模化发展，积极培育高端前沿产业，创造济南工业新辉煌。提升建筑业发展水平，全面促进服务业提质升级，推动生产性服务业向专业化和价值链高端延伸，推动生活性服务业向高品质和多样化升级，推动现代服务业与先进制造业、现代农业深度融合。加快发展数字经济，推动创建国家数字经济创新发展试验区，打造具有国际竞争力的数字产业集群。加快推进5G、工业互联网、大数据中心等新型基础设施建设，积极推进交通强国样板城市建设，提升能源、水利等基础设施保障水平，构建系统完备、高效实用、智能绿色、安全可靠的现代化基础设施体系。

（四）主动融入新发展格局。把实施扩大内需战略同深化供给侧结构性改革有机结合起来，以创新驱动、高质量供给引领和创造新需求，打造国内大循环的战略节点、国内国际双循环的战略枢纽。坚持扩大内需战略基点，大力促进消费升级，增强消费对经济发展的基础性作用；积极扩大有效投资，发挥投资对优化供给结构的关键作用，促进消费与投资协调互动。加快融入国内大循环，贯通生产、分配、流通、消费各环节，提升供给体系对国内需求的适配性，促进供给与需求动态平衡。深度参与国内国际双循环，优化国内国际市场布局、商品结构、贸易方式，构建互利共赢的产业链供应链合作体系，促进国内市场与国际市场相互贯通。

（五）加快形成“东强西兴南美北起中优”城市发展新格局。加强市级统筹，完善协调机制，促进全域资源合理布局、科学配置，推动城市能级提升、内涵式发展。做强东部加快建设科创智造之城，提升国家级高新区、国家级经开区发展水平，全面做强科创实力和产业能级，打造高质量发展的强大引擎。振兴西部加速建设活力康养之城，强化西客站片区产业导入，加快国际医学科学中心、西部科教产业城建设发展，打造文化和医养健康产业高地。做美南部持续建设绿色生态之城，以更大力度推进生态保护和绿色发展，积极培育现代农业、文化旅游、健康养生产业，不断提升居民生活水平，加快建设大美南山。崛起北部全力建设未来希望之城，集中优势资源，加快建设绿色智慧、动能强劲、活力迸发的现代化新城，推动黄河南北融合互动，打造省会未来发展的战略空间、城市核心功能的重要承载地。做优中部精心建设魅力品质之城，充分彰显泉城特色，加快城市有机更新，打造古今交融、现代时尚、韵味独特的天下泉城标志区。推进以人为核心的新型城镇化，加快农业转移人口市民化，发展壮大县域经济，加强城市规划建设管理，提升省会城市现代化水平。

（六）更大力度深化改革扩大开放。推进全面深化改革走深走实，充分发挥市场在资源配置中的决定性作用，更好发挥政府作用，激发各类市场主体活力，深化财税金融改革，推进要素市场化配置改革，完善高质量发展政策体系，加快构建充满活力的体制机制，打造市场化法治化国际化营商环境。全面扩大高水平开放，主动融入和服务国家开放大局，积极对接“一带一路”建设，实施更大范围、更宽领域、更深层次对外开放，高水平推进自贸试验区、综合保税区、国际内陆港等开放平台建设，充分发挥对全市开放型经济的引领支撑作用，提高全球资源要素集聚配置能力，建设黄河流域对外开放门户，打造新时代对外开放新高地。

（七）坚定践行以人民为中心的发展思想。始终把人民对美好生活的向往作为奋斗目标，健全基本公共服务体系，不断提高居民收入水平，实现更高质量的充分就业，全面提高教育质量，完善多层次社会保障体系，加快推进健康济南建设，认真落实积极应对人口老龄化国家战略，推动共同富裕，使改革发展成果更多更公平惠及广大人民群众。坚持把解决好“三农”问题作为重中之重，全面推进乡村振兴，促进农业全面升级、农村全面进步、农民全面发展，加快农业农村现代化进程。牢固树立生态优先绿色发展理念，完善生态文明领域统筹协调机制，促进经济社会发展全面绿色转型，加快建设人与自然和谐共生的美丽泉城。繁荣发展文化事业和文化产业，更好传承齐鲁文化精髓、弘扬红色文化精神、展现泉城文化精彩，创建全国文明典范城市，高水平建设独具魅力的历史文化名城。统筹发展和安全，建设更高水平平安济南，倾力构筑共建共治共享的美好家园。

各位代表！省会发展的美好蓝图已经绘就。我们一定永葆闯的精神、创的劲头、干的作风，勇于担当作为，狠抓有效落实，全面完成各项目标任务，奋力谱写新时代现代化强省会建设新篇章！

三、2021年政府工作安排

2021年是“十四五”开局之年，也是济南贯彻落实黄河重大国家战略、建设新时代现代化强省会的起步之年。做好政府工作，要立足新发展阶段，坚持新发展理念，融入新发展格局，坚持系统观念，统筹疫情防控和经济社会发展，统筹发展和安全，做好“六稳”工作、落实“六保”任务，保持经济运行在合理区间，全面落实黄河流域生态保护和高质量发展重大国家战略，牢牢把握“强省会”战略实施和省市一体化推进济南加快发展重大机遇，聚焦“五个济南”“五个中心”，聚力“七个新跨越”“十个新突破”，推动新时代现代化强省会建设开好局、起好步，以优异成绩庆祝建党100周年。

今年经济社会发展主要预期目标是：地区生产总值增长8%以上；一般公共预算收入增长8%左右；规模以上工业增加值增长12%以上；固定资产投资增长15%以上；社会消费品零售总额增长10%左右；城乡居民人均可支配收入分别增长8%左右和9%左右；居民消费价格涨幅控制在3%左右；单位生产总值能耗下降率及主要污染物减排量达到省控目标。

围绕实现上述目标，按照统筹兼顾、突出重点的原则，主要抓好以下十五个方面工作。

（一）推进综合性国家科学中心建设

强化创新平台载体功能。全力推进齐鲁科创大走廊、中科院济南科创城建设，加快建设超高速电磁驱动试验装置、大气环境模拟系统等科技基础设施。积极推进首个国家实验室济南基地建设，加快网络空间安全、微生态生物医学、粒子科学与应用技术山东省实验室建设。鼓励引导各类创新平台开放共享。加强新型研发机构规范管理，完善绩效考核评价机制，提升产业创新支撑能力。积极推进“科创中国”试点城市建设。做大做强山大国家大学科技园、山东数字经济产业园。推动科技企业孵化器、众创空间高质量发展。

健全以企业为主体的技术创新体系。落实和完善鼓励企业技术创新的政策，深入实施高新技术企业培育三年行动计划，新增高新技术企业400家。发挥企业在科技创新中的主体作用，支持领军企业组建创新联合体，带动中小企业创新活动。发挥龙头企业和驻济高校作用，促进产学研深度融合，打造一批高质量创新创业共同体。全面实施市校融合发展战略工程，支持驻济高校加快发展，推进山大创新港、校友产业园等项目规划建设，做大做强“山大系”“第一医大系”“齐鲁工大系”品牌。加快长清大学城创新发展，积极筹建空天信息大学。

提高科技成果转移转化成效。完善科技成果转化激励政策体系，健全科技成果转化收益分配机制，进一步畅通技术创富、技术造富通道。加快发展科技服务业，完善成果转化中介服务体系，年内技术合同成交额突破400亿元。鼓励设立科技银行、科创保险公司等专营机构，吸引各类投资机构来济设立创投基金。改进科技项目组织管理方式，大力推行“揭榜挂帅制”“包干制”。加快打造知识产权强市，高标准建设济南国际知识产权高端服务业集聚区。

加快人才强市建设。编制年度“高精尖缺”人才需求目录，加大量子、人工智能等重点领域人才支持力度，精准引聚各类高层次人才。进一步拓展引才渠道，加大柔性引才力度。完善人才住房保障制度，筹集人才住房5万套。建立健全普惠性青年人才政策体系，吸引大学毕业生来济留济落户就业创业，打造青年友好型城市。加快建设人才特区，积极构建全生命周期人才创业创新服务体系，打造人才生态最优城市。

（二）推动新旧动能转换起步区全面起势

完善规划和政策体系。按照功能集聚、要素齐全、设施先进、生态优美的要求，加快完成起步区发展规划编制和报批，高水平编制国土空间规划、各类专项规划和重点区域城市设计，绘制黄河两岸南北呼应、协同发展的现代化城区新蓝图。用活用好国家级新区、国家自主创新示范区和全面创新改革试验区经验政策，建立健全管理体制和开发运营机制，强化产业布局统筹、要素支撑保障等政策供给。

加快导入高端高新产业。大力引进对接全球创新资源，超前谋划布局战略前沿技术。加快中科新经济科创园、数字经济和智慧物流产业园建设，推动新一代信息技术、人工智能、高端装备、现代物流等产业集聚发展。高水平打造绿色建设产业园，吸引集聚一批龙头企业、研发机构，培育“新城建”全产业链。

加快发展高端会展，建成绿地国际博览城会展中心，积极举办重大国际性展会。

高标准建设现代化新城。实现济泺路穿黄隧道、凤凰黄河大桥、齐鲁黄河大桥建成通车，加快“三隧一桥”跨河通道建设。开工建设济南黄河体育中心，积极推动教育、医疗、文化等公共服务资源向起步区集聚。高起点规划建设区域路网、智能电网、燃气管网、供热管网、供排水管网，推进组团式市政综合体建设，加快太平水库项目前期工作。建设绿色数字城市平台，推进数字孪生城市规划建设。制定完善绿建规划、绿建标准、绿建体系，打造绿色城市示范区。

（三）坚定不移实施工业强市战略

打造新一代信息技术产业高地。大力发展软件和信息服务、新一代信息技术装备、集成电路、信息技术应用创新等产业，大数据与新一代信息技术产业规模达到4500亿元。推动软件名城提档升级，着力提高软件产品供给能力。实施高性能集成电路突破计划，优化升级国家集成电路设计产业化基地，推动富能半导体项目投产达效，加快5G超薄挠性覆铜板等项目建设，积极扩大封装测试产能。建强信息技术应用创新产业链，发挥系统集成、整机厂商带动作用，加快提升基础软硬件自主创新能力，巩固扩大中间件、数据库、信息安全软件产品优势。加快打造国家量子信息技术产业基地，推进量子通信“齐鲁干线”、超导量子技术处理器等项目建设。推动空天信息产业集聚发展，加快建设低轨卫星组网、空天信息产业园、齐鲁研究院、行波管二期、低空监视服务网示范等项目。

推动智能制造与高端装备产业突破发展。壮大节能与新能源汽车产业规模，加快山东重工绿色智造产业城、智慧新能源整车等重大项目建设，吸引集聚上下游配套企业，做强电池、电机、电控系统配套产业。积极推进中国氢谷建设，加快吸引一批创新平台、龙头企业、示范应用项目落地。推动智能电力装备、高档数控机床、激光装备、核电装备、智能机器人、轨道交通装备、航空航天装备等产业扩规提质，全市智能制造与高端装备产业规模达到4500亿元。

提高生物医药产业竞争力。聚焦突破抗肿瘤药物、医美抗衰、干细胞与再生医学、特医食品、中医中药、医疗器械等六大领域，加速壮大生物医药产业规模。构建“一城多园”产业布局，积极推进齐鲁国际生命科学城及特医食品城、国际医药港等规划建设。加快山东大生命科学院建设，打造研发中试公共服务平台。加快建设食品药品医疗器械创新和监管服务大平台、中检院食化所检测中心，规划建设生物医药（械）超级工厂，吸引企业加快集聚，完善产业生态体系。健全新药研发和成果转化扶持政策，加大新药研发奖补力度，支持医疗机构开展临床试验，促进在济落地转化。鼓励引导华熙生物等龙头企业向产业链下游延伸，推动美妆产业做大做强。

推进精品钢与先进材料产业集群化发展。推动莱钢优化升级，加快钢铁“特精高”产品开发和产业链延伸，打造精品钢产业集群。依托泰山钢铁等骨干企业，培育不锈钢产业生态圈。支持鲁银新材料等粉末冶金龙头企业扩规提质，大力发展3D打印粉、高速钢粉等高端产品。加快发展高性能纤维、人工晶体、光电子材料等特色产业，加大战略前沿材料研发力度，打造先进材料产业集聚区。

构建产业发展生态。深入实施“链长制”，统筹产业发展要素资源，提升产业链现代化水平。大力实施工业投资倍增三年行动计划，工业投资、技改投资均增长20%以上。划定工业用地保障红线，加强工业用地全生命周期管理，深化“亩产效益评价”改革，优化标准厂房、新型产业发展用地政策。鼓励本地企业扩大先进产能，新上项目可享受招商引资政策。实施绿色智造工程，新增绿色工厂30家。强化“济企通”服务功能，提升政策匹配效能和覆盖企业广度深度。支持行业协会和产业创新联盟更好发挥作用。深入开展质量提升行动，大力实施品牌强市战略，支持企业主导和参与标准制定修订。深化制造与服务协同发展，积极发展服务型制造。做强做优建筑业，推进建筑工业化和智能建造协同发展，加快全国“新城建”试点城市建设。

各位代表！先进制造业是构建现代化经济体系的坚实基础，是建设新时代现代化强省会的硬核支撑。我们将咬定发展工业不放松，坚持工业强市不动摇，加快打造具有国际竞争力的现代工业体系，重振济南工业雄风，创造济南智造新辉煌！

（四）加快发展现代服务业

完善现代金融产业体系。持续推进区域金融中心建设，金融业增加值突破1000亿元。加强载体平台建设，提升中央商务区集聚功能，打造汉峪金谷科技金融生态圈，加快山东新金融产业园二期建设。健全金融组织体系，支持本地法人金融机构做大做强，积极引进培育保险公司、私募基金、融资租赁、商业保理等机构，加快发展大数据信用评级、保险经纪等中介服务。大力发展产业金融，积极推进国家产融合作试点，支持金融产品和服务创新，降低企业融资成本，扩大社会融资规模，持续提升金融服务实体经济能力。推动供应链金融规范发展，鼓励金融机构搭建金融服务平台，提升产业链整体金融服务水平。完善企业上市扶持政策体系，新增境内外上市企业10家左右。积极创建国家科创金融改革试验区，加快发展金融科技。完善现代地方金融监管体系，加强金融风险防控，守住不发生系统性风险底线。

推动物流业提质增效。加快国际内陆港建设，完善配套服务功能，抓好北方生活资料分拨中心等重点项目。加快建设商贸服务型国家物流枢纽、国家骨干冷链物流基地，推进水发国际物流园、鲁中铁路物流基地等园区建设。积极发展供应链物流、绿色物流、智慧物流、物流增值服务等新业态。完善城乡配送体系，大力推广新能源配送车辆，推进快递公共服务站、智能快件箱建设。加大物流企业培育招引力度，新增规模以上物流企业20家以上。

提升“济南服务”影响力。推动人力资本产业创新集聚发展，加快公共服务平台建设，构建国际化人力资本服务网络，创建国家级人力资本产业园，打造人力资本产业中心。做大做优工业设计产业，建设山东工业设计研究院，支持济南国际创新设计产业园加快发展，引进培育一批具有核心竞争力、世界影响力的专业设计机构、工业设计大师，打响“济南设计”品牌。大力发展法律服务业，支持济南国际法律服务中心建设发展，积极引进境内外知名法律服务机构。着力打造电子商务产业链，培育发展平台型企业，提升电商产业园等载体功能。加快壮大会展服务业，加大国际知名会展项目、会展企业、会展人才引育力度，推动国际化、品牌化、专业化发展。持续提升12345市民热线品牌效应，深入实施家政服务业提质扩容“领跑者”行动，积极探索对外输出服务标准、管理模式、高端人才等，拓展市场空间，打造济南政务服务、家政服务品牌。

（五）大力发展数字经济

建设完善数字基础设施。新建5G基站1万个，推动5G网络深度覆盖，实现规模化商用和行业场景化应用。积极推进IPv6规模应用，提升用户普及率和网络接入覆盖率。推动山东未来网络研究院落地建设，打造工业互联网确定性网络。加快建设国家星火链网超级节点，申报国家级互联网骨干直联点，提升工业互联网标识解析服务能力和应用水平。加快重点数据中心项目建设，争取更多区域性和行业系统数据中心落地。

加快数字产业化。推动创建国家数字经济创新发展试验区，大力推进数据、算力、场景、平台开放，推动数字产业发展，数字经济占比超过45%。着力打造“中国算谷”，推进超算产业化发展，加快算谷科技园和产业园建设，构建完善的数字产业生态。统筹推进人工智能“双区”建设，规划建设人工智能岛，加快建设华为三大创新中心、百度“一基地两平台三中心”，实施应用示范项目40个，引进培育一批行业领军企业。发挥山东区块链研究院作用，推动区块链技术在数字金融、智能制造、政务服务等重点领域融合应用。制定公共数据使用相关规则，开展数据资源登记、确权和交易试点，推动数据资源开发利用，抢占数据产业市场先机。

推进产业数字化。加强数字化转型共性技术、关键技术研发应用，大力发展智能化生产、个性化定制、网络化协同、服务化延伸等智能制造新模式。建设运营好浪潮云洲工业互联网平台，增强开放生态聚合能力。开展“上云用数赋智”行动，上云企业突破5万家，实施工业互联网应用创新项目20个。积极推动服务业数字化升级，培育壮大数字贸易、数字文创等新业态，加快发展超高清视频产业。

（六）大力挖掘释放内需潜力

推动消费扩容升级。积极创建国际消费中心城市，培育打造地标商圈、特色街区、泉城夜游、文化演艺、度假康养、艺术品鉴等消费场景，为国内外游客提供“看山、听泉、观湖、游河、品城”新体验。

大力发展首店经济、首发经济，鼓励举办新品首发活动，引进品牌首店40个以上。实施时尚产业发展行动计划，建设提升山东国际时尚创意中心，激发时尚消费新活力。积极推动线上线下消费双向深度融合，加快发展在线文娱、智慧旅游、网络教育、智能体育等新型消费，大力培育引进新零售主体。充分挖掘农村消费潜力，鼓励优先消费本地优势特色产品。

努力扩大有效投资。抓好重大项目统筹谋划和梯次推进，加快“十四五”规划项目前期工作，确保市重点项目完成投资3000亿元以上。强化重大基础设施支撑作用，积极推进国际机场二期改扩建、小清河通航、轨道交通等项目建设。统筹推进传统基建和新基建，实施新型基础设施建设三年行动。规范政府投资管理，提高政府投资效益。拓展融资渠道，积极争取地方政府专项债券和政策性银行支持，更好发挥市属投融资平台作用，放大政府引导基金杠杆效应，激发民间投资活力。

提高招商引资质量。强化制造业招商，省级以上开发区制造业招商项目占比80%以上。拓展外资来源地，持续瞄准欧洲智能制造、新加坡和中国香港产业金融，集中突破日韩高科技和医养健康产业，开展精准招商，实际使用外资增长15%以上。丰富多元化招商方式，健全城市合伙人制度，大力推进以商招商、专业招商、资本招商。完善招商引资工作推进机制，统筹重大招商活动，健全以项目落地服务为核心的单一项目全程推进制度。

（七）推动区域协调发展

加快省会经济圈一体化发展。推动交通设施互联互通，加快济郑、济莱高铁建设，开工济滨、济枣高铁，推进德商高铁前期工作，规划济南至济宁、莱芜至临沂、淄博至莱芜高铁项目，谋划推进经济圈市域铁路项目，加快推进济青中线、济南至高青、京台高速济南至泰安等高速公路建设。开放科技、金融、医疗、教育、法律服务等高端资源，促进区域产业协同、创新资源共享，率先实现社保“一卡通”、公交优惠互通等公共服务一体化。

提升城市规划建设水平。编制完成市级国土空间总体规划，提升重点区域、重要节点规划策划水平，加快构建“东强西兴南美北起中优”城市发展新格局。着力优化现代化交通体系，开工建设轨道交通6号线、8号线一期，规划建设机场快速通道，启动旅游路东延、省道103改造提升工程，实施中心城区路网加密专项行动，提高公交服务质量。实施城市照明亮化提升工程，消除城市道路照明盲区，打造标志性夜景名片。统筹推动供排水、供电、供热、燃气等市政公用设施扩能升级，加快管网更新改造。编制完成城市更新专项规划和重点片区规划，坚持“留改拆”并举，稳步推进棚户区、城中村改造，新开工棚改安置房7555套。落实《济南市历史文化名城保护条例》，加强历史街区、历史建筑保护修缮，严格监督管理，促进活化利用。支持天桥区打造城市更新样板区。开展“城市体检”，有序解决“城市病”问题。

加快壮大县域经济。坚持交通先行，加快济南东站至济阳区有轨电车建设进度，规划至远郊区县轨道交通线路，增加连接县域的快速通道，积极推进城乡公交一体化。突出制造业强县，实施县域经济发展三年攻坚行动。统筹市县（区）产业规划布局，加快打造莱芜绿色智慧交通装备制造、钢城精品钢与先进材料、长清节能环保装备、济阳食品制造、平阴医药食品、商河生物医药化工等产业集群，推动区县错位发展、特色发展。深化开发区体制机制改革，激励开发区加压奋进、争先进位，推动莱芜高新区、明水经开区更好发挥国家级开发区作用。鼓励引导主城区产业、技术成果向县域有序转移转化，推动区县共享自贸试验区、综合保税区政策红利。

推进城乡融合发展。编制全市新型城镇化和城乡融合发展规划，深入推进国家、省城乡融合发展试验区建设。加快市政公用设施向城市近郊和中心镇延伸，提升县、镇综合服务功能。深化户籍制度改革，建立健全农业转移人口市民化保障机制，常住和户籍人口城镇化率均提高1个百分点以上。提高土地出让收入用于农业农村比例，推动农村集体资产股权质押贷款试点增量扩面。

（八）提升城市治理现代化水平

加强城市精细化管理。进一步健全城市管理制度体系，实现标准精细化、监管专业化、评价社会化。以“绣花”功夫做好城市家具保洁、绿化亮化美化、广告牌匾整治、屋顶卫生清洁等工作，下大力气解决渣土运输、建筑工地、电动车等城市管理难题，推进“三高”沿线环境综合整治。完善“行走城管”模式，提升路长制管理效能，无违建街（镇）达到90%。落实《济南市生活垃圾减量与分类管理条例》，推进生活垃圾分类投放、分类收集、分类运输、分类处理，加快城市厨余垃圾处理项目建设。实行弹性停车收费标准，推广共建共治共享停车管理模式，努力增加公共停车泊位供给。

推进新型智慧城市建设。加快构建城市立体感知网络体系，推动全域数据互通，建设完善一体化数据平台和综合指挥平台。加快智慧泉城建设，推进政务服务一网通办、城市生活一屏感知、城市运行一网统管、产业发展一网通览。打造智慧交通、亲清在线、民生直达协同应用场景，优化智慧城管、智慧教育、智慧环保、智慧应急等服务应用，推进智慧社区建设，构建泉城“一码通”运营服务体系。

优化基层社会治理。推动社会治理和服务重心向基层下移，推进街道（镇）社会工作服务站建设，充实街道（镇）、社区工作力量，落实社区工作者职业薪酬制度。加快基层治理网格“一网统筹”，推进城市管理网、综治维稳网、治安巡控网、社区服务网多网合一。坚持和发展新时代“枫桥经验”，健全社会矛盾纠纷多元预防调处机制，建设区县（功能区）社会矛盾纠纷多元预防调处化解综合中心，提升基层协商民主实效。扎实做好新一届村（居）民委员会换届选举工作。

加强城市安全体系和能力建设。毫不放松抓好常态化疫情防控工作，强化重点人群、重点场所管控，严格落实外防输入各项措施，有序推进疫苗接种，坚决守牢疫情不反弹的底线。完善公共卫生应急管理体系，加强应急物资储备和保障，提升疫情监测预警和应急处置能力。开展城市安全风险综合管理系统项目试点，全面提升应急指挥救援能力、应急队伍专业化能力和灾害防治能力。健全城市综合防护体系。统筹抓好社会面整体防控、公共安全管理，创建全国社会治安防控体系标准化城市。深入推进安全生产专项整治三年行动，遏制重特大生产安全事故发生。筑牢网络安全防线，确保个人隐私和大数据安全。持续提升“食安济南”品牌。

各位代表！人民城市人民建，人民城市为人民。我们将牢固树立全生命周期管理理念，全力巩固全国文明城市创建成果，与广大市民携手打造和谐宜居的幸福家园，让人民群众在城市生活得更方便、更舒心、更美好！

（九）全面实施乡村振兴战略

积极推动农业现代化。大力发展都市农业，提升“泉水人家”农产品区域公用品牌影响力，加快省级现代农业产业园等项目建设，新建成5个田园综合体项目，推进莱芜出口加工聚集区、高端玫瑰产品加工聚集区、现代种业展示交易聚集区和鲜活农产品交易集散区建设。新培育市级以上农业龙头企业30家、农业产业化示范联合体10家。积极发展数字农业、智慧农业，加快农产品电商产业基地建设。健全农产品冷链物流体系，建设一批农产品仓储保鲜设施。完善农田水利设施，建设高标准农田28万亩，粮食播种面积、总产量稳定在720万亩、290万吨以上。开展粮食节约行动，加强粮食储备能力建设。加快发展现代种业，办好全国种子双交会，打造“北方种业之都”。支持商河县创建国家级农村产业融合发展示范园。

扎实推进美丽乡村建设。实施乡村建设行动，完善农村水、电、路、气、通信、广播电视、物流等基础设施，补齐公共服务短板，提升农房建设质量。开展农村人居环境整治提升五年行动，坚决遏制私搭乱建等现象，加强农村污染治理，推动农村环境整体跃升。启动第二批120个乡村振兴齐鲁样板村建设。坚持农村的事和农民商量着办，进一步优化乡村治理体系，推进移风易俗，建设文明乡风。

深化农业农村改革。做好第二轮土地承包到期后再延长30年的基础性工作。完善农村集体建设用地管理制度，推进集体经营性建设用地入市，规范农村宅基地审批管理。深入推进农村产权市场体系建设。加快形成财政优先保障、金融重点倾斜、社会积极参与的多元投入机制。

推进巩固拓展脱贫攻坚成果同乡村振兴有效衔接。加强动态监测和即时帮扶，坚决防止返贫和新致贫。优化调整现有帮扶政策，逐步实现由集中资源支持脱贫攻坚向全面推进乡村振兴平稳过渡。研究建立解决相对贫困的长效机制、经济薄弱村和经济欠发达村集体经济稳定增长机制，年收入10万元以上的村庄占比达到50%以上。加强扶贫协作对口帮扶工作。

（十）打造一流营商环境

加快转变政府职能。持续深化“放管服”改革，全面实行政府权责清单制度，实施涉企经营许可事项清单管理。深化企业开办便利化和工程建设项目审批改革，更大力度推行告知承诺、独任审批师制度，扩大“一业一证”“一链办理”改革覆盖面，提高“一网通办”“全城通办”“异地通办”“掌上办”服务效率。加强事中事后监管，实现“双随机、一公开”监管常态化、全覆盖，落实包容审慎精准监管执法。加快建成全方位、全过程、全覆盖预算绩效管理体系，推行财政资金“拨改投”和基金市场化运作，完善激励性转移支付制度。完成深化事业单位改革试点工作任务。规范重大行政决策程序，完善公共政策制定多方参与机制，推行政策全周期闭环评估。强化行业协会商会政企沟通纽带作用。

激发市场主体活力。深入实施国企改革三年攻坚行动，扎实推进市属国企整合重组，加快投融资平台市场化转型。积极引入优质战略投资方参与国企混改，完成混改项目15个。加快推进“三项制度”改革，完善法人治理结构，推动重点国企聚焦主业、做大做强。高水平规划建设中国企业改革发展论坛永久会址，举办好第四届论坛。加快发展壮大民营经济，实施百强民营企业培育行动。建立健全政企会商机制，继续发挥12345接诉即办平台作用，完善惠企政策直达企业和精准落实工作机制。搭建数字金融公共服务平台，建立覆盖城乡、政企银担一体的政府性融资担保体系，优化风险分担、银税互动、首贷培植等工作机制，缓解中小微企业融资难题。巩固拓展减税降费成效，努力降低企业经营成本。加大市场主体培育力度，净增“上规入库”企业1000家。加强企业家队伍建设，提升企业家培训质效，提高资本运作能力，发挥企业家在技术创新、产业升级中的重要作用。

营造公平公正市场环境。深化“要素跟着项目走”改革，完善“标准地”供地制度，建立产业用地履约评价和退出机制。深入实施市场准入负面清单制度，坚决破除招投标隐性壁垒，加大政府采购对中小企业扶持力度，创新公共资源交易监管体制。规范资产评估、会计审计、代理咨询等中介机构服务行为。全力创建国家社会信用体系建设示范城市，推广承诺履约监管模式，全面推进信用分级分类监管，完善联合奖惩、信用修复机制，支持历下区创建信用经济示范区。

各位代表！优化营商环境永无止境。我们将以更大力度破障碍、去烦苛、优服务，推动有效市场和有为政府更好结合，尽最大努力保护好各类市场主体，成就每一个创业梦想，让创新创业创造活力在济南竞相迸发！

（十一）积极推动高水平对外开放

强化陆海统筹战略支点作用。深度融入“一带一路”，推动构建以济南为起点的“一字型”东西向沿黄大通道。加快打造现代国际航空枢纽，积极增开国际（地区）客货运航线。提升董家铁路物流枢纽功能，建设中欧班列集结中心，开行中欧班列600列以上。加快小清河济南港建设，强化与省内各港口及天津港、黄骅港等互联互通与全面合作。推动公、铁、空、水多式联运，加快实现区域一体化通关协作。

打造高能级对外开放平台。持续推进自贸试验区制度创新，建设“链上自贸”保税展示交易平台，创建全国“工业互联网＋自贸”示范区，申建全国对外文化贸易基地。推进综合保税区货物监管便利化，加快集聚高端制造、跨境电商、保税维修、保税研发等业态，推动章锦综保区与济南综保区协同联动、错位发展。强化维尔康进口肉类指定监管场地等口岸功能，发展口岸经济。充分发挥侨梦苑、绿地全球贸易港、国际招商产业园等平台作用，加快中德中小企业合作区等国际合作园区建设发展，推进鲁澳产业合作跨境金融服务中心、鲁澳中医药国际合作中心建设。

促进外贸稳中提质。实施重点外贸企业点对点服务，新增外贸进出口实绩企业1000家，进出口总额增长15%以上。积极推动“海外济南”建设，鼓励优势行业和重点领域企业抱团出海。鼓励企业扩大“同线同标同质”实施范围，多措并举帮助外贸企业拓展内销渠道。扎实推进全面深化服务贸易创新发展试点，提升国家数字服务出口基地竞争力。积极推进互联网出海行动计划。积极参与山东中日韩地方经贸合作示范区建设，拓展与RCEP成员国多领域合作。加快跨境电子商务综合试验区建设，全年跨境电商交易额增长 30% 以上。

提升城市国际化水平。加强国际交流合作，提升友城合作质效，推动国际组织、国际商会和国际经贸促进机构落户，拓展济南签证中心服务功能。持续推进国际学校、国际医院、国际社区建设，加快打造“类海外”环境。提升东亚博览会等展会品牌影响力，积极承办国家级重大涉外活动，高标准策划举办一批重大国际性展会赛事。

（十二）加快提升泉城文化影响力

彰显泉城历史文化底蕴。加强文化遗产保护，大力传承弘扬齐鲁文化，展现黄河风采、齐鲁风范、泉城风韵。实施黄河历史文化遗址保护、抢救和修复工程，规划建设非物质文化遗产廊道，策划黄河国家文化公园。充分挖掘大舜、龙山等历史文化内涵，抓好齐长城、双乳山汉墓等国家级历史古迹修缮工作，推进城子崖国家考古遗址公园、大辛庄考古遗址公园建设，做好考古成果挖掘、整理、阐释工作。传承弘扬红色文化，推进革命文物集中连片保护。深度开发泉水文化、名士文化、诗词文化等特色资源，推进“济南泉·城文化景观”申报世界文化遗产。

加快文旅产业转型升级。健全“山水圣人”中华文化枢轴文旅合作机制，策划推出一批精品旅游线路。推进明府城保护修复和品质提升，注重传统文脉与现代时尚元素融合，展现泉城独特魅力。提升老商埠保护开发策划水平，推动百年商埠加快复兴。推进南部山区文旅产业提档升级，整合提升灵岩寺、四门塔、雪野湖等文化旅游资源，加快柳埠文旅小镇建设。扩大杂技《泉城记忆》等品牌效应，推动德云文化广场、开心麻花剧场建成运营，彰显新时代“曲山艺海”风采。做大做强新媒体、短视频、影视动漫等产业，积极打造新媒体之都。推进国家全域旅游示范区创建，加快明水古城、融创文旅城、稼轩文旅城等项目建设。推动文化金融融合创新发展。高标准办好第三十届中国图书博览会、国际泉水节等品牌节会。积极推进城市品牌塑造，加大精准营销推广力度。推进媒体深度融合，构建全媒体传播体系，讲好新时代“济南故事”。

提升公共文化服务水平。开展建党 100 周年和全面建成小康社会重大主题创作展演系列活动，大力支持以济南为主题的文化精品创作。完善提升文化设施，加快省市公共文化馆群规划建设，新建泉城书房 12 处。推进济南记忆影像保护工程。建立市级公共文化服务云平台，推广云上博物馆、云上游泉城。深化新时代文明实践中心建设，打造更高水平、更高质量的全国文明城市。

（十三）建设生态宜居典范城市

加快打造黄河绿色生态走廊。统筹河道水域、岸线和滩区生态建设，完善生态空间管控体系。实施“智慧生态黄河”工程，加快国家生态环境大数据超算云中心建设，建立沿黄区域生态环境共保联治机制。推进黄河两岸防护林、沿黄公园等规划建设，改造提升堤顶道路，开展黄河滩区生态整治和景观提升，打造 183 公里黄河生态风貌带。实施大汶河水环境综合治理，统筹推进玫瑰湖、济西、龙湖、华山湖、白云湖等湿地保护开发，打造沿黄特色湿地群。

深入打好污染防治攻坚战。持续改善空气质量，推进挥发性有机物治理攻坚，巩固行业整治与锅炉综合改造成果，深化无组织排放整治，强化 PM2.5 与臭氧协同控制，完善能源消费双控制度，扎实推进机动车污染治理，实施更加严格的建筑工地、道路扬尘管控制度。大力推广新能源汽车，加快布局充电基础设施和智能换电服务网络，新建充电桩 1.8 万个以上，市区新增公交车、公务车全部新能源化，出租车电动化替代 80% 以上。持续提升水环境质量，加快污水处理设施及连通工程建设，新增城市污水日处理能力 12 万吨。开展排污口溯源整治，继续实施河道有水工程，推进污水处理提质增效，巩固建成区黑臭水体治理成效。持续推进土壤污染防治，提高固废、危废规范化处置能力，推动化肥农药减量化，有效控制新增土壤污染。

提升城市绿色容量。规划建设泉城绿道系统，加快推进大千佛山片区绿道互联互通、大明湖—护城河游览步道贯通工程。实施千佛山北广场和佛慧山开元寺入口生态景观提升工程，持续推进破损山体治理，建设提升绿化特色道路、街区 100 条（处），完成人工造林 8 万亩，建设各类公园 105 处，实现还山于民、还绿于民、还景于民。提升生态系统碳汇能力，编制碳排放达峰行动方案。

推进节水典范城市建设。统筹配置各类水资源，实施卧虎山水库至锦绣川水库连通、东部水源四库连通调水工程，加快建设大桥水厂、临空水厂，严控地下水开采。深入落实《济南市节约用水条例》，建立节约用水定额标准体系，推进节水降损工程建设，加强中水回用设施建设运营，提高再生水循环利用水平。加大工业和农业节水力度，继续实施引黄灌区农业节水工程，加快推进地下水替代工程及配套设施建设，逐步推广使用直饮水。用好泉域边界及水力联系研究成果，推进科学精准保泉，打造提升泉水景观。

（十四）加快建设国际康养名城

打造医学技术创新高地。积极推进济南国际医学科学中心建设，推动质子临床研究中心建成投用，加快医疗硅谷、树兰（济南）国际医院、山大国际医学中心、精准医学产业园等项目建设进度，争创国家医疗健康产业综合试验区。支持山东大学齐鲁医学院、山东第一医科大学“双高”建设，打造一批国内领先的高水平学科和一流专业。支持建设重点实验室、临床医学研究中心等高端研发平台，在精准医疗、免疫治疗、细胞治疗、传染病防治、创伤外科、重大慢病诊疗等领域，突破一批前沿关键技术和颠覆性创新技术。

提升区域医疗服务水平。壮大“齐鲁医学”品牌，积极争创区域医疗中心，打造高端医疗服务集聚区。统筹推进医疗设施建设，支持山大齐鲁医院急诊综合楼、山大二院北院区建设，加快市中心医院东院区、市三院医疗康养综合楼、市妇幼保健院新院区等项目建设。推进中日国际医疗科技园建设，开展国际化医院合作试点，积极引入国外知名医疗机构和国际化医院管理团队。积极推广远程诊疗，完善分级诊疗体系，新建改扩建17家社区卫生服务中心。落实《济南市院前医疗急救条例》，健全院前医疗急救网络体系。深化公共卫生管理改革，加快公共卫生“六大中心”建设。推动国家健康医疗大数据中心（北方）全面运行，支持山东省互联网医保大健康服务平台发展，打造“一纵三横五功能”健康济南共建共享平台。

推进中医药传承创新发展。擦亮“扁鹊故里”金字招牌，做强“宏济堂”等老字号品牌，打造莱芜钢城丹参、长清瓜蒌、章丘远志、平阴玫瑰等道地药材生产基地。支持山东中医药大学等高校和研究机构发展，提升中医药研发能力。规划建设中医药国际科技园、扁鹊康养生态城等项目，推动省际中药（材）采购联盟、世界中药（材）互联网交易中心、世界中医（药）检定中心发展，加快智慧中药房和扁鹊互联网中医院项目建设。提升中医服务水平，建成省级重点专科5个、市级精品专科20个。扎实推进国家中医药服务出口基地建设。

打造国际医养健康目的地。积极发展森林康养、温泉疗养、康体养生等业态，推进南部山区森林康养示范区、玉符河生态旅游康养产业带、兴隆片区山地康养度假区、五峰山医疗康养集聚区等项目建设，加快打造商河温泉、平阴玫瑰阿胶、棋山温泉等特色康养小镇。鼓励发展连锁化、规模化、品质化养老服务机构，引进培育行业领军企业，增加高质量养老服务供给。实施健康济南行动，大力推进全民健身，打造“15分钟健身圈”，加快智能体育公园建设。积极发展绿色健康食品、健康管理服务等产业。

（十五）稳步提高居民生活品质

着力增加城乡居民收入。认真落实城镇居民增收政策措施，稳步提高最低工资标准，完善职工工资正常增长机制，提高低收入群体收入，扩大中等收入群体。努力增加农民工资性收入和经营性收入，加大农民工工资清欠力度，确保农民收入持续较快增长。完善按要素分配政策制度，多渠道增加城乡居民财产性收入。

继续稳定和扩大就业。更大力度解决好高校毕业生、农民工、退役军人等重点群体就业问题，新增城镇就业14万人。优化全链条创业扶持政策，充分释放创业带动就业潜能。加大稳企稳岗力度，大力支持灵活就业。完善以就业为导向的职业技能培训体系。

推动教育高质量发展。持续加大教育资源有效供给，开工新建改扩建中小学校、幼儿园80所，普惠性幼儿园覆盖率达到88%以上。推动义务教育优质均衡和城乡一体化发展，推进高中阶段学校多样化特色化发展。大力加强教师队伍建设。深入推进思政德育一体化改革，制定学校体育、美育三年行动计划，实施新时代中小学劳动教育行动。推动民办教育优质发展，加强校外培训机构监管。扎实推进国家产教融合试点城市建设，加快建设山东（济南）智能仿真公共实习实训基地。

健全社会保障体系。扎实推进全民参保计划，健全基本养老保险筹资和待遇调整机制。建设医保智能监控系统，稳步推进长期护理保险国家试点，加快推进按疾病诊断相关分组付费改革试点，居民医保财政补助标准提高到每人每年640元。加快建立大救助制度体系，稳步提高城乡居民最低生活保障标准。推进基础设施适老化改造，推动解决老年人在运用智能技术方面遇到的困难，加快基本养老服务设施建设。建立健全婴幼儿照护服务体系，打造一批管理规范、服务优质的托育机构。完善退役军人服务保障体系，维护军人军属合法权益。推进“残疾人之家”和无障碍设施建设。实施“幸福家园”村社互助工程。

持续改善市民居住条件。开工老旧小区改造项目49个，完善基础设施和公共服务配套，鼓励有条件的既有住宅增设电梯。建立健全物业管理法规规章制度体系，提高物业服务水平和覆盖率。加强商品房质量全过程监管，深入开展住房建筑质量问题整治。落实房地产调控“一城一策”，促进房地产市场平稳健康发展。全面完成住房租赁市场试点任务，规范发展长租房市场，强化租赁住房用地保障，新开工租赁住房2万套以上。

前期，我们面向全体市民广泛征求意见建议，遴选确定了22件民生实事，提交本次会议审议。我们将增强责任意识，细化分解任务，精心组织安排，努力把民生实事办实办好，让泉城市民的获得感成色更足、幸福感更可持续、安全感更有保障！

各位代表！实现“十四五”良好开局，建设新时代现代化强省会，对政府自身建设提出了更高要求。我们将坚持把加强党的全面领导贯穿到政府工作各领域、全过程，严守政治纪律和政治规矩，增强“四个意识”，坚定“四个自信”，做到“两个维护”，自觉从政治上认识问题、推动工作，不断提高政治判断力、政治领悟力、政治执行力，确保中央决策部署在济南落地生根、开花结果。我们将深入贯彻习近平法治思想，坚持依宪施政、依法行政，着力提升政务公开实效，积极创建全国法治政府建设示范市，自觉接受人大法律监督和工作监督、政协民主监督、审计监督、舆论监督和社会监督，确保人民赋予的权力在阳光下运行。我们将持续加强制度建设，坚持“打基础、立规章、抓落实、强督查”，创新完善各类规章制度体系，确保事事有人干、事事有人管、事事有人监督。我们将始终保持只争朝夕、奋发有为的奋斗姿态和越是艰险越向前的斗争精神，不断加强作风建设，努力提高抓改革、促发展、保稳定的工作水平和专业化能力，推动各项目标任务有效落实，让实干担当成为政府的鲜明底色。我们将落实落细全面从严治党责任，坚持从严从实加强党风廉政建设，严格落实中央八项规定及其实施细则精神，力戒形式主义、官僚主义，牢固树立过紧日子的思想，抓好节约型机关建设，坚决整治群众身边腐败和不正之风，全面筑牢不敢腐、不能腐、不想腐坚实防线。

各位代表！蓝图绘就，正当乘风破浪；任重道远，更须策马扬鞭。让我们紧密团结在以习近平同志为核心的党中央周围，在省委、省政府和市委的坚强领导下，凝神聚力、真抓实干，开拓创新、锐意进取，全面开创新时代现代化强省会建设新局面，以优异成绩迎接建党100周年！

《政府工作报告》名词解释

1.“五个济南”：2020年4月28日，省委、省政府主要领导同志到济南新旧动能转换先行区调研，对济南的目标定位和发展思路提出新的更高要求，要求济南加快建设“大强美富通”现代化国际大都市，着力打造科创济南、智造济南、文化济南、生态济南、康养济南。

2.“四进”攻坚行动：根据省委、省政府统一部署，选派市、区（县）两级机关干部组成工作组，开展“进企业、进项目、进乡村、进社区”攻坚行动，统筹推进疫情防控和经济社会发展工作。

3.“上规入库”：将达到规模（限额）统计标准的法人单位和产业活动单位，纳入统计基本单位名录库。

4.人工智能“双区”：即国家级人工智能创新应用先导区和新一代人工智能创新发展试验区。

5.12项改革攻坚行动：2020年4月，市委、市政府印发《全市“重点工作攻坚年”重点任务实施方案》，提出12项改革攻坚行动：一是公共卫生应急管理攻坚行动；二是营商环境优化攻坚行动；三是新旧动能转换攻坚行动；四是“双招双引”攻坚行动；五是项目建设攻坚行动；六是科技创新攻坚行动；七是城市品质提升攻坚行动；八是扩大对外开放攻坚行动；九是生态环境保护攻坚行动；十是精准扶贫和乡村振兴攻坚行动；十一是保障改善民生攻坚行动；十二是防范化解风险攻坚行动。

6.“济企通”平台：即济南市服务企业线上平台，旨在聚焦企业诉求，整合服务资源，提供政策、技术、人才、投融资等服务，实现政府与企业全方位、零距离互动对接。

7.“信易贷”济南模式：济南是全国中小企业融资综合信用服务平台（简称全国“信易贷”平台）首个落地省会城市，市政府印发了全国首个市级政府支持全国“信易贷”平台的专项政策文件，并成立济南运营中心全力推广“信易贷”，已实现全市15个区县（功能区）全覆盖，有效缓解了中小企业融资困境，这一经验做法得到了国家发展改革委推广。

8.生活垃圾“四分类”创建示范：按照《国务院办公厅关于转发国家发展改革委住房城乡建设部生活垃圾分类制度实施方案的通知》要求，济南市自2018年开始在部分街道、社区进行生活垃圾分类试点示范，将生活垃圾按国标分为有害垃圾、可回收垃圾、厨余垃圾和其他垃圾四类，实行分类投放、收集与运输，为全面实行生活垃圾分类积累经验。

9.“三环十二射”高快一体路网：“三环”指内环线、中环线、外环线，内环线由济广高速公路零点立交至天桥段和二环高架路东环线、南环线、西环线构成；中环线起自小许家枢纽至济南东立交，向北经京台高速至晏城枢纽，向东利用绕城高速至表白寺枢纽，向南至小许家枢纽；外环线由济南至高青高速公路济南段、绕城高速二环线东环段、南环段、西环段及北环段组成。“十二射”指12条高速公路，即济南—淄博—青岛、济南—潍坊—青岛、济南—莱芜—上海、济南—泰安—上海、济南—泰安—福州、济南—菏泽—广州、济南—聊城—兰州、济南—石家庄—银川、济南—德州—北京、济南—天津—北京、济南—滨州—沈阳、济南—东营—烟台。

10.“五个中心”：《中共济南市委关于制定济南市国民经济和社会发展第十四个五年规划和二〇三五年远景目标的建议》提出，在“十四五”基本建成科创济南、智造济南、文化济南、生态济南、康养济南的基础上，再奋斗十年，建成全国重要的区域经济中心、科创中心、金融中心、贸易中心、文化中心。

11.“七个新跨越”：《中共济南市委关于制定济南市国民经济和社会发展第十四个五年规划和二〇三五年远景目标的建议》提出，到二〇二五年，在综合实力、发展质量、改革创新、对外开放、城市品质、治理效能、民生保障等七个方面实现新跨越。

12.“十个新突破”：《中共济南市委关于制定济南市国民经济和社会发展第十四个五年规划和二〇三五年远景目标的建议》提出，“十四五”期间在科技创新、高端智造、文化旅游、生态文明建设、医疗康养、基础设施建设、数字赋能、民营经济、县域经济、乡村振兴等十个方面取得新突破。

13.“三隧一桥”：即济泺路穿黄隧道北延项目、黄岗路穿黄隧道项目、航天大道穿黄隧道项目和济南黄河公路大桥扩建项目。

14.市政综合体：在满足城市安全运行的前提下，将多个市政设施集中安置在相近地块或同一地块多层结构的建筑物内，实现城市基础设施用地的立体混合开发。

15.“链长制”：市委、市政府提出聚焦新一代信息技术、节能与新能源汽车、高端装备、空天信息、量子、生物医药、先进材料、新城建、电子商务、人力资本、物流、金融等十二大重点产业，实施产业链“链长制”，由市政府主要领导任总链长，有关市领导任各链链长，部门负责人牵头，工作专班具体推进，推动建链、补链、强链、延链，全面构建核心技术自主可控、产业链安全高效、产业生态循环畅通的现代产业体系，为省会高质量发展提供强大动力。

16.华为三大创新中心：即华为（济南）软件开发云创新中心、济南“鲲鹏＋昇腾”生态创新中心、华为（济南）人工智能创新中心。“三中心”将以数字经济为发展方向，加快打造全国人工智能创新发展领先标杆。

17.百度“一基地两平台三中心”：“一基地”，即百度工业智能基地，旨在为济南带来基于百度飞桨的开发和应用服务生态，促进AI产业快速高质量发展。“两平台”，即工业互联网平台和创新示范平台，工业互联网平台将引导和带动工业企业数字化转型升级和智能化改造，创新示范平台将打造AI模型和应用，培育相关专业人才。“三中心”，即“工业互联网+安全生产”落地示范中心、工业互联网平台运营中心、创新应用展示中心，助力打造“工业互联网+安全生产”的行业规范标准，全面推动企业数字化、智能化转型。

18. 城市合伙人： 指在济创业、投资或开展研发创新活动，看好济南未来发展潜力，愿意与城市结成命运共同体，共担风险、共享成果的大型股权投资机构、股权投资管理机构或高层次人才。

19. “三高”沿线： 即高架路、高速公路、高铁沿线。

20. “三项制度”： 指国务院针对国企的三项制度改革，即劳动、人事、分配制度改革，简称“三项制度”。

21. “标准地”： 指对拟出让的工业项目国有建设用地，在完成相关区域评估的基础上，明确固定资产投资强度、建筑容积率、单位能耗标准、单位排放标准、亩均税收等控制性指标，实行“标准地”出让，做到拿地即开工。

22. “链上自贸”保税展示交易平台： 指基于区块链、边缘计算、人工智能和一物一码等新技术，在自贸试验区济南片区建设的货物保税展示交易平台，以实现“货物出区免担保、一物一码可追溯、展示商品可退回、交易消费才缴税”的保税监管新模式。

23. “智慧生态黄河”工程： 指综合运用5G、物联网、大数据、云计算、人工智能等新一代信息技术，以及生态资源环境在线监控、在线解析、遥感遥测等新技术，构建天空地一体化立体生态资源环境监测体系，实现对黄河流域生态资源环境要素的全面感知、动态监控、科学决策和精准治理，打造生态环境大数据研究应用高地。

24. “双高”建设： 指山东省政府组织实施的高水平大学和高等学校高水平学科建设计划。

25. 公共卫生“六大中心”： 即市疾控中心、急救指挥调度中心、应急医疗储备保障中心、精神卫生中心、应急创伤中心和省市共建公共卫生临床中心。

26. “一纵三横五功能”健康济南共建共享平台： 该平台将有效整合全市医疗健康数据资源，助力济南健康事业和产业高质量发展。其中，“一纵”即省、市、县（区）、镇（街）、村（居）各级各类医疗卫生机构健康医疗数据实现纵向互联互通；“三横”即实现跨部门、跨行业、跨区域横向健康医疗数据互联互通；“五功能”即实现数据实时汇聚，覆盖诊前诊中诊后的线上服务闭环，医疗、医保、医药、医养“四医”协同应用，动态行业监管治理，产业集聚发展五项功能。

27. “幸福家园”村社互助工程： 指中华慈善总会与民政部指定的互联网募捐信息平台“公益宝”合作，利用合法资质构建的、服务全国广大村社（农村、社区）开展慈善活动的平台型项目。

栏目校对　王　炜

凝聚磅礴伟力　共谱脱贫华章

——济南市脱贫攻坚报告

脱贫攻坚战打响以来，济南市以习近平总书记关于扶贫工作的重要论述和重要指示批示精神为指引，认真贯彻省委、省政府工作要求，按照“2016—2018年基本完成、2019年巩固提升、2020年全面完成”工作部署，毫不动摇把脱贫攻坚作为重大政治任务和第一民生工程，攻坚克难，尽锐出战，不断加大资金投入，强化政策供给，采取超常规举措推进各项扶贫工作，着力在落实增收减负、改进帮扶方式、提升脱贫质量上求得新突破、取得新实效。经过5年的持续攻坚，全市1006个贫困村全部摘帽退出，21.1万建档立卡贫困人口实现脱贫，脱贫攻坚取得全面胜利。

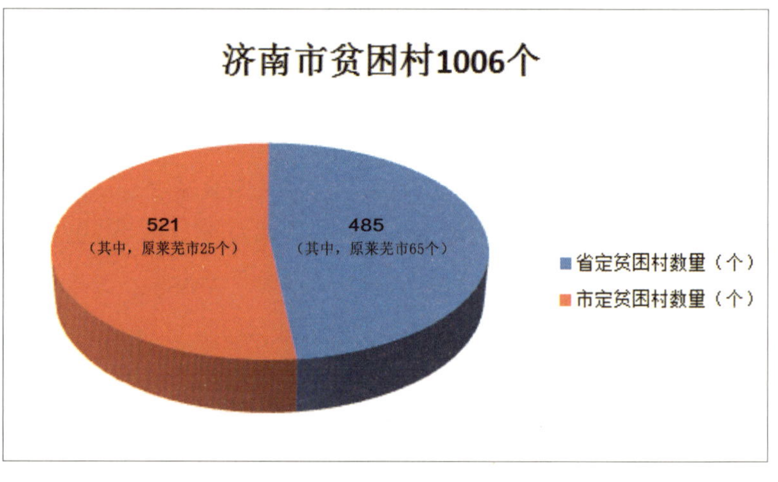

济南市贫困村数量图

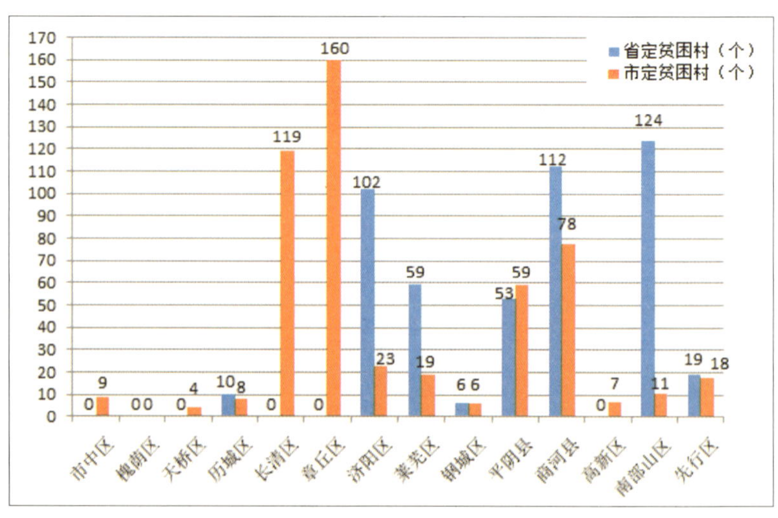

济南市贫困村分布情况图

基本情况

济南市是山东省省会，也是全国15个副省级城市之一。2018年12月26日，国务院批复同意山东省进行济莱区划调整，将原莱芜市所辖区域划归济南市。截至2020年年底，济南市辖10区2县3个功能区，总面积10244平方公里，建成区面积760.6平方公里，常住人口890.9万人，城镇化率

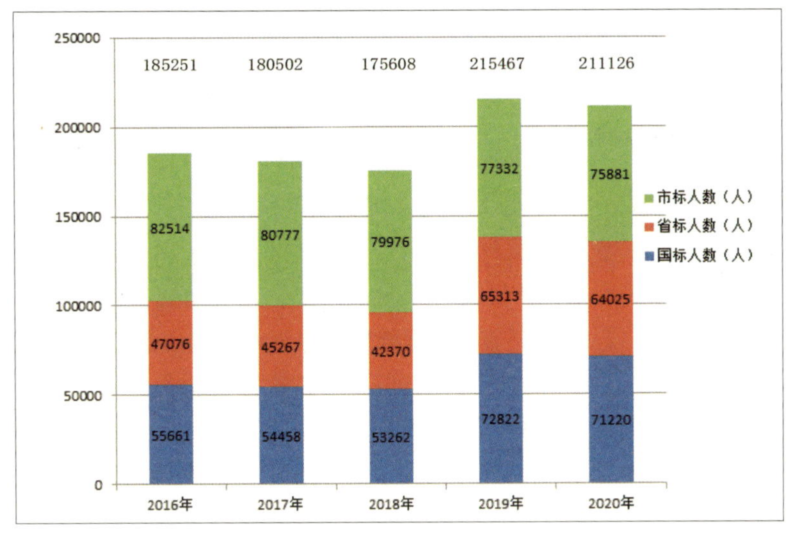

济南市建档立卡贫困人口数量

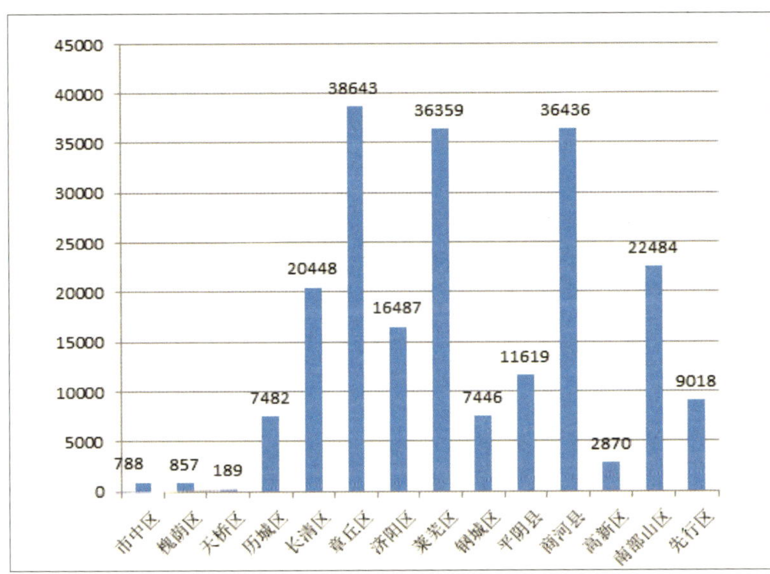

济南市建档立卡贫困分布情况（人）

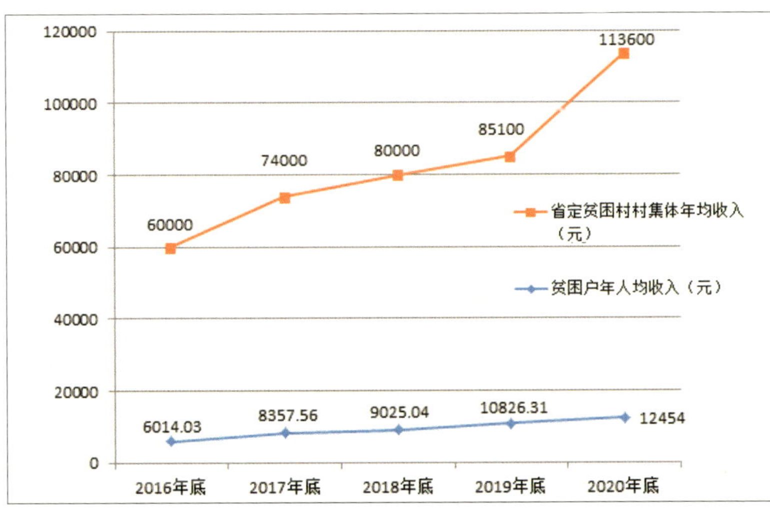

省定贫困村村集体年均收入、贫困户年人均收入情况图

71.2%，建档立卡农村贫困人口 21.1 万人（国家标准 7.1 万人、省定标准 6.4 万人、市定标准 7.6 万人），贫困村 1006 个（省定贫困村 485 个、市定贫困村 521 个）。截至 2020 年年底，全市 1006 个贫困村全部摘帽退出，21.1 万建档立卡贫困人口实现脱贫，贫困群众年人均纯收入由 2015 年底的 3927.22 元提高到 2020 年底的 12454 元，贫困发生率从 2016 年的 0.43% 降至零，济南市连续 5 年在全省扶贫开发工作成效考核中保持“好”的等次，脱贫攻坚取得全面胜利。

攻坚举措

（一）强化党委主责，构建总揽全局、协调各方的组织保障体系。济南市全市上下自觉践行习近平总书记关于扶贫工作的重要论述，把坚持党的领导、落实党委主责贯穿脱贫攻坚全过程和各环节，各级党委主要负责同志担任扶贫开发领导小组组长，统筹各方力量，集中资源攻坚，不断汇聚脱贫攻坚强大“济南合力”。

一是强化组织领导保障。落实脱贫攻坚一把手负责制，市县镇村四级书记一起抓，为脱贫攻坚提供坚强政治保证。健全完善“市级抓推进、区县抓落实、街镇抓实施”工作机制，市委、市政府主要领导亲自督战亲自抓，35 个市级领导帮挂团队结对帮挂扶贫重点街镇，14 个有扶贫任务的区县（功能区）全面落实精准扶贫精准脱贫任务，42 个领导小组成员单位立足本职深入开展行业扶贫，1000 余家国有和民营企业及广大爱心人士以签约结对、村企共建等各种形式帮扶贫困村贫困户。开展遍访贫困对象行动，各级领导干部共走访贫困群众 16.2 万人次。

二是强化干部人才保障。充实扶贫工作队伍，市、区县、街镇三级配备专职扶

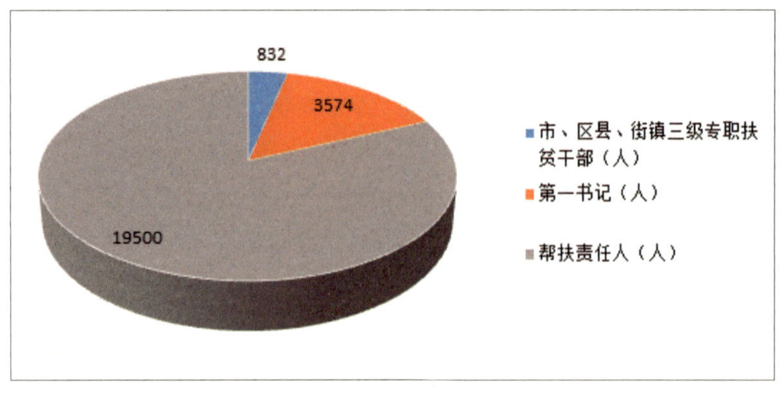

扶贫工作队伍情况

贫干部832名，每个街镇不少于5人。累计选派3轮、3574名第一书记和1143名工作队队员到农村一线开展帮扶，先后协调资金15亿元，实施产业、民生等项目5800余个，为群众解难题1.5万件。强化帮扶责任人作用，全市1.95万名帮扶责任人入户开展精准帮扶，享受政策贫困人口实现帮扶责任人全覆盖。建强基层战斗堡垒，累计为贫困村调整优化班子成员2279名、选聘“乡村振兴工作专员”632名，每个村都储备了2名后备力量。

三是强化政策资金保障。积极探索脱贫攻坚新路径，“量身定做”个性化帮扶方案，结合实际出台就业扶贫专岗，慢病免费用药和送药上门，基本医保、大病保险、医疗机构减免、医疗救助、医疗商业补充保险、分段再报销、重特大疾病再救助大病帮扶“七重”保障，贫困户人居环境改善提升、“出彩人家”“积分制”扶贫等20多个具有地方特色的办法措施，得到国务院原扶贫办充分肯定。拿出更多真金白银支持脱贫攻坚，累计投入各级财政专项扶贫资金27.46亿元，发放小额扶贫信贷3.86亿元，筹集社会资金7亿元。深化扶贫协作，对口支援湖南湘西州、重庆武隆区、临沂市扶贫协作资金14.65亿元，对接互访730次，援建实施协作项目587个，建设扶贫车间223个，开展各类培训1.36万人次，累计带动贫困人口47万多人脱贫。

四是强化工作作风保障。开展作风建设年活动，减少填表报数，精简文件会议。通过巡视巡察、嵌入式审计、资金绩效评价、暗访督查、自查评估等方式，实现各级各部门扶贫工作落实情况监督全覆盖。在全省率先出台《济南市脱贫攻坚工作问责办法》，对6类33种突出问题严肃追责问责，开展3轮脱贫攻坚专项巡察，连续4年开展扶贫领域腐败和作风问题专项治理，市、区县开展专项扶贫审计40次。出台区县党委和政府、市扶贫开发领导小组成员单位扶贫工作成效考核办法，将脱贫攻坚纳入全市经济发展综合考核和重点工作专项考核，切实发挥考核的“指挥棒”作用。

（二）深化融合推进，构建重点突出、协同发力的扶贫政策体系。针对贫困人口老弱病残占比70%以上的实际，济南市围绕“两不愁三保障”脱贫核心标准，坚持因人因地施策、因致贫原因施策、因贫困类型施策，建立完善以“三年行动意见”为基础、39个部门专项方案为依托、70个具体实施办法为支撑的“1+39+70”脱贫攻坚政策体系，各部门聚焦难点出政策，立足职能抓落实，倾尽全力促帮扶，全力保障贫困人口稳定脱贫。

一是促进区域融合。2018年12月26日，国务院批复同意山东省进行济莱区划调整，将原莱芜市所辖区域划归济南市。由于两地脱贫攻坚执行标准不一、具体政策供给差距较大，给统筹推进全市扶贫工作增加了诸多困难。市委、市政府尽全力做好莱芜区、

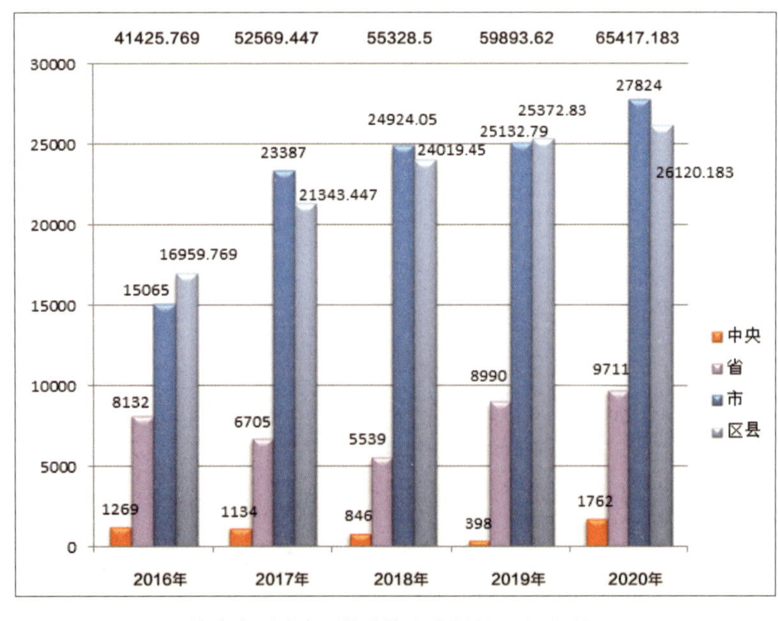

济南市财政专项扶贫资金实际投入（万元）

钢城区“等高对接，快速融入”工作，以全市“一盘棋”的大局意识通盘筹划，紧锣密鼓、马不停蹄，相继打出了对接、评估、通报、督导、观摩等一系列组合拳，两区扶贫工作逐步融入全市脱贫攻坚大局。

二是推进贫困村提升。充分发挥行业部门扶贫“主力军”作用，加大资金投入，加强政策供给，大力提升贫困村基础设施和基本公共服务，贫困村面貌发生了翻天覆地的变化。五年来，共完成贫困村电网升级改造项目459项，架设高压线476公里，所有贫困村均通生活用电和生产用电，满足贫困群众生产生活需要。加大贫困村道路建设，贫困村等级公路“村村通”、街巷硬化“户户通”，通公交比例达100%。建设完成2个省级信息化扶贫示范镇，485个省定扶贫村百兆光纤宽带网络全覆盖；建成益农信息社4515个，每村均配备信息员，培训信息员3665人次，实现贫困村信息进村入户全覆盖。精选1642名农技员、6306个帮扶科技示范主体深入贫困村开展农业科技指导。485个省定贫困村均建设综合性文化活动中心，为贫困户每年全额补贴收视费用。

三是深化医疗扶贫。为解决贫困群众因病致贫返贫难题，自2017年3月起，市、区县两级每年共设立1亿元的医疗精准扶贫专项资金，确保健康扶贫各项资金需求。贫困人口基本医保实现全覆盖，为贫困人口办理免费参保手续14.99万人次，代缴金额3747万元。逐步提高医保保障水平，居民医保财政补助标准由420元提高至580元，大病保险由人均52元提高至81元。将新冠肺炎疫情防控期间基本生活陷入困境的家庭及个人纳入临时医保扶贫范围，按扶贫对象标准落实各项倾斜政策。常住人口超过800人的247个贫困村全部建立达标卫生室。取消门诊和住院帮扶病种限制，贫困患者门诊费用由省定“两免两减半”优惠提升为“三免六减半”。对高血压等10种慢性病患者，实行免费用药帮扶，行动不便的送药上门。全面推行定点医疗机构“先诊疗、后付费”“一站式”即时结算服务，完成128家定点医疗机构端口改造和网络对接。贫困患者住院费用，经基本医保、大病保险、医疗机构减免、医疗救助、医疗商业补充保险、分段再报销住院帮扶、再救助“七重保障”后，结算政策范围内个人负担费用不超过10%，累计帮扶14万人次，减轻就医负担9.6亿多元。组织开展“健康医护进千村·连万家”活动，组建健康医护团队1914个，走访巡诊贫困人口14万余人次。

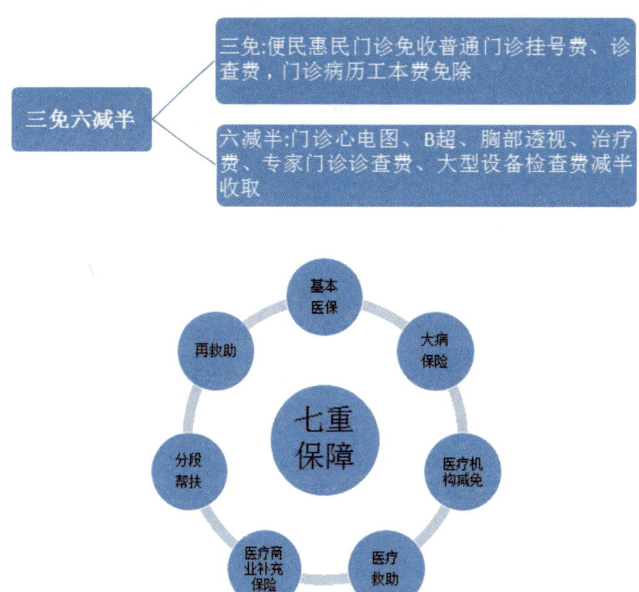

四是推进教育扶贫。为让每个农村孩子都能接受公平、有质量的教育，阻断贫困代际传递，济南市大力实施教育扶贫。增加学位供给，新改扩建贫困村中小学和幼儿园516所，全市10339名建档立卡贫困家庭义务教育阶段学生均得到有效教育安置。健全完善贫困学生资助体系，实现学生资助政策从学前教育到高等教育高标准全覆盖，累计资助11.02万人次。开发建档立卡学生资助系统，将扶贫、民政、残联、教育等部门的数据进行对接，利用大数据技术实现建档立卡等家庭经济困难学生在学校终端的精准识别。实

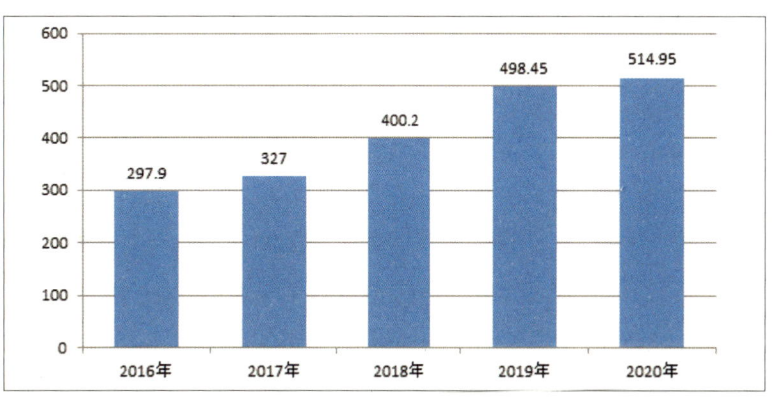

济南市雨露计划补助资金情况（万元）

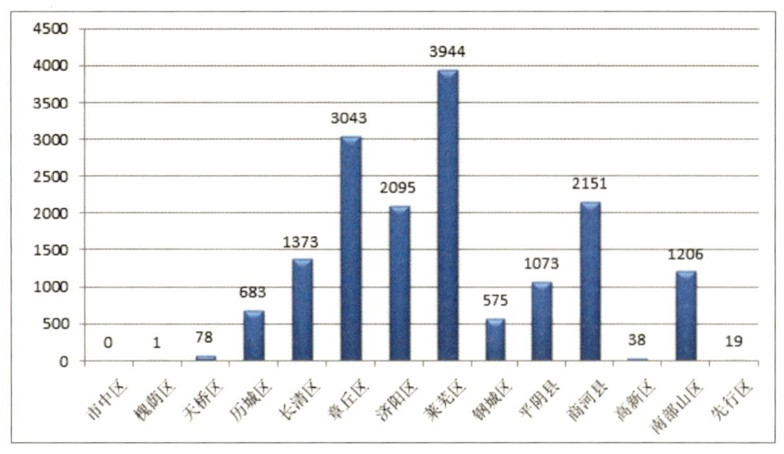

济南市贫困户危房改造情况（户）

施“城镇优质学校+贫困村薄弱学校”互助成长项目，让贫困地区学生和城镇学生一起共享优质教育资源。积极落实“雨露计划”，为职业教育贫困学生发放补助金10724人次、2204万元。

五是实施危房改造。将住房安全有保障作为脱贫底线指标抓细抓实，确保所有贫困群众都能住上安全住房。对贫困户住房安全实行鉴定全覆盖，并标注等级挂牌上墙。建立常态化贫困户住房安全保障巡查机制，动态了解和掌握贫困人口住房安全状况，发现疑似危房，及时予以鉴定，对确属危房的，立即实施改造，确保不落一户、动态清零。在省定补助标准基础上提高建档立卡贫困户的危房改造补助标准，贫困户修缮加固房屋户均补助不低于1万元，五保户、低保户和贫困残疾人家庭重建房屋户均补助不低于3.2万元，一般贫困户重建房屋户均补助不低于2.5万元。规范农村危房改造工作流程，全面落实“三级公示”制度，严格落实“七步走”工作程序，规范补助对象的认定、审批和操作程序，严把房屋质量安全关，累计投入3.3亿元改造贫困户危房16279户。

六是推行人居改善。在确保贫困群众住房安全的前提下，在全省创新实施贫困户人居环境改善提升行动。以区县为单位，统筹整合财政涉农资金、扶贫协作资金、村集体自有资金、社会捐助资金等各类资金，按照“政府出一点、社会捐一点、子女拿一点”的模式和“尽力而为、量力而行”的原则，将所有符合改善条件且有改善意愿的贫困户纳入提升范围，进行“五净两规范”人居环境提升，累计投入1.12亿元改善30411户。组织开展“村庄清洁”行动，免费更换贫困村垃圾桶12000余个，218个贫困村成为清洁村庄示范村。

七是保障饮水安全。为确保贫困群众喝上“安全水”“放心水”，济南市投资3亿元，对430个贫困村饮水安全进行改造提升。开展农村饮水安全两年攻坚行动，投资37亿元，新建水库水源地2个，新建、改扩建水厂25座，铺设干支管道达4万余千米，健全完善市、县两级农村饮水安全信息监管平台，贫困村供水普及率达到100%，贫困户饮用水水量、水质、取水方便程度、供水保障率四项指标全部达到省定核查验收标准。

八是兜住保障底线。针对“老弱病残”特困群体大都丧失劳动能力无法依靠产业、就业脱贫的实际，将无劳动力、无生活来源、无法依靠产业就业帮扶脱贫的6万余名贫困人口，分别纳入农村低保和特困供养。持续推进贫困残疾人社保兜底、教育培训、就业创业、康复救助、托养救助、权益保障助残“六大脱贫工程”，对1.7万名贫困残疾人发放生活和护理“两项补贴”，为1.32万名贫困残疾人适配辅助器具，为1.1万户贫困残疾人家庭实施无障碍改造，资助贫困残疾学生和残疾人子女4600人次，实现16周岁以上贫困重度残疾人居家托养服务全覆盖。开展以“邻里照料”为核心的养老助残，结合农村幸福院建设，探索实施“爱心之家”“幸福食堂”等各具特色的贫贫互助

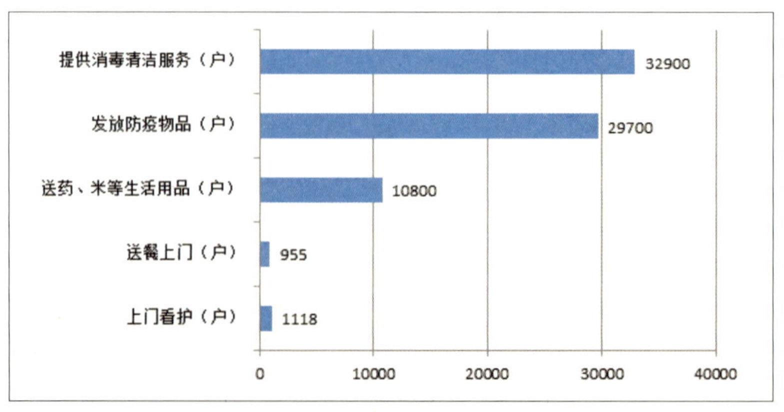

新冠肺炎疫情期间贫困群众帮扶措施统计

模式，设立200多家邻里互助点，为贫困老年人、残疾人提供助餐、助洁、助行、助医、助购等日常照料服务，惠及贫困人口1万多人。全力保障疫情期间贫困群众基本生活，累计为贫困群众提供消毒清洁服务3.29万户，发放防疫物品2.97万户，送药、米、面、油、菜等生活用品1.08万户，送餐上门955户，上门看护1118户，发放“过暖冬”物资和救助金1000多万元。健全即时帮扶机制，加强对脱贫不稳定户、边缘易致贫户的动态监测，对有返贫风险的落实相应帮扶措施，做到即时发现、即时救助。

九是实施迁建搬迁。济南市黄河滩区面积506平方公里，涉及5个区县、358个村、33.9万人，占全省迁建人口的57%。全面落实滩区迁建任务，投资149亿元，建设“外迁安置、筑堤保护、村台改造、临撤道路”四类迁建工程，8个外迁社区搬迁入住7万多人，提升改造旧村台54个，新建护城堤33.88千米，新改建临时撤离道路215.8千米；依托滩区龙头企业大力发展特色园区农业，实施“七个一”就业工程。积极开展易地扶贫搬迁，投资3.56亿元，完成南部山区西营街道老峪村和积米峪村147户、308名贫困群众搬迁任务。加快配建集农业种植、高端民宿、医疗养老于一体的田园综合体产业项目，南部山区筹集资金240万元，建设就业扶贫车间，增加村集体和贫困人口收入；老峪安置区建设了扶贫阳光大棚和扶贫超市；积米峪村与山东高速集团合作，建设田园综合体产业项目，流转土地10000余亩，村民年均增收4000多元。

（三）优化产业供给，构建因地制宜、全员覆盖的脱贫增收体系。按照“村有产业、家有就业、户有分红”的目标，结合农业供给侧结构性改革，把培育特色优势产业作为推动脱贫攻坚的根本出路，以产业带就业，以就业促脱贫，全面夯实贫困群众持续增收基础，贫困群众年均增收3500元以上。

一方面，统筹推进产业扶贫。突出产业脱贫“治本”作用，科学谋划产业发展，累计实施产业扶贫项目2102个，其中光伏扶贫项目980个、种植类项目443个、养殖类项目105个、旅游扶贫项目55个、农产品加工类项目40个、电商项目11个、其他类项目468个。一是发展特色项目。大力实施农业特色产业振兴工程，突出抓好平阴玫瑰、济阳黄瓜、历城草莓、莱芜生姜、钢城药谷等特色产业。开通“泉城乡旅扶贫专线”，打造长清“齐鲁8号风情路”、商河“秧歌古村”等20多个优质乡旅扶贫项目，建成镇级产业扶贫项目438个，引导贫困村发展种养加、乡村旅游、光伏项目1463个。二是规范项目管理。将贫困村纳入农村集体产权制度改革实施范围，贫困村集体资产全部完成清产核资，脱贫攻坚以来所有扶贫项目资产全部确权登记，纳入农村集体“三资”管理平台，明晰所有权、放活经营权、确保收益权、落实监督权。实施产业扶贫项目分类动态管理，对运营良好项目，加大扶持力度，巩固发展优势；对低质低效项目，推进提档升级，确保提质增效。三是开展消费扶贫。出台《农村电商发展三年行动计划（2020—2022年）》，建设完善区县、街镇、村三级服务站点，成立“济南市消费扶贫联盟”，对200余种扶贫产品进行集中认定，11种产品被纳入山东省政府采购产品目录，累计销售扶贫产品2亿多元。100多个部门、国有企事业单位将结余的3亿多元办公、工会经费用于帮扶贫困村和购买贫困户农副产品。各区县纷纷开展形式丰富的消费帮扶行动，比如济阳区通过区领导、第一书记网上带货直播，购买湘西、武隆地区农产品，收购贫困村农产品等方式实施消费扶贫。平阴县通过帮扶单位代销、直播带货等方式累计销售农副产品3700余万元。商河县组织策划名优农特产品上行活动、商河农特产

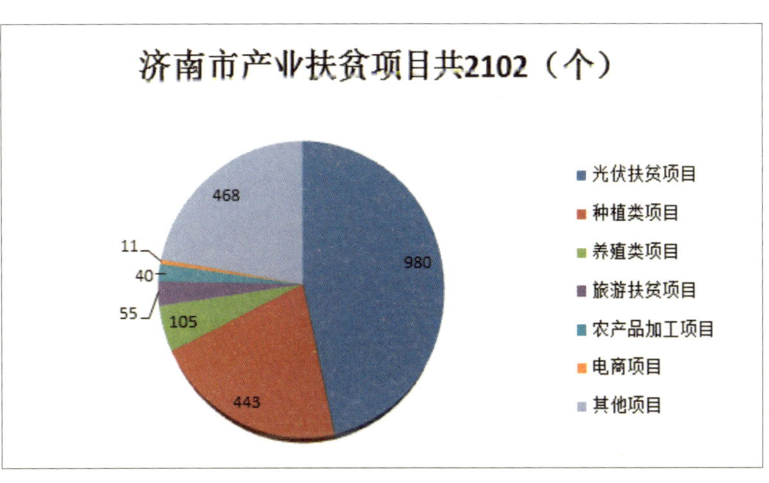

济南市产业扶贫项目图

品进社区活动等20余次，挖掘贫困村特色产品、电商产品达40余种。四是实施金融扶贫，累计发放扶贫小额信贷和富民生产贷3.86亿元，带动建档立卡贫困人口7790人次，累计贴息192笔、1059万元。

另一方面，深入开展就业扶贫。一人就业、全家脱贫，增加就业是直接有效的脱贫方式。济南市整合各类资源，以提升就业能力、提供就业岗位为核心，积极开展就业帮扶，推动贫困群众就地就近就业4.42万人次。一是实施技能培训。建立职业技能培训免费清单，定期向社会公开清单目录，贫困群众根据实际需求自主选择，累计培训2万多人次，有意愿有条件的贫困劳动力培训实现全覆盖，至少掌握一项致富技能。开展农业科技人员进贫困村活动，精选技术指导员1067人、特聘农技员575人，定点指导、帮扶科技示范主体6306个，发布主推技术100余项，受益贫困人口3万多人。二是设立扶贫专岗。对具有一定劳动能力但因家务缠身、技能偏低等原因不能出远门的贫困群众，通过特设互助照料、设施管护、产业辅助等就业扶贫专岗助力脱贫，疫情期间阶段性开发排查布控、测温值勤、疫点值守等防控公益岗，累计设立扶贫专岗1.62万个，帮助贫困群众在家门口实现就业。三是促进主体带动。扶持新型农业经营主体200余家，积极引导新型经营主体等各类企业通过项目合营、务工就业、入股分红、订单购销、设点加工等方式，与贫困户建立利益联结机制，对帮扶效果突出的各类经营主体，在用地保障、财税政策、银行贷款、资金奖补等方面给予重点支持，共设立就业扶贫加工点300多个，培育绿泽画院等贫困残疾人创业就业扶贫基地86处，带动2万多名贫困群众实现脱贫增收。

（四）强化主体意识，构建自主发展、长效持续的内源脱贫体系。贫困群众是脱贫攻坚的主体，济南市认真谋划探索激发群众内生动力的有效路径和方式方法，推进扶贫同扶志、扶智相结合，着力激发群众改变贫困面貌的干劲和决心，引导带领贫困群众由脱贫到致富转变。

一是注重示范引领。建立脱贫攻坚讲习所，成立扶贫政策、实用技术、脱贫故事三个宣讲团，利用固定地点的“课堂讲习”、田间地头的“现场讲习”、互联网平台的“远程讲习”，向贫困群众讲思想、讲政策、讲思路、讲方法，帮助他们进一步转变思想观念，提升发展能力，共开展各类讲习培训400多场，参加贫困群众2万多人次。深入推进“争创出彩人家、共建美丽乡村”活动，选树103个贫困村为“出彩人家”典型村、5000多户贫困户为“出彩人家”示范户。开展贫困母亲救助行动，救助“贫困母亲家庭”8666人。开展最美家庭故事巡讲、好家风家训展示等活动100余场，以良好家风促进社会和谐，以文明新风助力脱贫攻坚。

二是实施量化激励。从产业带动、就业扶持、医疗救助、助残养老等方面，为每户贫困家庭“量身定做”个性化帮扶方案，每户平均6项脱贫措施。通过脱贫攻坚讲习所、农民夜校等载体，开展扶贫政策、实用技术、脱贫故事三类宣讲培训1000多场。围绕让贫困群众了解扶贫政策、参与产业项目、参加技能培训、主动就业创业、提升人居环境、自觉孝老敬亲、养成良好习惯等方面设置积分奖励，贫困群众以表现换积分，凭积分到爱心企业、爱心人士捐资设立的扶贫超市兑换用品，既增强了贫困群众自我发展、自主脱贫的意识，又促使基层扶贫干部更好地了解贫困群众状况、有针对性地提供帮扶救助，还汇聚起社会各界参与扶贫的正能量，一举三得，累计有7万人参与、40万次。

三是凝聚社会合力。推行孝善养老，把弘扬孝老爱亲中华民族优良传统与精准扶贫相结合，大力推行以“亲情赡养”为核心的孝善扶贫，老人、子女、村孝善扶贫理事会三方签订协议，进一步明确子女对老人经济上供养、生活上照料、精神上慰藉的义务。对子女缴纳孝心赡养费的，给予20%—30%的补助，受益贫困老人3.58万人。开展青春扶贫，招募组织2928名青年志愿者，结对帮扶1464名农村65岁以上不集中供养的留守、失独贫困老年人，累计开展情感陪护、生活照料、物资援助、便民维修、医疗救助等多种形式的助老志愿服务316场，提供志愿服务14812小时，发放爱心物资约合65.94万元。

实施巾帼脱贫行动，设立25家“大姐工坊”，开展妇女技能培训、产品推介等活动26场次；关爱贫困“两癌”妇女，为93名患病贫困妇女提供救助金93万元；发挥家政行业在助力扶贫就业方面的示范引领

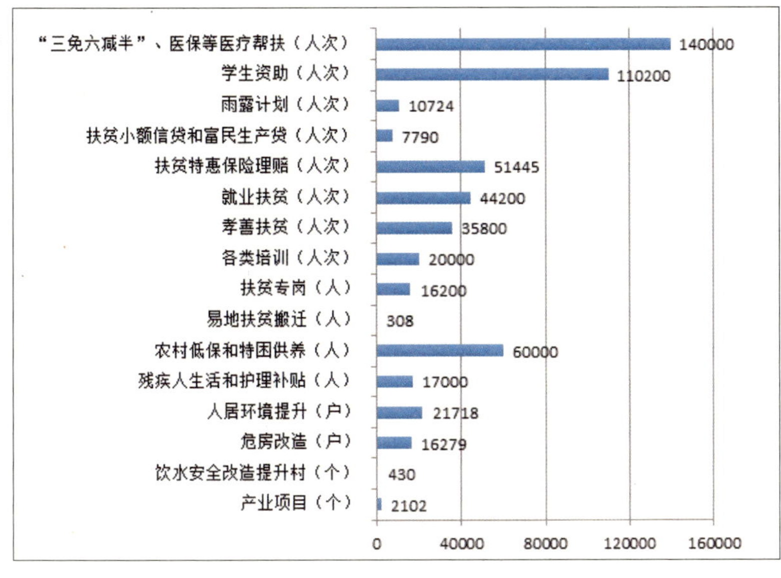

济南市健康立卡贫困户主要扶贫措施统计

作用，连续6年承办全国巾帼家政扶贫培训班，连续承办两届全国巾帼家政服务职业大赛，引导农村贫困妇女在家政领域就业创业、脱贫致富。

基本经验

（一）必须坚持以习近平总书记关于扶贫工作的重要论述为指引。习近平总书记关于扶贫工作的重要论述，是马克思主义反贫困理论中国化的最新成果，是习近平新时代中国特色社会主义思想的重要组成部分，是打赢脱贫攻坚战的行动指南。学深悟透习近平新时代中国特色社会主义思想，深入落实总书记关于扶贫工作的重要论述和重要指示批示精神，是做好脱贫攻坚工作的根本遵循。济南市坚决扛牢脱贫攻坚政治责任，将高质量打赢脱贫攻坚战作为树牢"四个意识"、做到"两个维护"的现实检验，切实发挥好各级党组织和广大党员干部的作用，着力在精准施策上出实招，在精准推进上下实功，在精准落地上见实效，出台了一系列务实管用的政策举措，集中精力推动工作落实，为打赢脱贫攻坚战提供了坚强政治保证。

（二）必须坚持发挥社会主义制度的政治优势。脱贫攻坚是一项需要全党、全社会共同参与的社会系统工程，中国共产党领导和我国社会主义制度是聚力攻坚克难、夺取脱贫攻坚最后胜利的根本保证。济南市充分调动社会各方面力量参与脱贫攻坚，各级党政机关、企事业单位认真落实行业扶贫责任，民营企业、社会组织和个人积极履行社会责任，政府、市场、社会协同发力，建立了"政府主导、群众主体、全社会参与"的大扶贫格局，凝聚起打赢脱贫攻坚战的磅礴力量。事实充分证明，只要我们坚持党的领导、坚定走中国特色社会主义道路，就一定能够消除贫困，最终实现共同富裕。

（三）必须坚持精准扶贫精准脱贫方略。脱贫攻坚，贵在精准，重在精准，必须对扶贫对象实行精细化管理、对扶贫资源实行精确化配置、对扶贫对象实行精准化扶持。济南市深刻理解把握习近平总书记精准扶贫精准脱贫基本方略，围绕扶持谁、谁来扶、怎么扶、如何退等问题，聚焦短板弱项，创新工作方式，因村因户因人施策，因贫困原因施策，因贫困类型施策，帮扶对象更加精准，政策落实更加精准，资金使用更加精准，项目管理更加精准，措施到户更加精准，脱贫成效更加精准，扶贫路径由"大水漫灌"转为"精准滴灌"，扶贫模式由偏重"输血"转为注重"造血"，保证了脱贫攻坚的顺利完成。

（四）必须坚持调动贫困群众脱贫主体作用。脱贫不仅要摆脱物质上的贫困，也要摆脱思想意识上的贫困，只有始终坚持为了人民、依靠人民，尊重人民群众主体地位和首创精神，把人民群众中蕴藏着的智慧和力量充分激发出来，才能够实现脱贫攻坚的全面胜利。济南市坚持扶贫与扶志扶智相结合，正确处理外部帮扶同群众自身努力的关系，把发展产业、促进就业作为贫困群众脱贫的根本途径，创新推出了"积分制"扶贫、脱贫攻坚讲习所等激励措施，组织、引导、支持贫困群众自力更生、艰苦奋斗，用自己辛勤劳动实现脱贫致富、创造美好幸福生活，有力地推动了"输血式"扶贫向"造血式"扶贫转变。

（五）必须坚持求真务实较真碰硬。一分部署，九分落实，真抓实干、埋头苦干才能保证脱贫攻坚战打得赢、打得好。济南市突出实的导向、严的规矩，不搞花拳绣腿，不搞繁文缛节，不做表面文章，把全面从严治党要求贯穿脱贫攻坚全过程和各环节，强化扶贫领域作风和能力建设，实施经常性的监督检查和最严格的考核评估，对脱贫攻坚责任、政策、工作落实情况开展严格监督，对脱贫攻坚成效进行严格考核，倒逼各级各部门真抓实干，推动各项工作提质增效，确保脱贫攻坚成果经得起实践和历史检验。

下一步工作思路

脱贫摘帽不是终点，而是新生活、新奋斗的起点。下一步，济南市将以习近平新时代中国特色社会主义思想为指导，深入贯彻党中央、国务院决策部署和省委、省政府工作要求，乘势而上、再接再厉、接续奋斗，推动巩固拓展脱贫攻坚成果同乡村振兴有效衔接，做到稳中求进、有序推进、平稳过渡，为打造乡村振兴齐鲁样板省会标杆、全面开创新时代现代化强省会建设新局面奠定坚实基础。

（一）保持主要帮扶政策总体稳定。严格落实“四个不摘”要求，保持现有帮扶政策、资金支持、帮扶力量总体稳定，持续巩固脱贫攻坚成果，确保脱贫群众不返贫。在保持主要帮扶政策稳定的基础上，对现有帮扶政策逐项分类优化调整，合理把握调整节奏、力度和时限，出台政策优化调整的具体实施办法和工作方案，逐步实现由集中资源支持脱贫攻坚向全面推进乡村振兴平稳过渡。

（二）健全防止返贫监测和帮扶机制。加强对脱贫享受政策户、边缘易致贫户，以及因病因灾因意外事故等刚性支出较大或收入大幅缩减导致基本生活出现严重困难户的动态监测，由街镇统筹安排村“两委”成员、第一书记、驻村工作队、帮扶责任人和基层党员干部开展“日探视”，对有返贫风险的及时落实相应帮扶措施，做到即时发现、即时救助，坚决防止规模性返贫现象发生。

（三）强化农村低收入人口常态化帮扶。以现有社会保障体系为基础，建立完善农村低收入人口动态监测和风险预警机制，对有劳动能力的，及时纳入产业帮扶和就业创业政策范围统筹扶持；对基本生活出现困难的，分层分类实施社会救助，做到早发现、早帮扶。将符合条件的农村低收入人口纳入农村低保特困人员救助供养范围，逐步提高保障标准，按时足额发放救助金。加大农村低收入人口专项救助和临时救助力度，对因病因残因灾因学等原因出现生活困难的，及时给予相应救助。

（四）做大做强扶贫产业。立足当地资源禀赋和产业优势，结合供给侧结构性改革，以市场需求为导向，因地制宜发展特色优势产业。强化产业扶贫项目监管，进一步完善项目分类动态管理机制，落实扶贫资产所有权、经营权、收益权、监督权“四权分置”，促进扶贫项目提质增效、持续发挥效益。深入开展消费帮扶行动，搭建产销对接平台，通过线上销售、线下物流配送等，拓宽农产品销售渠道，持续激发脱贫村内生动力。

（五）做好脱贫人口稳岗就业。根据脱贫享受政策人口就业意愿和培训需求，开展有针对性的职业技能培训，帮助掌握致富技能，提高就业创业能力。千方百计稳定和扩大就业，持续加大组织劳务输出力度，优先为脱贫享受政策人口提供就业指导服务，推荐就业岗位。整合扶贫项目收益、慈善捐助资金、社会捐助资金、村集体经营收入等，稳定现有扶贫专岗、公益岗规模，加强就业扶贫车间规范管理，促进弱劳动力、半劳动力等脱贫享受政策人口就近就地就业。

（六）支持脱贫村稳步实施乡村建设行动。加强黄河滩区居民迁建和易地扶贫搬迁后续扶持，加大产业发展、就业帮扶、搬迁复垦、社区服务、配套设施建设等扶持力度。支持脱贫村因地制宜推进生活垃圾和污水收集处理、村容村貌提升，建设生态宜居的美丽乡村示范村。实施农村公路提质增效工程，提升脱贫村“四好农村路”建管水平。加强光纤宽带、5G网络等新型信息基础设施建设，进一步优化脱贫村信息通信网络覆盖。加强乡村小规模和乡镇寄宿制学校建设，改善义务教育办学条件。实施脱贫村基层医疗卫生服务能力提升行动。

（市扶贫办）

栏目校对　王　炜

1月

2日 市委理论学习中心组集体学习暨“泉城干部大学堂”专题讲座举行，邀请中国科学院院士、山东大学网络空间安全学院院长、清华大学高等研究院“杨振宁讲座教授”王小云围绕“区块链”技术做专题讲座。

5日 市委经济工作暨“四个中心”建设推进大会召开，会议学习贯彻中央经济工作会议、省委经济工作会议精神，总结全市2019年经济发展情况，分析当前经济形势，安排部署2020年经济工作任务，签订“1+495”工作体系2020年度目标任务责任书。

是日 济南市机器人与高端装备产业协会、济南（国际）机器人与高端装备产业联盟成立。

6日 省委常委、市委书记王忠林代表山东省委、省政府和济南市委、市政府率团赴广州考察交流，走访广东省山东商会，洽谈交流合作，听取企业家对山东、对济南发展的意见建议，邀请大家回家乡投资兴业。

7日 济南往返东京航线开飞，由山东航空公司执飞，每周3班（周二、五、日），这是2020年济南开通的第一条国际航线。

8日 全国政协副主席、民革中央常务副主席郑建邦带队到济南市就黄河流域生态保护的法治保障问题进行调研，调研组对全市黄河沿岸生态保护及湿地生态环境保护工作给予充分肯定。

10日 全国双拥工作领导小组成员兼办公室副主任、中央军委政治工作部群众工作局局长肖安水率调研组到济南调研双拥模范城（县）创建工作。

是日 副省长凌文到九阳股份有限公司调研企业运行情况。

是日 市纪委、市信访局联合进行的全市信访工作领域形式主义、官僚主义专项整治督导检查工作部署会召开。

11日 济南市“不忘初心、牢记使命”主题教育总结大会召开，学习贯彻习近平总书记关于“不忘初心、牢记使命”主题教育的重要讲话和重要指示批示精神，学习贯彻中央、省委主题教育总结大会精神，总结全市主题教育取得的成效。

13日 山东大学与济南市人民政府签署合作共建济南国际医学科学中心——山东大学国际医学中心战略合作框架协议，确定依托济南国际医学科学中心，校地共建山东大学国际医学中心。

15日 市政府召开第二次全体（扩大）会议，表决通过提交市十七届人大二次会议审议的《政府工作报告（审议稿）》。

是日 中共济南市委召开民主协商会议，就全市2020年两会议程和有关人事安排情况，与市级各民主党派、工商联负责人、无党派人士进行民主协商。

17日 省委常委、市委书记王忠林和市委副书记、市长孙述涛会见中科院理化技术研究所所长张丽萍一行。会见结束后，济南市政府与中科院理化所签订《关于共建中国科学院未来技术创新研究院（济南）合作协议》。

18日 以“知识产权促进创新发展”为主题的第三届国际工商知识产权论坛在济南举行。

21日 省委常委、市委书记王忠林会见诺贝尔奖获得者、中国科学院外籍院士杰哈·莫罗一行。会见结束后，山东省科学院激光研究所所长贾中青与杰哈·莫罗签订《关于聘请杰哈·莫罗教授为山东先导激光传感研究院名誉院长和首席科学家的合作协议》，并颁发山东先导激光传感研究院名誉院长聘书。

25日 全市新型冠状病毒感染的肺炎疫情处置工作视频会议召开。

26日 市委常委会召开扩大会议，传达学习中央政治局常委会会议、省委常委会会议精神，听取全市新型冠状病毒感染的肺炎疫情防控工作情况，研究部署下一步工作。

28日 全市新型冠状病毒感染的肺炎疫情处置工作领导小组会议召开。学习贯彻习近平总书记1月27日对新型冠状病毒感染的肺炎疫情防控工作的重要指示精神，对疫情防控和患者治疗工作进行再研究、再部署。

30日 全市新型冠状病毒感染的肺炎疫情防控工作专家咨询委员会会议召开，对当前全市疫情形势、医疗救治和防控措施落实情况进行研判。

是日 国务院应对新型冠状病毒感染的肺炎疫情联防联控机制第十二督导组对全市防控新型冠状病毒感染的肺炎疫情工作进行督导检查。

是日 省委常委、市委书记王忠林到历城区、章丘区的药品及口罩生产企业、社区卫生服务中心、农村社区等地督导检查疫情防控工作。

31日 市委副书记、市长孙述涛到养老机构、蔬菜批发市场等地，督导检查疫情防控工作。

2月

1日 全市新型冠状病毒感染的肺炎疫情处置工作领导小组专题会议召开，贯彻落实习近平总书记关于新型冠状病毒感染的肺炎疫情防控工作的重要讲话和重要指示精神，研究部署假期结束后全市疫情防控工作。

3日 省委常委、市委书记王忠林到高速公路出入口、机场、企业督导检查疫情防控工作。市委副书记、市长孙述涛到一线督导检查疫情防控工作。

4日 市委常委会召开会议，传达学习2月3日中央政治局常委会会议精神，审议通过《关于支持中小微企业有效应对疫情实现保经营稳发展的若干措施》。

是日 市委办公厅、市政府办公厅印发《关于积极应对疫情促进中小微企业健康发展的若干政策意见》。

5日 全市新型冠状病毒感染的肺炎疫情处置工作领导小组（指挥部）办公室发布《关于实行“十个一律”加强村居疫情防控的通告》。

7日 省委书记、省新型冠状病毒感染肺炎疫情处置工作领导小组组长刘家义在济南深入企业、超市、畜禽养殖基地，实地调研疫情防控和企业复工复产情况，强调要全力以赴做好疫情防控工作，督促企业迅速复工复产，保障人民群众生命健康安全和日常生活需要，推动经济社会平稳健康发展。

8日 省委常委、市委书记王忠林看望慰问支援武汉医护人员家属代表。

9日 全市召开企业复工复产部署会。会议指出，要鼓励企业全面复工复产，做到防疫生产两不误，坚决打赢疫情防控阻击战，努力实现一季度开门红。

12日 省委书记、省委新冠肺炎疫情处置工作领导小组组长刘家义到济南，深入医院、集中观察点、社区、大学，了解基层疫情防控工作情况，看望慰问奋战在疫情防控一线的广大医务工作者和干部职工。

13日 省委书记、省委新冠肺炎疫情处置工作领导小组组长刘家义到济南调研企业复工复产工作，强调要深入学习贯彻习近平总书记在中央政治局常委会会议上的重要讲话精神，在确保做好防疫工作的前提下，有序推动各类企业复工复产，确保完成2020年经济社会发展目标任务。

14日 市自然资源和规划局发布12条新政，针对全市重点项目用地、疫情防控用地、土地出让政策和审批服务等方面为企业开放“绿色通道”，为全市完成2020年经济社会发展目标增加信心。

17日 市委常委会扩大会议暨全市新型冠状病毒性肺炎疫情处置工作领导小组扩大会议召开，传达学习习近平总书记重要讲话精神，研究部署当前和今后一个时期疫情防控、企业复工复产等工作。

18日 副省长刘强到济南调研重点工业企业银企对接工作，详细了解企业融资需求、复工情况，察看疫情防控措施落实情况。

21日 副省长任爱荣到山东自贸试验区济南片区调研疫情防控、企业复工复产和济南片区建设情况。

24日 副省长凌文到平阴县红枫叶老人养护院、锦水街道敬老院及云翠社区幸福里小区进行走访督导，询问各处疫情防控措施及物资保障情况。

25日 市委常委会召开会议，传达学习中央政治局会议精神，中央统筹推进新冠肺炎疫情防控和经济社会发展工作部署会议精神和省委、省政府视频会议精神，中央、省委农村工作会议精神和全国、全省扶贫开发工作会议精神，研究全市贯彻意见；审议通过《关于抓好“三农”领域重点工作确保如期实现高质量全面小康的实施意见》《落实加快推动乡村振兴和巩固提升脱贫攻坚成果支持政策的若干措施》《济南市农村集体经济组织管理规定（试行）》和市属国资国企改革有关文件。

26日 省委书记、省委新冠肺炎疫情处置工作领导小组组长刘家义到济南调研疫情防控工作和经济社会发展情况。

是日 《疫情防控期间济南市企业贷款风险补偿实施办法》正式发布。该《办法》自2020年2月14日起实施，有效期至国家公布的疫情结束。

27日 济南市与中信集团、北京应通科技签署计划总投资276亿元的项目。

28日 全市组织部长会议以电视电话会议形式召开。

3月

1日 市委副书记、市长孙述涛主持召开全市疫情防控工作调度会议，贯彻落实省有关会议精神，安排部署疫情防控工作。

2日 市委、市政府印发《关于贯彻落实习近平总书记重要讲话精神统筹推进新冠肺炎疫情防控和经济社会发展工作的实施意见》。

4日 工信部驻山东省复工复产联络员工作组一行到济南调研。工作组一行到浪潮集团、中国重汽集团调研，了解企业复工复产、重大项目、产业链协同、产品工艺一条龙等方面情况，协调解决发展中遇到的困难和问题，助力企业复工复产。

5日 市委宣传部印发《关于表扬“济南市疫情防控工作新闻宣传先进集体和先进个人”的通知》，对全市在疫情防控新闻宣传工作中表现突出的14个先进集体和41名先进个人予以通报表扬。

是日 全市召开选派干部“进企业、进项目、进乡村、进社区”攻坚行动工作会议，传达省万名干部“进企业、进项目、进乡村、进社区”工作培训会议精神。

9日 科技部发布通知，支持济南建设国家新一代人工智能创新发展试验区，标志着济南建设国家人工智能试验区正式获批。

10日 市委常委会召开会议，传达学习2月26日、3月4日中央政治局常委会会议精神，习近平总书记3月2日在北京考察新冠肺炎疫情科研攻关工作时的重要讲话精神和3月6日在决战决胜脱贫攻坚座谈会上的重要讲话精神，研究初步贯彻意见；审议通过《济南市精准对接央企加快打造央企北方总部基地行动方案》。

11日 济南市政府、山东省科技厅、中国科学院微生物研究所合作共建项目签约活动在线举行。

12日 省委常委、统战部部长张江汀到部分驻济新的社会阶层组织调研新冠肺炎疫情防控及复工复产等情况。

16日 市政府常务会议召开，会议听取《关于废止和修改部分政府规章审查情况的汇报》以及《济南市高新技术企业培育三年行动计划（2020—2022年）》《济南市推动农村通户道路硬化工作实施方案》起草情况的汇报，研究加快培育高新技术企业、推动农村通户道路硬化、应对新冠肺炎疫情影响促进文化和旅游业健康发展等工作。

18日 山东大学与济南市政府深化校地合作签约活动暨《打造“山大系”品牌服务济南高质量发展工作方案》发布会举行。

21日 全市农村人居环境整治及饮水安全工作视频会议召开。

25日 全市图书馆、文化馆、美术馆、博物馆等公共文化场馆复工开放。

27日 济南市召开领导干部会议，宣布中央、省委关于济南市主要负责同志职务调整的决定。省委常委、省委组织部部长王可宣读中央、省委关于济南市主要负责同志职务调整的决定。中央批准，孙立成同志任山东省济南市委书记。

是日 市委常委会召开会议，

学习贯彻省委书记刘家义在济南市领导干部会议上的讲话精神，听取市委常委和市人大常委会、市政协主要负责人关于近期主要工作情况的汇报，研究安排近期工作。

30日　省委书记、省委新冠肺炎疫情防控领导小组组长刘家义到济南就服务业复工复产情况进行调研。

4月

1日　省委常委、市委书记孙立成到钢城区调研，到南部山区督导检查森林防火灭火工作。

是日　济南市举行仪式欢迎援鄂医务人员“回家”。首批返济的第四批、第五批援鄂医疗队共38名医务人员解除隔离，从隔离点重返济南，回归工作岗位。

2日　2020年全市重点项目集中开工活动举行。此次集中开工的6个项目，是全市重点项目的代表，总投资166.8亿元，单个项目平均投资量达27.8亿元。

7日　市委常委会召开会议，传达学习习近平总书记对四川省西昌市经久乡森林火灾做出的重要指示和习近平总书记在浙江考察时的重要讲话精神，研究贯彻落实意见；审议通过《全市“重点工作攻坚年”重点任务实施方案》。

8日　市委副书记、市长孙述涛察看小清河治理工作并主持召开小清河复航和防洪综合治理工程建设指挥部会议。

是日　由山大地纬牵头编制的《基于区块链技术的疫情防控信息服务平台建设指南》省级地方标准正式获批发布，济南发出全国第一张区块链数字营业执照，创造企业开办全国最快速度。

9日　全市抓党建促决战决胜脱贫攻坚电视电话会议召开。会议学习贯彻习近平总书记重要讲话精神和党中央决策部署，贯彻落实中组部和省委组织部要求，对全市抓党建促决战决胜脱贫攻坚工作进行动员部署。

10日　济南市通报2019年度党风政风行风正风肃纪民主评议工作情况。群众代表、企业代表、党代表、人大代表、政协委员、社会监督员、干部职工等11类评议主体对9个类别219个参评单位进行评议，完成有效样本27万份。

15日　全市疫情防控工作专题会议召开。

是日　济南破产法庭正式挂牌成立。

17日　市委常委会召开会议，学习贯彻习近平总书记在4月8日中央政治局常委会会议上的重要讲话精神和习近平总书记对全国安全生产工作的重要指示精神；听取关于2019年度省、市经济社会发展综合考核有关情况的汇报，研究党建工作，审议通过《中共济南市委关于进一步加强全市党政领导班子建设的实施意见》。

19日　市委理论学习中心组举行集体学习。

21日　省委常委、市委书记孙立成到章丘区调研乡村振兴工作和重点文旅项目建设。

是日　市行政审批服务改革联席会议第一次会议召开。

22日　全市“重点工作攻坚年”推进大会举行。

26日　市委常委会召开会议，传达学习习近平总书记在4月17日中央政治局会议上的重要讲话精神和在陕西考察时的重要讲话精神，研究初步贯彻意见；研究一季度全市经济社会发展形势，安排部署下一步工作。

是日　省委常委、市委书记孙立成督导雪野风景名胜区专项整治工作。

27日　市委、市政府新闻发布会召开，通报全市2020年第一季度经济运行情况，一季度生产总值为2027亿元。

是日　全市宣传部长会议召开。

28日　省委书记刘家义，省委副书记、代省长李干杰到济南新旧动能转换先行区调研并召开座谈会。

30日　市委常委会召开扩大会议，学习贯彻习近平总书记对山东、济南工作的重要讲话、重要指示批示精神，学习省委、省政府领导到济南调研时的讲话精神，研究初步贯彻意见，确保各项任务落实落地，加快建设“大强美富通”现代化国际大都市。

5月

1日　济南市新型冠状病毒性肺炎疫情处置工作领导小组（指挥部）办公室印发通知，全面推进健康码推广应用工作。

4日　省委常委、市委书记孙立成到浪潮集团调研。

5日　国务院办公厅印发《关

于对2019年落实有关重大政策措施真抓实干成效明显地方予以督查激励的通报》，济南市获评棚户区改造工作积极主动、成效明显的城市，入选全国10个、山东唯一的国家“棚改激励支持城市”。

7日 济南市新型冠状病毒性肺炎疫情处置工作领导小组（指挥部）印发《济南市全面做好新冠肺炎疫情常态化防控工作方案》。

8日 市委常委会召开会议，会议传达学习习近平总书记在4月29日、5月6日中央政治局常委会会议上的重要讲话精神，研究贯彻落实意见。

是日 济南市与华润集团重大项目合作推进会以视频形式举行，双方通过线上洽谈对接，全面深化重大项目合作。

11日 中国人民政治协商会议第十四届济南市委员会第四次会议在山东会堂开幕。

12日 济南市第十七届人民代表大会第二次会议在山东会堂开幕。

15日 济南市—武隆区东西部扶贫协作联席会议召开。

18—19日 省委常委、市委书记孙立成率队赴北京对接洽谈合作、开展“双招双引”工作。

21日 市委副书记、市长孙述涛会见费斯托集团大中华区总裁陶澎一行。

是日 全市统一战线工作推进会召开。

22日 济南市召开贯彻落实习近平总书记关于黄河流域生态保护和高质量发展重要讲话精神座谈会，邀请国内研究黄河流域的多位专家学者围绕济南推动落实黄河流域生态保护和高质量发展战略畅所欲言，就济南如何更好融入重大国家战略建言献策。

是日 省人大常委会副主任王良带领立法调研组，到济南市就《山东省突发事件应急保障条例》开展立法调研。

是日 十一届市委第七轮巡察工作动员部署会召开。

23—24日 湘西州委书记叶红专带领湘西州党政代表团到山东省济南市对接扶贫协作工作。

24日 省委常委、市委书记孙立成以“四不两直”方式到历城区彩石中学调研开学报到情况，强调要贯彻落实习近平总书记关于疫情防控的重要指示要求，始终把师生生命安全和身体健康放在第一位，抓好学校管理，做好心理引导和健康教育，为广大师生营造安全放心的学习生活环境。

26日 济南市人民政府与日本乐敦投资（中国）有限公司、思脉（上海）资产管理有限公司在济南喜来登酒店举行战略合作框架协议签约活动。

27日 全市四级政务服务体系建设会议召开。

6月

2日 省委常委、市委书记孙立成在市人民群众来访联合接待中心接待来访群众。

3日 全国人大常委会副委员长、民建中央主席郝明金和全国政协副秘书长、民建中央副主席兼秘书长李世杰率民建中央调研组到济南，开展“提升产业链现代化水平”专题调研。

是日 省委常委、市委书记孙立成，市委副书记、市长孙述涛会见中科院院士、中科院空天信息创新研究院院长吴一戎一行。

6日 2020首届济南电商直播节暨济南地产品展示交易会在舜耕会堂和舜耕国际会展中心启动。

7日 省委常委、市委书记孙立成以“四不两直”方式到济阳区新市镇牛王店村，走访看望建档立卡贫困户，调研脱贫攻坚工作。

7—9日 济南市党政代表团赴郑州、西安学习考察，借鉴两市在推进黄河流域生态保护和高质量发展方面的经验和做法。

12日 市委意识形态和宣传思想工作领导小组召开2020年第一次会议。

13日 “牢记总书记嘱托奋力走在前列”全市脱贫攻坚暨乡村振兴工作现场会在章丘区双山街道三涧溪村举行。

15日 市委理论学习中心组举行集体学习专题辅导报告会。

是日 省委常委、市委书记孙立成，市委副书记、市长孙述涛会见德州市委书记李猛，德州市委副书记、市长杨洪涛率领的代表团一行。

16日 省委常委、市委书记孙立成在济南喜来登酒店会见韩国驻青岛总领馆总领事朴镇雄一行。

是日 济南知识产权仲裁中心正式揭牌成立。

17日 省委常委、市委书记孙立成，市委副书记、市长孙述涛调研黄河济南段生态保护治理工作。

19 日　“深化文明城市创建、加快打造魅力泉城”行动动员大会召开。

20 日　济南城市治理论坛启动。邀请人大代表、政协委员、市民代表、专家学者、媒体记者等共同“把脉问诊”，倾听民声、汇集民意、汇聚民智，打造城市治理“共建共治共享”解决方案。

21 日　济南市级第七次全国人口普查综合试点在历下区解放路街道启动。

21—23 日　省委常委、市委书记孙立成率济南市党政代表团，赴湖南湘西、重庆武隆开展扶贫协作工作，出席济南市—湘西州东西部扶贫协作高层联席会议、济南—武隆东西部扶贫协作联席会议。

23 日　市委副书记、市长孙述涛督导重点区域大气污染防治工作。

29 日　省委书记刘家义在济南接待来访群众，强调要贯彻习近平总书记关于信访工作重要论述，坚持以人民为中心的发展思想，合法合理、用心用情做好信访工作，解决来访群众诉求，不断增强人民群众获得感幸福感安全感。

是日　市委常委会召开会议，学习贯彻习近平总书记重要讲话、重要指示精神，传达学习中央有关文件，研究落实全面从严治党责任、实施工业强市战略等工作。

7月

2 日　省会经济圈一体化发展工作部署会暨第一次联席会议召开。会议审议通过《省会经济圈一体化发展 2020 年工作要点》《省会经济圈一体化发展战略合作框架协议》《省会经济圈一体化发展联席会议制度》。

3 日　全市召开专题研究《济南黄河生态风貌带策划及工作方案》会议。

是日　省人大常委会副主任王随莲带领省人大教科文卫委员会调研组，到济南就旅游“一法一条例”贯彻实施情况进行专题调研。

是日　上海证券交易所资本市场服务山东基地正式揭牌并落户济南市历下区。

4 日　省委书记刘家义到济南市看望慰问困难群众，调研乡村振兴工作，察看河流防汛和综合治理情况。

5 日　省委书记刘家义，省委副书记、代省长李干杰到济南市调研检查高考准备工作。

6 日　省委常委、市委书记孙立成调研智能网联（新能源）重卡项目。

是日　济南上榜 2019—2020 年度“中国十大美好生活城市”榜单。

7 日　市委常委会召开会议，学习贯彻习近平总书记有关重要讲话、重要指示精神，学习贯彻省委十一届十一次全体会议精神，研究初步贯彻意见。

9 日　市委、市政府召开加快建设工业强市动员大会，聚焦打造“智造济南”，实施工业强市发展战略，推动先进制造业和数字经济高质量发展，为建设“大强美富通”现代化国际大都市提供强力支撑。

是日　省委常委、市委书记孙立成会见中国工程院院士、国家卫健委高级别专家组成员、传染病诊治国家重点实验室主任、树兰医疗发起人李兰娟一行。

是日　济南—淄博省会经济圈合作推进会召开。

10 日　市委副书记、市长孙述涛察看防汛工作。

是日　全市决胜污染防治攻坚战推进大会召开。

11 日　省委常委、市委书记孙立成会见华为技术有限公司副董事长、轮值董事长郭平一行，双方共同见证《济南市人民政府、华为技术有限公司三个创新中心落地战略合作框架协议》签署。

是日　济南市与山东工艺美术学院战略合作签约活动举行。市委副书记、市长孙述涛和山东工艺美术学院院长潘鲁生共同为“国家产教融合项目济南文创设计产业基地”揭牌，济南市与山东工艺美术学院签署战略合作协议。

12—14 日　省委常委、市委书记孙立成率领济南市代表团赴浙江省杭州市、宁波市、嘉兴市进行学习考察、招商引资。

14 日　全国政协副主席、民盟中央常务副主席陈晓光带领调研组到济南，就“科技创新型企业发展面临的困难和建议”进行专题调研。

16 日　市委常委会召开会议，学习贯彻习近平总书记对进一步做好防汛救灾工作做出的重要指示精神，听取关于 2020 年上半年全市经济社会发展形势及下一步工作建议的汇报，研究民营经济发展工作。

17 日　济南国际医学科学中心暨国家健康医疗大数据北方中心项目推进会举行。

18日 全国文明城市创建工作培训班在济南开班。

18—19日 宁波市委副书记、市长、市文明委主任裘东耀到济南考察城市建设和文明城市创建工作。

20日 省委常委、市委书记孙立成在山东大厦会见中宣部“走向我们的小康生活”主题采访报道活动采访团西线成员一行。

21日 省委常委、市委书记孙立成和市委副书记、市长孙述涛到济南国际金融城科技金融集聚区调研山东区块链研究院筹建情况。

是日 济南—聊城省会经济圈合作推进会召开，济南市人民政府和聊城市人民政府签署《济南市人民政府聊城市人民政府一体化发展战略合作协议》。

是日 济南市人民政府与清华大学全面合作签约暨山东区块链研究院揭牌活动举行。

21—22日 浙江金华市委副书记、市人大常委会主任、市委政法委书记陈玲玲率代表团到济南考察创建全国文明城市工作。

22日 市委常委会召开会议，学习贯彻习近平总书记在企业家座谈会上的重要讲话精神、在7月17日中共中央政治局常委会会议上的重要讲话精神，研究初步贯彻意见；听取有关汇报，研究出彩型干部有关工作。

24日 省委常委、市委书记孙立成和市委副书记、市长孙述涛会见中国科学院院士、中国科学技术大学常务副校长潘建伟一行。

27日 海关总署署长、党委书记倪岳峰一行到济南调研稳外贸稳外资工作。倪岳峰一行先后到济南二机床集团有限公司、济南章锦综合保税区、济南晶正电子科技有限公司、费斯托气动有限公司、济南量子技术研究院察看企业生产运行等情况并听取产业规划情况汇报。

28日 省委书记刘家义在济南调研企业发展情况并主持召开企业家座谈会，贯彻落实习近平总书记在企业家座谈会上的重要讲话精神，听取企业家意见建议，更好推动山东高质量发展。省委副书记、省长李干杰，省委常委、济南市委书记孙立成，省委常委、秘书长刘强等陪同调研。

是日 2020年全市重点项目建设暨重点工作攻坚半年展示评议活动举行。

29日 省委常委、市委书记孙立成，市人大常委会主任殷鲁谦，市政协主席雷杰，市委副书记边祥慧到驻济部队领导机关走访慰问。

30日 济南市政府与中电建路桥集团有限公司签订战略合作协议。省委常委、市委书记孙立成在龙奥大厦会见中电建路桥集团有限公司党委书记、董事长汤明一行，并共同见证签约。

是日 济南市政府与中国环境监测总站签订战略合作框架协议。市委副书记、市长孙述涛会见中国环境监测总站站长陈善荣一行，并共同见证签约。

8月

1日 济南—东营省会经济圈合作推进会在东营召开。签署《济南市人民政府东营市人民政府一体化发展战略合作协议》。

2日 省委常委、市委书记孙立成率领济南市代表团赴雄安新区学习考察，强调要对标雄安新区，高标准抓好济南新旧动能转换先行区规划建设，为加快实现“北起”打下坚实基础。

3日 省委常委、市委书记孙立成先后到国家发展改革委、中国钢研科技集团有限公司、国家中医药管理局、瑞融信集团联系工作对接洽谈合作。

4日 市委常委会召开会议，学习习近平总书记在7月30日中共中央政治局会议上的重要讲话、在中共中央政治局第二十二次集体学习时的重要讲话、在吉林考察时的重要讲话、在亚洲基础设施投资银行第五届理事会年会视频会议开幕式上的致辞，研究全面从严治党和未成年人思想道德建设工作。

6日 市委常委会召开会议，传达学习全省领导干部会议精神，研究贯彻落实意见。

7日 济南—滨州省会经济圈合作推进会召开。签署《济南市人民政府滨州市人民政府一体化发展战略合作协议》。

8日 省委常委、市委书记孙立成到青岛考察企业项目，进一步深化交流合作，加快推动高质量发展。

9—10日 湖北省人大常委会副主任、黄冈市委书记刘雪荣率黄冈市党政代表团到济南考察。

10日 市委副书记、市长孙述涛调研督导全国文明城市创建工作。

11日 市委常委会召开会议，

学习贯彻习近平总书记对“十四五”规划编制工作做出的重要指示精神，研究初步贯彻意见；听取有关汇报，研究加快打造对外开放新高地、全国文明城市创建、安全生产等工作。

是日 济南—泰安省会经济圈合作推进会召开。签署《济南市人民政府泰安市人民政府一体化发展战略合作协议》。

12日 2020中国·济南人力资本产业高端论坛暨全球人力资本产业中心推进大会召开。会上，全国人力资本产业委员会揭牌成立，“全球首批人才身价卡和身价保险”发布，济南高新区和相关单位、企业共同签署《进驻全球人力资本产业中心合作意向协议》。

13日 在全国爱卫会印发的《全国爱卫会关于2019年国家卫生城市（区）和国家卫生乡镇（县城）复审结果的通报》中，济南成为全国爱卫会通报表扬的唯一省会城市。

是日 全市召开实施产业链“链长制”工作专题会议。实施产业链“链长制”，推动建链补链强链延链，打造一批具有济南特色、附加值高、在国内外具有较大影响力的产业链，促进全市高质量发展。

是日 全市召开小清河济南港规划建设专题会议。

14日 2020跨国公司（济南）高层对话会暨高质量发展交流会举行。

19日 市委、市政府召开新闻发布会，对《关于加快打造对外开放新高地的实施意见》进行政策解读。

20日 全市推进乡村振兴现场观摩会召开。

21日 全市经济社会发展综合考核工作会议召开。

是日 由全球化与世界城市（GaWC）研究网络编制的全球城市分级排名——《世界城市名册2020》正式出炉，济南成为山东唯一世界二线大城市。

23日 市民政局等4部门联合印发《关于进一步做好困难群众基本生活保障工作的通知》。

24—25日 北京理工大学校长、中纪委委员、中国工程院院士、国家政法科技创新专家咨询组组长张军率调研组到济南调研智慧社会建设情况。

25日 济南—海外华侨华人（社团）双招双引线上推介会在龙奥大厦举行。

26日 市委副书记、市长孙述涛会见前来参加济南章锦综合保税区验收工作的国家联合验收组一行。

27日 市委常委会召开会议，学习贯彻习近平总书记在扎实推进长三角一体化发展座谈会和经济社会领域专家座谈会上的重要讲话精神，研究初步贯彻落实意见；审议通过《济南市党政领导干部安全生产工作职责》。

28日 济南市泉水保护办公室工作人员到莱芜区进行泉水普查。这是距2011年全市开展中华人民共和国成立后最大规模的泉水普查工作以来第一次进行大规模泉水普查活动，共普查泉水223处，其中莱芜区167处、钢城区56处。

是日 中国（济南）前沿医疗科技高峰论坛举行。

31日 第二届中国国际化营商环境高峰论坛暨《2020中国城市营商环境投资评估报告》发布会举行，济南市获2020“中国国际化营商环境建设标杆城市”奖。

9月

1日 市委常委会召开会议，传达学习习近平总书记有关重要讲话、重要指示精神，研究初步贯彻意见；研究《问政山东》反映问题整改、克服疫情灾情影响确保如期全面脱贫等工作。

2日 全市召开加快构建济南新旧动能转换起步区规划体系专题会议。

3—4日 市委副书记、市长孙述涛率领济南市代表团赴西藏自治区日喀则市白朗县，就做好援藏工作进行实地考察和慰问。

4日 全球首款40000W超高功率光纤激光切割机在济南下线。

6日 山东省暨济南市生物医药高质量发展圆桌会在山东大厦举行。

7日 2020年中国药学大会在济南开幕。

8日 市委常委会召开会议，传达学习习近平总书记在中央全面深化改革委员会第十五次会议、在纪念中国人民抗日战争暨世界反法西斯战争胜利75周年座谈会上的重要讲话精神，在2020年中国国际服务贸易交易会全球服务贸易峰会上的致辞；传达学习省委、省政府关于美丽宜居乡村建设工作的部署要求，研究贯彻落实措施。

是日 济南市《关于促进中医药传承创新发展的实施意见》正式发布。

10日 全市决战决胜脱贫攻坚推进会议召开。

12日 省委常委、市委书记孙立成率领省、市有关单位赴临沂开展扶贫协作活动。

15日 济南量子技术研究院与中国科学技术大学合作，成功研制出国际首个集成化的多通道量子频率转换芯片。

16日 2020山东省旅游发展大会暨首届中国国际文化旅游博览会在济南奥体中心东荷体育馆开幕。

18日 市委常委会召开会议，学习习近平总书记在全国抗击新冠肺炎疫情表彰大会、中央财经委员会第八次会议、科学家座谈会上的重要讲话精神，对新时代民营经济统战工作做出的重要指示精神，在教师节到来之际向全国广大教师和教育工作者致以祝贺慰问时的重要指示精神，研究贯彻落实意见；听取关于2020年度全省扶贫开发工作年中督查调研情况通报及全市整改落实意见的汇报。

是日 黄河勘测规划设计研究院山东分院在济南揭牌。

19日 第三届中国·济南新动能国际高层次人才创新创业大赛颁奖仪式举行。

20日 青企峰会总部（济南）项目签约暨产业园区联盟成立仪式在济南举行。市委副书记、市长孙述涛出席仪式并致辞。

是日 “高端智库看山东（济南）”十四五规划调研行活动启动仪式暨专家座谈会在济南举行。

23日 济南12345市民服务热线“市民智库座席”正式启用。

25日 省委常委、市委书记孙立成，市委副书记、市长孙述涛率领济南市代表团赴武汉市考察学习，进一步加强济南与武汉的合作交流。湖北省委常委、武汉市委书记王忠林，市委副书记、市长周先旺陪同参加活动。

27日 省委常委、市委书记孙立成和市委副书记、市长孙述涛在舜耕山庄会见中国钢研科技集团有限公司党委书记、董事长张少明一行，并见证有关合作协议签约。

是日 全国政协常委、全国政协农业和农村委员会副主任陈雷带领全国政协“助力乡村振兴战略保障农村饮水安全”专题调研组到济南调研。

28日 济南国际医学科学中心医疗硅谷、山东大学国际医学中心、齐鲁现代微生物技术研究院项目集中开工活动举行，标志着济南国际医学科学中心围绕“一线、一片、多点”空间产业布局全面启动。

29日 省委书记刘家义，省委副书记、省长李干杰到济南调研节日市场供应和服务保障工作。

30日 市委统筹疫情防控和经济运行工作领导小组（指挥部）第一次全体会议暨秋冬季疫情防控工作会议召开。

10月

1日 省委常委、市委书记孙立成深入一线走访慰问，督导检查企业安全生产工作，向全市坚守岗位、奋战在一线的广大干部职工致以节日祝福和问候。

5日 省委常委、市委书记孙立成以“四不两直”方式，到商河县调研第六届济南花卉园艺博览会暨第三届济南都市农产品博览会；到钢城区汶源街道沙岭子村调研美丽宜居乡村建设情况。

8日 省委常委、市委书记孙立成主持召开济南中科院项目建设专题推进会议。

9日 全市十大领域信访突出问题专项治理暨城建领域信访突出问题集中整治动员部署会议举行。

9—10日 全国人大常委会副委员长郝明金率队到济南开展珍惜粮食、反对浪费专题调研。

13日 第103届全国糖酒商品交易会在山东国际会展中心开幕。省委副书记、省长李干杰出席并宣布交易会开幕；中粮集团党组书记、董事长吕军，省委常委、市委书记孙立成致辞；市委副书记、市长孙述涛主持开幕式。

14日 市委常委会召开会议，学习贯彻习近平总书记关于做好疫情防控工作的重要指示要求，贯彻落实省委常委会会议精神，对进一步落实落细常态化疫情防控举措做出安排部署；研究分析前三季度全市经济社会发展形势，安排部署下一步工作。

是日 十一届市委第八轮巡察工作动员部署会召开。

15日 省委副书记杨东奇到济南调研食用农产品安全工作。

是日 2020氢能产业发展创新峰会·济南开幕。峰会以“引领氢能示范应用·推进黄河流域高质量发展”为主题，共同探讨氢能和燃料电池产业在政策、技术和商业模式等方面的成功经验及创新探索。

18日 济南市政府与吉利科技集团有限公司在山东大厦签署全面战略合作框架协议。

20日 全国双拥模范城（县）命名暨双拥模范单位和个人表彰大会在北京召开，济南再次被命名表彰为“全国双拥模范城”，实现全国双拥模范城“九连冠”目标。

是日 “建行杯”第二届全国巾帼家政服务职业风采大赛颁奖展示活动在济南举行。全国人大常委会副委员长、全国妇联主席沈跃跃出席活动并为一等奖获得者颁奖。省委书记刘家义，全国妇联党组书记、副主席黄晓薇致辞。

22日 “山东与世界500强连线”韩国专场暨山东省—韩国经贸合作交流会在济南举行。省委书记刘家义出席活动并与嘉宾连线交流，省委副书记、省长李干杰致辞。

是日 市委常委会召开会议，学习贯彻习近平总书记在10月16日中共中央政治局会议上、在广东考察时、在参观“铭记伟大胜利捍卫和平正义——纪念中国人民志愿军抗美援朝出国作战70周年主题展览”时的重要讲话精神，学习《中国共产党中央委员会工作条例》，研究贯彻落实意见；研究加强党的组织建设、推进基层社会治理网格化服务管理、加强党校建设等工作。

是日 “2020中国城市会展业竞争力指数发布会暨会展业高端论坛”举行，济南市获评“2020年中国最具竞争力会展城市”。

24日 第二届世界中医药互联网产业大会在济南开幕。经世界中医药学会联合会研究，决定将世界中医药互联网产业大会永久会址落户济南，并授予“世界中医药互联网产业大会永久会址”牌匾。

25日 省委常委、市委书记孙立成走访慰问参加抗美援朝的志愿军老战士和高龄老人，代表市委、市政府向全市老年人送上节日问候和美好祝福。

28日 中央商务区西区规划专题会议召开。

是日 济南成功获批国家物流枢纽。

29日 “全国爱国拥军模范单位”授牌仪式举行，济南革命烈士陵园（济南战役纪念馆）获“全国爱国拥军模范单位”称号。

11月

1日 省委常委、常务副省长、省第七次全国人口普查领导小组组长王书坚到济南市市中区舜园社区人口普查登记现场督导，慰问一线人口普查工作人员，并随同普查员入户采集信息。

2日 市委副书记、市长孙述涛会见前来参加济南·中日城市合作交流会的日本驻青岛总领事馆总领事井川原贤等嘉宾。

3日 济南·中日城市合作交流会在济南喜来登酒店举行。

5日 济南中央商务区（上海）专题推介暨重点项目签约活动举行。

6日 省委常委、市委书记孙立成会见前来参加第四届世界生命科技大会暨第七届树兰医学奖颁奖大会的中国工程院副院长、院士王辰，中国工程院院士、中医专家张伯礼，中国工程院院士、传染病学专家李兰娟，中国工程院院士、肝胆胰外科专家郑树森等院士专家一行。

是日 全国人大常委会副委员长、农工党中央主席陈竺率调研组到济南，就“农工党中央‘十四五’人工智能与医疗健康产业融合发展”进行专题调研。

6—8日 以“探索、融合、创新”为主题的“2020第四届世界生命科技大会”在济南举办。

9日 “济南国科中心号”卫星成功发射，这是山东首个以科研机构命名的卫星。

10日 中央文明办公布第六届全国文明城市入选城市名单和复查确认保留荣誉称号的前五届全国文明城市名单，济南市再获全国文明城市荣誉称号，继续位列省会、副省级全国文明城市第一，实现自2018年以来年度测评“三连冠”。

11日 全市农村人居环境整治工作推进会议召开。

12—13日 南昌市委副书记严允率领南昌市考察团到济南，就济南市在全国文明城市创建工作方面的经验做法进行实地考察。

13日 中央宣讲团党的十九届五中全会精神报告会在济南举行，中央宣讲团成员、自然资源部部长陆昊做宣讲报告。

16日 省委常委、市委书记孙立成到中国航空工业集团公司济南特种结构研究所，主持召开企业家座谈会。

17日 市委常委会召开会议，

学习贯彻习近平总书记在浦东开发开放30周年庆祝大会上、全面推动长江经济带发展座谈会上、江苏考察时的重要讲话精神和对平安中国建设做出的重要指示，听取关于学习宣传贯彻党的十九届五中全会精神有关情况的汇报。

18日　全国政协副主席、致公党中央主席、中国科协主席万钢带队，到齐鲁制药生物医药产业园调研。

是日　省委宣讲团党的十九届五中全会精神报告会在济南举行。

19日　中国中小企业国际合作交流大会暨2020中德（欧）中小企业合作交流大会在济南开幕。大会以“智汇中德、赋能未来”为主题，来自全球10余个国家和地区的5000余位嘉宾线上线下同步参会。

是日　全市加快建设工业强市推进大会召开。

是日　黄河流域省会城市商事登记“跨省通办”签约暨黄河流域生态保护和高质量发展审批服务联盟启动仪式在济南举行。济南与太原、呼和浩特、郑州、西安、兰州、银川沿黄6个省会城市正式签订《黄河流域生态保护和高质量发展审批服务联盟合作协议》和《黄河流域生态保护和高质量发展审批服务联盟宣言》，标志着黄河流域省会城市企业登记等审批服务事项正式进入“跨省通办”新模式。

20日　济南市学习宣传贯彻党的十九届五中全会精神暨市委宣讲团宣讲动员会召开。

25日　省委、省政府在济南召开全省中医药大会。

26日　省委常委、市委书记孙立成到历下区文化东路街道和平路社区，宣讲党的十九届五中全会精神。

28日　市委常委会召开会议，学习贯彻习近平总书记有关重要讲话、重要指示精神，研究全市贯彻落实意见；研究土壤污染防治工作、2020年度群团工作等。

12月

2日　市“十四五”规划编制工作领导小组召开会议，学习贯彻党的十九届五中全会精神，传达学习省委十一届十二次全会精神，听取市“十四五”规划和二〇三五年远景目标编制工作情况汇报，研究安排下一步工作。

是日　国家开发银行党委书记、董事长赵欢一行到济南调研。省委常委、市委书记孙立成，市委副书记、市长孙述涛会见赵欢一行。

4日　大连市委副书记、宣传部部长徐少达率大连市考察团到济南，就济南市在全国文明城市创建工作方面的经验做法进行实地考察。

5日　全市2020年重点项目建设暨重点工作攻坚年观摩评议活动举行。

8日　市委、市政府召开抗击新冠肺炎疫情和全国文明城市创建工作表彰大会。

9日　市委常委会召开会议，学习贯彻习近平总书记有关重要讲话精神，传达学习省委十一届十二次全会精神，研究全市贯彻落实意见。

12日　“和动力——首届济南国际双年展”在山东美术馆开幕。省委副书记杨东奇，省委常委、市委书记孙立成，中国美术家协会主席、中央美术学院院长范迪安出席活动并启动展览。

是日　济南市举行2020年度“泉城最美退役军人”“抗疫优秀退役军人”发布仪式，70名退役军人先进典型受到表彰。

12—13日　2021年市委工作务虚会召开。会议围绕贯彻落实《黄河流域生态保护和高质量发展规划纲要》，把济南放在国家发展大局、生态文明建设全局、区域协调发展布局的高度来思考“需要做什么、能够做什么、必须做什么”，谈思路、谈对策、谈建议，群策群力、集思广益，科学谋划好2021年和“十四五”工作，加快打造“五个济南”、建设“大强美富通”现代化国际大都市。

15日　中国共产党济南市第十一届委员会第十二次全体会议举行。全会以习近平新时代中国特色社会主义思想为指导，学习贯彻党的十九届五中全会精神，学习贯彻省委十一届十二次全会精神，听取和讨论孙立成受市委常委会委托做的工作报告，审议通过《中共济南市委关于制定济南市国民经济和社会发展第十四个五年规划和二〇三五年远景目标的建议》。

16日　济南市代表团到珠海市考察。省委常委、市委书记孙立成与珠海市委书记郭永航会谈，交流两地经济社会发展情况，推动两地进一步深化合作。

17日　省委常委、市委书记孙立成率领济南市代表团在中国澳门考察交流，并与中国澳门特区行政长官贺一诚会面，就深化济澳两地间经济文化合作、携手实现高质量发展进行交流。

23日　市委常委会召开会议，学习贯彻习近平总书记有关重要讲话精神，研究全市贯彻落实意见；研究做好市直机关党建、推进基层社会治理网格化服务管理等工作。

是日　全市城市基层党建示范市建设工作推进会召开。

29日　市委常委会召开会议，学习贯彻习近平总书记在中央政治局民主生活会上的重要讲话精神，学习贯彻省委经济工作会议精神，研究全市贯彻落实意见。

（市委办公厅　市委党史研究院）

栏目编辑　王　炜

济南概貌

地理·历史

【位置 面积】 济南位于山东省中部，地理坐标为：北纬 36.02° ~ 37.54° 、东经 116.21° ~ 117.93° 。济南是中国东部沿海经济文化大省——山东省的省会，全省政治、经济、文化、科技、教育和金融中心，重要的交通枢纽。四周与德州、滨州、淄博、泰安、聊城等市相邻。总面积 10244.45 平方千米。

（市自然资源和规划局）

【地形 地貌】 济南地处鲁中南低山丘陵与鲁西北冲积平原交接带，南依泰山，北跨黄河，地势南高北低，呈现由南向北依次为低山丘陵、山前冲积—洪积倾斜平原和黄河冲积平原的地貌形态。地层南老北新，南部以古生界石灰岩为主，北部以新生界松散堆积物为主。大地构造处于华北板块的华北拗陷区的济阳坳陷（Ⅰa）和鲁西隆起区之鲁中隆起（Ⅱa）的衔接地带。北部为济阳坳陷、淄博—在平坳陷，南部为鲁中隆起，属向北倾斜的单斜构造。 （市自然资源和规划局）

【土地资源】 根据 2018 年土地变更调查成果，全市土地总面积 10244.45 平方千米。其中，耕地面积 4260.36 平方千米，占土地总面积的 41.59%；园地面积 413.61 平方千米，占土地总面积的 4.04%；林地面积 1212.43 平方千米，占土地总面积的 11.83%；其他农用地面积 903.49 平方千米，占土地总面积的 8.82%；城镇村及工矿用地面积 1834.15 平方千米，占土地总面积的 17.9%；交通运输用地面积 161.13 平方千米，占土地总面积的 1.57%；水域及水利设施用地面积 154.63 平方千米，占土地总面积的 1.51%；草地面积 1101.64 平方千米，占土地总面积的 10.75%；其他土地面积 203.02 平方千米，占土地总面积的 1.98%。 （市自然资源和规划局）

【矿产资源】 济南市矿产资源较为丰富，能源矿产（煤、石油、天然气、地热等）、金属矿产（铁、钴、铜、铝、金等）、非金属矿产（水泥用灰岩、熔剂用灰岩、冶金用白云岩、长石、化肥用蛇纹岩、耐火黏土、高岭土、饰面用花岗岩、建筑石料用灰岩、建筑用砂、砖瓦用黏土等）、水气矿产（矿泉水等）均有分布。

在全市赋存所有矿产资源中，地热、煤、铁、石油、天然气、耐火黏土以及山石资源（主要有石灰岩、白云岩、花岗岩等）储量较为丰富。地热资源主要分布于商河、济阳、历城、槐荫、章丘、长清、平阴等地；煤炭资源主要分布于济南城区以东的济东煤田和沿黄地区的黄河北煤田，另外在莱芜盆地南缘也有分布；铁矿主要分布于市区的东部和莱芜盆地中偏东部，其中莱芜区牛泉至张家洼一带是山东省富铁矿重要赋存区之一；石油、天然气资源主要分布于商河县，由北向南为商河油田、曲堤油田和玉皇庙油田；耐火黏土主要分布于章丘东部；山石资源储量丰富、分布较广，在济南市区南部、章丘区南部、长清区、莱芜区、钢城区及平阴县均有分布。

济南市累计发现矿产 56 种，占全省矿产种类的 38.1%。查明资源储量的矿产 27 种，占全省已查明矿产种类的 28.1%，其中能源矿产 4 种、金属矿产 5 种、非金属矿产 16 种、水气矿产 2 种。在查明矿产中，能源矿产石油 3 处、天然气 2 处（伴生）、煤炭 25 处、地热 14 处、金属矿产 107 处、非金属矿产 97 处、水气矿产 43 处。查明大型矿区20处、中型矿区80处、小型矿区及小型以下规模191处。

（市自然资源和规划局）

【河流　湖泊】 济南市共有主要河流136条，分属黄河、淮河、海河三大水系，全市骨干河道总长约2466千米。有水库406座。有省级河道6条，分别是黄河、小清河、徒骇河、德惠新河、大汶河及南水北调干线；市级河道15条，分别为巨野河、龙脊河、韩仓河、大辛河、大寺河、齐济河、北太平河、玉符河、临商河、土马河、北大沙河、汇河、瀛汶河、兴济河、陡沟河。有省级湖泊1处，芽庄湖；市级湖泊14处，分别是卧虎山水库、锦绣川水库、狼猫山水库、玉清湖水库、鹊山水库、雪野水库、乔店水库、大冶水库、杨家横水库、白云湖、东湖水库、大明湖、华山湖、济西湿地。在山区北麓有众多泉群出露，市区就有趵突泉、黑虎泉、五龙潭、珍珠泉四大泉群分布。

（市城乡水务局）

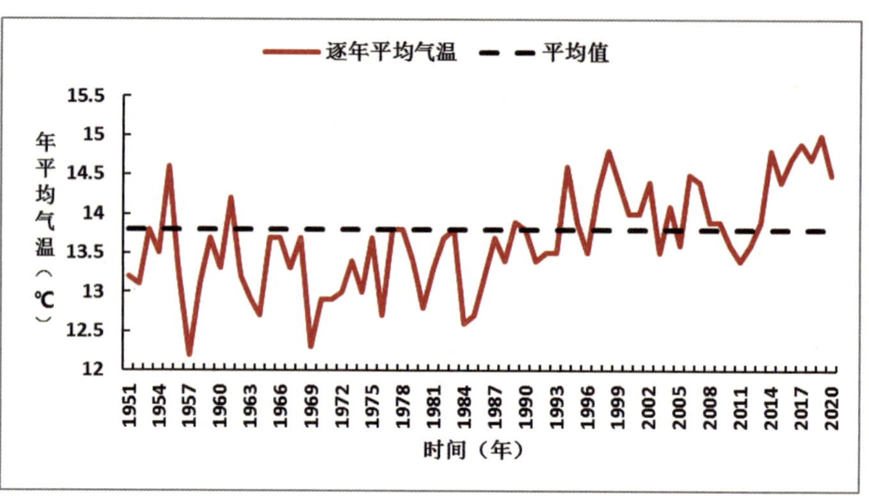

1951—2020年济南市逐年平均气温

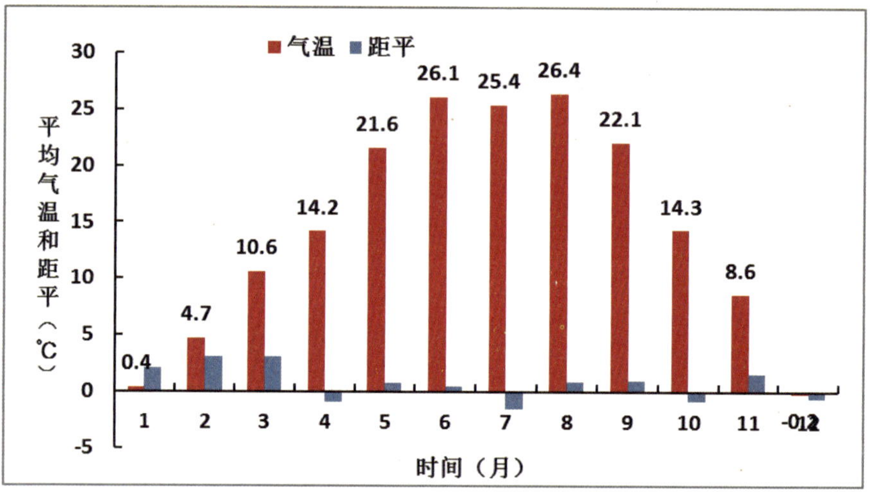

2020年济南市各月平均气温和距平

【年度气候概况】 气温 2020年，全市平均气温14.5℃，是1951年有气象记录以来第九位高值，较常年偏高0.7℃，较2019年偏低0.5℃。各地年平均气温在13.8℃（商河）—15.1℃（长清）之间，各地均偏高，其中莱芜偏高1.0℃。最冷月12月平均气温-0.2℃，最热月8月平均气温26.4℃。年极端最低气温-17.8℃（商河），出现在12月30日早晨；年极端最高气温39.4℃（平阴），出现在6月4日白天。全年≥0℃的积温为5401.5℃，是1951年有气象记录以来第九位高值，较常年多213.1℃，较2019年少107.7℃。全市寒冷日数（日最低气温≤-10.0℃）11天，各地在2天（市区、长清、章丘、平阴）—11天（商河）之间。全市炎热日数（日最高气温≥35.0℃）16天，各地在5天（章丘）—11天（济阳）之间，各地均未出现≥40℃的酷热天气。

降水 2020年，全市平均降水量718.4毫米，较常年多85.4毫米，偏多14%；较2019年多174.5毫米。各地年降水量在645毫米（济阳）—833毫米（莱芜）之间。济南市区较常年偏少，其余各地均较常年偏多，其中商河较常年多133.5毫米。

从各月降水量和距平可以看出，3月、5月、7月、9月、10月降水量较常年偏少，其他月份降水量较常年偏多。其中，8月降水量偏多最为明显，7月降水量偏少最为明显。

日照时数 2020年，全市平均日照时数2457.7小时，较常年多51.9小时，较2019年多139.7小时。其中，市区、济阳是有气象记录以来历史第一位多值。各地年日照时数在2007.5小时（平阴）—3008.6小时（市区）之间，市区、济阳、商河分别较常年多662.5小时、

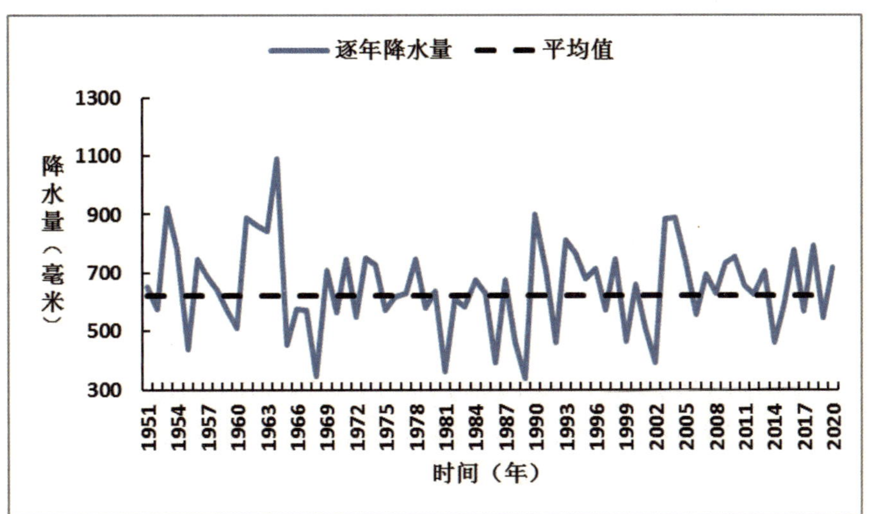

1951—2020 年济南市逐年降水量情况

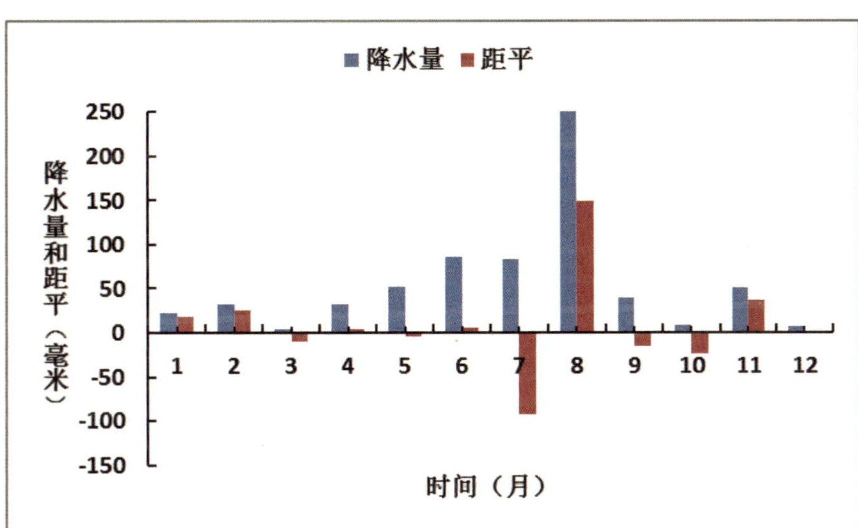

2020 年济南市各月降水量和距平

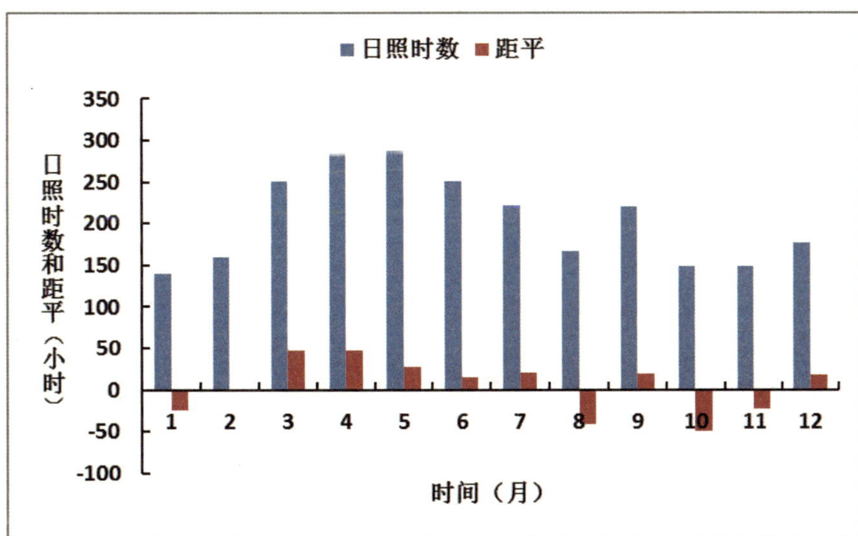

2020 年济南市各月日照时数和距平

493.3 小时、204.8 小时，其余各地较常年偏少，其中平阴较常年偏少 365.3 小时。各月平均日照时数，1 月、8 月、10 月、11 月较常年偏少，其他各月较常年偏多。

【主要气候事件】 年内主要出现暴雨、寒潮、大雪、大雾、高温、大风、干热风、干旱、强对流等灾害性或高影响性天气。

暴雨　2020 年，共出现 9 个暴雨日，最早 5 月 8 日，最晚 11 月 18 日，区域性、局地性暴雨过程多，大范围暴雨少。8 月 1 日夜间至 8 月 2 日，全市平均降水量 56.9 毫米（平阴栾湾最大 164.0 毫米），共有 81 个站出现暴雨，其中 25 个站出现大暴雨。8 月 6—7 日，全市平均降水量 51.9 毫米（平阴洪范最大 188 毫米），共有 79 个站出现暴雨，其中 12 个站出现大暴雨。8 月 12—13 日，平均降水量 60.5 毫米（商河孙集最大 137.0 毫米），共有 96 个站出现暴雨，其中 9 个站出现大暴雨。11 月 17—19 日，平均降水量 48.5 毫米（平阴孝直最大 77 毫米），共有 62 个站出现暴雨。

寒潮　3 月 26—28 日，寒潮过程降温幅度 10℃—12℃，最低气温商河降至 0.4℃、市区降至 3.9℃，大部分地区出现霜冻，山区低洼地出现冰冻。11 月 18—20 日，寒潮过程降温幅度 10℃左右，20 日早晨最低气温北部地区及山区降至 0℃左右。12 月 12—14 日，寒潮过程降温幅度 8℃—10℃；14 日早晨，最低气温在 -12.4℃（商河）—-8.2℃（长清）之间。12 月 28—31 日，寒潮过程降温幅度 13℃—16℃；

30日早晨，最低气温在-17.8℃（商河）—-13.3℃（平阴）之间，市区为1986年以来12月最低气温，为1951年有气象记录以来12月第三位低值，商河为1987年以来12月最低气温，为1959年有气象记录以来12月第六位低值。

大雪　1月7日，出现雨转雪过程，全市平均降水量8.4毫米。2月14日早晨全市陆续出现降雨，14日17时自北向南开始陆续转为降雪，14日夜间全市普降大雪，15日早晨降雪结束，全市平均降水量12.8毫米。12月28日夜间到29日上午出现雨夹雪转雪过程，全市平均降水量3.5毫米。

大雾　1月5—7日，全市出现大雾；8日，济阳、商河、平阴出现大雾；11日，长清、平阴出现大雾；23日，济阳、商河出现大雾，局部地区能见度不足50米；24日，长清、平阴出现大雾；29日，章丘、济阳、商河出现大雾。2月14日、24—26日、28日全市大部分地区出现能见度小于500米、局部地区小于200米的大雾；8日、20—21日，济阳、商河出现能见度小于200米、局部地区小于50米的浓雾。10月15日，受大雾影响，济广、青兰和京沪等高速济南辖区部分收费站临时关闭。11月18日，市区、章丘出现能见度小于200米的大雾；19日早晨，大部分地区出现能见度小于200米的大雾。12月2日，大部分地区出现能见度小于500米、部分地区小于200米的大雾；11—12日，大部分地区出现能见度小于200米、局部地区不足50米的大雾；28日，大部分地区出现能见度小于200米、局部地区不足50米的大雾。

高温　5月3日，济南市出现2020年首个高温天气，长清国家级气象观测站以及市区、平阴、莱芜的个别区域站日最高气温超过35℃。6月，出现9个高温日，国家级气象观测站最高气温39.4℃（6月4日平阴），区域自动站最高气温41.4℃（平阴玫瑰花研究所）。8月，出现6个高温日，国家级气象观测站最高气温36.3℃（17、18日济阳），区域自动站最高气温38.7℃（市区供销公司）。

大风　3月，出现6次阵风8级以上的大风天气。4月，出现6次阵风7级以上的大风天气，其中章丘极大风速20.8米/秒（9级）。5月，出现5次阵风8级以上的大风天气，其中章丘极大风速28.2米/秒（10级）。6月1日下午，市区、长清、南部山区出现8—10级雷雨阵风，其中长清马山极大风速为31.8米/秒（11级）。6月25日夜间，市区、莱芜、商河出现7—8级雷雨阵风，长清出现10级阵风（27.8米/秒），章丘出现11级阵风（30.1米/秒）。9月8日凌晨，平阴、莱芜出现9级阵风，章丘出现8级阵风。10月4日凌晨，长清、章丘和南部山区出现8级阵风；20日夜间，章丘出现8级阵风。11月4日夜间，章丘和南部山区出现8级阵风（章丘官庄极大风18.0米/秒）；11日夜间至12日凌晨，章丘和南部山区出现8级阵风（南山七星台19.7米/秒）。

强对流　5月11日，济阳崔寨、孙耿，章丘绣惠、白云湖、城区北部，莱芜大王庄、苗山出现冰雹；16日，商河龙桑寺和沙河出现冰雹；17日傍晚，济阳仁凤，历城王舍人、董家，章丘绣惠北关村、宁家埠、白云湖，莱芜羊里、钢城颜庄和辛庄出现冰雹；23日中午，莱芜里辛、辛庄出现冰雹。6月1日上午和傍晚，济南市出现2次强对流天气，全市平均降水量11.2毫米，长清石胡同最大55毫米，为1小时最大降水量；市区、长清、南部山区出现8—10级阵风，长清马山极大风速为11级；市区及长清大部出现冰雹，长清冰雹最大直径6厘米。6月25日夜间到26日早晨出现强对流天气，全市平均降水量24.2毫米，商河城关最大降水量121毫米，该站1小时最大降水量76.5毫米；市区、商河出现7级阵风，莱芜出现8级阵风，长清出现10级阵风，章丘出现11级阵风；25日夜间市区、长清部分地区出现冰雹。（王金霞）

【历史概况】　济南是国务院公布的历史文化名城。因地处古四渎之一“济水”（故道为今黄河所据）之南而得名。据考古发掘资料，远在9000年前的新石器时代早期，已有先民在此繁衍生息。距今4000—4500年前以磨光黑陶为特征的“龙山文化”，系因1928年首次发现于济南东郊龙山镇而被命名。夏代，龙山镇城子崖一带建有较大规模的城市。商周时代，济南为古谭国（东方方国，都城在今城子崖、平陵城一带）地。春秋战国时代，济南属齐国，称“泺”“鞍”“历下”等邑，为齐国西南边陲重镇。秦代，地属济北郡（郡治博阳，即今泰安）。西汉始置济南郡，郡治东平陵（今济南市章丘平陵城）。汉文帝前元十六年（前164），设济南国，首府东平陵。汉景帝三年（前154），废济南国，复置济南郡。汉武帝时，济南郡辖东平陵、历城等14县，属青州刺史部。东汉建武十七年（41），济南郡复称济南国，辖14县，后改辖10县。魏晋南北朝时期，朝代屡屡更替，济南先后为魏、西晋、后赵、前燕、前秦、后燕、南燕、东晋、刘宋、北魏、东魏、北齐、北周辖境，置郡置国，变化频繁。其间，济南郡治于西晋永嘉年间从平陵（即东平陵）迁至历城。从此，今济南市区成为历代郡国、州府的行政中心。刘宋元嘉九年（432）在济南郡侨置冀州，济南为州、郡两级治所。北魏皇兴三年（469），改侨冀州为齐州，辖济南郡、东魏郡、太原郡等6郡35县。隋开皇三年（583）撤郡并县，齐州仍治济南，辖历城等10县。大业三年（607）齐州改称齐郡。唐朝建立后，复称齐州，辖历城、章丘、长清等6县。唐中叶天宝年间，齐州曾一度改称临淄郡、济南郡。五代时期，仍称齐州，先后为梁、唐、晋、汉、周的辖境。北宋，齐州先后属京东路和京东东路。政和六年（1116），齐州升为济南府，辖历城、章丘、长清等5县。建炎二年（1128）后，被金朝所据，仍为济南府，辖7县，属山东东路。其间，曾一度为原济南知府刘豫建立的伪齐辖境。元初，改为济南路，直隶于中央中书省。至元二年（1265），辖棣州、滨州2州及历城、章丘、济阳、商河等11县。金元时期，济南先后为金山东东西路提刑司、元山东东西道肃政廉访司治所，是山东地区的监察中心。明初，复称济南府，辖泰安、德州、武定、滨州4州及历城、章丘、长清、济阳、商河等26县。洪武九年（1376），山东最高行政机关"承宣布政使司"由青州迁至济南，济南成为山东省省会，全省政治、军事、经济、文化中心，全国重要的中心城市之一。清初，沿明朝建置。雍正二年（1724）、十二年（1734）调整区划，济南府改辖德州和历城、章丘、长清、济阳等1州15县。

民国初年，撤销济南府，置岱北道，辖27县。1914年岱北道改称济南道，辖县未变。1925年，改辖历城、章丘、长清、济阳等10县。1929年7月，析历城县城厢及其四郊，正式设立济南市。时济南市面积175平方千米，人口40余万人。1948年9月，中国人民解放军华东野战军解放济南，设立济南特别市。1949年5月，复称济南市。中华人民共和国成立后，经历了漫长的原始、奴隶、封建社会的济南，开始进入社会主义新时代。1958年，历城县划归济南市。其后，章丘、长清县于1978年，平阴县于1985年，济阳、商河县于1990年陆续划归济南市管辖。1994年2月，济南市被正式确定为副省级城市。2016年12月，章丘撤市设区，济南市辖7区、3县。2018年9月，济阳撤县设区。2018年12月26日，国务院批复同意山东省调整济南市莱芜市行政区划，撤销莱芜市，将其所辖区域划归济南市管辖；设立济南市莱芜区，以原莱芜市莱城区的行政区域为莱芜区的行政区域；设立济南市钢城区，以原莱芜市钢城区的行政区域为钢城区的行政区域。

（朱佩峰）

【行政区划】 2020年，济南市辖历下区、市中区、槐荫区、天桥区、历城区、长清区、章丘区、济阳区、莱芜区、钢城区、平阴县、商河县，共设10区、2县，132个街道、29个镇。

历下区（14个街道）：解放路街道、千佛山街道、趵突泉街道、泉城路街道、大明湖街道、东关街道、文化东路街道、建筑新村街道、甸柳新村街道、燕山街道、姚家街道、智远街道、龙洞街道、舜华路街道。

市中区（17个街道）：大观园街道、杆石桥街道、四里村街道、魏家庄街道、二七新村街道、七里山街道、六里山街道、舜玉路街道、泺源街道、王官庄街道、舜耕街道、白马山街道、七贤街道、十六里河街道、兴隆街道、党家街道、陡沟街道。

槐荫区（16个街道）：振兴街街道、中大槐树街道、道德街街道、西市场街道、五里沟街道、营市街街道、青年公园街道、南辛庄街道、段店北路街道、张庄路街道、匡山街道、美里湖街道、兴福街道、玉清湖街道、腊山街道、吴家堡街道。

天桥区（15个街道）：无影山街道、天桥东街街道、工人新村北村街道、工人新村南村街道、堤口路街道、北坦街道、制锦市街道、宝华街道、官扎营街道、纬北路街道、药山街道、北园街道、泺口街道、桑梓店街道、大桥街道。

历城区（21个街道）：山大路街道、洪家楼街道、东风街道、全福街道、荷花路街道、鲍山街道、唐冶街道、临港街道、华山街道、王舍人街道、郭店街道、港沟街道、仲宫街道、彩石街道、董家街道、柳埠街道、遥墙街道、巨野河街道、孙村街道、唐王街道、西营街道。

长清区（8个街道、2个镇）：文昌街道、崮云湖街道、平安街道、五峰山街道、归德街道、张夏街道、万德街道、孝里街道、马山镇、双泉镇。

章丘区（17个街道、1个镇）：明水街道、双山街道、枣园街道、龙山街道、埠村街道、圣井街道、普集街道、绣惠街道、相公庄街道、文祖街道、官庄街道、曹范街道、宁家埠街道、高官寨街道、白云湖街道、刁镇街道、黄河街道、垛庄镇。

济阳区（8个街道、2个镇）：济阳街道、济北街道、孙耿街道、回河街道、崔寨街道、太平街道、垛石街道、曲堤街道、仁风镇、新市镇。

莱芜区（8个街道，7个镇）：凤城街道、张家洼街道、高庄街道、鹏泉街道、口镇街道、羊里街道、方下街道、雪野街道、牛泉镇、苗山镇、大王庄镇、寨里镇、杨庄镇、茶业口镇、和庄镇。

钢城区（5个街道）：艾山街道、里辛街道、汶源街道、颜庄街道、辛庄街道。

平阴县（2个街道、6个镇）：榆山街道、锦水街道、东阿镇、孝直镇、孔村镇、洪范池镇、玫瑰镇、安城镇。

商河县（1个街道、11个镇）：许商街道、殷巷镇、怀仁镇、玉皇庙镇、龙桑寺镇、郑路镇、贾庄镇、白桥镇、孙集镇、韩庙镇、沙河镇、张坊镇。

【人口】 2020年年末，全市常住人口924.16万人，比上年末增长3.7%。户籍人口806.72万人，增长1.25%。申报出生率10.45‰，申报死亡率7.31‰，人口自然增长率3.14‰。常住人口城镇化率为73.46%。（市统计局）

【民族】 济南市共有56个民族，汉族、回族、蒙古族、藏族、苗族、维吾尔族、彝族、壮族、布依族、白族、朝鲜族、侗族、哈尼族、哈萨克族、满族、土家族、瑶族、达斡尔族、东乡族、高山族、景颇族、柯尔克孜族、拉祜族、纳西族、畲族、傣族、黎族、傈僳族、仫佬族、羌族、水族、土族、佤族、阿昌族、布朗族、毛南族、普米族、撒拉族、塔吉克族、锡伯族、仡佬族、保安族、德昂族、俄罗斯族、鄂温克族、京族、怒族、乌孜别克族、裕固族、独龙族、鄂伦春族、赫哲族、基诺族、珞巴族、门巴族、塔塔尔族。汉族人口占大多数，其他民族人数较少。

（市统计局）

大美泉城　（孙广　摄）

【概况】 2020年，全市地区生产总值10140.9亿元，比2019年增长4.9%。其中，第一产业增加值361.7亿元，增长2.2%；第二产业增加值3530.7亿元，增长7%；第三产业增加值6248.6亿元，增长3.7%。三次产业构成为3.6：34.8：61.6。分季度看，一季度实现2027亿元，下降4.4%；二季度实现2502.7亿元，增长5.1%；三季度实现2718.7亿元，增长7.1%；四季度实现2892.5亿元，增长8.8%。

【“六稳六保”有效落实】 积极应对新冠肺炎疫情不利影响，推动复工复产复商复市，加强经济运行应急保障，主要指标逐季回升，经济运行总体稳健。经济总量跨越提升。实现地区生产总值10140.9亿元，增长4.9%。完成一般公共预算收入906.1亿元，增长3.6%，税收比重76.9%。规模以上工业增加值增长12.2%，服务业增加值增长3.7%。“六稳”工作扎实开展。固定资产投资增长4%，市级重点项目实现投资3491.5亿元，超额完成年度投资计划。进出口总值增长23%。金融机构本外币存、贷款余额分别达2.1万亿元、2万亿元，不良贷款率较年初降低0.28个百分点。消费需求稳步回暖，社会消费品零售总额增长1.1%。居民消费价格上涨2.4%，物价形势总体稳定。“六保”任务全面落实。发放稳岗补贴6.4亿元，稳定岗位123.3万个，新增城镇就业16.3万人，城镇登记失业率2.03%。兜牢基本民生和基层运转底线，财政用于民生和重点社会事业支出1023.7亿元，占比79.5%。新增减税降费328亿元，市场主体总量突破130万户，净增“上规入库”企业1896家。粮食总产290.8万吨，增长1.9%，菜肉蛋奶供应充足，煤电油气保障有力。建立“链长制”工作机制，搭建工业产品供需对接平台，发布优势工业产品目录，产业链供应链保持稳定。

【动能转换成效显著】 强化创新驱动发展，加快推动新旧动能转换，高质量发展成效显现。创新引领作用突出。中科院济南科创城建设全面启动，中科院电工所先进电磁驱动技术研究院一期工程交付使用。国家人工智能创新应用先导区和国家新一代人工智能创新发展试验区建设加快推进，算谷科技园、算谷产业园启动建设，华为三大创新中心、百度“一基地两平台三中心”相继落地。山东区块链研究院等一批新型研发机构注册成立，山东产业技术研究院转化前沿产业技术成果200余项，孵化高技术企业近百家。全市高新技术企业突破3000家，技术合同成交额337.8亿元，万人有效发明专利拥有量达33件，综合科技创新水平指数继续保持全省第一。“济南国科中心号”（天启11号）物联网卫星成功发射。产业能级持续提升。大数据与新一代信息技术、智能制造与高端装备产业规模突破4000亿级，精品钢与先进材料、生物医药与大健康产业规模达到1500亿级。中国重汽智能网联重卡一期、山东豪驰新能源汽车项目投产，吉利智慧新能源整车工厂、空间行波管自动化装配试验线、卫星总装基地等新兴产业项目正式落地。新增国家5A（五星）级物流（冷链）企业3家，获批商贸服务型国家物流枢纽、首批国家骨干冷链物流基地。新增上市企业8家，新认定总部企业38家。入围首批国家文化和旅游消费示范城市，获2020年“中国最具竞争力会展城市”。“四新”经济加快成长。“四新”经济比重达36%左右，数字经济比重达42%。建成数字化工厂120家，上云企业数量突破4万家。新增省新旧动能转换重大课题攻关项目16个、省“现代优势产业集群＋人工智能”示范项目63个、省产业互联网示范平台34个，累计培育独角兽企业4家、省级以上瞪羚企业145家、专精特新企业567家，数量均居全省首位。

【区域统筹深入推进】 积极推进“东强西兴南美北起中优”，区域协同发展新格局加快构建。通达能力持续提升。济南国际机场第二平行滑行道项目、北指廊项目建成投用，商河通用机场开工建设。济莱高铁、济郑高铁、黄台联络线建设加快，济泰高速、绕城高速大东环等5条高速公路建成通车，绕城高速大西环、济南至潍坊高速等项目开工建设。轨道交通二期建设规划正式获批，2号线通车试运行。济泺路隧道北延、黄岗路穿黄隧道、航天大道穿黄隧道、G104黄河大桥复线桥“三隧一桥”集中开工。重点片区建设提速。新旧动能转换先行区开工市政道路37条、85公里，黄河生态风貌带一期形成景观效果，绿地国际会展产业园6个展馆竣工。济南国际医学科学中心新签约项目26个、医生集团3个，国家健康医疗大数据中心（北方）实现首期运行。中央商务区新增商务商业载体120万平方米，华泰财务等3家金融总部开业。济南国际招商产业园完成基础设施投资49.2亿元，落户世界500强企业3家。城乡融合步伐加快。推进国家城乡融合发展试验区建设，中欧装备制造小镇经验在全国推广，黄河北片区入选首批省级城乡融合发展试验区。章丘区获评国家全域旅游示范区，济阳区获评国家生态文明建设示范区，商河县入选省级农村产业融合发展示范园。区域合作实现突破。建立省会经济圈一体化发展联席会议制度，区域融合发展步伐加快。加强黄河流域城市协作，成立黄河流域省会城市审批服务联盟。对接京津冀，“京沪会客厅”建成开放，京津冀鲁协同发展企业联盟组建成立。援藏、援疆工作及扶贫协作临沂市、湖南湘西州、重庆武隆区年度任务完成。

【城乡环境持续优化】 加强城市基础设施建设，推动城市管理精细化、智慧化，城市品质明显提升。环境质量持续改善。万元地区生产总值能耗5年累计下降35.8%，超额完成“十三五”节能降耗任务。完成钢铁行业超低排放改造和工业窑炉专项整治，实施扬尘污染精细化管控，推进夏季挥发性有机物治理攻坚，35蒸吨/时及以下燃煤锅炉全部完成替代，空气质量优良率达62%，同比提高10.5个百分点。国省控河流断面100%达标，受污染耕地安全利用率达100%。绿化美化力度加大。建成各类公园136处，建设提升特色景观道路、街区109条（处），完成裸土覆绿385.5万平方米，造林1.07万公顷，建设绿道133公里。拆除违法建设4857处、309万平方米，整治提升广告牌匾标识1.4万处、10万平方米，打造垃圾分类示范片区76个、示范社区（村）588个。农村人居环境整治三年行动收官验收，农村面貌焕然一新。承载能力不断增强。新建5G基站1.1万处，实现主城区5G网络连续覆盖。新开通公交线路20条，打通瓶颈路27条，完成路面整治110万平方米。接管464个住宅小区供热自管站，改造“供热孤岛”小区23个，新建污水管网153千米，旅游路水厂、东湖水厂并网运行。全面完成农村饮水安全两年攻坚行动，解决2650个村225万人饮水安全问题。新改建农村公路413.5千米，基本实现村内道路“户户通”。连续三年获评中国领军智慧城市，入选“新城建”国家试点城市。

【重点改革持续深化】 推进制度创新流程再造，加快资源配置市场化改革，获评“中国国际化营商环境建设标杆城市”。放管服改革不断深入。推进“市县同权”改革，委托、下放审批、确认等事项114项。公布755项容缺受理事项清单，涉企事项实现100%容缺受理，企业开办“半日办结”。首创“独任审批师”制度，审批时限平均压缩67%。24个行业推行“一业一证”，228个事项实现“一链办理”，“无证明城市”建设领跑全省，可信身份认证和电子印章系统应用居全国前列。国企改革加快推进。出台市属国企改革三年行动方案，设立总规模超200亿元的国企改革发展基金，完成25家市属国企混合所有制改革，组建成立济南城市发展集团、济南融资担保集团、济南能源集团。全面完成215家僵尸企业处置任务。开发区改革有序推进。完成省级以上开发区体制机制改革任务，内设机构和人员职数大幅压减，管理体制更加高效。资源配置持续优化。加强土地储备市级统筹，明确土地二级市场管理办法和交易规则，推进工业项目“标准地”供地和“亩产效益”评价改革，实行工业用地全生命周期管理。组建济南市财政投资基金控股集团公司，实施财政股权投资和基金市场化运作。在省内率先开展用能权交易试点，构建“1+1+N”用能权交易制度体系。

【对外开放步伐加快】 推动更高水平对外开放，培育外资外贸新亮点，开放型经济发展新优势加快塑造。对外贸易取得突破。新增进出口实绩企业950家。开行欧亚班列542列，开行数量居全省首位，货运量增长207%；新开国际货运（含客改货）航线11条，新增通航城市10个。获批国家全面深化服务贸易创新发展试点、国家数字服务出口基地，首票跨境电商 B2B 出口（代码 9710）货物顺利通关。重点载体加快成长。自贸试验区济南片区累计新注册企业 1.8 万余家，形成改革创新成果 60 余项，“数字保险箱”智慧政务、“链上自贸”保税贸易等模式在全国推广。国际贸易中心建成投用，40 余家国际贸易综合服务机构和进出口企业注册落地。济南综保区一线进出口额增长 1.7 倍，章锦综保区封关运行。“双招双引”成效明显。引进市外投资 2000 亿元左右，增长 20% 以上，新签约项目 900 余个。吸引大院大所大企业新建研发、成果转移转化机构 68 家，引进院士团队 11 个，引进高层次人才 510 余名，国家科技领军人才创新创业基地（济南）正式启用。中国中小企业国际合作交流大会永久落户。

【民生保障更加有力】 多措并举保基本、兜底线，23 件民生实事全面完成，入围“中国十大美好生活城市”。社会保障更加完善。发放低保金、特困供养救助金及补贴 7.6 亿元，保障 11.5 万名困难群众。城乡低保标准分别提高到 821 元 / 月、614 元 / 月，连续 16 年提高企业职工退休人员养老金待遇，居民医保财政补助标准提高到 580 元。新增养老服务设施 327 处、长者助餐站点 1456 处。脱贫攻坚取得决定性进展，1006 个贫困村全部摘帽退出，21.13 万名贫困人口实现脱贫。黄河滩区迁建任务顺利完成，惠及群众 33.9 万人。社会事业全面发展。开工新建改扩建中小学、幼儿园 144 所，普惠性幼儿园覆盖率达 87%，提前完成中小学校大班额问题整治。省公共卫生临床中心一期（市传染病医院）项目正式启用，市中心医院（东院区）、市中医医院（东院区）、市精神卫生中心开工建设。新建泉城书房 12 处，300 家图书馆服务单位实现图书通借通还。新建全民健身场地 861 处，济南冬季畅游泉水国际公开赛获评“中国体育旅游精品赛事”。居住条件明显改善。新开工棚改安置房 18281 套、基本建成 25420 套，超额完成年度任务，获评国家“棚改激励支持城市”。住房租赁市场发展试点顺利推进，发放租赁住房补贴约 1.2 万户，筹集各类租赁住房 8.6 万套（间）。实施 50 个老旧小区改造，新开工既有住宅增设电梯 273 部。

【社会治理富有成效】 坚持共建共治共享，着力预防、化解社会风险和矛盾，推进社会治理现代化。疫情防控扎实有效。出台防控指南规范 200 余个，实现重点人群、重点场所、重要活动精准防控，核酸检测日检测能力居全省首位，自 2020 年 2 月 12 日起无新增本地确诊病例，在副省级城市中首个实现本地确诊病例“零新增”。社会文明持续彰显。全国文明城市测评连续三年保持省会、副省级城市首位。建成全国首个衔接审批制度改革的信用监管系统，推出个人诚信“泉诚分”，信用惠民场景覆盖范围持续扩大。第七次全国人口普查工作有序开展。社会大局安定有序。安全生产形势总体平稳，群众饮食用药安全得到较好保障。创新基层社会治理模式，首创网格服务管理地方标准。扫黑除恶专项斗争、信访维稳等工作扎实推进，连续 10 年实现命案全破。拥军优属、退役军人安置等工作有序开展，办理“泉城拥军卡”15 万张，实现全国双拥模范城“九连冠”。

（李忆杉）

2020 年 6 月 28 日，平安济南建设暨市域社会治理现代化推进会议召开

（市委政法委　供稿）

中共济南市委员会及市委机构、事业单位、派出机构、临时机构

中国共产党济南市第十一届委员会

书　记　王忠林* 孙立成
副书记　孙述涛　边祥慧
常　委　杨　峰　雷天太　李　刚* 程德智
　　　　秦传滨* 蒋晓光　王拥华（女）　王宏志
　　　　郑德雁　李　鹏　陈　阳（女）
委　员（按姓氏笔画为序）
　　　　马玉星　马保岭　王　平* 王　壮
　　　　王　毅　王宏志　王拥华（女）　王忠林*
　　　　王京文　王哲军* 王勤光　毛华铭
　　　　尹清忠　史同伟　边祥慧（女）　吕建涛
　　　　朱云生　朱玉明　刘　科　刘　勤（女）
　　　　刘艳秋（女）　刘程华　孙　斌
　　　　孙立成　孙述涛　孙战宇　李　刚*
　　　　李　杰　李　鹏　李光忠　李国祥
　　　　李国强　李季孝　杨　峰　吴兴金
　　　　吴德生　宋文娟（女）　张曰良
　　　　张守强　张作平　张洪武　张爱云（女）
　　　　张慧青（女）　陈　阳（女）　陈　勇
　　　　武树华　郅　颂（女）　国承彦（女）*
　　　　郑德雁　赵玉海　赵居安　姜　涛
　　　　秦　蕾（女）　秦传滨* 聂　军　贾玉良
　　　　倪志纯　徐春华　殷鲁谦　高淑贞（女）
　　　　曹殿军　蒋向波　蒋晓光　韩　伟
　　　　韩永军　程德智　傅金峰　焦卫星
　　　　靳　磊　雷　杰（女）　雷天太
　　　　窦　虎* 翟　军
候补委员（按选举得票多少为序）
　　　　宋卫东　高立文　郅　良（女）

秘书长　蒋晓光
副秘书长　黄贵利　吴兴金　郭志强　何元清
　　　　隗乐军　韩振国　任广锋　朱振波*
　　　　鞠正江　相振谨

市委机构

市委办公厅（市档案局）

主　任　黄贵利
副主任　柏爱学（女）　赵　晖
　　　　吕英伟（兼市档案局局长）
　　　　张向东　张　鹏*

市委组织部（市公务员局）

部　长　李　刚* 陈　阳（女）
常务副部长　马志勇
副部长　王　壮　张　强　李旭东
　　　　苏本宽　高　山（兼市公务员局局长）
　　　　宁延学　韩洪强　李开森

市委宣传部（市政府新闻办公室、市精神文明建设委员会办公室）

部　长　杨　峰
常务副部长　周鸿雁（兼市精神文明建设委员会办公室主任）
副部长　展宝贞　卞　文
　　　　刘　勤（女）（兼市政府新闻办公室主任）
　　　　赵善海　曹　湧（女）　虞　凯

市委统一战线工作部（市民族宗教事务局、市政府侨务办公室）

部　长　王拥华（女）
常务副部长　王国顺
副部长　张　鹏
　　　　于　红（女，回族）（兼市民族宗教事务局局长）
　　　　张　勇
　　　　王云国（兼市政府侨务办公室主任）
　　　　徐艳芳（女）

注：组织机构名单由各相关单位提供，原则上刊登党组（党委）正、副书记，行政正、副实职领导，纪工委书记（纪委书记），统计时间截至2020年年底。*示2020年内离职。

市委政法委员会

书　　记　秦传滨*

常务副书记　李本海

副书记　姚怀祥　辛全龙　刘宪钊　冯文进　孙德龙

市委政策研究室（市委改革办）

主　任　任广锋

副主任　郭东法　林博斌　常建法　鞠　浩

改革办专职副主任　马景海*　谢金岭　孙　鹏

市委网络安全和信息化委员办公室（市互联网信息办公室）

主　任　展宝贞

副主任　任晓策　韩　霞（女）　衣晓燕（女）　闫小虎

市委机构编制委员会办公室

主　任　张　强

副主任　付道磊　王全民*　李秀美（女）　李　民　王发棠

市委台港澳工作办公室（市政府台港澳事务办公室）

主　任　薛兴海

副主任　孟昭友　赵子龙　徐　蓓（女）　叶　辉（女）

市委市直机关工作委员会

书　记　范立山

副书记　路建玲（女）　韩　青（女）　刘　义　解胜利　赵卫星

市委巡察工作领导小组办公室

主　任　李敬德

副主任　李志勇　李春红（女）　张　霞（女）

巡察一组

组　长　苏　涛

副组长　徐苏东

巡察二组

组　长　李守海

副组长　葛广明

巡察三组

组　长　李晓磊

副组长　董悦华

巡察四组

组　长　高立文

副组长　滕　伟

巡察五组

组　长　刘吉利

副组长　李红兵

巡察六组

组　长　张德萍（女，回族）

副组长　胡玉宣

巡察七组

组　长　陈　敏

副组长　刘泽涛

市委老干部局

局　长　苏本宽

副局长　温洪军　李　智　仇东升　亢　文（女）　魏秋培（兼直属分局局长）

市委机要保密局[市委保密委员会办公室（市国家保密局）、市密码管理局]

局　长　禚建基*　尹红梅（女）

副局长　王　敏（女）[兼市委保密办（市国家保密局）主任（局长）]　田　明　李　涛（兼市密码管理局局长）

事业单位

市委党校（济南行政学院、市社会主义学院）

校　　长　王忠林（兼）*　孙立成（兼）

常务副校长　王　平*（兼济南行政学院院长、市社会主义学院院长）

副校长　扈书乘　李庆铸　孔祥敏　赵玉红（女）　孟庆忠（均兼济南行政学院副院长、市社会主义学院副院长）

济南行政学院副院长　邢春玲（女）

市档案馆（2020年9月撤销党组）

馆　长　孙世平*　禚建基

副馆长　张恒海　裴　良　祁莉红（女）　崔曰仑　李　伟　郭　屹

市委党史研究院（市地方史志研究院）

院　长　刘　浩

副院长　李贞锋　牛继兴　李作顺

济南日报报业集团（党委）（济南日报社）

董事长、党委书记、济南日报社社长　马　利（女）

总编辑、党委副书记、副董事长　张　楠

副总编辑　马　凯　单宝珠　樊祥钦　谢鲁德
　　杜广才　宋文强

总经理　郑　凯

济南日报社副总编辑　张阿娜（女）

济南舜耕山庄（党委）

党委书记　何元清

总经理、党委副书记　李令红（女）（聘）

党委副书记　王　庆

副总经理　黑伟钰（回族）（聘）　张东升（聘）
　　牛志轶（聘）

党员干部现代远程教育中心

主　任　（空缺）

副主任　王佚如（女）

济南老年人大学

校　长　温洪军

副校长　李晓钟　徐　宁*　李　鹏

派出机构

济南高新技术产业开发区工作委员会

书　记　王宏志

副书记　寇　梅（女）*　焦卫星

济南综合保税区工作委员会（2020 年 9 月设立）

书　记　王宏志

副书记　张维国

中国（山东）自由贸易试验区济南片区工作委员会（2020 年 9 月设立）

书　记　王宏志

副书记　刘艳秋（女）

南部山区工作委员会

书　记　文东河

副书记　王　平

济南新旧动能转换先行区工作委员会

书　记　李国祥

济南国际医学科学中心工作委员会

书　记　张端武*　陈西武

莱芜高新技术产业开发区工作委员会（由市直接管理调整为委托莱芜区管理）

书　记　王哲军*　朱云生

副书记　王喜东　周光学

临时机构

市行政区划调整协调办公室

主　任　郭志强

副主任　李成革　刘祥军　郭　勇

市扶贫开发领导小组办公室

主　任　吴兴金

副主任　周培成*　吴金凯　赵俊明　狄杰友

（市委组织部）

济南市局以上单位党委（党组）

市人大常委会党组

书　记　殷鲁谦

副书记　谭延伟

市人民政府党组

书　记　孙述涛

副书记　郑德雁

政协济南市委员会党组

书　记　雷　杰（女）

副书记　李好臣*　张作平

中级人民法院党组

书　记　张爱云（女）

副书记　李　杰　孙永一*

人民检察院党组

书　记　宋文娟（女）*

副书记　张守强　范　芸（女）

市人大常委会机关党组

书　记　覃俊文*　姜　涛

副书记　刘　民

政协机关党组

书　记　李光忠*　倪志纯

副书记　高　斌

政府办公厅党组

书　记　尹清忠* 刘　科

副书记　倪志纯*

发展和改革委员会党组

书　记　谢　堃

副书记　王　凌　李冠伟

教育局党组

书　记　王品木

副书记　陈爱民

科学技术局党组

书　记　吕建涛

副书记　高冬梅（女）

工业和信息化局党组

书　记　汲佩德

副书记　吕春明

公安局党委

书　记　吴德生

副书记　王　健　徐春华

民政局党组

书　记　孙义洪

副书记　王继华*

司法局党委

书　记　谢圣仁

财政局党组

书　记　刘大坤* 王勤光

副书记　林　军

人力资源和社会保障局党组

书　记　王　壮

自然资源和规划局党组

书　记　杨永斌

副书记　牛长春

生态环境局党组

书　记　侯翠荣（女）

副书记　翟立哲

住房和城乡建设局党组

书　记　吕　杰* 陈　勇

副书记　何桂昌

城市管理局党组

书　记　王道忠* 孙世会

副书记　韩　军

城乡交通运输局党组

书　记　贾玉良

副书记　张　明

城乡水务局党组

书　记　姜　涛* 李季孝

副书记　王传成

农业农村局党组

书　记　李季孝* 曹　军

副书记　于兆刚

园林和林业绿化局党组

书　记　王国富

副书记　亓京云*

商务局党组

书　记　刘艳秋（女）*

副书记　李明军*

文化和旅游局党组

书　记　郅　良（女）

副书记　苏　文（女）

卫生健康委员会党组

书　记　马效恩

副书记　庞　涛　张志强　杨玉华（女）

退役军人事务局党组

书　记　潘传利

应急管理局党委（2020年10月撤销党组，改设党委）

书　记　肖　辉*

副书记　刘　动　周晓冬

审计局党组

书　记　黄厚安

副书记　许荣利

市人民政府外事办公室党组

书　记　田　迎（女）

副书记　刘学东

市人民政府国有资产监督管理委员会党委

书　记　刘　科* 李旭东

副书记　董　黎

市场监督管理局党组

书　记　刘永浩

副书记　许司东

体育局党组

书　记　孔　杰

统计局党组

书　记　苑子建

副书记　唐　军

医疗保障局党组

书　记　李文秀（女）

人民防空办公室党组

书　记　杨庆绪

副书记　安纪文

市人民政府研究室党组

书　记　丁林桥

副书记　潘大海

地方金融监管局党组

书　记　张　华（挂职）*

副书记　冯　毅　李尊富

投资促进局党组

书　记　张　军

副书记　吴　涛

行政审批服务局党组

书　记　孙常建

副书记　张立明

信访局党组

书　记　韩振国

副书记　真炳恕

大数据局党组

书　记　张海灵

口岸和物流办公室党组

书　记　孙志刚

民营经济发展局党组

书　记　靳　磊

副书记　闫一大

总工会党组

书　记　雷天太

副书记　傅金峰

共青团济南市委党组（2020年10月撤销）

书　记　黄晓广*

副书记　孟云霞（女）*

妇女联合会党组

书　记　刘　勤（女）

副书记　刘　霞（女）

科学技术协会党组

书　记　张广勇

副书记　毕于义

文学艺术界联合会党组

书　记　李经发

副书记　蒋济东

归国华侨联合会党组

书　记　米文芃（女，回族）

社会科学界联合会党组

书　记　石　玮

副书记　李晓华

残疾人联合会党组

书　记　孙君涛

副书记　葛敬彪*

工商业联合会党组

书　记　张　鹏

副书记　刁建国

红十字会党组

书　记　白　龙（回族）

副书记　郭向芳（女）

中国国际贸易促进委员会济南市分会党组

书　记　翟旭东

法学会党组

书　记　辛全龙

机关事务服务中心党组

书　记　高　冰

地震监测中心党组

书　记　王　欣

济南住房公积金中心党组

书　记　董宝珂

副书记　吕德胜*

供销合作社党组

书　记　张国松

副书记　黄　波（女）

济南仲裁委员会办公室党组

书　记　王　伟

副书记　魏玉良

济南社会科学院党组

书　记　马军远

副书记　张华松

济南广播电视台党委

书　记　孙世会*

副书记　许　莉（女）

济南职业学院党委

书　记　王春光

副书记　于显坤　石万鹏

济南工程职业技术学院党委

书　记　张慧青（女）

副书记　杨长军

济南幼儿师范高等专科学校党委

书　记　武善欣

副书记　李海平

莱芜职业技术学院党委

书　记　董海燕

副书记　李维运*　毕玉海

济南监狱党委

书　记　卜海晶

市政府资金结算中心党组

书　记　林　军

技师学院党委

书　记　王振群

副书记　杜喜亮　王　诚

莱芜技师学院党委

书　记　陶常青

副书记　高立峰　付　萍（女）

中心医院党委

书　记　苏国海

济南护理职业学院党委

书　记　张振民

副书记　宋林杰　刘传富

（市委组织部）

济南市第十七届人民代表大会常务委员会、专门委员会及所属工作部门

济南市第十七届人民代表大会常务委员会

主　　任　殷鲁谦

副 主 任　谭延伟　巩宪群（女）　孙积港*

许　强*　李胜利　刘程华　刘大坤

秘 书 长　覃俊文*　姜　涛

副秘书长　刘　民　袁淑玲（女）　王铁志*

王永金　袁　磊　段迎军　许国华

委　　员（按姓氏笔画为序）

于炳生*　马志勇　马道佳（回族）

王永金　王永胜　王晓春（女）

王铁志　王　毅　印　东（女）

冯　雷　吕洪涛　刘　民　刘延才

刘　杰（女）　刘海萍（女）

刘　勤（女）　刘德忠　孙法星

孙贵民　李全福（回族）　张海昕（女）

张淋生　陈宁宁（女）　卓长立（女）

金宗义（回族）　郑金松*　房泽秋（女）

柳建增　赵　杰　秦　旭　耿国凌

袁淑玲（女）　袁　磊　徐延明

高淑贞（女）　唐　忠　唐淑英（女）

黄晓广　鹿中华　崔瑞宁（女）

彭寿谦*　傅金峰　蔡　东　臧　浩

魏凯忠*

第十七届人民代表大会专门委员会

法制委员会

主任委员　谭延伟（兼）

副主任委员　魏凯忠*　赵　杰　唐淑英（女）

教育科学文化卫生委员会

主任委员　许　强（兼）*　李胜利（兼）

副主任委员　孙法星　彭寿谦*

监察和司法委员会（2020年5月，济南市第十七届人民代表大会第二次会议决定将济南市人民代表大会内务司

法委员会更名为济南市人民代表大会监察和司法委员会）

主任委员　许　强（兼）* 刘程华（兼）

副主任委员　王铁志　张海昕（女）

民族侨务外事委员会

主任委员　巩宪群（女）（兼）

副主任委员　金宗义　秦　旭　王金宗

城乡建设环境保护委员会

主任委员　李胜利（兼）

副主任委员　徐延明　鹿中华

财政经济委员会

主任委员　孙积港（兼）* 刘大坤（兼）

副主任委员　刘　杰（女）　唐　忠　王　毅　张淋生　崔瑞宁（女）　彭子钢

农业与农村委员会（2020 年 5 月，济南市第十七届人民代表大会第二次会议决定将济南市人民代表大会农村经济委员会更名为济南市人民代表大会农业与农村委员会）

主任委员　巩宪群（女）（兼）

副主任委员　郑金松* 于炳生* 孙贵民

社会建设委员会（2020 年 5 月济南市第十七届人民代表大会第二次会议决定增设济南市人民代表大会社会建设委员会）

主任委员　刘程华

副主任委员　刘延才　诸葛利

市人大工作部门

办公厅

主　任　刘　民

副主任　李　雷　王益华　孙　伟　贾　文

研究室

主　任　王铁志* 袁　磊

副主任　袁　磊* 于学农

人事代表工作室

主　任　吕洪涛

副主任　李　彬　孟宪永　杜　军

法制工作室

主　任　唐淑英（女）

副主任　张　瑞　赵之祥　何修冬

教育科学文化卫生工作室

主　任　孙法星

副主任　曹凤俊　吕　玲（女）

监察和司法工作室

主　任　张海昕（女）

副主任　金丽霞（女）　王方涛

民族侨务外事工作室

主　任　王金宗

副主任　常　宁　刘德国

城乡建设环境保护工作室

主　任　鹿中华

副主任　杨荣峰* 李斌祥　刘正伟

财政经济工作室

主　任　彭子钢

副主任　杨荣峰　杨桂钊　李斌祥* 贺方金

预算工作室

主　任　崔瑞宁

副主任　朱贺之　王　平

农业与农村工作室

主　任　孙贵民

副主任　马景海

社会建设工作室

主　任　诸葛利

代表资格审查委员会

主任委员　谭延伟（兼）

副主任委员　刘延才　马志勇　吕洪涛

（市人大人事代表工作室）

济南市人民政府及工作机构、市属局级以上机关事业单位

济南市人民政府

市　长　孙述涛

副市长　郑德雁　吴德生　王京文　王桂英（女）　孙　斌　尹清忠

秘书长　尹清忠* 刘　科

副秘书长　倪志纯* 侯翠荣（女）　张　军

刘艳秋　韩振国　吕廷祥　相振谨*
谭　伟　杨永斌*　孟　帅*　张　蓉（女）

市政府工作机构

市政府办公厅

主　任　倪志纯（兼）*

副主任　李百全　廖建宁　刘念成　吴　剑
车金星

发展和改革委员会

主　任　谢　堃

副主任　王　凌　李冠伟　葛殿起　管圣喜
张　琛*　张　倩　李光辉

教育局

局　长　王品木

副局长　陈爱民　任泽焕　方　辉　王　纮
刘绍辉　苏旭勇

科学技术局（济南市外国专家局）

局　长　吕建涛（兼济南市外国专家局局长）

副局长　高冬梅（女）　刘德志　王　芳（女）
贾文涛　张　宾（兼济南市外国专家局副局长）

工业和信息化局

局　长　汲佩德

副局长　吕春明　杨福涛　朱　牧　黎　毅
黄　波*　王冲[illegible]（女）（挂职）

公安局

局　长　吴德生（兼）

政　委　王　健

副局长　徐春华　王维平*　张　军　贾延昭
刘　刚

副政委　刘　动*

民政局

局　长　孙义洪

副局长　王继华*　成文元　苏　楠（女）
李越千　张鲁宁　郜银成

司法局

局　长　谢圣仁

副局长　周　瑛　朱恒卫　李泰吉　皇甫庆森
陈其军　王春平

财政局

局　长　刘大坤*　王勤光

副局长　张海波　车夕奇　王宏伟（女）*
李玉诚　王传秋

人力资源和社会保障局

局　长　王　壮

副局长　窦进科　王福君　杨富基　姜秀志
王卫东　张志刚*

自然资源和规划局

局　长　杨永斌

副局长　牛长春　张　辉　付　英（女）
王秀波　刘　卫　许宗生*　王　科
林海铭

生态环境局

局　长　侯翠荣（女）

副局长　翟立哲　秦立华　杜世勇　阴　浩
钱毅新

住房和城乡建设局

局　长　吕　杰*　陈　勇

副局长　何桂昌　吴　力　陈　红（女）
武兆军　张恒志　程学峰　李　军

市城市管理局（市综合行政执法局）

局　长　（空缺）

副局长　韩　军（兼市综合行政执法局副局长）
黄爱民　宋道勇　秦国芬（女）
苏伯林　曹　明（女）　许　强
王海泉　刘　真

城乡交通运输局

局　长　贾玉良

副局长　张　明　罗卫东　张宝文　姚福林
姜春华　杨　勇　毛贤强　王兆杰（兼）

城乡水务局（泉水保护办公室）

局　长　姜　涛*　李季孝（兼泉水保护办公室主任）

副局长　王传成　李广华*　赵承忠　亓子明
朱丹彤　陈学峰（兼泉水保护办公室副主任）

农业农村局

局　长　李季孝*　曹　军

副局长　谢天目　王洪忠　王奉光　赵建民

周增禄　黄延仁　李新军

园林和林业绿化局

局　长　王国富

副局长　亓京云*　郑兆亮　杨　波　仇裕岭

高树金

商务局

局　长　刘艳秋（女）*

副局长　李明军*　王志刚　梁旭斌　张　娟（女）

滕志超　胡吉忠　李晓军　高德海

文化和旅游局

局　长　郅　良（女）（兼新闻出版广电局局长、文物局局长）

副局长　崔大庸　苏　文（女）

孙　亮（兼新闻出版广电局副局长）

郭象峥　孙　静（女）　魏晓林

于　茸（女）（兼文物局副局长）

闫险峰　任骁瑞

卫生健康委员会

主　任　马效恩

副主任　张志强*　杨玉华（女）　张良华

侯廷成　米宽庆　胡　博　耿　杰

阮师漫（女）

退役军人事务局

局　长　潘传利

副局长　安玉成　林秀亭　韩延才　任春雨

赵玉辉（女）

应急管理局

局　长　肖　辉*

副局长　刘　动　周晓冬　刘慕平　王联华

张　磊　魏　强

市审计局

局　长　黄厚安

副局长　许荣利　李传凤（女）　张传堂

于　洋　吴冬梅（女）　刘　安

市政府外事办公室

主　任　田　迎（女）

副主任　李茂鑫　李　玉　李兴春　庞　龙

宫俊卿（女）

国有资产监督管理委员会

主　任　刘　科*　李旭东

副主任　董　黎　谢红兵　王志军　李　咏

张良通　周　蒨（女）　纪　军

市场监督管理局

局　长　王建森（兼市知识产权局局长）

副局长　许司东　杨先杰　孙建忠　邱　锐

李学忠　孙邦勇　刘金宏

马怀明（兼市知识产权局副局长）

王玉强

体育局

局　长　孔　杰

副局长　刘　新　刘　岩（女）　吴志东

冯　毅*　张居忠

统计局

局　长　苑子建

副局长　张谨国　谈友军　李士营　卜繁钢

孙夕良　张兴利

医疗保障局

局　长　李文秀（女）

副局长　徐配印　刘航英　彭　鑫

人民防空办公室

主　任　杨庆绪

副主任　安纪文　亓　峰　刘　洪　马成龙

秦润胜

市政府研究室

主　任　丁林桥

副主任　潘大海　徐龙义*　刘庆需　管圣喜*

杨同鲁

地方金融监管局（市金融工作办公室）

局　长（主　任）　张　华*

副局长（副主任）　冯　毅　李尊富　郦　弘

李洪伟　张新波

投资促进局

局　长　张　军

副局长　吴　涛　王喜东*　党文庆　郭依坤*

贺旭艳（女）

市行政审批服务局

局　长　刘　霞（女）

副局长　张立明　石丽华（女）　马学凯（回族）　王全民　陈秀中[*]　蔡廷秀　楚　波

信访局

局　长　韩振国

副局长　真炳昶　杨学斌　刘玉志　董俊生　祝　辉

大数据局

局　长　张海灵

副局长　赵炳跃　刘大永　曹　青（女）

口岸和物流办公室

主　任　孙志刚

副主任　黄　杰　杜红波　蒋友和　夏　庆　钟召波

民营经济发展局

局　长　靳　磊

副局长　闫一大　高振刚　程文军（女）　李　琦

其他行政事业机构

机关事务服务中心

主　任　高　冰

副主任　张文臣　宋爱军（女）　牛世亮　费克迎　齐怀珠

地震监测中心

主　任　王　欣

副主任　张　勇　郭世金　郑卫国

住房公积金中心

主　任　董宝珂

副主任　吕德胜[*]　任立新　张培礼

供销合作社

理事会主任　张国松

监事会主任　黄　波（女）

理事会副主任　亓希山　刘景涛　齐玉鹏　张兰明

监事会副主任　马裕涛　亓　明　王　健

仲裁委员会办公室

主　任　王　伟

副主任　魏玉良　刘昌国　朱志恒　谢　频

社会科学院

院　长　马军远

副院长　张华松　王国庆　张　伟

广播电视台

台　长　孙世会

总编辑　许　莉（女）

副台长　温　健　迟　蕾（女）　许　伟（女）　隗　铜

市政府资金结算中心

主　任　林　军

副主任　苗兴臣　潘荣庆　王　鲁　田　波

中心医院

院　长　苏国海

副院长　汪运山　肖凌凤（女）　李　云　王树美（女）　张继国

济南护理职业学院

院　长　宋林杰

副院长　朱荣清　尹守峰　吕金凤（女）

国家税务总局济南市税务局

局　长　蒋学武[*]　张　津

副局长　杨永军　周建奎[*]　王利民　孔　静（女）　巫颐凯　杨新华　丛　琳（女）　牟　新

国家统计局济南调查队

队　长　崔　刚[*]　高　宏（女）

副队长　刘传云（女）　乔　森　陈　鹏

气象局

局　长　阎丽凤（女）

副局长　周　军　杨志利

黄河河务局

局　长　崔保卫

副局长　张需东[*]　赵建勇　檀中原　宋振利　俞宪海

派出机构

济南高新技术产业开发区管委会

主　　任　王宏志（兼综合保税区管委会主任、自由贸易试验区管委会主任）

常务副主任　寇　梅（女）[*]　焦卫星

副　主　任　黄元俭[*]　张金龙[*]　刘艳秋（兼自由贸易试验区管委会常务副主任）

张维国（兼综合保税区管委会常务副主任）
李怀东　陈安彪　李　涛　李　昊
纪工委书记　刘金光

国家信息通信国际创新园服务中心

主　　任　王宏志（兼）
常务副主任　焦卫星* 李怀东
副 主 任　黄　涛*

莱芜高新区管委会

主　　任　王哲军* 王喜东
副 主 任　周光学　张鸣剑　王京才* 李传利*
刘　健　薛寒冰　王静媛（女）
纪工委书记　张帮新

南部山区管委会

主　　任　文东河
副 主 任　王　平　张子信* 刘　亮　刘兆河
段谋夏
纪工委书记　关中秋

济南新旧动能转换先行区管委会

主　　任　李国祥
副 主 任　秦光强　崔延涛　张　勇　崔　健
赵治文*
纪工委书记　张亦农

济南国际医学科学中心管委会

主　　任　张端武* 陈西武
副 主 任　白　涛　李建华（蒙古族）
张　济　张士东　国　亮
纪工委书记　曹士亮

（各相关单位）

政协第十四届济南市委员会及工作部门

政协第十四届济南市委员会

主　　席　雷　杰（女）
副 主 席（按中共山东省委同意的顺序排列）
李好臣* 段青英（女）　崔大庸
金德岭　刘梦海　张作平　毕筱奇
李继民　王伯芝
副厅级干部　董　杰　赵　涛　刘　静（女）*
吕凤华（女）　刘安庆　李兴实
秘 书 长　李光忠
副秘书长　高　斌　李慎生　傅志清　朋　星
贺　伟　毕玉平
常务委员（按姓氏笔画为序）
丁小玲（女）　丁保国　刁建国
于　虹（女）　万秀水　马　平*
马效恩　亓　飞　井润峰　王文生
王玉亮　王传秋　王建森　王品木
王钢城　王振华　王继东* 王　萍（女）
王彩霞（女）　王翠香（女）
王国顺　叶　霖（女）　付修琍（女）
白秋生　白雪峰　毕秀玲（女）
毕占明　吕凤华（女）　吕廷祥
朱　明　朱爱莲（女）　刘作宗
刘　佳（女）　刘　新　刘　燕
刘　霞（女）　刘文忠　刘安庆
刘国华　刘俊敏　刘振伟　刘　静（女）*
许　然　衣光军　米俊伟* 阮师漫（女）
牟国营　孙君涛　孙　蓉（女）
孙宪军　孙晓雷　麦家荣　杨永辉
杨庆绪　杨晓刚　杨　捷（女）
李中赋　李　成　李会宝* 李季孝
李树忱　李轶锋　李慎生　李卫国
李长明　李　舟（女）　李兴实
李克军　李秀芳（女）　李建国
李　洲　李娅丽（女）　李敬茂
李登杰　吴卫平　何文红（女）
时华勤（女）　佘静雯（女）
宋全成　宋　蔚（女）　张元玺
张成如　张华松　张红凤（女）
张怀成　张　泉　张炳荣　张家起
张景欣* 张鲁军* 张　鹏　张殿岭
张端武　陆建林　陈小莉（女）*
陈　静（女）　陈传军　邵　莉（女）
林海铭　欧润光　武沛荣（女）
周　震　孟　坤　岳绍红* 侯建国
段　林　段明曾　贺　伟　赵　涛
姜　杰* 耿国玉　袁大川　秦　莉（女）

徐冬梅（女） 徐征和 徐春华
徐　琳 徐　峰 高　斌 高振海
唐玉秋（女） 陶书同 黄淑玲（女）
黄　斌 崔　刚 盖守岭 梁志银（女）
董　杰 韩　平 韩吉书 温希军
傅志清 翟　君 潘荣庆 魏宗明
魏述东 魏秋培

市政协工作部门

办公厅

主　任 高　斌（兼）
副主任 段明曾 高　琳 李志宏

研究室

主　任 李慎生（兼）
副主任 陈文忠 马思超

委员活动工作室

主　任 高肖玉（女）
副主任 李连军 宋军言 张伟超

提案委员会

主　任 乔　谦
副主任（按姓氏笔画为序）
丁保国 朱传东 刘作宗 孙义洪
孙元文 郭志强 温希军

经济科技委员会

主　任 韩明东
副主任（按姓氏笔画为序）
马　平 史同伟 任　民 孙晓雷
李会芹（女） 李会宝 李季孝
宋卫东 祝春华（女） 黄淑玲（女）
靖淑兰（女）

农业和农村委员会

主　任 翟宏国
副主任 王濯缨

人口资源环境委员会

主　任 张福俭
副主任（按姓氏笔画为序）
吕灿华 朱茂丽（女） 华文俊（女）
刘　霞（女） 刘炳龙 孙　远
张端武 郅　良（女） 高立文 蒋向波

社教卫体和法制委员会

主　任 张　岩（女）
副主任（按姓氏笔画为序）
王化峰 王孟杰 王品木 刘　新
米俊伟 牟国营 郑志友 姜录臣
崔　刚 谢圣仁

港澳台侨和外事委员会

主　任 苏　峰（女）
副主任（按姓氏笔画为序）
刘艳秋（女） 李中赋 李兆兵
李克军 宋全成 张元玺 陈小莉（女）
梁志银（女） 程禹铭

文化文史和学习委员会

主　任 张玉峰
副主任（按姓氏笔画为序）
叶　霖（女） 刘　浩 李　铭
张华松 岳绍红 高宝继 翟旭东
刘　玲（女） 刘文忠

（市政协办公厅）

中共济南市纪律检查委员会、济南市监察委员会及所属工作部门

中共济南市纪律检查委员会

书　记 程德智
副书记 赵玉海 刘　军* 魏莉萍（女）
连峻峰
常　委 满　斌 刘兆华 赵寿娟（女）
阴法义 孙义俊
秘书长 刘兆华
委　员（按姓氏笔画为序）
于炳基 马志勇 王　欢（女）
王　健 王　琳 史宏捷 白承君
吕卫东 吕灿华 吕艳凤（女）
刘　军* 刘广东 刘友祯 刘玉志
刘吉利 刘兆华 刘海峰 齐怀栋
阴法义 孙义俊 苏　涛 李　强

李永实　李旭东　李晓磊　李敬德
杨　力　连峻峰　张　霞（女）
张帮新　张家才　陈　敏　苗金祥
范　芸（女）　范立山　周光军
周鸿雁　郑玉岭　赵　博　赵玉海
赵寿娟（女）　赵洪芹（女）
唐　军　鹿海滨　董国瑞　程新民
程德智　谢圣仁　鉴守之　路建玲（女）
满　斌　魏志胜　魏莉萍（女）

济南市监察委员会

主　任　程德智
副主任　赵玉海　刘　军* 魏莉萍（女）
　　　　连峻峰
委　员　满　斌（兼）　刘兆华（兼）
　　　　阴法义（兼）　史宏捷　王　欢（女）

市纪委监委工作部门

办公厅

主　任　牛力强

组织部

部　长　周克鹏

宣传部

部　长　陈　鹰（女）

研究室

主　任　王树刚

党风政风监督室

主　任　毕朝暾

信访室（挂市国家公职人员违法违纪举报中心牌子）

主　任　李永实

案件监督管理室

主　任　祝　磊

第一监督检查室

主　任　（空缺）

第二监督检查室

主　任　张家才

第三监督检查室

主　任　于维禄

第四监督检查室

主　任　（空缺）

第五监督检查室

主　任　杨宏伟（女）

第六监督检查室

主　任　乔希萍（女）

第七监督检查室

主　任　孙　征*

第八审查调查室

主　任　（空缺）

第九审查调查室

主　任　于克霖*

第十审查调查室

主　任　黄建强

第十一审查调查室

主　任　位　健

第十二审查调查室

主　任　吕洪宾

第十三审查调查室

主　任　肖　敏

案件审理室（挂政策法规室牌子）

主　任　陈延喜

纪检监察干部监督室

主　任　马丽媛（女）

市纪委监委派驻纪检监察组

派驻第一纪检监察组

组　长　刘大海

派驻第二纪检监察组

组　长　（空缺）

派驻第三纪检监察组

组　长　王　勇

派驻第四纪检监察组

组　长　刘加星

派驻第五纪检监察组

组　长　刘友祯

派驻第六纪检监察组

组　长　郭尚兰（女）

派驻第七纪检监察组

组　长　李　强

派驻第八纪检监察组

组　长　李海燕

派驻第九纪检监察组

组　长　卢国栋

派驻第十纪检监察组

组　长　梁宗义

派驻第十一纪检监察组

组　长　（空缺）

派驻第十二纪检监察组

组　长　王金岭

派驻第十三纪检监察组

组　长　杨　斌

派驻第十四纪检监察组

组　长　郑玉岭

派驻第十五纪检监察组

组　长　于晓辰

派驻第十六纪检监察组

组　长　李　雪（女）

派驻第十七纪检监察组

组　长　张贵芳（女）

驻市人大机关纪检监察组

组　长　王　旭

驻市政协机关纪检监察组

组　长　董国瑞

驻市中级人民法院纪检监察组

组　长　李　庆

驻市人民检察院纪检监察组

组　长　马国胜

驻市教育局纪检监察组

组　长　吴云霞（女）

驻市公安局纪检监察组

组　长　吴　海

驻市生态环境局纪检监察组

组　长　王瑞云

驻市城乡交通运输局纪检监察组

组　长　高　峰

驻市审计局纪检监察组

组　长　曲学良

驻市国资委纪检监察组

组　长　芦　青

（市纪委监委办公厅）

济南市中级人民法院

院　长　张爱云（女）

副院长　李　杰　宋　蔚（女）　郑　玉（女）
　　　　毕于军　王　成　王洪伟

（市中级人民法院）

济南市人民检察院

检察长　宋文娟（女）

副检察长　张守强　范　芸（女）　张　生
　　　　　韩　清　衣光军　陈艺英　韩秉林
　　　　　张江涛

（市人民检察院）

民主党派

中国国民党革命委员会济南市第八届委员会

主任委员　王伯芝

副主任委员　衣光军　臧　浩　王东晨
　　　　　　唐玉秋（女）　姚虎明

秘书长　王化峰

中国民主同盟济南市第十三届委员会

主任委员　崔大庸

副主任委员　李兴实　张怀成　印　东（女）
　　　　　　王钢城　张殿岭　张爱波（女）

秘书长　李会芹（女）

中国民主建国会济南市第十三届委员会

主任委员　王建森

副主任委员　刘　燕　杜　岩　王传秋
　　　　　　王翠香（女）　杨　捷（女）
　　　　　　丁保国

秘书长　孙　罡

中国民主促进会济南市第十届委员会

主任委员　金德岭（回族）

副主任委员　陈学中　刘海萍（女）　徐　琳
潘荣庆　叶　霖（女）

秘　书　长　寇佃法

中国农工民主党济南市第十一届委员会

主任委员　段青英（女）

副主任委员　段　林　时华勤（女）
孙　蓉（女）　逄曙光（女）
华文俊（女）

秘　书　长　林　霞（女）

中国致公党济南市第六届委员会

主任委员　王桂英（女）

副主任委员　毕玉平　刘作宗　袁淑玲（女）
张元玺　张春清　赵　涛

秘　书　长　张元玺（兼）

九三学社济南市第十一届委员会

主任委员　刘梦海

副主任委员　牟国营　侯建国　付修琍（女）
王文生　董　杰

秘　书　长　赵　宁（女）

（各民主党派）

群众团体

济南市总工会第十六届委员会

主　　席　雷天太

常务副主席　傅金峰

副　主　席　刘祖亭　于　虹（女）
李兴家　戚淑斌　蒲玉全

共青团济南市第十六届委员会

书　记　黄晓广

副书记　孟云霞（女）　徐冬梅（女）
王　玺　孙　华　王元虎（挂职）
孙成键（女）（挂职）
滕　飞（挂职）

济南市妇女联合会第十四届执委会

主　席　刘　勤（女）

副主席　刘　霞（女）　刘雅涵（女）
王　萍（女）　刘瑞玲（女）（挂职）
卓长立（女）（兼职）
李　燕（女）（兼职）
陈　静（女）（兼职）

济南市科学技术协会第八届委员会

主　席　（空缺）

副主席　张广勇　毕于义　路来良　韩　平
胡　辉（女）　李　武

济南市文学艺术界联合会第五届委员会

主　席　张　望

副主席　李经发　蒋济东　刘艳丽（女）

济南市归国华侨联合会第八届委员会

主　席　米文芃（女，回族）

副主席　何惠玲（女）

济南市社会科学界联合会第四届委员会

主　席　杨　峰（兼）

副主席　石　玮　李晓华　陈居忠　郭　涛

济南市残疾人联合会第七届执行理事会

理　事　长　孙君涛

副理事长　葛敬彪*　程立杰　刘红卫（女）
曲国庆

济南市工商联

主　　席　刘梦海

常务副主席　张　鹏

副　主　席　刁建国　靖淑兰（女）　刘延国
韩光美（女）　黄庆涛　孟　坤
孔令磊　盖守岭　张成如
李　燕（女）　李茂年　于大卫
尚兴军　陆建林　林　擘　邢乐成
申作伟　张英正　孙　倩（女）
裴忠毅

秘　书　长　孙国栋

济南市红十字会

会　　长　王桂英（女）（兼）

常务副会长　白　龙（回族）

副　会　长　郭向芳（女）　刘　鹏

中国国际贸易促进委员会济南市分会（中国国际商会济南商会）

会　长　翟旭东

副会长　王　钟　张　伟（女）　张　喆

济南市台湾同胞联谊会第七届理事会

名誉会长　吴远潮

会　　长　袁大川

副 会 长　张　玲（女，高山族）　聂爱华（女）
　　　　　刘　栋　韩　晗（高山族）
　　　　　高　雁（女）　叶　江

秘 书 长　徐　波

市法学会

会　　长　秦传滨*（兼）

常务副会长　辛全龙

济南市计划生育协会

会　　长　王桂英（女）（兼）

常务副会长　庞　涛

副 会 长　高振海　张令军　赵　莹（女）

（各相关单位）

部分企业集团

济南市城市投资集团有限公司

董 事 长　聂　军

总 经 理　武　伟

副总经理　高　烈　张　伦*　殷光伟*
　　　　　马　莹（女）　白　冰（满族）
　　　　　孙明达

纪委书记　曹文才*

济南城市建设集团有限公司

董 事 长　张海平

总 经 理　李培杰*　史海成

副总经理　安玉坤　史海成*　许为民　徐文东
　　　　　林　华　孙培梁　张　建

纪委书记　刘学谦（女）

济南轨道交通集团有限公司

董 事 长　陈思斌

总 经 理　王伯芝

副总经理　潘　军　杨晓东　丁　强　刘凤洲

纪委书记　哈月亭

济南金融控股集团

董 事 长　王玉柱

总 经 理　周纪平

副总经理　童金根　孔令伟　汤传海　王鲁豫

纪委书记　申世红

济南文旅发展集团有限公司

董 事 长　修春海

总 经 理　方连庆

副总经理　张广宇　齐怀栋　潘大波　崔家新
　　　　　王学军

纪委书记　朱爱华（女）

济南产业发展投资集团有限公司

董 事 长　史同伟

总 经 理　黄　蓓（女）

副总经理　王浩涛　王明波（回族）　张现成
　　　　　孟　新　郑莹莹（女）

纪委书记　卢　刚

（各相关单位）

栏目编辑　张　阳

中国共产党济南市委员会

综述

【全市党组织和党员概况】 2020年年底，中共济南市委员会有委员68人、候补委员3人；常委会由13人组成，设书记1人、副书记2人。辖各级党组织36051个，其中党委1484个、党组572个、党总支1916个、党支部32079个。共有党员600316名。其中，预备党员8435名，占1.41%；女党员159103名，占26.5%；少数民族党员7088名，占1.18%。1921年7月至1949年9月入党的1487名，占0.25%；1949年10月至1966年4月入党的23183名，占3.86%；1966年5月至1976年10月入党的65157名，占10.85%；1976年11月至2002年10月入党的263878名，占43.96%；2002年11月以后入党的246611名，占41.08%。35岁及以下的100096名，占16.67%；36岁至55岁的232054名，占38.66%；56岁及以上的268166名，占44.67%。大专以上文化程度的302061名，占50.31%；中专文化程度的57912人，占9.65%；高中（中技）文化程度的98091名，占16.34%；初中及以下文化程度的142252名，占23.7%。公有制单位在岗职工党员185438名，占30.89%；非公有制企业在岗职工党员54775名，占9.12%；社会组织在岗职工党员6987名，占1.16%；农牧渔民党员160735名，占26.78%；学生党员2191名，占0.36%；离退休人员党员155878名，占25.97%；其他人员党员34312名，占5.72%。

（张文广）

【强化理论武装】 坚持把学习贯彻习近平总书记重要讲话、重要指示精神作为“第一议题”，第一时间跟进学习总书记最新重要讲话和党中央决策部署，研究贯彻落实意见。2020年度，市委常委会会议专题学习习近平总书记重要讲话、重要指示批示94篇，市委理论学习中心组组织学习研讨13次。以习近平总书记视察山东、视察济南两周年为契机，组织开展干部队伍建设座谈会、乡村振兴工作现场会等系列活动，推动习近平新时代中国特色社会主义思想在济南落地生根。

（市委办公厅）

【严守政治纪律和政治规矩】 持续抓好“不忘初心、牢记使命”主题教育整改任务落实，巩固扩大教育成果。以高度的政治自觉主动接受省委巡视监督，切实把接受巡视的过程转化为找准自身问题、理清工作思路、推动干事创业的过程。加强对党中央重大决策部署和习近平总书记重要指示批示落实情况的监督检查，集中开展农村乱占耕地建房、违建别墅、人防系统腐败等问题专项整治，确保党中央政令畅通、令行禁止。 （市委办公厅）

【基层党组织建设】 抓好农村基层党组织建设，公开遴选239名优秀人才担任村党组织书记，率先打造138个“乡村振兴党建联合体”，264个软弱涣散村全部完成整顿转化。深化城市基层党建示范市建设，强化党建引领网格治理，建立做实网格党组织1.3万余个。统筹推进各领域基层党建工作，实施“两新”组织党建示范引领行动，基层党建水平进一步提升。

（市委办公厅）

【全力以赴抗击新冠肺炎疫情】 坚持把人民生命安全和身体健康放在第一位，在副省级城市中首个实现本地确诊病例“零新增”。做好常态化防控工作，对重点地区入济人员严格落实服务管控措施，强化重点人员、重点环节、重点场所管控；不断提升核酸检测能力，全市核酸检测机构达 89 家，做好 15 类重点人群核酸检测“应检尽检”，检测机构数量、日最大检测量均居全省第一位。坚持防疫、生产两不误，复工复产率率先达到 100%，居全国主要城市第一位。主动服务全国疫情防控大局，先后派出 7 批次、125 名医务人员赴湖北支援，全市累计捐款 1.68 亿元，支援湖北黄冈医疗物资 178 吨。

（市委办公厅）

【贯彻落实黄河国家战略】 召开市委十一届十一次全会，制定出台《实施黄河流域生态保护和高质量发展国家战略行动的意见》，加快推进《济南市推进黄河流域生态保护和高质量发展实施规划》编制工作，实施规划引领、黄河安澜等十大行动，努力打造大江大河治理的标杆示范、生态文明建设的标杆示范、高质量发展的标杆示范、中华文化保护传承弘扬的标杆示范。把新旧动能转换起步区作为落实黄河国家战略的重要支点，高标准推进规划制定和基础设施建设，“三桥一隧”加快建设，“三隧一桥”加快布局，黄河生态风貌带一期形成景观效果，引进高端项目 34 个、总投资 563 亿元。（市委办公厅）

【推进济南全域统筹协调发展】 立足济南进入“黄河时代”新阶段，主动适应城市高质量发展内在要求，研究提出“东强、西兴、南美、北起、中优”城市发展新格局。结合城市地理格局、资源禀赋、功能定位和产业联系，以重要交通骨架为边界，统筹划定各区域范围；逐个研究制定具体落实方案，制定完成《城市发展新格局之“中优”——近期重点打造片区和项目行动方案》，推动战略实施项目化；明确实行“片长”负责制，以市级为主导统领、区级为责任主体，统筹推进重点片区建设。

（市委办公厅）

【推进重点领域改革攻坚】 加快省级以上开发区体制机制改革，突出市场化改革方向，实施职能瘦身、经济管理权限下放，开发区内设机构数量压减 51.4%，发展活力显著增强。稳妥推进金融改革创新试点，新增上市企业 8 家，上市企业总数达 45 家。落实国企改革三年行动计划，国资国企改革扎实推进，市属国企整合重组方案初步确定，完成混改项目 25 个。建立“要素跟着项目走”机制，推行“亩产效益”评价改革和标准地改革，完成土地储备资产负债表全国试点，在全省率先开展用能权交易试点。加快户籍制度改革，在副省级以上城市中第一个全面放开落户限制，落户人数是同期的 1.3 倍。

（市委办公厅）

【市委十一届十一次全会】 中国共产党济南市第十一届委员会第十一次全体会议，于 2020 年 7 月 23 日举行。出席会议的有市委委员 63 人、候补市委委员 3 人，市纪委常委、市监委委员和有关方面负责人列席会议。全会由市委常委会主持。省委常委、市委书记孙立成讲话。全会坚持以习近平新时代中国特色社会主义思想为指导，听取和讨论关于市委常委会工作的报告，审议通过《关于实施黄河流域生态保护和高质量发展国家战略行动的意见》。

【市委十一届十二次全会】 中国共产党济南市第十一届委员会第十二次全体会议，于 2020 年 12 月 15 日举行。出席全会的有市委委员 65 人、候补市委委员 3 人，市纪委常委、市监委委员和有关方面负责人列席会议。全会由市委常委会主持。省委常委、市委书记孙立成讲话。全会以习近平新时代中国特色社会主义思想为指导，深入学习贯彻党的十九届五中全会精神，学习贯彻省委十一届十二次全会精神，听取和讨论孙立成受市委常委会委托做的工作报告，审议通过《中共济南市委关于制定济南市国民经济和社会发展第十四个五年规划和二〇三五年远景目标的建议》。孙立成就《建议（讨论稿）》向全会做说明。

【市委常委会会议】 2020 年，中共济南市委员会常委会召开会议 62 次。市委常委会坚持以习近平新时代中国特色社会主义思想为指导，深入贯彻落实党的十九大和十九届二中、三中、四中、五中全会精神，依据《中国共产党济南市委员会常务委员会议事决策规则》《中国共产党济南市委员会常务委员会及其成员职责清单》，坚持科学决策、民主决策、依法决策，集中精力把方向、谋大局、定政策、促改革，推动加快打造“五个济南”、建设“大强美富通”现代化国际大都市。

【市委重要专题会议】 2020年，中共济南市委召开的重要专题会议有：市委经济工作暨“四个中心”建设推进大会、济南市违建别墅问题清查整治专项行动领导小组第二次会议、市委农村工作暨全市扶贫开发工作会议、全市“重点工作攻坚年”推进大会、落实省委领导到济南新旧动能转换先行区调研讲话精神领导小组第一次会议、贯彻落实习近平总书记关于黄河流域生态保护和高质量发展重要讲话精神座谈会、全市扫黑除恶专项斗争推进会议、“重温习近平总书记重要指示精神扎实抓好干部队伍建设”座谈会、赴郑州西安学习考察交流座谈会、“牢记总书记嘱托、奋力走在前列”全市脱贫攻坚暨乡村振兴工作现场会、全市大气污染防治工作专题会议、“深化文明城市创建、加快打造魅力泉城”行动动员大会、传达省委常委会会议精神专题会、平安济南建设暨市域社会治理现代化推进会议、专题研究《济南黄河生态风貌带策划及工作方案》会议、加快建设工业强市动员大会、全市决胜污染防治攻坚战推进大会、区县（功能区）党（工）委书记座谈会、2020年全市重点项目建设暨重点工作攻坚半年展示评议活动、济南黄河风貌带近期建设工作专题会议、工业互联网创新发展工作推进会、实施产业链“链长制”工作专题会议、山东省旅游发展大会暨首届中国国际文化旅游博览会济南市工作筹备会、全市加快打造对外开放新高地暨开发区体制机制改革动员大会、加快构建济南新旧动能转换起步区规划体系专题会议、全市美丽宜居乡村建设整改落实工作现场会、全市国资国企工作推进会暨国资国企改革发展领导小组第一次（扩大）会议、加快实施“中优”战略专题会议、济南中科院项目建设专题推进会议、市十大领域信访突出问题专项治理工作部署会议、“链长制”工作专题推进会议、全市脱贫攻坚与乡村振兴工作现场会、全市加快建设工业强市推进大会、2020年全市重点项目建设暨重点工作攻坚年观摩评议活动总结评议会议、济南市抗击新冠肺炎疫情和全国文明城市创建工作表彰大会、2021年市委工作务虚会、全市城市基层党建示范市建设工作推进会、济南市双拥工作表彰大会。

【重要决策决定】 中共济南市委文件 1月9日，市委、市政府印发《关于深化改革加强“食安济南”建设的实施意见》（济发〔2020〕4号），就深化改革加强“食安济南”建设做出安排部署。

2月25日，市委、市政府印发《中共济南市委、济南市人民政府关于抓好“三农”领域重点工作确保如期实现高质量全面小康的实施意见》（济发〔2020〕1号），就抓好“三农”领域重点工作确保如期实现高质量全面小康做出安排部署。

4月7日，市委、市政府印发《关于进一步推动市属国资国企改革发展的意见》和《关于推进国有企业领导体制和组织管理体系改革创新的若干措施》（济发〔2020〕6号），就进一步推进国有企业领导体制和组织管理体系改革创新，推动市属国资国企改革发展做出安排部署。

4月14日，市委、市政府印发《全市“重点工作攻坚年”重点任务实施方案》（济发〔2020〕7号），就推动全市“重点工作攻坚年”重点任务做出安排部署。

5月6日，市委、市政府印发《中共济南市委、济南市人民政府关于全面深化新时代教师队伍建设改革的实施意见》（济发〔2020〕9号），就全面深化新时代教师队伍建设改革做出安排部署。

5月10日，市委印发《中共济南市委关于贯彻落实〈中国共产党农村工作条例〉的实施意见》（济发〔2020〕10号），就贯彻落实《中国共产党农村工作条例》做出安排部署。

6月16日，市委、市政府印发《深化文明城市创建加快打造魅力泉城行动方案》（济发〔2020〕12号），就深化文明城市创建加快打造魅力泉城行动做出安排部署。

7月8日，市委、市政府印发《关于进一步加强招商引资工作的实施意见》（济发〔2020〕14号），就进一步加强招商引资工作做出安排部署。

7月9日，市委、市政府印发《关于贯彻落实习近平总书记重要指示批示精神进一步加强安全生产工作的实施意见》（济发〔2020〕15号），就进一步加强安全生产工作做出安排部署。

7月9日，市委、市政府印发《关于加快建设工业强市的实施意见》(济发〔2020〕16号)，就加快建设工业强市做出安排部署。

7月23日，市委印发《关于实施黄河流域生态保护和高质量发展国家战略行动的意见》(济发〔2020〕17号)，就实施黄河流域生态保护和高质量发展国家战略行动做出安排部署。

7月25日，市委、市政府印发《贯彻落实〈新时代公民道德建设实施纲要〉的若干措施》(济发〔2020〕19号)，就落实新时代公民道德建设做出安排部署。

7月25日，市委、市政府印发《贯彻落实〈新时代爱国主义教育实施纲要〉的若干措施》(济发〔2020〕20号)，就落实新时代爱国主义教育做出安排部署。

12月21日，市委印发《关于制定济南市国民经济和社会发展第十四个五年规划和二〇三五年远景目标的建议》(济发〔2020〕22号)，就济南市国民经济和社会发展第十四个五年规划和二〇三五年远景目标做出安排部署。

中共济南市委办公厅文件　2月5日，市委办公厅、市政府办公厅印发《关于促进中小企业高质量发展的实施意见》(济办发〔2020〕1号)，就促进中小企业高质量发展做出安排部署。

3月6日，市委办公厅、市政府办公厅印发《济南市农村集体经济组织管理规定（试行）》(济厅字〔2020〕1号)，就加强农村集体经济组织管理做出规定。

3月10日，市委办公厅印发《关于贯彻〈2019—2023年全国党员教育培训工作规划〉的实施意见》(济办发〔2020〕2号)，就贯彻《2019—2023年全国党员教育培训工作规划》做出安排部署。

3月11日，市委办公厅、市政府办公厅印发《济南市精准对接央企加快打造央企北方总部基地行动方案》(济办发〔2020〕3号)，就精准对接央企加快打造央企北方总部基地做出安排部署。

4月21日，市委办公厅、市政府办公厅印发《济南市贯彻落实〈关于国有企业退休人员社会化管理的指导意见〉的实施方案》(济厅字〔2020〕3号)，就贯彻落实《关于国有企业退休人员社会化管理的指导意见》做出安排部署。

4月29日，市委办公厅、市政府办公厅印发《关于深化户籍制度改革加快人才集聚的若干措施》(济办发〔2020〕4号)，就深化户籍制度改革加快人才集聚做出安排部署。

5月21日，市委办公厅、市政府办公厅印发《济南市贯彻落实〈关于加强和改进乡村治理的指导意见〉的实施方案》(济办发〔2020〕5号)，就贯彻落实《关于加强和改进乡村治理的指导意见》做出安排部署。

5月30日，市委办公厅、市政府办公厅印发《中共济南市委办公厅、济南市人民政府办公厅关于落实省市一体化推进济南加快发展有关工作的通知》(济办发〔2020〕6号)，就落实省市一体化推进济南加快发展做出安排部署。

6月22日，市委办公厅、市政府办公厅印发《济南市推进机关内部“一次办成”改革实施方案》(济厅字〔2020〕6号)，就“一次办成”改革做出安排部署。

6月22日，市委办公厅印发《关于聘任市委法律顾问的通知》(济厅字〔2020〕7号)，就聘任市委法律顾问做出安排部署。

7月17日，市委办公厅、市政府办公厅印发《服务民营经济十大行动实施意见》(济办发〔2020〕9号)，就服务民营经济十大行动做出安排部署。

7月27日，市委办公厅印发《关于深入推进选树“出彩型”好干部好团队工作的实施意见》(济办发〔2020〕10号)，就深入推进选树“出彩型”好干部好团队工作做出安排部署。

8月24日，市委办公厅、市政府办公厅印发《关于建立党政领导干部防范和惩治统计造假、弄虚作假责任制的实施意见》(济厅字〔2020〕9号)，就建立党政领导干部防范和惩治统计造假、弄虚作假责任制做出安排部署。

9月2日，市委办公厅、市政府办公厅印发《关于促进中医药传承创新发展的实施意见》(济办发〔2020〕12号)，就促进中医药传承创新发展做出安排部署。

10月19日，市委办公厅、市政府办公厅印发《关于完善人才住房保障制度的若干意见（试行）》(济厅字〔2020〕11号)，就完善人才住房保障制度做出安排部署。

11月19日，市委办公厅、市政府办公厅印发《济南市创建“科创中国”试点城市实施方案》(济厅字〔2020〕12号),就创建“科创中国”试点城市做出安排部署。

11月30日,市委办公厅印发《济南市深化城市基层党建示范市建设三年行动方案》(济厅字〔2020〕14号),就深化城市基层党建示范市建设做出安排部署。

(市委办公厅)

【概况】 2020年,市委组织部坚持以习近平新时代中国特色社会主义思想为指导,坚定践行新时代党的建设总要求和新时代党的组织路线,各项工作取得新成绩,实现新突破,为加快新时代现代化强省会建设提供了坚强组织保证。

夯实“两个维护”的思想根基 干部考核选拔突出政治素质考察,干部教育培养突出对党忠诚教育,干部管理监督突出政治监督,基层党组织建设突出政治功能,人才工作突出政治引领、政治吸纳,教育引导广大党员干部不断提高政治判断力、政治领悟力、政治执行力。实施“习近平新时代中国特色社会主义思想教育培训计划”,市直部门累计培训7000余人,举办8期市管领导干部党的十九届五中全会精神专题学习班,持续推进县处级以上干部五中全会精神轮训全覆盖。制定“1+7+X”党性教育基地总体规划,优化提升济南大峰山党性教育基地,加快打造中共山东省工委旧址,构建省会特色党性教育体系,各类党性教育场所全年培训学员6.2万余人次。

助推疫情防控和经济社会发展 成立全市疫情处置工作领导小组(指挥部)党建保障组,组建16个督导组下沉各区县开展督导,选派1300多名干部开展“进企业、进项目、进乡村、进社区”攻坚行动,在疫情防控一线建立临时党组织1100多个,推动3.4万名机关企事业单位干部下沉社区开展“双报到”和志愿服务活动,真正让党旗在防控疫情斗争第一线高高飘扬。出台《在疫情防控阻击战一线考察识别领导班子和领导干部的实施方案》,发现掌握优秀干部、不担当不作为干部;坚持把使用作为最大的激励,提拔51名表现突出的优秀干部。加大对疫情防控一线人员关心关爱力度,推荐表彰6名“山东省优秀共产党员”、5个“山东省先进基层党组织”,市委表彰200名抗击新冠肺炎疫情“先进个人”和100个“先进集体”,表彰25名“济南市优秀共产党员”和20个“济南市先进基层党组织”。

2020年2月28日,全市组织部长会议在龙奥大厦召开 (市委组织部 供稿)

打造高素质干部队伍 组织召开“重温习近平总书记重要指示精神扎实抓好干部队伍建设”座谈会,出台《进一步加强全市党政领导班子建设的实施意见》。推进省级以上开发区干部人事制度改革,选优配强开发区领导班子,班子成员平均年龄下降5岁,全日制大学以上学历提高一倍,干部交流比例达74%。出台《做好被问责和受处分干部跟踪帮扶、考察评估和重新使用工作的意见》《健全完善与市管干部谈心谈话制度的实施意见》等系列文件,选树担当作为“出彩型”好干部254名、好团队100个,推荐22名全省担当作为好书记、22个干事创业好班子,以组织担当激励干部担当。实施“干部专业化能力提升工程”,举办双招双引和营商环境提升、开发区领导班子专业能力提升等8期专题培训班和14期主体培训班;创新开设“泉城干部大学堂·空中课堂”,累计推出精品课程130余节;出台《重点工作一线干部专项考核实施办法》，深化“万名干部下基层”工作。实施“新时代年轻干部选拔培养工程”，持续开展年轻干部递进培训、跟踪培养；面向国内外重点高校引进人才294名；选派400多名干部到重大专班、重点项目、知名企业等进行培养。严把选人用人关口，认真审核任前事项报告，强化“一报告两评议”结果运用，开展选人用人专项检查，优化全市干部人事档案集中管理，开展市管干部档案自查。

增强基层党组织政治功能和组织力　抓好头雁队伍提升、农村区域化党建推进、软弱涣散村党组织整顿、村级集体经济倍增、党建引领乡村治理“五项行动”，开展村党组织“乡村振兴大比武”，高标准建设“济南（三涧溪）乡村振兴学院”，全市年收入5万元以下的村基本“清零”，264个软弱涣散村全部完成整顿转化，累计为群众办成3.8万件“微实事”。印发《深化城市基层党建示范市建设三年行动方案》，深化街道管理体制改革，出台推动街镇赋权增能7项措施，建立完善“街巷吹哨、部门报到”机制。深化社区“六位一体”建设，强化党建引领网格治理，出台推进基层社会治理网格化服务管理实施方案等“1+3”文件，调整规范网格1.89万个、建立做实网格党组织1.3万多个，配备网格员4.2万多人，超过60%的社区问题由网格第一时间发现并解决。开展“我来讲党课”活动，8部党课成功入选省级优秀党课。制定出台党支部建设提升行动实施意见和工作方案，开展“两新”组织党建“示范引领、全域提升”行动，推进机关“过硬党支部”“示范党支部”创建活动、企业党组织标准化建设三年行动计划、学校基层党组织党建工作规范化建设，打造一批示范点和党建品牌。

加快打造省会人才集聚高地　开展“人才政策落实年”活动，推动“双创19条”“人才新政30条”“高校20条”及相关配套实施细则落实落地。全年新增泰山系列人才39人，新引进泉城“5150”、泉城产业领军人才122人。2020年，济南位列中国最具人才吸引力城市8强。组织第三届新动能国际高层次人才创新创业大赛，推动90个优质项目签约落地。成立省会经济圈校企地合作联盟，开展“才聚泉城”名校引才活动，实施海外引才计划。引进“中科系”院所14家，推动齐鲁科创大走廊、中意高端前沿产业园、济南高层次人才创新创业基地等载体建设，打造国家海外人才离岸创新创业基地。发展人力资本产业，建成全国首家人力资本产业园，全力打造人力资本产业“济南样板”。构建绿色通道、服务专员、窗口服务和人才金卡“四位一体”人才精准服务体系；加快推进人才安居工程，畅通人才落户渠道；建立泉城“人才驿站”，设立人才编制“蓄水池”。（郝　雨）

【习近平新时代中国特色社会主义思想和党的十九届五中全会精神学习培训】　把学习贯彻习近平新时代中国特色社会主义思想摆在干部教育培训最突出位置、列为各级党校教育培训核心内容，在党校主体班次设立专门教学单元，课程比重逾50%。打造“贯彻落实习近平新时代中国特色社会主义思想改革攻坚”教学案例和“学习贯彻习近平新时代中国特色社会主义思想”现场教学点，其中4个教学案例入选省级案例，入选数量位居全省首位。创新举办习近平新时代中国特色社会主义思想专题研修班，培养宣传贯彻习近平新时代中国特色社会主义思想骨干，为全市干部教育培训提供教学案例支撑。截至2020年年底，45个改革攻坚市级教学案例和以三涧溪村、浪潮集团、12345热线为代表的一批现场教学点基本成型。在全省率先开展党的十九届五中全会集中培训工作。自2020年11月18日至12月27日，在市委党校连续举办8期市委党的十九届五中全会精神专题学习班，累计培训市管领导干部2190名。印发《关于深入开展党的十九届五中全会精神教育培训的通知》，指导督促各区县和市直部门（单位）按照干部管理权限，分级分类组织县处级以上党员领导干部培训。将十九届五中全会精神列为市（区县）委党校（行政学院）等培训必修课程，持续推进学习贯彻五中全会精神力度。（郑　伟）

【巩固拓展“不忘初心、牢记使命”主题教育成果】　贯彻落实中央部署要求和省委工作安排，把抓好学习教育、问题整改作为巩固深化主题教育成效的重要举措。印发《关于贯彻〈2019—2023年全国党员教育培训工作规划〉的实施意见》，研究制定《党支部建设提升行动实施意见（试行）》《关于在全市实施党支部建设规范提升行动的工作方案》。制定贯彻落实《关于巩固深化“不忘初心、牢记使命”主题教育成果的意见》13条措施。健全落实“两个维护”的制度机制，对习近平总书记发表的重要讲话、做出的重要指示批示，第一时间传达学习，研究贯彻落实措施，确保有令必行、有禁必止。常态化抓好主题教育整改任务落实，组织开展主题教育整改任务落实情况梳理排查，先后2次全面调度了解主题教育专项整治任务和查摆问题整改进展情况，各项整改整治任务已经完成或取得重要阶段性成效。（罗　莎）

【各级领导班子和干部队伍建设】 围绕贯彻落实新时代党的建设总要求和新时代党的组织路线，认真落实好干部标准和“实在实干实绩”导向，做好规划制定、日常考察、调整配备等工作，不断提高领导班子建设质量。根据中央《2019—2023年全国党政领导班子建设规划纲要》、省委《关于贯彻〈2019—2023年全国党政领导班子建设规划纲要〉的实施意见》和《关于深入学习贯彻党的十九届四中全会精神进一步加强干部人才队伍建设的决定》等有关文件要求，结合济南市党政领导班子建设实际，研究起草《关于进一步加强全市党政领导班子建设的实施意见》。把重大斗争一线作为考验、锻炼、识别干部的“试金石”“大赛场”。新冠肺炎疫情发生后，在全省率先出台《关于在疫情防控阻击战一线考察识别领导班子和领导干部实施方案》，牵头成立16个党建保障督导组，深入疫情防控第一线，近距离考察各级领导班子和领导干部，形成专题考察调研报告，结合疫情防控火线提拔51名“出彩型”好干部。对在雪野湖名胜区专项整治中涌现出的5名优秀干部及时提拔和进一步使用，激励全市各级干部担当作为、干事创业。做好市管领导班子和领导干部日常调整配备工作，坚持新时期好干部标准和“实在实干实绩”导向。2020年，先后进行16批次市管干部调整工作，其中涉及提拔重用、职级晋升的132人次（含撤县设区、区划调整职级晋升干部33人），组织开展4批次、516名市管干部试用期满考核。

（王海峰）

【构建完善正向激励机制】 2020年，制定出台《关于深入推进“选树‘出彩型’好干部行动”的实施意见》《关于做好被问责和受处分干部跟踪帮扶、考察评估和重新使用工作的意见（试行）》《重点工作一线干部专项考核实施办法（试行）》《关于健全完善与市管干部谈心谈话制度的实施意见（试行）》4个文件，进一步构建起激励干部担当作为的制度体系。在连续2年推选表彰481个“出彩型”好干部好团队的基础上，2020年又推选表彰2批共54名“济南市疫情防控担当作为‘出彩型’好干部”。组织3批次、50名“出彩型”好干部，到青岛和湖南湘西进行疗养休养。按照省委组织部通知要求，严格把握推选条件，充分听取区县委意见建议，综合运用后评估、年度考核、日常考察等结果，并在深入考察、审核档案和征求纪检监察、公安等11个部门联审意见的基础上，经市委常委会研究，择优确定2名区委书记、6名街镇党（工）委书记和2个区委班子、6个街镇党（工）委班子，作为全省“担当作为好书记”“干事创业好班子”推荐对象。制定考察方案，成立4个考察组，集中2天时间，对街镇党（工）委好书记、好班子初步对象进行考察。配合省委组织部做好区县委好书记、好班子初步推荐对象考察工作。（王海峰）

【干部教育培训】 全年举办9期“1+495”工作体系专业化能力提升班次和1期全市开发区领导班子专业能力提升培训班。举办优秀年轻干部递进培训班，探索实施“训前调研、带题参训、联合导师、分组攻关”的课题引领式培训新模式，形成8篇可行性课题报告。统筹疫情防控和教育培训，依托“泉城干部大学堂”，联合人民日报旗下融媒体教育平台“人民学习”，推出“泉城干部大学堂·空中课堂”，累计收集推送课程130余节。

（郑　伟）

【培养选拔优秀年轻干部】 制定出台《中共济南市委关于进一步加强全市党政领导班子建设的实施意见》，明确23项重点任务、提出130条具体措施和24项量化指标。研究制定《优秀年轻干部及时发现动态管理持续培养办法》，建立全市优秀年轻干部动态管理信息库，每年动态发现储备优秀年轻干部1000名左右。制定出台《加强和改进新时代选调生选育管用工作的办法》，从6个方面提出23条规范和加强新时代选调生的选拔、培养、管理和使用工作的具体举措。开展专额定向选调生差额人选引进事业单位工作。发挥“泉城选调生”微信公众平台作用，发现并宣传疫情防控、脱贫攻坚、拆违拆临等先进典型60余人，择优向省委组织部推选全省“百名优秀选调生”8人。

（王敬华）

【市管企业领导体制和组织管理体系改革】 制定出台《关于推进国有企业领导体制和组织管理体系改革创新的若干措施》《济南市市管企业职业经理人选聘管理办法（试行）》《关于改革创新国有企业中层干部选拔任用相关制度的指导意见》系列文件，国有企业改革制度体系初步形成；落实企业选人用人新理念，在3家新成立市管企业试点推行职业经理人制度，提供1个总经理、3个副总经理职位和部分中层岗位面向全国进行公开招聘，职业经理人改革从制度设计迈出落地实践重要一步。（李继瑞）

【干部管理监督】 制定专门工作方案、成立领导小组和工作专班，整理提供档案资料270余卷，真实客观做好解释说明工作，保障省委巡视和专项检查的顺利开展。结合市委巡察，对36个单位开展专项检查、调研和自查，推动专项检查实现全覆盖。开展领导干部个人有关事项报告专项整治。及时校正纠偏，防止填报不严肃不认真、执行报告制度不严格、认定处理畸轻畸重等问题，维护报告制度的权威性严肃性。对受理的信访举报，按程序进行分级分类办理，推进重复信访举报事项包案化解工作。督促纪检、宣传、统战、政法等机关完善容错程序、制定容错操作规范，督促市直各部门（单位）结合自身工作细化容错情形，营造鼓励改革、宽容失误的干事创业氛围。《坚持五个聚焦、做到五个统一，扎实做好新时代干部监督工作》在中组部《干部监督工作通讯》刊载，《织密从严监督干部制度体系》在《中国组织人事报》刊载，《打造担当作为保障体系，推动干部放手干事创业》在《山东组工信息》刊载。

（谢奕真 黄翊鹏）

【干部人事档案管理】 统筹建设15个干部人事档案服务中心，按照统一标准对全市机关、事业单位在编在职干部人事档案进行审核接收、集中管理。至2020年底，市直部门已实现集中管档，接收档案2.8万卷，同步完成档案审核与数字化扫描全覆盖，提升全市干部人事档案工作的专业化、集约化水平。市委组织部投资1150万元，建成1400平方米可容纳7万卷档案的无人档案库房，采用智能机器人对入库档案进行无人化管理。开发干部人事档案集中管控平台，集成档案管理、查阅、转递、审核、查询统计、权限分配等功能，实现档案业务全流程线上办理，将各项工作始终置于系统监管之下，更好地防范档案涂改、造假风险。开发档案审核云助手系统，将审核内容细化为9类63项风险点，辅助审核人员进行标准化审核，确保同质同类问题查核处理标准一致。全年累计审核拟提拔重用市管干部人选档案384卷，为保障2021年换届自查市管干部档案2183卷。根据第五轮省委巡视反馈意见和省委组织部统一部署，开展全市档案造假和遗留问题专项清理工作，排查在职在编机关事业单位干部人事档案约12.9万卷。

（谢奕真 黄翊鹏）

【公务员队伍建设】 2020年，市直单位晋升一级调研员74人、二级至四级调研员383人次，为疫情防控工作中表现突出的77名干部火线晋升职级。按照先区县后市直、先机关后参公的顺序，全市首批行政执法类职位设置方案2020年11月经省委组织部批复，在区县综合行政执法局、市场监管局共24个单位设置1870个职位。9月下旬和12月下旬，根据原莱芜市属事业单位机构编制事项调整情况和全市事业单位改革情况，完成2轮涉改单位的重新归类和情况梳理。为全市各级机关招录643名公务员，发挥公务员考录进人主渠道作用，首次面向高校应届毕业生定向招录；推进分类分级考录，建立健全报名容缺机制，推进考录工作流程再造；克服新冠肺炎疫情困难，统筹推进考务组织和疫情防控。指导意向单位有针对性地研究提出人才需求，科学设置聘任职位条件，确定在9个市直部门招聘20名聘任制公务员，并形成基本成熟的实施方案。2020年，办理公务员（参照管理人员）登记1268人。配合有关部门，对2017年大部制改革和2019年机构改革中，因职能划转由参公事业单位划转至行政机关的部分参公人员，以及整建制转为行政机构的参公事业单位人员进行身份转换。

（武晓娜）

2020年10月16日，“泉城优秀公务员标兵”“泉城优秀公务员”“泉城优秀公务员集体”座谈会在龙奥大厦召开　　（市委组织部　供稿）

【“泉城优秀公务员标兵”选树活动】经市委、市政府批准，在全市公务员系统组织开展“泉城优秀公务员标兵”“泉城优秀公务员”和“泉城优秀公务员集体”选树活动。经全市各级各部门自下而上逐级推荐，听取党员干部和群众、纪检监察机关和有关部门意见，按照“围绕中心、关注基层、注重出彩、全面过硬”的原则，经过全面评价、综合考虑、优中选优，2020年9月11日，市委印发决定，选树历下区姚家街道赵冬梅等8人为“泉城优秀公务员标兵”，槐荫区段店北路街道谷长军等17人为“泉城优秀公务员”，历下区甸柳新村街道办事处等10个集体为“泉城优秀公务员集体”。

（吴洪广）

【以组织振兴引领推进乡村振兴】开展“农村人才回引”活动，公开遴选239名村党组织书记，回引1200余名在外能人进入村班子，继续选聘1133名“乡村振兴工作专员”，60%以上的村实现“一村一名大学生”。近两年累计调整年龄大、不胜任的村党组织书记1281人、占23%，队伍平均年龄下降9.6岁。创新设立绩效奖、星级奖、晋位奖、集体收益增幅奖，村党组织书记人均年报酬达3.5万元，五星级村党组织书记超过5万元；出台《济南市“乡村振兴好书记”评选管理办法》，每两年评选一次。连续三年实施“集体经济倍增”行动，2020年5万元以下的村基本“清零”。持续开展村集体“三资”清理规范，累计清理不规范合同5.6万份，清缴各类款项4.8亿元，培育914个集体经济新项目，村均直接增收9万元。推进村党组织领办合作社，新培育2195家合作社，经营总收入达2.9亿元，带动8.8万农户致富增收。实施农村区域化党建推进行动，创新打造138个“党建联合体”，带动890个产业相关的村抱团提升，投入6250万元扶持实施42个集体经济连片项目，取得“1+1>2”的叠加集群效应。创新推进党建引领乡村治理，规范完善评星定级机制，开展村党组织“乡村振兴大比武”，全市2400多个村党组织晋位升级；推行“主题党日+阳光议事”，开展村级民主管理专项排查，创新“网格化管理”“为民服务公开承诺”等载体，推动村党组织办成“微实事”3.8万件。

（吴修直）

【抓党建促决战决胜脱贫攻坚】召开全市抓党建促决战决胜脱贫攻坚电视电话会议，研究细化35项工作措施，对抓党建促决战决胜脱贫攻坚做出动员部署。印发《关于深入开展抓党建促决战决胜脱贫攻坚排查整改工作的通知》《关于进一步发挥农村基层党组织战斗堡垒作用扎实做好脱贫攻坚工作的通知》，结合开展脱贫攻坚自查评估，夯实抓党建促脱贫攻坚工作基础。对参与脱贫攻坚的驻村干部，明确年内不做轮换、保持稳定，督促聚焦统筹推进疫情防控与脱贫攻坚中心任务，更好地履职尽责、发挥作用。印发《关于在疫情防控阻击战一线考察识别领导班子和领导干部的实施方案》，派出16个党建保障工作组深入一线督导指导。会同市扶贫办对尚未参加脱贫攻坚的新任镇村干部及新选派驻村干部进行全员轮训，在三涧溪乡村振兴学院举办全市第一书记示范培训班，帮助驻村干部提升帮包本领。创新开展“第一书记大比武”，重视加强临时党组织建设，完善请销假、平时考核等机制，引导第一书记对照查摆、改进工作。强化督促指导，采取实地暗访、电话抽查、问卷调查等方式，实现对贫困村督导检查全覆盖，先后下发提醒函、督办单87次，压紧压实第一书记帮包责任。

（周光锋）

【城市基层党建示范市建设】 制定出台《深化城市基层党建示范市建设三年行动方案》，会同市委编办等部门研究制定推动街镇赋权增能7项措施，赋予街道对区县职能部门及其派驻机构的考核评价权、对派驻机构负责人的人事考核权和征得同意权、对公共事务的综合管理权、规划参与权、区域内重大决策和重大项目建议权“五项权力”；规范属地管理，全面清理规范上级与街道签订的各类责任状和考核评比事项60多项，街道党工委抓党建、抓治理、抓服务统筹协调能力明显增强。深化“街巷吹哨、部门报到”改革，依托12345市民服务热线做实呼叫响应平台，建立快速响应、接诉即办机制，形成街道呼叫、部门响应、办结反馈、考核评价等闭环工作流程，全年累计协同解决各类综合事项1.3万多件。深化社区“六位一体”建设，全面推行兼职委员制度，选配社区兼职委员2100多人，1300多名社区“两委”成员兼任业委会、物业服务企业、社区社会组织党组织负责人（成员）。制定出台《推进“泉城红色物业”建设实施方案》。市、区县全部依托住建部门建立物业服务行业党组织，全面实行物业服务项目负责人社区报到制度，全市1430多名物业服务项目负责人到社区报到、认领共建项目1850多个。会同市行政审批服务局等部门出台《关于推进全市村（社区）便民服务标准化的实施意见》，以区县为单位整合各部门7大类服务资源和具体服务项目，依托党群服务中心（便民服务站）实行“一窗受理、全科服务”，开展“微心愿”“微志愿”“微治理”“微服务”，全面提升党建温度、提高“家门口”服务质量。出台《推进基层社会治理网格化服务管理实施方案（试行）》等文件，建立党组织对网格事项统一指挥、推进落实的工作机制，推动基层社会治理各项工作实行“一张网”管理。全年共优化调整网格1.89万个、做实网格党组织1.3万多个，各区县面向社会招录专职网格员1400余人、配备网格员4.2万余人，超过60%的社区问题由网格第一时间发现并解决。（郑天阳）

【基层党建工作】 推进新兴领域党建工作，出台《全市非公有制经济组织和社会组织党建“示范引领、全域提升”行动方案》，2020年拨付市级两新组织党建工作经费1021万元，推动实施“百＋党建”工程、设立党建联盟、建立优秀两新书记工作室等措施，发挥培育对象典型示范作用，以重点突破带动两新组织党建工作整体提升。加强楼宇园区、商圈市场等“两新”组织集聚区党建工作，在83个商务楼宇、74个特色园区、21个大型商圈等建立党群服务中心，在数字经济、智能制造、医养健康等20多个重点产业建立党建联盟，选聘500多名“红领先锋”专职抓党建。加强行业系统党的建设，市、区县新成立互联网、社会工作、物业服务等行业性党组织80多个。推动行业系统基层单位与街道社区共建共治，深化提升社区“双报到”、干部挂职交流、结对帮扶等措施。制定出台加强模范机关建设工作的实施意见，打造近1000平方米的市直机关党建工作示范阵地。推进企业党组织标准化建设三年行动计划，开展国企党支部标准化建设示范创建活动，打造30个市级党组织标准化建设示范点；开展国企党建工作品牌创建活动，打造公交集团“车厢党课”等一批有特色的党建工作品牌。加强学校基层党组织党建工作规范化建设，开展教育系统“三优、三室、五进”党建文化阵地建设和“一校一品”创建活动，打造50个学校党建品牌。（郑天阳）

【人才政策落实】 实施市级重点人才工程，遴选支持6个“一事一议”国际顶尖人才（团队），包括海内外院士4人、国家重点人才工程人选专家1人，支持资金1.37亿元；新引进泉城“5150”人才（团队）79个，支持泉城产业领军人才（团队）43个，支持资金近2亿元。加强校地协同创新，支持驻济高校院所项目89个，落实资助经费7700万元。完善“以租为主、租售补相结合”的人才住房保障体系，新筹集租赁型人才公寓1.38万套（间）。扩大购房补贴和生活租房补贴覆盖范围，为13826人发放租房生活补贴1.69亿元，为3.74万人发放人才交通卡。（耿庆坤）

【加大招才引智力度】 举办第三届“中国·济南新动能国际高层次人才创新创业大赛”，共征集49个国家（地区）1769个高层次人才（团

2020 年度，济南市围绕干部工作出台的部分文件及书籍　　（市委组织部　供稿）

队）报名参赛，205 个优秀项目入围决赛，并评出 48 个获奖项目，推动 97 个项目落地。建成启用 6600 平方米的国家海外人才离岸创新创业基地总部空间，新建 6 个海外创新驿站和 6 个人才工作联络站，遴选支持泉城高端外专项目 28 个。2020 年，山东省首批引进海外科技人才快速认定全市获批 35 人，获批人数占全省 58.3%。开展“才聚泉城”名校行活动，合作“双一流”高校数量突破 90 所，2020 年引进硕博毕业生、双一流本科毕业生 14177 人，创历史新高。

（耿庆坤）

【营造良好人才发展环境】　以绿色通道、服务专员、窗口服务和人才金卡“四位一体”，构建高层次人才精准服务体系，提供子女入学、配偶就业、医疗保健、交通出行、职称评审等 18 项专项服务，全市高层次人才服务专员队伍达 219 人，累计发放“泉城人才服务金卡”2013 张。确定优质基础教育“定点储备校”74 所，为引进的 133 名高层次人才妥善解决子女入学问题。发挥人才创投联盟作用，开展人才双创财政专项资金股权投资，对 6 家市级以上重点人才工程企业股权直投跟投 2200 万元。扩大“人才贷”支持范围，助力高层次人才创新创业和科技成果转化，给予 40 余家企业 1.51 亿元信用贷款支持。加快推动《国际化社区建设与管理通用指南》等 3 项地方标准在全市 126 个街道、748 个社区落地实施，探索推进国际人才港、国际化人才街区建设。　（耿庆坤）

【健全完善考核评价体系】　以健全完善考核制度为主线，“区分优劣、奖优罚劣、激励担当、促进发展”为主要任务，统筹做好省综合考核和济南市综合考核两个重点工作。2020 年，突出省市考核联动性，承接省考核指标并直接纳入市考核体系。强化创新创优考核导向，设立区县考核新体系；改革完善开发区考核新模式，将省级以上开发区纳入综合考核，推动开发区升级进位和高质量发展。突出对考核指标目标和质量的统筹兼顾，实行以目标达成度为标准、统筹考虑指标完成质量的精准考核。重点工作专项考核对标市委、市政府中心工作，将 12 项重点任务攻坚行动全面落实分解。注重强化平时考核，坚持考人考事相结合，把综合考核结果作为评价领导班子和领导干部年度履职情况的重要依据。推动健全奖励体系，制定落实全市考核奖励方案，扩大正向激励覆盖面，强化负向惩戒鞭策作用。开展评先树优典型宣传报道，真正把奖励重点向基层一线和业绩突出人员倾斜的要求落到实处。在 2020 年度全省考核中济南市夺取综合考核一等奖第一名，并获“新旧动能转换”“乡村振兴战略”和“打赢污染防治攻坚战”三个单项奖；撰写的课题《构建推动高质量发展的综合考核体系研究》在全省各市评比中获一等奖；《中国组织人事报》《领导科学报》对济南市考核工作进行专题报道。

（杜晓娇）

【党员教育（远程教育）工作】　开展“发现榜样”活动，各区县和市直部门（单位）共推荐“抗疫榜样”典型 245 个，市公安局出入境管理局党总支等 2 个基层党组织、历城区人民医院护士长胡振珊等 4 名党员个人被确定为全省“抗疫榜样”，全市制作“抗疫榜样”事迹片 105 部。开展“为社区工作者点赞、致敬第一书记”发现榜样活动，省委组织部命名 8 名社区榜样、3 名第一书记榜样。精选 20 个重点党课组织开展精品党课制作，出品《我来讲党课——济南市精品党课20讲》正式音像出版物。组织基层党组织开展精品党课巡回展播分享活动，深化“灯塔—党建在线”网络平台学用工作。指导各级党组织主动探索运用平台业务系统提升基层党建工作质量和水平，办好党建和组织工作宣传平台。持续办好《时代风采》党建电视栏目，完成50期节目制作播出任务；推进基层党员教育阵地体系建设，推动实现党员全员进党校、进基地培训。推进农村和城市社区基层干部专科学历教育工作，加强对区县学历教育工作的调研督导。策划并组织报送的《齐鲁红色365》《季羡林如是说》《党员干部实用理论知识导学》等5种25册党员教育书目，分别获全国党员教育培训教材创新教材奖、优秀教材奖、优秀组织单位奖。全年组织制作并报送中组部和省委组织部党员教育电视片487部，比2019年增长近一倍。组织开展全市党员教育片观摩评比活动，收到各单位参评作品398部，评选出一、二、三等奖76个并进行通报表扬。在2020年度全省党员教育片观摩评选中，济南市组织制作的4集党史文献片《英雄不朽》获特别奖，典型事迹片《调解员》获一等奖。

（李玉锋）

【健全重大疾病传染病防治体制机制】 设立市委重大疾病和传染病防治工作领导小组，领导小组办公室在市疾病预防控制中心实体化运行。设立市促进中医药发展工作领导小组，优化市卫生健康委机构设置和职能配置，助力中医药事业发展。整合市疾病预防控制中心和市第二疾病预防控制中心，设立新的市疾病预防控制中心，强化监测预警、疾病预防、卫生检验监测、临床研究等职责，相应优化内设机构设置和领导职数配备，为提升全市突发公共卫生事件应急处置能力提供支撑保障。

【推进功能区体制机制改革】 获批单独设立新旧动能转换先行区管理机构，强化党建、投资促进、建设管理、综合保障等职能。参与自贸区济南片区管理体制、运行机制创新相关工作。按照省委关于开发区体制机制改革部署和市委有关工作安排，做好在全市开发区探索实行“党工委（管委会）+公司”体制，加强开发区经济建设、产业规划、双招双引、企业服务、发展保障等经济管理职能217项，将开发区承担的422项社会事务管理职能交由所在地政府或街道办事处，166项开发运营职能交由平台公司承担，推动开发区聚焦主业主责。将开发区140个工作机构，整合设置为68个，精简压缩51.4%，改革后经济管理类机构占60%以上。适应开发区全员聘任制需要，为开发区核定人员控制数，较实有人员压缩36.8%。指导开发区制定权责清单，全市11个开发区共认领权责事项3318项。指导济南高新区制定代管街道属地管理事项主体责任、配合责任清单，在各开发区建立“开发区吹哨、属地单位报到”等协调配合机制，形成推动高质量发展合力。

【健全完善“五个济南”建设相关体制机制】 助力打造科创济南，服务保障综合性国家科学中心建设，研究提出设立济南市与中科院合作项目建设推进组的意见。助力打造智造济南，贯彻落实工业强市战略部署，调整完善工业发展领域领导体制和运行机制，设立市委工业发展工作委员会，完善运行机制，明确职责分工。助力打造文化济南，明确济南泉·城文化景观申报世界遗产工作领导小组为市委议事协调机构，在市城乡水务局（市泉水保护办公室）设立泉水保护处、泉水遗产处，在市水务服务中心加挂济南泉·城文化景观保护监测中心牌子。助力打造生态济南，统筹考虑生态环境垂管改革、开发区改革相关政策要求，研究提出健全完善开发区（功能区）生态环境监管职责及机构设置的意见。助力招商引资工作，调整充实市、区县“双招双引”工作领导小组，强化市投资促进局项目落地服务职能，在市发展和改革委等16个产业主管部门统一设立产业发展处，明确市委办公厅等45个部门招商引资服务保障职责，构建“投促+部门+区县”招商引资工作体系。助力优化营商环境，规范完善审管互动协调配合机制，明确市行政审批服务局和行业主管部门职责边界，推进审批事项“全链条”流程再造，建立长效工作机制，促进审批监管高效协同、良性互动。

【规范属地管理】 全面实行网格化管理，将规范属地管理和党建、综治等工作统一纳入网格，依托12345市民服务热线平台，实行“乡呼县应、上下联动”；制定104项属地管理责任清单，除4项主体责任为街镇外，其余100项主体责任均为区县部门，在责任划分上依法依规、权责一致；健全完善部门交办街镇事项准入、“依单问责”制度、街镇对部门考核评价等6项配套制度，通过刚性约束，推动部门、街镇协同配合，形成合力，切实为基层松绑减负，激发干事创业活力。

【建立健全“三张清单”管理制度】 以“三定”规定和机构编制调整文件为依据，组织编制部门及内设机构职责任务清单“管内部”，通过颗粒化拆分，明晰每项职责的办理环节、步骤、程序、时限、材料等，市和区县党政部门梳理细化分解部门职责33466条；规范权责清单“管外部”，督导市直各部门逐一明确12个区县权责事项实施权限；组织编制部门职责边界清单“管边界”，梳理公布市级部门80项、12个区县642项职责边界事项，推动形成内部深度融合、外部高效配合的部门职能运行机制。

【清理规范议事协调机构】 开展清理规范市级议事协调机构工作，市级议事协调机构由403个精减为201个，压减比例50.1%。推动各市级议事协调机构牵头部门制定议事协调机构工作规则、办公室工作细则，明确议事协调机构的组织架构、主要职责以及会议制度、请示报告、文件运转、议定事项落实等方面的具体规定，界定组成部门职责分工，细化部门具体任务，完善部门协调联动的具体工作机制，强化跨部门、跨领域事项的协作配合，为更好发挥议事协调机构作用提供保障。

【职能运行监管】 创新构建职能运行监管“12345”工作体系，研究制定《济南市市级机关职能运行监管办法（试行）》，建立部门履职情况台账和督导评估工作台账，开展职能运行情况摸底和实地调查，围绕部门职能配置、履职尽责、内部运行、协调配合等方面，汇总梳理并逐项研究29个部门146个问题，促进部门全面协同高效履职，推动部门“三定”规定落实。

【事业单位改革试点】 根据中央和省委有关事业单位改革要求，制定《关于深化市级事业单位改革试点实施方案》，批复区县深化事业单位改革试点实施方案。市、区县精减事业单位821个，压缩比例33.2%。科学规范设置事业单位，优化事业单位布局结构，统筹编制资源向基层倾斜，省、市、区（县）三级向街道（镇）下沉编制2461名，加强基层治理体系和治理能力建设。

【完善提升新型研发机构管理服务模式】 围绕落实黄河重大国家战略和强省会战略，破解引进高端科研院所面临的体制机制和政策障碍，实施流程再造、推进制度创新，依托“互联网+政务服务”平台，探索打造并推广“四不像”新型研发机构管理模式，引进中国科学院理化技术研究所先进激光研究院（济南）、山东区块链研究院、济南黄河绿色研究院等8家新型研发机构落地发展，全市新型研发机构总量达21家，成为辐射带动全省新旧动能转换的新引擎，为省、市创建综合性国家科学中心提供支撑保障。

【优化区划调整后机构编制布局】 按照省委关于济莱区划调整工作部署，根据市委常委会确定的原莱芜市属事业单位机构编制调整和人员安排意见，会同组织、人社、财政等部门，坚持应整合尽整合的原则，加大对职责相同或相近事业单位整合力度。351个原莱芜市属事业单位中，除18个学校（幼儿园）、医院不做调整，10个事业单位经主管部门党组（党委）慎重研究暂不调整外，其余323个单位全部撤并整合。根据省政府批复文件，对长清区孝里街道等11个撤镇建办的街道办事处，明确办事处机构规格、党政工作机构、编制及领导职数，并对事业单位同步进行调整规范。

【强化机构编制法定化和监督检查】 学习宣传《中国共产党机构编制工作条例》，纳入党校主体班次教学计划。开展机构编制事项落实情况专项检查，对机构编制执行情况和使用效益进行评估，评估结果作为改进机构编制管理、优化资源配置的重要依据。推进机构编制绩效管理评价工作，发挥其“指挥棒”“风向标”作用。开展机构编制“条条干预”问题排查，对超审批权限设置机构等问题开展自查自纠，针对巡视、审计发现的问题推进整改。加大消化超编人员工作力度，加强与组织、人社、退役军人等部门沟通协作，严控超编进人，强化对超编严重的部门及区县工作督导，推动加快消化超编。发挥“12310”举报受理平台及网上举报、微信公众号作用，严肃查处机构编制违规违纪行为。

（邱兆亮）

【离退休干部党建工作】 通过集中宣讲、专题辅导和支部学习等方式组织老同志学习习近平新时代中国特色社会主义思想和党的十九届四中、五中全会精神。召开离退休干部工作委员会2020年全体委员扩大会议，协调发放2020年全市离退休干部党组织工作经费和党组织书记工作补助275.5万元。建立离退休干部党组织按期换届提醒机制，督促各级各单位对290余个离退休干部党组织做好换届工作。与市委组织部联合印发《关于做好干部荣誉退休工作的通知》。建立离退休干部党组织党建助理员工作制度，选派944名党建助理员加入离退休干部党建工作一线；加强离退休干部党组织标准化规范化建设，编印发放《济南市离退休干部党组织标准化规范化建设工作手册》和《济南市离退休干部共享式党建活动基地暨主题党日活动中心党建活动指南》。推动融合共享式离退休干部党建活动阵地示范点建设，建成共享式离退休干部党员活动室154个，为包括部分中央企业和省直部门的752个离退休干部党组织、3.1万余名党员提供学习活动场所。

（刘利祥）

【离退休干部疫情防控】 各级老干部工作部门、离退休干部党组织，通过电话、微信等方式联系老同志21560人次，普及科学防护知识9800次，解决实际困难1618件。开通“网上老干部活动中心”和“网上老年大学”，引导老同志以健康体魄和阳光心态在疫情防控中传递释放正能量。号召全市离退休干部党组织、离退休干部党员参与疫情防控工作，310名老同志自愿返岗到一线工作，5917名老党员直接参与社区（村居）一线疫情防控，25692名老党员捐款360.72万元、捐物3866件。（刘利祥）

【引导老干部发挥作用】 在全市创新打造“老干部志愿服务推进中心”，打响“泉映银龄”品牌。分层次打造老干部志愿服务推进中心，泉城老干部志愿服务推进中心于2020年9月24日正式启用；指导市老年人大学和12个区县分别打造老干部志愿服务推进分中心13个；在条件成熟的街道、社区打造老干部志愿服务推进站91个。研发老干部志愿服务信息化平台——“泉映银龄App”，为老干部志愿服务推进中心运转提供支撑。开展“银发助力·齐心战疫”银龄寄语活动、“翰墨丹青致敬最美逆行者”老干部精品书画志愿捐赠活动，开展“泉映银龄·助力脱贫攻坚”“泉映银龄·助力创建文明城市”等主题志愿服务活动，参与老同志累计达10万余人次。发挥各级关工委组织的作用，开展“2020年市级新时代好少年”学习实践活动，推进青少年法治教育工作，成立济南市手拉手孤贫儿童帮扶中心志愿者服务团。（刘利祥）

【文化养老工作】 推进老年教育平台载体建设，市老年人大学主校区一期改造工程于2020年6月底正式投入使用，二期建设工程12月正式开工，建成后将为全市老年大学学员提供6万个学位；新开设机床二厂、媒体港、工人文化宫及市税务局4所分校，城区老年大学分校达8所、社区教学点52个、志愿服务点58个，组织52支党员志愿服务队、近300名党员志愿者为居民送去教学志愿辅导400余次。加强老干部文化养老阵地建设，全市区域性“开放式”老干部活动室增加到33处。举办全市离退休干部“泉城乐·云艺术节”系列活动，打造“云赏芳华”老干部文化养老云阵地，向离退休干部推送各类文化养老信息2000余条。（刘利祥）

【离退休干部服务保障】 召开全市春节慰问老干部暨情况通报会，向离退休干部通报全市经济社会发展情况。直属分局、莱芜老干部服务中心挂牌运行，确保驻莱芜离退休干部服务保障工作有序开展。建立老干部工作联络员制度，开展特困离休干部及遗属帮扶和移交济南市服务管理的省属特困离休干部、移交县区服务管理的市属破产改制企业离休干部、军休干部、易地安置离休干部待遇落实工作，协调发放2020年度“情暖万家”专项救助物资76份。做好老干部来信来访工作，组织部分老同志在本地进行康复休养。（刘利祥）

【济南老年人大学优秀教师观摩课获奖】 由中国老年大学协会举办的首届全国老年大学优秀教师观摩课会议在青岛召开，济南老年人大学推荐的美术系书法教师于建华的《隶书的笔锋形态》，舞蹈系教师王冬的《民族舞》、王潇莉的《时装形体》，声乐系教师王海霞的《红豆词》，器乐系教师赵聪的《二胡曲目赛马》等在24个省市89所学校推荐的160个教师说课视频中脱颖而出，获得中国老年大学协会颁发的“优秀说课教师”证书。（肖　建）

【概况】 2020年，市委巡察机构贯彻落实中央决策部署，落实省委、市委要求，始终把“两个维护”作为根本政治任务，坚持政治方向，强化政治监督，组织开展十一届市委第七轮、第八轮巡察，对32个市直部门、功能区、国有企业开展常规巡察或“回头看”，安排5个市委巡察组配合省委巡视组开展联动巡视巡察，对脱贫攻坚工作开展专项巡察，同步进行选人用人、意识形态工作专项检查，共发现问题757个，移交问题线索249件。

【提升工作质效】 配合省委巡视组和第一巡察指导督导组开展工作，主动对接、细化措施、精准服务、强化保障，改进巡察工作重点提升事项13项，健全完善工作制度15项，与第一巡察指导督导组会商29次，征求建议73条，规范问题79个。全面总结提炼特色亮点，打造济南巡察品牌，在《山东巡视巡察》期刊刊发经验文章、工作信息8篇。

【规范化建设】 加强制度体系建设。对2017年以来形成的80项工作制度进行梳理，编制《济南市委巡察工作手册》，推动巡察工作制度化规范化，确保依规依纪依法开展巡察。加强作风纪律建设。制定出台《关于选派优秀干部到市委巡察机构实践锻炼的意见》，按照2∶1的推荐比例从全市范围选调干部参加巡察工作，对选调干部逐一进行考察考核，结果向派出单位反馈，发挥巡察岗位培养锻炼干部的“熔炉”作用。

【创新组织形式】 综合运用“联动＋专项”模式开展巡察。安排14个市县巡察组配合省委巡视组开展巡视巡察，并安排1个市委巡察组对市公安局党委及其下一级党组织开展市县联动巡察。安排1个市委巡察组，对脱贫攻坚工作开展专项巡察，及时形成脱贫攻坚巡察专报，报市委领导审阅，以精准监督助推精准脱贫。

【深化巡察整改】 探索实施纪委监委、组织部、巡察机构联审整改报告制度，跟踪督促市委书记点人点事事项办理，清单化管理巡察成果运用。汇总形成整改进展情况综合报告，并向市委常委会、市委巡察工作领导小组汇报。市委第六轮、第七轮巡察反馈问题989个，已整改857个，整改完成率86.7%；立案38起，党纪政务处分27人，组织处理、诫勉谈话、批评教育等其他处理92起。

【指导区县巡察工作】 构建市县两级巡察工作“一盘棋”格局，通过加强交流培训、业务指导、跟踪督导等方式，推动区县巡察机构落实深化政治巡察要求，提升巡察工作质量。推动主体责任落细落实，严格落实材料报备制度，动态跟踪区县巡察工作，各区县巡察共发现问题9341个，移交问题线索1037件，立案224人，党纪政务处分124人。

（王吉峰　刘　霞）

【概况】 2020年，全市宣传思想文化战线围绕全市中心工作，牢牢把握使命任务，紧扣“决胜决战”主题主线，担当作为奋发进取，各

项工作取得新进展、新成效，为加快打造“五个济南”、建设“大强美富通”现代化国际大都市提供坚强思想保证和强大精神动力。

（张 胜）

【党的思想理论建设】 把学习宣传贯彻习近平新时代中国特色社会主义思想作为首要任务，举办市委理论学习中心组读书班，组织市委常委会专题学习和中心组学习40余次。强化对各级中心组学习的指导检查，学习质量效果明显提升。成立学习贯彻党的十九届五中全会精神市委宣讲团及各领域各行业宣讲团，深入基层宣讲360余场，直接受众15万余人次。推进常态化宣讲，设立市级理论宣讲基地80个，举办各类宣讲报告会800余场。搭建“理响泉城”理论宣传全媒平台，围绕热点焦点问题发表315篇理论文章。提升社科研究质量水平，立项社科课题132项，组织重大课题攻关6项。加强“学习强国”市级平台管理，累计对上发稿1.2万余篇，供稿量、采用量均位居全省前列。

（张 胜）

【全国文明城市创建】 以省会副省级城市测评第一的成绩实现年度测评“三连冠”，蝉联全国文明城市称号。召开“深化文明城市创建、加快打造魅力泉城”行动大会，开展文明城市建设民意征集活动，建立完善市民文明行为激励回馈机制，落实创城百件实事，举办专题会议、专项培训12次，完成年度测评任务，市委、市政府对创建先进集体、个人和模范市民予以表扬。举办全国文明城市创建工作第二期培训班，文明创建济南经验受到中央文明办及全国参会代表一致好评。拓展新时代文明实践中心建设，建成市级中心1个、区县级中心15个、镇（街道）实践所165个、村（社区）实践站5497个，参与志愿者超过100万人次，“百姓春晚”志愿服务经验在全国范围推广。制定贯彻落实两个《纲要》若干措施，选树推广一批先进典型，2个家庭入选全国文明家庭，51人获评山东好人，2人获评中国好人，30名个人、20个志愿服务组分别获省抗击疫情优秀志愿者、优秀志愿组织称号，建成“最美奋斗者”主题文化长廊、齐鲁道德广场和济南好人馆。文明达标村覆盖率达85%以上。创建全国未成年人思想道德建设工作先进城市。

（张 胜）

【主流舆论宣传】 把疫情防控宣传作为压倒一切的头等大事，刊发新闻宣传稿件7.5万篇，召开疫情防控系列新闻发布会30场，发放宣传材料2100万份，发布信息127.9万条，推送短信16.5亿条次，创作文艺作品4.5万件，开展文明实践活动1.2万场。做好十九届五中全会精神新闻宣传，精准策划“全市重点工作攻坚年”、践行黄河战略、总书记视察济南两周年等专题宣传，组织“直播黄河”“大河奔腾”等大型集中采访活动，稳妥做好雪野风景名胜区专项整治、扫黑除恶、大气污染防治等社会热点敏感问题引导，全市舆论态势平稳有序。推动市属媒体深度融合，12个区县融媒体中心挂牌投入使用。恢复成立市新闻工作者协会、市新闻学会，开展首届“恽逸群奖”评选。

（张 胜）

【决胜小康决战脱贫主题宣传】 组织开展“走向我们的小康生活”主题采访报道、“助力脱贫攻坚、报业全媒出击”系列报道、“百名记者百村行”“决胜全面小康、决战脱贫攻坚”主题图片展等活动，宣传济南市脱贫攻坚的伟大实践和伟大成

2020年6月15日，市委理论学习中心组举行集体学习专题辅导报告会

（市委宣传部 供稿）

就。开展全面建成小康“百城千县万村”调研活动，综合运用调研报告、新闻采访报道和文艺创作采风等形式，全景展示济南市在脱贫攻坚奔小康之路上的历史巨变。开展“精准扶贫·文艺进百村”系列采风创作活动，200余位文艺工作者创作作品400余幅。组织“牢记嘱托、决胜脱贫、振兴乡村”宣讲、“中国梦·新时代·话小康”百姓宣讲600余场。（张　胜）

【提升城市知名度美誉度】 加大“天下泉城·中国济南”城市形象推广力度，组织开展“寻找济南新名片”“齐鲁乡村话振兴”主题采访等活动，联合中央电视台开展“不可错过的济南”“家国情怀”灯光秀、“坐着高铁看中国”城市形象全网直播活动，推出城市形象片《大河之畔》，出版《天下泉城·中国济南》图册，纪录片《悠然见南山》获全国纪录片行业最高奖。出台《关于进一步加强和改进新闻发布工作的若干措施》《济南市突发事件新闻应急处置工作实施意见》，策划发布会107场，30余家中央、省及涉外媒体参与报道，发稿2.6万余篇。（张　胜）

【加快发展文化事业文化产业】 编制2020—2022年度重点文艺作品创作生产目录，征集6大门类重点文艺作品110件。抓好《开国将帅授勋1955》《我们的小康时代》等重点文艺作品创作生产，开展第十二届济南市精神文明建设“文艺精品工程”评选，选出优秀作品33部。组织开展“放歌新时代·全面建小康”系列文化活动，举办“深入生活·扎根人民”公益演出、惠民演出785场，“天下泉城”合唱团亮相中央电视台“致敬新时代最可爱的人”特别节目。推进“山水圣人”中华文化枢轴建设工作，制定“二安”文化品牌建设方案，举办“辛弃疾文化周”、中国（济南）“二安文化”高峰论坛、中华“二安”·文化济南“五个一”宣传推广活动，推动新建济南黄河文化展馆，加快推进中共山东省委领导机关旧址红色文化片区建设。出台《济南市革命文物保护利用工程实施意见》，对济南地区革命文物、爱国主义教育基地开展普查。举办济南抗战历史图片影像展、山东省第二届“红动齐鲁”评选等活动，鲁中抗日战争展览馆入选第三批国家级抗战纪念设施、遗址名录。出台全市文化创意产业专项规划和做大做强文化产业的若干政策措施，制定文旅产业完善产业链打造产业集群工作方案，24个项目、14个企业、4个园区入选省重点文化产业项目、文化企业、文化产业园区。举办首届中国国际文旅博览会、第六届中国非物质文化遗产博览会，“新媒体之都”、直播经济总部基地建设加快推进。（张　胜）

【落实意识形态工作责任】 提请市委常委会4次会议分析研判意识形态领域风险形势，听取全市意识形态工作情况报告，并向省委专题报告。召开市委意识形态和宣传思想工作领导小组会议、市属高校宗教工作会议，制定印发《济南市贯彻落实〈党委（党组）意识形态工作责任制实施办法〉工作措施》《全市意识形态领域安全风险防控预案（试行）》，配合省委第三巡视组意识形态工作责任制专项检查，抓好市委第六轮、第七轮被巡察单位整改落实，对第八轮被巡察部门和单位开展专项检查，上报备案哲学社会科学类活动10项。（张　胜）

【推进中共山东省委机关旧址红色文化片区建设】 2020年1月13日，省委常委会第170次会议审议通过《关于打造中共山东省委机关旧址红色文化片区的工作方案》，决定以济南市委为责任主体，省市一体推进打造红色文化片区。4月14日，省委办公厅印发《关于打造中共山东省委机关旧址红色文化片区的工作方案》（鲁办发电〔2020〕76号），要求到2021年5月底前建成使用，向庆祝建党100周年献礼。根据省委要求，3月24日，济南市召开第152次市委常委会，研究红色文化片区建设有关工作。7月15日，省委常委、市委书记孙立成主持召开打造中共山东省委机关旧址红色文化片区工作专班会议，审议《济南市打造中共山东省委机关旧址红色文化片区实施方案》，对红色文化片区规划设计方案提出具体修改意见。11月21日，省委书记刘家义主持召开省委常委会第220次会议，审议红色文化片区规划设计方案。11月27日，孙立成、孙述涛签发《中共济南市委 济南市人民政府关于打造红色文化片区的请示》（济委〔2020〕163号）。12月26日，省委、省政府向中共中央、国务院报送《关于建设中共山东早期历史纪念馆的请示》（鲁委〔2020〕585号）。同时，根据省委、市委相关要求，市打造红色文化片区工作专班办公室对片区规划制定、展陈大纲起草、展陈设计方案制定、文物史料征集、省文物总店置换、落实项目资金等方面进行推进。（荣　荣）

【典型宣传推介】 组织全市各级各单位分系统在疫情防控一线发现先进典型、树立鲜活榜样，发挥防疫先进典型的示范带动作用。积极向上推荐济南市防疫先进典型，历下区姚家街道赵冬梅、济南公交公司马晓兵等被评为“山东战‘疫’最美基层干部”“最美退役军人”“最美警察”等。采用主题雕塑与展板形式相融合的设计方式，在泉城广场打造300米的主题文化长廊，长廊集中展现278位新中国成立以来各地区、各行业、各领域涌现出来的先进人物。与市教育局联合举办“2020济南最美教师”评选活动，与市退役军人事务局开展“泉城最美退役军人”“抗疫优秀退役军人”评选活动。（荣　荣）

【开展爱国主义教育】 做好中国人民抗日战争暨世界反法西斯战争胜利75周年纪念活动。在龙奥大厦举办“纪念中国人民抗日战争暨世界反法西斯胜利75周年”图片展。展览共分7部分34个单元，以“铭记历史、开创未来”为主题，以14年抗战为主线，围绕“铭记历史、缅怀先烈、珍爱和平、开创未来”的主旨，展陈254幅珍贵的历史图片、8部珍贵历史视频，用翔实的历史史实，全景展现济南军民在党的领导下坚持武装斗争，取得抗战胜利的历史过程，反映伟大抗战精神的历史内涵。（荣　荣）

【立察立改推动巡视巡察利剑作用发挥】 严格落实意识形态工作常态化巡察制度，抓好市委第六轮、第七轮被巡察单位意识形态整改落实工作，对市委第八轮被巡察部门、单位开展意识形态工作责任制专项检查，发现问题，推动整改。加强意识形态督导检查、考核评估，推动各级党委（党组）意识形态工作责任落实落细。迎接中央宣传部意识形态工作专项督查和省委全面从严治党意识形态专项考核检查，配合省委第三巡视组意识形态工作责任制专项检查工作，对巡视组指出的问题及时抓好整改落实。（范　非）

【理论研究】 社科课题研究取得新突破，完成2019年度市社科课题结项和2020年度立项工作，共立项年度课题132项，其中重点课题62项。理论服务发展实践的能力不断提高，组织重大课题攻关，立项重大课题6项，选择驻济高校和科研院所高水平专家牵头组成课题组，围绕贯彻落实习近平新时代中国特色社会主义思想等主题开展研究，推出有理论深度、有对策建议的理论成果。设置“学校党建与思想政治工作专项课题”，共立项16项，以课题研究促进提升市属学校党建与思想政治工作水平。（李晨晓）

【打造“理响泉城”理论宣传平台】 成立“理响泉城”工作室，抽调精干力量成立工作专班，完善工作机制。发挥融媒体优势，在市级主要报网端开设专题专栏，运用全媒体手段，学习宣传习近平新时代中国特色社会主义思想，服务市委、市政府中心工作，打造济南市理论宣传和学习的阵地，2020年共开设5个子栏目、发表315篇文章。围绕“如何抓住双循环转型机遇，配置新动能、优化产业群、辐射大圈层、打造新局面”话题，在“理响泉城”工作室举办首期“理响泉城”论坛。加强理论阵地管理，严格备案审批程序，坚持谁主管谁负责、谁主办谁负责和属地管理原则，切实加强管理，严格把好关口。

（李晨晓）

【市新闻工作者协会、市新闻学会恢复成立】 按照全市宣传工作安排，2020年6月，市新闻工作者协会、市新闻学会正式恢复成立，同时选举产生济南市新闻工作者协会主席、副主席、秘书长人选，伊沛扬任主席，赵民、张楠、许伟、朱孔宝任副主席，赵民兼任秘书长。2020年9月，组织开展第一届“恽逸群奖”评选工作，104件作品获“恽逸群新闻奖”，24人获“恽逸群菁英奖”先进个人奖，6个集体获“恽逸群菁英奖”先进集体奖。

（陈延鹏）

【重点工作新闻宣传】 根据统筹推进疫情防控和经济社会发展工作要求，聚焦聚力“全市重点工作攻坚年”、市两会、市委全委会、2020年全省（市）重点项目集中开工、推动落实黄河流域生态保护和高质量发展座谈会、总书记视察济南两周年等全市中心工作的新闻宣传工作；组织筹划第二届儒商大会、第103届全国糖酒商品交易会、2020中国氢能产业发展创新峰会、中德中小企业合作交流大会、第四届世界生命科技大会暨第七届树兰医学奖颁奖大会、2020中国济南华侨华人创新创业大会等全市重大活动的新闻宣传报道工作，全景展现济南市以新发展理念全面推动高质量发展的成就。（陈延鹏）

【组织涉济大型采访活动】 按照中宣部、省委宣传部安排部署，7月至10月，先后高质量完成中宣部“走向我们的小康生活”、中央广播电视总台“直播黄河”、中宣部“坐着高铁看中国”、省委宣传部“大河奔腾”等一系列涉济大型采访活动，多角度、全方位、深层次宣传济南经济社会发展成就，向外界展现新时代现代化强省会之美。

（陈延鹏）

【全市媒体融合发展】 贯彻落实中央、省委决策部署，在推动媒体融合发展上主动作为，济南日报报业集团融媒体中心建成使用，济南广电智慧融媒体中心正式启动，市属媒体融合迈出新步伐；历下、市中等12个区县的融媒体中心全部挂牌投入使用，并通过省委宣传部建设验收。（陈延鹏）

【2020年市委市政府新闻发布会突破百场】 2020年，共组织召开市委市政府新闻发布会107场，是2014年市委市政府新闻发布制度实施以来，首次突破百场大关。新闻发布会围绕工作大局，加强议题设置；及时发布信息，有效回应关切；强化制度建设，压实发布责任；丰富报道载体，扩大传播效果。济南发布、爱济南、天下泉城以及闪电新闻等多家省市媒体参与直播，新华社、人民网、中新社、山东卫视、《大众日报》等30余家中央、省、涉外及市属新闻媒体参与报道。（王若峰 韩 冰）

【抗击疫情文艺创作和文艺活动】 策划开展“济南战疫”文艺作品展览展播活动，累计征集抗疫主题的文学、音乐、美术、书法、摄影、非遗等各类文艺作品4.5万余件，互联网总点击率过亿次。与武汉广电共同组织发起“黄河长江守望相助——共同战疫”诗歌朗诵征集活动。举办“山河同春”抗疫主题美术作品展、济南战“疫”摄影作品展、“音乐传递爱”抗疫歌曲网络音乐会等活动，编印《“音乐传递爱”优秀原创作品集》《“济南战疫”书法绘画文艺作品选》等图书。组织“文艺战疫·致敬英雄”书画作品公益捐赠活动，征集书画作品1131件，创新网上云展厅和线下展览，举办公益捐赠仪式。（支景阳）

【文艺精品创作】 编制2020—2022年度重点文艺作品创作生产目录，征集6大门类重点文艺作品110件，建立济南市重点文艺作品项目库，重点抓好电影《开国将帅》、京剧电影《邓恩铭》、电视剧《我们的小康时代》《青山遮不住》、杂技映画《泉城记忆》、广播剧《乡村变形记》、歌曲《众志成城的力量》等文艺作品创作生产。组织开展第十二届济南市精神文明建设“文艺精品工程”评选，选出图书《城·城》等各类优秀文艺作品33部。纪录片《悠然见南山》获全国纪录片行业最高奖。开展“精准扶贫·文艺进百村”系列采风创作活动。

（支景阳）

【举办中国（济南）“二安文化”高峰论坛】 为进一步弘扬“二安文化”，更好地发掘中华传统文化内涵，打造城市文化名片，凸显“文化济南”魅力，2020年10月29日，联合中国李清照辛弃疾学会举办“中国（济南）‘二安文化’高峰论坛”。论坛以“二安与济南”为主题，重点围绕“二安”与文学、“二安”与文化、“二安”与文创展开，邀请国内高校专家学者、中国李清照辛弃疾学会会员和济南市文化专家学者与会，开展学术交流研讨活动。（李银萍）

【文旅产业集聚融合发展】 推进文化旅游产业融合发展，完善文旅产业链，打造支柱型文旅产业集群，重点打造的济南出版产业集群获批2020年度“十强”产业“雁阵形”集群，24个文化产业项目、14个文化企业、4个文化产业园区入选第六批山东省重点文化产业项目、重点文化企业、重点文化产业园区；强化产业项目引领，以项目为支撑，助推济南文化产业做大做强，抓好明水古城国际泉水旅游度假区、华侨城文旅综合体、绿地文博城等一批重点项目建设。

（李文超）

【筹办首届中国国际文旅博览会】 2020年9月17—21日，首届中国文化旅游博览会在山东国际会展中心举办。首届中国文旅博览会以“促文旅融合、展全面小康”为主题，线下设11大展区，室内外展览面积约10万平方米，折合国际标准展位3500余个，参展商2500余家；设立分会场14个，组织开展相约文博会系列群众文化活动39场；吸引37个国家和地区集中参展，国内27省区组团参展。（王平平）

【第三届中国新媒体发展年会】2020年10月19—20日，第三届中国新媒体发展年会在济南举行。年会以“5G与AI风口上短视频与直播的发展”为主题，200多位中国各主流媒体和新兴媒体代表、高校及媒体研究机构的专家学者齐聚泉城，交流探讨5G时代短视频与直播发展的最新经验与发展趋势。（王平平）

【概况】 2020年是第六届全国文明城市评选表彰的总评年，也是全面检验济南市三年创建成效的“大考”之年。济南市坚持高位推动抓创建、全民参与抓创建、精细精准抓创建、彰显特色抓创建、惠民利民抓创建、立德树人抓创建、常态长效抓创建，推进全国文明城市创建工作科学化、制度化、常态化、规范化。做到抓顶层设计提升文明城市创建水平，发挥文明创建优势助力疫情防控，抓载体建设夯实群众基础，突出重点环节完成迎评工作。在第六届全国文明城市总评中，济南市继续位列28个省会（首府）、副省级城市第一名，实现全国文明城市创建“三连冠”。（刘志斌）

2020年7月19日，全国文明城市创建工作培训班在济南举办（市委宣传部 供稿）

【济南市2020年第六届全国文明城市综合测评继续位列第一】 2020年8月以来，中央文明办按照城市自查、省级审核、中央把关、组织测评等复查办法和程序，组织开展前五届全国文明城市复查工作。2020年11月10日，中央文明办公布第六届全国文明城市入选城市名单和复查确认保留荣誉称号的前五届全国文明城市名单，并对复查测评成绩排名靠前的33个全国文明城市（区）通报表扬。济南市再获全国文明城市称号，继续位列28个省会（首府）、副省级城市第一名，取得第六届全国文明城市“年度测评第一、三年总评第一”的优异成绩。（刘志斌）

【举办中央文明办全国文明城市创建工作培训班】 2020年7月19—21日，由中央文明办主办的全国文明城市创建工作培训班在济南举办，各省区市文明办、全国文明城市和提名城市中的71个地级以上城市文明委、文明办负责人等参加培训。培训期间进行现场观摩教学，中宣部、中央文明办对济南全国文明城市创建工作和培训班总体安排给予高度评价和充分肯定。（刘志斌）

【“深化文明城市创建、加快打造魅力泉城”行动动员大会召开】 2020年6月19日，“深化文明城市创建、加快打造魅力泉城”行动动员大会召开。大会贯彻落实习近平总书记视察山东、视察济南重要讲话、重要指示批示精神，落实省委、省政府对济南提出的新目标、新定位、新要求，以深化文明城市创建为抓手，推进魅力泉城建设十大专项行动，进一步完善城市功能、提升城市品质，努力创造宜业、宜居、宜乐、宜游的良好环境，更好满足人民群众对美好生活的新期待，加快建设“大强美富通”现代化国际大都市。（刘志斌）

【济南市抗击新冠肺炎疫情和全国文

明城市创建工作表彰大会】 2020年12月8日，济南市抗击新冠肺炎疫情和全国文明城市创建工作表彰大会召开。会上，表扬全国文明城市创建工作300个先进集体、1000名先进个人和1000名模范市民。（刘志斌）

【出台新版《济南市文明单位建设管理条例》】 制定《济南市深化新时代文明单位创建工作的实施意见》，明确新时代文明单位创建工作要求，推动各级文明单位与帮扶社区结对帮扶，夯实创城工作基础，打造有温度社区；强化工作品牌打造，推动文明单位创建出彩出新。征求市文明委成员单位、市直有关部门、各区县文明委意见，对原条例（济文明委〔2011〕12号）进行修订，出台《济南市文明单位建设管理条例》（济文明委〔2020〕16号），优化申报推荐、复查评选工作流程，提升文明单位创建管理精准化精细化水平，激励干部职工干事创业；强化和明确动态管理措施，新增告诫、降级、撤销等动态管理办法，确定文明单位被降级处理的不得参加下一年度申报评选，文明单位称号被撤销的不得参加下2个年度申报评选。条例自2021年1月1日起施行。（王丽丽）

【全国文明村镇、文明单位和省级、市级文明村镇、文明单位、文明社区评选复查工作】 2020年8月24日，印发全国文明村镇、文明单位评选复查工作通知，启动评选复查工作。7个村镇、8个单位被评为第六届全国文明村镇、文明单位，15个村镇、20个单位获评复查合格全国文明村镇、文明单位。2020年11月13日，启动2020年度省、市级文明村镇、文明单位和文明社区评选复查工作。2020年度新增省级文明村镇38个、省级文明单位43个、省级文明社区12个，新增市级文明村镇233个、市级文明单位126个、市级文明社区28个。复查合格省级文明村镇258个、省级文明单位742个、省级文明社区214个，复查合格市级文明村镇962个、市级文明单位1106个、市级文明社区268个。（王丽丽）

【全市乡村文化振兴工作推进会议】 2020年11月9日上午，全市乡村文化振兴工作推进会议举行。会议主要任务是贯彻落实中央和省委、市委关于乡村文化振兴工作的决策部署，动员全市各级各部门切实把乡村文化振兴各项工作抓紧抓实、抓出成效。制定印发《文明实践重点工作操作手册》，对乡村文化振兴工作负责人进行专题辅导，推动全市乡村文化振兴工作再上新台阶。（王丽丽）

【济南市获评第六届全国未成年人思想道德建设工作先进城市】 2020年，济南市被中央文明委表彰为“第六届全国未成年人思想道德建设工作先进城市”。济南市燕柳小学被评为第二届全国文明校园，阮怀勤被表彰为“全国未成年人思想道德建设工作先进工作者”。（阮怀勤）

【第二届文明家庭评选表彰】 为弘扬家庭美德、倡导文明新风，激发广大家庭开展文明创建的积极性、主动性、创造性，济南市开展第二届全国、全省、全市文明家庭推荐评选表彰工作。韩桂香家庭、张保国家庭被评为第二届全国文明家庭，张保国、李静家庭等被评为第二届省级文明家庭，马腾、周祥朋家庭等被评为第二届全市文明家庭。（阮怀勤）

【新时代文明实践中心建设试点工作】 拓展新时代文明实践中心建设，健全新时代文明实践中心组织体系，提升文明实践中心、所、站建设水平，提高市级新时代文明实践中心的指挥协调能力。加强市新时代文明实践中心网站建设，对区县模块统一规划、统一管理，提高新时代文明实践的信息化程度和资源整合力度。加强各级文明实践志愿服务队伍建设，各级文明实践志愿服务队伍制度化、品牌化、专业化水平不断提升。培育文明实践特色品牌，打造“百姓春晚”文明实践文艺志愿服务项目，该项目在中央、全省工作推进会上作为典型进行发言，并在全国推广。济南市成为山东省新时代文明实践文艺志愿服务项目试点城市，市中区、章丘区、莱芜区成为山东省新时代文明实践文艺志愿服务项目试点区县。截至年底，已建成市级新时代文明实践中心1个、区县级中心15个、镇（街道）实践所161个、村（社区）实践站5497个，新时代文明实践阵地网络覆盖率100%。（田　建）

【开展“2020年度最美志愿者、最佳志愿服务项目、最佳志愿服务组织、最美志愿服务社区”先进典型评选活动】 按照中央文明办和省文明办有关要求，在全市启动“最

2020年6月12日，“致敬最美志愿者、文明实践在行动”学习宣传活动发布仪式在济南广播电视台举行　　（市委宣传部　供稿）

美志愿者、最佳志愿服务项目、最佳志愿服务组织、最美志愿服务社区”先进典型推选活动。根据各县区和市直有关部门（单位）推荐，全市共有103人被推选为市级“最美志愿者”，80个项目被推选为市级“最佳志愿服务项目”，73个组织被推选为市级“最佳志愿服务组织”，43个社区被推选为市级“最美志愿服务社区”。其中，6人获评省级“最美志愿者”，6个项目获评省级“最佳志愿服务项目”，5个组织获评省级“最佳志愿服务组织”，8个社区获评省级“最美志愿服务社区”。莱芜区新时代文明实践文艺志愿服务“百姓春晚”项目获评全国“最佳志愿服务项目”。（田　建）

【基层理论宣讲工作】　围绕党的十九届四中、五中全会精神，《习近平谈治国理政》第三卷等重大主题，累计开展宣讲2100余场，现场受众40余万人次，线上受众近60万人次，市委宣传部获评2019—2020年度全省理论教育工作先进单位。加强组织领导、完善组织架构，策划“学习强国”社区公益讲堂、“学习四有”等系列活动，成功申办“爱济南”“舜网”强国号，持续推动“学习强国”走向深入。截至2020年年底，全市学员总数123万余人，“学习强国”在全国平台发稿1100余篇。举办“中国梦·新时代·话小康”百姓宣讲活动，创新创优开展特色宣讲。命名80个市级宣讲基地，构筑坚强阵地；打造“泉城微讲”微信公众号、天下泉城大讲堂网站，制作融媒体专题网页《宣讲时间》2期，编撰《泉城论坛》12期，打造媒体融合宣讲的立体化宣讲阵地。

（郭　芹）

【市委网信委第二次会议】　2020年6月12日，市委网络安全和信息化委员会召开第二次会议，学习贯彻习近平总书记关于网络强国的重要思想，听取有关情况汇报，审议有关文件，研究部署下一步工作。省委常委、市委书记、市委网络安全和信息化委员会主任孙立成主持会议并讲话。　　（陈　亮）

【中共济南市互联网行业委员会成立】　2020年9月30日，中国共产党济南市互联网行业委员会（简称济南市互联网行业党委）获批成立。济南市互联网行业党委依托济南市委网信办设立，旨在为全市互联网企业和相关职能部门搭建一个沟通对话的平台，促进全市互联网行业发展与党建工作深度融合，发挥党组织的战斗堡垒作用和先锋模范作用，带动互联网行业从业人员参加网络强市建设实践，努力构建党委领导、政府管理、企业履职、社会监督、网民自律等多主体参与的网络综合治理体系，确保互联网行业发展始终沿着正确的政治方向前进。

（田宝明）

【“泉心协力·市长直播”城市品牌推介专场活动】　2020年6月13日，由市政府主办，济南市委网信办等承办，抖音、今日头条、西瓜视频等平台支持的“泉心协力·市长直播”城市品牌推介专场活动举行。活动聚焦济南经济新活力、发展新动能，通过抖音直播，宣传、展示、推介济南物、济南景、济南文化、济南好品。　　（刘　超）

【2020中国（济南）网络安全高峰论坛】　2020年9月6日，主题为“新

2020 年 9 月 14—20 日，主题为“网络安全为人民，网络安全靠人民”的济南市网络安全宣传周启动仪式举行 （李军实 摄）

基建下的工业互联网网络安全”的 2020 中国（济南）网络安全高峰论坛（第二届）在济南山东大厦举行。论坛由山东省委网信办、山东省公安厅、中国信息安全测评中心、国家计算机网络与信息安全管理中心山东分中心指导，济南市委网信办等单位承办。中国工程院院士钱锋、中国工程院院士沈昌祥等出席论坛，并发表主旨演讲，对工业互联网网络安全新技术、新标杆、新动向及国内外前沿新趋势建言献策，助力济南市工业互联网安全。

（李军实）

【“金秋齐鲁看丰收——2020 返故乡·看发展”网络名人行活动】 2020 年 9 月 21 日，由中央网信办网络社会工作局指导，山东省委统战部、山东省委网信办主办的“金秋齐鲁看丰收——2020 返故乡·看发展”网络名人行活动在济南启动。30 余名网络名人到济南章丘区三涧溪村、白云湖街道参观考察，聚焦乡村振兴、人才振兴、文化振兴、生态振兴、组织振兴进一步讲好济南故事，传递济南好声音。（刘 超）

【“中国梦·黄河情——黄河流域生态保护和高质量发展”暨“黄河落天走东海”网络主题活动】 2020 年 9 月 22 日，由中央网信办网络新闻信息传播局主办，中国网、山东省委网信办承办的“中国梦·黄河情——黄河流域生态保护和高质量发展”暨“黄河落天走东海”网络主题活动在济南启动，来自人民网、新华网等 30 余家网络媒体记者深入济南中科新经济科创园、凤凰黄河大桥、华山湖湿地公园采访报道，展示济南市委、市政府落实黄河流域生态保护和高质量发展重大战略新举措、新实践。 （刘 超）

【“新动能·新山东——第十六届中国网络媒体山东行”活动】 2020 年 11 月 9 日，“新动能·新山东——第十六届中国网络媒体山东行”活动在济南启动。人民网、新华网、中国网、央视网等 30 余家网络媒体采访团赴国家超级计算济南中心、山东世纪开元电子商务集团、国家健康医疗大数据中心（北方）采访。

（刘 超）

【济南市数字政府建设】 2020 年 12 月 3—31 日，济南市委网信办联合济南市大数据局，率先在全省创新开展 2020 年度全市数字政府评估工作。在 15 个区县（功能区）和 44 个市直部门提供相关材料基础上，抽取平台数据 8 万余条、查询网上信息 6 万余条，对所得数据进行关联比对、挖掘分析，形成《济南市数字政府发展水平第三方评估报告》。将评估结果一对一反馈到各评估单位，实现以评促改、以评促建、以评促用，走出一条数字政府发展新路径。

（李文杰）

【概况】 2020 年，市委统战部把学习贯彻习近平新时代中国特色社会主义思想作为主轴主线，实施“同心提升”工程。在党外知识分子中开展“爱国奋斗、建功泉城”主题教育活动，在新的社会阶层人士中开展“新智聚济·筑梦行动”主题活动，组织“盈商润济·党旗红”民企党建示范创建活动和“新智聚济·党旗红”示范创建活动，团结引导党外人士坚定不移感党恩、听党话、跟党走。开展评选表扬济南市 223 名“抗疫·出彩统战人”活动。协助市委召开市委统一

战线工作领导小组会议，召开全市统一战线宣传思想工作会议和全市统一战线领域意识形态工作会议，研究制定《市民营经济统战工作协调机制》《市侨务工作协调机制》。省委常委、统战部部长张江汀专门批示要求各市学习济南统一战线助力疫情防控和经济社会发展的做法。市委统战部获第六届全国文明单位称号。

欧美同学会（中国留学人员联谊会）首届“双创”大赛（北部赛区）于2020年10—12月采取“线上线下”双线融合的方式进行。12月14日，大赛决赛颁奖仪式在济南举行（市委统战部　供稿）

【助力疫情防控和经济社会发展】支持民主党派、无党派人士和党外知识分子为疫情防控和经济社会发展提出务实管用的建议，报送意见建议和社情民意1400多条，其中8篇分别被中央办公厅、中央统战部采用，2条被党和国家领导人批示。引导广大统一战线成员参与爱心捐赠，累计捐款捐物折合逾1亿元。编印《新时代民营经济政策汇·战“疫”篇》，举办法律、税务政策线上解读活动，2万余家民营企业、近180万人（次）在线收听收看。印发《关于进一步发挥全市统一战线优势作用做好新冠肺炎疫情防控和经济社会发展工作的通知》。市委统战部、市工商联带队，组成14个小组，走访企业500多家，帮助企业解决实际困难问题310余项。实施精准服务民企“十百千万”行动和“盈商润济·聚力”行动，组织银行与企业对接“亲清沙龙”活动6期。举办“礼遇泉城·金秋聘”2020济南民企高校招聘周活动。做好“省会经济圈商会合作发展联盟”筹建工作，支持创立济南民营联合投资公司。市委统战部选派144人、506人次下沉到14个村居参加联防联控。市委统战部“同心志愿者”服务队获济南市疫情防控工作“身边好人”集体称号和“最佳志愿服务组织先进典型”。策划并牵头承办济南—海外华侨华人（社团）双招双引线上推介会、2020山大校友泉城行、2020中国·济南华侨华人创新创业大会暨高层次人才走进济南“侨梦苑”、欧美同学会首届“双创”大赛（北部赛区）等活动，签约意向项目40多个，意向投资1016.7亿元。推进“共帮扶促振兴”助力行动，召开全市统一战线“聚力攻坚决胜2020”脱贫攻坚现场会，参与湖南省湘西州、重庆市武隆区的对口帮扶，累计投入1.08亿元，帮扶贫困村100余个，签署扶贫销售协议8000余万元。

【政党协商工作】代市委起草制定《2020年度政党协商计划》，组织各类协商活动89次，其中会议协商21次、书面协商68次，市委、市政府主要领导参加5次。围绕黄河流域生态保护和高质量发展等全市重点工作，组织支持党外人士开展“围绕中心、深入一线、凝识汇智”等系列考察调研活动23次，64篇（次）党外人士意见建议得到市委、市政府主要领导批示。

【党外知识分子工作】以驻济高校发挥统战优势助力省会发展联席会议制度为载体，建立党外知识分子“建功泉城”工作室、创新实践基地、服务实践基地13个，推进299项科技成果在省会转化，合同金额1.9亿元。打造提升“泉城海归圆梦”导师工作站，完成济南市党外知识分子联谊会、市欧美同学会换届工作。

【新的社会阶层人士统战工作】召开全市网络人士统战工作会议，组建济南网络人士3支骨干队伍，成立全省首家以互联网为主题的“新智聚济·联心驿站”。开展“助泉城‘食’力复苏网络人士在行动”公益活动，网上阅读量达3350.7万人次。调研报告《“网络直播达人”群体统战工作对策研究》被中央统战部《调研参考》采用。4家新媒体企业被省委统战部评为首批“山东网络人士统战工作创新示范点”。

【侨务和港澳台统战工作】 实施“侨涌泉城”赋能工程，建立“为侨服务专员”，在社区、园区、高校开展“侨之家”创建工作。做好与31个国家和地区135家重点侨团联系对接工作。加大港澳台代表人士工作力度。

【党外干部队伍建设】 以深化党外干部培养选拔“1523”工作体系为切入点，建立1518人的党外干部数据信息库，建设15个市级实践锻炼基地并选派挂职锻炼党外干部7人，做好民主党派届中调整工作。

【维护民族团结】 实施民族工作“团结和融”工程，抓好第二十次全市民族团结进步宣传月的各项活动。济南市新疆籍人员服务管理工作做法得到省委书记刘家义的充分肯定。开展乡村振兴示范民族村创建，争取少数民族专项扶持资金899万元，2个少数民族村居分别被命名为“省级美丽乡村示范村”和“中国少数民族特色村寨”。济南市8个单位和9名个人获全省民族团结进步模范集体和模范个人称号。

【促进宗教和顺】 开展宗教事务管理“四化”提升工程，出台《济南市宗教活动场所标准化管理规范（试行）》《济南市基督教“以堂带点”管理工作规范（试行）》。成立济南宗教界“同心同行”大讲堂，引导宗教与社会主义社会相适应，推进宗教工作由“治标”向“治本”深化。

（姚爱雨）

政策研究

【概况】 2020年，市委政研室（市委改革办）起草各类文稿1500余篇、650多万字。市委政研室连续三年被评为全市经济社会发展综合考核先进单位，连续八年蝉联“省级文明单位”，获评全国文明城市创建工作先进集体、全国文明单位创建工作先进单位。市委改革办获评“2020年地方改革部门通联工作先进单位”。市委党刊《济南通讯》继续保持“全国十佳党刊”称号，《济南通讯》编辑部被中央政策研究室评为“学刊用刊调研工作先进集体”。

【综合文稿起草】 完成市委重要文件的起草，主要有：《中共济南市委常委会2020年工作要点》《关于营造更好发展环境支持民营企业改革发展的实施意见》《关于深化户籍制度改革加快人才集聚的若干措施》《关于完善人才住房保障制度的若干意见（试行）》等文件。完成市委领导重要讲话稿的起草，主要有：市委主要领导在市委十一届十一次全会、市委十一届十二次全会、黄河流域生态保护和高质量发展座谈会、加快建设工业强市动员大会、加快建设工业强市推进大会、全市抗击新冠肺炎疫情和全国文明城市创建工作表彰大会等会议上的讲话稿600余篇。完成其他综合材料的起草，参与承担市委疫情防控和经济运行指挥部相关文稿起草工作；做好省委巡视组对济南开展巡视期间的相关材料整理、专题汇报审修等材料服务保障工作；围绕省市一体化推进济南加快发展，参与有关重点事项研究和相关材料起草工作。

【调查研究】 完成《深度融入新发展格局、谱写济南高质量发展新篇章》《关于市投融资平台运营情况的调研分析》、“中优”“东强”“西兴”“南美”战略实施等重大专项调研11项。围绕全市发展大局，形成关于打造直播经济总部基地、加强疫情防控定点医院建设、推进基因编辑技术产业化等一大批高质量调研报告。公共服务质量分析报告得到国家和省市市场监督管理部门肯定，县域经济高质量发展分析报告印发各区县委书记参阅，加快户籍制度改革、支持新型研发机构加快发展、建立防疫物资出口共同体、发展晶体材料产业、加快长清大学城创新发展等一大批成果转化为市委市政府重要决策部署。编发《决策参考》54期，得到市级以上领导批示60人次，其中市委市政府主要领导批示30人次。

【全面深化改革】 落实全省九大改革攻坚行动，系统推进15个重点领域125项改革事项。牵头推进户籍制度改革、开发区体制机制改革、人才住房制度改革、长清大学城创新发展等10余项重大改革事项。在全国率先建成省市一体医保大健康平台，新建商品房和二手房业务全链条办理等一批改革创新成果在全国复制推广。研究制定全市全面深化改革考核实施细则，健全完善全面深化改革考核体系，对十八届三中全会以来全市全面深化改革落实情况开展总结评估，组织开展区县改革调研督导、农村集体产权制度改革等专项督察，促进改革举措早落地、见实效。突出绩效导向，精心组织抓好对上迎考和对下考核工作，确保全市改革工作保持在全省先进行列。向中央改革办、省委改革办报送改革案例32篇，开展改革攻坚案例评选活动，依托“济南改革”公众号全面宣传济南市改革成效，济南改革热度指数持续位居全国前列。“人才赋能”制度系统性改革入选“中国改革2020年度十佳案例”。

【信息咨询服务】 建立政研信息“中央厨房”。推动实现资源共享共用，及时收集整理重要信息资料，定期汇总编印《济南市市情数据》，为市委科学决策提供信息服务和数据支撑，被评为全市党委信息工作先进单位。深化智库建设。中国工程院院士吴志强、山东社科院院长袁红英、山东产研院院长孙殿义等32名专家组成第三届市委决策研究专家智库，完成《济南市实施黄河流域生态保护和高质量发展战略中的产业转型研究》《济南市产业链分析与构建研究》等5个委托研究课题，为市委科学决策提供智力支持。加强典型宣传。总结改革发展实践的先进典型和基层群众探索创新的成功经验，起草相关的文稿被《人民日报》《学习与研究》《中国改革报》《山东通讯》《领导参阅》等重要媒体、内参宣传推介。

【《济南通讯》编辑出版】 宣传贯彻习近平新时代中国特色社会主义思想，宣传贯彻党的十九大和十九届二中、三中、四中、五中全会精神，宣传贯彻省委工作要求和市委工作安排，宣传报道省会改革发展稳定和党的建设各项工作的思路举措及取得的丰硕成果。重点搞好学习贯彻习近平新时代中国特色社会主义思想、牢记嘱托走在前列、新时代新作为新篇章、建设“大强美富通”现代化国际大都市、实施乡村振兴战略、推动文化繁荣发展、加强和创新社会治理、弘扬社会主义核心价值观等主题宣传报道。策划推出决战决胜全力攻坚、加快建设工业强市、加快建设黄河流域中心城市、奋进新时代开启新征程、众志成城抗击疫情等系列专题专栏。加强和改进编辑出版基础工作，探索规范运行机制和流程方式，提高编辑能力和整体质量。全年共编辑出版《济南通讯》12期，刊发文稿、图片390余篇（幅）。

（刘立东 周文波 朱大鹏）

【概况】 在全市党政机关开展领导干部保密工作责任告知书签订工作，全市110家市直机关单位、12个区县的4605位领导干部签订《告知书》。将“保密工作”重新纳入全市经济社会发展综合考核内容。完成全市保密组织重新登记备案，全面系统掌握机构改革后各级机关单位保密委员会（保密工作领导小组）变化情况，推动保密组织及人员双落实。编发市直机关、单位保密工作主要职责和法规制度清单，完善保密制度，强化责任落实。

【涉密人员教育培训】 疫情期间，将机关单位日常保密工作注意事项编写成《保密工作明白纸》，发送至涉密人员和工作人员，使其知悉自身应履行的保密义务；指定专人定期在“济南保密宣传工作群”发送保密法规知识及失泄密警示案例等提醒信息，全年共计发送36篇。将相关保密法规知识及失泄密案例编印成宣传提醒手册，并刻录成光盘，提供给各机关单位开展保密提醒教育。做好保密教育片放映工作，在25家机关单位播放教育片。2020年4月21—28日，组织全市各级机关单位涉密人员参加保密知识网上答题活动。

【保密工作监督检查】 在疫情防控中发挥监督检查保障作用，要求各区县和市直机关单位开展自查自改“回头看”，全面梳理排查疫情防控和复工复产工作中的风险隐患，确保国家秘密安全。为进一步排查新冠肺炎疫情发生以来的失泄密风险隐患，督促机关、单位做好失泄密风险防范化解及保密管理工作，在全市范围内分阶段开展保密检查，全年检查60余家重点单位。中高考期间，派员参加考试保障工作联合办公，有效维护济南考区保密安全。联合市邮政管理局对全市邮政机要通信运营场所进行2轮次保密检查，督促落实邮政机要通信保密管理规定。

【规范定密管理】 为提升定密管理水平，举办全市定密管理培训班，各区县、市直机关单位负责定密管理有关人员130余人参加培训。转发《国家秘密解密暂行办法》，指导督促各级各部门依法开展解密工作，每年定期审核所确定的国家秘密，建立完善长效机制。

【网络保密管理】 指导各机关单位加快推进涉密网络建设，严格非涉密网络保密管理，落实工作秘密保密防护措施，堵塞失泄密漏洞。做好资质（格）企业服务工作，完善资质申请明细单，为资质企业提供有针对性的政策解读、业务指导和技术服务，全年共受理各类资质（格）企业咨询问题100余次。联系省涉密载体销毁中心上门为市直机关单位和各区县回收涉密载体，全年累计回收销毁各类公文、电子介质等160余吨。

（朱小俐）

党校教育

【概况】 2020年，中共济南市委高度重视党校工作，研究出台《贯彻落实〈中国共产党党校（行政学院）工作条例〉的具体措施》。市领导多次到校（院）调研指导工作，并为学员授课。市委党校（行政学院）全年共举办各类培训班次100个，培训学员1.2万人，大峰山党性教育基地培训接待学员3.6万余人次。市委党校（行政学院）被评为2019年度济南市经济社会发展考核先进单位、济南市创建全国文明城市先进集体，继续保持省级文明单位称号。

【教学培训】 新开发专题16个，习近平新时代中国特色社会主义思想课程体系达到“总论＋分论”34个专题。习近平新时代中国特色社会主义思想课程在主体班次理论教育总课时中达到55.7%。打造用学术讲政治“样板课”13堂、“示范课”2堂，开发访谈式教学课程2堂。获评济南市精品党课2堂，山东省优秀党课1堂，全省统战理论与实践教学竞赛一、二等奖各1堂。形势报告会开讲，成为继中华文化大讲堂、先锋剧场、百姓宣讲之后又一特色教学平台。开发“微课堂”视频、举办中华文化原典系列讲座，线上点击量突破100万余次。市机关党建工作示范阵地在党校建成启用，“1+7+X”党性教育内容更加充实完善。开展第三届名师认定，新产生市内名师6名、校内名师8名。完善主体班次学员管理制度体系，制定《学员管理细则》《优秀学员评选办法》等规定。完成山东新旧动能转换高质量发展干部学院筹建初期任务，举办2期试验班次。

【科研咨询】 健全完善科研管理

2020年8月26日，市委理论学习中心组读书班在市委党校（行政学院）举办

（市委党校　供稿）

机制，对《科研创新成果评价标准》《校级科研项目管理办法》《优秀科研评选办法》等13项科研管理制度进行修订完善。推进重点课题申报，完成国家社科规划课题推荐工作论证，立项省部级课题16项，同比增加23%。加强专业咨询团队建设，新增文化历史学研究团队，专业研究团队达10支。全年取得各类研究成果200项，发表科研论文137篇，出版学术专著5部，获省市级领导签批咨政成果22项，获准立项课题68项，同比增加27%，入选全国、全省学术研讨会论文数同比增加71%。在省委党校组织的首届党校（行政学院）系统科研工作评估中被评为先进单位。

【为疫情防控建言献策】 发挥理论研究优势，为疫情防控建言献策。在媒体刊发《夯实疫情防控的法治保障》《传承山东红色基因、在抗击疫情中担当奉献》等理论文章。《关于促进我市中小企业复工复产的政策效应及其建议》等研究成果获市领导批示批转，并被有关部门采纳应用。

【扩面筑基】 创新实施党校教育“扩面筑基”工程，扩大党校教育覆盖面，筑牢干部培训主根基。按照总体谋划、上下联动、搭建平台、制度保障的思路，推进全市区县党校分类建设和党校教育全覆盖工作。召开区县党校常务副校长座谈会、分校建设经验交流会，出台《区县党校（行政学校）办学质量评估办法》《区县党校分类建设实施方案》，加强对区县党校办学的宏观指导评估。在推动区县党校教育全覆盖的基础上，在市直部门和国有企业设立分校，机关企业分校达146个，镇街党校157个，已覆盖全市所有镇街。建成党校系统师资专家库，实现全市党校系统教师资源共享。开展“义务送课下基层”92堂，首次远赴济南市对口帮扶的重庆武隆、湖南湘西送课。

（贾　赛）

2020年7月7日，市委党校（行政学院）、市社会主义学院举行开班复课动员会

（市委党校　供稿）

党史史志研究

【概况】 2020年，市委党史研究院（市地方史志研究院）紧扣市委常委会议审议通过的《2020年全市党史史志工作要点》，以迎接建党100周年为主线，以“制度建设年”为抓手，发挥“为党立言、为国存史、为民修志”职能作用，开拓创新，扎实工作，全市党史史志事业呈现出融合创新高质量发展的良好态势。

【全力推进省市重点党史工程建设】 全力贯彻落实省委、市委打造五龙潭“红色文化片区”的决策部署，市委党史研究院成立展陈工作专班，在济南市打造红色文化片区工作专班领导下，做好红色文化片区的主展馆——“中共山东早期历史纪念馆”的展陈策划、设计、大纲起草、史料征集、布展等工作。在全国、重点在全省范围内广泛征集原始资料图片500余张、史料专著50部、文字资料近千万字，拍摄资料图片2000余张；多次召开协调会议、论证会议，聘请专家严格把关，于12月初完成展陈大纲集中起草。中共山东早期历史纪念馆展陈大纲报经市委、省委同意后，上报党中央审核。

【省市共建党史方志馆项目】 列为济南市省市一体化推进济南加快发

展重点项目。省、市分别成立筹建推进小组，初步形成《关于山东省、济南市共建党史方志馆的建议方案》，推进项目选址，并加快推动项目立项、政府投资计划等工作。支持和推进县区党史方志馆建设，参与指导中共山东省工委旧址党性教育基地、济南市委重建党性教育基地、国家总体安全观济南教育展馆等党史阵地建设。

【黄河历史文化研究】 围绕服务市委“深挖黄河历史文化及其蕴含的时代价值，建设黄河流域中心城市”的决策，组建工作专班开展《打造以泺口为龙头的黄河历史文化风貌带，讲好济南的“黄河故事”》的课题研究，向市委提交《关于在济南规划建设黄河国家文化公园打造中华文明重要地标的报告》；提出建设济南黄河文化展览馆的建议，列入市委决策。参与《济南黄河文化展览馆展陈大纲》制定。开展“传承黄河文化、讲好黄河故事”征文活动，收集各类黄河故事、资料420余篇和高质量稿件16篇。

【红色基因传承】 挖掘整理毛泽东、邓小平、习近平等党和国家领导人视察济南的珍贵史料，形成“领袖与济南”等重要文献结集成果，市委主要领导给予充分肯定；在市中央商务区西区规划专题会上，市委党史研究院提出保护和发挥好茂岭山革命遗址的意见建议。

【党史专项课题研究】 重点围绕中共济南早期党组织创建的课题研究，策划《济南共产党早期组织创建史资料征集研究》项目，申报并获批“2020年度中央党史和文献研究宣传专项引导资金项目”的“重点项目”，是山东省唯一一个党史研究类中央财政支持引导的重大课题，完成近6万字的课题研究报告和近50万字的文献史料。围绕习近平新时代中国特色社会主义思想在济南生动实践的研究，策划《济南市贯彻落实习近平新时代中国特色社会主义思想实践研究》项目，申报并列为济南市哲学社会科学规划重大课题党史史志专项，完成6.2万字的专题报告；依托此项目，组织开展“重温总书记嘱托、喜看时代新变化”系列调研，在全市范围启动开展《新时代省会现代化建设实录》征编工作。

【党史成果转化】 围绕服务青少年爱国主义和革命传统教育，以“为中小学生量体定制红色教育系列读本”为创新点，编写出版《红色印记：写给小学生的济南党史》《红色印记：写给中学生的济南党史》教育读本，得到各级领导的充分肯定，取得良好社会效果。市委形成《中共济南市委关于为中小学生量体定制红色教育读本推进红色基因传承进校园有关情况的报告》上报省委，省委书记刘家义，省委常委、宣传部部长于杰分别做出批示给予肯定。市委党史研究院主要负责人参加市委组织部在全市开展的“我来讲党课”活动，《弘扬红色文化、坚定四个自信》党史课件被纳入“济南市精品党课20讲”。深入开展党史国史“六进”活动，全年向基层群众宣讲红色文化20场，赠送党史史志书籍2000余册。

【年鉴编纂】 始终把质量意识贯穿年鉴编纂出版全过程，年鉴编纂质量不断提高，年内《济南年鉴（2019）》获评全国地方志优秀成果（年鉴类）二等奖。拓展延伸年鉴编修渠道，加强对部门单位年鉴编纂的业务指导，地方综合年鉴“一年一鉴、公开出版”全覆盖的成果逐步丰富、不断扩大。

【志书编纂】 实施济南名镇名村志文化工程，1部镇志入选中国名镇志文化工程，8部镇村志入选齐鲁名镇名村志。加强对部门志、行业志的编修指导，《济南高新区志》《济南市公安志》《济南市农业志》《济南民盟史》等编纂工作顺利推进。启动实施济南市历代志书文献集成工程，整理出版《小沧浪笔谈》影印版和点校版等旧志（文献）；启动《济南泉水诗全编》编纂工作。策划启动《济南简史》编修工作，并纳入三年发展规划。

【党史史志宣传】 提升《济南党史》办刊质量，以抗疫、康熙济南府志出版发行、济南市落实黄河流域高质量发展、扶贫攻坚为主题出版发行4期。成功举办“纪念中国人民抗日战争暨世界反法西斯战争胜利75周年图片展”和“不惜唯我身先死——中共一大代表邓恩铭专题图片展”巡展。围绕纪念建党99周年、抗美援朝胜利70周年，在《济南日报》发表《弘扬红色文化，坚定四个自信》《用党的历史照亮初心砥砺前行》《济南市的抗美援朝运动》

等文章。拍摄制作《邓恩铭》专题纪录片和《济南红色故事》第一季“烛照初心”10部短视频，被市委组织部选送至中组部，在“灯塔—党建在线”播出；被济南学习强国平台选送至中宣部，在学习强国国家平台播出；被省委宣传部列为学习贯彻十九届五中全会精神主题文艺作品；人民网、中国网、搜狐、百度等主流媒体均给予报道。

［市委党史研究院（市地方史志研究院）］

【概况】 2020年，市直机关工委和机关各级党组织，围绕全市中心工作，坚持以政治建设为统领，以建设模范机关为主线，按照“规范、创新、服务、保障”的思路，推进机关党的建设，推动全面从严治党向纵深发展。市直机关工委相关经验做法12次被中央电视台、人民网、新华社播发报道，3次被中央和国家机关工委推广，45次被“学习强国”转发；推荐的5个成果在全国党建评比中获奖，2个成果在全省评比中获一等奖。市直机关工委被评为山东省文明单位、全国文明城市创建工作先进单位、全市脱贫攻坚先进集体等。

【党的政治建设】 推进习近平新时代中国特色社会主义思想和十九届五中全会精神的学习贯彻。成立22人组成的十九届五中全会精神宣讲团，实现对102个直属党组织宣讲全覆盖。“学习强国”“灯塔—党建在线”机关注册学员日均活跃度位列全市前茅。将意识形态工作纳入调研检查范围，进行全方位督导。公开报道市直机关党建信息1100余篇，在“学习强国”等平台网站发稿170余篇。推动成立市委创建模范机关专项小组，把创建模范机关纳入全市经济社会发展综合考核；市委党建工作领导小组专门研究实施意见和考评细则，以正式文件印发，经验做法被中央和国家机关工委宣传推广。

【基层党组织建设】 压紧压实机关党建主体责任，制定指导督促党组（党委）履行机关党建主体责任实施意见，明确部门党组（党委）、机关党委、党支部“三级三张”责任清单，对102个直属党组织全覆盖调研督导并一对一书面反馈。组织2600余个党组织书记逐级开展述职评议，经验做法被新华社《高管信息》《旗帜》杂志刊登。推进基层党组织标准化规范化建设，指导61个直属党组织完成换届选举，制定加强市直机关组织员队伍建设的意见。开展过硬、示范党支部梯次创建活动，命名表扬48个“示范党支部”、487个“过硬党支部”。开展党建创新案例评选活动，评出“十佳案例”“优秀案例”39个。举办党组织书记、纪检干部等7个类别培训班，统筹指导各单位举办不少于3天的党支部书记培训班55场，实现对2500多名党支部书记全覆盖培训。培训发展对象、入党积极分子、新党员400余人，发展党员350人，转接党员组织关系15571人次，完成230名破产企业党员身份认定、档案审核工作。

【党风廉政和纪律作风建设】 印发《关于落实市委主要领导指示精神深化工作纪律作风检视整改提升活动的督导函》，督促党组（党委）落实主体责任、强化日常教育监督管理、从严执纪问责。成立风纪督察组，进行监督检查和明察暗访，印发纪律作风建设通报。制定机关纪委工作规则（试行）、案件审理

2020年5月9日，全市机关党的工作会议在龙奥大厦召开 （市委市直机关工委 供稿）

2020 年 9 月 11 日下午，市直机关"广播体操天天做"大型展演活动在奥体中心体育场举行　（市委市直机关工委　供稿）

及备案流程和模板（试行），严格案件审理和问题线索处置，处结问题线索 11 起，审理市纪委监委移送案件 6 起，审核报备案件 26 起。创新廉政教育形式，并在疫情期间开展"不见面的警示教育"。

【服务中心工作】　制定印发《关于认真学习省领导济南调研讲话精神，在贯彻落实市委决策部署中走在前、做表率的通知》《关于在实施黄河流域生态保护和高质量发展国家战略行动中充分发挥市直机关党组织战斗堡垒作用和共产党员先锋模范作用的通知》，开展"亮身份、亮标准、亮承诺，比素质、比工作、比贡献"活动。开展"出彩机关人"选树展播。先后组织动员党员帮扶贫困户 11464 户，帮扶款物 8922 万余元。第一时间发出抗疫倡议书和动员通知，向 41 个单位划拨 250 余万元专门党费支持疫情防控；动员发动 31948 名党员捐款 396.52 万元，9000 余名党员干部以"双报到"为载体助力基层疫情防控。督促指导各直属党组织围绕市委中心工作制定 2020 年度公开承诺事项，对 2019 年度 104 个公开承诺践诺项目进行评审，评选出优秀项目 38 个。

【"广播体操天天做"活动】　为促进职工身心健康，活跃机关文体生活，推进模范机关建设，自 2020 年 5 月起，市委市直机关工委在市直机关全体党员干部职工中推广普及第九套广播体操，掀起"广播体操天天做"的热潮。9 月 11 日下午，在奥体中心体育场举行市直机关"广播体操天天做"展演活动，市直机关近百家单位的近 4000 人组成 94 支代表队参加展演。经过评审打分，市纪委监委机关等 52 个单位分获一、二、三等奖，市总工会等 10 个单位获优秀组织奖。

【打造机关党建工作示范阵地】　2020 年 7 月，市直机关工委与市委党校联合建设的济南市机关党建工作示范阵地建成启用，位于市委党校综合办公楼负一层，总面积约 850 平方米，分为序厅、主展厅和结束语三大板块，全方位展示济南党建史上的重大事件、典型人物以及机关党建程序相关规范等内容。

【建设半月谈基层党建融媒体学习站示范点】　2020 年 12 月，市直机关工委与半月谈杂志社在济南市机关党建示范阵地联合打造的半月谈基层党建融媒体学习站示范点建成启用。该学习站示范点是依托新华社、半月谈全媒体权威内容优势，打造的集党建学习和文化建设于一体的智能云服务平台，为基层党组织和党员干部开展学习教育和党建活动提供智能化数字新体验。项目被列为省市一体化推进济南加快发展重点项目，是山东省首个半月谈基层党建融媒体学习站示范点。

（梁晓华）

栏目编辑　王　炜

济南市人民代表大会

综述

【济南市第十七届人民代表大会】 济南市第十七届人民代表大会代表名额为579名。市十七届人大二次会议以来，辞职代表4名，罢免1名，调离4名，共减少9名。截止到市十七届人民代表大会三次会议召开前，市十七届人大实有代表574名。 （田文懿）

【“双联”提升工程】 市人大常委会顺应形势要求和群众期待，创新实施人大常委会联系人大代表、人大代表联系人民群众的“双联”提升工程。“双联”提升工程坚持以人民为中心的发展思想，引导各级代表自觉践行党的群众路线，自觉接受人民群众监督，积极倾听和反映人民群众呼声，把人民对美好生活的向往作为工作的出发点和着力点，努力做到民有所呼、我有所应。2020年邀请代表列席各级人大常委会会议670余人次，参加视察调研活动3500人次，提出意见建议3490余条，为5700余名各级人大代表建立代表联络站，研发推广“我要找代表”程序，构建“实体＋网上＋掌上”代表联系群众新途径。这一经验做法，得到省人大的肯定，贵州省等地人大到济南学习考察。 （尹相华）

【代表工作】 代表培训 举办市人大代表履职培训班，组织60余名市人大代表及人大工作人员就《民法典》释义等内容进行集中培训。围绕解读市委十一届十一次全会精神和全市疫情防控常态化情况举办两期人大代表泉城论坛。委托各区县人大常委会、济南警备区政治工作处以代表团为单位，对市人大代表有计划地进行培训。组织部分住济省人大代表赴滨州参加省人大组织的代表履职学习班，就现代农业、水利事业及医疗保障事业等方面发展情况进行系统学习。为代表订阅《中国人大》《人民权利报》等报刊，协调“一府一委两院”及时为代表提供信息资料，满足代表日常学习和履职需要。

代表小组活动 号召全体代表认真履职尽责，发挥模范带头作用，积极提出意见建议，促进省会经济社会又好又快发展。三级代表小组开展活动150余次。

调研视察活动 组织住济全国、省人大代表调研组对济南市公共卫生服务体系情况开展专题调研。组织全国、省、市三级人大代表围绕全市经济社会发展的重大问题开展会前集中视察。对市重大基础设施和民生保障项目进行调研视察，加强督导，提出意见建议，力促项目尽快完工。

常委会三项联系活动 做实做活主任接待代表日、常委会组成人员集中联系代表、固定联系代表三项制度。从6月开始，每月下旬主任和各位副主任按照年初制定的工作计划，分别通过视察调研、走访座谈等形式开展主任接待代表日活动，听取代表的意见和建议，协调解决遇到的困难和问题。创新集中联系代表方式，50名常委会组成人员直接到基层代表联络站联系群众，接待群众300余名，集中联系150余名市人大代表，收到群众反映问题420余件。代表提出的18件书面建议，交有关部门办理。对群众反映问题逐一研究梳理，确保件件有回音、事事有着落。10月15日，印发通知要求市人大常委会组成人员于12月30日前与固定联系的人大代表一同下沉到基层代表联络站接待人民群众，听取意见。

“评先创优”活动 印发《关

于评选先进市人大代表小组和优秀市人大代表的安排意见》，第四季度开展评选先进市人大代表小组和优秀市人大代表工作，市人大常委会决定对市十七届人大第三代表小组等12个先进代表小组、王德勇等144名优秀人大代表予以表扬。

代表联络站建设　实施“双联”提升工程，代表联络站点建设更加广泛。发挥12345热线代表工作站枢纽作用，制定《12345热线人大代表联络站工作制度》，定期组织代表小组、代表联络站负责人接听热线、座谈交流，掌握第一手民情资料。对现有代表工作站提档升级，努力实现“一区县一品牌”。住辖区的全国、省和市人大代表就近编入代表联络站，与区县、乡镇人大代表一起联系群众、开展活动。全市共建立实体代表联络站1052个，5700余名各级人大代表全部进站，实现街道、乡镇建站全覆盖和代表进站全覆盖。组织联系群众活动7600余次，解决群众问题5100多件。

代表履职信息化建设　以代表履职系统平台建设为抓手，依托济南人大代表履职微信公众号，研发推广“我要找代表”程序，群众直接扫描二维码，可随时随地找到人大代表反映问题，代表及时查看处理，打通人大常委会与代表、代表与群众的网上联系渠道，搭建起代表网上履职“直通车”，在历下区试行后将逐步在全市推广使用。

（尹相华）

【代表建议办理】　市十七届人大二次会议上及闭会期间，代表们共提出建议418件，其中会议期间390件（含议案转为建议办理的32件），闭会期间28件。经代表履职信息系统及时转交70余个承办单位办理。代表建议涉及法制方面4件次，教科文卫方面117件次，监察和司法方面44件次，民侨外方面1件次，城建环保方面133件次，财经方面131件次，农业与农村方面58件次，预算方面54件次，社会建设方面64件次，党群及区县政府等方面127件次，共计733件次。代表所提建议均在法定期限内办理完毕并答复代表。代表满意和基本满意率较往年有较大幅度提升。办理结果满意489件次，占95%；基本满意25件次，占5%。办理态度满意501件次，占97.4%；基本满意13件次，占2.6%。依托代表履职平台及微信公众号，创新代表对建议办理情况的评价方式，由当面向承办人员评价，变为事后通过手机端对办理情况和办理态度进行双评价，杜绝代表“被满意”和“代满意”现象。

（尹相华）

2020年11月11日，市人大社会建设委员会到市中区杆石桥街道乐山小区调研民政领域民生实事落实情况　（市民政局　供稿）

【济南市第十七届人民代表大会第二次会议】　5月12—15日，在山东会堂举行。会议应到代表563名，实到代表537名。会议听取和审议市长孙述涛所做的市人民政府工作报告，市人大常委会主任殷鲁谦所做的市人大常委会工作报告，听取市中级人民法院院长张爱云所做的市中级人民法院工作报告，听取市人民检察院检察长宋文娟所做的市人民检察院工作报告，审议济南市人民政府关于济南市2019年国民经济和社会发展计划执行情况与2020年计划草案的报告、济南市2019年预算执行情况和2020年预算草案的报告，表决通过济南市第十七届人民代表大会第二次会议关于政府工作报告的决议、关于济南市2019年国民经济和社会发展计

划执行情况与2020年计划的决议、关于济南市2019年预算执行情况和2020年预算的决议、关于济南市人民代表大会常务委员会工作报告的决议、关于济南市中级人民法院工作报告的决议、关于济南市人民检察院工作报告的决议，表决通过济南市第十七届人民代表大会第二次会议关于增设济南市第十七届人民代表大会社会建设委员会和济南市第十七届人民代表大会内务司法委员会更名为济南市第十七届人民代表大会监察和司法委员会、济南市第十七届人民代表大会农村经济委员会更名为济南市第十七届人民代表大会农业与农村委员会的决定。会议决定接受孙积港辞去市十七届人大常委会副主任和市十七届人大财政经济委员会主任委员职务、许强辞去市十七届人大常委会副主任和市十七届人大教育科学文化卫生委员会主任委员和内务司法委员会主任委员职务、覃俊文辞去市十七届人大常委会秘书长职务的请求。会议选举刘程华、刘大坤为市十七届人大常委会副主任，姜涛为市十七届人大常委会秘书长，袁磊、黄晓广、崔瑞宁为市十七届人大常委会委员。会议通过市十七届人大有关专门委员会组成人员人选名单。

【常委会会议】 市十七届人大常委会第九次会议 1月13日，在市人大常委会会议厅举行。会议听取审议关于济南市第十七届人民代表大会第二次会议筹备情况的报告；审议济南市第十七届人民代表大会第二次会议议程（草案），提请济南市第十七届人民代表大会第二次会议预备会议通过；审议决定济南市第十七届人民代表大会第二次会议列席人员名单（草案）；审议济南市人大常委会工作报告稿；听取审议《关于增设济南市第十七届人民代表大会社会建设委员会和济南市第十七届人民代表大会内务司法委员会更名为济南市第十七届人民代表大会监察和司法委员会、济南市第十七届人民代表大会农村经济委员会更名为济南市第十七届人民代表大会农业与农村委员会的决定（草案）》的议案；会议还审议并表决通过市政府、市人大常委会主任会议、市法院、市检察院提请的有关人事事项。

市十七届人大常委会第十次会议 2月13日，在市人大常委会会议厅举行。会议学习习近平总书记关于加强新型冠状病毒肺炎疫情防控工作的重要指示精神；审议《济南市人民代表大会常务委员会关于依法全力做好当前新型冠状病毒肺炎疫情防控工作的决定（草案）》。

市十七届人大常委会第十一次会议 2月27日，在市人大常委会会议厅举行。会议听取审议市人大常委会代表资格审查委员会关于个别代表的代表资格报告；会议审议并表决通过人事事项。

市十七届人大常委会第十二次会议 4月30日，在市人大常委会会议厅举行。会议审议并表决通过市人大常委会关于召开济南市第十七届人民代表大会第二次会议决定（草案）；会议审议济南市第十七届人民代表大会第二次会议主席团、秘书长名单（草案）；因新冠病毒疫情原因，对列席人员范围作出调整，重新审议决定济南市第十七届人民代表大会第二次会议列席人员名单（草案）；听取审议市十七届人大常委会代表资格审查委员会关于补选市十七届人大代表和个别代表的代表资格变动情况的报告（草案）；会议听取审议关于《济南市人大常委会依法全力做好当前新型冠状病毒肺炎疫情防控工作的决定》执行情况的报告（草案）；会议听取审议市人大常委会执法检查组关于检查全市贯彻实施《中华人民共和国土壤污染防治法》《山东省土壤污染防治条例》情况的报告；会议审议市政府关于提请审议《济南市历史文化名城保护条例（草案）》的议案；表决通过市法院、市检察院提请的有关人事事项。

市十七届人大常委会第十三次会议 6月17日，在市人大常委会会议厅举行。会议传达学习十三届全国人民代表大会第三次会议精神（书面）；听取审议市政府关于全市国有自然资源（资产）管理工作情况的报告，审议市政府关于2019年度全市国有资产管理情况的综合报告（书面）；听取审议市政府关于全市民营经济发展情况的报告；听取审议市政府关于全市“四减四增”工作进展情况的报告；听取审议市人大常委会执法检查组关于检查全市贯彻实施《济南市户外广告和牌匾标识管理条例》情况的报告；听取审议市中级人民法院关于行政审判工作情况的报告；审议《济南市人民代表大会常务委员会关于综合防控儿童青少年近视的决定（草案）》；审议《济南市人民代表大会常务委员会关于废止〈济南市预算外资金管理办法〉等五件地方性法规的决定（草案）》；审议《济南市城市节约用水管理办法（修订草案）》；听取市政府、市法院、市检察院提请的有关人事事项的报告。

市十七届人大常委会第十四次会议 7月6日，在市人大常委会会议厅举行。会议听取审议济南市第十七届人民代表大会常务委员会代表资格审查委员会关于个别代表的代表资格的报告（草案）。

市十七届人大常委会第十五次会议 8月24—25日，在市人大常委会会议厅举行。会议审议《济南市历史文化名城保护条例（草案修改稿）》；审议《济南市节约用水条例》；审议市人大常委会主任会议关于提请审议《济南市各级人民代表大会常务委员会规范性文件备案审查规定（草案）》的议案；审议市政府关于提请审议《济南市关于生活垃圾减量与分类管理条例（草案）》的议案；审议市政府关于提请审议《济南市院前医疗急救条例（草案）》的议案；听取审议市政府关于济南市2020年上半年国民经济和社会发展计划执行情况的报告；听取审议市政府关于济南市2019年市级决算和2020年上半年预算执行情况的报告；听取审议市政府关于济南市2019年度市级预算执行和其他财政收支情况的审计工作报告；听取审议市政府关于济南市2020年地方政府债券收支安排及市级预算调整方案的报告，审议并表决济南市人民代表大会常务委员会关于批准济南市2020年市级预算调整方案的决议（草案）；听取审议市政府关于济南市2019年度环境状况和环境保护目标完成情况的报告；听取审议市政府关于全市城市精细化管理工作情况的报告；听取审议市政府关于农村人居环境整治工作情况的报告；审议济南市人大常委会执法检查组关于检查全市贯彻实施《中华人民共和国食品安全法》情况的报告（书面）；审议济南市人大常委会执法检查组关于检查全市贯彻实施《中华人民共和国就业促进法》《山东省就业促进条例》情况的报告（书面）；审议市检察院关于未成年人检查工作的报告（书面）；听取有关人事事项的报告。

市十七届人大常委会第十六次会议 10月28日，在市人大常委会会议厅举行。会议听取审议市政府关于全市重大疫情防控体制机制和公共卫生应急管理体系建设情况的报告；听取审议市政府关于扫黑除恶专项斗争工作情况的报告；听取审议市政府关于全市外事工作情况的报告；听取审议市政府关于城乡规划实施情况的报告；听取审议市政府关于全市园林和林业绿化工作情况的报告；听取审议市政府关于全市安全生产和应急管理工作情况的报告；听取审议济南市人大常委会执法检查组关于检查全市贯彻实施《中华人民共和国水污染防治法》开展黑臭水体整治情况的报告；听取审议济南市人大常委会执法检查组关于检查全市贯彻实施《中华人民共和国野生动物保护法》情况的报告；听取审议关于规范性文件备案审查工作情况的报告；审议市政府关于提请审议《济南市客运出租汽车管理条例（草案）》的议案；审议《济南市院前急救条例（草案修改稿）》；审议《济南市生活垃圾减量与分类管理条例（草案修改稿）》；听取审议济南市十七届人民代表大会常务委员会代表资格审查委员会关于个别代表资格的报告（草案）；听取市政府、市法院、市检察院提请的有关人事事项的报告；审议市政府批准的汉峪等22个片区控制性详细规划（书面）。

市十七届人大常委会第十七次会议 12月22—23日，在市人大常委会会议厅举行。会议审议并表决济南市人民代表大会常务委员会关于召开济南市第十七届人民代表大会第三次会议的决定（草案）；会议听取审议市政府关于市十七届人大二次会议以来代表建议办理情况的报告，审议市法院、市检察院、市人大常委会人事代表工作室关于市十七届人大二次会议以来代表建议办理情况的报告（书面），书面印发市人大各有关专门委员会关于市十七届人大二次会议以来代表建议督办情况的报告；听取审议市政府关于全市“十四五”规划编制工作情况的报告；听取审议市政府关于全市基础教育设施建设工作情况的报告；听取审议市政府关于《中华人民共和国民法典》普法宣传教育工作情况的报告；听取审议市政府关于济南市重点项目推进情况的报告，并对全市重点项目推进情况进行专题询问；听取审议市政府关于全市名泉保护工作情况的报告；听取审议市政府关于济南市2019年度市级预算执行和其他财政收支审计查出问题整改情况的报告；听取审议市政府关于济南市2020年市级预算调整方案的报告，审议并表决济南市人民代表大会常务委员会关于批准济南市2020年市级预算调整方案的决议（草案）；审议《济南市电力管理条例修正案（草案）》；审议《济南市城市市容管理条例修正案（草案）》《济南市城市建筑垃圾管理条例修正案（草案）》；听取市政府、市监察委、市法院、市检察院提请的有关人事事项。

（张　丽）

【概况】 2020年，市人大常委会共任免政府组成人员、市人大常委会办事机构和工作机构工作人员、监察委员会组成人员、市中级人民法院、市人民检察院工作人员131人次。

【人事任免名单】 1月13日，济南市第十七届人民代表大会常务委员会第九次会议表决通过，接受于炳生辞去济南市第十七届人民代表大会常务委员会委员、济南市第十七届人民代表大会农村经济委员会副主任委员职务。任命：张江涛为济南市人民检察院副检察长、检察委员会委员、检察员。免去：魏玲的济南市人民检察院副检察长、检察委员会委员、检察员职务；谭勇的济南市人民检察院检察委员会委员、检察员职务。

1月13日，经市十七届人大常委会第二十一次主任会议研究，任命：于学农为济南市人大常委会研究室副主任；杨荣峰为济南市人大常委会财政经济工作室副主任；李斌祥为济南市人大常委会城乡建设环境保护工作室副主任。免去：李斌祥的济南市人大常委会财政经济工作室副主任职务；杨荣峰的济南市人大常委会城乡建设环境保护工作室副主任职务。

1月14日，济南市第十七届人民代表大会常务委员会第九次会议表决通过，任命：袁磊为济南市人大常委会副秘书长、研究室主任。决定任命：尹清忠为济南市人民政府副市长。任命：王洪伟为济南市中级人民法院副院长；崔宝宁为济南市中级人民法院立案第二庭副庭长；武峰、李婷、尹伊君、杨晓辉、李光乾、明霞、宋文华、闵雯、王珂、孙勇、赵勇、尹逊航为济南市中级人民法院审判员；马东升为济南高新技术产业开发区人民法院审判委员会委员、审判员。免去：王铁志的济南市人大常委会副秘书长、研究室主任职务。免去：张江涛、苏维华、张新华、刘玉庆的济南市中级人民法院审判委员会委员、审判员职务；刘丰涛、诸葛艳、王大伟、唐鸣亮的济南市中级人民法院审判员职务；胡乃义的济南高新技术产业开发区人民法院副院长、审判委员会委员、审判员职务。

2月27日，济南市第十七届人民代表大会常务委员会第十一次会议表决通过，接受郑金松辞去济南市第十七届人民代表大会常务委员会委员、济南市第十七届人民代表大会农村经济委员会副主任委员职务。决定任命：刘科为济南市人民政府秘书长；杨永斌为济南市自然资源和规划局局长；陈勇为济南市住房和城乡建设局局长；李季孝为济南市城乡水务局局长；曹军为济南市农业农村局局长。决定免去：尹清忠的济南市人民政府秘书长职务；翟军的济南市自然资源和规划局局长职务；吕杰的济南市住房和城乡建设局局长职务；姜涛的济南市城乡水务局局长职务；李季孝的济南市农业农村局局长职务。

4月30日，济南市第十七届人民代表大会常务委员会第十二次会议表决通过，任命：沈迎为济南市中级人民法院审判委员会委员、审判员；郭瑞栋为济南高新技术产业开发区人民法院审判员。曲立春为济南市人民检察院检察委员会委员、检察员；朱学君、景科、赵双民、于相来、刘瑶为济南市人民检察院检察委员会委员；马建华、杵新雷、马玉华为济南市人民检察院检察员；高成华为济南市城郊地区人民检察院检察长；宋希山、徐向宁为济南市城郊地区人民检察院检察委员会委员；赵性雨为市中区人民检察院检察长；张传文为济阳区人民检察院检察长。免去：刘学宽的济南市中级人民法院审判委员会委员、审判员、民事审判第四庭庭长职务；韩松的济南市中级人民法院审判员、审判监督第二庭副庭长职务；谢家晋、赵平洋、任志勇、王兴振的济南市中级人民法院审判员职务；王保新的济南市人民检察院检察委员会委员、检察员职务；张红广的济南市人民检察院检察员职务；杜新雷的济南市城郊地区人民检察院检察长职务；马玉华的济南市城郊地区人民检察院检察员职务。批准接受：韩秉林辞去市中区人民检察院检察长职务；赵性雨辞去济阳区人民检察院检察长职务。

6月18日，济南市第十七届人民代表大会常务委员会第十三次会议表决通过，任命：严琳琳为济南市中级人民法院破产审判庭庭长；刘卫、杨莉为济南市中级人民法院立案庭副庭长；李毅斌、刘培森、崔宝宁为济南市中级人民法院破产审判庭副庭长；秦华玲为济南市中级人民法院审判监督第一庭副庭长；刘爱国为历下区人民检察院检察长；封政为天桥区人民检察院检察长；赵建新为章丘区人民检察院检察长；杨雪梅为莱芜区人民检察院检察长；张红广为钢城区人民检察院检察长；杜晓涛为平阴县人民检察院检察长；王枢栋为商河县人民检察院检察长。决定免去：刘大坤的济南市财政局局长职务；张华的济南市地方金融监督管理局局长职务。免去：刘伟、毕庶惠的济南市中级人民法院审判员职务；宋新龙的济南市人民检察院检察委员会委员、检察员职务；吴冠华的济南市人民检察院检察员职务；邹立秀的济南高新技术产业开发区人民检察院副检察长、检察委员会委员、检察员职务。接受刘延才辞去济南市第十七届人民代表大会监察和司法委员会副主任委员职务；傅金峰辞去济南市第十七届人民代表大会监察和司法委员会委员职务；刘勤辞去济南市第十七届人民代表大会监察和司法委员会委员职务。批准接受：曲立春辞去历下区人民检察院检察长职务；马建华辞去天桥区人民检察院检察长职务；王成辞去章丘区人民检察院检察长职务；封政辞去莱芜区人民检察院检察长职务；张传文辞去钢城区人民检察院检察长职务；刘爱国辞去平阴县人民检察院检察长职务；高成华辞去商河县人民检察院检察长职务。

8月25日，济南市第十七届人民代表大会常务委员会第十五次会议表决通过，接受彭寿谦辞去济南市第十七届人民代表大会常务委员会委员、济南市第十七届人民代表大会教育科学文化卫生委员会副主任委员职务。免去：乔绪晓的济南市中级人民法院审判员、执行局执行第一庭副庭长职务；戴伍建的济南市中级人民法院审判员、执行局执行第三庭副庭长职务；胡建民的济南市人民检察院检察委员会委员、检察员职务。

10月20日，经市十七届人大常委会第三十八次主任会议研究，任命：马景海为济南市人大常委会农业与农村工作室副主任。

10月29日，济南市第十七届人民代表大会常务委员会第十六次会议表决通过，接受魏凯忠辞去济南市第十七届人民代表大会常务委员会委员、济南市第十七届人民代表大会法制委员会副主任委员职务。决定任命：王勤光为济南市财政局局长；李旭东为济南市人民政府国有资产监督管理委员会主任。任命：单慧娟、侯存福为济南市城郊地区人民检察院检察员。决定免去：刘艳秋的济南市商务局局长职务；刘科的济南市人民政府国有资产监督管理委员会主任职务。免去：孙永一的济南市中级人民法院副院长、审判委员会委员、审判员职务；单慧娟、侯存福的济南市人民检察院检察员职务。

12月23日，济南市第十七届人民代表大会常务委员会第十七次会议表决通过，任命：连峻峰为济南市监察委员会副主任；周晓武为济南市人民检察院检察委员会委员、检察员；刘晓林为济南高新技术产业开发区人民检察院副检察长。决定免去：肖辉的济南市应急管理局局长职务；刘寿德、谢齐光、黄力、刘建民的济南市中级人民法院审判员职务。免去：刘军的济南市监察委员会副主任职务；李昌奎的济南市人民检察院检察员职务。

（田文懿）

【《中华人民共和国土壤污染防治法》《山东省土壤污染防治条例》贯彻实施情况执法检查】 4月10日，市人大常委会执法检查组召开全体会议，听取市政府有关工作汇报，分成6个小组，深入全市12个区县和南部山区、济南高新区、新旧动能转换先行区、济南莱芜高新区，实地检查抽查31个点位。4月30日，市十七届人大常委会第十二次会议听取审议执法检查报告。

（袁方梁）

【《济南市户外广告和牌匾标识管

理条例》贯彻实施情况执法检查】 6月3日，市人大常委会执法检查组召开全体会议，重点对禁止设置屋（楼）顶广告、桥体广告、高立柱大型广告等落实情况以及商业广告、公益广告和牌匾标识的设置情况进行实地检查。6月17日，市十七届人大常委会第十三次会议听取审议执法检查报告。（袁方梁）

【《中华人民共和国就业促进法》《山东省就业促进条例》贯彻实施情况执法检查】 7月28日，市人大常委会召开执法检查组全体会议，听取市政府贯彻实施就业促进"一法一条例"情况汇报。7月29—31日，执法检查组深入企业、创业园区、产业园区、人力资源中心、大学院校等24个点位进行实地检查，同时委托12345市民服务热线就相关情况进行调查汇总。8月24日，市十七届人大常委会第十五次会议书面审议执法检查报告。（唐　永）

【《中华人民共和国食品安全法》贯彻实施情况执法检查】 7月30日，市人大常委会组织召开食品安全法执法检查动员会议，邀请专家进行专业辅导，听取市政府有关工作汇报。7月底至8月上旬，执法检查组现场察看华联超市、超意兴、海鲜市场等食品生产、流通企业和食品安全检验检测机构，召开座谈会，征求企业和消费者代表对食品安全工作的意见和建议。同时，委托各县区人大常委会对本行政区域进行检查。8月25日，市十七届人大常委会第十五次会议听取审议执法检查报告。（孙笑凇）

【《中华人民共和国水污染防治法》贯彻实施情况执法检查】 8月，市人大常委会对贯彻实施《中华人民共和国水污染防治法》开展黑臭水体整治情况进行检查。8月17日，执法检查组分两个小组，重点对黑臭水体治理、违法排污事件查处和垃圾渗滤液处置等情况进行实地检查。8月19日，向省人大提交报告。10月28日，市十七届人大常委会第十六次会议听取审议执法检查报告。

（袁方梁）

【《中华人民共和国野生动物保护法》贯彻实施情况执法检查】 3月初，市人大常委会召开座谈会，听取市政府有关部门工作情况汇报和部分市人大代表、立法咨询员的意见建议，对学习宣传贯彻工作做出全面部署。之后，执法检查组赴有关县区及部门重点就野生动物养殖、市场监管、执法管理等开展专题检查、调研。9月，深入养殖场所、野生动物栖息地和保护区等实地检查，召开座谈会听取有关部门情况汇报，征求有关方面代表意见建议。10月28日，市十七届人大常委会第十六次会议听取审议执法检查报告。（闫京山）

【专题询问】 全市安全生产工作情况专题询问　10月28日，市十七届人大常委会第十六次会议听取和审议市政府《关于全市安全生产和应急管理工作情况的报告》。10月29日，市十七届人大常委会第十六次会议举行联组会议，对全市安全生产和应急管理工作情况进行专题询问。6位询问人分别就建筑施工、气代煤、危化品、化工园区、交通事故、交通运输、特种设备、森林防火、消防车通道、"九小场所"消防等方面提出询问，市教育局、市工业和信息化局、市公安局、市自然资源和规划局、市生态环境局、市住房和城乡建设局、市城乡交通运输局、市园林和林业绿化局、市文化和旅游局、市卫生和健康委员会、市应急管理局、市市场监管局、市消防救援支队等13个政府部门（单位）负责人到会接受询问。

全市重点项目推进工作情况专题询问　12月22日，市十七届人大常委会第十七次会议第一次全体会议听取市政府《关于济南市重点项目推进情况的报告》。12月23日，市十七届人大常委会第十七次会议召开联组会议，对全市重点项目推进情况开展专题询问。6位询问人就全市重点项目推进、项目储备、建设用地、选址规划、工业强市、项目技改、简化审批程序、产业链招商、市政配套接入等方面提出询问，市发展改革委、市工业和信息化局、市财政局、市自然资源和规划局、市生态环境局、市住房城乡建设局、市投资促进局、市行政审批服务局8个政府部门（单位）负责人到会接受询问。

（唐　永　孙笑凇）

栏目编辑　张　阳

济南市人民政府

综述

【概况】 2020年，济南市总面积10244.45平方千米，辖12个区（县），161个乡（镇、街道），6391个村（社区）。

全年实现生产总值10140.9亿元，比2019年增长4.9%。其中，第一产业增加值361.7亿元，第二产业增加值3530.7亿元，第三产业增加值6248.6亿元。全年固定资产投资比上年增长4%。全年地方一般公共预算收入906.1亿元，一般公共预算支出1288.4亿元。社会消费品零售总额4469.1亿元，进出口总额1382.7亿元。重点泉群连续17年保持喷涌。棚改安置房新开工1.8万套、基本建成2.5万套，改造老旧小区50个、惠及居民6万余户。脱贫攻坚取得全面胜利，截至年底，全市1006个贫困村已摘帽退出，21.1万名贫困群众实现脱贫。城镇居民人均可支配收入53329元，人均生活消费支出34391元。农村居民人均可支配收入20432元，人均生活消费支出12947元。

年内，济南市获批首批国家骨干冷链物流基地、国家全面深化服务贸易创新发展试点、商贸服务型国家物流枢纽，入选首批国家文化和旅游消费示范城市，被表彰为“全国双拥模范城”，实现“九连冠”。（吴昊　袁媛　鹿祯群）

【疫情防控和经济社会发展夺得“双胜利”】 面对新冠肺炎疫情，济南市委、市政府坚持“人民至上、生命至上”总原则，聚力打好疫情防控人民战争、总体战、阻击战，抓牢抓实抓细常态化疫情防控，织密织牢联防联控、群防群控疫情防控网，在副省级城市中首个实现本地确诊病例零新增，自2月12日起无新增本地确诊病例。坚持疫情防控和经济社会发展两手抓、两促进，率先推动复工复产，推进“四进”攻坚行动，出台惠企利民、促消费、稳外贸等各类扶持政策200余项，新增减税降费328亿元。市场主体总量突破130万户，净增“上规入库”企业超过1000家。发放稳岗补贴5.9亿元、稳定岗位123万个，新增城镇就业16.3万人，城镇登记失业率2.03%。全力保障重点项目建设，270个市重点项目完成投资3350亿元。全市地区生产总值、规模以上工业增加值等主要经济指标增幅继续领跑全省。

（吴昊　袁媛　鹿祯群）

【GDP首次突破万亿大关】 2020年，济南市完成地区生产总值10140.91亿元，首次进入“万亿俱乐部”城市，在全国城市GDP排名中列第十九位。从2001年全市经济总量突破1000亿元，到2013年跨越5000亿元，20年经济总量扩大10倍，实现历史性跨越。

（吴昊　袁媛　鹿祯群）

【领事机构实现零的突破】 6月16日，在中柬政府间协调委员会第五次会议上，双方明确相互在西哈努克省和济南设领事机构，中方将在西哈努克省设立领事办公室，柬方将在济南市设立总领事馆。柬埔寨总领馆落地济南，成为新中国成立后济南第一个外国领馆。

（吴昊　袁媛　鹿祯群）

【提出“东强、西兴、南美、北起、中优”城市发展格局】 2003年6月26日，为突破济南市发展空间瓶颈，省委常委会扩大会议研究确定了济南城市发展“东拓、西进、南控、北跨、中疏”十字方针，经过十几年的实践和发展，取得显著成绩。2020年7月23日，济南市委十一届十一次全体会议研究确定，推进全域统筹协调发展，进一步形成“东强、西兴、南美、北起、中优”城市发展新格局。新十字方针继承了原十字方针的空间发展趋向，由原来的侧重城市空间布局，向侧重内涵式发展，更加注重城市品质、能级的战略方向转移，标志着济南城市发展由空间拓展向高质量发展的转型和升级。

（吴昊　袁媛　鹿祯群）

【新旧动能转换起步区列入国家《黄河流域生态保护和高质量发展规划纲要》】　8月31日，《黄河流域生态保护和高质量发展规划纲要》出台，明确提出“支持济南建设新旧动能转换起步区”。济南新旧动能转换起步区是济南新旧动能转换先行区的“升级版”，是济南引领黄河流域生态保护和高质量发展、构建新发展格局的战略支点和动力引擎。“先行区”变为“起步区”，标志着新旧动能转换起步区由局部战略上升为国家战略，由省市规划上升为国家规划，也标志着济南正式进入高质量发展的“黄河时代”。

（吴昊　袁媛　鹿祯群）

【首次提出实施“强省会”战略】　11月30日至12月2日，山东省委十一届十二次全会在济南召开，明确提出实施“强省会”战略，省市一体化推进济南加快发展，这在济南发展史上尚属首次。实施“强省会”战略是省委、省政府赋予济南的历史使命和重大责任，是提升济南综合竞争力的重大举措和重要抓手，是继黄河重大国家战略之后，推动省会战略位势进一步跃升的重大机遇。

（吴昊　袁媛　鹿祯群）

2020年10月21日，济莱高铁全线箱梁首架成功，标志着济莱高铁建设进入线上线下平行施工阶段，全线建设取得阶段性成果　（济南轨道交通集团　供稿）

【一批重大交通基础设施项目建成投用】　9月1日，济乐高速南延通车；10月27日，济泰高速通车；11月26日，绕城高速大东环通车、京沪高速莱芜段改扩建项目通车；12月18日，青兰高速莱芜段改扩建工程通车。12月29日，济南轨道交通2号线竣工试运行，济南地铁“一横两纵”的“H”型初步成网运营格局形成。12月30日，济南国际机场航站楼北指廊工程竣工投用，能够满足年旅客吞吐量2500万人次、货邮吞吐量20万吨的保障需求。　（吴昊　袁媛　鹿祯群）

【政务公开】　推进行政决策、执行、管理、服务和结果全过程公开，促进政务公开标准化、规范化全覆盖。2020年主动公开各类政府信息36万余条，其中政府门户网站发布政务信息16456条，“微博济南”发布信息12450条，粉丝总数154万余人；直播市“两会”开幕式、市委市政府新闻发布会95场，直播、录播《作风监督面对面》电视问政52场，阅读量1454.5万次。济南政府门户网站获“2020年度中国政务网站优秀奖”。健全依申请办理制度，梳理规范化办理流程，全年共办理政府信息依申请公开5555件，较2019年增加32.1%。

（姚　芳）

【政务督查】　持续推进督查落实创新体系建设，完善督查考核机制，提高督查工作效能。办理市政府主要领导批示交办事项3056件，报送专报82期；加强全市“重点工作攻坚年”60项重点任务、《政府工作报告》218项重点任务、为民办23项实事和省20项重点民生实事定期调度；督查市政府常务会议决定事项落实情况532项，编印《通报》31期。牵头组织协调和保障全市市直机关下沉社区一线服务疫情防控工作，做好济南市参加《问政山东》栏目现场问政和“回头看”反映问题整改落实督查，对企业复工复产、惠企政策落实、开发区体制机制改革、脱贫攻坚等重点工作进行专项督查。办理国务院、省“互联网＋督查”平台转办线索384项。承办全国人大代表建议1件、省人大代表建议8件、省政协委员提案30件，督办市人大代表建议412件、市政协委员提案736件。市政府督查室被评为山东省政协先进提案承办单位、全市重点工作先进单位。

（钱磊磊　卞学光　黄敬宗）

【文电办理与会议活动】 2020年，市政府制发综合性、政策性文件17件，市政府办公厅制发综合性、政策性文件34件。召开市政府全体会议1次、全市性政府会议35次、市政府常务会议31次。编发《济南政务信息》《济南政务信息专报》《济南政务信息特刊》《济南政务信息热线专刊》《济南政务信息街镇专刊》539期；被省政府办公厅采用信息484条（篇），在全省16市中居第三位；直报国务院办公厅信息成绩居全国直报点城市第三名，得到国家、省、市领导批示158条（篇）。

（田兵　赵超　赵紫玉）

【重要会议】 市政府第二次全体（扩大）会议　1月15日召开，讨论并原则通过提交市十七届人大二次会议审议的《政府工作报告（审议稿）》。市委副书记、市长孙述涛主持会议并讲话。市委常委、副市长郑德雁，副市长吴德生、王京文、王桂英、孙斌，副市长、市政府秘书长尹清忠出席会议。会议要求全力以赴推进项目建设，以决战姿态抓好一季度工作开局，切实做好节日期间民生保障、安全生产和党风廉政建设等工作。（赵　超）

【重要决策决定】 济南市人民政府文件　3月2日，济南市人民政府印发《关于积极应对新冠肺炎疫情进一步做好稳就业工作的实施意见》（济政发〔2020〕1号）。文件提出，要以更大力度实施就业优先政策，并从保障企业用工需求、支持企业稳定岗位、实施重点群体就业、开展职业技能培训、促进创业带动就业、确保就业大局稳定等方面做出部署。

6月18日，济南市人民政府印发《济南市促进乡村产业振兴行动方案》（济政发〔2020〕5号）。方案明确：要补齐产业发展短板，延长乡村产业链条；夯实产业发展基础，增强综合能力支撑；壮大优势特色产业，提升产业综合效能；促进产业融合发展，增强乡村产业聚合力；推进绿色生产，实现产业高质量发展；强化新型经营主体培育，增强乡村产业内生动力；强化政策支撑保障，激活乡村产业发展要素。

6月30日，济南市人民政府印发《关于推进健康济南行动的实施意见》（济政发〔2020〕6号）。文件指出，要全方位干预健康影响因素，积极维护全生命周期健康，进一步强化重大疾病防控，力争到2030年，全民健康素养水平大幅提升，健康生活方式基本普及，城乡居民主要健康影响因素得到有效控制，全市主要健康指标超过高收入国家平均水平。

8月24日，济南市人民政府印发《济南市提质培优建设职业教育创新发展高地实施方案》（济政发〔2020〕14号）。方案提出，要力争3年内建成职业教育和普通教育并重、纵向贯通和横向融通并行的新时代职业教育体系，重点推进职业院校开展股份制、混合所有制改革和绩效工资改革，完成建立部门统一管理的大职教格局等四大攻坚任务，实现职业院校办学层次和发展水平显著提升。

济南市人民政府办公厅文件　3月2日，济南市人民政府办公厅印发《关于促进平台经济规范健康发展的实施意见》（济政办发〔2020〕2号）。文件提出，要加快培育一批特色鲜明、竞争力强的细分领域平台企业，引进一批服务能力突出、商业模式成熟的综合性平台企业，打造一批国内领先、国际一流的互联网平台产业集群，并对重点领域和重点工程做出部署。

4月30日，济南市人民政府办公厅印发《关于加快推进养老服务发展的实施意见》（济政办发〔2020〕7号）。文件提出，要进一步加快基本养老服务设施建设，积极发展居家养老服务，优化养老服务发展环境，提升养老服务质量，推进医疗养老服务融合发展。

8月25日，济南市人民政府办公厅印发《加强高标准农田建设提升粮食安全保障能力实施方案》（济政办字〔2020〕23号）。方案指出，要明确目标任务及工作重点，进一步完善投入及管理机制，力争到

2035 年，全市高标准农田数量、质量进一步提高，粮食安全保障基础更加坚实。

9 月 8 日，济南市人民政府办公厅印发《济南市个人诚信积分管理办法（试行）》（济政办发〔2020〕28 号）。该办法共 23 条，分别从信息归集、信用应用、保障措施等方面做出明确规定。（赵紫玉）

2020 年济南市人民政府文件选目一览表

表 1

文件名称	发文字号
济南市人民政府关于积极应对新冠肺炎疫情进一步做好稳就业工作的实施意见	济政发〔2020〕1 号
济南市人民政府印发关于更好发挥稳就业促创业积极作用加快发展人力资源和人力资本服务业的若干政策的通知	济政发〔2020〕2 号
济南市人民政府关于印发济南市 2020 年国民经济和社会发展计划的通知	济政发〔2020〕3 号
济南市人民政府关于济南市小清河防洪综合治理工程占地区禁止新增建设项目和迁入人口的通告	济政发〔2020〕4 号
济南市人民政府关于印发济南市促进乡村产业振兴行动方案的通知	济政发〔2020〕5 号
济南市人民政府关于推进健康济南行动的实施意见	济政发〔2020〕6 号
济南市人民政府关于印发济南市提质培优建设职业教育创新发展高地实施方案的通知	济政发〔2020〕10 号
济南市人民政府关于加强森林防火严禁野外违规用火的通告	济政发〔2020〕15 号
济南市人民政府关于印发济南市抚恤定补优抚对象医疗保障实施办法的通知	济政发〔2020〕16 号

2020 年济南市人民政府办公厅文件选目一览表

表 2

文件名称	发文字号
济南市人民政府办公厅关于深入开展消费扶贫助力打赢脱贫攻坚战的实施意见	济政办发〔2020〕3 号
济南市人民政府办公厅关于进一步完善政策性农业信贷担保体系助力乡村振兴的实施意见	济政办发〔2020〕4 号
济南市人民政府办公厅关于印发济南市生活垃圾处理生态补偿办法的通知	济政办发〔2020〕5 号
济南市人民政府办公厅关于加快推进养老服务发展的实施意见	济政办发〔2020〕7 号
济南市人民政府办公厅关于印发济南市国有建设用地租赁住房建设和运营管理办法（试行）的通知	济政办发〔2020〕11 号
济南市人民政府办公厅关于加快推进全市新能源汽车充电基础设施建设的实施意见	济政办发〔2020〕13 号
济南市人民政府办公厅关于加快全市农产品冷链物流体系建设的实施意见	济政办发〔2020〕14 号
济南市人民政府办公厅关于推广厨余垃圾就地资源化处理的实施意见	济政办发〔2020〕17 号
济南市人民政府办公厅关于印发济南市医疗保障基金使用监督管理暂行办法的通知	济政办发〔2020〕18 号
济南市人民政府办公厅关于印发济南市网络预约出租汽车经营服务管理实施细则的通知	济政办发〔2020〕22 号
济南市人民政府办公厅关于印发加强高标准农田建设提升粮食安全保障能力实施方案的通知	济政办发〔2020〕23 号

续表 2

文件名称	发文字号
济南市人民政府办公厅关于进一步加强文物安全工作的实施意见	济政办发〔2020〕24 号
济南市人民政府办公厅关于印发济南市既有住宅增设电梯办法的通知	济政办发〔2020〕25 号
济南市人民政府办公厅关于促进 3 岁以下婴幼儿照护服务发展的实施意见	济政办发〔2020〕30 号

【概况】 2020 年，全市应急管理系统全力做好安全防范、应急管理、疫情防控、复工复产等重点工作，保持安全生产形势总体平稳。1—12 月，全市生产安全事故起数、死亡人数同比分别下降 36.2％、26.4％；未发生重大及以上生产安全事故。

【完善安全生产责任体系】 出台《关于贯彻落实习近平总书记重要指示批示精神进一步加强安全生产工作的实施意见》，围绕健全责任体系、强化风险防控等 6 个方面，提出 21 条具体贯彻措施。在全省率先出台《济南市党委政府及有关部门安全生产工作职责规定》《济南市党政领导干部安全生产工作职责》，对党委政府、部门（单位）、党政领导干部安全生产职责重新进行厘清界定。综合运用挂牌督办、约谈提醒、警示通报等手段，先后对事故多发频发、安全形势严峻的 6 个区县、2 个部门进行约谈提醒、警示告知，确保各项安全生产工作部署得到有效落实。

【助力复工复产】 精准研判疫情防控期间安全生产的规律特点，采取派驻驻厂安全员、发布安全提示、视频远程帮扶等方式，强化跟进指导服务，累计派出工作组 5530 余个，指导帮扶企业 5.2 万家次。提升“不见面审批”工作效能，创新开展“云审查”模式，对 65 个项目实施网上安全审查，最大限度便民利企。“云审查”作为服务民生、服务企业的创新举措，先后被人民网和《应急管理报》《济南日报》刊载。

2020 年 5 月 12 日，市应急管理局举办全国防灾减灾日宣传活动（市应急管理局 供稿）

【安全生产专项整治】 2019 年 11 月至 2020 年 5 月，集中开展为期半年的安全生产集中整治，累计检查企业 9.5 万家次，查改隐患 20 余万项。6 月，全面启动安全生产专项整治三年行动，分 2 个专题、19 个专项，逐项明确目标任务、责任分工、完成时限，并建立专题会议、调度通报、督查巡查等工作制度，跟进督导抓落实。6—9 月，集中开展反“三违”（违章指挥、违章作业、违反劳动纪律）百日攻坚行动，纠治“三违”行为 10.6 万余起。持续加强风险分级管控、隐患排查治理“双重预防体系”建设，3000 余家企业建成并运行双重预防体系。

【安全生产监管执法】 采取“四不两直”、专项督查等方式，先后组织开展燃气安全、建筑工地安全、防范一氧化碳中毒、危化品道路运输等联合督查活动，敦促企业严格落实领导层带班、安全员每日巡查、全员安全培训、岗前安全提醒“四项制度”。创新开展“2+2+2”执法检查活动，即：开展2次异地执法检查、2次“下沉式”执法检查、2次“帮扶式”执法检查，严查重罚安全生产违法行为，累计检查企业1.02万家次、行政处罚2950.6万元。

2020年8月1日，山东（济南）应急文化综合体验中心奠基　（市应急管理局　供稿）

【安全生产宣教培训】　利用济南老年人大学、阳光大姐集团公司和七兵堂应急服务集团公司等服务对象多、社交群体广、辐射能力强的行业优势，免费为学员、家政服务员、保安员提供安全教育培训，推动监管触角向最基层延伸拓展。按照“组织一次事故案例教育、谈一次事故教训感受、举行一次安全集体宣誓、开展一次应急处置演练”的要求，督促全市企业设立安全生产“警示教育日”并深入开展警示教育活动，提升员工安全意识和应急能力。开展全国第十九个“安全生产月”活动，“6·16”宣传咨询日活动全程“线上直播”，济南市被表彰为全省“安全生产月”活动优秀组织单位。

【综合防灾减灾】　结合安全发展示范城市创建，启动安全生产、自然灾害、城市安全运行综合风险普查，摸清风险隐患底数，做到动态掌控、超前防范。开展综合减灾示范社区创建活动，全面普及安全事故、洪涝、地震、风雹、火灾等安全知识和防范技能，成功创建全国综合减灾示范社区3个、省级综合减灾示范社区8个，新申报全国综合减灾示范社区6个。举办应急管理部“山东平阴·地震应急救援演练”，进一步增强全民防灾减灾意识。

【应急救援】　按照“不求所有，但求所用”的原则，整合全市应急救援力量，全时保障城市消防、森林防灭火、防汛抗旱等应急处置，先后组织水上救援、尾矿库下游群众转移等大规模演练活动6次。针对老旧小区、开放式社区安全防范标准低的问题，按照“1分钟接警、3分钟到场、5分钟处置”的应急目标，将应急救援站建设纳入市政府23件为民办实事之一，在全市新建22个应急救援站，筑牢市民身边的“第一道防安全防线”。截至2020年年底，全市共有政府救援力量48支、企业专职救援力量4支、社会救援力量14支，救援专家队伍300余人，大型应急救援装备500余套，备勤直升机1架。

【应急保障】　面对突发的新冠肺炎疫情，第一时间组建工作专班，多方收集信息，广泛建立联络，拓宽采购渠道，最大限度组织货源、保障需求，完成医用口罩、医用防护服、额温枪等应急保障任务。加强隔离酒店选定管理，强化防护物资储备，配合做好临时国际航班保障工作。建立全市日均消耗医用防护物资“需求清单、库存清单、企业清单”，强化“实物储备、产业储备、协议储备”。加快推进应急物资储备体系建设和应急产业发展，积极与中电科、蓝帆医疗、脑陆科技等国内前沿、领先企业洽谈对接，支持平阴县建设省级应急装备产业园、商河县建设防疫物资产业园并作为全省医用防疫物资生产基地，均取得实质性进展。

（马金阁）

【概况】　2020年，市政府研究室

发挥“参谋部”“智囊团”作用，统筹推进政府工作报告起草、综合文稿撰写、重大课题调研等各项工作。全年共起草市长讲话504篇、副市长讲话305篇，审修各类政策性文件9篇，起草其他文稿240多篇，共计400余万字；形成《关于推进科创济南建设的调研报告》《济南市文旅产业提档升级的调研报告》等43篇高水平的调研成果，大多数成果得到省、市领导批示。

2020年10月30日，市政府研究室征求人大代表对政府工作报告的意见建议

（市政府研究室　供稿）

【“开门写报告”活动】 2020年的“开门写报告”活动自10月中旬开始，报告起草组先后召开6次专题座谈会，听取人大代表、政协委员、专家学者、企业家和市民代表等多个层面的意见建议，收集意见建议100余条。先后10余次深入企业、项目现场和村居进行实地调研，聚焦山东新旧动能转换综合试验区、黄河流域生态保护和高质量发展、中国(山东)自由贸易区三大国家战略和“五个济南”建设等重大课题，与市直和区县相关部门反复研究发展思路和对策，学习借鉴先进城市的好经验、好做法。鼓励广大市民群众通过济南市政府门户网站、12345市民服务热线、《济南日报》、济南广播电视台等渠道，向报告起草组建言献策，为政府工作报告的起草积累了丰富的社情民意。

【开展调查研究】 聚焦改革发展任务，采取自主调研、联合调研、委托调研等形式，形成《济南市文旅产业提档升级调研报告》《关于加强济南市中心城区道路交通规划建设管理的几点建议》等38篇高水平的调研成果，多数成果得到市领导批示。其中，《关于省市一体化推进科创济南建设的调研报告》《关于文化旅游产业提档升级调研报告》等4篇调研报告获全省优秀调研成果一等奖，占获奖总数的18%，列全省第一位。编发的上海深化行政审批制度改革、南京实施“链长制”等决策信息29条，为市政府决策提供了重要参考。

（徐曙光）

【概况】 2020年，济南市行政审批服务局以便民利企为中心，以改革创新为主线，持续深化制度创新流程再造，行政审批服务水平不断提升，“在泉城·全办成”服务品牌影响力不断增强。济南市在2019年山东省营商环境评价中位列第一，获评2020年度“中国国际化营商环境建设标杆城市”。市行政审批服务大厅获评省“勇于创新奖”、省“三八红旗集体”，“佳佳帮您办”商事服务专班被省妇联授予“三八红旗集体”称号。

【助力新冠疫情防控】 针对审批服务大厅人流量大、人群易聚集的实际，市行政审批服务局及时通过多种渠道公开发布《关于做好疫情防控期间相关政务服务工作的通告》，推行网上办、邮寄办、咨询办、预约办等不见面审批方式，推出787项“零跑腿”事项，企业群众网上办事比例逾90%。中央电视台《直播间》栏目对市行政审批服务大厅的创新服务举措给予点赞。围绕复工复产，深入企业，宣传上级有关政策，出台助推企业复工复产10条措施，开辟特事特办绿色通道，对涉疫物资实行依法容缺受理，全力保障防疫物资快速生产。市行政审批服务局食药卫健项目审

2020 年 7 月 31 日，济南市行政审批服务局与淄博等省内 6 市行政审批服务局、工商银行 6 市分行分别签订“省会经济圈企业开办全域通办协议”，标志着省会经济圈 7 市实现企业开办“全域通办” （市行政审批服务局 供稿）

批服务处党支部获济南市抗击新冠肺炎疫情先进集体称号。制定发布国内首个《政务服务大厅重大呼吸道传染病疫情防控与应急处置规范》地方标准，省政府办公厅在全省 195 个政务服务大厅予以推广。

【推进营商环境优化攻坚行动】 在市深化“一次办成”改革领导小组的统筹推进下，市行政审批服务局牵头制定《济南市营商环境提升行动实施方案》，确定 32 项目标任务，形成全市“1+N”方案体系。牵头组建营商环境优化攻坚行动综合专班，主动对接国家发改委、省营转办等部门，完成国家和山东省营商环境评价任务。针对企业开办、办理建筑许可、政务服务等牵头指标，主动对标先进，形成各指标优化提升方案并抓好落实，确保各项指标走在全省前列。

【实施制度赋能】 研究制定《济南市行政审批容缺受理制度》，梳理公布 755 项容缺受理事项清单，可容缺材料 1496 件，涉企事项 100% 容缺，重点建设项目容缺受理常态化。国内首创“独任审批师”制度，获国务委员肖捷签批。梳理公布 2 批、233 项独任审批事项，压缩 523 个审批环节，平均审批时限压缩 67%，印刷企业设立审批等 146 个事项由“承诺件”变成“即办件”。制定“好差评”实施意见，拓宽线上线下评价渠道，市、区、街道三级顺利完成“好差评”国家标准试点任务，推行“好差评”经验做法在国办简报刊发。深化与 12345 市民服务热线合作，落实企业诉求“接诉即办”，热线办理满意度稳居市直各部门前列。

【实施标准赋能】 将企业开办涉及的 7 个部门、8 项事项合并办理，全市范围内半日办结，省内率先实现“全城通办”，省会经济圈 7 地市“跨市通办”。完善“企业开办大礼包”，与 28 家银行合作设立企业登记代办点 335 处；牵头成立黄河流域生态保护与高质量发展“审批服务联盟”，实现“跨省通办”，被国务院“放管服”简报专刊推广。截至 12 月底，济南市市场主体 130.05 万户，位居全省前列。全面推行工程建设项目审批“多诺合一”“多审

2020 年 4 月 22 日，市行政审批服务改革联席会议第一次会议召开 （市行政审批服务局 供稿）

合一”“多验合一”，实现全流程网上办理；简易低风险项目审批时限最短控制在8个工作日内，“带方案出让”项目“四证连发”。“拿地即开工”、联合验收等经验做法在全省推广。在24个行业推行“一业一证”改革，企业“拿证即经营”，许可环节、申报材料、审批时间平均分别压减71%、80%、78%。牵头推进“一链办理”改革，推动跨部门、跨层级事项关联整合，19类198个事项实现“一链办理”。稳步推进“市县同权”改革，51项事项实现市县同权办理；制定1296项政务服务工作标准，出台3项济南市地方标准，2项省级地方标准获批立项，成为审批局模式下国内首家通过政务服务标准化国家级试点验收的单位。全市161个街镇全部成立便民服务中心，社区（村）便民服务全覆盖。

【实施“数聚”赋能】 深化“一网通办”应用，配合市大数据局加快推进自建业务系统整合，承接事项可网办率达100%。开发自助端“秒批秒办”系统，并同步推行到PAD端，18项事项实现无人工干预审批。加快打造集成式自助服务终端，将多部门的52项自助端应用集成到一台智慧审批服务终端，指导区县建成17个24小时自助服务区。

【实施服务赋能】 创新推出“项目管家”帮办模式，建立市、区县、园区三级200余人的帮办队伍，为省市重点建设项目提供全流程帮办服务，年内服务企业300余家，经验做法被省工改领导小组在全省推广。持续深化“不打烊”服务，落实延时、错时、预约服务，确保当日工作全部“清零”。全面推行打印复印、公章刻制和邮政寄递“三免费”服务。

（王　晖）

【概况】 2020年，全市信访系统以服务保障全市“重点任务攻坚年”和有效应对“后疫情”阶段的信访矛盾风险为主线，一体化推进“树导向、解源头、减存量、控增量、防风险、提素质”工作，信访工作体制机制更加完善，源头治理成效更加明显，矛盾问题攻坚化解更加有力。信访部门群众满意率97.8%，责任部门群众满意率97.2%，总体呈现出信访形势平稳有序、群众满意度不断提升的良好态势。

【压实信访工作领导责任】 市委、市政府高度重视信访工作，将信访工作列入全市“1+495”工作体系，与全市重点工作同部署、同推进、同落实。市委、市政府主要领导分别与各区县主要负责人签订责任书，并带领其他市级领导定期参加信访接待日活动，全员参与信访积案化解攻坚工作，实现“案结事了”“事心双解”目标。针对全市重点领域信访突出问题，十一届市委常委会分别于5月14日、7月16日、9月18日进行审议研究，各市级领导牵头召开信访专题调度会、协调会50余次，构建起“市领导示范带动、压力层层传导、责任逐级压实、攻坚稳步推进”的信访工作格局。

【强化信访排查预警】 优化升级信访维稳一体化信息平台，充实信访预警信息处置工作队伍，落实信访预警信息推送认领落地反馈“1小时”制度，督促责任单位负责人面对面听取上访人诉求、面对面

2020年10月10日，全市十大领域信访突出问题专项治理暨城建领域信访突出问题集中整治动员部署会议举行

（市信访局　供稿）

协调化解、面对面反馈阶段性处理情况，大量矛盾问题吸附化解在基层。完善常态化信访矛盾纠纷排查化解机制，坚持信访隐患和不稳定因素动态排查与专项排查相结合，将排查出的问题全部建档立卡，分级分类落实管控化解措施。在黄河滩建、小清河整治复航、市轨道交通建设、济莱高铁建设等工作的信访问题和矛盾风险防范处置中，制订处置预案和工作方案32个，参与专题会议52次，起草相关报告107个，排查信访问题261件次，及时就地化解率达97.3%，确保重点工程、重大项目顺利推进。

【开展信访集中整治】 推进十大领域暨城建领域信访突出问题专项治理，市信访局牵头开展联合调研，起草《关于今年以来信访情况的报告》《城建领域突出问题调研报告》，提报市委常委会审议研究。10月9日，市委、市政府召开专门会议，成立由主要领导任组长的全市城建领域信访突出问题集中整治工作领导小组，并对其他九大领域信访突出问题专项治理工作专班提级升格，全市上下压实责任，扎实推进整治工作。截至2020年年底，全市十大领域信访突出问题化解率为88.4%，城建领域信访突出问题化解率86.5%。推进信访积案化解和重复信访集中治理专项行动，对国家信访局和省信访局交办的信访积案、“四个重点”案件、重复信访案件，在沿用“三级领导包案、三级专班推进”化解机制的基础上，实行“每周一调度、半月一通报、一月一销号”制度，印发通报15期、督办函80件。截至2020年年底，省级交办的信访积案化解率99.86%，“四个重点”案件化解率100%；国家局系统交办的重复信访案件化解率70.44%，列全省第一位。

【优化联合接访运行机制】 制订印发《济南市区县（功能区）和街道、镇信访工作创建人民满意窗口实施办法》，优化市级联合接访运行机制，建立联合接访党支部，打造一站式接收、一揽子调处、全链条解决的“信访超市”。以历城区为试点，依托各级联合接访大厅、综治中心，整合信访接待、投诉举报、矛盾调解、劳动仲裁、公共法律服务、司法诉讼服务等平台，方便群众解决问题。12月4日，在历城区召开全市信访维稳基层基础工作现场会。

【信访业务规范化建设】 以落实《济南市信访局工作制度规范流程汇编》为抓手，全面推行信访基础业务标准化管理，并按照市县同责的要求，加强业务指导监督和制度落实，综合运用律审前置、系统录入前置审核、律师参与、联合接访等方式，提升初信初访办理质效。完善自评自查内控机制，对信访考核数据实行“每周一调度、一排名、一通报”，确保各项目标落地落实。

【区县、街镇领导公开接访】 通过明察暗访、月通报等形式，加强对区县、街镇领导干部接访“五公开”制度落实情况的指导督办，并将每次督查情况书面报送市纪委。2020年，区县领导公开接待群众429批、1928人次，街镇领导公开接待群众883批次、1427人次。

【信访事项听证】 按照“信访事项首办环节不支持即听证，复查复核环节有疑就听、有漏就补”的要求，加大信访事项听证力度，加强信访事项办理程序审查和实体监督，提升听证质量和效率，信访事项听证率和群众满意度不断提高。2020年，全市各级各部门举行听证会1109场，听证率56.8%。

【创新律师参与信访工作机制】 制定《市信访局法律服务规范及考评管理办法》，通过政府购买社会服务方式，与4家律师事务所签约，每周选派4名专业律师进驻值班，重点参与疑难复杂信访事项的评议、复查复核等工作，对群众信访事项实行“律审前置”，诉求进入信访程序前由律师出具法律意见书，在受案关口厘清信访与诉讼、仲裁、行政复议等界限，实现群众诉求的精准分流、依法办理。

【加强信访风险防范化解】 疫情期间，印发《济南市信访局新冠病毒防疫期间网上信访工作暂行办法》，加大网上信访宣传力度，引导群众“足不出户”提出诉求，对涉及疫情防控和复工复产的信访事项，及时受理、优先办理、特事特办，共受理涉及疫情防控和复工复产信访事项262件，及时受理率、按期办理率均为100%。坚持信访每日动态、月分析和专题调研制度，先后组织开展城建领域、农民工工资拖欠、冬季供暖供热问题、大涧沟片区信访问题、美里村信访问题等专项调研，向市委、市政府呈送书面报告，市委、市政府主要领导先后7次批示，市委常委会3次审议研究信访工作，为重大决策提供有益参考。以“全省信访信息系统·济南平台”为依托，强化线上、线下统筹协调，先后完成合村并居信访事项摸底、信访问题集中村统计、扶贫领域群众信访事项筛查、城建领域信访突出问题排查等专项工作，完善信访业务考核指标跟踪统计分析机制，制发考核动态统计表18期，实现信访数据高效统计、精准筛查。强化督查督办，压实工作责任。推动建立“市委分管领导周调度、市信访局局长日调度”制度，采取视频会议形式调度督导突出信访事项化解工作，研判重点信访事项309批次，向部分区县党委书记发送提醒函、督办函35次，推动化解一批疑难复杂信访问题。

（王　政）

【概况】　2020年，济南市大数据管理工作以数据整合共享、数字政府建设、数字泉城建设为重点，加快大数据创新应用，数据开放列省会城市第二位，数据立法、可信身份认证和电子印章应用居全国前列，在全国首创“泉城链”政务数据可信共享新模式和新建商品房及二手房业务全链条办理，率先建设“保医通”平台，电子证照亮证应用、无证明城市建设、机关内部“一次办成”改革全省领先。

【公共数据管理】　出台《济南市公共数据管理办法》，对公共数据管理的生成、汇聚、开放、流通、应用等各个环节进行明确和规范，将数据管理范围从政务部门拓展到公共服务企事业单位，首提公共突发事件期间数据共享要求，在国内同类立法中具有创新意义。数据融合应用实现“一朵云承载”“一张网联通”“一平台共享”，数据开放列省会城市第二位，获全国“数开成荫奖”，济南公共数据开放网成为全省第一个全面开放水电气暖数据的平台。

【新建商品住房及二手房交易全链条办理】　利用政务信息资源共享平台和政务服务平台，打通10多个部门的40余项政务数据，推动新建商品住房及二手房交易全链条办理。新建商品房登记提交资料由19项最少缩至1项，二手房过户贷款、网签、纳税、抵押、水电气热过户一站式办理，不动产登记实现网上申请、网上审核、只来一次、当日办结，每年可减少申请资料340余万份，减少群众跑腿252万人次，节约相关成本费用5.8亿元，被自然资源部向全国推广。

【可信身份认证和电子印章系统应用】在政务服务“一窗办理”、旅业住宿、机动车管理等开通20多项可信身份认证应用，市政务服务大厅70%的“一窗办理”事项实现亮码

2020年7月22日，“2020中国开放数林指数”和《2020中国地方政府数据开放报告》发布，济南数据开放工作在省会城市中排名第二，获“数开成荫奖”

（市大数据局　供稿）

可办，全市90%以上的酒店实现无证入住，可信身份认证累计提供服务近200万次；在热点领域开通23项电子印章应用，公安、人社、公积金、住建等部门业务实现“一章通办”。

【“无证明城市”建设】　开发建设“证明直通车”系统，在全省率先实现证明网上开具、电子化审批、网上验证、自助打印，率先实现办事证明在微机端、手机端、自助服务终端“网上办”“掌上办”。至年底，实现房屋权属状况信息等40项高频证明事项网上办理，每年可减少群众跑腿80万次，减少纸质证明材料200余万份。

【网上政务服务】　打造“泉城办”App群众贴心服务小管家，被列为市政府2020年为民办的23件实事

之一，应用服务事项超过1000项。“泉城办”App在国内率先实现新建商品房和二手房业务全链条办理，无犯罪证明、户籍证明、临时身份证明掌上开具和电子不动产证掌上亮证，公积金、医疗、水电气等一批高频热点事项实现“秒批秒办”，获国家电子政务理事会2020年度“互联网+政务服务创新应用App”奖。

【全国首创“泉城链”】 创新提出“精准授权、智能加密、还数于民、价值传递”新理念，基于自主可控的区块链技术，建成全市统一的政务区块链平台——“泉城链”，在全国首创“政府数据上链+个人链上授权+社会链上使用+全程追溯监管”的政务数据可信共享新模式。2020年9月上线，实现180项数据资产向个人返还，可用于政务、信贷、人才服务等场景，4家试点银行已开发上线便民应用产品。高新区依托“泉城链”平台，实现新开办企业“最多跑一次”、最快35分钟拿到营业执照和公章。

【建设“保医通”服务平台】 依托全市统一的大数据平台，在全国率先建成“保医通”服务平台，在参保人授权同意、确保数据安全的情况下，基本实现商业医保与社会医保数据互通共享、即时结算，普通健康保险平均赔付时间由10余天压缩到1天，最快赔付时间为2分钟。

【机关内部“一次办成”改革】 印发《济南市推进机关内部“一次办成”改革实施方案》，按照“减事项、减环节、减材料、减时限、减跑动”和“并联办理”的“五减一并”流程再造方法，将办事流程和办事环节集成为能够“全链条”办成的“一件事”，推动机关内部事项“网上办”“一次办”，完成42项“单部门一件事”和18项“全链条一件事”网上办事指南和办事流程开发，市直跨部门事项一次性办结率逾70%。

（刘民永）

2020年9月3日，济南市统一政务区块链平台“泉城链”正式启用（市大数据局　供稿）

民政工作

【概况】 全市民政资金总投入20.2亿元。其中，中央、省级财政投入4.4亿元，市级财政投入5.7亿元，区县级财政投入10.1亿元。加强社区建设和基层民主建设，提高依法行政水平。新建各类养老服务设施327处，新增养老床位6000余张。建成镇街级以上公益性公墓84个、村级公益性公墓（骨灰堂）144个。完成第二次全国地名普查任务，开通地名公共服务查询系统。出台《关于加强党建引领促进社会组织高质量发展的指导意见》，全省率先成立社会组织党建工作站，新组建社会组织党组织43个。加强社工人才队伍建设，入选“齐鲁和谐使者”16名，评选“泉城和谐使者”30名，6494人取得社会工作者职业水平证书，持证人数居全省首位。全市志愿服务团体9805个，志愿服务项目41904个，注册登记志愿者139.8万人。

【基层民主建设】 印发《村民委员会工作规范》，开展村务公开目录、村规民约和居民公约监督落实行动，推进村级议事协商示范点建设，完成行政村、自然村数据核实核准，村（居）规范化建设水平持续提升。

【社区建设】 成立市、区县两级城乡社区治理工作领导小组，召开城乡社区治理工作领导小组第一次

2020年7月14日，济南市城乡社区治理工作领导小组会议召开　（市民政局　供稿）

会议，落实社区治理年度重点任务清单，完善城乡社区治理协调联动机制。获评6个省级优秀社区工作法、5个全省城乡社区治理创新实验区，均居全省首位。民政部《中国社区报》专版报道《城乡社区治理的“济南经验”》。推进社区综合服务设施建设，奖补城市社区和农村综合服务设施改造提升项目123处，新增面积约12.88万平方米。提升社区服务水平，为400个社区配发自助服务一体机，试点推广“智慧社区”小程序，城市社区“一窗受理、全科服务”模式覆盖率达99%，在全省最高。高标准打造舜井社区、锦绣城社区、凤凰国际社区等国际化社区示范点，助力现代化国际大都市建设。

【依法行政】　强化依法行政，对32件行政处罚案件进行合法性审查，1件行政诉讼取得胜诉。公布各类权力事项70项，取消1项行政权力事项，承接省级下放行政许可1项。推进减证便民，清理证明事项4项，梳理公布证明事项实施清单。强化政策理论研究，8个法治研究课题在全市获奖，9篇调研文章在省民政厅获奖，连续9年蝉联优秀组织奖，4个创新案例被省民政厅评为优秀创新典型案例，居全省首位。

【民政基础设施建设】　推进养老服务设施建设，新建各类养老服务设施327处，新增养老床位6000余张，全市养老服务设施达到2142处、增长49.47%。加快公益性公墓建设，建成镇街级以上公益性公墓84个、村级公益性公墓（骨灰堂）144个，满足居民未来10年安葬需求。加快建设市救助管理站改造项目。

【地名管理】　完成第二次全国地名普查任务，6个单位、9人分别被表彰为山东省第二次全国地名普查先进集体和先进个人。率先开通地名公共服务查询系统，发布济南市地名电子书App，为市民免费提供地名导览、查询定位、地名赏析等服务。

【社会组织管理】　出台《关于加强党建引领促进社会组织高质量发展的指导意见》，落实综合党委联系社会组织制度，在全省率先成立社会组织党建工作站，新组建社会组织党组织43个，完成65家驻济省、市无业务主管单位社会组织和28家异地商会党建移交工作，对脱

2020年6月16日，全市慈善工作会议在龙奥大厦召开　（市民政局　供稿）

钩后的行业协会商会进行党建兜底管理，打造“泉社彤行”党建品牌。投入资金450万元支持市级和区县社会组织发展，建成社会组织培育孵化和活动场所133处，全市社会组织达5475家。开展第七批社会组织评估，评定3A级以上社会组织10家。清理规范社会组织创建示范活动，开展行业协会商会涉企收费检查，引导60家社会组织减免企业会费1004.96万元。推动311家行业协会商会完成与行政机关脱钩，社会组织年报率居全省前列。加强执法检查，“双随机、一公开”抽查社会组织50家，取缔非法社会组织76家。全省率先出台《社会组织信用信息管理办法》，将48家社会组织纳入异常活动名录，14家纳入严重违法失信名单。社会组织登管协同和脱钩改革先进经验在全省现场会上作交流推广。制定社会组织助力决战决胜脱贫攻坚工作方案，引导834家社会组织投入资金1.7亿元，启动扶贫项目608个，惠及313.5万人，打造“泉心泉意·助力脱贫”公益品牌。

（李　涛）

【事业单位人事管理改革】　顺利完成济莱事业单位人员融合、济南高新区人员分流安置工作。采取直接面试的方式为济南市公立医院和学校引进博士研究生、副高级职称人员24人。推进事业单位优秀人才引进计划，引进重点高校优秀毕业生294人。对市属事业单位引进的高层次人才，在职称评聘方面建立绿色通道，在科研经费、安家补助、工资福利待遇等方面享受省属事业单位同等待遇。允许偏远地区基层事业单位在招聘时限制本区县或临近区县户籍，鼓励引进本土人才。全市事业单位公开招聘3000余人。组织人事考试43项，涉及考生35万人。

【工资福利和表彰奖励改革】　完成市直462家事业单位绩效工资总量核定工作。落实关心关爱抗疫人员工资福利政策措施，为1352名一线抗疫人员核增一次性绩效工资总量、发放临时性工作补助，防疫补贴最高标准提高到每人每月560元。探索实施创新人才薪酬激励政策，配合市卫健委对市疾控中心等承担疫情防控任务的公共医疗卫生机构实施绩效工资倾斜，全市69家事业单位享受绩效工资总量倾斜、1977名高校院所工作人员实行协议工资制或项目工资制。为37家市直属学校校长和副职管理团队核定职级绩效工资1242.9万元。出台《关于开发区人员薪酬待遇的指导意见》（济人社发〔2020〕23号），实现开发区薪酬管理由“铁工资”向“活薪酬”转变。开展高级专家延长退休年龄试点，完成济南市2例延长退休年龄审批工作。落实义务教育教师工资待遇，确保义务教育教师工资收入不低于同地区同级别公务员水平。在全省率先完成消防员工资套改，确保全市689名消防员2020年年底前工资待遇发放到位。进一步规范表彰奖励项目管理，开展市级表彰项目3个、区县级表彰项目14个，完成表彰疫情防控工作先进集体和先进个人有关工作。

【职称制度改革】　基层事业单位高级岗位比例由5%提高到10%，数量由2307个增加到3221个。开通高层次人才高级职称评审“直通车”，79名高层次人才直接聘用到高级岗位。开辟非公经济组织职称评审绿色通道，民营、私营等非公经济组织工程技术人员，可直接参加中、高级工程师职称评审，申报人数突破1万人。实施职称直评直聘政策，3500余名乡村人才通过直评直聘申报高一级职称。全面实施“定向评价、定向使用”基层职称制度，410名专业技术人才取得基层职称。建立职业农民职称制度，67名农村专业能手取得中级职称，填补了农民职称评选的历史空白。全市专业技术人才总量达49万人，高级职称人才9.8万人。

【人才政策落实】　推动“人才新政30条”“双创19条”等政策落地见效，做好高层次人才分类认定、生活和租房补贴审核发放、人才精准服务体系建设等工作。全市高层次人才分类认定审核通过1.9万人，高层次人才生活和租房补贴审核通过6926人。

【招才引智】　开展“才聚泉城”引才活动，举办首届省会经济圈校企地合作论坛暨知名高校硕博人才聚泉城活动，与90家“双一流”重点高校签订合作协议，持续推送“十大千亿产业职位”“名企专场职位”等专场40期，引进高层次人才4221人，其中“双一流”高校毕业生2160人，引才人数位居全省前列。全市人才总量突破200万人。《中国城市人才吸引力排名2020》显示，济南市人才吸引力指数位居全国第八、全省第一。

【人才培育】 新增享受政府特殊津贴人员12人、国家博士后科研工作站3家。举办国家级高级研修班1期、省级高级研修班3期，围绕“疫情防控”“黄河战略”“工业互联网”“品牌强农”等主题，培养领军型专业技术人才1000余人。推进职业技能提升行动，共培训44万人次，培训人数居全省第一，济南市“以工代训”经验做法，被国务院总理李克强、副总理胡春华批示肯定。实施“金蓝领”工程、企业新型学徒制培养等项目，着力推进校企联合培养。23名优秀技能人才入选国家级、省级重点人才工程。市属技工院校达28所、在校生5.4万人，学校数量、在校生规模均居全省第一。全市技能人才总量达到132万人，其中高技能人才数38万人。

【人才服务】 在全国率先开启人才“一键式”服务新模式，构建绿色通道、服务专员、服务窗口、服务金卡四位一体的精准服务体系，打造最优人才发展生态。泉城人才服务金卡持卡人员达2034人，落实绿色通道服务2375人次，为1.4万名人才发放补贴1.7亿元。全面推行博士后管理服务信息化，将驻济央属、省属博士后工作平台纳入系统管理，济南市管理服务的博士后平台共计146家，数量位居全省首位。

【人力资源产业发展】 加强人力资源服务产业园建设，推动济南人力资源服务产业园争创国家级人力资源服务产业园，发展壮大本土人力资源服务机构，引进成立高端人才猎头公司和人才中介服务机构170家，全市经营性人力资源服务企业、劳务派遣企业数量超过600家，营业收入近300亿元。新引进留学人员创业企业21家，注册资金近2亿元。

（王 帅）

【疫情防控】 坚持“疫情防控+服务保障”两线作战模式，统筹做好龙奥大厦、市政务服务中心及驻莱芜单位合计约2.5万名职工群众的疫情防控工作。严格人员和车辆进出管控，开展专业清洁消杀，改进会议活动方式，适时调整供餐方式，确保龙奥大厦这一全市疫情防控“指挥部”和重点区域安全运转。落实疫情期间中小企业房租减免政策，为22家承租户减免房租约640万元。

【项目建设】 压茬推进济南老年人大学改扩建工作，改造面积1.3万平方米的一期项目，于2020年6月交付使用；建筑面积约7万平方米的二期项目，已取得立项批文、建设工程规划许可证，完成初步设计、概算评审，通过公开招标确定了相关施工单位。高标准策划实施龙奥大厦、市政务服务中心及政协大厦绿化亮化提升改造。推进原市建委办公楼维修改造工作，确保中共山东省委领导机关旧址红色文化片区打造工作顺利进行。

【厉行节约】 面向全市党政机关发出制止餐饮浪费倡议书，在全市营造浓厚氛围；将制止餐饮浪费嵌入从餐饮供给到终端消费的全过程、各环节，日均减少餐厨垃圾约20%，月均节约成本3.7万元。推进节约型机关建设，济南市机关事务服务中心被评为国家级公共机构能效领跑者和省级公共机构重点用能单位典型，全市新创建国家级节约型公共机构示范单位5家、省级节约型公共机构示范单位9家，“十三五”规划确定的人均综合能耗、单位建筑面积能耗分别下降10%、11%的目标任务提前完成，节约型机关创建经验在全省宣传推广。规范优化配置行政事业资产，资产出租收益稳步增长，维修改造取得良好社会效益。推进党政机关公务用车信息化管理和集约化使用，将全市1160家单位、5700余辆公务用车纳入全省统一管理平台。

【保障服务】 利用标准化信息化手段提升保障服务水平，物业服务和餐饮管理两项标准通过省级机关事务标准化专项试点验收；涵盖智慧门禁、餐饮服务、停车、服务预约、线上购物、在线客服等功能的“智慧龙奥”一期项目建设完成，实现职工群众刷脸进门。针对职工群众反映较多的停车问题，对龙奥大厦地下停车场和地上停车位进行改造提升。做好会务、物业、餐饮、通勤等服务保障，完成全市重要会议活动保障任务千余场次，对大厦院内部分破损路面进行重新整修，龙奥大厦服务保障满意度得分96.77分，远超物业行业平均分值。打造“节约食堂”“安全食堂”“健康食堂”，日均保障就餐1万余人次。优化提升通勤服务，全年安全运送51.96万人次。提升集中办公区环境，推进“书香龙奥”和便民服务点建设，打通方便机关干部和办事群众阅读、办事的“最后一公里”。规范做好易地交流干部周转住房保障工作，短期内推动完成制度建设、房源筹集、设备配置等工作，实现顺利入住。

（姚成刚）

南部山区管委会

【概况】 南部山区位于济南市的南部，地处东经116° 41′ 15″ ~ 117° 18′ 45″、北纬36° 12′ 30″ ~ 36° 42′ 15″之间。2020年，全域总面积571平方千米，辖3个乡（镇、街道）、254个村（社区）。

全年实现生产总值63.13亿元，增长-1.9%（不变价增加值增速）。其中，第一产业增加值15.64亿元，第二产业增加值11.13亿元，第三产业增加值36.36亿元。固定资产投资10.5亿元，社会消费品零售总额22亿元。

2020年2月5日，锦绣川办事处黄钱村成立“防疫在行动”党员先锋岗 （刘雪梅 摄）

农林牧渔服务业增加值0.7亿元，全部工业增加值10.12亿元，比上年增长-0.88%。规模以上工业增加值增长-10.7%，实现主营业务收入9.9亿元，实现利润0.5亿元，实现利税1.08亿元。高新技术产业产值占规模以上工业总产值比重达25.59%。全县（区）有资质的建筑企业14家，完成建筑业总产值5.9亿元，实现增加值1.01亿元。

公路通车里程948.24千米，其中高速公路通车里程20.45千米。

普通中学7所，在校生1.07万人；小学26所，在校生1.13万人。医疗卫生机构6所，共有床位800张，卫生技术人员443人。新建公共健身场地32个，实现254个行政村公共全民健身设施全覆盖，共有村级健身点395处，健身广场总面积17.87万平方米，健身器材3484件。

年末职工基本养老、职工基本医疗、失业、工伤、生育保险参保人数分别达0.5万人、0.5万人、0.5万人、0.5万人、0.5万人。居民基本养老保险参保人数10.63万人，医疗保险参保人数15.5万人。城镇最低生活保障人数53人，年人均保障标准9852元；农村最低生活保障人数4688人，年人均保障标准7368元。各类养老服务机构和设施73个，各类养老床位2087张。安置残疾人员就业264人。

年内，南部山区被中国林业产业联合会森林康养分会评为“全国森林康养基地试点建设区”，被山东省生态环境厅评为第一批省级“绿水青山就是金山银山”实践创新基地。南部山区管委会社会事务管理局被省委组织部授予“山东省抗击新冠肺炎疫情先进集体”，援鄂护士胡振珊获评“全国抗击新冠肺炎疫情先进个人”。

【生态品质稳步提升】 完成白炭窑和积米峪等15座病险水库除险加固、九曲村和苇沟村等28个地质灾害治理和生态修复项目，全年拆除各类违建18.8万平方米，首次实现违建“零增长”。新增造林1666.67公顷，新建防火道路10千

2020年4月10日，锦绣川办事处根据省市区防疫工作要求和精神，积极协调推动济泰高速建设项目复工复产　　（王一凡　摄）

米，新划定自然保护地7952.9公顷，160件环保督察问题全部整改销号。南部山区被评为全国森林康养基地试点建设区，九如山瀑布群风景区、高而街办等9个单位分别被确定为全国森林康养基地试点建设单位、街道和森林康养人家，入选数量位居全市第一。

【生态产业加快发展】　完成固定资产投资10.5亿元，增幅位居全市第一。编制《绿色产业发展三年行动计划》，举办中国·济南泉乡康养论坛，与山东港口集团、山东中铁文旅发展集团等15家企业签订战略合作协议。3处田园综合体建设加速推进并初见成效，黄鹿泉村入选第二批全国乡村旅游重点村，“深氧绿谷”田园综合体仅土地流转一项，实现村集体年增收50万元、群众年人均增收4800元。民宿经济蓬勃发展，有7家达到全市五星标准，13家达到全市四星标准，全市占比分别为87.5%、46.4%。成为济南市唯一入选全省第一批“绿水青山就是金山银山”实践创新基地的单位。

【乡村振兴】　新增中草药、珍珠油杏等特色种植200公顷，“源味南山”公用品牌建设取得实效，举办“南山鲜果季”和“泉城好品”4场直播带货活动，农产品销售逆势上扬，增加了农民收入。投资8.2亿元，实施两年饮水攻坚行动，156个村历史性地实现集中供水，惠及农村群众16万人。建成美丽乡村13个，完成24个村的生活污水治理，人居环境整治年终考核位居全市前列。投入3000万元，形成垃圾源头分类、处理闭环管理体系，被确定为全省城乡生活垃圾分类试点。新建提升“四好农村路”45.4千米，完成124个村通户道路硬化，实现村内道路硬化“户户通”全覆盖，金刚纂村获评“全国文明村”。全力服务保障济泰高速顺利通车，济枣高铁南山设站成功获批。成立党建联合体13个，公开选聘104名“乡村振兴工作专员”，村集体收入在10万元以上的村达185个，收入在5万元以下的村全部清零。

【保障改善民生】　新冠肺炎疫情期间，在全市率先实行“四个一律”硬核举措，登记摸排45.6万人，率先引入“留观人员心理疏导”工作机制，实现南山新冠肺炎疫情“零输入、零感染、零扩散”。因村因户因人精准施策，现行标准下7653名贫困群众全部脱贫，135个贫困村全部出列，创造了精准扶贫“南山样本”。成立历城一中教育集团，11所新建改造中小学、幼儿园全部开工，龙湾小学实验楼、南营小学教学楼完成建设。成立南山医疗集团，实现远程会诊、检验诊断等资源、结果共享，投入2000万元，建成启用核酸检测实验室，提升改造历城区人民医院等6处发热门诊、国医堂等基础设施，疾病预防和医疗服务能力稳步提升。编制《南部山区防汛总体预案》《南部山区安全生产专项整治三年行动计划》，安全生产形势持续稳定。

（王吉东）

【概况】　济南新旧动能转换先行区规划面积1030平方千米，携黄河发展、沿两岸布局，黄河南岸约300平方千米，北岸约730平方千米。先行区管委会直管大桥、崔寨、孙耿、太平4个街道，面积450平方千米，含308个村居，户籍人口约

23万人。全年完成一般公共预算收入5.07亿元，增长25%。完成固定资产投资增长112.6%，实际使用外资1.41亿美元、完成目标任务的157%，均较2019年实现大幅跃升。

发展定位　4月28日，省委、省政府专题调研后，先行区对标雄安学习浦东，开启向起步区升级之路。7月23日，市委十一届十一次全会，确定“东强、西兴、南美、北起、中优”的城市发展新格局，将“北跨”变为“北起”，将先行区作为拓展城市空间主阵地。10月5日，中共中央、国务院正式印发《黄河流域生态保护和高质量发展规划纲要》，明确提出“支持济南建设新旧动能转换起步区”，先行区迎来前所未有的历史性发展机遇。

产业项目　全球规模最大的会展中心绿地国博城会展中心北侧6个展馆建成；中科新经济科创园先进动力研究所一期达到交付条件，高能所、计算所、人才公寓实现部分主体封顶，35兆瓦燃气轮机项目完成测试验收，20兆瓦燃气轮机项目点火试车；绿建国际产业园一期10万平方米标准厂房基本具备交付条件，其中13号厂房是截至2020年年底山东省单体最大的采用被动式技术的超低能耗厂房；智能制造产业园光大晶朗新钠灯项目当年签约、当年开工、当年基本建成，刷新了“先行速度”。数字经济产业园首开区建成运营，集聚企业228家，获评省级成长型数字经济园区。全年引进优质项目47个，总投资672.6亿元，引进市外投资突破100亿元，增长60%。其中，500强项目12个，央企项目8个，省属企业动能转换项目2个，高端制造类项目3个。

基础设施建设　启动建设燃气热源厂等市政场站6处，黄河北岸首家三甲医院山大二院北院区顺利开工。累计开工市政道路达128千米，引爆区、崔寨北、崔寨南、国博城等区域44.5千米道路具备通车条件。完成国道景观优化31.2千米，新增绿地面积67.1万平方米，黄河生态风貌带示范段工程初步建成形象，启动大寺河、青宁沟、簸箕刘沟3条河道试验段综合治理，夯实了黄河北岸绿色生态基底。

跨河通道建设　“三桥一隧”建设相继迎来重大节点，济乐高速南延工程提前完工，先行区设立以来的首条跨河通道建成通车。齐鲁黄河大桥、凤凰黄河大桥实现主桥合龙，济泺路穿黄隧道双线盾构贯通。年末顺利开工“三隧一桥”，济南黄河公路大桥扩建项目、济泺路穿黄北延隧道、黄岗路穿黄隧道、航天大道穿黄隧道建设正加速推进。

民生保障　按照绿建二星级标准，新开工200万平方米安置房项目，累计启动实施面积达到460万平方米，新开工幼儿园、小学教育配套9处，系统布局15分钟生活圈服务设施。完成区级骨灰堂一期主体施工，清洁取暖改造2万户，提档升级“四好”公路124千米，户户通工程覆盖150个村、470千米，新建成公交客运站点21个，启动91个村的生活污水处理、自来水改造工程，有效改善了辖区群众生产生活条件。累计发放社会救助资金3300万元、社会保险资金9000万元、退役军人优待抚恤资金1260万元，建成关爱儿童“希望小屋”21处，完成12所学校的安全隐患整改工程，办出先行区的第一张婚姻登记证。创新实施苗圃工程等扶贫项目，带动101个村集体收入稳步增加。

【《济南新旧动能转换先行区发展规划（2020—2035年）》获批】　1月11日，山东省人民政府批复《济南新旧动能转换先行区发展规划（2020—2035年）》。根据批复，先行区的战略定位为山东新旧动能转换综合试验区的样板、全国重要的科技产业创新基地、国际一流的现代绿色智慧新城，肩负引领全省新旧动能转换的重大历史使命，要充分把握先行先试的重要机遇，着力打造“新智造、新科技、新服务、新消费”四大产业生态体系。

【济南先行区六大园区建设开工】　3月8日，济南绿色建设国际产业园、中科新经济科创园、数字经济与智慧物流产业园、都市阳台国际社区、绿地国际会展产业园、总部经济区六大园区建设开工，总投资1670亿元。

【先行区发展纳入济南城市发展新格局】　7月23日，济南市委十一届十一次全体会议研究确定“东强、西兴、南美、北起、中优”的城市发展新格局。会议明确，北起就是要推动北部建设全面起势，抓住实施黄河国家战略重大契机，强力推动“携河北跨”和先行区建设，实现“产城河”三位一体发展，加快建设黄河北岸主城区。要把先行区作为城市空间拓展主阵地，加快跨黄基础设施建设，推动行政、科技、教育、医疗、文化等公共资源向先行区布局，引导人口和高端产业加快集聚，高标准规划建设黄河生态示范带，构建黄河穿城而过、城市依河而兴的协调发展格局。

【起步区建设写入黄河战略规划纲要】 10月6日，中共中央、国务院正式印发《黄河流域生态保护和高质量发展规划纲要》，支持济南建设新旧动能转换起步区。指出，要采取有效举措推动黄河流域高质量发展，加快新旧动能转换，建设特色优势现代产业体系，优化城市发展格局，推进乡村振兴。要大力保护和弘扬黄河文化，延续历史文脉，挖掘时代价值，坚定文化自信。

【“三隧一桥”跨黄通道项目集中开工】 12月29日，济泺路穿黄隧道北延项目、黄岗路穿黄隧道项目、航天大道穿黄隧道工程项目、济南黄河公路大桥扩建项目集中开工。济泺路穿黄隧道北延项目南起在建黄河隧道北岸敞开段，下穿鹊山水库，终点位于国道308，总长度4.47千米，总投资59.5亿元。黄岗路穿黄隧道项目南起二环北路以南的蓝翔中路—蓝翔路路口，顺接黄岗路，向北依次下穿二环北路、北绕城高速、鹊山水库沉沙池，与在建国道309互通立交相衔接，线路全长约5.8千米，总投资约66亿元。航天大道穿黄隧道工程项目东起在建航天大道与县道012交叉口，沿现状在建航天大道下穿规划滨黄大道及黄河，向西沿规划孙耿北路终点至国道220交叉口，一期工程路长3.65千米，投资约51.37亿元。济南黄河公路大桥扩建项目起点位于历城区将军路与华山西路交叉口，终点位于新旧动能转换先行区大桥街道山后陈家以东与国道220平交，总投资约80.02亿元。

（李　萍）

【概况】 2020年，济南国际医学科学中心重点围绕“医教研产养服”六大产业集群，规划建设医疗硅谷、生命科技创新产业区、生态康复颐养示范区三大功能园区，打造产城融合、智慧生态的“国际智慧医学城、绿色健康示范区”。年内签约项目46个，落地项目18个、投资金额约408亿元。截至2020年年底，累计引进精准医学、医药医械、健康医疗大数据等类型项目217个，引进高端人才团队30个，注册医生集团57个；累计开工重点项目28个，开工面积650万平方米，总投资648亿元。山东第一医科大学二期工程快速建设，校园整体建设、教学科研功能进一步完善；国家健康医疗大数据中心（北方）稳步推进，实现首期运行，走在全国五大中心前列；山东省肿瘤医院质子临床研究中心进展顺利，启动质子设备组装，有望实现国内质子治疗史上的新突破；国内第二家超级医院树兰（济南）国际医院，以及总投资约320亿元的济南国际医学科学中心医疗硅谷、山东大学国际医学中心、齐鲁现代微生物技术研究院项目陆续开工建设。积极搭建公共平台，国家健康医疗大数据中心（北方）、国家人类遗传资源山东创新中心两大国家级平台相继启动相关业务，精准医学产业园和医疗健康科技创新产业园加快施工建设，首都医科大学（济南）国际创新谷科研成果转化平台深化洽谈。由国内外54位院士专家组成的济南国际医学科学中心专家咨询委员会成立并充分发挥作用，为医学中心发展战略、产业规划、重大项目、环境生态等提供咨询服务，协助开展项目甄选、国际交流合作。年内，先后举办“开放共享 数创未来——2020健康医疗大数据产业创新发展论坛”、2020中韩保健医疗产业合作交流会、2020第四届世界生命科技大会、2020第七届互联网+健康中国大会，国内、国际品牌影响力不断提升。

【校地共建山东大学国际医学中心】 2020年1月13日，山东大学与济南市人民政府签署合作共建济南国际医学科学中心—山东大学国际医学中心战略合作框架协议。项目依托济南国际医学科学中心，校地共建由“1+N+n”创新型开放性医院综合体、多个研究中心组成的医学研究及转化综合体、国内领先的新型智能养老机构示范基地组成的“山东大学国际医学中心”。山东大学国际医学中心项目包涵医疗服务、科研转化、医养产业等3个综合模块，其中医疗服务项目是建设国际一流水平的山东大学国际医院系统，科研转化项目是建设10万平方米以上的山东大学高等医学研究院，医养产业项目是建设山东大学智能康养研究及产业示范中心，打造济南现代化国际大都市定位的高端诊疗服务平台，高端医学科研与转化平台、高层次国际医学学术交流与教育平台。项目于2020年9月28日开工建设。

【三方共建齐鲁现代微生物技术研究院】 2020年3月11日，市政府在龙奥大厦举行“云签约”活动，宣告中国科学院微生物研究所与济南市人民政府、山东省科学技术厅三方共建的“齐鲁现代微生物技术研究院”正式成立。同时，中科院微生物所与济南国际医学科学中心管委会、槐荫区人民政府、济南城市投资集团有限公司共同签署《关于共建中国科学院微生物研究所齐鲁现代微生物技术研究院合作协议》。项目于2020年9月28日开工建设。

2020年9月28日，山东大学国际医学中心、齐鲁现代微生物技术研究院项目集中开工
（刘悦琛　摄）

2020年7月10日，“开放共享、数创未来——2020健康医疗大数据产业创新发展论坛”在济南举办
（刘悦琛　摄）

【树兰（济南）国际医院开工建设】 2020年4月2日，树兰“济南”国际医院开工建设。项目位于济南国际医学科学中心医疗硅谷区，总建筑面积约34万平方米，规划建设门诊楼、住院楼、综合楼、地下车库及其他附属设施，建成后将成为学科齐全、专科特色突出的大型综合医院，填补济南二环西路以西、经十路以北区域三级甲等医院的空白。

【2020健康医疗大数据产业创新发展论坛】 2020年7月10日，由济南国际医学科学中心专家咨询委员会主办，济南国际医学科学中心管委会、国家健康医疗大数据北方中心具体承办的“开放共享数创未来——2020健康医疗大数据产业创新发展论坛”举办。大会采用“线上＋线下”相结合的方式，集中签约22个重大健康医疗大数据项目，涵盖生物研究、医疗数据、科技研发、5G智能等众多领域，并举行“济南健康产业科技研究院”揭牌仪式。

【山东省神经疾病协同创新中心正式启动】 2020年11月1日，历经一年的准备，“国家老年疾病临床研究中心山东分中心、山东省神经疾病协同创新中心”正式启动。该中心是济南国际医学科学中心与国家老

年疾病临床医学研究中心、中国科学院计算技术研究所、山东省立医院共同发起的，以老年医学和神经疾病为重点，以治疗帕金森症、阿尔茨海默病等神经退行性疾病和脑血管、疑难疾病患者为主要特色，结合互联网医疗、智能穿戴和人工智能计算等前沿技术创新诊疗技术和模式，打造诊疗、康复、科研等为一体的现代化综合服务平台。同时联合山东本地专家和医疗资源，共同承担医疗、教育、预防、保健和康复任务，转化辅导医学医疗科技成果。

2020 年 12 月 5 日，2020 第七届互联网 + 健康中国大会在济南召开（市医科中心　供稿）

【2020 第四届世界生命科技大会举办】 2020年11月6—8日，以“探索、融合、创新”为主题的“2020第四届世界生命科技大会”在济南举办。大会由中国工程院、济南市人民政府、浙江大学主办，济南国际医学科学中心管委会等单位承办。20余位院士，千余名国内外医学界、科技界、产业界精英人士等出席大会。大会特别邀请中国工程院院士张伯礼、李兰娟，“网红医生”张文宏（线上）参加大会。与会人员聚焦医疗大健康产业发展，就工程技术、信息技术、生物技术与临床医学的交叉发展、融合转化、应用场景展开讨论。

【第七届互联网+健康中国大会召开】 2020 年 12 月 5 日，由健康报社和济南市人民政府联合主办，省卫健委、济南国际医学科学中心管委会等承办的第七届互联网 + 健康中国大会在济南举行。大会以“创新赋能·践行健康中国行动”为主题。在主论坛上，启动健康中国行动专网创新经验推广平台，发布健康中国卡通文创形象，举行健康中国数字传播研究院签约成立仪式，宣读国家健康医疗大数据中心（北方）产业联盟和产业基金成立倡议。主论坛结束后，围绕构建健康传播新生态、互联网医疗健康的数字化跃进、健康心理促进、信息化与数字医疗探索等，举办 6 场平行主题论坛。

（李雪梅）

栏目编辑　张　阳

中国人民政治协商会议济南市委员会

【中国人民政治协商会议第十四届济南市委员会】 市政协十四届委员会于2017年4月换届产生，由30个界别组成。截至2020年年末，有委员758名，其中常委127名。下设办公厅、研究室、委员活动工作室和提案委员会、经济科技委员会、农业和农村委员会、人口资源环境委员会、社教卫体和法制委员会、港澳台侨和外事委员会、文化文史和学习委员会7个专门委员会。

【开展党的十九届五中全会精神宣讲活动】 2020年12月2日，市政协组织机关全体党员干部开展党的十九届五中全会精神宣讲活动，市政协党组书记、主席雷杰对五中全会精神做全面阐释和详细解读，教育引导党员干部把学习宣传贯彻五中全会精神作为重要政治任务，坚持全面系统学、融会贯通学、联系实际学，切实把思想和行动统一到五中全会精神上来，把五中全会对推进社会主义协商民主和人民政协工作做出的部署要求转化为推进济南市政协工作展现新作为的生动实践，更好服务改革、服务发展、服务大局，为打造“五个济南”、建设“大强美富通”现代化国际大都市做出贡献。

【文史资料工作】 征编出版第二辑《新时代济南政协文史丛书》和《人文济南丛书》，共计9种图书、303万字、1454幅图片。全年出版4期《济南文史》，征集史料38万字、150余幅图片。按照省政协统一部署，完成大型文化图书《山河齐鲁多娇——山东概览（下卷）》济南部分的协作编纂，征集整理文稿5万字、图片300余幅、视频资料30余部；组织济南市政协系统疫情防控与复工复产工作专题史料征集、整理、上报，计13万字、300余幅图片、10部视频。开展与《纵横》《春秋》《大众日报》《联合日报》等国家级、省级报刊之间的文史稿件交流协作，提高政协文史工作的开放度、传播力和影响力。

【联谊活动】 推动各界投身疫情防控，在住港澳委员、港澳台侨特邀顾问和界别委员中发起“勠力同心、抗击疫情、我在行动”倡议，引导大家以不同形式和途径援助济南市疫情防控工作。立足疫情防控形势，市政协全会期间在中国香港、中国澳门分别设立分会场，组织港澳委员和特邀顾问通过远程网络视频形式收看直播，并及时收集意见建议。着眼加强济港澳台青少年友好交流，与市委台港澳办、团市委等部门开展“传承中华优秀文化，促进济港澳台青少年友好交流”远程对口协商。以传承中医药文化为载体，深入山东中医药大学参观调研，推动大学资源成为济港澳台青少年友好交流的教育基地。

（丁 楠）

【政协第十四届济南市委员会第四次会议】 2020年5月11—14日召开。会议应出席委员760人，实到704人。会议听取并审议批准市政协主席雷杰代表十四届市政协常委会所作的工作报告和市政协副主席崔大庸代表十四届市政协常委会所作的提案工作报告。与会委员通过远程视频列席市第十七届人民代表大会第二次会议，听取并讨论市政府工作报告和其他有关报告。会议还审

议通过市政协十四届四次会议各项决议及关于市政协十四届四次会议提案审查情况的报告，审议通过有关人事事项。大会收到提案767件，立案702件。立案提案中，委员提案622件，市级各民主党派、工商联、专委会、界别和界别小组集体提案80件。大会收到大会发言97篇，其中口头发言10篇。会议期间，委员们通过大会发言、小组讨论、提案等形式，围绕统筹推进疫情防控和经济社会发展、建设“大强美富通”现代化国际大都市和改善民生等建言资政、凝聚共识。

【常务委员会会议】 第十四次会议 2020年1月13日召开。市政协主席雷杰主持会议并讲话。会议审议通过市政协十四届四次会议议程（草案）和日程，审议通过政协第十四届济南市委员会常务委员会工作报告（草案），审议通过政协第十四届济南市委员会常务委员会提案工作报告（草案）并推举报告人，审议通过市政协十四届四次会议秘书长、副秘书长、各组召集人名单，审议通过十四届市政协常委、委员调整事项和有关人事事项，审议通过市政协各专门委员会2019年工作总结，讨论市委办公厅、市政府办公厅关于市政协十四届三次会议提案办理工作情况的书面报告，讨论市中级人民法院、市人民检察院关于2019年工作情况的书面报告。

第十五次会议 2020年4月30日召开。市政协主席雷杰主持会议并讲话。会议审议通过政协第十四届济南市委员会关于召开政协第十四届济南市委员会第四次会议的决定，审议通过市政协十四届四次会议议程（草案）（调整）和日程（调整），审议通过市政协十四届四次会议秘书长、副秘书长名单（调整），审议通过十四届市政协常委调整事项。

第十六次会议 2020年5月13日召开。市政协主席雷杰主持会议。会议听取政协第十四届济南市委员会第四次会议情况的综合汇报，审议通过政协第十四届济南市委员会第四次会议关于常务委员会工作报告的决议（草案）、政协第十四届济南市委员会第四次会议关于常务委员会提案工作报告的决议（草案）、政协第十四届济南市委员会第四次会议政治决议（草案）、政协第十四届济南市委员会提案委员会关于市政协十四届四次会议提案审查情况的报告（草案），审议有关人事事项。

第十七次会议 2020年9月22日召开。市政协主席雷杰主持会议并讲话，市委副书记边祥慧到会听取意见并讲话。会议审议通过有关人事事项；审议通过政协济南市委员会全体会议工作规则（修订案）、政协济南市委员会常务委员会工作规则（修订案）；举行大会发言，围绕“抢抓国家战略机遇，当好黄河流域生态保护和高质量发展龙头城市”议政建言；审议通过“抢抓国家战略机遇，当好黄河流域生态保护和高质量发展龙头城市”建议案。

第十八次会议 2020年11月27日召开。市委副书记、市长孙述涛出席会议并作专题报告，市政协主席雷杰主持会议并讲话。会议举行大会发言，围绕“编制‘十四五’规划”议政建言；审议通过关于“科学编制‘十四五’规划”建议案。

第十九次会议 2020年12月21日召开。政协主席雷杰主持会议并讲话。会议审议通过关于召开政协第十四届济南市委员会第五次会议的决定，审议通过市政协十四届五次会议议程（草案）和日程，审议通过政协第十四届济南市委员会常务委员会工作报告（草案），审议通过政协第十四届济南市委员会常务委员会提案工作报告（草案）并推举报告人，审议通过市政协十四届五次会议秘书长、副秘书长、各组召集人名单，审议通过关于授权主席会议审议政协第十四届济南市委员会常务委员会第十九次会议未尽事宜的决定，审议通过市政协各专门委员会2020年工作总结，讨论市委办公厅、市政府办公厅关于市政协十四届四次会议提案办理情况的书面报告，讨论市中级人民法院、市人民检察院关于2020年工作情况的书面报告。

【全市政协工作经验交流会】 2020年10月15日召开。市政协主席雷杰出席会议并讲话。会议传达学习全国地方政协工作经验交流会和全省市县政协工作经验交流会精神，通报市政协全年主要工作情况，部分市政协专委会、区县政协和街镇政协委员联络室有关人员做大会发言。

【全市政协宣传工作会议】 2020年

12 月 18 日召开。会议总结 2020 年全市政协宣传工作取得的成效，并就做好新形势下宣传工作提出具体要求；表彰全市政协宣传工作先进集体、先进个人和 2020 年度“济南政协新闻奖”获奖作品；济南日报报业集团、济南广播电视台、钢城区政协、平阴县政协在会上做交流发言。

（丁　楠）

【概况】　根据《2020 年度政协协商计划》，全年完成 1 次全体会议、2 次专题议政性常委会会议、2 次专题协商会、11 个专题“商量”等重点协商工作，推进对口协商、界别协商、提案办理协商、远程协商、立法前协商，形成的协商成果得到市委、市政府的高度重视，许多建议被纳入决策程序。

【“完善公共卫生体系，推进健康城市建设”专题协商会】　2020 年 6 月 17 日召开。市政协主席雷杰主持会议。省疫情防控指挥部专家组组长、主任医师雷杰做专题发言；杨文、王玉亮、吕涌涛、李士雪、阮师漫、徐宾、付修琍 7 位政协委员、专家，围绕防范突发疫情“医疗挤兑”、提高应对重大公共卫生事件法制化水平、大型城市应对突发大型公共卫生事件、加强公共卫生体制机制改革、加强人才队伍建设、加强基层群防群控一体化建设、发挥网格化在社区疫情防控中的作用等，提出意见和建议。副市长王桂英到会听取意见、通报情况，做回应讲话。

【“智慧赋能，助推基层社会治理现代化”专题协商会】　2020 年 10 月 28 日召开。市政协主席雷杰主持会议。中国信息通信研究院规划所信息化部主任、高级工程师陈才博士做主旨发言；王柏华、曹辛、李新峰、方可、杨美红、谭欣、李建元 7 位政协委员、专家，围绕建立完善全市基层社会治理体系、强化评价标准、建设智慧社区、以大数据和 5G 助力基层社会治理等，提出意见和建议。市委常委、市委政法委书记秦传滨到会听取意见、介绍情况并讲话。

2020 年度“商量”专题一览表

表 3

时间	主题	承办单位	协办单位	协作部门
2020 年 3 月	落实“双测温两报告”制度	市政协社教卫体和法制委员会	市卫健委 济南日报报业集团 济南广播电视台	
2020 年 3 月	积极推动中小微企业复工复产和达产	市政协经济科技委员会	历下区政协 历城区政协 济南日报报业集团 济南广播电视台	高新区管委会 市发展改革委 市工信局 市人社局 市商务局 市市场监管局 市民营经济局
2020 年 4 月	唱响“扁鹊故里”，传承创新发展中医药	市政协人口资源环境委员会 农工党山东省委 农工党济南市委	长清区政协 济南日报报业集团 济南广播电视台	市卫健委 市发展改革委 市工信局 市市场监管局 市医保局
2020 年 5 月	玫好生活　瑰丽绽放——做大平阴玫瑰产业	市政协农业和农村委员会 平阴县政协	济南日报报业集团 济南广播电视台	市发展改革委 市园林和林业绿化局 市商务局 市贸促会
2020 年 6 月	完善公共卫生体系，推动健康城市建设	市政协社教卫体和法制委员会	市卫健委 九三学社济南市委 济南日报报业集团 济南广播电视台	

续表 3

时间	主题	承办单位	协办单位	协作部门
2020 年 7 月	发展直播经济，激发泉城新动能	市政协提案委员会	民建济南市委 济南日报报业集团 济南广播电视台	市商务局
2020 年 8 月	唤醒老建筑，赋能新济南——加强老建筑保护与活化利用	市政协文化文史和学习委员会	历下区政协 市中区政协 槐荫区政协 济南日报报业集团 济南广播电视台	市自然资源和规划局 市住建局 市文化和旅游局
2020 年 9 月	纾困惠企，激发活力——泉城商量助推惠企政策落实落地	市政协经济科技委员会	省政协 市工商联 历下区政协 市中区政协 槐荫区政协 天桥区政协 历城区政协 济南日报报业集团 济南广播电视台	市科技局 市工信局 市人社局 市民营经济局
2020 年 10 月	抢抓国家战略机遇，当好黄河流域生态保护和高质量发展龙头城市	市政协人口资源环境委员会	济南日报报业集团 济南广播电视台	市水务局 市园林和林业绿化局 市文化和旅游局 济南黄河河务局 市城管局
2020 年 11 月	金融如何推动乡村产业振兴	市政协农业和农村委员会	槐荫区政协 长清区政协 钢城区政协 济南日报报业集团 济南广播电视台	农业银行济南分行 济南农商银行 莱芜农商银行
2020 年 12 月	让青春在“商量”中绽放	市政协社教卫体和法制委员会 市教育局	历下区政协 槐荫区政协 济南日报报业集团 济南广播电视台	

（丁　楠）

【调研视察】　市政协紧扣全市中心工作和大局，围绕打造“五个济南”、建设“大强美富通”现代化国际大都市，组织政协委员和专家学者深入调研视察，形成的建议案、调研报告、信息专报等多次得到市委、市政府领导的批示。

关于“抢抓国家战略机遇，当好黄河流域生态保护和高质量发展龙头城市”的建议案　委员建议：把生态保护放在首位，塑造中心城市与黄河大生态共生共荣的时代典范；推进水资源节约集约利用，打造黄河现代治理济南样板；科学认知悬河价值，锻造“大美黄河空中花园”主地标；着力做强文化“四极”，为济南扬起龙头筑就文化魅力；加快提升发展格局，增强济南城市能级和龙头带动能力。

关于“科学编制‘十四五’规划”的建议案　委员建议：把握新定位、构建新格局，彰显争创国家中心城市的格局和担当；坚持创新驱动发展战略，建设科创名城；提升城市能级，建设双循环重要枢纽城市；以实体经济为着力点，推动经济高质量发展；推进共同富裕，不断提升群众幸福感、获得感。

关于“完善公共卫生体系，推进健康城市建设”的建议　委员建议：强化顶层设计，完善公共卫生管理体制和运行机制；落实预防为主，提升公共卫生服务能力；持续加大投入，筑牢公共卫生基层网底；推进立法修法，健全公共卫生法治体系；加强人才培养，提高公共卫生专业水平；坚持平战结合，强化公共卫生应急保障。

关于“智慧赋能，助推基层社会治理现代化”的建议　委员建议：树立新理念，完善智慧赋能基层社会治理体系机制；把握新机遇，夯实智慧赋能基层社会治理基础支撑；创建新模式，实现智慧赋能基层社会治理多元参与；实现新带动，加强智慧赋能基层社会治理试点示范。

关于“唱响扁鹊故里，传承创新发展中医药”的建议　委员建议：坚持高点定位，争创国家中医药综合改革示范区；发挥独特优势，把中医药纳入重大疫情防控救治体系；突出临床应用，建设具有济南特色的一流中医医院；强化质量控制，推动中药产业基地化、标准化、现代化；完善政策保障，为中医药传承创新发展提供有力支持；加强行业管理，调整优化中医药组织体系和管理职能。

关于“做大平阴玫瑰产业”的建议　委员建议：增设玫瑰为第二市花，丰富济南故事与名片，推进产城融合发展；强化三产带动作用，推动特色小镇和旅游、康养产业，促进产业融合发展；加大宣传扶持力度，打造龙头企业和名牌产品，壮大二产规模；支持科技创新、模式创新，推广规模化标准化种植，夯实一产基础。

关于“发展直播经济，激发泉城新动能”的商量专报　委员建议：有关“人”的方面，建议将直播电商人才作为新型人才纳入全市人才发展总体战略，加强直播电商人才的培养，加大直播电商人才的引进；有关“货”的方面，建议加快推进“济南制造”，将特色文化和故事融入产品，打造完整的产品供应链；有关“场”的方面，建议加快MCN机构的培育和引进，在产品供应链上寻求突破，组织开展内容丰富的直播经济活动。

关于“加强我市老建筑保护与活化利用”的建议　委员建议：全面推进依法治理，加强规划引领，鼓励支持各方面力量参与，注重文化传承。

关于“纾困惠企，激发活力——泉城商量助推惠企政策落实落地”的协商专报　委员建议：提高惠企政策制定的精准度，完善惠企政策兑现落实机制，树立“人才红利”理念，加大科研成果转化收益分配政策落实力度等。

【提案工作】　政协委员和政协各参加单位全年围绕中心、服务大局、关注民生，聚焦统筹推进疫情防控和经济社会发展、促进民生福祉改善等建言献策，共提出提案864件，立案752件。探索建立“提案重点建议清单”，要求提案者撰写提交提案时，提出不超过5条重点建议，并在提案办理过程中重点办理、重点推进、重点落实。改进重点提案遴选督办方式，由遴选一件提案改为遴选一类提案，确定9个方面、34件重点提案由主席会议成员领衔督办；联合省政协开展重点提案联合督办，共同推进有关提案的办理和落实。创新开展提案办理远程协商，运用市政协远程协商平台和信息化手段，让提案者和承办单位隔屏对话，拉近双方距离、提高协商效率。抓紧抓好提案工作各环节，推动提案质量、办理质量实现双提升、双促进。

【市政协提案工作研讨培训班】　2020年11月23—27日，在山东大学（威海）继续教育学院举办。市级各民主党派、工商联负责人，党政部门负责提案办理的工作人员，各区县政协提案委（处）主要负责人等参加。培训班以提高提案工作质效为重点，结合新时代新形势新任务，邀请教授、专家围绕中共十九届五中全会精神、提案办理工作、社会治理创新、疫情+中美贸易战对中国经济的影响及对策、公文写作等进行授课。

（丁　楠）

【概况】　市政协贯彻落实中共中央和省委、市委关于加强和改进人民政协民主监督工作的部署要求，围绕疫情防控、复工复产、优化营商环境、保障改善民生、生态环保治理等，通过调研视察、协商议政、“商量”、推荐委员参与社会监督、了解和反映社情民意信息等方式，不断提高协商式监督工作的水平。

【社会监督活动】　2020年，推荐171名委员参与社会监督活动。其中，推荐48名委员分别参加市委、市政府主办，市纪委承办的12期“直面问题·践行承诺”大型电视直播问政节目，2名委员参加市直部门公务员遴选面试工作，1名委员参加市发展改革委关于机动车停放收费座谈会，2名委员担任济南市推荐脱贫攻坚工作先进个人评选委员会委员，4名委员参加《济南市既有住宅增设电梯办法》修订座谈会，20名委员参加市直部门（单位）工作完成情况半年展示评议评价打分工作，2名委员参加野生动物保护座谈会，15名委员担任市政务服务社会监督员，20名委员担任市委政法委执法监督员，1名委员参加扫黑除恶特派督导工作，7名委员担任市交通运输综合行政执法支队执法监督员，20名委员参加2020年市直部门（单位）重点工作攻坚暨主要任务完成情况展示评价打分工作，3名委员参加市检察院“学习习近平法治思想，强化新时代法律监督”检察开放日活动。

【社情民意信息报送】 全年共收集市政协委员，市级各民主党派、工商联，各区县政协，市政协各专门委员会，市政协特邀信息员等反映的社情民意信息5000余条，向上级政协和市委、市政府领导整理报送近3000条。其中，全国政协采用47条，中央及省、市领导批示30余人次。对2019年度社情民意信息工作进行表彰，共评选出11个先进单位、16名先进个人和20篇优秀社情民意信息。

（丁 楠）

【政协第十四届济南市委员会常务委员会工作报告摘要】 报告从3个方面点出2019年的重点工作：深入学习贯彻中央政协工作会议精神，团结奋斗的共同思想政治基础更加牢固；加强新时代人民政协党的建设，思想政治引领作用更加强化；完善提升“商量”平台，专门协商机构独特优势更加突显。报告从5个方面总结2019年的全面工作：强化理论武装，把思想和行动统一到习近平新时代中国特色社会主义思想上来；聚焦全市发展大局，为建设“大强美富通”现代化国际大都市协商议政；践行履职为民理念，助推民生改善与社会和谐；坚持大团结大联合，为画出最大同心圆凝心聚力；加强自身建设，提升履职能力和水平。报告从5个方面提出2020年的主要任务：加强理论学习，始终坚定正确的政治方向；强化使命担当，紧扣中心大局履职尽责；坚持双向发力，凝聚团结奋斗的共识力量；不断改革创新，努力在提质增效上实现新突破；突出党建引领，加强政协自身建设。

【市政协党组关于深入学习宣传贯彻党的十九届五中全会精神的实施意见】 意见共分为4个方面14条：加强学习宣传，把思想和行动统一到党的十九届五中全会精神上来；围绕中心大局，有效发挥政协专门协商机构作用；广泛凝聚共识，汇聚社会各界的智慧力量；坚持提质增效，努力提升政协自身建设水平。

【济南政协“协商云”移动履职平台使用和管理办法（试行）】 为加强济南政协“协商云”移动履职平台的使用和管理，保证其高效、安全运行，发挥该系统在服务政协工作、服务委员履职方面的作用，根据《中华人民共和国计算机信息系统安全保护条例》等法规，结合工作实际，制定该办法。办法分为总则、使用与管理、信息审核与发布、职责分工、附则5章19条。

【关于贯彻落实《济南市开展“商量”的实施办法（试行）》进一步改进“商量”工作的通知】 通知分为进一步丰富“商量”形式、切实优化“商量”流程、科学安排“商量”参加人员、完善“商量”成果落实机制4个方面12条。

（丁 楠）

栏目编辑 张 阳

纪检监察

综述

【中共济南市纪律检查委员会（济南市监察委员会）】 截至2020年年末，中共济南市纪律检查委员会共有委员52人，其中常委9人。合署办公的中共济南市纪律检查委员会、济南市监察委员会内设22个室（厅、部），3个事业单位（市廉政教育中心、市纪委监委网络管理中心、市纪检监察服务保障中心）；17个综合派驻机构、10个单独派驻机构；机关在编人员218人，事业单位在编人员40人，派驻机构在编人员162人。市委巡察办设在市纪委，为市委巡察工作领导小组日常办事机构，共有在编人员14人，市委巡察组编制在市纪委人员23人。

（刘智　王蒙蒙）

【学习贯彻习近平新时代中国特色社会主义思想】 把学习贯彻习近平新时代中国特色社会主义思想作为首要政治任务，贯通学习《习近平谈治国理政》第一、二、三卷，跟进学习习近平总书记重要讲话和重要指示批示精神，全面贯彻党的十九大和十九届二中、三中、四中、五中全会精神，认真学习贯彻中央纪委、省纪委全会精神。坚持“第一议题”制度，把习近平新时代中国特色社会主义思想作为学习首要议题，市纪委常委会举行专题学习19次、理论学习中心组学习13次。领导班子成员牵头调研形成18项重点课题报告，在《人民日报》刊发《不松劲不停步推动纪检监察工作高质量发展》理论文章，“泉城清风”微信公众号、《今日纪声》简报分别开辟“学习卡片”“习文乐见”专栏。

（刘智　王蒙蒙）

【中共济南市委党校市纪委监委机关分校成立】 10月13日，济南市委党校（济南行政学院）市纪委监委机关分校成立，这是市委党校在全市市直部门成立的第一家分校。市纪委监委认真学习贯彻全国党校（行政学院）系统理论研讨会精神，把分校办成党性教育的主阵地、理论研究的智囊库、提升能力的加油站，推动纪检监察工作高质量发展，为打造“五个济南”、建设“大强美富通”现代化国际大都市提供坚强保证。

（刘　智）

重要会议

【市纪委十一届五次全会】 5月7

2020年5月7日，中共济南市纪委十一届五次全体会议召开，传达学习中央纪委、省纪委全会精神

（市纪委　供稿）

日，中共济南市纪委十一届五次全体会议召开。出席全会的有市纪委委员52人，列席104人。省委常委、市委书记孙立成出席会议并讲话。市委常委，市人大常委会、市政府、市政协等有关领导出席会议。全会由市纪律检查委员会常务委员会主持。全会以习近平新时代中国特色社会主义思想为指导，全面贯彻落实党的十九大和十九届二中、三中、四中全会精神，按照十九届中央纪委四次全会、省纪委十一届五次全会和市委部署，回顾2019年全市纪检监察工作，部署2020年任务，审议通过程德智代表市纪委常委会所做的《监督保障执行、促进完善发展，为建设"大强美富通"现代化国际大都市提供坚强保证》工作报告。（刘　智）

【5省（区、市）垂管单位纪检机构负责人座谈会】 10月28—29日，中央纪委国家监委驻应急管理部纪检监察组在济南市纪检监察服务保障中心召开省（区、市）应急管理部垂管单位纪检机构负责人座谈会，组长蒲宇飞出席会议并讲话，北京、河北、山西、内蒙古、山东5省（区、市）地震局、煤矿安监局、消防救援总队、森林消防总队等15个纪检机构的16人参加座谈。10月28日下午，省委常委、省纪委书记、省监委主任陈辐宽，省委常委、济南市委书记孙立成共同会见蒲宇飞一行及5省（区、市）垂管单位纪检机构负责人。陈辐宽高度评价济南市纪委监委与中纪委相关室、派驻组共同创新的"一室一组一市"联合办案模式，指出这种模式对地方纪检监察机关的队伍建设起到至关重要的拉动和提升作用，对于推动地方纪检监察机关的高质量发展具有重要意义。

（刘　智）

【夯实管党治党政治责任】 深入推进全面从严治党、党风廉政建设和反腐败斗争。协助市委制定落实全面从严治党责任清单，市纪委常委同36个部门单位的51名市管党政正职领导干部进行廉政谈话。为市管干部全部建立廉政档案，市纪委监委机关出具党风廉政意见1124人次。做好党委（党组）主要负责人述责述廉工作。组织部分市纪委委员到区县和市直有关部门单位开展现场监督，听取党组织主要负责人述责述廉，推动政治监督向一线延伸。突出监督执纪特点，加强对民主生活会的监督，制定《市管单位党委（党组）领导班子民主生活会监督办法（试行）》。抓深抓实政治生态分析，贯彻落实《关于实行政治生态年度报告制度的实施意见（试行）》，综合研判日常监督、巡视巡察、审查调查等情况，客观评价，形成政治生态分析报告89份，为开展日常监督提供精准标靶。以精准问责推动干部负责，及时纠正滥用问责、不当问责问题，增强问责的严肃性和公信力。全市实施党内问责562起，问责党组织55个、党的领导干部593人。国家统计局济南调查队民意调查结果显示，受访群众对全市全面从严治党的满意率继续保持100%，其中认为全面从严治党"很有效"的较上年度提升7个百分点，达到97.3%。

【落实中央八项规定精神】 坚持廉洁提醒走在前，重大节假日前编发廉洁短信，提醒全市党员干部特别是领导干部紧绷纪律之弦。坚持享乐主义、奢靡之风等歪风陋习露头就打，紧盯党政机关、国有企事业单位、县乡基层，深挖细查不吃公款吃老板、"一桌餐"、违规支出变通下账、私车公养等隐形变异问题，时刻防范"四风"隐形变异新动向新表现，逢节必令，逢令必查，把"节点"当"考点"，从严从快查处顶风违纪行为。贯彻落实中共中央办公厅《关于持续解决困扰基层的形式主义问题为决胜全面建成小康社会提供坚强作风保证的通知》，从领导机关和领导干部抓起改起，开展"大信访"领域形式主义官僚主义问题专项整治、联系服务企业中形式主义官僚主义集中整治，严肃查处企业和群众反映强烈的不敬畏不在乎、空泛表态、敷衍塞责、弄虚作假、推诿扯皮等问题。全市查处享乐主义奢靡之风问题481起，查处形式主义官僚主义问题447起，共处理1332人，其中给予党纪政务处分829人，通报曝光152起268人。精准整治形式主义官僚主义经验做法被《中国纪检监察报》刊载，省纪委监委发专刊予以推广，省纪委监委主要领导批示肯定。

【整治群众身边腐败和作风问题】 巩固"不忘初心、牢记使命"主题教育成果，印发《关于深化拓展漠视侵害群众利益问题专项整治的工作方案》，聚焦扶贫、教育、医疗、食品药品安全等14个领域，明确61项重点整治任务，督促各主责部门对专项整治实行项目化推进、清单化管理，以钉钉子精神推动专项整治向纵深发展。对全市大气污染防治攻坚行动等进行重点监督，推动群众普遍关心的热点难点问题尽快解决。2020年，共查处群众身边腐败和作风问题1395起、处理1842人，其中党纪政务处分1004人。落实上级纪委监委关于扫黑除恶专项斗争的决策部署，严格落实“两个一律”“一案三查”“三个绝不放过”，健全完善协同联动、提级督办、案件筛查、签字背书、以案治本等工作机制，提升“惩腐打伞破网”工作水平，助力全市扫黑除恶专项斗争收官。

【扶贫领域专项整治】 深入贯彻党中央决战决胜脱贫攻坚座谈会精神和省委、市委工作要求，深化拓展扶贫领域腐败和作风问题专项治理，开展扶贫项目专题调研督导，加强对脱贫工作成效以及脱贫后“四个不摘”情况的监督，重点检查巩固脱贫成果、落实稳定扶贫政策情况，推动解决“两不愁三保障”中的短板问题。针对疫情灾情影响，督促有关职能部门设立扶贫专岗、拓宽“互联网+”农产品销售渠道，落实即时帮扶机制，促进贫困人员实现就地就近就业，确保脱贫成色不降低、脱贫成效不打折，全市脱贫攻坚取得决定性成果。坚决纠正搞数字脱贫、虚假脱贫行为，严肃惩治贪污侵占、吃拿卡要、优亲厚友等问题，2020年全市查处扶贫领域腐败和作风问题137起、处理197人。《中国纪检监察报》和中央纪委国家监委网站刊载济南市强化监督检查、护航脱贫攻坚的做法。

【履行监督职责】 以政治监督为统领，聚焦“两个维护”、聚焦贯彻党中央重大决策部署、聚焦落实管党治党责任、聚焦“关键少数”强化政治监督，推进政治监督具体化、规范化、常态化。推动纪律监督、监察监督、派驻监督、巡察监督贯通协调，提升监督质效。坚持把纪律挺在前面，全市运用“四种形态”批评教育帮助和处理11817人次。精准稳慎做好统筹疫情防控和经济社会发展监督工作，紧盯压实属地责任、做好患者集中救治、保障重要物资供应和落实“六稳”“六保”、复工复产复市等措施要求强化监督检查，纠正和处置问题6900余个，核查责任落实不力问题173件，问责党员干部和公职人员108人、党组织14个。加强对贯彻落实党的十九届四中、五中全会精神情况的监督检查，坚决纠正阻碍国家制度贯彻执行、影响治理体系和治理能力现代化的违规违纪行为，推动健全全市“十四五”规划制定和落实机制。围绕落实习近平总书记视察山东、视察济南重要讲话和重要指示批示精神开展专项监督，针对人防系统腐败、冒名顶替上大学、批而未供和闲置土地处置、美丽宜居乡村建设暴露的突出问题开展专项治理。监督保障完成雪野风景名胜区违规建设清理整治任务。对清洁取暖建设进展滞后问题开展问责调查。督促完成历城区小张马等村安置房回迁逾期问题整改。全市查处存在违反政治纪律问题46件、处分46人。

【强化审查调查】 紧抓惩治不放松，全市纪检监察机关共处置问题线索10754件，立案5628件，给予党纪政务处分5458人，涉嫌犯罪移送检察机关60人；立案审查调查市管干部45人、县处级干部199人。在强大震慑和政策感召下，全市有41人向纪检监察机关主动投案、62人主动交代问题，分别是2019年的3.4倍和3倍。落实中央纪委、省纪委全会精神，聚焦金融、国企、司法、建设等领域，深化重点领域反腐成果。发挥省会纪检监察机关服务全省、保障全局作用，承接中央纪委国家监委交办和省纪委监委指定管辖案件，探索总结中央纪委监督检查室统筹指挥、中央纪委派驻机构和市级纪委监委联合办案的“一室一组一地”模式，在中央纪委金融领域案件查办工作交流会上做典型发言，并在全市延伸推广。对案件质量和巡察移交问题线索处置情况开展专项检查，在全省案件质量评查中位居前列。着力把治标成果转化为治本成效，拍摄警示教育片3部，制发纪律检查、监察建议书395份。推动党风廉政教育常态化，开展党风廉政宣讲89场次，通过报网微端推送廉政信息7400余条，29批、700余人次到清莲苑接受党性教育和警示教育。

（刘智　王伟　李镇）

栏目编辑　谷　雪

民主党派

中国国民党革命委员会济南市委员会

【概况】 全年发展新党员43名，平均年龄39.98岁，新增19个支部。截至2020年年底，全市共有党员813人，有49个支部、8个区总支部、1个基层委员会。

【思想建设】 学习贯彻中共十九大、十九届历次全会精神，利用“不忘合作初心、继续携手前进”主题教育、纪念“五三”惨案92周年、纪念孙中山先生154周年诞辰等活动为契机，健全常态化学习机制，夯实多党合作的共同思想政治基础。在抗日战争胜利75周年之际，整理推送民革前辈宋聿修抗日事迹，向各基层组织搜集宣传素材信息点300余个，初步建立了济南民革宣传素材库。在《中国统一战线》和民革中央《团结》杂志发表理论研究文章2篇，与民革省委会联合承担省委统战部“民主党派助力社会基层治理研究”理论调研课题。民革济南市委会被中共济南市委统战部评为2019年度“全市统战宣传工作先进单位”。首次开展纪念济南“五三”惨案网上云直播，成立孙中山研究小组、“中山义工”新时代文明志愿服务团，打造雨滴沙龙文化建设阵地，传习中华文明、弘扬博爱精神、汇聚民革共识。

【组织建设】 基层组织调整换届完成后，大批民革新生代走上基层领导岗位。成立市直中山支部，实现中山支部与中山书画院、孙中山研究小组、中山义工的资源链接，打造省市基层组织同城共建协作平台。在省内首启组织建设观摩交流活动，推动民革省直和市属的20个驻济支部签约结盟、同城共建，扩大示范支部创建活动的带动效应，探索出基层组织同城共建方式，推动民革组织工作再上新台阶。2020年8月，民革中央副主席张伯军带队对民革济南市委会的组织建设工作进行专题调研，对组织工作的活力和创新意识给予充分肯定。

【参政议政】 持续开展“大调研”活动，由市主委会班子成员带队，各专委会抽调骨干党员组成9个课题组，围绕市域社会治理现代化、智造济南建设、行政审批流程再造、传统文化产业等重点课题形成17份高质量的调研报告。全年共上

2020年8月24日，民革中央调研组到济南就民革组织建设工作进行调研

（民革济南市委　供稿）

2020年12月14日，民革济南市委会举办“同文雅集·雨滴沙龙”暨两岸青年读书研讨会

（民革济南市委　供稿）

报社情民意信息970余篇，其中1篇信息被中央统战部《零讯》采用、11篇信息被全国政协采用。民革市委会被民革省委会评为“反映社情民意信息工作先进集体”和“参政议政工作先进集体”。

【服务社会】　民革市委会将民革社会法制特色优势与基层治理需求有效衔接，与基层携手建立社会法治共建实践站，在全市建成1个总站和9个分站，相继20多次组织专业律师，开展民法典进社区、居民普法讲座、法制进企业、校园普法等系列活动，在创新探索过程中形成的模式机制运作经验被《中国统一战线》刊发。借助新成立的同心法律服务团长清分团、同心圆梦爱心基金、历城企业支部在南部山区曲吕峪村新建的社会服务实践基地等平台，累计开展扶贫、义诊、法律服务、助学、慰问等社会服务工作40次，服务群众超过3000人次，捐款捐物8.3万元。全市民革组织和党员累计向湖北黄冈山东医疗队、中山博爱基金会、红十字会、慈善总会等捐款26.86万元，捐助应急物资价值375.77万元。全市有2人被民革中央授予“民革抗击新冠肺炎疫情先进个人”称号，6人被民革山东省委会评为“抗击新冠肺炎疫情先进个人”；民革济南市委会被民革山东省委会评为“抗击新冠肺炎疫情先进集体”。

【祖统工作】　开展“迎国庆、促统一”祖统工作调研及台属联谊活动。整合资源、统筹规划，将祖统工作队伍培训、台属联谊、两岸文化交流作为常态化活动开展。

（刘　妍）

【概况】　全年发展新盟员62人，其中重点分工领域45人、高优人才17人。完成基层组织换届工作，共撤销12个支部，新成立市直支部2个、总支1个、基层委员会3个。截至2020年年底，全市共有盟员1742人，有18个市直支部、9个基层委员会、7个总支，有基层组织113个。民盟济南市委获民盟中央思想政治建设和宣传工作先进集体和社会服务工作先进集体称号，被民盟山东省委评为盟务工作先进集体和抗击新冠肺炎疫情先进集体。

【思想建设】　民盟济南市委组织新盟员到民盟传统教育基地参观学习，组织开展红色教育采风活动。开展统战理论和盟史研究，《济南民盟简史》正式出版，发挥盟史教育人、启迪人、感化人、鼓舞人的作用；举办庆祝民盟成立80周年“我与民盟”征文活动。“济南民盟”微信公众号全年编发稿件162篇，“泉城统战”微信公众号采用30篇，其中1篇被中国统一战线新闻网采用、1篇被人民网山东频道采用。

【组织建设】　民盟济南市委高度重视特色支部建设，多次到2处特色支部进行调研指导，组织赴日照、临沂两地盟组织交流取经，提炼可复制可借鉴的活动经验；吸引和推荐重点分工领域高层次人才入盟，担负起建设盟内后备干部队伍的职责。统筹疫情防控和干部培训工作，举办新时代青年盟员综合素养线上培训，300名盟员学习结业；举办基层组织负责人培训班，面向全市60余名新进基层委员，就统战理论、基层盟务工作与办事流程进行培训。

【参政议政】 民盟济南市委领导班子成员参加中共济南市委、市政府组织的政党协商会、座谈会，参加中共济南市委统战部组织的视察调研，就黄河流域生态保护和高质量发展国家战略、济南市发展战略规划、济南市“十四五”规划等提交意见建议50余条，其中20余条意见建议被政府有关部门采纳。在市政协十四届四次会议上，提交大会发言1篇、书面交流材料5篇、集体提案8篇。出台《民盟济南市委员会关于进一步加强参政议政责任机制建设的意见》，围绕“基层社会管理人才队伍建设”，形成“民盟＋”调研模式，调研质量和影响力得到提升。召开参政议政工作会议，组织参政议政骨干参加基层组织负责人培训班和骨干盟员培训班。全年采用上报社情民意信息300余篇，其中中共中央办公厅采用2篇、全国政协采用5篇、民盟中央采用8篇、省政协采用26篇，实现采用层次、采用数量双提高。

【服务社会】 疫情期间，“天涯海角心连心”助读团队依托互联网确保助读活动的连续性，实现助读活动的数字化转型。开展同心社区建设，确定经二路社区作为民盟市委“党盟共建同心社区”共建点，创新打造多样式服务载体。各区级组织在同心社区建设中做了大量工作，成为民盟了解社情民意、参与社会服务的重要平台。疫情发生后，全市盟员累计捐款35万余元，筹措大量防疫物资送往湖北和防疫物品紧缺的乡村、社区；近百名医疗战线的盟员战斗在全市医疗救助一线，盟员李凤林奔赴湖北抗疫前线。李凤林、刘德有获民盟中央抗击新冠肺炎疫情先进个人表彰，王振东等11人获民盟山东省委抗击新冠肺炎疫情先进个人表彰，民盟济南市委员会、民盟历下区基层委员会、民盟莱钢支部、民盟四院支部获民盟山东省委抗击新冠肺炎疫情先进集体表彰。

（朱 戈）

中国民主建国会济南市委员会

【概况】 全年发展会员67人，会员总数达1584人，其中经济界会员占85.5%。会员中有各级人大代表、政协委员168人。截至2020年年末，有基层组织37个，其中区级总支部8个（辖33个支部）、区级支部2个，市直属总支部1个（辖4个支部）、市直属支部26个。民建济南市委会设立经济、企业、理论研究、人资环、财政金融、文化教育、法制、艺术、妇女、老龄10个专门委员会。

【思想建设】 以专题讲座、座谈交流等多种方式学习贯彻中共十九届五中全会精神，举办“习近平新时代中国特色社会主义思想解读”等专题辅导讲座11场、座谈会30余次，持续巩固深化“不忘合作初心，继续携手前进”主题教育成果。组织会员赴中共一大会址、黄炎培故居、井冈山革命博物馆、台儿庄战役纪念馆等红色教育基地和民建中央爱国主义教育基地参观学习。编辑印发《济南民建》4期，各级媒体共采用稿件600余篇（幅），其中省级以上媒体采用300余篇（幅）。全年上报理论文章13篇，其中2篇获民建省委重点理论研究优秀成果奖。民建济南市委会被民建省委评为理论宣传调研工作先进单位，1名会员被民建省委评为理论宣传调研工作先进个人。

【组织建设】 出台《民建济南市委新会员发展办法》，从制度层面规范组织发展工作程序。推荐民建市委委员、各基层组织负责人、骨干会员参加民建中央、民建省委、市委统战部等举办的进修班，培训100余人次。根据《各民主党派市委关于做好基层组织换届工作座谈会纪要》精神，制定印发《民建济南市委关于2020年全市基层组织换届的工作方案》，确保换届工作平稳有序进行。各基层组织围绕思想政治教育、作风建设、参政议政、民主监督等方面，开展主题支部活动80余次。在民建成立75周年全国优秀会员和先进集体表彰大会上，天桥区总支被评为“民建全国先进集体”；在民建山东省委庆祝民建成立75周年大会上，历城区总支、章丘区总支、直属三支部、直属七支部被评为“民建全省先进集体”。

【参政议政】 民建济南主委会班子成员参加中共济南市委、市人大、市政府、市政协、市委统战部组织的协商会、座谈会和系列调研活动20余次，围绕济南市“十四五”规

2020 年 9 月 14—16 日，民建济南市委会“思源 · 天使四叶草”走进湖南省湘西州凤凰县南华小学，对口援助南华小学价值 23 万余元的教学物资　（民建济南市委　供稿）

划编制、济南发展战略规划、实施工业强市发展战略、实施黄河流域生态保护和高质量发展国家战略等重大课题建言献策。在市政协十四届四次会议上共提交集体提案 10 件，民建政协委员提交个人或联名提案 64 件，《关于抢抓历史机遇，发展产业大数据的建议》被评为优秀提案。在市政协第二十六期“商量”中，市委会围绕“发展直播经济，激发泉城新动能”建真言、谋良策。围绕全市经济社会发展重大问题，完成调研报告 20 余篇，2 篇得到省政府主要领导批示，11 篇得到市委、市政府主要领导批示。全年收到社情民意信息 638 件，编辑报送 424 件，其中 2 件被全国政协采用、6 件被民建中央采用。市委会被评为民建省委参政议政工作先进单位和市政协反映社情民意信息工作先进单位。

【服务社会】 依托“思源 · 天使四叶草”社会服务品牌，开展走进环卫工人、军营、留守儿童和服刑人员困难家庭活动，累计捐款捐物 42 万余元。各基层组织开展常态化可持续系列公益活动，社会服务工作呈现出特色化、系列化、精准化的新特点。助力疫情防控，全市会员和会员企业共捐款 277.5 万元，捐赠物资价值 570.7 万元，累计 848.2 万元。民建市委会被评为民建中央“抗击新冠肺炎疫情先进集体”和民建省委“助力新冠肺炎疫情防控工作先进集体”，1 名会员被评为民建中央“抗击新冠肺炎疫情先进个人”和济南市首批“疫情防控工作担当作为‘出彩型’好干部”，25 名会员被民建省委评为“助力新冠肺炎疫情防控工作先进个人”。

（闫全奎）

【概况】 2020 年共发展会员 43 人，平均年龄 38.6 岁。截至年底，全市共有会员 1179 人。其中，教育、文化、出版、传媒界会员 804 人，占 68.19%；科技、医卫、政府部门会员及其他界别会员 375 人，占 31.81%。中高级以上职称 849 人，占 72.01%。新成立莱芜区总支、钢城区支部。截至年底，共有基层组织 67 个，其中区总支 7 个、基层支部 60 个。有 20 个基层组织获评“民进山东省先进基层组织”，117 名会员被评为“民进山东省优秀会员”。

【思想建设】 学习贯彻习近平新时代中国特色社会主义思想，全面落实民进中央关于进一步加强宣传思想工作的意见，持续深化“不忘合作初心，继续携手前进”主题教育活动成果，全面增强践行新时代中国特色社会主义参政党初心使命的责任感和自觉性。中共十九届五中全会召开后，民进市委召开十届七次常委（扩大）会议，专题学习全会精神。启动“正道行、忆初心，聚共识、勇担当”——庆祝民进成立 75 周年系列活动，引导广大会员弘扬和传承民进优良传统，巩固全会政治共识，强化会员责任使命。全年推发微信公众号 169 期；2 篇反映履职实践和基层组织工作经验的文章在《民主》杂志刊登，1 篇理论研究文章在《联合日报》发表；论文《用习近平总书记精准扶贫理论研究农村扶贫存在的问题及解决对策》被民进中央评为二等奖。2020 年，民进济南市委会被民进中央授予“全国会史工作先进集体”称号。

【参政议政】 多次参加中共济南市委、市政府、市政协举行的党外人士座谈会、情况通报会、专题议政会，围绕全市经济社会发展、“十四五”规划编制、党风廉政建设和反腐败工作等提出意见建议。在2020年全市各级“两会”上，共提交建议、提案138件。其中，在市政协会议上提交大会发言1件、书面发言4件、集体提案9件，在市人大会议上提交建议4件。大会发言《突出特色文化优势，提升城市文化影响力》得到中共济南市委主要领导批示。全年完成议政建言专报8篇，其中7篇被市主要领导签批；完成民主监督报告1篇。举办2期反映社情民意信息专题研讨会。全年报送社情民意237篇，市政协采用165篇、省政协采用25篇、民进中央采用1篇。参政议政和社情民意信息工作获民进山东省委专项表彰。

【加强履职能力建设】 印发《履职能力建设主题年工作实施方案》，突出抓好“集智聚力”参政议政工作机制的完善，重点加强“议政调研基地”平台和“参政议政特约专家组”建设，继续举办“议政沙龙”活动。2020年，民进济南市委会被民进中央评为“全国履职能力建设先进集体”，会员范庆胜、丁一、王华晨获评“全国履职能力建设先进个人”。

【服务社会】 “春联万家”活动先后走进全市多个社区，继续开展“同在蓝天下”爱心助学活动。举办“翰墨庆八一·丹青传真情”书画笔会，向历下区甸柳新村街道退伍军人代表及军属赠送慰问品和书画作品。各基层组织持续开展爱心公益活动。面对突如其来的新冠肺炎疫情，“济南民进”微信公众号发布与疫情防控有关的内容58期；全市民进各级组织和会员共捐款13.01万元，捐赠救援、防护、消毒用品共计29.43万元；报送抗疫建言专报4件，3件得到市主要领导批示；报送社情民意信息100余篇，80余篇被民进中央、省政协、市政协采用。全市民进会员开展“抗击疫情”线上教学、心理辅导、科学防控知识讲座等活动。会员尹文文被民进中央评为“民进全国抗击新冠肺炎疫情先进个人”，樊树峰获评“济南市抗击新冠肺炎疫情先进个人”。

（乔　军）

2020年7—12月，民进济南市委会围绕全市职业教育创新发展高地落实情况进行专项民主监督调研　（民进济南市委　供稿）

中国农工民主党济南市委员会

【概况】 全年新发展党员59名，新成立1个区总支、2个支部，完成6个区总支、45个基层支部的换届工作任务。截至2020年年底，下辖区总支部7个、支部53个，全市有农工党员1218名。农工党济南市委会被农工党中央评为庆祝中国农工民主党成立九十周年优秀地市级组织、抗击新冠肺炎疫情先进集体等，被农工党山东省委评为全省“情系三农”助力乡村振兴及“同心助学”先进集体等，被省委宣传部、省委统战部、省民宗委评为第六批全省民族团结进步示范单位。

【思想建设】 举办学习中共十九届五中全会精神培训班，开展“筑梦新时代、同心奔小康”主题宣传活动，调研党员思想状况，增强思想政治引导的针对性和实效性。在抗击疫情的非常时刻狠抓思想政治工作，做好抗疫宣传，实现对防疫党员宣传全覆盖，营造共克时艰的舆论氛围。围绕纪念农工党成立90周年举办系列宣传活动。全年推送文章信息300余篇（条）。农工党市委会获全市统战理论政策研究优秀成果二等奖等；被市政协评为反映社情民意信息工作先进集体，林霞被省政协、农工党山东省委会评为反映社情民意信息工作先进个人。

【组织建设】 加强制度建设和队伍建设，完成6个总支、45个支部的基层组织换届工作任务，制定印发《农工党济南市监督委员会2020年工作要点》，开展红色教育、党史教育、警示教育，机关推出“初心讲堂”2.0版本。段青英被农工党中央评为优秀党员，华文俊、杨文法被农工党中央评为先进个人，林霞被农工党中央评为优秀党务工作者；章丘区支部被农工党中央评为组织建设先进基层组织，建设行业支部被农工党中央评为宣传思想先进基层组织。

【参政议政】 向政协会议提交集体提案11篇、大会发言3篇，其中《提升重大疫情科学处置能力，健全公共卫生应急管理体系》得到市政府主要领导批示。围绕“纾困惠企、激发活力——泉城商量助推 惠企政策落实落地”开展第28期专题商量，助力企业复产复工更快发展。围绕科学防控、构建现代化应急管理体系、复工复产以及一线防控等工作，收集社情民意信息400余篇。其中，《关于推动中医药抗击新冠疫情的建议》《给县域城市提供新冠病毒检测试纸迫在眉睫》等被全国政协采用，《当前防疫重点应做好五方面工作》等被农工党中央采用，《关于补齐公共卫生短板的几点建议》《迅速细化居家隔离管理技术规范》2项建议被市领导批示。推动济南市及时制定公布《居家隔离管理技术规范》，成为全省第一个制定居家隔离规范的城市。

【服务社会】 深化“同心助学”“情系三农”等品牌，聚焦农工党中央定点扶贫大方县和民主党派助力乡村振兴县区行工作。创建“和融同心”品牌，组织参加全市民族工作第二十个宣传月活动，开展助力少数民族脱贫攻坚、民族村义诊、民族学校同心助学等主题活动，组织党员企业家助力民族村特色产业。农工党市委会支持云南德宏打赢贫困乡村疫情防控和脱贫攻坚，开展脱贫攻坚民主监督，调研组开展教育、医疗、入户调查、产业扶贫系列活动，捐赠2万元助学金、价值11万元的药品及防疫物资，医疗专家开展查房带教和巡诊义诊。围绕监督完善提升济南市基层医疗卫生机构和公共卫生能力体系建设，到商河县许商街道、县人民医院等地考察，与基层医疗卫生机构负责人座谈，提出监督建议。全市145名农工党员医务工作者奋战在疫情防治一线，农工党员、齐鲁儿童医院重症医学科主任曾冬生加入援鄂医疗队驰援黄冈最前线。全市农工党党员累计捐款68万元，捐赠物资578万元。曾冬生、杨文法被农工党中央评为抗击疫情先进个人。

（何　乐）

【概况】 2020年发展党员32名，其中博士5人、硕士8人，中高级职称10人。新建莱芜区总支部、长清区总支部、历下区二支部、历下区三支部、章丘区支部、市中区二支部、市中区三支部、长清区二支部8个基层组织。推进25个基层组织完成换届工作。截至年底，全市共有致公党党员692人；共有基层组织34个，其中总支部8个、支部26个。致公党济南市委会、省立医院支部获评致公党中央抗击新冠肺炎疫情先进集体和山东致公抗疫先进集体，刘红文获评致公党中央抗击新冠肺炎疫情先进个人；市委会获评致公党省委会参政议政工作先进集体和理论研究工作先进集体，槐荫区支部被致公党省委会评为致公示范支部，5个基层组织获评致公党省委会先进集体，63名党员获评致公党省委会优秀党员。

【思想建设】 组织骨干党员赴枣庄八路军抱犊崮抗日纪念园、台儿庄大战纪念馆等教育基地开展红色传统教育。开展“筑梦新时代，同心奔小康”主题宣传活动，参与统一战线“脱贫攻坚奋斗有我随手拍”、致公党中央“助力决胜全面小康，决战脱贫攻坚”活动。开展庆祝中国致公党成立95周年系列活动。出版《济南致公》2期，在“济南致公”微信公众号发布信息160余篇。

【参政议政】 致公党济南主委会班子成员参加中共济南市委、市政府等组织的座谈会、民主协商会、情况通报会、考察调研等活动20余次，围绕全市中心工作建言献策。全年报送《议政建言专报》11篇，《关于加快推进我市航空产业发展的建议》等7篇得到市政府主要领导签批。在2020年各级“两会”上，共提交提案、建议80余件。王桂英《关于加快推进疫苗电子追溯体系建设的建议》获评全国政协十三届二次全会好提案，《关于进一步提升我市农村人居环境的建议》等3件提案获评市政协十四届三次会议优秀提案。《加快推进农村水环境综合治理，建设生态宜居美丽乡村》等3件成果被选作省政协大会提案和书面发言。90余篇信息被采用，其中全国政协采用4篇、中共中央办公厅采用1篇、中央统战部采用3篇（含《零讯》2篇）、致公党中央采用9篇、中共省委办公厅采用3篇、省委统战部采用2篇、省政协采用30篇。6篇调研成果获评致公党中央参政议政优秀成果，21篇调研成果获评致公党省委会参政议政优秀成果。

【服务社会】 开展抗疫、扶贫、助学、义诊等各类社会服务活动50余次，捐赠款物400余万元，受益群众7000余人次。市委会为章丘一中、临沂仲山村各捐建“同心·致福书屋”1所，为历城区西营中学捐赠价值约1.8万元的文体用品和书籍。历下区总支部联合为成武县传盛小学、传盛幼儿园捐赠价值26万余元的教学物资。组织医疗专家团赴成武县王庄村和刘庄村、历城区洪楼社区等地义诊，接诊300余人次。程文文助力贫困村脱贫致富，新华社做题为“黄鹿归来话振兴”的专题报道。韩吉书通过赠送种苗和优质肥料、捐建公用设施等形式累计捐赠物品价值200余万元，惠及35个村。

2020年2月12日，致公党济南市委会举行抗击疫情捐赠仪式，向省立医院、市中心医院等捐赠价值10余万元的抗疫物资（致公党济南市委 供稿）

【对外联络】 参加市涉侨部门落实归侨侨眷“一法一条例”征求意见座谈会、欧美同学会（中国留学人员联谊会）首届“双创”大赛工作推进会等活动。推动济南与德国友好城市奥格斯堡、德累斯顿的交流合作，形成多项实质性合作。助力市人社局在丹佛市建立海外人才工作站，在齐鲁医院建立海外高中留学生暑假实习基地。建立“致公之友”平台，与数十名爱国海外济南人结为致公之友，为章丘四中、高新一中、伯乐实验学校等开展国际化交流合作提供咨询和服务。海外联谊专委会通过联系外交部、驻美领使馆和各航空公司，助力上百名美国留学生回国。

（张贵军）

【概况】 全年发展社员43人，主界别占比70%，高级职称等重点人士占比46.5%；12个基层组织全部完成换届工作，新成立长清区委员会、莱芜区委员会、钢城区委员会、市直机关委员会。截至2020年年底，全市共有社员861名，主界别占比70%，高级职称等重点人士占比48%；全市共有10个基层委员会、3个直属支社。社员孙韶华获中共中央、国务院颁发的“全国先进工作者”称号，社员刘华绪获省政府颁发的“山东省有突出贡献的中青年专家”称号；天桥区委员会被九三学社中央评为九三学社创建75周年全国优秀基层组织，

历下区委员会、槐荫区委员会分获社省委颁发的“2020年度优秀基层组织”称号。九三学社济南市委在社中央机关规范化建设交叉检查中获评2020年度九三学社机关规范化建设市级组织先进单位、2020年度九三学社机关规范化建设市级组织工作成效奖。

【思想建设】 九三学社济南市委着重强化对习近平新时代中国特色社会主义思想及党和国家理论方针政策的学习。召开专题主委会传达学习全国“两会”精神，研读《中国共产党统一战线条例》，邀请济南大学马克思主义学院教授李朋忠作十九届五中全会精神报告。社市委领导班子和机关干部分别参加中共十九届五中全会全市轮训。2020年9月3日，社市委组织新社员赴长清大峰山革命纪念馆接受爱国主义教育。社员王元杰在社中央纪念建社75周年征文活动中撰写的《王选先生的一封来信》获全国二等奖。全年在市级以上媒体发表文章150篇，出版《九三学社济南市委2020年工作纪实》。社市委被评为九三学社山东省2020年度思想宣传工作先进集体。

【参政议政】 参加各类协商活动21次。参加党外人士系列考察调研活动，调研黄河济南段沿线建设、济南市创新创业载体建设、中国（山东）自贸试验区济南片区建设等全市重点工作。在市政协十四届四次全会上，提交大会发言4篇、集体提案10篇。在九三学社中央第二十八次科学座谈会上，社员姜爱华就“黄河流域湿地保护与生态修复”主题做交流发言。全年提交10篇《议政建言专报》，7篇获市政府主要领导批示。6个参政议政课题被社省委列为重点课题、4个课题被列为常规课题，4篇调研报告报送社中央。全年提交各类社情民意信息700余篇。联合九三学社山东省委就加快山东自贸试验区济南片区建设进行民主监督专题调研，赴先行区开展“关于加快推进新旧动能转换先行区建设”民主监督调研，形成5篇民主监督调研报告，分别报送社省委和中共济南市委，2篇得到市政府主要领导批示。领导班子成员、机关工作人员及社员参加省委统战部、市政协、市委统战部等部门组织的各类培训班6次，全年参训人员达300余人次。

【服务社会】 疫情期间，九三学社济南市委通过慈善总会、红十字会、九三王选关怀基金等渠道捐款34.27万元，捐赠价值574.33万元的疫情防控物资。全市共有50余名社员参与各类防疫志愿活动，累计服务时长逾1300个小时；号召作家、书画家社员参与疫情防控书画创作；复工复产工作有序开展后，到多家九三学社成员企业调研复工情况，并送上防疫物资。九三学社济南市委员会被社中央评为“抗疫先进集体”，付修琍被社中央评为“抗疫先进个人”；李晓迎、张健军被社省委评为抗击新冠肺炎疫情先进个人。社济南市委被社中央评为2016—2020年社会服务先进集体，王文生被评为先进个人。

【九三学社济南市十一届八次全委（扩大）会议】 2020年8月16日举行。会议审议通过刘梦海辞去九三学社济南市第十一届委员会主任委员、常委委员、委员职务。经民主投票，刘霞当选九三学社济南市第十一届委员会主任委员。

（程　亮）

栏目编辑　张　阳

群众团体

济南市总工会

【概况】 2020年，市总工会辖12个区县总工会，以及南部山区总工会、济南高新区总工会、国际医学中心总工会、新旧动能转换先行区总工会；16个局（委）工会和23个大企业工会；4个市级产业工会。全市有基层工会组织11228家，涵盖法人单位24597家。建会单位职工1593032人，其中女职工568455人；工会会员1460795人，其中女会员540611人。工会专职工作人员10315人，兼职工作人员23129人。市总工会机关内设10个部室，编制63人，下属3个事业单位。

【强化思想引领】 组织开展“弘扬三种精神·共圆百年梦想”主题教育活动，在“齐鲁工惠”和“爱济南”客户端开设“劳模有话说”“工匠风采”专栏，举办“济南工匠”颁奖典礼，开展“齐鲁最美职工”选树活动。举办全市职工演讲比赛，活动视频在人民日报客户端、中央电视台新闻网等央媒平台发布，关注量逾百万人次。组织“网聚职工正能量、争做中国好网民”活动，优秀作品获全国总工会、省总工会优异奖项。建成济南劳模风采展览馆，展现济南各级劳模的优秀事迹、感人故事和突出贡献。

【统筹疫情防控和经济社会发展】 全市各级工会共筹集资金4246.2万元，走访慰问疫情防控重点行业职工，为一线医护人员家庭发放爱心蔬菜1182箱。在全国城市工会率先推出线上心理咨询服务，为一线医护人员提供咨询1158人次。为全市575名在档特困职工发放151万元生活补贴。上线职工防疫信息登记系统，全市共有2863家工会组织148万人提交个人防疫信息598万次。举办2020年春季战“疫”就业援助线上招聘会，组织1088家企业提供1.2万个工作岗位，2000余人达成就业意向。

【开展劳动竞赛】 开展“聚焦新动能、竞赛促发展”劳动竞赛，建设市级劳动竞赛示范项目库，遴选20项重点项目分别给予2万元资金支持，4个重点工程列入全省示范性重点劳动竞赛项目，全年共开展劳

2020年4月9日，市总工会、轨道交通集团联合主办的济南市轨道交通“建功地铁新时代、助力发展新动能”劳动竞赛暨授旗誓师动员大会在济莱高铁棋山隧道施工现场举行

（市总工会 供稿）

动竞赛活动1万项，参赛职工107万人。全面实施“泉城职工全员创新竞赛”，开展全市行业性职工技能竞赛89项，全市职工提出合理化建议、技术革新、发明创造项目3.5万项。10名职工被评为全国劳动模范和先进工作者，选树“齐鲁工匠”2名、“济南工匠”30名。培育省级示范性创新企业3家、市级10家，创建省级示范性劳模和工匠人才创新工作室1家、市级10家。

【建设济南市工人文化宫】 发挥济南作为省会城市的区位优势，与山东省总工会联合投资约3亿元建设山东省暨济南市工人文化宫，打造省市职工融媒体中心、职工文化艺术中心、职工教育培训中心、职工综合健身中心、职工新时代文明实践中心等文化服务平台，通过开展群众性文化活动弘扬社会主义核心价值观、开展意识形态教育、倡树文明新风，让更多职工群众参与和享受文化发展成果。该做法得到全国总工会肯定。

【服务职工】 完成2020年度政府为民办实事项目，全市各级工会共投入资金650余万元，建设户外劳动者驿站461家，其中2020年新建241家，基本形成覆盖全市各个区县主要街道乡镇的站点布局，中央电视台及人民网、新华网给予报道。推动6个区县投资约6290万元，对近5.9万平方米的工人文化宫阵地进行改造。培育选树“工友创业园”37家，开展农民工就业培训6487人次，扶持自主创业2253人，带动就业7983人。与市人社局、报业集团等10家单位联合成立济南市创业服务联盟和济南市“云创业”平台，建立工友创业长效机制。

【提升职工素质】 在全市一线职工（包括农民工）中，开展学历与能力提升计划——“求学圆梦行动”。吸引48家高等院校和培训机构入驻打造“教育超市”，为1521家企业单位的3000名报读职工每人补助1000元，激发一线职工加强学习的热情。“求学圆梦行动”被评为全省工会改革向基层延伸优秀试点项目，被省总工会在全省予以推广。

2020年6月28日，济南市职工“求学圆梦行动”启动仪式暨工作培训会议在龙奥大厦召开（市总工会　供稿）

【普惠服务】 深化“四季服务”，开展城市困难职工解困脱困工作，开展入户摸底排查2300余次，发放帮扶救助金1656.3万元，救助困难职工近7000人次。推进职工大病互助保障，当年入会会员达到58万人，发放救助金216万元，救助职工1521人次。组织全市86批次、3631人参与一线职工疗休养活动。推进工会法律援助机构实体化建设，各区县、街道（镇）全部建立工会法律援助工作站，全年提供法律咨询5705人次，援助职工1501人次，为职工挽回经济损失2110万元。

【基层工会建设】 实施“基层工会建设攻坚突破年”行动，全市百人以上企业全部建会，“八大领域、八大群体”建会率动态保持在70%以上，新发展农民工会员11.6万人。职工代表大会、厂务公开等企事业单位民主制度有效落实。“齐鲁工惠”App注册认证工作成效明显，实名采集工会会员信息132.4万人、工会组织11049个，开展线上普惠活动349场。“齐鲁工惠”App济南频道获评“全国互联网+工会普惠服务最具影响力平台”。加强产业工人队伍建设，实施“产业工人队伍建设改革深化年”行动，建立工会、组织部、发改委等8个部门协调联动机制。选取2个全面试点区县、4个全面试点企业和24个项目试点单位，在加强非公企业党建、强化职工技能培训、完善职工维权服务机制等方面进行探索。召开全市产业工人队伍建设改革工作交流推进会，总结了一批可复制可推广的经验。

（侯　羚）

【概况】　截至2020年12月31日，全市共有团委798个、团工委143个、团总支521个、团支部18885个，团员37万余名、少先队员66万余名。全年共有34个青年集体、27名青年典型获得省级及以上荣誉称号。

【强化思想引领】　加强党的十九大和十九届二中、三中、四中、五中全会精神学习教育，动员各级团组织开展网络主题活动34次、专题宣讲16次。开展“绽放战役青春、坚定制度自信”主题团日宣传教育实践活动100余场。持续开展“青年大学习”行动，参与人数稳居全省前列。成立济南共青团新媒体中心，完善升级“青春济南”新媒体矩阵，全网在线粉丝超过300万人，成为济南政务新媒体重要组成部分，《中国青年报》头条对济南共青团新媒体工作经验进行专题报道。

【助力疫情防控】　组建医疗救护、核酸检测、医学观察、应急处突等青年突击队423支，5076名青年突击队队员奔赴抗疫一线。开展战“疫”志愿服务行动，连发12道志愿者“招募令”，招募6万余名志愿者奔赴285个疫情防控岗位，提供志愿服务695848小时；开展“青年文明号助力企业复工复产集中活动”，全市1000余家青年文明号集体响应号召，为全市复工复产和经济复苏做出贡献。

【服务黄河流域高质量发展】　加强与沿黄各省、市合作，举办沿黄九市·青年阅读“马拉松”云挑战赛，吸引3万人挑战答题，活动总关注量逾500万人次；举办“大河之畔阅读挑战”——沿黄九省（区）省会城市青年阅读“马拉松”云挑战赛分享会，各行业、战线青年100万余人次参与答题，全网浏览量近1000万次，在保护传承弘扬黄河文化、讲好新时代黄河故事方面取得较好成绩，在团中央现场会上做典型发言。

【助力脱贫攻坚】　持续做好“乡村好青年”选培工作，共选树各级好青年9087人，其中593人进入“村两委”后备干部培养序列，261人成为村级团干部；为好青年发放创业贷、小微企业主贷款、信e贷共计4948.78万元。启动第八批金融挂职干部工作，选派13名金融系统青年干部，分赴全市12个区县开展金融扶贫工作。对接湖南省湘西州，多种形式开展东西部扶贫协作工作，累计募集爱心款及物资价值54.8万元。推动“希望小屋”捐建工作，全年累计募集资金1063.8万元，认捐建设小屋377个。做好希望工程工作，资助贫困学生185名，发放社会各界爱心助学款45.53万元。开展“金晖助老”“牵手关爱”志愿服务项目，招募5332名志愿者，结对帮扶失独贫困老年人466名、农村留守儿童2200名，发放爱心物资价值20万元。

2020年9月22日，2019年度济南市“双能手”事迹分享会在龙奥大厦举办

（团市委　供稿）

【助推双招双引】 利用“青企峰会”平台资源，为全市招商引资工作助推加力，参与第二届儒商大会暨青年企业家创新发展国际峰会组织筹备，推动青企峰会总部项目落户济南，招引洽谈蜂群文化北方中心项目、中青旅轻骑厂区改造项目、北京超星未来科技全国智能驾驶工程技术运营总部项目、槐荫区信息技术企业合作平台项目在峰会上集中签约，推进商汤科技、上海富数、和汇恒基、中科智造工场等一批优质项目入驻峰会总部，总投资9.5亿元。

【参与城市治理】 启动“身边的济南——公益合伙人计划”，推广使用“志愿汇”App，将志愿服务记录纳入全市信用体系红名单。研究编制《济南市青年志愿服务岗位体系黄页》，开展城市文明宣传、文明城市创建等城市治理志愿服务，面向社会征集志愿服务岗位3541个，全年累计组织志愿者15万余人次，提供志愿服务101万小时。

【助力生态环保】 深化青春绿色行动，确定4家济南市青少年绿化基地并完成规划建设。疫情期间，发起“绿色减霾，守护蓝天”青少年植树爱绿活动，12万人次参与“云种树”线上平台浇水活动，浇水量达436万余克绿色能量。成立济南青年环保志愿联盟，对接15支环保志愿服务队伍，开展“动物科普大篷车”“垃圾分类知识课堂”“镜头下的母亲河”等环保志愿服务品牌活动20余场。

【护航青少年成长】 深化2020年共青团与人大代表、政协委员面对面活动，完善12355青少年维权热线，青少年诉求表达渠道日益畅通。深化“彩虹伞”青少年法治自护教育品牌，推进青少年防溺水工作，开展普法、禁毒、预艾宣传教育进校园活动。成立市青年应急救援志愿服务联盟，聚焦应急救援重点领域，联合开展安全教育宣讲进社区、进学校、进企业活动超过100场。创新青年婚恋交友服务方式，研发推广“团缘”济南单身青年社交微信小程序，全市636家团组织入驻平台。深化“YUE青春——青年大健康计划”，开展各类主题线下活动50余场。开展思想道德、劳动与社会实践、夏冬令营等各类活动，举办各类活动赛事服务青少年10万人次。

【共青团建设】 推动少先队和学校共青团改革，探索实施少先队市级考评、区县互评、基层评议三级评价模式；推进分批入队改革试点工作，为全面推开分批入队形成先行示范经验。制定实施双月统计分析制度，围绕提升共青团引领力、组织力、服务力和大局贡献度，科学制定20项统计指标，使济南共青团各项工作可量化、可评价。聚焦重点领域，开展团员编号核查，确保“应录尽录”，全年录入36万余条团员信息。

【开展“青鸟计划”系列活动】 开展“青鸟计划”招才引智系列活动，组织8场“青鸟回巢空中招聘会”，发动471家企业发布岗位2678个、用人计划21609个，收到求职简历超过1万份，解决就业6800余人，活动累计综合点击量超过1000万次，50多家媒体予以报道，有效缓解了疫情期间全市就业压力，济南市委和团省委主要领导给予批示肯定；组织“青鸟助飞”大学生实习实践活动，促成78所高校的2644名优秀大学生到济南开展

2020年7月20日，“青鸟助飞·逐梦泉城”2020年济南市优秀大学生暑期实习实践出征仪式举行

（团市委　供稿）

岗位实习，在国内外40所知名高校建成42处青鸟驿站，以才引才联络35344人。

2019年度济南市
杰出青年岗位操作能手

卢业亭　中国邮政集团有限公司济南市寄递事业部投递员
邢国明　莱芜钢铁集团金鼎实业有限公司雪野湖假日酒店餐饮总监
刘均鹏　国网莱芜供电公司莱城客户服务分中心配电运检技术
许朝志　济南电子机械工程学校教师
岳海鸥　济南市科学技术信息研究所助理研究员
周圣力　中国重汽集团济南发动机制造部机加工部缸盖车间设备维修责任技师
葛菁菁　济南市卫生和计划生育监督所三级主任科员
董　妍　济南市槐荫区楚庄小学大队辅导员
程天顺　中建八局第二建设有限公司安装公司BIM深化设计中心部门副经理
谭洪辉　济南四建（集团）有限责任公司项目经理

2019年度济南市
杰出青年技术创新能手

刘　文　济南市市政工程设计研究院（集团）有限责任公司项目经理
李　燕　山东福瑞达生物工程有限公司工程师
李海洋　山东泰山钢铁集团有限公司热轧部技术科长
谷　斌　济南市公安局情报信息支队三级警长
张　安　济南圣泉集团股份有限公司卫生防护事业部技术副总裁兼研究所副所长
张　楠　济南市中心医院主治医师
张淑臻　济南市纪委一级主任科员
赵　亮　华能莱芜发电有限公司热控专工
胡永利　济南轨道交通集团有限公司七级技术岗
贾　敏　中国重汽集团汽车研究总院高级工程师

（彭　冲）

【概况】 2020年，市妇联坚持“党政所急、妇女所需、妇联所能”的工作定位，统筹推进疫情防控和妇女事业发展，多项工作继续走在全国、全省前列。截至年底，市妇联辖区县妇联12个，另有济南高新区妇联、南部山区妇联、济南新旧动能转换先行区妇联，镇（街道）妇联163个、社区妇联771个、村妇联5577个；市直妇委会11个；民主党派妇委会7个。市妇联机关设行政处室6个，市妇女儿童工作委员会办公室设在市妇联，编制（含工勤）42人。下属事业单位1个：济南市妇女儿童活动中心。

【思想政治引领】 开展“巾帼心向党奋进新时代”宣传教育，坚定广大妇女听党话、跟党走的信念信心。创新开展寻找“最美战疫巾帼典型”活动，分3批次推选最美战“疫”女性、集体、家庭和“妇联人”共276个。推选全国和省级“三八红旗手”32个、“三八红旗集体”25个，评选济南市首届“十佳好军嫂”，用先进典型激励妇女。组织推出融媒直播《致敬战“疫”中的“她”》等活动，传递正能量。

【服务经济社会发展】 围绕助力乡村振兴，持续开展“出彩人家”创建工作。“出彩人家”创建再次被列入市政府为民办实事项目、全市乡村振兴示范标杆项目，经过3年持续创建，全市有512个村、12.3万个家庭分别达到示范村、示范户标准，4.88万户建档立卡贫困户达到一星级创建标准。围绕巾帼家政提质扩容，做大做强“阳光大姐”家政品牌。高质量打造全国巾帼家政服务标准化示范培训基地，挂牌成立“济南阳光职业中等专业学校”和“阳光健康学院”两所院校，家政服务产教融合走在全国前列。开展家政技能培训，全年共培训3.92万人次，安置就业21.8万人次，服务家庭17.5万户。高质量承办第二届全国巾帼家政服务职业风采大赛决赛，获5个项目一等奖，在第四届山东省家庭服务业职业风采大赛中再获团体冠军。围绕推进全市重点任务，依托女企业家协会，推动女企业家积极投身新旧动能转换、东西部扶贫协作等重大战略任务，在全市高质量发展中担当作为。

【文明家庭建设】 在城市社区开展出彩人家创建试点，创建“出彩人家”示范社区22个、示范户1377户。

2020 年 10 月 20 日，第二届全国巾帼家政服务职业风采大赛颁奖展示活动在济南举办

（市妇联　供稿）

完善“最美家庭”常态化寻找机制，推选 10 户全国“五好家庭”“最美家庭”，命名济南市 148 户“最美家庭”。利用出彩课堂、父母讲堂，层层开展家风家教巡讲，传播社会主义核心价值观。发挥市妇女儿童活动中心阵地作用，开展庆“六一”云演出暨“新时代好少年”发布活动、第六届“小小演说家”和“阅读经典、拥抱春天”经典诵读活动，依托“爱心妈妈协会”，开展“爱心点亮希望、圆梦大学起航”家庭教育专题培训等 65 场，助力儿童健康成长。

【妇儿权益维护】　全面实施济南市妇女儿童发展“十三五”规划，全面完成为妇女儿童办的 11 件实事项目，完成省终期监测评估组对济南市的监测评估工作，多项指标走在全国、全省前列。实施男女平等基本国策，实现全国省会城市首个由人大发文建立法规政策性别平等评估机制，推进性别平等教育进各级党校主体班次，推进性别意识纳入决策主流。坚持维权与维稳相结合，市县两级共接待处理信访案件 739 件，13 个婚姻家庭辅导中心共为 16211 对夫妻提供离婚调解服务，参与辅导率 57.8%，经调解暂缓或取消离婚 4811 对。开展《民法典》宣传，全市各级共开展法治文化宣传活动 498 场次，参与群众 16 万余人次。扩面实施新一轮“两癌”免费筛查项目，为 19.59 万人提供宫颈癌检查、19.29 万人提供乳腺癌检查。多方争取“两癌”专项救助金 191.15 万元，救助“两癌”妇女 743 人。整合各类救助资金 60 万元，救助困境妇女家庭 516 户，募集爱心资金、助学款 105 万元，资助困境儿童 1781 人。

【妇联改革】　推进基层妇联组织建设“破难行动”，推动镇（街道）妇联按期换届，在机关事业单位建妇女组织 831 个，在“四新”领域建妇女组织 1005 个。提升“妇女之家”“妇女儿童家园”“妇女微家”等阵地建管用水平，指导建设妇女儿童家园 76 个，妇联工作阵地更加立体化、多元化。全市各级举办基层妇联组织成员培训班 43 期 6237 人次，与市委组织部、市委党校联合举办第十七期女中青年干部培训班。制定印发《关于进一步加强执委履职工作的实施意见》，在全市开展寻找“最美基层妇联人”活动，全方位实施“基层妇联亮牌服务行动”，使妇女工作在群众身边有形化、常态化。

（王书敏）

济南市科学技术协会

【概况】　2020 年，济南市科学技术协会发挥科协组织广泛汇聚科技人才智力的优势，团结引领广大科技工作者主动融入、服从服务黄河流域生态保护和高质量发展重大国家战略，推进“科创中国”济南试点城市建设和院士专家工作站建设，开展科普宣传和科创活动，繁荣学术交流，统筹推进疫情防控和经济社会发展。截至年底，全市 2026 家企业在“科创中国”科技经济融通平台注册开展供需对接和资源应用，帮助企业节约研发成本 3673.5 万元，产生经济效益 1.7 亿元；建有院士工作站 106 家、专家工作站 87 家，与驻济企事业单位开展市级以上重大科技项目 1000 余项，申请或获授权专利 5729 项。

【助力疫情防控】　疫情暴发初期，

市科协迅即发布《疫情防控倡议书》，动员全市科协系统、广大科技工作者立即进入应对疫情战斗状态。通过“泉城e站”App、“爱济南”App等载体向公众推送应急科普图文、视频防疫知识，在济南电视台播放科普中国防疫宣传视频，进行解疑释惑和科学辟谣，做到“疫情不解除，科普不掉线”，累积推送防疫科普知识、新闻、视频3500条次，点击阅览突破120万次。

【“科创中国”试点城市创建工作取得阶段性成果】 市委、市政府高度重视“科创中国”试点城市创建工作，列为省市一体化推进济南加快发展重点任务事项。市委办公厅、市政府办公厅印发《济南市创建“科创中国”试点城市实施方案》，组建工作领导小组，组织召开济南市创建“科创中国”试点城市推进会议，进一步明确目标、压实责任。12月8—9日，中国科协“科创中国”试点城市评估调研组到济南进行实地评估，对创建工作给予高度评价和充分肯定。“科创中国”试点城市建设推动中国地球物理学会、中国土木工程学会、中国生物工程学会等12家国家级学会与市政府及有关园区企业达成合作协议，与20多家省级学会建立紧密合作关系。全市2026家企业在“科创中国”科技经济融通平台注册开展供需对接和资源应用，产生典型应用案例15项，帮助企业节约研发成本3673.5万元，产生经济效益1.7亿元。

【国家海外人才离岸创新创业基地建设】 推进济南“国家海外人才离岸创新创业基地”建设工作，探索建立“金控海投基金+总部空间（合作空间）+海外创新驿站+基地联盟”建设模式。2020年年初，济南离岸基地总部空间在济南国际创新设计产业园二期大厦落成，启用面积6600平方米，设637个工位，已签约正式入驻海外人才项目28个。海外创新驿站布局不断拓展，2020年新建3家海外创新驿站，累计设立14家海外创新驿站。中国科协充分肯定“离岸基地济南模式”。

【第三届中国·济南新动能国际高层次人才创新创业大赛欧洲赛区预赛举办】 8月9日，第三届“中国·济南新动能国际高层次人才创新创业大赛”欧洲赛区预赛在比利时通过线上方式举办。欧洲赛区预赛由济南市科协、中国科协—欧洲海智创新创业基地联合承办。欧洲赛区共征集到来自31个国家的241个创新创业项目，其中院士及诺奖团队项目3个、国家技术发明一等奖得主项目1个、博士和硕士项目210个、非华裔选手项目94个。124个项目通过初审入围预赛，最终有30余个项目参加9月在济南举行的总决赛，6个项目分获一、二、三等奖。

【院士专家工作站建设】 截至2020年年底，全市建有院士工作站106家、专家工作站87家，完成“到2020年全市新建院士专家工作站80家左右”的目标任务。全市院士专家工作站已柔性引进院士、高层次专家1400余人次，与驻济企事业单位开展国家级重大科技项目252项、省级重大科技项目534项、市级重大科技项目287项。各建站单位主持或参与国家或行业标准496项，申请或获授权专利5729项。全市院士专家工作站研发经费投入达16.07亿元。

【济南市暨天桥区2020年“全国科普日”主场活动启动】 9月17日，主题为“决胜全面小康，践行科技为民”的济南市暨天桥区2020年全国科普日主场活动在天桥区北坦街道如意广场启动。在活动现场，新落成的社区科普体验中心揭牌，济南市2020年“全国科普日”活动暨天桥区“每日科普·e起学”志愿服务行动同时启动。全市科协系统采取线上线下相结合的方式举办科普日系列活动近500项，主题科普活动深入人心。市科协等5家单位推荐参评中国科协“全国科普日活动优秀组织单位”，6项活动推荐参评“全国科普日优秀活动”。

【组织实施“智慧科协”建设试点】 积极申报中国科协、省科协“智慧科协”建设试点单位，打造网上科协新平台。组织召开智慧科协培训会，对接中国科协功能及数据接口，申请“科协一家”接入空间、接口权限、功能权限、数据权限、管理员权限，加快进行应用开发推广。11月，与中国科协签署《“智慧科协”样板间建设合作备忘录》，被确定为中国科协和山东省科协“智慧科协”项目建设试点单位。

【开展齐鲁大学生创新创业行动】 举办齐鲁大学生软件大赛、动漫游戏大赛、工业设计大赛等12项科技竞赛，其中11项赛事被列入山东省大学生科技节赛事。做好组织发动、命题、初赛、决赛、颁奖等重点环节，共有国内外200余所高校、35000余名学生参赛，20余家企业支持大赛，2000余名学生获奖，营造浓厚的创新创业氛围，搭建大学生创新创业和人才培养举荐的有效平台。

【打造“泉城科普”品牌】 开辟“泉城科普”电视专栏，在济南电视台播出，栏目制作播出节目36期，自制节目时长超过7000分钟。构建“爱济南”App“泉城科普”专栏，全年推送科普知识500余条，点击量超过70万次。设立“泉城科普”微博、微信，微博全年发布信息990条、点击量累计10余万次，微信公众号发布900条、点击量累计9万余次。建设“泉城科普”e站，按照“五有”标准，与各区县科协联合在社区、乡村、校园等建设e站总数达350处。持续做好“泉城科普”全媒体阅览屏系统后台维护及信息更新工作，新建科普体验中心9处、科普广场4处，累计投入建设资金420万元。

【青少年科技创新活动】 第35届济南市青少年科技创新大赛采取线上方式，共收到作品936件（幅），推荐203件作品参加山东省青少年科技创新大赛，199件作品获奖，其中一等奖65件、二等奖63件、三等奖71件，10件推荐参加全国赛。市科技馆获得第35届山东省青少年科技创新大赛优秀组织奖。举办青少年创意编程与智能设计大赛，在CCPARK文化创意港承办“四进”攻坚行动科普服务进企业暨2020济南市暑期青少年科技体验活动，组织中小学校参加中国科技馆组织的科学实验挑战赛，全市共计24件作品参加全国比赛，有14名学生获“全国科学实验挑战小斗士”称号，16件作品被收录大赛专题网站，5名学生获“科学创意星”奖。市科技馆获评“2020年全国科学实验挑战赛优秀组织单位”、2020年度“山东省科普教育基地”。

【繁荣学术交流】 深化“百名专家进百企”活动，有2万余名科技工作者参与。开展创新方法应用现场研讨交流和专业知识推广活动31次，培养企业一线“创新工程师”109名，产生创新方法应用项目83项，取得专利16项，产生经济效益2000余万元。举办专利应用工程师培训8期，培训800余人次，150人取得中国科协专利工程师认证。围绕疫情防控和济南产业定位，组织实施市科协重点学术活动16项，9名国内外院士参加。全年市级学会共举办各种学术研讨会、报告会、论坛等210多场，参与科技工作者4万余人次，疫情背景下城镇水污染控制与饮用水安全保障技术高级研修班、中国肝病学发展论坛、第六届泉城图书馆科学发展论坛等一批高质量学术活动在济南召开。

【济南市乡村振兴专家服务行动】 组织实施“济南市乡村振兴专家服务行动”，组建一支由驻济高校、科研院所的农业科技人才和各区县自有本土专家和科技带头人为骨干的专家团队伍，招募志愿服务专业人士69人，全年共完成认定有效的农业专业技术培训指导200场次，联系服务基层农技协111家。“济南市科协乡村振兴专家志愿服务行动”分别被省文明办、市文明办评为学雷锋志愿服务“四个100”先进典型——最佳志愿服务项目。

（施泉玉　刘宏涛）

济南市归国华侨联合会

【概况】 2020年，市侨联统筹推进疫情防控和侨联各项工作，在助力高质量发展、建设“侨胞之家”、推进基层组织建设等方面进行创新性探索，取得良好成效。截至年底，有基层侨联16家、“侨驿站”19家、“侨胞之家”6个、“海外侨驿站”28家，联系海外侨团100余家。

【助力“双招双引”】 7月，举办“创业中华·筑梦泉城——新侨创新创业交流会”，聘请首批侨界特聘“双招双引”大使，发出“侨汇泉城·共创未来”倡议。开展“服务双招双引、服务外资外贸、服务侨商侨企”“三服务”活动。驻济侨商1人获中国侨界贡献奖，3人被评为影响济南经济人物。

【推进省市一体化工作】 贯彻落实省市一体化推进济南加快发展有关部署安排，与省、区（县）侨联共同推动关爱侨界空巢老人、打造国

2020 年 4 月 2 日，市侨联到济南市传染病医院看望慰问战斗在一线的侨界医务工作者孙玉秋和赵秀华（市侨联　供稿）

家级“侨胞之家”及山东省华侨国际文化交流基地等项目。8 月，承办“千里走黄河系列之‘泉城之隅触摸黄河’”活动，与市委统战部（市侨办）、商务局等单位合作举办海外华侨华人（社团）双招双引线上推介会。12 月，天桥区华黎社区“侨胞之家”被评为 2020 年度全国侨联系统优秀“侨胞之家”，济南“印象济南泉世界”等 3 家“山东省华侨国际文化交流基地”获批；联合区侨联推荐的 7 个海内外创新创业项目进入省、市“创新创业大赛”预赛。

【发挥侨界人才作用】 围绕疫情防控、推动黄河流域生态保护和高质量发展等，提出意见建议 30 余条，被中国侨联《侨情专报》采用，并直呈中央和国务院。推动校企、校地合作，9 月，为山东工程职业技术大学聘请侨界专家为客座教授；11 月，推进睿诚海汇健康科技总部落户高新区，并与中国农业科学院烟草研究所签署合作协议。

【“侨联四海，同心战疫”工作】 市侨联第一时间发出《凝侨聚力，共同战“疫”倡议书》，全市侨界积极响应，捐款捐物价值累计 1300 余万元；组成“支前小车队”等 6 支“侨星志愿服务队”，架起抗击疫情“信息网”；组织侨界专家围绕“动物防疫”“医疗废弃物处置”等建言献策；开展“凝侨聚力，共同战疫”“战疫快板”等系列宣传活动。市侨联侨媛会被评为“最美战疫女性集体”，全市侨界 1 人获评全国抗击新冠肺炎疫情先进个人、1 人获评全省抗击新冠肺炎疫情先进个人、22 人获评“抗疫·出彩统战人”，机关 1 名党员获评“抗疫优秀退役军人”。市侨联总结宣传侨界在疫情防控中涌现出的先进典型，编印《侨联四海，同心战“疫”——济南市侨联战疫画册》《侨汇泉城——济南新侨创新创业风采录》。

【“侨胞之家”建设】 推进“侨心向祖国”“服务暖侨心”系列工作，建设充满生机活力的“侨胞之家”。疫情期间，开展云连线、云关爱、云服务、云签约“四朵云”系列行动，为侨界群众、侨商企业送去防疫物品，举办“民法典进社区”“疫情防控专题讲座”和侨法宣传月暨新侨创新创业图片展等活动，打造“济小侨”服务品牌。建设“侨爱”品牌，全年慰问困难归侨侨眷 120 余户，慰问金（品）7 万余元；协调“919”救助专款帮扶困难归侨侨眷 4 人，共计 2 万元；协调“伟龙助学金”3 万元救助山东工程职业技术大学困难学生；为患病困难老党员捐款 1.16 万元；为 40 户侨界空巢老人家庭发放家政服务卡，价值 2 万元。深化联络联谊，8 月，推动泰国济南同乡会成立；9 月，促成泰国济南同乡会与中国香港济南同乡会签署云端战略协议；9 月，召开海外联谊工作座谈会。全年依托 28 家海外侨驿站自媒体，开展“侨语济南”宣传活动，讲好中国故事、济南故事。创新推进宣传工作，在基层侨联、侨商企业和条件成熟的社区打造 5 个“侨文化”阵地，重点宣传“侨星志愿服务队”的先进事迹。

【侨联组织建设】 创新推进基层组织建设，截至年底有基层侨联 16 家、“侨驿站”19 家、“侨胞之家”6 个、“海外侨驿站”28 家，联系海外侨团 100 余家，平阴、济阳侨联实现机构专设。11 月，中国侨联主席万立骏到济南调研期间，对济南侨联基层组织建设和社区为侨服务工作给予肯定。12月，《党建领航“四化”推进天桥区打造省级“侨胞之家”华黎样板》经验做法先后被《济南改革》、中国侨联《基层侨联建设》印发推广。以山东师范大学为试点，整合多方资源，推进“地方侨联＋大学侨联＋校友会”工作模式，推动新时代高校侨联工作创新发展。

【侨法宣传月启动仪式】 9月17日，济南市侨法宣传月启动仪式在历下区大明湖街道县东巷社区广场举行。活动为纪念《中华人民共和国归侨侨眷权益保护法》颁布30周年而举行。活动现场，与会人员与侨界群众、社区居民代表共同参观图片展，市侨联“侨星”志愿服务队法律分队成员现场解答群众的法律咨询。

【济南市侨联八届八次全委（扩大）会议】 9月29日，济南市侨联八届八次全委（扩大）会议在龙奥大厦召开。会议传达学习市委十一届十一次全会精神和市领导关于全市侨界战疫工作的批示精神，共同学习中国侨联十届三次全委会议和山东省侨联九届二次全委会议精神，审议并通过全委会工作报告。

【中国侨联到济南调研】 11月4—5日，中国侨联党组书记、主席万立骏一行到济南调研，宣讲党的十九届五中全会精神，了解地方和高校侨联工作、加强基层组织建设和新侨创新创业工作。万立骏一行先后到济南华黎社区“侨胞之家”、百花洲侨驿站调研，在山东师范大学召开侨联基层组织建设座谈会，参观侨商投资建设的“济南宽厚里”文旅商综合体项目，实地考察浪潮集团、德迈集团，看望归侨院士和抗疫英模。

（邱文锴）

【概况】 截至2020年年底，济南市共有台籍同胞77户、119人，其中高山族同胞16户、25人，回台定居台胞10人；济南地区去台人员亲属（简称台属）4000余户、2万余人。市台联所辖县（市）区及山东大学、济南大学台属或台侨属联谊会共12个。

【加强思想引领】 团结引导全市台胞台属学习贯彻全国“两会”精神和党的十九届五中全会精神。开展“庆祝新中国成立71周年征文”“铭记入党誓言、不忘入党初心”等主题活动。编写台联战“疫”工作纪实，通过全国台联网站、泉城统战公众号等，宣传住济台胞台属主动抗疫的感人事迹。及时报道台联工作动态，20篇工作简讯被《全国台联》《山东台联》、“台胞之家”网站、“泉城统战”微信公众号等登载。台联界别政协委员围绕市委、市政府中心工作参政议政，全年共提交各类议案、提案7件，并被收录到全国台联《各级人大代表、政协委员提案议案汇编》。

【助力疫情防控】 市台联按照市委、市委统战部防控工作要求，第一时间向全市台胞台属发出倡议。以多种形式宣传防疫规定、复工复产政策措施，加强舆论正向引导。做好定居台胞相关工作，实时了解掌握台胞情况，开展“同心抗疫送温暖”活动，帮助部分老台胞、生活困难台胞解决燃眉之急。开展“筑同心深联谊、暖心服务到基

2020年3月2日，市台联到“双联共建”企业济南金海岸汽车服务有限公司开展“奉献爱心抗击疫情，助力企业共克时艰”活动

（市台联 供稿）

层”主题活动，助力台资企业复工复产。依托团市委“青鸟计划”平台，帮助历下、历城、济阳13家台资企业缓解用工需求，招聘对口专业岗位26种，签约近400人。全市住济台胞台属累计捐款近10万元，台商协会会员累计捐款捐物价值70余万元。

【为民服务】 践行“五暖工作法”（面带微笑表情暖、沟通交流语言暖、协商聚识方法暖、服务助力行为暖、团结联合氛围暖），帮助台胞解决户籍更正、工作调转、退休办理、入托入学等问题。开展全市定居台胞基本情况调查，全年共帮助12户困难家庭申请到全国台联、省台联特困补助，27位60岁以上台胞申领到全省老台胞生活补贴。结合重要传统节庆，走访看望老台胞、台胞遗属、困难台胞70余户次。结合重大纪念日，开展线上纪念“《反分裂国家法》实施15周年”等系列活动。结合服务群体特点，开展“同心抗疫送温暖”“为台籍考生爱心送考”“特别的六一、童样的精彩”等活动。

【加强教育培养】 举办2020年全市台胞台属培训班，深化对中央大政方针及对台工作的认识，提高中青年台胞台属代表人士及台籍干部队伍素质。适应两岸关系新形势和常态化疫情防控要求，探索“线上为主、线上线下相结合”新模式，组织“两岸青年线上电商直播课程”山东分会场培训。加强与市青联及各群众团体联系，搭建更多协作平台，使青年台胞在社会实践中更好地献计出力、履职尽责。市青联委员李怡、吴頔分别获评2020年济南市青联优秀秘书长、优秀青联委员。

【促进多向交流】 组织青年台胞参加鲁港澳台青年山东交流营，推动青年交流互动、创新创业持续发展。加强与中国台湾基层统派社团、青年群体和少数民族的线上联系，组织全市定居、常住台籍中小学生参加首届“龙腾华夏”全国少年儿童习传中华优秀传统文化展演。与市台办、市公安局、市台商投资企业协会等开展横向联系，协作助推服务台胞工作。与市青联、市民革开展座谈交流，建立长效联系新机制，打造对台工作新载体。加强同其他省、市台联学习和交流，做好台联群团改革工作。

（张　丰）

【概况】 2020年，市工商联以促进省会民营经济高质量发展为主线，以加强新时代民营经济统战工作为抓手，实施“盈商润济·聚力”行动，推动各项工作全面提升。年内，市工商联被评为2020年度全国工商联信息工作先进单位、全省民营企业调查点工作先进单位、全国文明城市创建工作先进集体。

【抗疫复产】 组织动员民营企业和商（协）会捐款捐物价值1.1亿元。在全国工商联系统率先开展服务企业复工复产的“暖春行动”，一线走访慰问企业300余家，市委统战部、市工商联联合推出《新时代民营经济政策汇（战“疫”篇）》，举办中小微企业复工复产政策线上解读活动，主办泉城名企万店迎“五一”“十一”惠民助企促消费活动，经验做法被全国工商联信息、新华网、人民网刊发。

【政治引领】 学习贯彻习近平总书记在企业家座谈会上的重要讲话精神，举办交流分享报告会；围绕学习贯彻党的十九届五中全会精神、民营经济统战工作会议精神等专题，在网站、微信公众号发布“企业家畅谈学习体会”20期，开展“盈商润济·守初心建功业”主题实践活动，引导民营经济人士投身文明城市建设。推动所属商会党组织实现增量“双揭牌”、存量“全覆盖”，覆盖率达100%，商会党建工作走在全国前列。开展“盈商润济·党旗红”示范创建活动，30家企业、商会党组织被评为示范单位。

【经济服务】 举办“亲清沙龙”服务活动9期，400余家企业现场参与，帮助中小微企业融资贷款近10亿元。成立济南工商企业仲裁中心、商事调解中心。举办济南民企高校泉城招聘周活动，提供就业岗位2000余个。牵头成立省会经济圈商会合作发展联盟，支持民营企业成立济南民营联合投资股份有限公司，协调推动“济南总商会大厦”项目，服务推动国际黄金珠宝产业中心落地工作。加大“双招双引”

2020 年 5 月 22 日，济南市工商联十四届四次执委会会议在舜耕会堂召开

（市工商联　供稿）

工作力度，对接全国工商联直属商协会和异地商会 10 余家，与中国航油山东分公司等 6 家央企精准对接，赴中国澳门开展交流合作。联合市委组织部和省民营企业高质量发展服务队，主办山东新旧动能转换基金助力“万名干部下基层”服务队项目（济南）对接会，12 家企业与 9 家基金公司现场签约金额 12.3 亿元。

【参政议政】　围绕引导民营企业融入新发展格局、省市一体化发展、科技创新等提出的意见建议，得到市领导肯定。围绕服从服务融入国家三大战略、黄河流域生态保护和高质量发展战略、促进民营经济高质量发展等专题，开展调查研究，调研成果提交市政协十四届四次会议大会发言 2 件、团体提案 6 件，提交社情民意信息 40 余篇。多篇建议得到全国政协、全国工商联、省政协、省工商联重视并采纳。在全省工商联系统调查研究工作会上做典型发言。

【组织建设】　召开市工商联十四届四次执委会议。推进省会民营企业家素质能力培养提升工程，在山东大学威海校区组织省会民营企业家素质能力培养提升培训班，组织活动 10 余期，现场培训千余人次。“实训带学、云端开讲”活动邀请全市 4 位知名企业家做专题讲座，网络点击量突破 60 万次。出台《济南市工商联所属商会管理工作办法》，推进“四好”商会创建活动，市流通业供应商协会、温州商会、河北商会、台州商会、邯郸商会、莆田商会、历下区女企业家商会 7 家商会被评为2019—2020 年度全国“四好”商会，市工商联建筑产业发展促进会、温岭商会、莱芜区青年企业家商会、市中区大观园街道商会、长清区餐饮商会等 12 家商会被评为省级“四好”商会。举办“盈商润济·商会同行”泉城商会高质量发展论坛。成立市工商联餐饮协会、智慧社区产业协会、美业商会、女企业家商会、职业经理人商会等 10 家行业和综合性商会，成立中国澳门济南同乡会、济南市保定商会、黄冈商会等 10 余家异地商会。

【助力脱贫攻坚】　召开“聚力攻坚决胜 2020”脱贫攻坚现场会，实施“千企帮千村”行动，直接帮扶贫困村 146 个，实施帮扶项目 328 个，4 年累计投入 2.3 亿元。依托商会拓展消费扶贫方式，在全市设立农产品销售公益摊位 94 个，举办“精准扶贫·乡村振兴爆款产品中秋团购会”“红社区、扶贫购”等系列活动。推进东西部扶贫协作，在湘西州投资逾 5000 万元，捐款捐物 150 万元。市工商联在山东省总商会系统助力乡村振兴现场会上做典型发言。

（姜庆鲁）

【概况】　2020 年，济南市文学艺术界联合会（以下简称“市文联”）围绕中心、服务大局，举办“文化济南”主题研讨会、“黄河交通 100 年”摄影大赛、“大美济南”摄影大赛、“新时代·黄河颂·我先行”采风创作等活动，举办第七届全国道德模范故事汇小分队基层巡演，组织知名曲艺家深入到市中和历城演出，助力新时代文明实践建设。持续推进“中国梦”主题创作，21 部文学作品参评“泰山文学奖”且获奖数量位居全省前列，4 部文学作品获优秀签约作品。编辑出版《当

代小说》12期，增设“抗疫”栏目讲述抗疫故事。编辑出版《音乐传递爱》优秀原创歌曲集和《大美济南·精彩无限》航拍摄影大赛作品集。开展文艺志愿服务活动，组织济南市新时代文明实践文艺志愿服务群众合唱艺术培训基地挂牌暨合唱骨干培训活动，在历城、长清、章丘、天桥新建群众合唱培训基地4处，培训合唱骨干300余人；“文艺进万家、健康你我他”济南市新时代文明实践文艺志愿服务项目被中国文联列为新时代文明实践文艺志愿服务5省市扩大试点品牌项目并进行推广；推广运用中国文艺志愿服务智慧平台，设立“济南文联泉城文艺志愿者”微信公众号和“济南文艺志愿者协会”微信公众号，实现文艺志愿服务相关项目入网。

【助力疫情防控】 开展“疫情防控、志愿有我”新时代文明实践志愿服务等活动近千人次，并赠送急需的防疫物资。聚焦抗击疫情重大主题，组织创作诗歌、散文、歌曲、美术、书法、摄影等3000余件优秀文艺作品。通过协会网站和济南广播电台、济南电视台、“学习强国”“爱济南”等有关媒体，线上展播300余件书画摄影和音乐作品，累计播放观看超过200余万人次。通过网络平台向武汉市音协、武汉广播电台推送歌曲50余首，原创歌曲《我是你的光》在新华社App浏览量超过100万次。组织“文艺战疫·致敬英雄”公益捐赠书画作品展、“山河同春”抗疫主题美术作品展、济南战“疫”摄影作品展、“音乐传递爱”抗疫歌曲网络音乐会等活动，捐赠作品800余幅（件）。

【济南战“疫”摄影作品展】 2002年5月14日，由市文联主办的济南战“疫”摄影作品展在济南市文化馆举办。展览分为“万众一心”“逆行而上”“群防群治”“复工复产”“百姓生活”“凯旋归来”等主题版块，展出的100余幅作品是2000余幅摄影作品中的精品，内容均为市摄影家协会会员和摄影爱好者深入到疫情防控一线，用镜头记录下的广大干部群众团结一心、抗击疫情的动人瞬间。

【济南市“5·23”文艺志愿服务活动走进三涧溪村】 2020年5月25日，由市文联主办的济南市“到人民中去——5·23文艺志愿服务”美术书法摄影展暨歌曲展播在章丘区三涧溪村举行。展出的200余幅美术书法摄影作品，是艺术家们精心创作的抗疫主题佳作，同时滚动播放90分钟的抗疫主题原创歌曲，并向三涧溪村捐赠美术书法摄影作品40幅、歌曲集和光盘40套。

【“文化济南”主题研讨会】 2020年6月6日，由市文联等单位主办的“文化济南”主题研讨会举行。20余位专家、学者及有关部门负责人围绕《政府工作报告》“打造‘文化济南’，全面提升城市文化软实力”的议题，结合新时代文明实践，就如何打造“文化济南”、如何发挥济南文艺志愿者作用等问题展开讨论并提出建议。会议期间，济南文艺志愿者协会发布《济南文艺志愿者倡议书》，举行“济南市新时代文明实践文艺志愿基层服务站”揭牌仪式和“济南市旅游志愿服务五龙潭工作站”颁牌仪式。

【济南国际合唱节连续6年成功举办】 2020年8月26日，新华网对济南国际合唱节上线播放进行宣传展示，一天点击量超百万人次，并被“学习强国”客户端、《人民日报》

2020年12月11日，新时代文明实践文艺志愿服务队走进吴家堡 （周立业 摄）

客户端、“中央电视台”客户端等主流媒体转发点赞。从2014年开始，由市文联主办的济南国际合唱节已连续成功举办六届。六年间，济南国际合唱节先后吸引1000余支国内外合唱团参加演出，举办70余场培训班、30余场大师班·工作坊、40余场高水平合唱音乐会，线上线下1200余万人次参与。

【济南市作家协会第七次会员代表大会召开】 2020年9月19日，济南市作家协会第七次会员代表大会在济南召开。大会听取审议并通过第六届理事会工作报告和新修订的协会章程，选举产生新一届理事会和协会领导班子，省市有关领导及118名会员代表参加会议。会议强调，始终以习近平新时代中国特色社会主义思想为指导，抓住文艺事业发展的大好机遇，努力在新时代实现新突破，再创济南文学新辉煌。

【“新时代·黄河颂·我先行”采风创作活动】 2020年10月21日，“新时代·黄河颂·我先行”采风创作活动在新旧动能先行区举行。活动重点围绕携河北跨、主城北起、黄河两岸生态历史、先行区建设发展等生动实践，运用多种文艺形式，讲好济南黄河故事，助力黄河流域生态保护和高质量发展战略的实施。市文联组织作协、美协、书协、摄协、音协等门类的艺术家30余人深入先行区开展系列采风创作活动，挖掘先行区文化建设新亮点，捕捉新时代最生动的场景和最感人的故事。

【“黄河交通一百年”摄影大赛】 为贯彻落实黄河流域生态保护和高质量发展战略，传承黄河文化，弘扬黄河精神，讲好黄河故事，市文联等单位举办“黄河交通一百年”摄影大赛，有955幅作品参赛。《黄河春夏秋冬》（组图）获一等奖，《黄河晨曲》《浮动的旋律》获二等奖，《跨越黄河》等7幅作品获三等奖，《齐河黄河大桥》等30幅作品获优秀奖。

2020年9月19日，济南市作家协会第七次会员代表大会在济南召开　（周立业　摄）

【济南市“精准扶贫·文艺进百村”采风创作展】 2020年11月9日，由市文联主办的济南市“精准扶贫·文艺进百村”采风创作展在龙奥大厦开幕。9—11月，市作家协会、市美术家协会等7个门类的200余位艺术家深入全市150余个村庄，扎根脱贫攻坚最基层，创作文艺作品1000余件，展览精选其中的400余幅作品进行展示。采风创作展还在章丘文博中心、历下区百花洲、济南报业大厦等处巡回展示。

【首届特殊儿童美术培训班开班式暨爱心捐赠活动】 由市文联主办的“文艺进万家、健康你我他”济南市首届特殊儿童美术培训班开班式暨爱心捐赠活动，于2020年12月4日在济南天翼儿童特训中心举办。活动当日，济南明天儿童美术馆的文艺志愿者为天翼儿童特训中心的自闭症儿童进行艺术培训，市文联、市残疾人文联向孩子们捐赠学习用品及图书。

【第七届全国道德模范故事汇小分队基层巡演济南站活动】 2020年12月15日，由中央文明办、中国文联主办，中国曲协、山东省文联、山东省曲协、济南市文联承办的“第七届全国道德模范故事汇小分队基层巡演”首场演出活动在市中区舜玉路街道和历城区鲍山街道曲家庄村进行。演出节目既有山东特色的山东快书、山东琴书，又有相声、湖北大鼓等南北曲种，还有社区自己演出的节目，内容丰富、精彩纷呈。巡演讲述模范故事，弘扬模范精神，推动在全社会形成崇德向善的浓厚氛围。

（周会然）

【助力抗疫复产】 帮助60家企业解决防疫物资短缺、周转资金困难等实际问题45个，指导帮助金诺展览、世博展览等5家展览公司进行复工复产。联系德国、意大利、荷兰等10个国家的友好商协会，打通防疫物资国内外采购渠道16条，开辟全省首个防疫物资进口保险通道，组建国际采购保障联络平台，平台累计促成防护服、测温仪、口罩等紧缺物资采购订单1.4亿元，推动防疫物资出口订单5.7亿元。出具全市首份新冠疫情不可抗力事实性证明书，累计出具9份，涉及合同金额10.5亿美元，第一份证明书入选市博物馆“新冠肺炎疫情防控代表性见证物”收藏。累计发布入境实施限制性措施、贸易管制等经贸摩擦预警信息326条，发布美国等22个国别的年度《营商环境与投资风险国别分析报告》，帮助企业了解海外经贸投资政策及法律环境，防范风险，减少疫情等因素带来的损失。

【贸易投资促进】 全年举办、组织参加“魅力济南”云展会和线上商品展20场，达成意向成交额2.2亿元。开展各类“云培训”25场，培训企业人员近2000人次。支持在济南举办展览项目25个，参展企业9310家，展位数26078个，展览面积100万平方米，参会观众148万人次，现场及意向成交额91亿元。促成法国高美艾博展览集团与中贸科技集团在济南共同组建济南市第一家合资展览公司——中法合资高博中贸会展集团，该项目也是法国高美艾博展览集团首次与国内展览公司合作。主办专业市场类展会，2020济南酒店餐厨用品博览会吸引参展商400余家，参展品牌600余个，济南成为江北最大的酒店餐厨用品集散地；2020中国（济南）国际汽车配件展览会有1200余家卡车零部件企业参展。举办“投资商进济南”暨济南与粤港澳大湾区产业合作会等招商引资活动3场，促成签约项目20个，涉及总金额81.7亿元，和比亚迪、TCL、星云集团等近200家深圳、福建重要企业和产业基金建立联系，收集招商信息96条，促成在谈和签约项目38个。

【国际联络】 全年共与80家国际商协会签订合作协议，与日本、意大利、埃及等20个国家和地区的33家国际商协会对接洽谈39次，涉及活动20场。抓住《区域全面经济伙伴关系协定》签署契机，强化与日韩、东盟等的合作，举办中日养老产业交流会、国际商协会防疫物品合作在线会议等线下线上活动8场。

【商事法律服务】 全年提供涉企咨询服务1500余次，签发一般原产地证书8764份，同比增长44.5%，涉及贸易金额35.26亿元，同比增长35%；优惠原产地证书386份，同比增长41.3%，涉及贸易金额1.96亿元，同比增长110.4%，为企业减免关税约1910万元，同比增长45%；商事证明书等认证共计1643份，同比增长43.7%，发票类认证涉及金额8252.2万元，同比增长154.36%。参与调解贸易纠纷4起，涉及贸易金额约371万美元。中国贸促会济南市分会获评中国贸促会自贸协定服务中心突出进步集体。

【“对话山东——日本·山东产业合作交流会”主题研讨会】 2020年7月30日在济南、东京、大阪同时举行，省委书记刘家义出席研讨会并与日方嘉宾视频连线，省委副书记、省长李干杰致辞，省委副书记杨东奇主持。市贸促会全程与省贸促会保持衔接配合和对接联络，收集、整理各县区线上参会企业227家，省委常委、市委书记孙立成，市委副书记、市长孙述涛等参加活动，济南面向新基建的互动型智慧能源综合系统等17个项目进行现场签约。

【第三届国际工商知识产权论坛】 1月16日在济南举办，中国贸促会、省政府和济南市领导出席并致辞，来自商务部、国家知识产权局、海关总署等国家部委，世界知识产权组织中国办事处、日本贸易振兴机构北京代表处等国际组织驻华机构、企业等的500余人参会，约15家国家级和省级媒体进行宣传报道。

【“魅力济南”商品展和招商引资系列

活动】 举办“魅力济南”进出口商品云展会10场，面向印度、澳大利亚、孟加拉国、巴基斯坦、尼日利亚、肯尼亚等13个国家，邀请国际采购商157家，帮助350家次企业对接洽谈轮次550次以上，场均成交率在80%以上，覆盖全市汽车零部件、医药防疫物资、机械装备、建材、食品等重要行业。举办“魅力济南”系列招商活动4场。首次在海外举办招商推介会——“魅力济南”（日本、韩国）招商引资推介会，共收集日本企业有效合作信息30余条、韩国企业有效合作信息10余条，参会济南企业与日本企业达成合作意向14个，签署战略合作协议1个。

（高　环）

【概况】 2020年，济南市残疾人联合会（以下简称“市残联”）组织实施为持证残疾人精准康复服务全覆盖工程、残疾人“日间照料”千人工程、“需求—培训—就业”精准服务万人工程、“双送”（送文化、送辅具）进百村（社区）工程、社会志愿助残“六服务”（助洁、助餐、助浴、助行、助医、助乐）工程5项重点工程，为1068名残疾人提供机构托养服务，为2762名残疾儿童实施康复训练救助，为3000名残疾人提供居家托养服务，为8916名残疾学生和残疾人子女提供教育资助，为1.06万人次残疾人实施培训就业服务，为1.25万名精神残疾人实施服药或住院补贴救助，为2.43万名残疾人适配辅具2.92万件（套）。3.2万名贫困残疾人享受生活补贴，7.2万名重度残疾人享受护理补贴。20.66万人次残疾人获“助餐、助洁、助浴、助行、助医、助乐”服务。济南市残疾人“闭环式”培训就业服务模式得到中国残联和省残联肯定；全国残疾人文创就业联盟在济南市成立，残疾人文创就业模式在全国推广；残疾人家庭无障碍改造做法获全国推广；拟制的《城镇残疾人居家托养服务规范》《城镇残疾人日间照料服务规范》两项省级标准被正式公布；建档立卡贫困残疾人遍访行动，被市扶贫开发领导小组作为典型经验在全市扶贫系统推广，济南市多项残疾人工作走在全省乃至全国前列。

2020年1月14日，全市残联工作会议召开　（市残联　供稿）

【残疾人脱贫攻坚】 市残联制定《济南市残联脱贫攻坚调研核查评估实施方案》《全市残疾人脱贫攻坚全面检视工作方案》，先后两次召开全市残疾人脱贫攻坚工作推进会。成立8个脱贫攻坚工作检查督导组，定期通报脱贫攻坚进展情况，对脱贫攻坚进度不力的区县残联进行约谈；配合做好市委脱贫攻坚专项巡察，全面完成巡察问题整改。组织开展两次遍访建档立卡贫困残疾人活动，查漏补缺整改6800多个惠残政策漏人漏项问题，被市扶贫开发领导小组作为典型经验在全市扶贫系统进行推广。全市2.35万名建档立卡贫困残疾人实现稳定脱贫，视力残疾人王堃获“全国脱贫攻坚奉献奖”，市残联教育就业处获评“全市脱贫攻坚先进集体”，市盲人按摩指导中心获“济南市脱贫攻坚事业单位集体嘉奖”。

【残联改革】 市政府办公厅印发《济南市残疾人联合会改革实施方案》，明确改革的时间表和路线图。做好各区县残联改革加法文章，将残疾人工作落实情况纳入本地经济社会发展综合考核和各级党组织党建工作述职内容，将“一专两员”（残疾人专职干事、残疾人就业扶贫服务员、残疾人康复服务员）管理主体下放，明确社区（村）残协专职委员补贴标准。历城区作为全国基层残联组织专项改革试点县在全国基层残联组织专项改革工作视频会议上做典型发言，党建引领新时代残疾人事业高质量发展工作经验在全国推广。

【“智慧残联”服务】 “智慧残联”与政务服务网对接，开通网上办事大厅，面向社会开放的公共数据共享目录19个、接口34个，提供办证、康复、教育、就业、培训、维权、辅具申请等10余类20余项服务，实现残疾人服务事项“一网通办”“一次办成”。完善调查手段，优化电脑端和手机端调查工具，深入分析调查结果，全面完成6507个社区和182398名残疾人精准服务需求调查工作，为进一步开展工作提供支撑。

【“闭环式”服务模式】 创新培训就业服务理念，推进流程再造，打造残疾人“闭环式”培训就业服务模式，建立残疾人培训就业需求、培训服务机构、用人单位用工需求等3个数据库，总结提升摸清残疾人需求、掌握用人单位需求、建立数据库等“十步工作法”，使服务更加精准高效，全年培训残疾人7445人次，培训后新增就业3209人。

【全国残疾人文创就业联盟成立】 10月28日，全国残疾人文创就业联盟在济南揭牌成立，同时举办华东地区残疾人文创作品展览。该联盟是由中国残联和山东省残联指导，济南市残联牵头主抓，济南市槐荫区残联和山东世博动漫集团具体承办执行的非法人单位产业联盟。联盟达成《促进残疾人文创就业济南共识》，计划用3年时间，实现线上培训不低于5000人次，建立“荔枝花开”工作室和创业公司200个，实现销售产值5000万元，带动残疾文创人才就业创业不低于500人的目标。

（刘素玉）

【概况】 2020年，济南市红十字会统筹推进新冠肺炎疫情防控和红十字事业发展，发挥自身独特优势，提升核心业务，增强人道服务能力和水平，充分发挥党和政府在人道领域的助手和联系群众的桥梁纽带作用。

【新冠肺炎疫情防控】 第一时间启动应急预案，对全市各级红十字会疫情防控作出部署，实行疫情防控24小时应急值班制度，做好社会各界捐赠款物接受、清点、发放及人道支援工作。全市红十字会系统募集款物5445.77万元，支出款物5435.97万元。优化捐赠流程，制定完善疫情款物捐赠工作制度，建立高效专业募捐工作机制，建立捐赠接收使用台账，做到账款相符、账物相符、账账相符。首次开通网络捐赠渠道，开通微信二维码捐款业务，开通电子票据。加强信息公开，第一时间将捐赠信息通过官网、官方微信和主流媒体公示，主动接受监督检查。助力复工复产，对各支红十字志愿服务队参与疫情防控进行指导协调，开展社区排查、健康监测、防控知识宣传等工作。全市参与疫情防控红十字志愿服务600余人次，服务总时长5万小时。

【应急救援能力建设】 通过参加全省首届社会救援力量技术竞赛、举办技能训练等活动，提升应急救援志愿服务队专业技能。参与景区山地、水库救援活动，出动救援队员百余人次，救援时长逾500小时，直接受益人数10人。加强救灾备灾仓库规范化建设，规范物资出入库手续，争取市财政彩票公益金100万元支持，专项用于采购备灾救灾物资，提高应急物资保障能力。

【人道救助】 募集非疫情捐赠款物381.12万元，发放款物518.62万元，免除医疗费用近500万元，受益群众21740人次。强化救助服务意识，创新便民服务举措，通过集中发放、上门走访等形式，持续开展“博爱泉城送温暖”“圆梦大学”“春天行动”“香港培才教育助学”“小天使基金”“光明救助”“贫困尿毒症患者救助”等助学助困助医项目。加大对湘西州对口帮扶力度，调拨价值113.33万元的扶贫救灾物资。

【应急救护培训】 全市红十字会系统开展公益性普及培训316期、47067人次，举办救护员培训90期、2373人次，开展养老照护培训329人次。拓宽公益性应急救护培训

"进机关"活动。加强景区救护站救护员规范化培训，对九如山、灵岩寺、野生动物世界、朱家峪、红叶谷等9家4A级景区人员开展培训，各景区红十字救护员覆盖率超过20%。为景区救护站配备急救箱、心肺复苏模拟人等救护器材，提供可靠救护保障。启动公共场所AED布设前期准备工作，丰富应急救护宣传形式，通过网络直播、设点咨询、陈列展板、悬挂标语、发放宣传资料和现场演示自救互救技能等方式，普及应急救护知识。

【造血干细胞和人体器官组织捐献】调整完善造血干细胞捐献流程，开展造血干细胞在库志愿者保留项目，开展"热血蒙面侠""六月风铃行动"等造血干细胞捐献志愿服务品牌项目，联合济南电视台开展造血干细胞捐献100例宣传活动，市红十字造血干细胞捐献志愿服务队联合遗体（角膜）捐献志愿服务队，深入医院、献血屋、乡村等，宣传普及红十字捐献知识，开展关爱活动。更新遗体角膜捐献接受单位接受流程，严格检测标准，细化接受程序。联合山东福寿园，以"生命回响·云上缅怀"为主题，开展清明节网上共祭，缅怀为医学教育和科研进步做出贡献的志愿捐献者。2020年，造血干细胞血样采集入库550人份，捐献19人，累计捐献突破100例；遗体捐献登记207人，实现捐献54人；角膜捐献登记192人，实现捐献37人；见证器官捐献实现131人，累计突破300例。

【红十字宣传】借助公众号、网站、直播等新媒体宣传优势，宣传"人道、博爱、奉献"的红十字精神。组织开展"助力疫情防控、红十字救在身边"系列宣传，联合大众网、海报客户端等，开展"为生命礼物架起传递桥梁——为您讲述捐献背后故事"和"急救知识云开讲——市红十字会教您发生意外怎么办"网络直播，红十字工作者、志愿者与网民交流互动，60余万人关注。

【基层组织建设】推进红十字会参与城乡社区治理，在全市城乡社区围绕"三救三献"核心业务，开展"博爱泉城在社区"活动。对博爱家园、红十字微学堂等项目加强业务指导，及时调度，确保项目发挥实效。深化红十字青少年和红十字学校建设，开展"博爱泉城少年行"活动，在青少年中传播红十字运动知识，开展防灾避险、自救互救以及预防艾滋病、预防近视、禁毒、不吸烟等生命健康教育。2020年，全市建设红十字基层组织64个、红十字社区18个、红十字学校20个。在全市开展冠名红十字医疗机构专项清理工作，对不符合冠名要求的医疗机构，讲明政策，及时沟通，对取消冠名的医疗机构按照相关规定上报省红十字会，及时在市红会网站向社会公示。

【红十字志愿服务】通过组织开展参与疫情宣传、知识普及、劝返值守等各具特色的红十字志愿服务活动，扩大志愿服务影响力和向心力。在泉城广场设立红十字志愿者基地，组织志愿者参与"我为创城助力——红十字志愿者在行动"等创城服务活动。在泉城广场室外设立红十字知识宣传栏，宣传红十字会相关知识。推荐志愿者参评各类相关表彰奖项，增强志愿服务凝聚力和号召力。在全市学雷锋志愿服务"四个100"（100个最美志愿者、100个最佳志愿服务组织、100个最佳志愿服务项目、100个最美志愿服务社区）评选活动中，全市红十字志愿者服务组织有1名志愿者、1个志愿服务项目入选，1支志愿服务队推荐入选省级"四个100"评选。全市抗击疫情最佳志愿服务组织表彰中，造血干细胞捐献志愿服务队和全诚救援队榜上有名，1名志愿者推荐为中国红十字会疫情防控工作优秀志愿者。

（苏　毅）

【概况】2020年，全市各级计生协会以生育关怀和健康促进为主线，聚焦主责主业，深化改革创新，工作取得新进展、新成效。推行《济南市基层计划生育协会工作规范》，明确基层计生协会的职能职责定位和组织网络体系，规范工作标准。出台《济南市基层计划生育协会示范点建设工作方案》，计划利用3年时间在全市建设150个基层计划生育协会示范点，2020年市区两级共建成79个基层规范化建设示范点。2020年，全市有各类计生协会组织6446个、协会会员

571054人，会员小组29364个，会员之家5748个。

【推进计生协改革】 率先在全省出台《济南市计划生育协会改革实施方案》，对区县计生协机构设置、干部配备和街镇、村居计生协组织架构、会员队伍建设等提出指导性意见，加强党对计生协的领导。抓住市委编办对区级群团机关编制配备统一规范的契机，将12个区县计生协由事业单位管理调整为群团机关。市计生协在中国计生协八届五次全国理事会和全省计生协改革推进会议上做典型发言，介绍综合改革经验。

【促进家庭健康行动】 会同市卫生健康委、农业农村局联合出台《济南市服务乡村振兴促进家庭健康促进行动实施方案》，引导农村群众重视家庭健康，打造乡村振兴“泉城样板”。出台《济南市家庭健康促进行动实施方案》和《关于在全市开展家庭健康促进行动工作的通知》，建立95人的“济南市家庭健康教育专家库”，实行市、区、镇、村四级联动，推进家庭健康促进行动，群众健康素养水平由2019年的21.67%提高到22.5%。

【优生优育指导】 联合市卫健委出台《济南市开展优生优育进万家活动实施方案》和《活动评估暂行办法》，建立市、县两级计生协150人优生优育优教专家库，编写《优生优育科普知识读本》，对6500多名村（居）计生协秘书长开展卫生健康知识培训，同时畅通服务网络渠道。建立市县级以优生优育指导中心为龙头，区镇中心（基地）为主体、社区“亲子小屋”为依托的“一干多支”覆盖全市的四级服务阵地。围绕优生优育、儿童早教、育婴照护等技能培训内容，开展“幸福泉·空中课堂”54场次，普及优生优育知识。济南市优生优育进万家活动品牌，被中国计生协作为全国100个优秀案例印发。

【加强生育关怀】 实施计生福利救助保险行动，与中国人寿、太平洋保险合作，投入340万元为近30万人免费办理“生育关怀系列保险”。加强人口关爱基金募捐工作，2020年度募集人口关爱资金120.35万元。开展元旦春节“走访慰问困难计生家庭送温暖”活动，救助慰问计生特困（殊）家庭1000户，发放救助金35.4万元。实施“圆梦助学”工程，投入65.15万元帮助678名计生特困家庭大学生、高中生入学。打造“生育关怀·情暖泉城”志愿服务品牌，为暖心行动、优生优育、家庭健康促进等工作提供技术支撑。

【开展“暖心行动”】 联合市卫健委出台《关于开展“暖心行动”的实施意见》，以精神关怀为重点，建立探索精神慰藉、走访慰问、志愿服务和保险保障等制度。市政府按照失独家庭人均1000元的标准，将暖心行动专项经费列入财政预算，市区按照4：6比例分别承担。组建由6人组成的市级特殊家庭精神关怀专家组。争取建设国家级“暖心家园”1处、省级2处，建成并命名市级暖心家园28处。投入130万元，为49—75岁的“失独”家庭及独生子女残疾家庭父母办理“住院护理补贴保险”。全年开展一对一个案心理疏导1500多人次，集体心理辅导186次，参加人员2100多人次；组织集体联谊活动1836次，参加人员4万多人次。济南市“暖心家园”建设经验在中国计生协暖心家园培训班上推广，《中国人口报》刊登《“暖心行动”的济南路径》。

【流动人口服务】 坚持市民化、网格化、均等化、信息化、一盘棋的原则，以“人口流动、健康同行”为主题，以组织建设为基础，在全市初步探索形成流动人口“1+N+1”工作体系，帮助解决流动人口在生育、生活、生产、健康等方面的实际困难，促进流动人口社会融合。

（许维祥　冯新强）

栏目编辑　张　阳

外事·台港澳事务

外事

【概况】 2020年，市外办加大服务企业复工复产力度，为55家企业办理邀请93批601人次，其中利用国际“快捷通道”协调中国使领馆为重大项目外籍专家发放签证272人次，仅穿黄隧道等2个重点项目就避免经济损失20亿元。实施APEC商务旅行卡倍增计划，将申办门槛降到全国同类城市最低，全年为78家企业243人申办APEC商务旅行卡。推行因公出国极简审批，实现“一表审批”“一体办照”“一窗通办”“一日办结”。开展“外事联百企”活动，向300多家外向型企业问需，赴58家企业调研并提供国际合作支持事项。

【市委外事工作委员会第二次会议召开】 2020年12月10日，市委外事工作委员会第二次会议召开，深入学习贯彻习近平外交思想，全面落实党中央、中央外事工作委员会关于外事工作的决策部署和省委外事工作委员会工作要求，审议有关议题，研究部署重点工作。

【防控境外疫情输入】 严格落实防范境外疫情输入防控措施。牵头13部门16区县（功能区）对20452名境外来济人员闭环管理，做到集中隔离、核酸检测、跟踪管理三个“百分之百”，实现输入病例零扩散、工作人员零感染。完成国家交办任务。接收11个航班2302名中国海外陷入困境公民，1小时41分完成首架在英小留学生包机口岸检疫查验，得到中央和省委充分肯定。保障国际货运航线运行。保障5架重大项目国际包机和500多班4000余人次的国际货运航班机组人员防疫防护和安全飞行，国际货运航线从1条增至7国13条，累计载运货物32000余吨。设立24小时多语种服务热线，发布英日韩等6语种5项疫情防控公告，专人开展电话随访，让驻济外籍人员在疫情期间感受到泉城的温度与温馨。

【搭建对外开放平台】 领事机构落户实现突破。国务委员王毅宣布柬埔寨总领馆落地济南，成为新中国成立后济南第一个外国领馆。打造对日开放战略新支点。抢抓对日合作专属区建设机遇，举办“济南·中日城市合作交流会”，搭建起对日交流合作新平台，为全面深化与日本友城、商协会和企业界的合作奠定基础。拓展济南签证中心服务功能。32个国家授权的签证中心入驻，列北上广后居全国第四位，可为山东及周边省份近3亿人口提供一站式服务，持续营造签证产业链生态圈，带动招引游学、培训等领域衍生业态。

【打造高品质“类海外”环境】 提升城市国际化品质。加快推进全国首部《国际化社区建设与管理通用指南》等3项地方标准，在全市126个街道、748个社区落地实施，联合有关部门打造舜井国际化社区、印象济南国际化街区、济南托马斯国际学校等国际化基础设施，对城市主要交通道路双语标识进行规范。推进友城花园建设。与立陶宛驻华使馆合作建成全省首个友城花园——立陶宛比斯托纳斯花园，立陶宛驻华大使专程到济南出席落成仪式，并与保加利亚卡赞勒格、日本和歌山市等7国11个友城达成友城花园后续建设协议。推进“家在泉城”工程扩容增效。举办“驻济外国人走进12345市民服务热线”活动，开通设立“驻济外国人志愿服务外语专席”，为驻济外国友人了解济南、融入济南提供便捷服务。

【创新友城交往】 针对疫情防控形势要求，采取线上线下相结合方式开展对外交往合作，努力实现疫情防控常态化背景下交往密度不减、合作热度不降。举办俄罗斯喀山“智慧城市”市长线上圆桌会议、中德（济南）垃圾处理与循环经济技术合作线上招商会、金砖国家友好城市和地方政府合作论坛全体会议等视频会议12场，分享抗疫经验，深化交通、垃圾处理等城市可持续发展合作。

【助力企业对外合作】 组织济南企业参加山东省在拉美投资发展企业座谈会、山东省与美国康涅狄格州视频连线座谈会、山东省“拉美桥”服务平台启动仪式、2020以色列智慧水务在线对接会、“Touching济南”世界知名企业交流对话、国际友人健康行等线上线下活动，为企业搭建交流合作平台。

【增强城市国际传播力】 创建“脸书”济南市官方账号、“推特”济南市官方账号、济南市政府英文网、“Hi Jinan”双语微信公众号和“爱济南”App外文频道5个国际传播平台，形成全国首家城市国际传播矩阵，外交部给予高度评价；矩阵点击阅读量超过2589万次，脸书和推特粉丝数超过21万人。

【国际友城合作】 济南市与国际友城心手相连共同抗疫，日韩泰驻鲁总领馆、瑞士阿劳市等19个国际机构和城市发来慰问函电，美国萨克拉门托市、瑞中友好协会第一时间向济南捐赠N95口罩、消毒液等一批防护物资；济南向意韩柬英日等25个友城和友好组织捐赠20万只口罩，服务国家外交大局，拓展济南全方位对外交流合作。2020年9月29日，济南市与韩国浦项市正式缔结为国际友好合作城市关系，友好关系总量增至79对。参加友城俄罗斯下诺夫哥罗德市市庆视频会议等，深化友城间经贸文化友好务实合作。

2020年9月27日，“Touching济南”国际友人健康行活动在济西湿地举办

（市外办 供稿）

【济南·中日城市合作交流会举行】 2020年11月3日，济南·中日城市合作交流会在喜来登酒店举行，来自日本的各界知名人士通过线上线下结合的方式参加会议。省委常委、市委书记孙立成会见与会的日本嘉宾，市委副书记、市长孙述涛出席会议并致辞。会上，济南市推介对日招商引资重点项目。

【“Touching济南”世界知名企业交流对话会举行】 2020年10月30日，市外办与中外企业家联合会共同组织欧力士、戴姆勒、西门子、摩根大通、拉法基豪瑞等世界500强企业及生物制药、金融投资等领域世界知名企业代表访问济南，参加“Touching济南”世界知名企业交流对话会。市委副书记、市长孙述涛参加活动并致辞。会上，济南市推介投资营商环境、自由贸易试验区济南片区建设情况。与会代表就推动金融、产业、投资等领域合作进行交流。

【济南市“类海外”环境建设推进会举办】 2020年10月20日，“济南市‘类海外’环境建设推进会”在济南国家海外人才离岸创新创业基地举办，对首批国际化社区（街区）进行授牌。会上，市外办介绍济南市“类海外”环境建设工作情况。济南历下区舜井社区、槐荫区印象济南作为济南首批国际化社区和国际化街区试点单位，分别获得10万元奖励。

【外事往来】 1月7日，省委常委、市委书记王忠林会见纳斯达克迪拜交易所首席执行官哈米德·阿里一行8人。双方就纳斯达克迪拜交易所发挥品牌优势，与济南在产业金融、企业上市等领域加强合作等进行交流。

1月10—11日，芬兰驻华大使馆公使、副馆长谭碧天访问济南，参加2020年国际冬泳世界杯暨第八届中国济南冬季畅游泉水国际公开赛开幕式，并参观高新区展厅。

1月11日，市委常委、副市长郑德雁会见联合国教科文组织总干事、特别顾问阿贝·拉德金一行。双方就联合国教科文组织加强与济南合作，扩大济南影响力进行交流。

1月15日，韩国首尔市气候环境本部部长金意承一行6人访问济南。市生态环境局、市外办与代表团进行会谈，就东亚清洁空气城市网络框架内的交流合作、两市生态环境保护情况等进行交流。

1月16日，美国楷登电子公司创始人、EDA产业领导者乔·科斯特洛，高瞻股权投资（广东）有限公司名誉董事长大卫·弗兰奇，美国远景风投公司执行合伙人吉姆·霍根，美国硅谷“硅催化器”孵化器公司合伙人劳尔·坎波萨诺，加拿大迈鹊科技有限公司首席执行官道格·莱彻访问济南，参加山东产业研究院组织的EDA产业发展研讨会。市委副书记、市长孙述涛参加会议。

1月16日，市委副书记、市长孙述涛会见世界卫生组织驻华副代表施南一行，双方就控烟工作进行交流。

2020年10月20日，“济南市‘类海外’环境建设推进会”在济南国家海外人才离岸创新创业基地举办 （市外办 供稿）

1月21日，省委常委、市委书记王忠林会见诺贝尔奖获得者、中国科学院外籍院士杰哈·莫罗一行4人。

3月2日，市委副书记、市长孙述涛向韩国水原市市长廉泰英、安东市市长权宁世、大田市市长许泰铤、浦项市市长李康德、抱川市市长朴允国分别致慰问信，就新冠肺炎疫情向国际友城市民表示慰问与支持。

5月21日，市委副书记、市长孙述涛会见费斯托集团大中华区总裁陶澎一行4人。双方就进一步加强合作进行交流。

5月25—26日，日本乐敦制药董事长横井正纪一行访问济南。在济期间，省委常委、市委书记孙立成会见代表团，并与市委副书记、市长孙述涛出席市政府与乐敦中国、思脉资产战略合作框架协议签约活动。

6月4日，省委常委、市委书记孙立成会见SK集团中国总部高级副总裁李新明一行。双方就推进合作，实现共同发展进行交流。

7月23日，立陶宛驻华大使伊娜·玛邱罗尼塔、公使衔参赞伊莲娜·斯卡珠涅切访问济南，为济南市首个国际友城花园——立陶宛比斯托纳斯花园揭幕。

7月29日，市委副书记、市长孙述涛会见东丽株式会社常务执行董事兼东丽（中国）投资有限公司董事长首藤和彦一行。双方就共建国际透析中心项目和济南中日国际医疗科技园达成一致意见。

8月6日，市委副书记、市长孙述涛会见法国电力集团大中华区执行副总裁、能源事业部总经理罗兰一行。双方就在电动车充换电站、综合能源服务、集中供冷等领域拓展合作进行探讨。

8月28日，驻济德国友好人士一行赴济南签证中心考察，并与济南市人民对外友好协会办公室探讨交流筹建济南—德国民间友好交流组织等。

8月28日，英国驻华使馆公使衔参赞戴丹霓率团访问济南，市外办联合高新区投促中心、生命科学城和国际医学中心举办专题园区推介会。双方就推进英国企业、产业与济南园区合作，为园区引进需要的人才和技术人员等进行沟通。

9月18日，法国希华德尔公司投资副总裁周莲一行访问济南。在济南期间，代表团参观浪潮集团，双方就智慧城市领域的发展思路、技术应用和项目案例进行交流，达成初步合作意向。

9月23日，俄罗斯喀山市举办“智慧城市”市长线上圆桌会议，副市长吴德生出席会议并致辞，推介济南经济社会发展取得的最新成果，分享济南在智慧交通领域的先进经验。

9月27日，“Touching 济南”国际友人健康行活动在济西湿地举办，来自德国、法国、韩国等12个国家的34名驻济国际友人参加活动。

10月14日，美国各州驻华机构代表团一行11人访问济南，参加“山东省暨济南市对美国各州医养健康产业推介会”。济南市国际医学科学中心、高新区生命科学城、济南市儿童医院和齐鲁制药集团等单位与会进行推介交流。

10月20日，金砖国家友好城市和地方政府合作论坛全体会议在俄罗斯喀山市举办，市外办通过网络参加会议。

11月3日，济南·中日城市合作交流会在济举行。省委常委、市委书记孙立成会见与会日本嘉宾，市委副书记、市长孙述涛出席会议并致辞。

11月6日，省委常委、市委书记孙立成在上海会见美国江森自控亚太区总裁梁伟超。

11月6日，副市长尹清忠在上海与英国驻华贸易使节吴侨文会谈，探讨济南与英国合作有关事宜。

11月9日，三菱东京日联银行青岛分行行长原义信及分行企划课经理刘增杰一行2人访问济南。市外办与其就给予济南中外资企业更多融资支持，助力济南企业发展等交换意见。

12月3—4日，博茨瓦纳驻中国大使馆政治及经济参赞塔构·达米安·塔帕一行3人访问济南。

12月22日，美国江森自控亚太区总裁一行7人访问济南。在济南期间，江森自控（中国）投资有限公司与济南市政府签订战略合作协议。省委常委、市委书记孙立成会见江森自控亚太区总裁梁伟超一行，并见证签约仪式。

12月28—29日，日本国驻青岛总领馆总领事井川原贤访问济南，参加绿地（济南）全球商品贸易港“链上自贸”保税展示交易中心启动活动。在济南期间，市委副书记、市长孙述涛会见代表团。

（张志国　程　路　李照祥）

【概况】 2020年5月28日、29日先后召开市委台港澳工作领导小组会议和市委台港澳工作会议，推动中央决策部署和省委、市委工作要求落地生根。经国务院港澳事务办公室授权，自2020年8月3日起开始办理因公赴港澳参访人员审批、签注、办证业务。全年接待港澳地区重点人士和交流团组12批、61人次，审批因公赴港澳团组8批、35人次。做好台港澳企业疫情防控和复工复产，年内29件台商投诉和救助、咨询案件全部结案，37件台港澳同胞子女就学等衍生问题全部妥善解决。全市台港澳同胞未发现一例新冠肺炎病例，台胞台属抗疫捐款捐物约96万元，企业复工复产率100%。2020年，济南市济阳区对台经济发展服务中心被评为全国台办系统先进集体。

【年度重点活动】 2月26日，市委常委、统战部部长王拥华调研港资企业疫情防控和复工复产情况，听取企业意见建议，帮助企业纾困解难。

3月20日，市委台港澳办主任薛兴海陪同山东省委台港澳办主任刘渊调研港资企业疫情防控和复工复产情况，了解企业困难和需求，为企业送去防疫物品。

3月31日，市委副书记、市长孙述涛在龙奥大厦会见乾隆集团董事局主席、乾隆国际控股有限公司董事长陈森田一行。

5月28日，副市长尹清忠会见中国香港特区政府驻上海经济贸易办事处主任蔡亮一行，举办“济港交流合作座谈会”。

5月30日，市委台港澳办、市发展和改革委协调22个市直部门单位，出台《济南市贯彻落实“26条措施”办事指南》。

7月3日，省委常委、市委书记孙立成会见乾隆集团董事局主席陈森田，并见证乾隆集团与济南文旅集团签署《“伯克利中国创新产业城项目”合作框架协议》，确定在济南合作建设“伯克利中国创新产业城”。

7月31日，济南市因公赴港澳审批发证业务由市外办移交市委台港澳办。

9月5日，“济台康养产业交流合作恳谈会”在济南舜耕山庄举办。

9月29日，历下区历山路社区会同基隆市5个里共同举办第八届济南·基隆邻里节。

9月30日至10月20日，山东省海峡两岸经济文化发展促进会、济南市委台港澳办、济南市文旅局共同举办“翰墨融两岸、文化搭心桥”济台两地书画展。

12月7日，中国澳门法学协进会会长、全国人大常委会澳门基本法委员会委员李焕江一行到济南参访考察，市委台港澳办组织召开“济澳法律交流合作座谈会”。

2020年11月4日，中国澳门济南同乡会成立　（市委台港澳办　供稿）

【对台港澳交流】　通过线上线下相结合等方式举办20余项大型对台交流活动，强化两岸民众的交流融合。其中，中国台湾中学生中华文化研习营和中国台湾青年志工公益交流夏令营2个活动被列为国台办重点交流项目，9个活动被评为2020年全省优秀对台交流项目。“济台情深‘泉’家幸福”活动被国台办作为典型在新闻发布会上向全国推广。

【对台港澳“双招双引”工作】　2020年5月30日，编制出台《26条措施办事指南》，推行台港澳居民居住证。至12月底，海峡两岸新旧动能转换产业合作区完成框架创建。省委常委、市委孙立成书记12月16—18日率团赴中国澳门举办“济澳合作恳谈会”，取得6家济南企业落地中国澳门、6项双向投资合作、3家中国澳门企业到济南投资的成果。全年新批台港澳资项目100个（其中台资21个），合同利用资金32.06亿美元（其中台资1.63亿美元），位列全省首位。

（商思岳）

栏目编辑　魏添乐

【概况】 2020年，市委市人大常委会完成6件地方性法规的制定工作，废止5件地方性法规，出台3个规范性文件。按照监督法和省、市有关规范性文件备案审查规定的要求，全年共接收市政府报送备案的规范性文件27件。协助全国人大常委会和省人大常委会完成交办的民法典、行政处罚法、乡村振兴促进条例等17件法律法规草案的征求意见工作。

【立法工作】 2020年，市人大常委会完成《济南市机动车和非道路移动机械排气污染防治条例》《济南市河道管理保护条例》《济南市节约用水条例》《济南市历史文化名城保护条例》《济南市院前医疗急救条例》《济南市生活垃圾减量与分类管理条例》6件地方性法规的制定工作，废止《济南市预算外资金管理办法》《济南市预防职务犯罪工作条例》《济南市道路旅客运输管理条例》《济南市油区工作管理办法》《济南市执法违法责任追究办法》5件地方性法规。制定出台《济南市人民代表大会常务委员会关于依法全力做好当前新型冠状病毒肺炎疫情防控工作的决定》《济南市人民代表大会常务委员会关于综合防控儿童青少年近视的决定》《济南市各级人民代表大会常务委员会规范性文件备案审查规定》3个规范性文件。

2020年济南市人大常委会公布的地方性法规目录一览表

表4

法规名称	公布时间
济南市机动车和非道路移动机械排气污染防治条例	2020年1月15日
济南市河道管理保护条例	2020年1月15日
济南市人民代表大会常务委员会关于废止《济南市预算外资金管理办法》等五件地方性法规的决定	2020年7月24日
济南市节约用水条例	2020年9月25日
济南市历史文化名城保护条例	2020年9月25日
济南市院前医疗急救条例	2020年11月27日
济南市生活垃圾减量与分类管理条例	2020年11月27日

2020 年济南市人大常委会制定的规范性文件目录一览表

表 5

规范性文件名称	公布时间
济南市人民代表大会常务委员会关于依法全力做好当前新型冠状病毒肺炎疫情防控工作的决定	2020 年 2 月 13 日
济南市人民代表大会常务委员会关于综合防控儿童青少年近视的决定	2020 年 6 月 18 日
济南市各级人民代表大会常务委员会规范性文件备案审查规定	2020 年 8 月 25 日

（市人大常委会法制工作室）

【概况】 2020 年，全市政法机关贯彻落实中央决策部署、省委工作要求，在市委、市政府领导下，深入开展政法十大攻坚行动，全面深化政法领域改革，巩固全市社会稳定和人民安居乐业的良好局面。

【疫情防控】 健全完善疫情群防群控机制，在全市开展网格化服务管理大排查大改进大提升专项行动，规范建立 1.6 万个标准网格，配备专兼职网格员 4.3 万余名。率先在全省出台打击妨害疫情防控违法犯罪行为的《通告》，规范社会和市场秩序，打击哄抬物价、囤积居奇、制假售假等案件 250 余起，依法办理的全省首例涉疫情妨害公务案，被最高检、省高法评为典型案例。启动重大风险研判预警机制，成立专班实行一日一研判、一案一对策，超前防范处置不稳定因素。落实监管场所全封闭措施，将驻济 10 家监所纳入全市疫情处置大局，落实全员核酸检测、活动轨迹排查，确保监管场所持续安全稳定。聚焦交通运输，开通防疫物资、生产资料、复工包车快速通道，协助 434 家企业接送员工 3.4 万人，完成应急物资运输 1300 余吨。搭建公安“云战疫”平台，构建“互联网 + 网格化”立体防控体系，登记人员动态信息 1.2 亿余条，完成 10 个国家 15 架次 2472 名乘客隔离安保任务。

【服务大局】 服务省市一体化发展格局，制定服务中小微企业发展、服务自贸区建设等意见，加大知识产权跨区域协作司法保护力度。落实“破风行动”任务要求，全部完成“僵尸企业”处置任务，有效防范区域性经济风险。服务保障黄河国家战略，牵头沿黄 9 省（区）省会（首府）城市建立法治协作联席机制，在济南市召开第一次联席会议，举办“黄河战略 · 律师担当”法治服务论坛，牵头制定省内沿黄 9 市生态环境保护区域检察协作框

2020 年 10 月 17 日，市委政法委、市法学会、市司法局、市律师协会主办的“黄河战略　律师担当——黄河流域生态保护和高质量发展法治服务论坛”在济南召开

（市委政法委　供稿）

架协议，组建全省第一家环境资源黄河巡回法庭，彰显济南作为黄河流域中心城市在法治建设中的政治担当。

【维护社会安定】 坚持将政治安全放在首位，完成全国“两会”、党的十九届五中全会等重点时期安保任务。突出超前防范风险隐患，开展涉疫矛盾纠纷排查化解专项行动，创新打造精准维稳一体化平台。强化复杂矛盾问题攻坚，坚持每周调度，一案一策。妥善审理彭某寻衅滋事案等重点敏感案件，维护网络空间秩序和良好舆论环境。严厉打击涉枪涉暴、黄赌毒等严重违法犯罪，开展打击电信网络诈骗三年行动，破获案件4760余起，避免损失约4.97亿元。强化立体化社会治安防控体系建设，全市未发生重特大公共安全事故，是全国唯一实现连续十年命案全破的省会城市。在全省平安建设考核中，济南跻身全省第一方阵，在《国家治理》城市安全综合排名及社会秩序安全排名中，济南列19个副省级及以上城市第三名，在中科院公共安全满意度调查中，济南位居全国第四名，连续四年进入前十，成为“全国最安全城市”之一。

【扫黑除恶】 以推进“六清”行动为抓手，克服疫情带来的收押、提讯、庭审等困难，攻坚大案要案，提高办案质效。全市侦办涉黑案件数、涉黑逮捕人数等主要成果位居全省前列，全国省会城市和计划单列市前十。深化平安乡村建设，狠抓“村霸”问题整治。健全长效机制，继续巩固十大重点行业领域专项行动成果，建立健全金融放贷、工程建设、市场流通等行业监管长效机制，防止边打击、边滋生。

【推进市域社会治理试点】 推进市域社会治理现代化试点工作，以系统化思维统筹资源力量，加强顶层设计和资源整合，建立推进机制和考核体系，形成市级统筹协调、县级组织实施、街镇强基固本的工作格局。建立“格呼网应、一呼百应”工作机制，创新推进一个领导机制、一个指挥体系、一支综合力量，条块协同治理更加顺畅。坚持以扁平化结构防范风险，创新实践新时代“枫桥经验”，召开现场会推广历城区“民为先”社区治理经验做法，加快推进社会矛盾纠纷调处化解中心建设。坚持以智慧化手段提升治理效能，建成全国一流的公安大数据、云计算中心，被称为“济南样本”并在平安中国建设会议上介绍经验。持续加强“雪亮工程”建设和应用，汇集视频资源9万余路，视频资源互通共享程度全省领先。实施网格重构计划，首创网格服务管理地方标准，配备专职网格员3000余名，网格员专职化比例处于全省前列。坚持共建共治共享，拓展群众参与社区治理渠道，健全举报奖励、以奖代补等激励机制，推广“网格+积分”等一批经验做法，让群众成为基层治理的参与者、受益者。

2020年11月16—17日，市委政法委、市法学会主办的“疫情防控与市域社会治理现代化”泉城法治论坛举办 （市委政法委 供稿）

【深化司法改革】 推进政法领域改革，拉出93项改革任务清单，细化51项综合配套措施，成立工作专班，制定考核细则，实施项目化推进，打好政法领域改革攻坚战。深化司法体制综合配套改革，细化员额法官检察官、司法辅助人员权力清单和责任清单，法院员额法官人均办案120件，同比上升9.1%。针对立案侦查、批捕起诉、审判执行、司法鉴定等容易发生问题的环节，健全办案流程管理、案件质量评查、错案倒查问责等监督机制，聘请 50 名执法监督员，对执法司法进行监督，发现问题立即整改，执法司法公信力不断提升。

【深化法治建设】 深入学习习近平法治思想，推进全面依法治市工作，将全面依法治市纳入经济社会发展总体规划，制定《法治督察工作实施办法》，推动各级各部门落实法治建设主体责任。推进法治政府建设示范创建，启动实施政府部门制度建设三年行动计划，筛选有基础性、全局性和影响面广的重大行政决策事项，实行规范管理。优化法治营商环境，在全省率先开展“无证明城市”创建工作，梳理 24 个市直部门 982 项证明事项，其中 330 项无须再由群众、企业提交。在全省率先推行不予处罚、减轻处罚、从轻处罚和从重处罚四项清单，不让企业因小过失贻误大发展。举办“一带一路”法治服务（泉城）高峰论坛，成立法治研究会，为济南融入国家战略提供智力支持。坚持把非诉讼纠纷解决机制挺在前面，两级法院全部建成“一站式”诉讼服务平台，在劳动争议、医疗卫生等纠纷多发领域开展诉前调解。以宣传贯彻民法典为契机，深化“法治六进”活动，实现全市中小学法治副校长全覆盖，40% 以上村居达到法治乡村创建标准。建立法官、检察官、律师以案释法制度，为全市 5200 余个村居社区配齐法律顾问，让人民群众能够就近获得法律服务、感受公平正义。

【服务企业】 服务企业复工复产，出台 60 余项服务措施，疫情期间组织 105 家律师事务所、1058 名律师，成立专项法律服务团，为企业提供义务法律服务 3300 余次，帮助企业挽回经济损失 1170 余万元。开展涉企案件执法司法专项检查，排查涉企案件 2.7 万余件，发现、整改问题 135 个，推动解决涉案资金 9.88 亿元，帮助 1189 家企业解决实际困难。聚焦惠企政策落地等难点，开展“万警进万企”行动，组织 1.8 万余名政法干警，组建 1350 余个联合服务团队，深入 1.2 万家企业送法律送政策送服务，为企业发展排忧解难，帮扶企业解决诉求 1091 个，化解矛盾纠纷 4000 余件，打通政策落地的“最后一公里”。

（李道珍）

2020 年 11 月 26 日，市委政法委、市法学会、市司法局、市律师协会主办的“一带一路”法治服务（泉城）高峰论坛举办　　（市委政法委　供稿）

【概况】 加强行政立法工作，完成各类立法 24 件，为生态环境保护、加强城市治理等提供制度保障。建立重大决策事项目录，严格依法决策程序。创新重大事项法治服务保障机制，全过程参与风景区专项整治实现“零复议、零诉讼”。高标准建成市政府行政复议中心，行政复议基层受理点全覆盖。创新设立行政应诉工作委员会，建立定期通报制度，行政机关负责人出庭应诉率明显提升。

【法治政府示范创建】 10 月，济南市被评为全省首批“法治政府建设示范市”，历下区、莱芜区被评为全省首批“法治政府建设示范区”，章丘区《实施“五项联动”推进建设法治政府》、市政务服务中心《以政务服务热线标准化促进法治政府建设》获全省“法治政府建设示范项目”。

【制度建设】 出台《济南市政府部门（单位）制度建设“三年行动

计划”实施方案》，组织政府部门编制权责清单、职责边界清单、内设机构职责清单，逐项健全工作制度，完善行政决策、规范执法、政务公开、责任追究等制度规范，从源头上形成制度约束、规范权力运行，提高政府运行效能，打造政府部门制度建设“济南样板”。45个部门梳理编制权责事项5126项、边界事项242项、优化再造流程3377项、规范行政裁量权1896项、建立依法行政制度739项、建立内部管理制度1153项，进一步强化依法行政的制度保障，相关经验做法受到司法部关注刊发。

【推进全面依法治市】 市委全面依法治市委员会召开两次会议，对依法治市做出研究部署。落实党政主要负责人履行推进法治建设第一责任人职责，出台实施细则，推动立法、执法、司法、守法普法四个协调小组更好发挥作用。深化法治政府创建，强化法治督察考核。创新开展黄河流域、省会经济圈法治协作，构建长效工作机制。

（刘国斌）

公安

【概况】 2020年，全市公安机关以“打造最安全城市、建设最满意过硬队伍”为目标，全力推进安全稳定、疫情防控、基层基础、改革创新、智慧警务等重点工作，维护省会政治安全、社会安定、人民安宁。济南全年街面“两抢”322天零发案，成为全国唯一连续十年命案全破的省会城市和全国毒情最轻重点城市，连续四年在中国社科院公共安全满意度调查排名中位列全国前十，年内获评“全国首批法治城市创建先进市”“2020年度全省优秀市级公安局”和“全省公安机关执法规范单位”荣誉称号。

济南特警在泉城路开展武装巡逻　（市公安局　供稿）

【打击违法犯罪】 扫黑除恶专项斗争取得决定性胜利，扫黑战果位居全省第一、全国省会城市和计划单列市前十。深入开展“云剑—2020”专项行动，抓获包括潜逃30年的命案逃犯22名，“两盗”和电信网络诈骗案件破案率同比上升25.1%、54.5%。破获食药环、黄赌毒案件3281起。侦办经济犯罪案件436起，避免和挽回损失12.6亿元。

【维护社会治安】 推行“网格驻巡”接处警机制，布建41个网格驻巡点，常态开展公安武警联合武装巡逻，发动治保力量、保安队伍投入社会巡防，全年救助服务群众9174起、调处纠纷16173起。开展社区治理，加快推进全市智安小区达标建设，对全市59个治安复杂区域、33个夜经济区域开展治安复杂区域整治，群众安全感、满意度得到提升。完成十九届五中全会、三级“两会”安保维稳和2020山东省旅游发展大会暨首届中国国际文化旅游博览会、第103届全国糖酒商品交易会等152项559场次重大活动安保工作。

【服务社会】 深化“放管服”改革，出台《服务保障企业复工复产16项措施》、经侦部门服务企业8条举措、交警服务发展10条举措，组建80个公安服务团队开展“万警进万企”行动，保障企业复工复产。首创“户证网来”工作模式，创新研发济南公安“e警通”平台，上线推行办理8类97项高频公安服务事项，累积为群众提供网上服务超千万次。推进创城迎评网上申报、实地考察、问卷调查等工作，打造交通管理、文明养犬、满意窗口和市容顽疾整治“济南样板”，受到中央文明办及参会、考察领导赞扬。

【执法规范化建设】 深化执法监督管理机制改革，狠抓如实受立案工作，研发升级济南执法办案闭环管理系统，省公安厅专门召开执法规范化现场会推广济南经验，《执法过错问责规定》被公安部评为优秀执法制度。出台《110警情“日清零”实施意见》，围绕“出警反馈、处警反馈、音频上传、投诉回访”清零目标，严格警情处置、警情反馈与警情分流，接警处结率同比上升10%。推进“每案必评”信息化、智能化建设，扩容升级“e警通”微警务服务平台，提供公安常见业务咨询、诉求回访、问卷调查等服务，累计回访警情86万余起、案件2.3万余起，回访满意率99.45%。

【搭建一体化立体防控体系】 自主搭建“云战疫”平台、“三大研判”模型和“六大登记”系统于一体的“一三六”立体防控体系，跟进随访涉疫关注人员19.1万余人，登记人员动态信息1.2亿余条，核查出入境信息300万余人次，完成10个国家23架次3656名乘客隔离安保任务。济南公安“互联网＋网格化”科技抗疫经验被国务院疫情联防联控机制专门刊发推广。市局疫情防控工作指挥部被评为“全国公安系统抗击新冠肺炎疫情先进集体”并记集体一等功，出入境管理局党总支被评为省级“抗疫榜样”，全局218个集体和2240名个人受到表扬表彰。

【放开落户限制】 济南公安坚持“顺应民意、自愿选择”原则，持续拓宽落户通道、降低落户门槛，出台《全面放开落户限制实施细则》，突破原条件准入户口迁移限制，实现凡有意愿来济就业和居住生活的非本市户籍人口，均可在济南市城镇申报登记常住户口，不附加任何条件，形成户随人走的社会性流动新格局。全面放开落户城镇限制后，落户工作呈现迁入落户总量高、年轻人落户数量高、人才及普通劳动者落户数量高的“三高”态势，全市净迁入11.6万人，成为全国唯一实施“零门槛”落户的副省级城市。

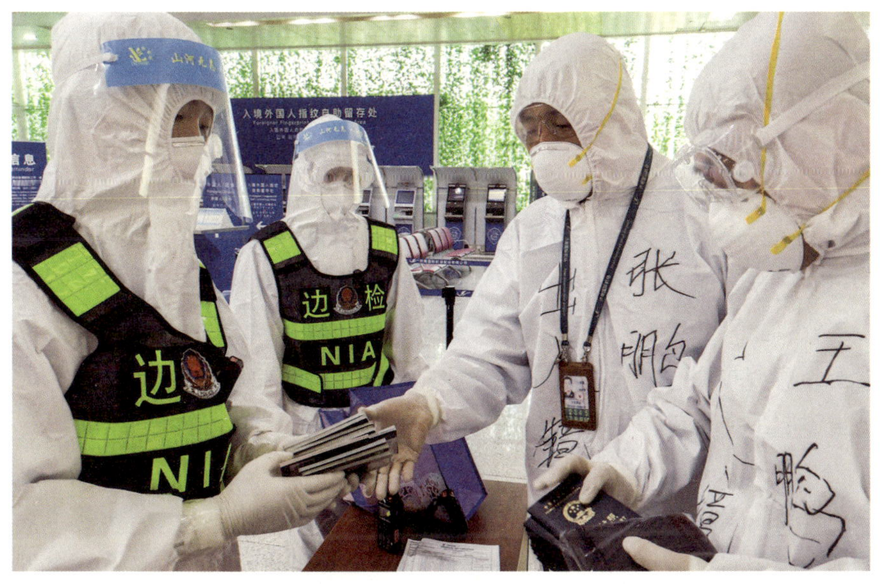

出入境管理部门开展入境人员疫情防控工作 （市公安局 供稿）

【“e警通”获2020年全国智慧警务十大创新案例】 济南公安“e警通”在中央政法委机关报《法治日报》主办的“2020全国政法智能化建设创新案例及论文征集活动”评选活动中，以第二名成绩获2020年全国政法智能化建设“智慧警务十大创新案例”，这是全省公安机关唯一获此荣誉的创新案例。济南公安“e警通”在全国率先推出在线开具“无犯罪记录证明”“临时身份证明”“户籍证明”三大证明，首创“律师查询户籍信息”等功能模块，实现济南公安业务办理的“全国全时一网通办、一站办结”。

【开展“民生突出问题”专项整治】 7—9月，全市公安机关深入开展“民生突出问题”专项整治行动，集中时间、集中警力、集中资源对生活噪声、养犬管理、社区安全、黄赌毒、110接处警、受立案、小案侦防、渣土车违法、食药环、窗口服务等十项民生突出问题进行专项整治，提升公安服务质效，切实解决一批群众反映强烈的突出问题。在2020年度全省群众安全感满意度测评工作中，济南市安全感和满意度较2019年度分别提升0.27分和0.99分。

交警部门开展交通安全宣传行动 （市公安局 供稿）

【开展“两盗一骗一非”违法犯罪专项打击行动】 全市公安机关围绕严重影响群众安全感和经济社会健康发展的“两盗一骗一非”违法犯罪，开展打击“两盗一骗”春季破案会战和打击非法集资专项行动，加强对入室盗窃、盗窃电动车、电信网络诈骗、非法集资等民生案件的侦查打击力度。2020年，全市共破获非法集资案件33起，“两盗”案件2794起，破案率52%，同比上升25.1%；破获电信网络诈骗案件5597起，同比上升97.4%。

【举办首届公安机关数据建模大赛】 4月23—24日，市公安局以“模型制导、数据赋能”为主题，举办首届数据建模大赛。大赛从112个参赛作品中，评选出一等奖5名、二等奖10名、三等奖10名。数据建模大赛，展现济南公安机关改革强警、科技兴警的大数据智能化成果，走出一条具有鲜明济南公安特色的信息化发展新路径。数据模型的有效运用，在提早预测预警、主动防范化解、及时果断处置各类涉疫情风险隐患方面，为警务实战提供支持。

【“五步十抓”如实受立案改革】 树牢“法治是最好的营商环境”理念，深化执法监督管理机制改革，创新实施如实受立案“五步十抓”工作法，接警处警“两个其他”全面取消、分流预警“两个自动”强制入轨、警情案件“两个关键”日清日结、巡查回访“两个手段”刚性纠偏、考评问责“两个促进”跟踪问效，杜绝案件执法“有案不立、体外循环”等问题，全局立案数、破案数大幅提升。2020年，全局刑事案件立案32965起，同比上升29.9%，位居全省第一。

【重构公安预审工作机制】 围绕以审判为中心的诉讼改革，着力提升公安刑事案件办理质量和打击效能，重新构建具有济南公安特色的预审工作机制，推动公安执法能力提升、跨越发展。截至2020年年底，已有13个区县建立公安预审队伍，配备民警156人。通过市、县两级预审专班合成作战新模式，侦破一批“魏某某疑难信访案”“9·25抢劫杀人案”等大要案，受到社会各界一致好评。

【道路交通“减量控大”济南经验被公安部推广】 10月21日，公安部召开全国道路交通事故预防“减量控大”视频推进会，向全国公安机关推广济南交警“减量控大”经验做法。公安部副部长刘钊在讲话中对济南构建“一体六维三防”治理新格局，推动“减量控大”行动高效开展给予高度评价，要求在全国各地公安交警部门学习推广。2020年，济南全市道路交通事故总数、死亡人数分别同比下降5.83%和0.98%。

（莫玉麒 杨硕 燕天翔）

【概况】 2020年，全市检察机关统筹抓好疫情防控和检察业务，各项工作取得新突破、实现新发展。全市32个集体、54名干警获“全国先进基层检察院”“全国检察机关案件管理业务能手”“全省三八红旗集体”“齐鲁最美检察官”等市级以上荣誉，5起案件入选全国典型案例，56篇论文获得省级以上奖励或在知名期刊发表。

【疫情防控检察】 全市检察机关贯彻习近平总书记关于疫情防控重要指示精神，落实市委部署，确保疫情防控和检察业务两不误。通过远程提审、“e出庭”等非接触办案方式，依法办理非法经营、“口罩诈骗”等涉疫情犯罪24件31人。提起公诉的全省第一起涉疫情妨害公务案，被最高检选为典型案例向全国发布。对驻济监管场所开展疫情防控检察890余次，发出检察建议57件。出台应对疫情服务保障中小企业发展的实施意见，编发《服务企业“抗疫”法律政策指引》5600余份，助力复工复产，工作经验被最高检转发。

【保障市委重大战略实施】　对标市委重大部署，优化先行区检察服务站和自贸区法律服务中心作用，推出服务保障自贸区建设16条措施。围绕落实黄河流域生态保护和高质量发展国家战略，出台聚力“四大检察”强化服务保障的10条意见，牵头省内沿黄9市检察机关会签跨区域协作协议，确立8项协作机制。发出检察建议137份，推动清理沿黄建筑生活垃圾9.1万立方米，补种树木2.2万棵，督促有关单位改造污水配套管网。围绕打好防范化解金融风险攻坚战，落实最高检“三号检察建议”，与公安、法院、司法、金融监管等部门建立协作机制，专门设立金融检察服务中心，依法办理洗钱等破坏金融管理秩序犯罪88件169人。围绕推进工业强市战略，打击侵挪企业财产等犯罪31件35人，加强对知识产权的司法保护，办理侵犯专利权、商标权、著作权等犯罪12件30人。

【服务民营经济】　树牢“法治是最

2020年11月20日，市检察院驻市工商联企业家协会“检察工作站”揭牌仪式在市工商联举行

（市检察院　供稿）

好营商环境”理念，参与整顿规范市场秩序，办理串通投标、强迫交易、合同诈骗等案件23件35人。依法保护民营企业家合法权益，对涉民企人员能不捕的不捕、能不诉的不诉、能不判实刑的提出适用缓刑建议，依法不捕不诉12人。构建亲清检企关系，在市工商联企业家协会设立检察工作站，举行“护航民企发展”检察开放日，邀请“6+1共同体”商会企业家走进检察机关，倾听企业呼声。开展“万警进万企”行动，957名检察人员深入民营企业问需问计问效，解决各类诉求153件。

【民生保障】　优化12309检察服务中心建设，加强与12345市民服务热线的对接，推出24小时自助检察服务，依法办结群众诉求1514件。办理食药领域公益诉讼案件85件，依法严惩制售假药劣药和有毒有害食品犯罪46件127人。开展网络订餐食品安全专项检察，督促清理网上平台不合格卖家33户，追缴惩罚性赔偿金927万元。落实最高检“四号检察建议”，会同交通运输部门开展窨井盖安全问题专项监督，助力呵护群众安全。办结救助案件169件，向生活困难的被害人发放救助金325万元，彰显司法关怀。开展“四进”“万名干部下基层”等活动，选派28名干部担任驻村第一书记或参与“乡村振兴服务队”，开展项目24个，办实事140件。

【扫黑除恶】　依法办理钟某某、侯某、谭某某一批涉黑涉恶典型案件，对全省首起“套路搬”案件提起公诉，取得良好社会效果。开展“六清”集中行动，发现移送“保护伞”“关系网”线索39件，监督查封、扣押、冻结涉黑恶款项9633万元，出台的《关于办理黑社会性质组织犯罪案件涉案财产处置意见》在全国推广。深化对重点行业领域综合整治，在市级层面制发十大检察建议，助力“办精一案、治好一片”。建成3处扫黑除恶警示教育基地，拍摄《使命》微电影，编演“致敬扫黑英雄”主题莱芜梆子戏，营造扫黑除恶氛围。

【打击刑事犯罪】 保持对严重刑事犯罪高压态势，批准逮捕951件1230人，提起公诉5503件6756人。维护人民群众生命安全，起诉故意杀人、故意伤害、强奸等暴力犯罪524件597人。守护好人民群众财产安全，依法办理非法吸收公众存款、集资诈骗等涉众型经济犯罪82件159人。办理的徐某等3人非法吸收公众存款案，涉案金额71.9亿元，受害群众4500余人，检察机关在依法办案、追赃挽损的同时，强化以案释法，提升群众法治意识。

【信访维稳】 学习借鉴“枫桥经验”，信访积案全部化解清零。健全完善检察长接访、律师参与接访等制度，对1423件群众来信全部做到7日内程序回复、3个月内实体答复。落实“谁执法谁普法”，结合办案开展普法宣传140余场次，受教育群众12.4万人。发挥检察听证在消弭当事人疑虑、化解社会矛盾方面作用，办理公开听证案件233件。在检察服务中心设置律师绿色通道，注重发挥24小时自助阅卷平台作用，尊重和保障律师执业权利。

【刑事检察】 完善对刑事立案、刑事侦查活动的监督，督促侦查机关立案139件175人、撤案157件168人，追捕追诉357人，对认为确有错误的刑事裁判提出抗诉、再审检察建议51件。贯彻少捕慎诉慎押司法政策，依法决定不捕278人、不诉1185人。完善值班律师、释法说理、精准量刑建议等机制，推进控辩协商同步录音录像试点，认罪认罚从宽适用率88.99%，量刑建议采纳率97.4%。强化刑事执行检察，审查减刑、假释、暂予监外执行案件7954件次，监督整改刑罚变更、财产刑、强制医疗等执行违法问题419件。完善监狱检察“派驻＋巡回”监督机制，纠正各类监管活动违法89件。对社区矫正脱管、漏管问题提出纠正146人次，有效提升矫正质效和公信力。依法立案侦查某省属监狱警察王某某涉嫌利用职权损害司法公正犯罪案件。

2020年11月17日，济南市人民检察院公益保护监督员聘任仪式举行（市检察院 供稿）

【职务犯罪检察】 在反腐败斗争中发挥检察职能作用，受理监委移交案件49件61人，提起公诉42件54人，依法办理中信银行原行长孙某某受贿案、中国人保投资控股有限公司原总裁刘某、副总裁刘某某贪贿案等大要案，得到最高检和省检察院肯定。与监委主动对接、有效衔接，提前介入调查案件39件。

【民事检察】 受理各类民事监督案件1523件，提出抗诉、发出再审检察建议被法院采纳38件，提请省检察院抗诉79件。发挥民事支持起诉职能，支持起诉拖欠农民工薪资、追索赡养费、抚养费等案件107件。开展虚假诉讼监督专项活动，办理“假调解”“假担保”等虚假诉讼案件28件。

【行政检察】 受理各类行政监督案件470件，审判、执行活动监督提出检察建议297件。开展国土资源领域非诉执行专项监督，督促相关单位拆除违章建筑20余万平方米，恢复土地原状13余公顷，追缴罚款300余万元。推进行政争议实质性化解，促进解决群众反映强烈的行政争议案件100件。

【公益诉讼检察】 依法立案公益诉讼406件，办理诉前程序案件364件，向法院提起公益诉讼42件。深化小清河济南段清违整治，开展名泉保护公益诉讼专项行动，立案监督破坏泉水生态等问题6件，督促有关部门对莱芜区、钢城区223处泉水资源开展排查摸底，制定保护规划。强化公益诉讼办案协作，在生态资源、食品药品等专业领域聘任67名公益保护监督员、兼职检察官助理，与市文化和旅游局、济南军事检察院联合开展国有文物保护专项监督，形成国家利益和社会公共利益的保护合力。

【未成年人检察】 严厉打击侵害未成年人犯罪，批准逮捕56件64人，提起公诉141件192人。贯彻教育、感化、挽救的方针，依法决定附条件不起诉61人，构建罪错未成年人分级处遇体系，入选全市政法工作十大惠民实事。推进最高检“一号检察建议”落实，建成12个未成年人一站式办案区，推出“小荷”“梦之航”“共赢未莱”等一批全国、全省亮点品牌。落实法治教育从娃娃抓起，两级院检察长和209名检察官受聘法治副校长，宣讲法治公开课121场次，受教育学生10.8万人，1个基层院被最高检评为“法治进校园”全国巡讲活动表现突出单位。

【司法体制改革】 持续深化司法体制综合配套改革，优化组建专业化办案团队201个，入额院领导带头办案2305件，列席同级审委会103次。建立规范、能动的业绩考评体系，从办案质量、效率、效果三个维度，压紧压实员额检察官办案责任。用“案－件比”衡量司法办案质效，“案－件比”从1.884降至1.276。

【创新发展】 持续开展“一院一品、一处一品”创新培育工程。做优做强“检察护航App平台”，完善服务功能，链接民营企业9000余家，被评为全国政法智能化建设十大创新案例。公益诉讼第三方评估机制在全国检察机关基层建设工作会议上推广。“黄河流域山东段检察生态环境治理与司法保护协作机制”纳入省市一体化重点事项。“监狱巡回检察改革济南样本”获全市改革攻坚优秀案例。5个项目入选全省检察机关创新成果、全市政法工作十大改革创新项目。

【智慧检务】 建立全省首家公益诉讼快速检测室，建成公益诉讼检察指挥中心，对涉及公共利益的案件线索自动提取筛查，推动精细办案。建设互联网直播听证室，依法办理全国检察机关首起民事诉讼监督互联网直播听证案件，被最高检表彰为“全国检察机关公开听证试点先进单位”。研发应用“济检政务App平台”，提升政务管理智能化水平。

【检务公开】 全市检察机关自觉把工作置于人大、政协和社会监督之下，全力提升检察工作影响力、亲和力、公信力。两级院主动向人大报告工作60次，四级人大代表33次调研检察工作，市人大常委会专门听取未成年人检察工作汇报。自觉接受民主监督，主动向政协通报检察工作，听取意见建议。坚持“开门办检察”，举办“民有所呼，我有所应”等主题检察开放日，代表委员、人民监督员、特约检察员、媒体记者和社会各界群众2150人次应邀走进检察机关，零距离感受检察工作。

（巩国贤）

【概况】 2020年，济南市中级人民法院紧紧围绕“努力让人民群众在每一个司法案件中感受到公平正义”目标，坚持司法为民公正司法主线，统筹做好疫情防控和审判执行工作，加强自身建设，各项工作取得新发展。全年共受理各类案件249803件，结案255536件，同比分别上升16.85%和14.62%，收结案数均创历史新高。其中，中院受理案件31007件，结案30886件，收结案数均居全省首位。扫黑除恶专项斗争、知识产权审判、行政审判、破产审判、繁简分流改革、诉讼服务中心建设等工作得到上级肯定，涌现出“全国法院先进集体”“全国法院先进个人”“全国法院审判监督工作先进个人”“山东省三八红旗集体”“担当作为‘出彩型’好干部”“战役先锋”等一批先进典型。

【刑事审判】 维护社会安全稳定，推进平安济南建设，审结一审刑事案件5956件。打赢扫黑除恶专项斗争收官战，强力推进“案件清结”“黑财清底”，推动扫黑除恶长效常治。从重从快打击妨害疫情防控违法犯罪行为，审结全省首例涉疫情妨害公务案，被最高法院评为

2020年8月21日，济南市中级人民法院环境资源黄河巡回法庭在山东水文局泺口水文站揭牌成立
（市中级人民法院　供稿）

年度精品案例。审结彭某网络寻衅滋事案，维护网络空间秩序和良好舆论环境。健全完善刑事案件认罪认罚从宽机制，入选全市政法十大改革创新项目。

【民事审判】　化解涉民生纠纷，审结一审民事案件52204件。推广家事审判改革成果，完善家事调查、离婚冷静期等制度，与济南广播电视台联合创办《家事法庭》栏目，维护家庭和谐稳定。加大环境资源司法保护力度，服务“黄河流域中心城市”建设，在辖区黄河沿岸、南部山区设立巡回法庭、法官工作室和司法修复基地。落实生态环境损害修复性赔偿制度，院长担任审判长审理的“南部山区某山体损毁案”，促使当事人达成修复生态的调解协议，将庭审变成法治教育公开课。

【商事审判】　主动融入省市一体化发展格局，做好“六稳”工作，落实“六保”任务，研究制定服务中小微企业发展、自贸区建设的意见，审结一审商事案件54402件，营造国际化市场化法治化营商环境。“鲁花商标权案”等3个案例入选全市优化营商环境十大典型案例。落实“破风行动”任务要求，加快推进省属、市属“僵尸企业”出清工作。办理中鲁建筑集团等5家省属企业破产案件，案件入选全省法院优化营商环境十大典型案例，相关做法被省法院在全省推广。围绕“科创中国”试点城市创建，与省内十家中级人民法院会签跨区域交流协作框架协议，助力打造创新创业新高地。“路由器专利权案”载入最高法院知识产权年度报告，“七波辉商标权案”等案件入选全国法院知识产权典型案例。

【行政审判】　依法履行司法审查职责，支持监督依法行政，审结一审行政案件4491件。支持新旧动能转换起步区、国际金融城等重大项目建设，审结征收拆迁、城市更新等案件1518件。推进跨行政区域管辖制度改革，受理跨区域管辖案件629件。完善行政和解工作机制，推动行政争议审前和解中心实体化运行。诉前化解大棚房整治纠纷的做法，被评为全省优化营商环境典型案例。落实行政机关负责人应诉制度，定期与行政机关召开联席会，发布行政审判白皮书，协助开展行政执法培训，促进依法行政水平提升。

【执行工作】　巩固提升“基本解决执行难”成果，集中开展“发挥执行职能，做好‘六稳’工作，落实‘六保’任务”专项行动，加大涉黑恶、涉民生、涉党政机关等“五类案件”执行力度，共执结案件97404件，执行到位金额328.07亿元，核心指标居全省前列。健全执行长效工作机制，完善悬赏执行、公证执行等方式，推行网上查控、网上拍卖，促进执行质效提升。坚持善意文明执行理念，审慎采取财产保全措施，最大限度减少司法活动对企业生产经营的影响。2起案件入选全省法院善意文明执行十大典型案例。

【繁简分流改革试点工作】　济南法院是全国人大常委会授权的首批民事诉讼程序繁简分流改革试点法院，按照上级法院部署要求，稳步推进司法确认、小额诉讼、简易程序、独任制审理、电子诉讼五项改革试点任务，推动审判质效指标持续向好。平均办案周期54天，同比缩短25天；员额法官人均办案380

2020 年 12 月 4 日，济南市中级人民法院举行员额法官宪法宣誓活动

（市中级人民法院　供稿）

件，居全省首位；13 名法官办案均在 1000 件以上。最高法院咨询委员会专门来济调研，对改革试点工作予以高度评价。《人民法院报》头版报道济南法院的做法，最高法院《改革试点专刊》予以转发推广。

【审判监督管理】　健全完善审委会、专业法官会议等工作制度，加强审判运行态势分析，定期组织案件质量评查，实现监督管理制度化、规范化。强化院庭长监督职责，落实入额院庭长办案制度，带头办理疑难复杂、发回重审案件，办案数占 54.33%。落实人民陪审员制度，充分发挥其参与审判、监督司法的作用。加强对下监督指导，制定各类案件指导性意见，对口开展业务培训，进一步提高整体办案水平。一审服判息诉率同比上升 0.7 个百分点，二审改判发回率同比下降 1.54 个百分点。发挥二审和再审纠错功能，审结二审案件 15476 件、再审案件 509 件。

【智慧法院建设】　推行“零接触”“线上办”审判模式，互联网在线开庭 8837 件，确保疫情期间“诉讼服务不停歇、司法办案不松劲”。深化电子诉讼和移动微法院应用，全面推行全流程网上办案，打造无纸化办公办案新模式。中院电子卷宗覆盖率 99.7%。两级法院电子送达 22.7 万件次，送达成功率 98.31%。坚持以公开促公正，完善司法公开平台建设，公开流程信息 21.9 万条、裁判文书 24.7 万篇，互联网直播庭审 2.9 万场次，居全省前列。

（贾琦　邵大林）

司法行政

【概况】　立足“一个统筹、四大职能”，围绕全面依法治市、政府法治工作、法治营商环境、公共法律服务、维护社会稳定攻坚发力，为打造“五个济南”、加快建设黄河流域中心城市提供法治保障。全市律师事务所 462 家、执业律师 6804 人；公证机构 15 家、公证员 159 人，公证 14 万余件；司法鉴定机构 37 家、司法鉴定人 552 人，办理司法鉴定案件 3.2 万余件。公证和司法鉴定办件量及收费规模继续稳居全省首位。在北京国家会议中心举办的全国政法智能化建设技术

2020 年 10 月 16 日，黄河流域省会（首府）城市法治协作联席会议第一次会议在济南召开

（市司法局　供稿）

装备及成果展暨2020全国政法智能化建设研讨会上，济南第二监狱“智慧伙房”创新成果获智慧司法优秀创新案例奖、论文一等奖，济南第二监狱党委书记、监狱长赵新明带队参加展会并在研讨会上做交流发言。

【维护社会稳定】 全省率先出台疫情防控法治保障意见，构建依法防控工作格局。创新推进刑罚执行一体化，严格落实监狱封闭措施，强化重点人员排查管控，实现疫情防控和监管安全“双胜利”，济南监狱获司法部“全国司法行政系统抗击新冠肺炎疫情先进集体”称号。贯彻落实《社区矫正法》，推动市、区县两级成立社区矫正委员会。建立健全扫黑除恶斗争常态化机制，落实涉黑恶罪犯“十项管控措施”。区县建立“一站式”矛盾调处中心，加强行专调解组织建设，全市打造200个“品牌调解室”，化解矛盾纠纷1.3万件。

【创新区域法治协作机制】 牵头开展黄河流域省会城市和省会经济圈法治协作，主动服务黄河国家战略和省会经济圈发展。9月3日，济南、淄博、泰安、聊城、德州、滨州、东营七市省会经济圈一体化发展法治协作联席会议在舜耕山庄召开，建立省会经济圈法治协作五大机制。10月16日，市司法局牵头举办黄河流域省会（首府）城市法治协作联席会议第一次会议，推动建立黄河流域省会（首府）城市法治协作机制。兰州、银川、呼和浩特、西安、太原、郑州、济南、西宁市共同签署法治协作框架协议，建立法治规划、政府立法、行政执法监督、矛盾纠纷化解、律师服务业发展、公共法律服务、人才交流培养、法治资源要素流动等八项协作机制，共同举办黄河流域生态保护和高质量发展法治服务论坛。

【优化法治化营商环境】 创新开展“无证明城市”创建，梳理24个市直部门982项证明事项，做到清单之外无证明。打造高端法律服务平台，加快济南国际法律服务中心建设，合作制公证处和“一带一路”国际商事调解室进驻自贸片区。与济南大学合作建立济南律师学院、国际法律服务研究院，加强高端法律人才培养。深化中小企业“法律服务代理机制”，设立中小企业法律服务中心，助企服务1.2万次。

【公共法律服务】 开展公共法律服务分中心试点，设立分中心3个。12348法律服务热线年接听量突破10万件，村居法律顾问累计办理法律咨询、法律服务7.5万件，便民法律服务直通车送法服务760余次。法律援助综合考核、质量抽查和人均经费三项考核均列全省第一，办理案件1.4万多件，“法援在线”智慧管理平台在全省推广。做好国家法律职业资格考试济南考区考务工作，被司法部评为表现突出单位，2人被评为表现突出个人。

【评选首届济南法治人物】 8月20日，召开深入推进民法典宣传贯彻暨首届“济南市十大法治人物”颁奖会议，深入推进民法典宣传贯彻和全面依法治市工作。会议为首届“济南市十大法治人物”及提名奖获得者进行颁奖，宣读“济南市十大法治人物”评选情况的通报。历下区、章丘区、市法院、市文化和旅游局、市律师协会5家单位围绕宣传贯彻民法典做交流发言。

2020年11月20日，“有话好好说”品牌调解工作室挂牌仪式在历下区举行，开启“媒体+调解+社区”创新工作模式 （市司法局 供稿）

【推行包容审慎精准监管】 4月，在全国首推行政处罚不予、减轻、

2020 年 12 月 3 日，深入推进民法典宣传贯彻暨首届“济南市十大法治人物”颁奖会议召开　　（市司法局　供稿）

从轻处罚和从重处罚四张清单，推行包容审慎精准监管，共梳理 808 项处罚事项，其中不予、减轻或从轻处罚 574 项，占 71%，累计办理不予处罚案件 34365 件、减轻处罚案件 621 件、从轻处罚案件 531 件，受益市场主体超过 2.9 万家。

【创建“无证明城市”】　在全省率先开展“无证明城市”创建，市司法局、市大数据局印发《济南市推进“无证明城市”创建实施方案》，建立证明事项实施清单，推进电子化证明和部门间证明信息共享，全面推行证明事项告知承诺制，建立清单管理、动态调整、部门核验、责任追究和容错免责等系列配套管理制度。共梳理 24 个市直部门 982 项证明事项，其中 330 项无须再由群众、企业提交，累计减少群众和企业提交各类证明材料 3.5 万余件，做到清单之外无证明。

【加强地校战略合作】　9 月 2 日，市司法局与济南大学举行战略合作协议签字仪式。省司法厅党委书记、厅长王玉君，济南大学党委书记徐景颜，济南市副市长吴德生，省司法厅党委委员、副厅长朱晓峰，济南大学党委副书记王玉华等出席签约仪式。市司法局党委书记、局长谢圣仁主持仪式。徐景颜、吴德生为活动致辞，朱晓峰代表省司法厅讲话。双方共同签署《济南市司法局—济南大学战略合作框架协议》，吴德生、王玉华为“济南律师学院”揭牌，王玉君、徐景颜为“济南国际法律服务研究院”揭牌。

【完成“七五”普法总结验收】　2020 年是“七五”普法收官之年。8 月，市委常委、宣传部部长杨峰在有关会议上对全市“七五”普法总结验收工作做出安排部署。10 月，市委依法治市办成立 6 个检查组，按照《济南市“七五”普法依法治理工作总结验收实施方案》，集中对各区县、市直重点普法责任单位贯彻落实“七五”普法规划情况进行实地检查验收。从检查验收情况看，“七五”普法期间，全市各级各单位全面实施“七五”普法规划和“六五”依法治市纲要，广大干部群众法治意识和基层依法治理水平进一步提升，开创法治济南建设新局面。

（刘国斌）

【概况】　2020 年，济南仲裁办以打造一流仲裁机构、建设区域仲裁中心为目标，以“再好再快”审理案件、提高仲裁公信力为主线，抢抓三大国家战略交汇的历史机遇，统筹推进常态化疫情防控和仲裁事业高质量发展，全年共受理仲裁案件 2533 件，标的额 47.99 亿元，办结案件 2214 件，调解和解率 54.7%，年内无被撤销或不予执行的裁决，在助力经济社会发展、促进社会和谐、优化营商环境中取得新成效。2020 年，济南仲裁办被评为山东省司法行政系统先进集体、山东省仲裁工作先进单位、济南市市级节约型公共机构示范单位、济南市节约型机关，获山东省仲裁公信力奖、2020 年度山东财经行业传播力大奖。

【服务经济社会发展】　推进“一盟二办三院”建设，彰显仲裁价值。举办“首届黄河仲裁发展高端论坛”，牵头省会经济圈 7 地市

2020年11月10日，山东省会经济圈仲裁一体化发展联盟成立　　（市仲裁办　供稿）

仲裁机构成立“省会经济圈仲裁一体化发展联盟”，联合开展“十大行动”，促进域内仲裁机构资源共享和优势互补。在新旧动能转换先行区和中国（山东）自由贸易试验区济南片区设立仲裁办事处，开展服务对接，就近提供仲裁服务。发挥金融仲裁院作用，开通金融案件“一站式”服务，定期举办“银保仲裁企业行”活动，为省会金融行业风险防范、实体经济发展提供优质高效仲裁服务；建强济南建设工程仲裁院，为施工企业、工程参与方提供风险提示和纠纷防范，构建工程建设领域“评审—调解—仲裁”一体化纠纷解决机制；发挥济南国际仲裁院作用，服务构建国内大循环为主体、国内国际双循环相互促进的新发展格局。

【提升案件办理质效】　始终把“再好再快”办案作为仲裁公信力的生命线，切实增强当事人公平正义和高效便捷体验。探索仲裁工作队伍分类管理和评价机制，建强仲裁工作队伍。优化仲裁服务流程。及时修订仲裁规则，加快推进“智慧仲裁”建设，实现立案、开庭、裁决全流程“云上”办理，助力实现疫情防控“零接触”“零跑腿”仲裁服务和“一次办成”改革目标；着眼案件繁简分流，引入“裁调对接”机制，优化完善分组办案模式，对办案质效不达标的仲裁员、仲裁秘书引入“熔断”措施，做到简案速调、繁案快裁，平均结案时间比规定时限缩短近40天。把严案件办理质量，出台《仲裁庭组成工作办法》，对仲裁员分类标识、逐一指定，年内使用仲裁员318名，使用率80%以上，仲裁庭组成更加专业、公平、科学；坚持裁决书核阅制度，确保裁决程序合法、释法说理充分、文书质量过硬；坚持专家评议制度，严把疑难复杂案件会商、评议关口，确保每一个案件的公信力。

【为民服务】　多措并举优服务，施行便民“三项制度”和惠民“四免服务”，出台疫情防控期间仲裁服务“十条意见”，为涉及疫情防控物资生产、流通及关联企业开通绿色通道，提供优先立案、优先审理和网上立案等服务。推行“立案前调解”服务，开展诉调、访调、仲调衔接；充分发挥济南仲裁公共法律服务团和济南仲裁调解联盟作用，服务群众数千人次，调解纠纷数千件，维护社会和谐稳定。

【创新宣传推广】　在全国首创“仲裁服务进百企”融媒体直播方式，年内开展7次融媒体直播活动，全媒体、立体化呈现仲裁服务，获中国新闻法治传播优秀策划创意奖。聚焦疫情期间群众关注的仲裁法律问题，推出10期济南仲裁在线公益讲座，邀请建设工程、金融、保险等领域法律专家、律师、仲裁员在线释法说理、答疑解惑，网络点击量累计200余万人次，被学习强国平台多次转发，提升仲裁法律制度的群众知晓率、认可度。

【举办“首届黄河仲裁发展高端论坛”】　11月10—11日，由山东省仲裁发展促进会主办、济南仲裁委员会承办的首届黄河仲裁发展高端论坛在济南举办。此次论坛以“仲裁服务重大国家战略的历史使命”为主题，围绕仲裁服务重大国家战略以及仲裁在金融、互联网领域的优势作用等议题进行深入探讨，论坛采用线上线下方式同步进行。中国法学会国际法研究会会长、深圳国际仲裁院理事长沈四宝等8位专家紧扣论坛主题，对仲裁事业高质量发展进行多层面探讨，明确济南仲裁发展方向，夯实济南仲裁打造区域仲裁中心的理论基础。论坛上，还成立了山东涉外仲裁联盟、山东省涉外仲服务百人团、中国（山东）自由贸易试验区国际仲裁院和山东省会经济圈仲裁一体化发展联盟。省内16地市仲裁机构代表现场参加论坛，沿黄各地市30余家仲裁机构线上观看论坛，1万余人通过直播平台观看论坛盛况。

2020年11月10日，首届黄河仲裁发展高端论坛在济南举办　（市仲裁办　供稿）

【“云仲裁”服务】 1月1日，济南仲裁自主研发的“仲裁案件信息化系统”正式上线运行，实现咨询、立案、缴费、案审、裁决全流程网上办理，在疫情防控常态化背景下，为当事人提供“零接触”“零跑腿”仲裁法律服务。全年为当事人“云立案”1991件，“云立案”率达到78.6%；以“云宣传”“云课堂”等方式，开展“仲裁服务进百企”融媒体直播、济南仲裁在线公益讲座等17期，网络点击量累计200余万人次，其中，“仲裁服务进百企”融媒体直播获中国新闻法治传播优秀策划创意奖，济南仲裁在线公益讲座被学习强国平台多次转发，有效宣传仲裁法律制度。

【非诉讼矛盾纠纷化解体系】 济南仲裁突出仲裁为民解忧的社会责任，大力推行“立案前调解”服务，与人民法院、行业协会等机构对接，促进诉调、访调、仲调衔接。发挥济南仲裁公共法律服务团和济南仲裁调解联盟作用，进民企、进高校，走社区、走基层，把仲裁服务延伸到矛盾易发、集中的物业服务、生活消费、医疗纠纷等领域，初步构建“三横三纵”非诉讼矛盾纠纷化解体系。全年为当事人免费调解案件931件，标的额8.3亿余元，挽回经济损失3000余万元。

【济南仲裁办获评“山东省司法行政系统先进集体”】 济南仲裁办围绕“一个统筹、四大职能”工作布局，立足“政治机关、法治部门、纪律部队”职能定位，发挥仲裁制度优势，为维护社会和谐稳定、服务保障新时代平安山东法治山东建设做贡献，被评为“山东省司法行政系统先进集体”。“山东省司法行政系统先进集体”评选由省人力资源和社会保障厅、省司法厅联合举办，每五年评选一次，济南仲裁办在此次评选中，成为全省唯一一家获此荣誉的仲裁机构。

（刘启超）

栏目编辑　谷　雪

军　事

济南警备区

【概况】　济南警备区认真落实党委中心组理论学习制度，先后组织16次集中学习、4次专题讨论，同步参加省军区领导干部理论轮训；组织群众性读书学习，深学深悟习主席重要讲话，专题学习党的十九届五中全会精神和《军队党的建设条例》。持续深化“传承红色基因、担当强军重任”主题教育，开展“强军风采”群众性文化活动和中国人民志愿军抗美援朝出国作战70周年纪念活动，先后组织升旗仪式、篮球比赛、书画摄影展等“十个一”系列活动。抓好意识形态工作，严格落实意识形态工作责任制。

【推进备战打仗准备工作】　坚决贯彻习主席开训动员令，掀起练兵热潮。落实党委议战议训制度，开展学战研战活动，立起谋战打仗鲜明导向。坚持常态备勤，联合市公安局开展民兵助巡活动，动员9.4万余人次参加疫情防控。组织警备区带人武部和部分实兵国防动员课题演练，章丘区组织黄河防汛抢险救灾行动演练，长清区、平阴县开展黄河滩区迁移和防汛演练，应急应战水平得到提升。

2020年10月15日，济南警备区组织军事日活动　（姬生亮　摄）

【国防动员建设】　召开全市人民武装工作会议暨深化民兵调整改革工作推进会，连续2年在检查考评中取得优异成绩。深入宣传发动，抓好兵役登记，持续提升兵员征集质量。探索拓宽精准征兵路子，突出高校征兵主阵地建设，全市大学生、大学毕业生征集比例创历史新高，未发生责任退兵和廉洁征兵问题。

【基层建设】　贯彻《军队基层建设纲要》，推动形成贯彻落实长效机制。推动基础设施完善升级，市财政增加预算升级改造济南革命军事馆建设等。坚持面向基层服务解难，立项推进解决基层18个实际问题，落实13个具体事项，推进干休所综合整治和翻建改造工程。有6个单位、8人被省军区表彰为先进单位和优秀个人，政治工作处被省军区评为“服务基层先进处”。

【综合保障】　落实党委理财制度，严格预算管理，强化审计监督。组织干休所财务账目清查审核，召开专题通报会推进问题整改。开展食堂管理正规化建设达标活动，位居省军区检查考评前列。开展行业重点领域专项清理整治，推进超占住房、违规领取随军未就业补贴等清理。投入资金改善营区公寓楼供暖。狠抓疫情防控落实，先后检查排查12次，发放防疫物资3万余件套。济南警备区被省军区表彰为“保障工作”先进单位。

2020年11月7日，济南警备区举办第四届“爱我国防”大学生主题演讲决赛暨“抗疫有你 青春担当”大学生主题征集活动颁奖典礼　（李普宁　摄）

【军政军民团结】　落实党管武装制度，军地联合出台有关规范性文件，推动武装工作法治化常态化。组织全民国防教育日主题宣传，开展“抗疫有你、青春担当”大学生主题征集活动；依托长清区举办第四届“爱我国防”大学生演讲比赛，获全省优秀组织奖和一、二等奖各1个及三等奖2个；组建市、区县国防教育师资库，全市20个关心国防建设单位和个人受到表彰。深化双拥共建，巩固军政军民团结，济南市获全国双拥模范城“九连冠”。济南警备区对口帮扶16个贫困村，年度投入帮扶资金160余万元，带动社会资金投入310余万元，脱贫攻坚成效显著。政治工作处被表彰为省级“拥政爱民模范单位”“决战决胜脱贫攻坚先进单位”。

2020年8月18日，济南警备区联合市公安局组织军警民联合巡逻　（李树超　摄）

【老干部服务保障】　创新“亲情化规范化标准化社会化”服务保障方式，以老干部满意为标准，围绕医、食、住、行、娱完善日常服务制度，定期组织技能培训，加强新聘文职人员培养帮带，规范订餐服务措施。拓展社会资源服务渠道，开展“四送”（送健康、送文化、送法律、送抚慰）“双进”（老干部进中小学校、中小学生进干休所）“双评”（好儿女、好邻里）活动。举行颁发中国人民志愿军抗美援朝出国作战70周年纪念章启动仪式，组织“我们的队伍向太阳”书画展，先后举办7场“礼赞英雄、情满夕阳”慰问演出，受到老干部普遍好评。

（祁洪玉　姬生亮）

武警济南支队

【概况】　武警济南支队坚持把思想政治建设作为首要任务，推动强军思想在基层落地生根。筹划组织“传承红色基因、担当强军重任”主题教育，开展经常性思想教育，深化督教机制落实。在总队优秀政治教员评比竞赛中有3人获评“十佳”、

1人获评“优秀”，郝德有获武警部队优秀政治教员评比竞赛第二名。注重发挥典型示范引领作用，持续开展向王成龙学习活动，朱随军被评为全国优秀共青团干部和武警部队百名优秀士官。完成年度军史场馆体系建设任务，被总队表彰为忠诚卫士文化建设先进单位。

【练兵备战工作】 持续深化执勤隐患治理，建立健全联系联防机制，解决62个久拖未决的问题。全年完成“两会”安保、试卷安保、武装押解押运等任务230余起，成功处置执勤险情4起。开展“学大纲、严教学、抓弱项”活动，加大训练全过程管控，严密组织勤训轮换、“魔鬼周”极限训练，投入资金完善训练场地、配备训保器材，部队遂行任务能力大幅度跃升。

【基层基础建设】 制定按纲抓建基层《指导意见》、常委帮建《具体措施》，全年部门以上领导先后下基层蹲点56人次，到基层调研300余天。加大对基层干部骨干的培养帮带力度，培养一批按纲建队的明白人、基层模范带兵人。开展“条令年”和“学法规、用法规、守法规”活动，制定《依法从严管理部队措施》《正规化管理图册》，坚持每月集中治理一个问题，全年重点问题整治不断线。武警济南支队被武警部队表彰为暑期百日安全竞赛活动优胜单位。

【综合保障】 规范后勤力量建训用管，细化应急保障力量编携配装标准，与社会优质资源签订协议，构建与军事行动衔接配套、实用管用的保障体系。制定落实《后装专业兵和司务长管理细则》，加大专业兵训练力度。开展后勤重点行业领域整肃治理攻坚活动，扎实推进7个领域问题整治。改善官兵工作生活条件，提升伙食费保障效益。落实疫情防控措施，与市应急部门建立联防联控机制，打好疫情防控主动仗。

（刘　磊）

2020年10月，武警济南支队开展“魔鬼周”训练　　（姜洪彬　摄）

人民防空

【概况】 健全防空警报体系，警报数量位居全省第一，警报完好率、鸣响率、覆盖率达100%；完成警报文字转语音广播功能试点任务，实现多方式预警报知；建成防空警报控制网络，济莱警报实现联网联控联放，警报音响覆盖率达100%。坚持按纲施训，开展信息保障和应急救援专业训练，完成年度人防工程平战转换演练任务。持续推动平战工程开发利用由“商业化”向“公益性”转变，打造公益人防。完成列入年度政府23件为民办实事之一的利用人防工程开展避暑纳凉服务和1万个家庭人防应急战备包发放工作。开展“百姓大舞台”群众会演活动，人防工程文化惠民成为城市文明创建新亮点。深化“一次办成”审批改革，人防审批实现“一网通办”“最多跑一次”；完善“店小二+专业式”服务机制，持续对济南机场改扩建、城市轨道交通、国际金融城、济泺路穿黄隧道等重点工程开展跟踪服务，完成多个片区的控规方案人防审查，指导新旧动能转换先行区、国际医学中心等重点项目编制人防修建性详细规划，有效提升工程项目建管效能。

【开展省会城市群人民防空战略合作】 2020年6月28日，由济南市牵头，济南、淄博、东营、泰安、德州、聊城、滨州人防部门在济南签订省会城市群人民防空协同发展战略合作协议。制定《战略合作规则》和《三年工作规划》，推动资源要素整合、指挥信息融合、防空体系联合，整体提升省会城市群战略策应和协同保障能力，为人民防空区域协同发展合作趟出路子、做出示范，实现省会经济圈战略在人防领域的落地见效。

【城防一体化融合发展实现提质增效】 提升城市品质，贴近群众需求，通过结建地下过街通道、地下停车位、应急掩蔽场所，深化城防功能融合，加快实施人防停车场新改建工程，提供公共停车位2400余个，为缓解城市交通难，提供人防模式。回应群众期盼，改善服务民生，以菜篮子、米袋子、果盘子为定位，建成7处便民市场，加快培育功能多元、商娱一体、宣教相融的人防新业态。发挥防空警报报知和机动指挥信息系统作用，参与政府应急备勤保障行动，进一步健全城市综合治理体系。

【举办中国人民防空创立70周年展览】 2020年10月28—30日，市人防办在龙奥大厦举办“壮丽70年，奋斗新时代”——济南市庆祝新中国人民防空创立70周年展览展示活动。展览以图文并茂的形式，综合运用新媒体手段，全面回顾人民防空事业70年的光辉发展历程，展现全市人防系统牢记嘱托、担当使命的生动实践，科学诠释人民防空为人民的根本宗旨，营造全民防空的良好氛围。

2020年12月18日，济南市2020年为民办实事的人防战备应急包公开摇号暨捐赠仪式举行 （马强　摄）

【深化法制宣传教育】 完成《关于加强防空警报设施管理工作的通告》和《济南市城市地下空间开发利用管理办法》修订工作；举办全市人防系统第二届“法律暨教育知识竞赛”和“人防法制”培训班；强化事中事后监管，全面提升依法行政水平。完成《人民防空教案精编》系列丛书编写工作，全年开展人防教育进社区活动154场，120万人次在校学生接受人防教育。

（马现军　徐鲁东）

栏目编辑　王　炜

宏观经济管理

综述

【加强经济运行应急保障】 全面推动复工复产。市发展改革委承担市委经济运行应急保障指挥部办公室职责，建立工作联动、信息报送、问题办理等工作机制，督导协调各专项工作组、各相关单位细化措施、落实政策，积极推动复工复产复商复市。畅通问题诉求办理渠道，协调解决原材料短缺、供销不畅、用工保障等问题诉求1万余件，组织编制各类场所、经营主体复工复产疫情防控工作标准，具体指导1448家规模以上服务业企业和省、市重点项目有序复业复建，推荐79家企业纳入全国疫情防控重点保障名单。全力保障项目建设。履行指挥部投资运行组牵头职责，成立5个专班狠抓投资运行与项目建设。制定印发全市政府投资管理办法、市本级政府投资项目策划生成管理办法，修订全市投资项目代建制管理办法，形成全市“新基建”工作方案。建立重点项目即时申报机制，增补保障重点项目43个。应对疫情初期率先开通重点项目公共资源交易绿色通道，相关做法获国家发展改革委专刊推广。争取4批401.3亿元地方政府专项债券，规模居全省首位；争取中央预算内投资11.1亿元，增长68%，争取省级资金29.8亿元；指导发行3支企业债券，发行规模102亿元，创历史新高；协调解决重点项目建设堵点92个，270个市级重点项目实现年度投资3491.5亿元，完成年计划的116%。积极落实保供稳价。协调迅速恢复全市首批防护口罩生产能力，完成23批次国家下达的调拨任务。实施“一日一报一巡查”价格监测机制，推动全市冻猪肉储备量增加30%。督导落实公共服务行业和能源领域价格优惠政策，降低企业成本8.6亿元；指导疫情期间中小学和幼儿园收退费工作；发放价格临时补贴1.1亿元，惠及145.5万人次。保障粮食和能源安全。启动粮食保障应急响应，迅速恢复粮食企业加工产能，累计收购粮食48.2万吨，全市常备储备粮规模增加26%。跟踪分析用电用气量恢复情况，建成南曹范LNG调峰储配站一期项目，保障3.3万吨民用优质燃煤供应，启动能源行业安全专项整治三年行动，能源供给保持安全平稳。 （李忆杉）

【持续推进新旧动能转换】 优化产业发展顶层设计。推动印发加强产业发展市级统筹的意见，指导区县、功能区错位互补发展。牵头编制十大千亿产业完善产业链打造产业集群工作方案，推动出台全市“链长制”工作方案。细化工业强市实施路径，印发氢能产业发展三年行动计划，启动编制新能源汽车发展规划、钢铁产业发展规划。研究制定促进生活性、生产性服务业发展的实施意见，出台支持平台经济、人力资本服务业和快速发展初创企业发展的专项扶持政策及推动新能源汽车推广应用政策。强化重点平台项目支撑。16个项目入选省动能转换重大课题攻关项目，数量和资金支持额度居全省首位。新获批省级工程实验室49家、省级企业技术中心18家，居全省首位。新认定总部企业38家、新增规模以上服务业企业532家，超额完成全年目标任务。牵头引进重点项目74个，到位资金106亿元，数量、金额居全市产业招商部门前列。指导山东重工绿色智造产业城智能网联、凯傲叉车等重大项目完成立项并实现当年开工。成功争取获批国家物流枢纽和国家首批骨干冷链物流基地，入选家政服务“领跑者”

重点推进城市和产教融合试点城市。助力重点区域发展。推进国际招商产业园建设，推出净地15.4平方千米，签约落地世界500强企业项目3个。新搬迁改造东部老工业区工业企业5家，累计搬迁81家，东部老工业区搬迁改造任务基本完成。促成济钢集团与中科院空天院战略合作，空天信息产业初步形成规模化产能。推动打造“京沪会客厅”，作为招引平台展示窗口的“两展馆、两中心”基本建成。协调落实支持县域发展相关政策，推动县域经济做大做强。（李忆杉）

【推进重点领域改革创新】 深化信用赋能。建成全国首个衔接审批制度改革的信用监管系统，打造全流程闭环信用监管机制，对工程建设项目实现从立项到竣工验收的全过程监管。推出个人诚信“泉诚分”，“信易贷”经验在国家发展改革委专题会议上介绍推广，获评全国信用建设标准化平台网站。狠抓节能降耗。在全省率先开展用能权交易试点，构建“1+1+N”用能权交易制度体系。制定出台针对医疗废物、塑料等治污短板的工作意见。制定印发全市加氢站规划，出台推动新能源汽车充电基础设施建设的实施意见，累计建成充电桩1.5万余个。建成长清马山生活垃圾焚烧发电项目等一批新能源和可再生能源项目，利用亚洲开发银行贷款的3个清洁供暖大气污染防治项目全面开工建设。完成新阳煤矿关闭退出和2座30万千瓦以下燃煤机组关闭，采煤塌陷地综合治理超额完成省确定目标。深化体制机制改革。全面完成175家协会商会与行政机关脱钩工作，基本完成全市215家“僵尸企业”处置工作。首创公共资源交易绩效评估制度，相关做法在全省推广。健全市场价格形成机制，配合“亩产效益”评价出台差别化价格政策，完善全市分区域停车、餐厨垃圾等收费政策，国有景区门票降价工作有效落实。助力脱贫攻坚。黄河滩区迁建四类工程顺利完成，异地扶贫搬迁工作通过国家、省核查验收。推动乡村振兴十百千示范工程创建，72个村（社区）认定为全省首批示范单位，为11个省乡村振兴重大项目争取贷款额度26.9亿元。援藏及扶贫协作湖南湘西州、重庆武隆区年度任务圆满完成，在全国脱贫攻坚（东西部协作）考核中进位到“好”的等次，市东西部扶贫协作湘西州挂职干部工作队获“全国脱贫攻坚先进集体”称号。（李忆杉）

【推动重大战略落地落实】 加强战略谋划。高质量编制全市“十四五”规划《纲要》，明确今后五年发展目标任务，擘画到2035年的远景目标。实行规划目录清单管理，牵头组织推进71项市级专项规划和其他中长期规划编制工作，牵头开展《济南市发展战略规划（2020—2035年）》提升完善工作。落实黄河重大国家战略，统筹推进全市实施意见、实施规划编制工作，聚焦节水典范城市建设等开创性课题，细化形成相关重大政策、重大事项、重大工程清单。牵头编制济南新旧动能转换起步区建设总体方案，由省政府呈报国务院审批。参与省市一体化专班工作，58项重点任务按时间节点有序推进。巩固增强交通枢纽地位。牵头编制全市综合交通枢纽发展战略规划，启动都市圈轨道交通线网和干线公路网规划研究，谋划提出“三外三内两轨一站”9项高铁和有轨电车项目方案。轨道交通二期规划获国家批复，济南机场二期改扩建项目预可研正式申报，已取得国家民航局意见，商河通用机场开工建设，济南高新通用机场项目加快推进。引领省会经济圈一体化发展。牵头形成经济圈一体化发展工作机制、合作框架、协作机构等顶层设计，拟定年度工作要点和济南市实施意见，推动签署涉及文旅资源、药品集中采购、公交服务等18个领域的一体化合作协议，推动成立12个行业联盟，省会经济圈一体化发展全面破题起势。（李忆杉）

【编制《济南市国民经济和社会发展第十四个五年规划和二〇三五年远景目标纲要》】 聚焦对全市发展具有深远影响和重大意义的领域，会同北京大学、上海城建总院等高校院所，开展增强创新动力活力、提高要素集聚能力、提升城市治理效能等17项前期课题研究，对规划编制起到重要参考作用。贯彻落实国家和省相关部署要求，加强市级规划统筹，实行规划目录清单管理，明确专项规划编制重点、方法程序和时限进度。经多轮衔接筛选，共确定专项规划及相关规划71个。加强与区县、市直部门沟通会商，努力把握好重点领域情况和发展方向重点；开展落实黄河流域生态保护和高质量发展规划、推进省会经济圈一体化发展、建设节水典范城市、发展普惠托育服务等重点研究，为规划编制提供重要支撑。组织开展“十四五”规划意见建议百日征集活动和“十四五”规划建言献策活动，组织召开专家座谈会、市民代表座谈会，共收到社会各界意见建议1500余条。做好向国家发展改革委、省发展改革委的汇报争取，更多济南事项纳入国家和省“十四五”规划纲要。经多轮征求市级领导、区县和有关部门意见建议，于2020年9月底起草形成规划纲要初稿。12月15日，市委十一届十二次全会召开后，按照市委建议对规划纲要做了修改，形成提请市十七届人大三次会议审议的《济南市国民经济和社会发展第十四个五年规划和二〇三五年远景目标纲要（草案）》。（宋　粟）

【组织开展2020年度重点平台型企业扶持政策申报】　根据《济南市十大千亿产业振兴计划》和《“支持平台型企业发展”政策实施细则》，于7月中旬组织区县和功能区发展改革部门共同开展2020年度平台型企业认定奖励工作，经企业申报、基层推荐、资格审查、专家评审、公开公示等程序，对5家重点平台型企业分别给予100万元扶持资金。（宋　粟）

【提升服务业发展能级】　2020年，现代服务业实现增加值3843.4亿元，同比增长7.1%，占服务业比重的61.5%；规模以上高技术服务业营业收入同比增长14.3%，占规模以上服务业比重的33.8%。济南市获批商贸服务型国家物流枢纽和首批国家骨干冷链物流基地。数字经济产业园入选省级现代服务业集聚示范区，智慧健康养老创新中心、长城梅地亚文化产业创新中心、互联网+产业创新服务中心入选省级服务业创新中心，北纬37°康旅示范小镇、玉皇庙镇现代农业服务小镇入选省级服务业特色小镇，山东大学国家大学科技园等10个项目入选省级服务业载体项目名单。

（陈　磊）

【做大做强做优总部经济】　2020年，新认定总部企业38家，其中新引进总部企业4家；新认定总部企业高层次人才（D类）278人，占全市D类高层次人才的49.5%。全市认定的总部企业达181家、总部企业高层次人才（D类）达306人。总部企业综合实力显著增强，全年实现入库税收196.91亿元，占全市入库税收的14.7%；齐鲁制药、齐鲁交通分别首次入选2019年度“中国民营企业500强”和“中国企业500强”，山东钢铁集团、水发集团分别首次入选2020年度“世界企业500强”和“山东企业100强”。

（陈　磊）

【创新平台建设】　经积极争取，济南市获批省级工程实验室（工程研究中心）49家、山东省企业技术中心18家，均居全省首位；山东华光光电子股份有限公司获批国家企业技术中心分中心。推荐济南高新区成功申报建设国家大众创业万众创新示范基地，这是省会经济圈获批的唯一的区域类的国家级双创示范基地。推进全市战略性新兴产业集群建设，按照国家要求，经逐级上报推荐并积极争取，济南市历下区成功入围国务院办公厅拟表彰的18个国家级战略性新兴产业集群发展工作真抓实干成效明显的地方公示名单。济南市推荐的生物医药和智能制造装备2个产业集群全部入选首批12个省级战略性新兴产业集群，数量居全省首位。

（韩旭林）

【济南企业债券发行规模增长迅猛】　2020年1月2日，济南城市建设集团有限公司成功发行第一期15亿元“优质企业债”，期限5年，发行利率3.57%，创下全省市级企业发行利率新低纪录；4月20日，成功发行第二期30亿元，期限10年，发行利率2.73%，创下全国企业债券历史上最低发行利率的纪录。2月18日，济南轨道交通集团申请发行30亿元“绿色债券”获国家全额核准，期限9年，该债券是轨道交通集团在企业债券市场上的首发亮相，也是济南市申报发行的首支“绿色债券”，募集资金主要用于轨道交通R2线一期工程项目建设。5月15日，山东赢城控股投资有限公司申请发行企业债券3亿元获国家核准，期限7年，用于济莱协作区高新技术产业园项目。

（马永振）

【企业债券领域风险防范化解】　对全市总规模97亿元的存续期企业债券开展专项风险排查，重点对存续期债券总体情况、债券募集资金投入领域情况和募投项目运营效益情况以及本息兑付压力和风险状况进行排查，对企业债券可能存在的风险问题早识别、早预警、早发现、早处置，对潜在隐患苗头“精准拆弹”，切实维护债券持有人合法权益。经排查，济南市共有6家存续期企业债券，共需偿还债券本金12.8亿元、利息3.34亿元，本息合计16.14亿元，从债务履约情况看，发债企业均能够按照企业债券还本付息计划和时间安排，将还本付息资金足额转入企业债券还款专户，确保按期偿还企业债券本息，无债券违约风险，维护了企业信誉和政府形象，提高了企业债券服务和保障经济社会发展的能力。

（马永振）

【乡村振兴】 持续推动乡村振兴十百千示范工程创建。长清区万德街道等7个镇、商河县龙桑寺镇刘集村等72个村（社区）被认定为山东省首批乡村振兴示范单位。指导商河县创建农村产业融合发展示范园，成为省内第二批唯一创建成功的省级示范园，并被省优先推荐上报创建国家级示范园。市发展改革委、扶贫办、自然资源和规划局、住房城乡建设局联合指导南部山区老峪村、积米峪村开展工程质量和地质安全排查整改，进一步整理工程建设档案，规范贫困户“一户一档”资料，顺利通过国家发展改革委十二五易地扶贫搬迁核查验收和省委、省政府组织的脱贫攻坚省级评估验收。（刘任飞）

【粮油保供稳市】 疫情期间为保证粮油供应，启动粮食保障应急响应机制，动员应急加工企业复工复产，短时间内复工复产率达90%以上，快速满足群众生活需要。坚持“一日一报一巡查”粮情监测制度，依托粮食监测预警系统和粮食供应、加工、储备网点，巡查调度粮油价格和销量，及时捕捉粮油市场动态，共计形成日监测报告350余篇、各类信息500余条（期）。督促区县落实成品粮储备数量，持续充实成品粮储备库存，适当增加市县两级地方储备粮规模，夯实全市保障区域粮食安全物质基础。加强粮食流通监管，严格粮食储备日常管理，增加粮食库存监督检查频次，提升粮食质量安全监测检验水平，加大粮食行业安全生产检查力度，确保地方储备粮数量真实、质量良好、储存安全。疫情防控期间，全市粮油储备数量充足，市场供应充裕，粮油市场总体保持稳定。

（穆 丹）

【粮食储备】 落实“保粮食安全”工作要求，开展储存安全、质量安全、轮换验收等专项行动6次，累计检查仓房（油罐）500余座，扦取样品299个，粮食安全得到有力保障。挂牌成立县级粮油质检机构6家，购置先进检验设备6台，协调解决质检实验场所1600平方米，粮食质检水平得到有效提升。协调夏粮收购信贷资金2.11亿元，落实储备利费补贴7410万元、成品粮财政补贴200万元，粮食安全保障资金充足。（石 磊）

【流程再造改革攻坚】 深化制度创新流程再造，创新制度框架体系、审批服务制度、监督评价制度，打造标准样板流程，深化集成式流程再造。加快推进“一网通办”应用，加快电子证照应用，推进审批事项“兜底办”，推动市级行政权力事项下放。印发《全面减权放权工作实施方案》，部署推进“市县同权”改革，减权放权各项工作任务全面完成。印发《关于向中国（山东）自由贸易试验区济南片区下放部分市级行政权力事项的通知》，实行“负面清单”模式放权。推动政务事项一网通办、网上办、掌上办、秒批秒办，依申请政务服务事项中可网办事项数达2047项，可网办率由79%提升至99.95%，全程网办率由52.8%提升至93%。

【人才制度改革攻坚】 落实领军人才持续稳定支持机制，对经济南市自主培养申报入选国家级、省级重点人才工程的，按照国家、省人才资助经费额度给予入选人才1：1配套支持，对泉城“5150”引才计划、泉城产业领军人才的支持资金采取分期拨付的方式。制定青年人才集聚计划，实施“博士后英才”“梧桐树青年英才”“金蓝领工匠”“创客之都”“四海菁英”等青年人才集聚计划。设立泉城“人才驿站”，加快推进人才安居工程。推广高层次人才“一键式”服务模式，推行数字化服务和定制化服务，提升高层次人才精准服务质量和效能，推进诉求“秒答”常态化，搭建服务平台“即时通讯”模块，对全市持卡高层次人才和服务专员进行定向匹配，实现即时响应、快速办理。

【科教改革攻坚】 加快建设齐鲁科创大走廊，推进超算中心项目建设，出台实施《济南市关于实施大科学计划和大科学工程指导意见》，加快推动中科院济南科创城建设。加强新型研发机构建设，以山东产研院、山东高等技术研究院为引领的“1+10+N”新型研发体系初步形成。加快推进创新载体建设，推动建设“政产学研金服用”创新创业共同体。持续推进国家科技成果转移转化示范区建设，超额完成各项指标任务，出台有关政策，推进高校院所围绕济南产业发展开展成果转化，并将高校院所与企业合作承担的课题数、引进人才数、转化成果数等指标作为相关项目立项评审的主要依据。

【财税金融改革攻坚】 深化股权投资改革，印发《济南市人民政府关于实施财政资金股权投资改革试点的意见》，对改革资金实施范围、主要任务及实施步骤等方面进行明确。建立健全引导基金运作机制，实现基金项目精准对接，组建新旧动能转换基金投资项目储备库，并开通网上申报通道。推进“基金＋项目”模式，推动设立招商引资并购基金、生技医疗产业母基金等基金。打好金融风险防范化解攻坚战，完善地方金融组织事中事后监管机制，落实“双随机、一公开”“互联网＋监管”工作机制；利用省金融综合服务信息平台，加强地方金融组织运行数据的监测预警和分析预测。

【资源环境改革攻坚】 完善“土地跟着项目走”保障机制，坚持以项目为导向，明确指标使用类型和要求。坚持分级分类保障，新增建设用地指标优先保障纳入省市重点、新旧动能转换等项目。实行征地承诺制度，承诺时限内未供地的，纳入全市诚信系统。实施“标准地”供地改革，截至2020年年底，全市共出让“标准地”63宗，总面积4939.65公顷，完成新增工业用地不低于30%按照“标准地”制度供地的工作目标。建立企业分类综合评价机制，完成“亩产效益”评价改革，制定《关于开展“亩产效益”评价改革工作的实施方案》，进一步细化评价办法和职责分工。

【企业改革攻坚】 加快推进“国有资产＋民营机制”混合所有制改革，根据各企业实际情况以及混改的具体形式，加大业务指导力度，指导各企业依法、依规加快推进各企业混改步伐。建立高位推动不良资产处置机制。规范市属企业资产损失财务核销行为，加强财务监督，防止国有资产流失，出台《济南市属企业资产损失财务核销管理办法》。实施“旗舰企业”培育计划，强化协调机制作用，加强部门联动，2020年实现新增营业收入过50亿元企业3家，完成年初设定的目标任务。印发实施《济南市百强民营企业培育办法》，形成100家企业培育库。

【开放改革攻坚】 启动跨境电商综合试验区建设，推动人民币跨境使用，探索“企财保”金融服务，浪潮、重汽等企业集团财务公司作为首批试点。推动离岸服务贸易发展，首创“三单分离”服务贸易结汇新模式。引入外资金融机构，制定合格境外有限合伙人（QFLP）业务试点办法。全力争创国家物流枢纽，编制商贸服务型国家物流枢纽和国家骨干冷链物流基地申报材料，济南商贸服务型国家物流枢纽和济南国家骨干冷链物流基地均成功获批。引进和培育优秀展会，全市会展业取得较好成绩，举办国家级国际性展会7场、国际性论坛会议10场，培育和引进专业化国际化会议服务机构2家，UFI认证展会项目达15个。

【新旧动能转换机制改革攻坚】 优先保障重点项目用地，积极搭建项目融资渠道，开展银企对接活动，建立新旧动能转换基金项目储备库，保障重大项目用工需求。出台《关于建立疫情防控期间市级重点项目即时申报机制的通知》，凡符合申报要求的项目，即报即办。支持先行区建设发展，深化城乡环卫市场化改革，深化社会事业领域改革，创新网格管理服务机制，建立市区联席会议机制，共同研究解决制约先行区发展的问题。推进先行区街道体制改革，围绕基层治理扁平快捷要求，全面开展街道管理体制改革，街道部门压缩过半，中层干部精简三分之一，形成激励发展的良好氛围。

【新型城镇化推进机制改革攻坚】 全面完成确权登记颁证任务，赋予农民更有保障的土地承包经营权，推进农村土地所有权承包权经营权

“三权分置”。建立健全农村产权流转交易市场，基本完成农村集体产权制度改革。推进实施省市乡村振兴战略规划，印发《落实加快推动乡村振兴和巩固提升脱贫攻坚战成果支持政策的若干措施》，为乡村振兴提供政策动力。研究制定《济南市农村集体经济组织管理规定（试行）》。推进涉农资金统筹整合，市级下放资金和项目管理权限，赋予区县涉农资金统筹整合自主权，引导金融及各类社会资本向“三农”投入，加快推进设立乡村振兴产业基金。

（杨丁宽）

【省重大建设项目】 2020年，全省确定321个省重大项目，济南市的国家产业创新中心、山东豪驰智能汽车有限公司新能源商用车建设、中国重汽集团智能网联（新能源）重卡等25个项目入选，其中建设类项目20个、准备类项目5个。20个建设类项目已全部开工建设，项目总投资969亿元，年度计划投资209亿元，年度累计完成投资265亿元，完成年度投资计划的127%。

（甘 锋）

【市重点建设项目】 全市270个市级重点项目中，产业项目195个，总投资9089.1亿元，年计划投资1770亿元；城市建设项目75个，总投资5893.3亿元，年计划投资1236.7亿元。270个重点项目完成投资3491.5亿元，年计划完成率116.1%；已开工项目269个，开工率99.6%，有18个项目竣工。

（汪 正）

【政府投资项目初步设计概算管理】 2020年初，为应对疫情冲击，市发改委优化审批流程，发布《关于疫情防控期间政府投资项目初步设计概算实行“四不见面”审批工作流程的通知》，通过创新工作模式，实现不见面受理、不见面评审、不见面方案修改、不见面文件送达，保证政府投资项目初步设计概算审批工作的开展。全年共审批完成济南市中医医院东院区建设项目、济南市宏宇路（黄台南路至花园东路）道路建设工程等42项政府投资项目的初步设计概算，原报概算投资1134302.08万元，审定概算投资1055696.63万元，审减额为78605.45万元，审减率达6.93%，确保了政府投资效益最大化。

（孙钦全）

栏目编辑 王 炜

经济监督管理

国有资产监督管理

【概况】 2020年，济南市国资委围绕全市“重点任务攻坚年”工作目标，全面深化国资国企改革，加快新旧动能转换，市属国有企业高质量发展迈出坚实步伐。截至2020年12月，市国资委监管企业资产总额11973.10亿元，同比增长17.02%；所有者权益总额2473.11亿元，同比增长11.51%；缴纳税费56.72亿元，同比增长5.6%；累计实现营业收入1081.21亿元，同比增长19.89%；利润总额94.37亿元，同比增长16.63%。

【加强党的建设】 市国资委党委始终把从严治党作为主责主业，年初制定2020年全面从严治党工作要点，明确8个方面27项重点任务。在省内率先出台《市属企业党委讨论和决定重大事项指导意见（试行）》。市属一级企业全部完成党建进章程修订工作，二级及以下企业基本实现“应进尽进、应修尽修”。全面实行“双向进入、交叉任职”领导体制，市属一级企业党委书记和董事长全部实现“一肩挑”。坚持以资本为纽带规范设置基层党组织，新设党委8个、党支部96个，消除党员空白班组42个，充实配备基层党支部书记276人。修订党员发展、换届选举等7项工作流程，落实党建工作经费3123万元，逐级开展标准化考核验收，1126个基层党组织全部达到标准化创建要求。聚焦抗击疫情，组建12个临时党支部、624支党员突击队，设立党员先锋岗、责任区2186个，下沉党员干部2170人参与疫情防控工作。

【实施国企改革】 坚持市场化改革方向，实施国企改革三年行动方案，通过改革激发企业发展的内生动力。提请市委、市政府印发《关于进一步推动市属国资国企改革发展的意见》《关于推进国有企业领导体制和组织管理体系改革创新的若干措施》。建立企业选人新机制，打破干部身份来源、职级年限、机构岗位藩篱不拘一格选干部，让企业成为选人用人最灵活的领域。强化正向激励，建立“岗位+绩效”的市场化薪酬体系，业绩突出者高薪重奖。全年完成混改项目25个，1家企业上市（产发集团成功并购茂硕电源，这是市属国有企业首次通过资本市场控股上市公司）、2家企业正在推进。深化企业整合重组，优化资本布局，明确企业定位，拟定重组方案。先后组建成立城市发展集团、融资担保集团、能源集团、财政投资基金集团，提高国有资本统筹运营能力。完成鲁能泰山足球俱乐部股权划转相关工作。设立总规模逾50亿元的国企改革发展基金，撬动社会资本深度参与国企改革。职工家属区“三供一业”分离移交基本完成，退休人员社会化管理协议签订任务在全省率先完成。

【提高国企支撑力】 2020年，市属国有企业实施投资项目403个，计划总投资8079.1亿元，当年计划总投资927.1亿元，全年完成投资935亿元。市属企业承担的28个市级重点建设项目克服疫情影响扎实推进。疫情期间减免中小微企业、个体工商户、普惠性幼儿园等市场主体租金3.65亿元，全年减租4.21亿元。抗疫稳岗扩就业，联合市人社局举办专场招聘会，面向社会一次性发布180余个岗位、1400余个用人计划，市属国企招聘员工1811人，其中高校毕业生1016人。坚守城市水、电、热、气、交通生命线，公用事业运营保障能力持续增强。积极对接央企省企，制定精准对接中石油、中石化、中海油、国家管网公司工作方案，出台《济南市对接服务省属企业工作方案》，促进轨道交通参与国家电网权属企业山东爱普电气设备有限公司混改、省市产发集团合资成立50亿元基金等一批重大项目落地，省属企业在济南投资重点项目达40余个，投资总额4500亿元。

【优化发展服务力】 主动服从服务全市疫情防控大局，制定出台《关于激励市属国有企业做好新型冠状病毒感染肺炎防控工作若干措施的通知》，市属国有企业在复工复产中率先走出低谷，实现强劲发展。加强主业管理，全面落实《关于加强市属企业主业管理工作的实施意见》，推动企业规范资本运作、聚焦主业发展。落实《市属企业上市公司股权激励》和《市属企业非上市公司中长期激励办法》，实施《关于市管企业规范实施企业年金制度的指导意见》《市属企业工资总额管理办法》，全面激发企业活力动力。以管资本为主加强国资监管，深化“放管服”改革，在全省率先实行一张清单厘清权责、一套制度规范行为、一套流程提高效能、一个平台提供保障“四个一”监管模式，推动服务企业工作提速提质提效。

【济南轨道交通集团重组济南重工集团正式获批】 2020年1月21日上午，市国资委在龙奥大厦召开专题会议，进行济南轨道交通集团有限公司重组济南重工集团有限公司工作对接。会上传达市政府和市国资委关于同意济南轨道交通集团重组济南重工集团的批复。

【市属国有企业全面开工】 2020年2月8日起，市属国有企业全面开工。在全面保障疫情防控的前提下，市国资委统筹做好控疫情、抓复工、促发展工作。市国有企业积极履行社会责任，在做好与疫情防控工作相关的供应服务工作的同时，主动参与一线防护、紧缺物资生产运输、环境整治等工作。落实市委办公厅、市政府办公厅《关于积极应对疫情促进中小微企业健康发展的若干政策意见》，对承租市属国企经营用房的中小微企业，给予2个月房租免收、4个月房租减半的政策，疫情期间减免中小微企业、个体工商户、普惠性幼儿园等市场主体租金3.65亿元。

【鲁能体育股权划转框架协议正式签订】 2020年6月30日下午，山东省电力公司与济南市人民政府签署鲁能体育股权划转框架协议，划转山东鲁能泰山足球、乒乓球俱乐部部分股权给济南市人民政府，由济南市人民政府授权济南市国资委下属企业济南文旅发展集团有限公司承接该股份，形成俱乐部股权多元化格局。

【济南能源集团有限公司揭牌成立】 2020年7月30日上午，济南能源集团有限公司揭牌成立。为全面实现全市供热供气“一张网”，经济南市人民政府批准，济南能源集团有限公司整合济南热力集团有限公司(含济南能源建设发展集团有限公司)、济南热电有限公司、山东济华燃气有限公司、济南港华燃气有限公司4家供热燃气企业成立，是济南市属一级国有独资大型能源企业。济南能源集团注册资本100亿元。

2020年1月21日，市国资委在龙奥大厦召开济南轨道交通集团有限公司重组济南重工集团有限公司工作对接会议

（市国资委　供稿）

【全市国资国企工作推进会召开】 2020年9月9日下午，全市国资国企工作推进会暨国资国企改革发展领导小组第一次(扩大)会议召开。会议贯彻落实习近平总书记关于国资国企改革发展重要讲话精神，落实《国企改革三年行动方案(2020—2022年)》，推动全市国资国企高质量发展，为深入推进工业强市战略、打造“五个济南”提供坚强保障。省委常委、市委书记孙立成出席会议并讲话，市委副书记、市长、市国资国企改革发展领导小组组长孙述涛主持会议。

（秦家鼎）

【耕地保护】 济南市严格履行耕地保护责任目标，探索建立耕地保护长效机制，制定设施农用地管理、耕地保护激励机制、“田长制”实施意见、耕作层剥离政策等有关制度，推选16个镇(街道)获得2019年度省级耕地保护激励资金奖励；严格落实耕地占补平衡，为全市耕地保护夯实基础，确保全市粮食安全。

【用地保障】 坚持“土地跟着项目走”，出台做好疫情防控期间土地要素保障和规划服务12条措施、支持工业强市发展战略的15条措施、支持重点项目和民生工程的9条措施，拓展“标准地”“标准厂房”、新兴产业用地新模式，保障四大支柱产业和重点产业链条、重大产业集群项目用地，为实施工业强市战略提供强力支撑。

【土地供应】 2020年，全市供应土地4753.33公顷，其中工业用地860公顷、商服用地253.33公顷、住宅用地880公顷、基础设施等其他用地2760公顷。

【批而未供和闲置土地处置】 落实“增存挂钩”政策，推进批而未供和闲置土地处置工作，全年处置完成批而未供土地2000公顷、闲置土地511.33公顷，完成比例分别为110.4%和155.87%。

【土地收储】 2020年6月7日，济南市政府办公厅印发《关于加强土地储备市级统筹的意见》。按照“统一规划、统一储备、统一供应、统一管理”的土地储备运行机制要求，推进《济南市土地储备办法》修订。编制《土地储备五年规划(2020—2025)》，引导土地资源科学合理配置。全年收储土地337.33公顷。

【用地改革】 实施流程再造、深化业务融合，建立规划、指标、征地、供地、审批、登记“六维一体”服务体系，推行不见面审批和容缺审查机制，提升规划用地“多审合一、多证合一”改革效能，推动“征地即供地、拿地即开工、交房即办证”。

【绿色矿山建设】 按照《济南市绿色矿山建设工作实施方案》，做好绿色矿山建设工作，引导技术提升，先后涌现“全封闭悬空运输生产线”“矿山卡车智能化调度”“帷幕注浆堵水”和“胶结充填”等一批先进工艺。打造绿色示范园区，平阴县成功入围全国绿色矿业发展示范区名单。做好绿色矿山评估工作，具备建设条件的28家矿山企业中3家入选国家绿色矿山名录库、11家入选省绿色矿山名录库，剩余14家已通过第三方评估并报送省厅，矿山生态文明建设初显成效。

【生态修复】 完成泰山区域山水林田湖草生态保护修复工程，治理采煤塌陷地4071公顷，生态修复矿山面积2488.93公顷，治理矿山采空区495446.21立方米，土地整治面积1373.72公顷，新增耕地477.43公顷，完成地质灾害防治工程38个，治理废弃矿井92眼，地质公园及地质遗迹保护113.57平方千米，湿地新增面积98.7公顷。完成中央环保督察反馈问题中废弃矿山治理整改任务，完成矿山复绿32处、2013年以来关停露天矿山恢复治理139处、“三区两线”可视范围内历史遗留废弃矿山治理23处。

【调查监测】 持续推进第三次全国国土调查(简称“三调”)，12个区县初始调查成果经省三调办核查后上报全国三调办并通过国家核查，12个区县的统一时点更新调查成果经省三调办核查后上报全国三调办，通过国家级内业核查和数据库质量检查。完成第六次沙化监测工作，编制《济南市第六次沙化监测工作市级核查方案》，调查沙化小班45440个，举证照片3395张。

有序推进2020年森林资源管理“一张图”年度更新项目，形成林业小班942806个。

【不动产登记】 济南市7区全年共办理不动产登记业务62.8万余件，其中不动产权证书33.45万本、不动产登记证明20.65万份、各类不动产权利注销登记8.7万件。不动产登记迈向“零资料”，与10多个部门40余项数据共享，实现不动产转移、抵押及企业办理不动产登记等高频及重点登记事项的“零资料”申请。开展“全链条”办，近80%的业务类型实现“进一门，办多事”，实现新建商品房不动产登记“交房即办证”。运用“互联网+”的电子签名（签章）、网上认证、电子证照新技术，实现10余类抵押登记业务不见面办。延伸服务窗口，2020年济南市通过网上申请的不动产登记业务达20万余笔，网上查询112万件，网上及电话咨询25万人次，生成电子证照168万本。

【执法监察】 开展农村乱占耕地建房问题整治，成立市级工作专班，印发《济南市农村乱占耕地建房问题摸排工作实施方案》，完善“周调度、月报告”工作机制，向省工作专班报送报告17期。全市共摸排疑似图斑175895个，其中部省级疑似图斑60935个、市级疑似图斑114960个，上报国家信息系统61970个。开展违建别墅问题清查整治，依法整治违建别墅建筑面积47.11万平方米。开展雪野风景名胜区专项整治，完成生态恢复绿化78万平方米，被市委、市政府表彰为雪野风景名胜区专项整治工作先进集体。开展石料加工厂清查整治，排查矿产违法行为69宗，依法没收矿产品55887吨，改善提升自然生态和环境质量。

（彭飞　王振东）

【概况】 2020年，济南市市场监督管理局坚持围绕中心、服务大局，对标对表“五个济南”建设，强监管、优服务、促发展，不断提升市场监管治理效能，全力助推省会高质量发展，各项工作取得积极成效。在全省率先完成对全市近7万家食品经营单位的风险等级评定；率先推行“双远程、一回执”药品零售模式；首个推出电子计量检定证书；全国省会城市第一个出台公共服务质量提升攻坚行动，公共服务质量总体满意度居全国省会城市第三位。杨波等15人、食品流通安全监管处党支部等8个集体受到国家市场监管总局和省、市表彰。

【法制建设】 牵头起草政府规章《济南市活禽交易管理办法（送审稿）》。推行权责清单制度，承接省级下放行政事权32项，根据省局职能调整重新领取73项行政权力事项，取消行政权力3项（行政许可1项、行政处罚1项、其他权力1项），2项行政许可事项下放县区，向国家级经济开发区定向赋权677项，在横向上进一步细化职责边界，纵向上进一步厘清省、市、县三级事权。编制发布行政处罚“四张清单”，以市市场监督管理局现行有效的权责清单为依据，除不予处罚清单执行省局的清单外，组织编制减轻处罚事项49项、从轻处罚事项74项、从重处罚事项23项，实现“包容审慎”与“严惩重罚”两种差异化监管模式的有机结合。

2020年5月9日，市市场监督管理局在龙奥大厦召开“打造品牌济南 推动城市发展”研讨会

（毕京亮　摄）

全面推行行政执法公示、行政执法全过程记录、重大行政执法决定法制审核实施办法“三项制度”。深化放管服改革，承担和受委托实施的6大类行政许可事项，均实现全程网办、不见面审批。自贸区实施告知承诺发证的检验检测机构平均发证时间缩短为3个工作日，比一般程序发证压缩时限超过95%。

【信用监督管理】 深化“双随机、一公开”监管，对全市2.8万家企业开展抽查规范市场主体经营行为，协调开展2次大范围部门联合抽查，涉及全市19个部门、29个抽查事项、联合检查企业1973户，实现“1+N”目标和部门联合双随机监管在各行业的全覆盖。牵头市场监管指标迎评工作，收集整理佐证材料2万多个，部署样本企业走访1.3万户。实行企业异常名录快移缓列，通过简化流程、快速移出的方式为1403户企业（含个体）办理异常名录移出，对受疫情影响暂时失联的42户企业采取暂不列入异常名录措施。做好市场主体年报工作，企业年报率实现在企业数量大幅增加情况下的提升。做好撤销冒用身份登记工作，撤销冒用身份登记300多起。

【市场秩序规范管理】 在全省率先探索主动抽查调阅、提前介入会审、延伸区县指导、流程梳理再造、搭建学习平台、强化动态研判6项举措，组织抽查2020年度市政府、市政府办公厅发布的36个规范性文件，函询4个部门审查流程；抽查16个区县（功能区）政府及部门的327个政策文件，函询17个文件的审查程序资料；在省内率先出台济南市公平竞争审查《会审工作办法》《抽查工作办法》《第三方评估工作办法》《投诉举报处理工作办法》。率先推出自贸片区竞争政策实施试点措施，最先建立起磋商沟通、协调交流、快速响应3项工作机制和会商、抽查、专家指导、加大宣传培训、加强国际合作5项措施，推动济南片区强化竞争政策实施试点工作。加强统筹调度，打击侵权假冒工作和反垄断工作取得成效。

【网络交易监督管理】 加强重点整治，网络市场监管成效初显。制定《济南市市场监督管理局新冠肺炎防控期间电子商务平台八项经营行为规范》，开展“落实电子商务平台责任专项行动”，对131户平台和电商企业开展指导检查，下线不合法主体173家。开展网络市场秩序提升行动，线上检查网络交易主体6345个（次），核查违法线索456条，查办涉网案件62起。直播电商规范管理有序推进，打造全国直播经济总部基地。加强管控措施，抓好商品交易市场监管。市中区郎茂山农产品市场等18处市场入选2020年度精品示范市场。严管严打野生动植物违法交易行为，检查经营者户数26908个（次）。加强组织保障，放心消费环境建设深入推进。建立基层消费维权服务站382家，60%以上的消费争议通过维权服务站得到快速处置。3853家企业参加放心消费示范单位创建活动，1185家企业被评为区县级放心示范单位，80家企业正在申报省级放心示范单位，105家线下企业承诺实施线下7日无理由退换货。办理动产抵押登记1317件，帮助企业融资270.5亿元。开展格式合同整治，监督检查企业25户，收集格式合同39份，对1户经营者下达责令改正通知书。

【广告监督管理】 全年共监测广告44.8万条次，处理监测线索1882条次，处理投诉举报13443件，开展行政约谈58次，查处广告案件141起，罚没款861.92万元。印发《关于加强新型冠状病毒感染肺炎有关广告监测监管工作的紧急通知》，强化违法广告线上监控，深入媒体开展行政指导和督导，协调媒体加强防疫公益广告宣传。召开全市房地产广告宣传活动培训会议，组织市房地产业协会发布《拒绝虚假违法广告倡议书》，举办学习《广告法》《房地产广告发布规定》集中培训，召开全市整治虚假违法广告联席会议制度，明确各成员单位监管职责，形成广告监管合力。修订《济南市广告产业园区认定管理办法》，济南文化广告创意产业园被认定为省级广告产业园，济南西部广告产业园、济南港基文化广告产业园被认定为市级广告产业园。组织开展济南市第五届公益广告大赛，评出金奖9件、银奖18件、铜奖31件、优秀奖59件。

【价格监督检查和反不正当竞争工作】 组织开展转供电环节加价专项整治行动，共摸排出转供电单位6566个，全面检查单位6288个，整改落实到位5581个；立案33件，处罚金额912.03万元，以抵扣物业费、租赁费或冲抵电费、退费等形式清退5832.73万元，惠及终端用户241794家。组织对46家行业协会、2家商业银行、1家行政审批中介服务机构、1家公路部门开展涉企收费专项检查。组织开展行业协会商会收费清理规范工作，联合市民政局以不低于10%的比例，抽取28家行业协会商会，对其2019年1月以来的会费和服务收费等情况进行全面检查。规范明码标价市场价格行为，做好疫情期间民生领域价格监管，出动执法人员10万余人（次），检查药店、粮油蔬菜经营店、超市8万余家次。立案查处价格违法案件30件，已结案30件，累计罚没款728290.43元。深入直销企业开展走访调研活动，督导检查直销企业服务网点、经销商，指导企业树立诚信经营理念，累计出动执法人员536人（次），检查直销企业分公司37家、服务网点及经销商208户，分辖区对直销企业经营主体开展行政指导、行政约谈7次，处置涉及直销企业投诉件10件，立案查处直销案件1件，罚没款512240元。

【质量发展工作】 在创建“全国质量强市示范城市”省级预验收中，取得全省最高分；在省级对市级政府质量工作评议中，被评为全省最高级A级；在全省第一个出台《关于深入实施质量强市战略、推进质量强区（县）建设的指导意见》。在国家市场监督管理总局开展的全国公共服务质量监测中，济南市位居副省级城市第三位、全省第一位；在全国省会城市第一个出台《济南市公共服务质量提升攻坚行动方案》；在全省率先开展产业质量提升协同服务活动。在省市场监督管理局发布的“山东省高端品牌培育企业”中，有59家企业获评，占全省获评总数的16.6%，获评企业当年数量和总数均居全省第一位。新增山东省创建优质产品基地1个，总数达6个；在全省率先以市政府名义出台《济南市深入实施品牌战略三年行动计划（2020—2022）》；在全省设立首个品牌培育孵化、培训教育专项资金。

【产品质量安全监督管理】 组织开展对非医用口罩和原材料生产企业的产品质量监督工作，制定并印发《关于做好新形势下非医用口罩产品生产企业监管的通知》等6项文件方案和《非医用口罩生产经营指导服务与质量监管指南》，指导非医用口罩生产企业提升产品质量水平和经营主体认真履行法定义务。组织开展对非医用口罩和原材料生产企业全面进行摸底排查，并实行每周巡查制度，共抽查全市53家（次）企业的54个批次产品，合格率高于全省平均10个百分点。制定实施重点监管目录和组织监督抽查，制定并发布《济南市重点工业产品质量安全监管目录（2020年版）》，统筹生产和流通两大领域，编制市级产品质量监督抽查年度工作计划。强化重点工业品和消费品质量安全监管，完成水泥、农资、消防产品、食品加工机械和危化品（包装物）及危化品车载罐体的专项监督检查（专家检查）。加强食品相关产品和纤维制品质量安全监管，以近年来监督抽查合格率较低、群众关注较高的食品相关产品为重点，组织开展对食品加工机械生产企业专家检查和食品塑料包装产品专项监督检查，加强对生产企业原辅材料、生产条件和生产过程等的监督检查力度，督促企业严格

市市场监督管理局举办2020年度“3·15”消费者权益保护日宣传活动

（市市场监督管理局　供稿）

落实质量安全主体责任。助力打赢污染防治攻坚战。加强车用油品和车用尿素的质量监管，抽查加油站787座，总计抽样1694个，对发现的不合格加油站均已立案调查。助力全市清洁取暖攻坚行动和挥发性有机物治理专项整治，对禁燃区内现场销售（加工），禁燃区外无照现场销售（加工）和现场销售（加工）不符合济南市商品煤质量指标等行为依法进行查处。

【食品安全协调工作】 狠抓食品安全全过程、全方位监管，实施“食安济南”品牌提升工程，全域创建省级食品安全区县，食品安全群众满意度达到88.4%的历史最高水平。制定市委常委会委员、市政府领导班子成员食品安全工作责任清单。将“巩固提升国家食品安全示范城市成果，实施‘食安济南’品牌提升工程”写入市政府工作报告。代市委、市政府制定出台《关于深化改革加强“食安济南”建设的实施意见》纲领性文件。将食品安全工作纳入全市重点督办事项，列入经济社会发展综合考核负面清单。科学调整并成立由市政府主要负责人挂帅的市食品药品安全委员会（简称市食药安委），细化明确23个成员单位职责，修订《市食安委工作规则及办公室工作细则》，设立食药安办副主任单位，成立学校食堂食品安全治理、打击食品安全违法犯罪、食品安全源头治理、食品安全风险监测与评估、单位食堂食品安全5个专门协作小组。发挥市食药安办组织协调、督导落实、考核评议和服务保障等作用，巩固深化国家食品安全示范城市创建成果，济南市以第一名的成绩通过创城省级复审验收。打造“食安济南”过硬品牌，加快产业结构优化升级，创建省级食品安全区县10个（主城区除外），新创建10条食品安全示范街（区），全市已有32条街（区）成功创建。加强食品行业区块链应用平台建设，总结推广历城、章丘打造“小、精、美、特、优”的食安大客厅综合服务平台的经验做法。牵头组织开展巩固深化食品方面漠视侵害群众利益问题专项整治和食品安全突出问题7项整治工作，取得可检验、可评判、可感知的明显成效。研究济南、淄博、东营、泰安、滨州、德州、聊城7市省会经济圈的食品药品安全联动协同合作制度。

【食品生产安全监督管理】 起草发布《致全市食品生产者的一封信》、食品生产企业疫情防控明白纸、《新冠肺炎疫情防控期间企业生产服务保障指南》，指导食品生产企业做好疫情防控、确保食品安全。推广应用冷链食品疫情防控管理系统，全市166家食品企业均注册防控管理系统并开展应用。以问题为导向，履行监管责任，共检查企业1237家次，检查食品小作坊2958家次。合理划分市、县两级监督检查事权，市局承担35家大型及部分规模以上企业的日常监督检查，对高风险企业实施15家（次）飞行检查。注重通过舆情监控、日常监督检查、群众举报投诉等渠道搜集食品安全风险信息，下发风险通报3期，召开复配添加剂及小麦粉、桶装水、酱油醋、月饼5次产品风险交流会。开展固体饮料、压片糖果、代用茶专项整治。打造章丘饮料生产加工示范基地，引领食品行业健康发展。加强小作坊规范提升，在章丘区召开全市食品小作坊监管工作现场推进会，建设一批“小而美”“小而优”的小作坊。

【食品流通安全监督管理】 开展校园内食品销售者食品安全专项整治，组织监督抽检200余批次，查出不合格2批次。开展农批市场规范提升工作，组织开展农批市场专项检查、督导检查，对市场开办者责任落实不到位的立案调查。继续推进委托快检工作，共计检测657070批次，日均检测1967批次，合格率为99.89%。率先在全省对69212家食品销售单位完成食品销售分级管理。开展农村食品安全专项整治。采取市区镇（街道）三级联动，网格化摸排规范的方式对农村地区食品经营许可开展审核复查，共计检查各类食品经营单位5519家，全部实施网格化管理，全部责任到人。开展食品快检进农村大集，检测3400余批次。对1600余人次进行食品安全培训。承担全省连锁超市总部及散装食品安全监管规范化试点2项研究课题，组织召开食品超市放心承诺及风险会商会议，摸底排查连锁超市总部21家、门店1288家，委托第三方机构开展市场调查和风险评估，研究制定形成在全省可复制可推广的连锁超市总部监管及散装食品安全监管制度。

【餐饮服务食品安全监督管理】 落实省委、省政府疫情防控要求，会同市教育局、卫生健康委组织开展春季学期开学条件核验，指导全市学校做好开学前各项准备，核验不合格的不得安排开学；综合运用学校自查、季度检查、飞行检查和督导检查等方式强化学校食堂和集体用餐配送单位日常监管，监督检查覆盖率均实现100%；联合教育主管部门开展整治学校食品安全问题联合行动，合力推动学校食堂“明厨亮灶”，全市学校食堂“明厨亮灶”率达100%；集体用餐配送单位和中央厨房“明厨亮灶”率达100%；深化食品方面漠视侵害群众利益问题学校食堂食品安全专项整治工作，检查学校食堂3966家次，抽检1532批次，立案4件。在全市范围内持续开展网络订餐食品安全“净网”行动，加强网络餐饮提供者的现场检查，重点提升实体店环境卫生和规范操作水平；多次约谈、函告“美团”和“饿了么”等网络订餐平台依法经营，敦促其落实资质信息和量化分级信息公示；强化网络订餐领域案件查办，以饿了么、饿了么星选、美团外卖3家外卖订餐平台的App端口为主，累计监测入网餐饮总数据266382家次，发现证照缺失问题790家次；店铺从2月的32845家增长到10月的35723家，增长率为8.76%，证照缺失率从0.53%降低到0.01%。

2020年8月7日，济南市工商联餐饮协会烧烤行业联盟成立

（市市场监督管理局　供稿）

【食品抽检与特殊食品监管】 印发疫情期间明白纸，指导企业做好疫情防控和安全生产；对6家保健食品生产企业、40余家特殊食品经营企业开展疫情防控期间督导检查。加强特殊食品监管，梳理编写《特殊食品常见问题解答》《保健食品生产日常监督检查操作规范》等4本特殊食品监管手册，发至各区县局和监管所供基层人员学习参考。强化日常监督检查，检查保健食品生产企业20家、特殊食品经营单位300余家。完成全部保健食品生产企业风险等级评定，特殊食品经营单位食安员考试率达70%以上。推进特殊食品专项整治，开展市级保健食品监督抽检150批次，合格率99.3%。配合省市场监督管理局完成74批次保健食品监督抽检。制定并印发《济南市特殊食品生产质量管理体系自查与报告制度推进实施方案》，组织全市保健食品生产企业开展质量管理体系自查，自查率达100%。创新方式推动“监管合一”，采取7项措施牵牢连锁企业总部“牛鼻子”，控制好特殊食品购进、储存、运输总闸门，促使企业加强内部管理，推动企业主体责任落到实处。与市卫健委、医保局等联合出台《济南市医疗机构特殊医学用途配方食品经营管理规范》，成为全国第一个出台医疗机构特医食品地方性规范的市局。开展食品抽检工作，完成市级抽检30000余批次。开展各区县食品安全状况评价抽检3000批次，全市食品抽检合格率为98.97%。

【药品安全监督管理】 统筹做好疫情防控和复工复产，向全市58家医药生产企业发放《药品生产企业疫情防控措施提示函》，指导企业落实防控措施。检查抗病毒、抗感染药品生产企业46家次，覆盖率达100%；部署31批次药品抽检，合格率达100%，确保防疫药品质量安全可靠和用药市场供应。药品生产企业复工复产率100%。举办2020年中国药学大会、山东省暨济南市生物医药高质量发展圆桌会及11场专题报告会，整理汇总形成《院士专家关于济南生物医药产业高质量发展的意见建议》，提出统筹产业规划、强化政策导向、加大交流合作3条意见建议。一致性评价工作进入药品市场“国家队”，发放奖补资金3900万元，仿制药一致性评价获批82个，其中44个全国首家、11个全国独家，年产值超15亿元，有103个品种在研，在全省遥遥领先，在全国同类城市列第四位。精准服务新药创新研发和产业化项目推进，齐鲁制药、华熙生物、宏济堂制药等8家药品生产企业被市委、市政府表彰为200家领军领先企业，华熙生物被评为济南“独角兽”企业，莱博生物被评为国家“瞪羚”企业。制定《关于申请在山东设立国家药监局药品医疗器械审评查验分中心的工作方案》，起草《平行进口医疗器械试点企业监督管理办法》《平行进口医疗器械符合性整改项目列表》等6个工作文件，指导济南药学会成立药械化评价专业委员会，争取国家药监局支持，取得血液制品批签发资质。

【药品市场监督管理】 做好疫情防控有关工作，指导各企业寻找渠道，督促协调各企业紧盯生产厂家和供货商，最大可能增加市场供应。至2020年3月底，各主要药品零售连锁企业共向市场供应口罩3000余万只、酒精120余万瓶、各类消毒产品100余万件，各项物资从严重紧缺到逐步缓解和供应充足。为运输疫情防控医疗、防疫救护器材设备车辆办理发放“战疫情保畅通”绿色通行证，特殊时期全市药品零售企业暂停销售并下架封存发热、咳嗽类药品，指导药店工作人员做好到店顾客全部实施体温检测、发现发热人员进行登记引导上报等防控工作。维护药品市场质量安全，督导检查经营企业、使用单位110家，保障药品质量安全。重点关注疫苗等高风险、高关注度品种，确保疫苗质量安全。部署开展中药饮片、药品网络销售违法违规行为等专项整治。抽检药品1509批（市抽1200批），合格率达99.34%。各级监管部门检查药品零售企业6500家次，其中做出行政警告70家、限期整改706家、立案25家、吊销许可证1家，罚款44.16万元。在全市创建100家药品安全（放心消费）示范店，与市卫健委等部门联合出台《“互联网+医疗健康”发展行动方案》《医疗康养产业完善产业链打造产业集群工作实施方案》《济南市中医药产业发展规划》《推动“扁鹊故里康养济南”规划建设的实施方案》等10多部文件规定，从制度政策上保障产业高质量发展。

【医疗器械监督管理】 帮助仅有的2家医用口罩生产企业第一时间复工复产，帮助36家企业申请疫情相关产品注册，新获批医用口罩、红外额温枪等注册证52个，红外额温枪生产企业由0家增加到2家，医用口罩生产企业由2家增加到31家，日供应能力由2.6万只增至800万只，帮扶山东圣泉公司等30家民用口罩生产企业复工达产、扩产，高峰期时日产能突破2000万只。对医用防疫物资经营企业进行全面监督检查，监督企业严格按照质量管理规范经营，杜绝不合格产品流入市场。累计检查疫情防控用医疗器械生产企业106家次、医疗器械经营企业11000家次。制定印发《2020年全市医疗器械监管工作要点》和《全市医疗器械经营、使用监督检查计划》，开展医疗器械“清网”行动，对全市1249家网络销售企业进行全覆盖检查，依法处置国家局、省局移交网络交易监测违反线索10件。累计检查医疗器械经营企业和使用单位10544家，立案29件，罚没款113万元。国抽、省抽完成率达100%。收集医疗器械不良事件报告4565例，挖掘风险信号8件。参与起草出台《济南市促进生物医药和大健康产业发展若干政策》，完成25家企业材料的审核，对符合条件的企业兑付奖补资金220万元。帮助109个医疗器械新产品取得注册证件，产值首次突破100亿元。

【化妆品监督管理】 制定《2020年全市化妆品监管工作要点》及《关于实施2020年全市化妆品经营监督检查计划》。完成省级54批次抽样，化妆品经营环节180批次风险监测抽样，超额完成20批次。对发现的1起风险线索送达风险警示函。对宾馆酒店实施检查，出动执法人员1400人次，检查业户638户，责令9户整改。开展“线上净网线下清源”活动，对接163家化妆品电子商务经营者，150家展开自查，99家初步建立质量安全管理制度。举办全市《化妆品监督管理条例》学习培训班，监管人员及企业代表110余人参加培训。

【特种设备安全监察】 组织开展特种设备安全生产三年整治行动，制定实施方案，完善特种设备安全责任体系。完成60家特种设备生产单位、10家检验机构和969家使用单位日常监督检查任务，做好重点场所和重要时段特种设备安全检查。组织开展涉氨制冷企业特种设备隐患排查治理，72家冷库压力管道重新安装并完成全面检验，42家氨制冷机改换氟利昂机组并重新登记，关停不符合条件的34家。联合市住建局等5部门开展液化石油气瓶和瓶装液化石油气安全专项整治，检查企业29家，整改违法违规行为充装单位8家，已建立气瓶充装追溯体系19家。开展危险化学品道路运输安全生产专项督查，对249台移动式压力容器逐台摸排检查，定检率100%。开展特种设备安全督查，督查16个区县20家特种设备生产使用单位，发现隐患24项。开展车载气瓶全国试点工作，出台济南市车载气瓶质量安全可追溯平台技术实施路径和建设方案。推动电梯"保险+服务""物联网+维保"新模式。全市32075台电梯购买安全责任保险，电梯责任保险覆盖率52.71%。采用物联网、信息化手段实现电梯安全运行状况在线远程监测，已安装300余台。常态化特种设备落实"应检尽检"要求，定检率达100%。组织5家单位参加省级标杆企业现场观摩。组织开展全市双重预防体系培训，树立县级双重预防体系标杆企业49家和20家市级标杆企业，指导340家特种设备使用单位开展双体系建设工作。

【计量工作】 累计检校各类测温设备2083台，服务机场、车站、医疗等单位5040家。开展计量技术服务12529次，服务企业4080家，检校计量器具428396件。新建社会公用计量标准23项，通过CNAS（中国合格评定委员会）认可117项，达到311项，位居全省前列。检定强检工作计量器具664529件，居全省前列。培训考核计量检定人员77名，新增注册计量师17名。加强计量监管，抽查665家企业在用计量器具25352台件，委托技术机构抽检376家企业的计量器具5003台件，抽检定量包装商品生产企业81家、流通领域20家共316批次产品。组织开展计量服务中小企业行活动，走访和调研企业2357个，帮助解决各类问题246个。推进"能耗双控"工作，65家重点用能单位能源计量审查工作全部完成。举办2020年中国物联网计量创新发展论坛。济南国际医学计量检测中心、山东省低碳计量技术委员会相继成立，物联网计量实验室建设正式启动，山东省大数据研究会智慧计量分会、物联网计量人才培训基地落户济南。在全省16个地市中首个推出电子计量检定证书。

【标准化工作】 构建高质量发展标准体系，制定国际、国家标准2065项，制定行业标准2936项，均占全省总数三分之一；制定山东省地方标准3651项，约占全省四分之三；自我公开声明企业标准23448项；承担国际、全国、全省标准化技术委员会（分技术委员会）68家，山东省质量技术基础（NQI）标准化能力指数得分91.29分，制造业质量竞争力指数标准技术水平得分98.38分，各项指标居全省前列。完成《关于济南市液压升降平台行业成立产业集群的建议》等3项人大代表建议和《关于进一步加强电动车管理创造有序交通环境》等6项政协委员提案的落实。推动市政府出台《济南市地方标准管理办法》（济政字〔2020〕43号），是全省出台的第一个地方标准管理规范性文件。组织制定并批准发布《建设项目交通影响评价技术导则》等9项济南市地方标准。以市政府名义印发《济南市标准化体系建设三年行动计划（2020—2022年）》。搭建中国（山东）自由贸易试验区济南片区标准创新服务系统，为企业提供标准资源、贸易技术壁垒预警信息和指导服务。组织申报2019年度品牌建设（标准化项目）扶持资金申报工作，对牵头制定国家标准的8家企业、1个国家级标准化试点、57个省级标准化试点承担单位申请扶持资金1500万元。推进济南市承担的国家标准化综合改革试点项目建设，完成承担综合改革项目58项（共60项），承担数量和完成数量均居全省首位。参与《关于促进乡村产业振兴的若干措施》等14项规划制定；组织制定并发布济南市农业地方标准规范30项；重瓣红玫瑰精油国家标准全票通过立项评估；新立项国家平阴玫瑰全产业链发展标准化示范区国家级试点1个，商河大蒜"新六产"融合发展等省级试点3个；组织建设完成章丘区美丽乡村全国农村综合改革标准化试点国家、省级标准化试点

11个。提前完成济南市“重点任务攻坚年”全年“科技创新攻坚”标准化指标要求，制定国家标准102项，其中主导制定国家标准12项；立项智慧城市领域国际标准1项；支撑“工业强市”建设，标准化工作写入《关于加快建设工业强市的实施意见》（济发〔2020〕16号）；组织制定团体标准354项。参与《大力推进全域旅游高质量发展实施方案》等4项全市服务业提升重要规划制定，组织申报的人才有价（山东）有限公司等3家单位获批山东标准项目建设。新立项历下区百合幼儿园等国家级标准化试点2个；指导市不动产登记中心等10个国家级标准化试点完成终期验收；全过程、全流程指导帮助市行政审批服务局高标准建设“济南市政务服务”国家级社会管理和公共服务标准化试点，为打造“在泉城、全办成”政务服务品牌、优化全市营商环境夯实基础。

【认证认可工作】 制定2020年认证认可检验检测工作要点。全市共获得各类认证证书2.72万张，其中管理体系认证证书1.93万张、各类食品农产品认证证书602张。强制性认证获证企业229家、证书4549张。联合市生态环境局、公安局对24家机动车排放检验机构进行随机抽查，联合市生态环境局对10家生态环境监测机构进行随机抽查，抽查发现的问题由辖区局依法查处，检查情况向社会公开。利用“双随机＋日常”巡查的方式，对全市检验检测机构进行全覆盖、无遗漏监督检查；随机抽取2家认证机构和14家获证企业开展检查，发现梳理问题59条，辖区市场监管部门依法查处。组织检验检测服务业统计上报工作，完成上报率100%。培育、推动企业开展“泰山品质”认证，全市已有5家企业获得认证。

【知识产权保护】 成立济南市知识产权工作领导小组，统筹协调全市知识产权工作。成立营商环境知识产权创造、保护和运用专班，统筹营商环境知识产权相关工作，推进落实优化营商环境决策部署。开展知识产权专项行动，依法查处专利、商标等知识产权侵权假冒案件。打击疫情防控期间非法制售口罩等防护产品的违法行为。2019年度知识产权行政保护工作绩效考核位居全省第一。开展知识产权纠纷检验鉴定技术建设试点工作，制定检验鉴定工作规范，建立完善检验鉴定专家库、检验鉴定案件电子档案库，全方位开展知识产权侵权纠纷检验鉴定服务。与济南仲裁委联合成立济南知识产权仲裁中心，与市法院签署知识产权快速协同保护框架协议，成立济南市知识产权纠纷人民调解委员会，形成多重保护渠道，构建国内领先的知识产权保护体系。建成全市知识产权保护重点联系单位库，入库单位89家。高标准建设中国（济南）知识产权保护中心，开启专利快速审查的“绿色通道”，建立知识产权快速协同保护绿色通道。

【知识产权运用促进】 印发《济南市知识产权运营服务体系建设实施方案》，打造具有泉城特色的知识产权运营链条和运营服务生态体系。探索知识产权运营基金建设等5项措施，激发自贸区市场主体知识产权创新活力。制定《济南市知识产权创造、保护和运用指标优化提升实施方案》。启动济南（历城）国际知识产权高端服务业集聚区项目。实现知识产权量质齐增，建立起由500件发明专利、200件PCT组成的高价值专利池，全市累计发明专利拥有量达28620件，同比增长22.5%；万人有效发明专利拥有量达32.38件，同比增长3.63件。全市有效商标达253820件，同比增长30.58%。马德里商标国际注册638件，同比增长26.09%。驰名商标总量75件、地理标志商标40件。《山东专利创新企业百强（2019）报告》显示，全省专利创新百强企业中济南企业达26家，位列全省第一。同步推进线上线下培训服务，在网络平台发布济南知识产权微课10期，线下组织马德里商标国际注册巡回培训等各类培育37场次，为全市1000余家企业提供知识产权培训服务。建成城市创新发展质量评价类、产业规划类、企业运营类三级专利导航体系，率先在全省实施全市宏观知识产权导航项目，对知识产权助推济南经济高质量发展情况进行综合评价。组织实施企业专利导航项目，为120个重点企业的知识产权发展方向、路径和布局提供全方位支持。与山东大学等驻济高校院所开展战略合作，搭建知识产权成果转移转化平台，打通高校科研成果转化“最后一公里”。4个区县被评为国家知识产权强县工程示范县（市、区），2个区县被评为国家知识产权强县工程试点县。全市新增国家知识产权示范企业3家、国家知识产权优势企业35家，累计达80家。在国家知识产权优势示范企业中培育瞪羚企业6家、准独角兽企业1家。新培育知识产权贯标企业2234家。在第二十一届中国专利奖评选中，有7项发明专利获奖，其中金奖2项、银奖1项，获奖总数位居全省首位，并获最佳组织奖。将知识产权质押融资纳入全市20亿元的风险补偿资金池。全市办理知识产权质押融资登记135笔，同比增长51.69%；质押融资金额18.85亿元，同比增长2.21倍。

【外商投资企业登记管理】 自2020年4月10日正式承接外资企业登记工作，办理外商投资企业设立、变更、注销、股权出质等各类登记1237件，线上办理各类登记业务1550件，办理司法协助执行、企业档案查询、企业和群众业务咨询等事项4100多件。新增投资总额387.07亿美元，注册资本366.4万美元，分别同比增长142.86%和185.31%，实现外资企业注册逆势上扬。深化“一次办成”改革，全面落实“清单+告知承诺+容缺受理+并联审批”改革，推进外资企业登记注册工作的程序化、规范化、标准化。压缩企业登记时间，线上预审指导实现“当日清零”，在预审通过、材料齐全的情况下，窗口登记基本实现“半日结”和即时发照。全面落实容缺受理，对主要材料齐全、次要材料有欠缺的办事企业，在做出书面承诺的情况下先行受理。先后为济南普洛斯供应链管理有限公司等35家外资企业容缺办理营业执照，保证企业后续项目的及时推进。对重大外资项目企业上门提供服务，先后为槐荫区跃马控股等3家重大外资项目企业登门办理营业执照。支持具备条件的区县市场监管局向国家总局申请外资企业登记授权，方便企业就近登记。组建市、区县、园区三级外资企业登记注册帮办服务队伍，为企业提供全流程“一帮到底”的服务。

（李核心）

统　计

【概况】 2020年，济南市统计局认真落实国家统计督察反馈意见整改措施，加大统计执法检查力度，第四次经济普查取得重要成果，开展第七次全国人口普查，强化统计队伍建设，持续优化统计服务体系，提高统计数据质量，较好地完成了全年目标任务。在税务、发改、工信、商务、住建等部门的支持配合下，推进“上规入库”工作，建立“政府推动、部门共享、‘红包’激励、宣传吸引”的上规入库“济南机制”。全年“四上”企业总入库2925家，净入库1896家，实现全省“双第一”，全市“四上”企业数量突破1万家，实现历史性跨越，在全省统计工作会上做典型发言。市统计局连续16年获评省级文明单位，市人普办临时党支部被市委、市政府表彰为担当作为“出彩型”好团队。

（韩冰　吴培利）

【提高统计数据质量】 全面夯实源头数据，落实基层统计站规范化建设标准，加大基层统计人才培育机制，实施基层优秀统计人才奖惩激励政策，从源头上抓好数据质量。按照国家GDP统一核算改革要求，全市统计系统核算流程更加科学、严谨、规范，统计数据质量位居全省前列。（韩冰　吴培利）

【提升统计服务水平】 以服务高质量发展为目标，打造服务型统计，提高统计信息分析和监测预警水平。助力重点工作，建立GDP统一核算、十强产业及十大千亿产业等统计监测体系；助力乡村振兴，编印《济南市镇村统计坐标》。全年上报各类统计信息、分析300余篇，被国家、省、市各级采用近百篇次。通过统计门户网站开通“四上企业”联网直报网络课堂，在政府网站、新闻媒体及时发布统计数据，编印不同种类、不同层次的统计产品，创建“济南统计”微信公众号，组织营商环境评价——包容普惠创新一级指标的牵头工作。

（韩冰　吴培利）

【通过国家统计督察】 市统计局以国家统计督察为契机，压实数据质量责任，完善防惩统计造假、弄虚作假责任体系。配合完成资料调阅、个别谈话、问卷调查、执法检查等各项督察任务，以“四不两直”方式开展统计督察调研6次，配合协助“双随机”统计执法检查规模以上企业60家。

（韩冰　吴培利）

2020年10月21日，济南市第七次全国人口普查领导小组工作人员在天桥区实地督导人口普查清查摸底工作

（市统计局 供稿）

【第四次全国经济普查】 通过第四次全国经济普查，全面摸清全市第二、第三产业家底，系统反映济南市总量规模、产业结构、组织属性、要素分布、效益质量等经济社会发展状况。向全社会公开发布6期《济南市第四次经济普查公报》，编印出版《济南经济普查年鉴—2018》。《高标准完成第四次经济普查相关工作》入选市直机关公开承诺践诺优秀项目案例。

（韩冰 吴培利）

【开展第七次全国人口普查】 2020年，按照上级部署开展第七次全国人口普查，在全市人民共同参与下，在全市6349个普查区、44464个普查小区里近7万名普查员、指导员、志愿者的努力下，完成了普查各个阶段的工作。

（韩冰 吴培利）

【统计调查工作】 2020年，国家统计局济南调查队按照总队部署安排，完成畜牧业统计调查归口管理工作，开展疫情期间粮食、畜禽生产情况调查，及时反映新冠疫情对农业农村生产造成的影响。推进居民收支和农民工e调查，以PDA电子问卷替代纸质问卷，制定《住户调查数据联审会议制度》。强化劳动力调查基层基础工作，推进城镇调查失业率调查扩样试点工作，首次采取与高校合作方式，完成《基于济南劳动力调查的市级城镇调查失业率样本量估算研究》课题工作。完成231家企业权数专项调查报表初报及联网直报平台填报工作，抽取4家工价调查企业进行现场统计执法检查。推进消价大数据采价试点工作，完成大数据第一阶段时点价格比对工作。在完成常规统计调查业务工作的基础上，完成6项专项调查任务，分别为2次济南市文明城市模拟测评工作、中宣部社会心态调查、中纪委全面从严治党民意调查、总队农村人居环境整治情况调查、济南市智慧健康养老情况调查。全年全队各专业分析被总队采用66篇，调查分析采用率在全省调查队系统中排名第一。济南调查队18项工作在全省调查队系统评比中获优秀等次，在连续14年被授予省级文明单位称号的基础上济南调查队获全国文明单位称号。

（郑海燕）

【粮食生产情况调查】 据调查，2020年济南市粮食总播种面积48.04万公顷，比上年增加1133.33公顷，

国家统计局济南调查队工作人员到商河县开展秋粮预产调查

（国家统计局济南调查队 供稿）

增长 0.24%，实现稳中略增；粮食平均亩产 403.53 千克，比上年增加 6.49 千克，增长 1.63%，平均亩产创近 5 年最好水平；粮食总产量达 290.81 万吨，比上年增加 5.35 万吨，增长 1.87%，全市粮食总产量达到历史较高水平。

夏粮亩产水平明显提升，呈现“两增一减”。小麦播种面积 21.73 万公顷，比上年减少 1613.33 公顷，减少 0.74%；亩产比上年提高，小麦平均亩产 421.43 千克，比上年增加 9.38 千克，增长 2.28%；全市小麦总产量 137.37 万吨，比上年增加 2.06 万吨，增长 1.52%。秋粮作物生产良好，呈现“三增”。全市秋粮作物播种面积 26.31 万公顷，比上年增加 2740 公顷，增长 1.05%；秋粮平均亩产 388.75 千克，比上年增加 4.32 千克，增长 1.12%；秋粮总产量 153.44 万吨，比上年增加 3.29 万吨，增长 2.19%。（郑海燕）

【居民收入】 2020 年，济南市全体居民人均可支配收入达 43056 元，高出国家平均水平 10867 元，高出全省平均水平 10170 元，比上年增长 3.8%。按常住地分，济南城镇居民人均可支配收入为 53329 元，比全国高出 9495 元，比全省高出 9603 元；济南农村居民人均可支配收入为 20432 元，比全国高出 3301 元，比全省高出 1679 元。2020 年初，受新冠疫情影响，居民可支配收入增速放缓，一季度济南居民人均可支配收入同比增长 1.0%，其中农村居民可支配收入增速降至 0.1%；上半年、前三季度居民可支配收入分别增长 1.6%、2.4%，全年累计增速为 3.8%。济南农村居民收入增速明显快于城镇，城乡收入比值显著缩小。全年济南农村居民人均可支配收入 20432 元，增长 5.0%，增速比城镇居民收入快 2.3 个百分点。城乡收入比为 1：2.61，较上年同期下降 0.06；尽管城乡居民收入相对差距有所缩小，但绝对差距仍在扩大，2020 年济南城乡居民人均可支配收入差距为 32897 元，较上年扩大 438 元。

（郑海燕）

【概况】 2020 年，济南市审计机关共完成审计项目 404 项，查出问题资金 933.11 亿元，提出审计建议 1382 条，移送各类问题线索 51 起；被市委、市政府主要领导批示审计报告及重要事项 53 篇次。市审计局被评为 2020 年度全市经济社会发展综合考核先进单位。

经济责任审计 对 217 个部门单位的 254 名领导干部开展经济责任审计，实施领导干部自然资源资产审计项目 17 个，查出承担相应责任的问题资金 428.51 亿元。

固定资产投资审计 对济南轨道交通 R2 线一期工程、新旧动能转换先行区高质量发展情况、老旧住宅小区整治改造和物业管理情况等重点建设项目进行审计。

民生资金（项目）审计 重点对住房公积金政策运行及基金管理情况、残疾人就业保障金管理使用情况、社会福利和社会救助政策措施落实情况等进行审计。

【信息化建设】 拓展大数据审计，助力大数据审计提质增效。攻关轨道交通 BIM+ 审计平台建设，应用 GIS 技术创新审计技术方法，在全市创新创优考核中赋满分。组建一支由 2 名机长、6 名驾驶员组成的无人机技术团队，利用无人机技术在自然资源资产、政府投资等审计项目中辅助审计取证，推动审计工作更加智慧高效。

【新冠肺炎疫情防控资金和捐赠款物审计】 截至 2020 年 6 月底，各级财政共安排疫情防控资金 4.38 亿元，争取新冠疫情应急贷款 12.12 亿元；全市各级慈善组织共接收社会捐赠资金 9519.56 万元、物资 320.68 万件，已分配使用 9463.36 万元、320.66 万件。审计发现专项资金使用不及时、捐赠款物管理不规范、应急贷款使用绩效不高等问题，提出审计建议 39 条，督促有关单位进行规范整改，促进资金及时分配使用 1.88 亿元，规范物资采购资金 550.60 万元，促进物资规范管理高效使用 28.70 万件，避免损失浪费 144.98 万元，建立健全规章制度 16 项。

【市级财政管理审计】 2019 年，市级（含济南高新区、莱芜高新区、南部山区，下同）一般公共预算收入总计 734.28 亿元、支出 734.28 亿元，市级收支平衡；政府性基金收入总计 886.51 亿元、支出 779.22 亿元，结转下年支出 107.29 亿元；国有资本经营预算收入总计

5.04亿元、支出4.58亿元，结转下年支出0.46亿元；社会保险基金上年结转收入631.79亿元、当年收入595.19亿元、支出517.35亿元，累计结余709.63亿元。截至2019年底，市级政府债务余额875.65亿元，控制在上级核定的1056.80亿元限额内。发现的主要问题：预算批复管理需要进一步加强，部分转移支付资金拨付使用不及时，财政存量资金盘活不到位，决算草案编报数据不完整，有关部门参与分配资金不够规范。

【部门单位预算执行审计】 2019年，各部门单位基本能够认真执行财经法规制度，一级预算单位预算执行率为94.36%，比上年提高2.11个百分点，部门预算执行总体较好。发现的主要问题：预算收入编制不完整，部门存量资金清理不彻底，部分项目预算执行率不高，部分项目未设定绩效目标或绩效信息未公开，专项资金监管不到位，政府采购程序不规范，部分单位经费支出不合规，财务核算管理不完善。

【重点民生资金和项目审计】 保障性安居工程审计　发现的主要问题：莱芜农高区挪用棚改专项债券资金2.42亿元，用于招商引资企业扶持、偿还借款本金及利息等支出；莱芜经济开发区闲置棚改专项债券资金1.20亿元；平阴县和历城区未完成2019年租赁住房补贴发放任务，3个棚改项目未按期交房产生逾期过渡费4526.69万元，平阴县112套公租房闲置。

社会福利和社会救助审计　发现的主要问题：社会救助统筹制度及统筹机制有待完善；尚未建立市级统一的社会救助管理信息系统，信息共享机制有待健全；部分救助政策执行不到位，主要表现为应救助未救助、超范围实施救助、救助公平性和时效性不强、养老服务设施建设标准与上级要求存在差距等问题，涉及问题资金417.23万元、4430人次。

医保政策运行及基金管理审计　发现的主要问题：医疗保险市级统筹推进较慢，个别区县基金抗风险能力不强；全市职工医保统筹基金结余较大，2019年底统筹基金累计结余超过国家支付水平的结余上限；对医保用药价格缺乏引导，存在同城同药不同价现象。

残疾人就业保障金审计　发现的主要问题：多数单位应缴未缴残保金；部分残疾人应享受未享受“两项补贴”待遇；2017年至2019年，11家单位涉嫌虚假安置残疾人就业，逃避缴纳残保金143.76万元；残疾人子女教育资助政策执行不到位，784名残疾人子女未享受教育资助94.08万元。

【三大攻坚战相关审计情况】 扶贫审计　对15个区县（功能区）2018年7月至2019年12月扶贫情况审计发现，商河县和章丘区有9名义务教育阶段建档立卡贫困家庭适龄学生失学辍学；莱芜区、钢城区和莱芜高新区有409名建档立卡贫困人员的65.11万元扶贫特惠保险理赔不及时；莱芜区和钢城区有18名建档立卡贫困人员未享受再救助政策，涉及金额4.47万元；平阴县和南部山区部分危房改造工程未及时竣工验收，168户危改户的危房改造补助资金420.60万元未及时拨付到位。审计期间发现的问题已整改到位。

污染防治审计　发现的主要问题：2019年，国控河流小清河辛丰庄断面有3个月水质超标；63个市控河流监测断面有17个不能稳定达标，占26.98%。湿地保护监管不到位，部分湿地公园建设资金投入不足、管理机构缺失。在清洁取暖政策执行方面存在6个区36户重复发放补贴、26户重复认定补贴对象问题；2个区补贴962.28万元以现金形式发放，未按规定直接发放至用户银行卡中；未制定设备安装安全标准，冬季取暖存在安全隐患等问题。历下区未按要求制定医疗废物处理处置应急预案，市中区固体废弃物污染环境防治工作未纳入相关发展计划。

政府性债务审计　发现的主要问题：政府债务预算编制不够全面，债券资金使用效益不高，未遵循专项债券一般应用于有收益的公益性项目的规定。

【重大政策落实跟踪审计】 乡村振兴相关政策落实审计　发现的主要问题：美丽乡村建设工作机制需要完善，规划引领作用不明显，部分项目未按时完工，项目后期管护不到位，基层公共文化设施利用率偏低。

推进“一次办好”改革和减税降费政策措施落实审计　发现的主要问题：部分政务系统整合不到位，行政审批服务措施落实不到位，减税降费政策执行不到位。

清理拖欠民营企业中小企业账款审计 发现的主要问题：个别区县清欠台账不准确，个别区县清偿不及时。

【促进经济高质量发展审计】 新旧动能转换重大工程审计 发现的主要问题：推进机制不完善，部分任务未完成，部分项目建设进展缓慢，新旧动能转换基金管理运作机制尚不健全。

市属投融资平台审计 发现的主要问题：市场开拓能力不足，融资空间有限，功能定位发挥不充分，国企深化改革措施落实不到位。

失信被执行人信用惩戒政策审计 发现的主要问题：数据推送和共享方面进展较慢，有关部门信用惩戒政策落实不到位。

【促进城市品质提升审计】 生活垃圾处置情况审计 发现的主要问题：垃圾二厂作为全市主要垃圾处理企业，2019 年上半年日均处理量超出设计能力 10%，渗滤液处理设施配建滞后，存在安全隐患和环保风险，垃圾三厂生活垃圾填埋场 2015 年竣工验收后，闲置 4 年才启用，垃圾焚烧发电项目进展缓慢；截至 2019 年 6 月，全市公共机构和相关企业垃圾分类覆盖率为 34%，覆盖率较低，部分垃圾分类示范片区设施投入不足；未对实现垃圾减量的区县做奖励规定，生态补偿机制激励作用不明显。

城市中水设施建设管理及运行情况审计 发现的主要问题：中水设施建设尚未实现统筹规划，部分分散式中水设施运行效率低，住宅小区中水设施建而不用问题较为突出，区域性中水设施试点工作推动缓慢。

生态绿化提升工程审计 发现的主要问题：裸露土地绿化工作未形成共管机制，部分项目建设管理比较粗放，财政资金导向作用发挥不充分。

城市基础设施建设配套费审计 发现的主要问题：市内 5 区 23 个项目逾期未缴纳配套费 2.81 亿元，截至 2020 年 6 月底仍有 0.86 亿元未缴纳；超区域、超范围安排配套费用于 5 区之外其他区县农村厕改、危房改造、既有建筑节能改造等 16 个项目；济南东泰热力有限公司供热专项配套费 3.55 亿元未投入使用、发挥效益；对于配套费投资建设形成的燃气管网资产，在建设、管理、运营、维护等方面存在制度缺失。

【自然资源资产管理审计】 相关部门贯彻落实中央生态文明建设和生态环境保护重大决策部署，履行自然资源资产管理和生态环境保护责任，促进全市自然资源向好发展。发现的主要问题：自然资源基础数据不统一，资源监督管理存在不足，部分生态文明建设任务推进缓慢，规划引领效力不足。

【2019 年度市级预算执行和其他财政收支审计查出问题整改情况】 市直相关部门单位扎实推进审计整改工作，落实市十七届人大常委会第十五次会议关于“强化审计整改措施，落实审计整改责任”的审议意见，担起整改主体责任，细化整改措施，确定整改时限。截至 2020 年 11 月底，审计工作报告反映的 8 类 84 项问题，69 项已完成整改，15 项正在整改。金额类问题 24 项，21 项已完成整改，3 项正在整改，共涉及资金 156.21 亿元，已整改 152.19 亿元。其中，已上缴财政资金 2.04 亿元，盘活存量资金或促

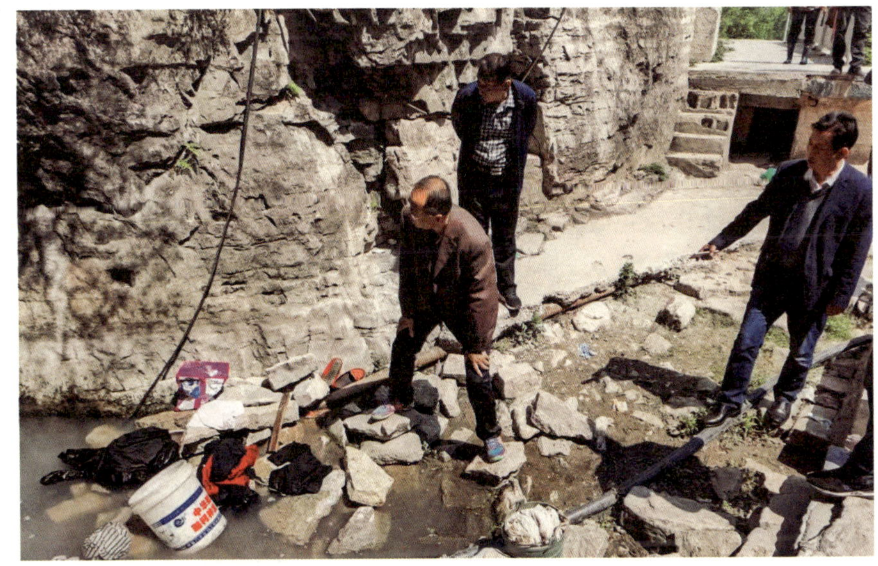

2020 年 1—7 月，市审计局开展济南市自然资源资产管理情况审计调查。图为审计组对保泉护泉情况进行现场查看

（市审计局 供稿）

进加快资金拨付52.21亿元，规范资金管理使用97.94亿元。非金额类问题60项，48项已完成整改，12项正在整改。根据审计建议，已制定完善行业规范等相关制度办法44项。

（李文文　孙　卓）

【口岸建设】　空港口岸　2020年，新开11条国际货运航线（含客改货），货运网络初步实现“欧美亚”全覆盖。济南机场全年国际（地区）货邮吞吐量4.12万吨，同比增长45.1%，国际航空货运能力大幅提高。

欧亚班列　2020年5月18日，“齐鲁号”欧亚班列（济南）在董家铁路货运中心首班开行，济南欧亚班列形成多通道发运模式。全年开行542标准列，位居全省第一，同比增长243%；货物总重量43.5万吨，同比增长206.8%；总货值约8.1亿美元，同比增长197.8%。新开通德国汉堡、乌克兰基辅、荷兰芬洛、比利时列日4条线路，运行线路累计达8条，覆盖欧亚16个国家40余个城市，为济南市畅通国际陆路物流通道提供了支撑。

【物流业发展】　2020年，出台《济南市人民政府办公厅关于促进现代物流业发展的实施意见（2020—2022年）》，加快推动物流业高质量发展。加大物流企业培育力度，全市各类物流企业约7000余家，其中规模以上物流企业284家，营业收入494.1亿元，同比增长11.62%。新增2家国家5A级物流企业，总量达16家，12家企业入围“中国绿色仓库”名单，均居全国同类城市前列；国家级示范物流园区2家，居全省第一位。强化物流枢纽建设，打造全国重要的进口肉类水产品集散地，济南维尔康被评为国家5星级冷链物流企业，济南市成功获批商贸服务型国家物流枢纽、国家骨干冷链物流基地。

【国际内陆港建设】　济南陆港大厦智能化物流产业园项目超额完成年度计划建设任务；内陆港配套路网建设加速推进，主干道路（温梁路、春晖路）建成通车；空港枢纽航站楼北指廊工程顺利建成；小清河复航工程全面开工；高端物流商务聚集区水发物流、通达冷链等项目开工建设。董家铁路货运中心正式运营，全年共发运11846车，货物重量42.19万吨，发运货值1.56亿元。

【打击走私综合治理】　2020年，济南市反走私综合治理工作坚持“打防结合、预防为主、突出重点、坚持不懈”的工作方针，开展“国门利剑2020”专项行动和泉城反走私宣传“五进”活动，在全省率先成立反走私志愿服务团，成立全省首个反走私志愿服务网络。济南市反走私综合治理工作在2020年全省反走私综合治理工作考核评价中被评为第一档次。

（王　斐）

【泉城海关】　监管情况　2020年，监管货运量219.2万吨，增长71.8%；货值349.2亿元，增长62.7%；报关单61430份，增长37.2%；税收入库17.2亿元。检验检疫进出口货物7530批，货值52.2亿元；签发各类原产地证书36022份，签证金额17.5亿美元；签发优惠原产地证书24138份，签证金额10.9亿美元；签发各类检验检疫证书3340份。截至2020年12月31日，辖区注册企业达11293家。

专项工作　继海运报关单适用“两步申报”之后，特殊区域核注清单、铁路报关单全面铺开。推动浪潮集团、重汽集团参与“企财保”税收担保改革试点，2家企业缓交税款10亿元，破解疫情期间企业“融资难、融资贵”困境。检出进出口工业品不合格77批次，批次不合格率5.6%，报送的医疗器械查检不合格警示通报被总署采纳并发布2篇。办理企业注册2114家，辖区注册企业达1.1万家，年内新增高级认证企业1家。办结核查作业95起，查发问题23起。办结稽查作业38起，稽查追补税入库1242.3万元，增长1.8倍，创历史新高。全员打私成果丰硕，获评济南市“三年禁毒行动先进单位”。

服务地方经济　制定17项31条助力企业复工复产措施，量身定制监管方案，保障重汽、浪潮等重点企业稳定生产。推行业务线上办理，开通预约查检“绿色通道”，确保业务办理“零延时”“零等待”。助力百脉泉酒业白酒产品首次出口韩国，协调重汽集团因疫情滞留国外的出口车辆复运进境。济南海关自贸试验区《实施意见》27项举措83项任务中，落地69项。“基于5G物联网技术的保税展销辅助监管系统”创新举措获总署备案推广，启动“链上自贸”保税展示展销场景应用。对济南市新旧动能转换先行区、国际医学科学中心等大项目实行跟踪服务，为破解济南市国家级企业技术中心“重资质、轻享惠”现状提供优化方案。加强山东太古飞机公用型保税仓库政策研究支持力度，促进济南航空保税产业发展。创新“区港联动”整车出口新模式成功入选山东自贸试验区首批“最佳实践案例”；推动增值税一般纳税人试点落地，促进防疫物资企业复工复产入选济南海关支持企业复工复产、稳外贸发展十大案例。济南章锦综合保税区通过验收，济南综合保税区完成封关运作。支持区内企业利用剩余产能承接区外委托加工，浪潮、赛奇等5家企业委托加工入区料件3.4亿元，累计增值1233.9万元；支持聚德顺、森峰2家企业开展保税维修业务；推动开展跨境电商网购保税进口业务，跨境电商进口493.8万元；推动“一般纳税人政策”试点，区内6家企业获批一般纳税人资格试点，已办理出口退税228.5万元，开具增值税专用发票508.3万元。（冯　勇）

【济南机场海关】 监管情况　2020年，济南机场海关实现税收入库5.6亿元，审结进出口报关单3.5万票，监管进出境人员14.5万人次、进出境航空器2417架次，监管进出口货运量4.3万吨。

专项工作　年内检疫监管各类人员52524次，采样5402人份，转送定点医院116人次，转送集中医学观察点4071人次，完成21架次归国人员临时航班口岸检疫监管任务。全年查获濒危动植物及其制品53件、40.68千克。开展非洲猪瘟疫区入境航班卫生处理现场监管12次，查获来自疫区猪肉及其制品7批次、29.18千克。开展饮用水等各类检测21次，检出11个样品超标；开展食品安全抽检，采样170个，检出10个样品超标；捕获各类病媒生物457只。开展“龙腾行动2020”，查获侵权商品3起、4.5万件。落实“国门利剑2020”专项行动，立案并办结各类案件9起，实现罚没收入337万元，获评全省“扫黄打非”工作先进集体。

服务地方经济　畅通防控物资通道，累计保障山东省红十字会等单位81批次、418.48万件防控物资进口。叠加使用延期纳税和滞纳金减免政策，为373票报关单缓税3—6个月，涉及税款3995.24万元；办理第二批对美加征关税商品退税77笔，直接降低生产成本341.51万元。扶持济南机场国际货运航线发展，力促济南—比利时、济南—大阪等货运包机航线复航提效。推进两步申报，办理关区首票转关货物两步申报业务；支持高级认证企业免担保政策落地，为飞机维修企业免除税款担保1.23亿元，节省手续费10万余元；年内支持邮政航空公司一般贸易进口飞机3架次，累计缴纳税款4486万元；在关区率先开展跨境电商B2B出口试点，累计监管货物178吨、货值91.6万美元。

（济南机场海关）

【济南邮局海关】 监管情况　2020年，监管进出境邮件100.2万件，其中应税邮件3.17万票，监管进口

2020年4月14日，济南邮局海关在监管现场进行“坚持总体国家安全观 筑牢口岸安全防线”国家安全宣传活动

（济南邮局海关　供稿）

商业快件9771件。监管跨境电商出口清单44.5万票，货值1.2亿元；税收入库714万元。全年查获濒危动植物及其制品走私违规情事32起、104件，查获毒品3起、8件755克。截获邮递渠道非法进境的动植物产品81批次，其他检验检疫物5批次、14.58千克；检出有害生物13种次。

专项工作　学习总署邮递物品改革方案，加强与职能部门对接。拟定场地达标改造方案，督促邮政企业加快推动邮件集中作业场地硬件设施改造。4月1日起，全面应用金关二期邮递物品管理系统补充申报模块，完成应税邮件外网办理系统切换，实现邮递物品通关数据全口径传输和全流程网上办理。自8月份实行税收模块子系统上线以来，征税率稳定提升，邮件管控规范有序。

服务地方经济　制定防疫物资快速通关方案，对疫情防控应急物资先放行后补办相关手续。指导邮政企业优化作业流程，第一时间发运分拣防疫物资，提高邮件调运效率，确保通关验放“零待时”。加强与机场海关及邮路各口岸海关的联系配合，保证邮袋转关无缝对接，实现防疫物资转关信息的互联互通，提高通关效率。全年快速验放疫情防控物资24425批次、1060万件。保障邮路通畅作为支持企业复产的重要抓手，支持邮政企业对接北京、郑州机场，开通临时邮路，优先保障个人物品类国际包裹发运；利用济南—比利时全货机开通对欧盟方向邮路，并开通上海—美国邮路缓解对美邮路受阻问题，打通防疫物资出口欧美渠道；加强与口岸海关联系对接，利用上海港海运运力以海运集装箱形式运输出口邮件，形成覆盖货运包机、海运、陆运的多维运输模式。

（郭建波）

【莱芜海关】　监管情况　2020年，监管进出口货运量882.5万吨，进出口总值106.8亿元，税收入库8.4亿元，管理的注册企业1145家，同比分别增长34.7%、34.2%、70.5%、6%。

专项工作　保证各类防控物资“零待时”，配合做好入境人员防控，排查监控入境人员信息3550人次。对进出口食品实现全供应链治理，全年检验检疫进出口食品9200批次，实现“零”通报。制定国门生物安全监测计划并组织实施，建立“莱芜海关国门生物安全实验室”。紧盯大宗散货公式定价商品，妥善处理辖区企业欠税风险，防范税款流失。

服务地方经济　出台帮扶措施十九条，引导鲁中啤酒公司以加工贸易方式进口大麦，免征税款近4000万元。为受疫情影响的慧通轮胎办理240余万元税款延期3个月缴纳，减免滞纳金10余万元。辖区外贸进出口值162.9亿元，同比增长11.3%，占济南市外贸进出口值的11.8%。深化通关便利化改革，“两步申报”应用比例达20.48%，居关区第二位，指导企业开展“关税保证保险”，减少资金占用800余万元，辖区报关单无纸化比例达99.6%，原产地证书自助打印率达68%，居关区前列。开展法制培训260人次，提高出口食品企业质量法规意识；搜集主要出口目的国技贸措施200余条，编发《莱芜海关食品安全快讯》7期，帮助企业挽回经济损失80余万元。联合商务部门组织辖区企业政策宣讲和业务培训；开展出口食品、农产品全产业链发展调研，向济南市政府报送信息呈报；与市市场监督管理局签署《知识产权保护合作备忘录》，联合开展知识产权海关保护宣传。

（宋　平）

栏目编辑　王　炜

济南高新技术产业开发区

【概况】 全年全区生产总值实现1291.5亿元，增长6.5%；规模以上工业增加值增长22.4%；固定资产投资增长6%；进出口总额701.3亿元，增长31.6%；实际使用外资8.6亿美元，增长41.5%；一般公共预算收入130.2亿元，可比增长10.9%。规模以上工业增加值、固定资产投资等主要经济指标增速超过全市1.5倍以上。在160个全省开发区考核排名第二位，在169个国家级高新区综合排名位列第十三位，实现国家级开发区和全省开发区考核排名“双进位”。

【创新驱动】 获批全省唯一“国家新型工业化产业示范基地（大数据）”“国家数字服务出口基地”，争创国务院批准的国家级双创示范基地。发布全球首批人才身价卡和身价保险，“人才有价”影响力增强。华熙生物和国网智能各有一项专利获得第二十一届中国专利金奖。上线运营全省首个高新技术企业培育库网络平台，首批入库企业430家。全年新增上市企业6家，占全市新增数的75%。国科中心研制的“济南国科中心号”物联网卫星发射成功，是山东省首个以科研机构命名的卫星。量子技术研究院自主研发的周期极化铌酸锂波导，实现相距50公里光纤的量子存储器间纠缠，并自主研制出国际首个集成化多通道量子频率转换芯片。

【产业发展】 引进亿元以上市外项目70个，总投资额1552.4亿元，项目数和总投资额均居全市前列，获评全市重点项目建设暨重点工作攻坚年观摩评议第一名。签约吉利集团，建设吉利智慧充运营及城市出行、吉利智慧新能源整车工厂项目，美核电气成为核级流量计、液位计领域全国唯一供应商，临工三万台高空作业机项目建成投入使用。整合服务器、云计算、大数据、人工智能、工业互联网等关键前沿技术，依托浪潮集团打造“中国算谷”，为创新驱动提供超级持久算力。举办第二届世界中医药互联网产业大会，并永久落户济南；统筹大生命科学研究院、OEM（协作生产）超级工厂、扁鹊健康小镇建设，构建生物医药产业“超级生态”，山东省互联网医保大健康平台纳入全省新旧动能转换和互联网创新发展规划。抓好“齐鲁干线”建设，引进微纳量子卫星、量子保密视频会议系统和超导量子计算处理器项目，实现量子信息三大领域在济南市全产业链布局。

【深化改革】 推行“党工委（管委会）+”体制，党工委领导班子精简为9人，内设机构归并整合为9个，人员总数减至901名，精简机构47%、人员33.1%，5项社会管理职能移交相关市直部门，21项开发运营职能剥离至济高控股集团。全国首创性出台《人力资本价值出资管理办法（试行）》和《济南高新区人力资本服务业风险补偿金管理暂行办法》，落地全省首个“人才贷”金融服务窗口。推行“链上自贸”，在全国首创“一物一码”海关监管模式，“区港联动”模式被海关总署在全国推广，基于区块链技术的“数字保险箱”被国家市场监管总局宣传推广。建立基于区块链技术的“数字保险箱”，群众办事提交材料数量平均减少61%，部门审核时间降低50%，企业开办最短用时35分钟，不见面审批率超75%。全年新增市场主体2.5万户，全区高新技术企业达1214家，市场主体突破 10 万家。

【改善民生】 全年民生和社会重点事业支出达到 92 亿元，占财政总支出的 81.4%。成立高新区第一实验学校、东城逸家小学、海川中学等三大自主品牌的教育集团，2020 年中考平均分从全市第三跃居全市第一，全区学校家长满意度达标率连续三年 100%。联合微医集团打造“健共体”，依托山东省互联网医保大健康平台，为市民提供线上线下融合的一站式医疗和健保服务。推进市传染病医院新院、东区医院暨颐养中心（一期）和公共卫生临床中心等项目建设，其中市传染病医院新院已整体搬迁入驻。打造全国首个“二安”主题“泉城书房”，获中央文明委和央视点赞。组织辛弃疾诞辰 880 周年纪念活动，推进全国首个诗词文化康养小镇——稼轩文旅城项目，群众文化获得感增强。

（王雪晶）

【概况】 2020 年，莱芜高新技术产业开发区实现工业总产值 450 亿元，固定资产投资 135.69 亿元，完成进出口总额 62 亿元，完成公共财政预算收入 177116 万元。

【双招双引】 推行“线上+线下”“平台+中介”“国企+民企”“内资+外资”的多元化招商模式，共引进各类项目 26 个，总投资 156.7 亿元，其中，德国思爱普公司投资的智能制造华北总部产业园，实现莱芜高新区招引世界 500 强企业“零突破”；全年完成内资任务 79.27 亿元，完成外资任务 3912.8 万美元。全年共办理土地出让和划拨手续 61 宗 230 公顷，征收集体土地 23 批次 274 公顷，争取土地指标 171 公顷，保障山东重工、凯傲叉车等 30 个多个省市重点项目按时开工建设。引进各类高层次人才 110 多名，其中“国家千人计划”“万人计划”等拔尖人才 10 名。10 人入选市级以上重点人才支持计划；国家技术发明奖一等奖得主王志强博士领创的“大电量磁悬浮储能飞轮技术”，获第三届济南新动能国际高层次人才创新创业大赛决赛三等奖。

【科技创新】 新增高新技术企业 35 家，总数达 100 家。新增各类创新平台和项目 19 个，2 个实验室被认定为市级工程实验室，黑旋风锯业被认定为市级“一企一技术”研发中心。力创公司的智慧水利云平台入选工信部平台创新类示范项目，奔速电梯承担的 2 个项目和东岳永盛车桥承担的“智能空气悬架车桥总成产业导航项目”入选市专利导航项目，以泰钢为主导的智慧钢铁项目和以山东能源装备集团莱芜制造公司为主导的智能高端装备制造项目入选市主导产业导航重点扶持项目；泰钢集团的 11 项技术成果通过评审验收，其中 4 项成果达到国际先进水平，5 项成果达到国内领先水平，该公司的“推焦车智能化管理”项目被认定为济南市 5G 产业试点示范项目。

【产业发展】 初步构建起“科技引领+三大主导产业”的产业发展框架。科技创新，高新技术企业由原来的 41 家增加到 100 家，国家级企业技术中心、国家级实验室实现“零突破”，省级工程技术研究中心由 8 家增加到 14 家，院士工作站由 6 家增加到 11 家；国家“千人计划”“万人计划”专家等高层次人才由 100 多名增加到 200 多名；投资 1100 多万元的 4 栋专家公寓投入使用。构建起以山东重工为龙头的智能制造与高端装备制造、以莱芜医药产业园和口镇化工助剂产业园为载体的医药化工、以泰山钢铁集团为龙头的先进材料三大主导产业。

【制度改革】 工程建设项目方面，梳理区级事项 69 个，办理时限由法定 15 个工作日压缩到即时办理，落实减费政策，为企业减免城市基础设施配套费 1562 万元。重点产业项目方面，将项目报件、审批流程由“串联”改“并联”，将建设用地规划许可、建设工程规划许可合并公示、办理，审批时限缩短三分之二。商事制度方面，推行涉企事项容缺办理和告知承诺制，共发放告知承诺书 2000 余份，实施容缺办理 1000 余户；为新开办企业免费发放“大礼包”449 个，为企业节省费用 7 万余元。

（高庆响）

【概况】 2020 年，明水经济技术

开发区238家规模以上工业企业实现主营业务收入1214亿元，同比增长35.7%，占章丘区的89.52%；完成工业增加值282亿元，同比增长24.78%；实现利税143.1亿元，同比增长128.2%；实现利润115.6亿元，同比增长185.3%；进出口总额完成64.8亿元，同比增长52.13%；实际利用外资1.5亿美元，同比增长31%；固定资产投资89.8亿元。

【体制改革】 全年承接省、市、区三级审批权限88项，其中省级权限49项、市级权限14项、区级权限25项，增强服务企业能力。确立“明确收入范围，核定支出基数，实行激励补助，土地收益按比例返还”的管理方式，土地纯收益30%、四个街道财力增量的50%返还开发区，增强发展保障能力。

【双招双引】 参加“选择济南，共赢未来”云招商章丘专场推介会，在线宣传推介明水经开区和特色园区。依托微信公众号、新华社现场云等各类自媒体，集中对10个特色园区进行宣传。全年在谈项目60余个，完成签约项目21个，总投资82.7亿元，实际利用外资1.5亿美元。储备重点项目20余个，包括龙飞船智能安防、法因数控整体搬迁、扬子江药业、高铁装备制造基地、ABB牵引电机、富士汽车零部件等项目，总投资100余亿元，领域涵盖高端装备、新材料、新医药、新信息领域。

【项目建设】 全年完成龙山人工智能谷展厅规划建设工作和园区纵一路、横一路、横二路临时道路建设工作；18个重点项目任务上墙、挂图作战，科兴生物谷二期等9个项目完工投产；推进中意高端前沿产业园工程进度，完成主体建设；启动精准对接山大系资源，促进开发区高质量发展研究项目。三齐能源等7家企业通过“两化融合”贯标体系认证，蓝海领航被认定为全省成长型数字经济园区（试点），中白新材料产业园成为江北首个5G智慧园区。

【科技创新】 抓住齐鲁科创大走廊建设的发展机遇，依托双创基地、哈工大机器人和北京机电研究所等科研机构，引导企业、科研机构、高校深度融合，加速科技成果转化，新增28家高新技术企业，12家研发平台，申报1个市级孵化器和2个市级众创空间。加大人才引进力度，协调20余个项目参加济南市创新创业大赛，参加“青鸟回巢，共赢未来”2020年济南市青年人才空中招聘会，组织“选择明水，共赢未来”园区企业青年人才招聘会，提供社会岗位206个，招聘人数1045人，引进人才417人，解决银鹭、裕兴等30余家企业的用工需求。

【服务企业】 协办第六届全国变电技术年会和全国“纺织之光”年会活动；邀请中泰证券的高管，组织32家企业举办企业上市知识讲座；多次召开协调会，帮助科兴生物解决上市中遇到的困难和问题；帮助可口可乐协调盘活4公顷土地用于新上项目建设。截至年末，已经为园区内企业解决等实际问题及办理各类手续320余项。疫情期间还帮助园区企业协调解决防疫物资，免费为入园企业发放消毒液90吨，累计为34家企业减免租金近700万，保障企业复工复产。

（王　静）

2020年12月14日，科兴生物制药股份有限公司在科创板成功上市

（明水经济技术开发区　供稿）

【概况】 2020年，全年实现一般公共预算收入10.08亿元，同比增长10.46%，在济阳区占比为33.6%。84家规模以上工业企业完成增加值31.25亿元，同比增长4.48%，在济阳区占比为80.73%；完成固定资产投资99.49亿元，同比增长17.48%，在济阳区占比为65.3%；58家限上贸易销售额64.08亿元，同比增长7.4%，在济阳区占比为93%；累计完成进出口额24.28亿元，同比增长19.08%，在济阳区占比为90%；实际利用外资额9864.75万美元，同比增长约1220.14%。全年济北开发区被山东省开发区协会评为“2019年度全省开发区统计先进单位”“2019年度全省开发区信息宣传工作先进单位”，济北开发区投资促进局获“全市出彩型团总支、团支部”，全省省级以上开发区综合排名第二十七位，进入前20%。

【招商引资】 利用微信、QQ、视频洽谈等方式开展“不见面招商”和“云签约”。全年累计签约项目61个（含“区中园”项目31个），总签约额311.23亿元，其中过10亿元项目7个，过亿元项目27个，锐基电力、长保新能源汽车、怡亚通供应链、丁鼎陶瓷、少海汇科创绿建产业园等高质量项目落户开发区。

【项目建设】 协调和督促两个代管街道做好项目清障工作，已基本完成长保汽车、中荣国投、锐基电力等项目86.7公顷清点清障工作。对26个市、区级重点项目实行帮包责任人制度，安排“经济发展服务生”盯靠在工地，实时掌握项目进度、及时研究解决企业遇到的问题与困难。2020年，26个重点项目推进顺利，均符合计划节点，已有15个项目达到竣工投产条件。

【企业项目建设】 开展“遍访企业”活动，编印、发放《企业复工复产支持政策汇编》，指导在建项目、工业企业和商贸企业的复工复产。落实“促进工业经济发展17条”“科技创新10条”“人才驱动10条”等惠企政策，创新完善扶持企业降本增效等优惠政策，全年累计为辖区企业补贴1049.58万元，兑现奖励政策资金1520余万元。

【产业转型】 2020年，新认定高新技术企业29家，总数达61家，在开发区注册企业中占比达13%。全年高新技术产值为42.96亿元，同比增幅16.54%，在全区占比92.17%。新认定市级“瞪羚企业”2家，市级以上瞪羚企业达6家，市级“专精特新企业”9家，总数达到17家、省级“专精特新企业”4家，总数达8家，新增绿色工厂3家，总数达4家，新增发明专利38件，总数达226件，认定省级高层次人才2人，总数达7人，市级高层次人才3人，总数达8人，新增6家市级以上研发平台，总数达45家。2020年，技改投资为9.96亿元，同比增长96.96%，在全区占比为116.53%，全区技改投资同比增长67.3%，位居全市前列。

（魏法玲）

2020年4月24日，山东熊猫乳品有限公司与齐鲁工业大学（山东省科学院）乳制品精深加工技术研发中心产学研及学生实训基地合作项目签约仪式举行

（济北经济开发区　供稿）

济南临港经济开发区

【概况】 2020年，济南临港经济开发区以“一谷四园”为实体经济发展主战场，以“自贸试验区济南片区历城区块”为创新制度和外向型服务贸易主阵地，推进金融、信息技术与制造业、物流业等产业跨界融合发展。济南临港经济开发区在新一轮体制机制改革过程中，明确开发区管辖范围，管辖面积39.3平方公里。

【体制改革】 实行“党工委（管委会）+公司”管理体制。撤销综合服务中心和投资促进中心两个事业单位建制，综合设置综合部、规划建设部、经济发展部、财务部、审批服务部5个工作机构，压减15%员额。成立济南临港产业发展集团有限公司，初步设立三个全资子公司（济南临港建设发展有限公司、济南舜晟自贸投资管理有限公司、济南临港产业园建设运营有限公司）和两个混合所有制公司（济南临港市政园林工程有限公司、山东中新投物业管理有限公司）。

【工作亮点】 推动开发区和自贸试验区历城区块融合发展、一体推进，济南临港经济开发区与自贸试验区创新实施“1+1 > 2”协同高效一体化发展模式被《济南改革》宣传推广。探索“智慧临港”项目管理、“前置施工”推进模式，推进“标准地”出让，制定出全省第一张从土地熟化、项目审批到投产达效的全链条流程图，实现历城区工业仓储用地项目“四证齐发”“零”的突破，建立“四证齐发”“拿地即开工”的长效机制。注重“亩均效益”，提高入区标准，将新入区项目投资强度提高至不低于500万元/亩、年均税收提高至不低于50万元/亩。

2020年9月28日，济南临港经济开发区总投资39亿元的8个项目集中开工

（济南临港经济开发区 供稿）

【项目建设】 开展“项目建设年”活动，实行项目审批手续帮办代办服务和项目推进责任包挂制度，项目包挂人不分节假日每天早6点到项目现场对接服务，指导入区企业提前谋划、积极筹备。截至年末，已实现陆港大厦、中电建·能源谷、智荟瓴智造科技城、水发国际物流园等25个省、市级重点项目开工建设，合计总投资约170亿元。

【双招双引】 立足“一谷四园”即“济南生态智谷、智能制造产业园、生物医药产业园、四新产业园、高端物流产业园”产业布局定位，依托区位交通优势，开展“双招双引”工作。签约引进坤力生物疫苗、华芯高端冷链基地、北京国建生命健康产业园等20个重点项目，合计总投资约330亿元。临港国际智能制造产业园已落户济南嘉源电子、比利时艾斯克联轴器等7家企业。开发区共审核认定高层次人才173人。引进培育高新技术企业76家。

（姚广斌 韩铭洋）

山东商河经济开发区

【概况】 2020年，商河经济开发区新入库项目20个，累计完成固定资产投资8.11亿元。规模以上工业企业34家，工业总产值累计39.76亿元，同比增长27.13%；营业收入41.05亿元，增长5.9%，利润1.29亿元，下降12.79%；净增规模

以上工业企业10家；完成财政收入18973万元，一般公共预算收入10090.1万元；限额以上法人企业社会消费品零售额3522万元，同比增长12.3%；净增限上商贸流通业法人企业4家；进出口总额6.39亿元，同比增长277.6%。

【双招双引】 全年共签约项目23个，其中过亿元项目14个，合同利用资金94亿元。省化工研究院凯美科技项目、山东领军新材料项目、中科院微生物研究所项目、天津红日中药配方颗粒项目、山东创伟绿色建筑项目、山东七运装备制造项目及苏伊士危废处置项目（外资）等一批重大项目签约落户。投资5亿元的高端医药产业研发综合服务中心项目正式开工，中国科学院微生物研究所齐鲁现代微生物农业技术中心项目一期观光大棚区建设正在推进，已完成投资9000万元。全年共引进人才37人，其中院士4人、泰山学者1人、培养省急需紧缺人才1人，培养泉城高端外专计划人才1人、“5150”引才倍增计划人才3人，引进博士、硕士共27人。

【园区建设】 2020年，商河经济开发区成立搬迁工作领导小组，大岭农场驻地、三队、四队以及汇龙新城等房屋458户搬迁工作全部完成，拆迁面积10万平方米、拆迁资金约4亿元。同时与宝嘉云锦小区签订实物安置房源46户，项目已进入收尾阶段。建设完成园区特勤消防站、危化品停车场、工业水厂、双电源、污水处理站等项目，化工园区基础设施配套提升，7月通过省级化工园区整改验收。

【厂房建设】 2020年，商河经济开发区特色装备制造工业园二期项目建筑面积14.8万平方米，11栋标准厂房已进入收尾阶段，专家公寓、人才公寓、综合楼外装及绿化施工已全部建设完成；济南（商河）高端原料药产业基地签约入驻企业14家；恒瑞医药、静远药业、鸿湾生物、伊立特生物医药、爱思医药等5家企业入驻厂区进行前期装修及设备安装。投资3亿元打造建设便民服务中心，提升服务中心绿化、污水处理厂道路绿化、科源街桥梁维修、科源街副路建设、凯源街建设、力源街改造、玉凯路改造等基础设施配套项目。

【安全环保】 全年累计开展检查3次，发现问题隐患1000余条，帮助企业完善大气污染治理防治有效举措。园区燃气锅炉提升改造28台、停用4台。制定《开发区“安全生产活动月”活动方案》《开发区安全生产三年行动方案》，落实各企业主体责任，提高企业应急处置能力。

【土地回收】 2020年，商河经济开发区对停产企业进行摸底排查，对土地利用数据进行梳理；同时，鼓励企业间通过转产、转股、转型、转让等方式流转闲置土地。全年共收回闲置土地3.5公顷，盘活整改低效建设用地12宗、总面积46公顷。

（崔秀芳）

【概况】 2020年，山东平阴经济开发区实现规模工业总产值57.16亿元，同比增长11%，实现工业增加值14.36亿元，同比增长12%。面对新冠疫情，开发区统筹疫情防控和经济发展，共开通6批次复工复产直通车，省外接回企业骨干员工106人，有效保障开发区企业有序复工复产。

【项目建设】 全年共安排重点项目13个，完成年度投资22亿元。欧莱博智能制造产业园项目、生命科技产业园、军强泰高端制造项目、泰德EPP新型环保新材料项目、山水水泥5000吨水泥熟料协同处置5个项目列入济南市重点项目，欧莱博智能制造产业园项目被列入省补短板强弱项项目。12月，生命科技产业园项目、贝兰圭公司新一代半导体芯片项目等4个项目代表平阴县迎接全市大项目观摩评议。

【双招双引】 全年共签约项目19个，合同引资额71.1亿元，引进市外投资到位资金为23.5亿元，实际利用外资1401万美元。其中，投资10亿元的智能智造第三代半导体产业项目，实现平阴新一代信息技术产业的新突破。投资2亿元的博科防护智造产业园项目、投资2亿元的博科净化空调项目、投资2亿元的华通汽车模塑项目实现当年引进，当年投产。

【科技创新】 山东鸿瑞新材料科技有限公司、山东齐发药业有限公司、济南银河电气有限公司等7家企业新入选山东省2020年高新技术企业名单。济南格蓝压缩机有限公司、济南金峰源防护设备有限公司2家入选省级“专精特新”中小企业名单。支持流体输送装备及配件产业集群、平阴清洁能源特色产业基地申报省级创新型产业集群。推荐山东擎雷环境科技股份有限公司史月涛博士参加泰山产业领军人才评选，山东齐发药业有限公司尚若峰入选山东省重点扶持区域引进紧缺人才项目计划。筛选石墨烯项目、海水稻深加工等5个项目参加济南新动能国际高层次人才创新创业制机制改革。

（付媛媛）

济南槐荫经济开发区

【概况】 2020年，济南槐荫经济开发区妥善应对疫情冲击和各类挑战，经济指标实现逆势增长，全口径税收收入9.1亿元，同比增长17%；规模以上工业增加值增速10.7%；进出口总额5.1亿元，同比增长38.4%；固定资产投资11.94亿元，同比增长30.7%。

【疫情防控】 开展“送服务入企”活动，强化防疫物资、原材料、劳动力等生产要素帮办力度，协助永芳15天筹建医用口罩生产线，向30余家开工企业捐赠消杀用品，举办5场银企对接会，为辖区企业争取融资授信7亿元，推动辖区67%企业在严峻形势下税收同比实现正增长。

【招商引资】 围绕主导产业开展线上线下联动招商，参加省市招商活动10批次，洽谈项目53个、128家次。4月8日，在济南舜和商务酒店举办开发区重点招商引资项目签约仪式，此次签约的项目产业涵盖半导体产业、总部经济、商贸物流、医疗康养、电力设备、机械制造、文化创意、企业服务等9个方面。全年签约包括2个世界500强企业合作项目在内的优质项目12个，合同投资额129.33亿元。

【重点项目建设】 推动半导体小镇起步区一期主体建设全部完工，多层厂房、办公楼、公寓楼基本完工；德迈产业园二期主体建设基本完工、三期开工建设；天岳二期扩产工程和110千伏变电站工程全部完工；金百图电力设备建设项目完成三层主体结构封顶；网源电力项目开工建设；半导体起步区二期正式挂牌。

【优化营商环境】 完善开发区产业扶持政策，设立现有企业、新引进企业、科技创新、人才服务、一事一议五个方面专项扶持资金，对项目引进、企业转型的引导作用更精准。深化企业服务专员制度，发扬“东顺项目落地速度”“天岳项目推进速度”“德迈产业园侨梦苑落地”等服务经验，开展“真包挂、真服务”活动，推动企业高质量发展。全年开发区新增高新技术企业5家（共26家），3个项目入围全市新动能国际高层次人才创新创业大赛预赛，天岳入库省“十强”产业集群领军企业、被评为省独角兽企业。

（李 越）

莱芜雪野旅游区

【概况】 2020年，雪野旅游区聚焦全区中心重点工作，坚持抓生态优环境、抓改革促发展、抓民生保稳定、抓作风强保障，实现经济社会平稳较好发展。

【生态环境】 风景名胜区整治，累计拆除房干景区、吕祖泉景区、小三峡景区、西坡景区、华山林场范围内的违章建筑88栋93套。专项整治中，累计拆除517栋1029套建筑，面积30万平方米，完成生态修复78万平方米，栽植苗木7万株，铺设地被草坪23万平方米，播种花卉24万平方米，打造12处滨湖休闲生态景观。完成雪湖春风、白马庄园、英伦小镇等项目未交付使用的134栋431套整治任务。水生态文明建设，环湖污水支管网及北部片区给排水工程建设完成，全长53公里的污水管网主干线及至莱芜第三污水处理厂污水管网投入试运行，雪野湖、汇河出境断面水质稳定在Ⅲ类水标准。落实河（湖）长制，对全区85条河流、55座小型水库和356座塘坝进行拉网式集中清查，实现水清河畅、岸绿景美。

【经济发展】 年内新引进注册山东泛飞、云龙通航、新动能实验区等产业项目3家，引进济南汇泰、山东福瑞达、山东全通网融等总部经济企业6家，形成税收1.3亿元。累计新开工招商项目14个，完成投资4.55亿元；竣工项目17个，完成投资7.97亿元。项目建设，推进乐嬉谷、绿地雪莱小镇、蜜蜂小镇等在建项目49个，计划总投资288.54亿元，累计完成投资136.86亿元。12月，航空科技体育公园被省文化和旅游厅评为首批省级体育旅游示范基地。

【社会生活】 组织122名扶贫帮扶人员开展专题培训6批次，帮助366名贫困户落实政策、提供服务，完成脱贫攻坚任务。成立8个专项工作组，协调维笙酒店做好来自沙特、哈萨克斯坦、印度等国际航班入境人员的隔离工作。抽调17名服务专员入驻相关企业，确保企业安全有序地复工复产。全年受理上级转交办信件共5件，办理人民网来信13件，配合区信访局受理信访件110余件，均严格按照程序及时答复。办理热线1609件，服务过程满意率99.85%，结果满意率93.34%，群众满意率96.58%。落实24小时值班制度，及时调蓄水库水位，雪野水库春冬两次开闸放水800万立方米。汛期水库总来水量7286万立方米，汛期调出水量4048万立方米。

（孙启策）

莱芜农业高新技术产业示范区

【概况】 2020年，莱芜农业高新技术产业示范区实现工业总产值60.54亿元，同比增长10%；完成地方财政收入1.98亿元，同比增长18.56%；完成固定资产投资16.54亿元，增长18.9%。

【经济发展】 全年与中蒜集团、山东水发集团、山东文旅集团等多家“国”字号、“农”字号大型企业洽谈合作，新引进年产20万套汽车用LED光源灯具和30万套汽车内外饰件项目，并入选济南市重点项目，引进农副产品仓储分装及电气组装项目，并作为全区集中开工项目。豪驰新能源商用车项目于11月30日工信部批准入市，12月12日新车下线；坦途干态面膜、科百智慧农业、莱威新材料等项目稳步推进。深化与科技部、省科技厅、中国农大、山农大等部门院校技术合作，指导万兴、裕源等企业申报高新技术企业，做好国家级、省级科技型中小企业入库、评价工作，建设省级农科驿站5家。

【工作亮点】 推进土地规模流转，在杨庄镇西北部、寨里镇中西部打造高标准姜蒜桑种植基地；以科百智慧产业园为依托，在姜蒜等产业探索运用农业物联网、农业大数据技术和云平台管理系统，打造高端智慧种植基地。引导万兴、裕源等28家市级以上龙头企业加大科研投入，拓宽拉长产业链条。2020年，万兴公司新上油炸食品、3万吨复合调味品项目，裕源公司新上黑蒜糕酱精深加工项目。投资4000多万元实施嬴牟西大街道路提升，投资3000多万元建成21公里双回路电源，完成杨庄镇产业强镇建设项目，用足用好2020年地方政府专项债券资金。以省乡村振兴“十百千”工程示范镇、村和市乡村振兴齐鲁样板示范区建设为抓手，实施村村通、户户通、自来水提升、污水管网等配套设施建设。

【民生保障】 开展“进企业、进项目、进农村、进农户”“四进”活动，面对面帮民困解民忧。及时办结“12345”市民服务热线群众诉求，配合莱芜区有关部门做好信访维稳、扫黑除恶、食品安全、安全生产、执法巡查、道路扬尘治理、城乡环卫一体化等工作，提升群众获得感、安全感、幸福感。

（张云培）

栏目编辑　魏添乐

【概况】 2020年，市委、市政府从战略和全局的高度，做出深入实施工业强市发展战略的重大决策，先后高规格召开加快建设工业强市动员大会和推进大会，树立起实施工业强市发展战略的鲜明导向。全年规模以上工业实现增加值同比增长12.2%，增速列全省和全国主要城市第一位。通过实施工业强市战略，工业实现强势增长，对全市GDP过万亿元贡献率达44.2%。全年累计实现营业收入7387.8亿元，同比增长14.3%；实现利润407.3亿元，同比增长40.6%，增速分别高于全省11.9、21个百分点，位居全省前列。营业收入利润率达5.5%，高于全省0.4个百分点，比同期提高1个百分点，效益指标处于较好水平。亩产效益综合评价改革获全省最高分，并获全省新旧动能转换单项奖。2020年，市工业和信息化局获评“2020年度经济社会发展综合考核先进单位”。

（陈希 张涵）

【防疫物资生产与复工复产】 做好防疫物资生产组织保障。1个月打通口罩生产全产业链条，日产能从6万只扩大到6000万只，日产量稳定在2000万只左右，累计生产口罩56亿只以上，出口20亿美元，产业集群规模突破百亿级，成为新的经济增长点。推进企业复工复产。率先提出疫情防控和发展生产两不误工作理念，创新建立“三清单一台账”服务保障机制，打通人流、物流、资金流、产业链配套和生活服务保障方面的制约和梗阻。公开征集并发布500个软件产品和解决方案，以信息化手段助力疫情防控和复工复产。全市规模以上工业企业复工复产率达100%，居全国主要城市第一位。“一通一降两提高”推进产业链协同复工复产的经验做法被国家、省、市推广。支持企业应对疫情。出台支持企业应对疫情的一系列政策措施，围绕强化金融支持、减轻企业负担、稳定职工队伍、强化要素保障、支持科技创新、优化提升服务等加大政策支持力度，持续释放政策红利，有效增强企业发展信心。

（陈 希）

【工业强市建设】 统筹抓好稳增长、扩投资、提质效各项任务落实，工业经济全面起势，增速领跑全省全国，为全市GDP过万亿元提供关键基础支撑。规模以上工业增加值同比增长12.2%，分别高于全省和全国7.2和9.4个百分点，工业对全市经济增长贡献率达44.2%。四大主导支柱产业能级跃上新台阶，产业规模合计突破万亿级，重汽、浪潮、齐鲁制药等58户重点骨干企业实现增加值占全市比重的54.8%，拉动全市工业增长9.5个百分点。行业增长面持续稳定扩张，比疫情前同比提高7.3个百分点。汽车、医药、计算机通信等六大重点支柱行业合计实现增加值同比增长19.1%，增长贡献率达83.7%。规模以上工业企业利润同比增长40.6%，高于全国36.5个百分点，高于全省20.9个百分点。工业投资同比增长27.9%，高于全省19.8个百分点，超额完成工业投资倍增计划第一年的目标任务；技改投资增长19.9%，高于全省2.3个百分点，完成年初目标的2倍；山东重工绿色智造产业城智能网联重卡等35个5000万元以上项目竣工投产，为全市经济增长注入新动能。新培育省级以上技术创新示范企业13家，省级“一企一技术”研发中心28家，新认定市级企业技术中心42家；山东兰剑、神思电子等4家企业上榜工信部新一代人工智能产业创新重点任务，累计102个项目入选山东省“现代优势产业集群+人工智能”试点示范，994个项目列入山东省技术创新计划，均居全省首位。

（陈　希）

【打造一流产业体系】　围绕建设基础稳固动能强劲的工业强市目标，打造先进制造业和数字经济发展两大高地，培育创新驱动、项目带动、政策促动三大动能，提升制造业、数字经济、企业发展、绿色发展四大能级，聚焦大数据与新一代信息技术、智能制造与高端装备、精品钢与先进材料、生物医药与大健康四大主导支柱产业，编制产业地图，打造37条产业链和40个产业集群，加快构筑集聚集群集约、高端高质高效、专业专注专长的现代工业产业体系。（陈　希）

【加大政策支持力度】　构建起以加快建设工业强市意见为母体和统领的“1+N”70个文件的政策制度体系，从强化战略目标导向、强化考核导向、强化土地等要素保障、强化企业成长激励、强化投资激励、强化创新激励、强化服务保障等诸多方面加大政策支持力度，产业扶持资金规模达20亿元，政策含金量、覆盖面和精准性实现质的飞跃，初步构建起国内一流的政策体系。

（陈　希）

【产业转型升级】　2020年，全市完成工业投资686.7亿元，同比增长27.9%，高于全省19.8个百分点，列全省第二位；完成工业技改投资353.8亿元，同比增长19.9%，高于全省2.3个百分点，列全省第九位。全市在建工业投资项目1150个，计划总投资3110亿元，当年计划投资705亿元；全市工业技改投资项目833个，计划总投资2045亿元，当年计划投资332亿元。全年全市共审核标准厂房项目80个，总投资674亿元，总建筑面积1363万平方米，已完成投资124亿元；共审核新型产业发展用地M0项目26个，总投资287亿元，总建筑面积488万平方米。全市标准厂房及M0项目已投产12家，在建94家。全市标准厂房建设项目计划入驻企业数7178家，全市M0建设项目计划入驻企业3540家，联系洽谈160家，完成签约资金55亿元。

（林　格）

【产能压减和结构调整】　关停焦炉2座，压减焦化产能69万吨，有序推进产能置换。开展“散乱污”企业清理整治、“僵尸企业”处置。牵头推进“亩产效益”评价工作走在全省前列，推动实施差别化电价、水价、用地及信贷政策，倒逼企业走高质量发展路子。（陈　希）

【安全绿色发展】　加强安全风险分级管控和隐患排查治理双重预防体系建设，开展民爆行业反“三违”百日攻坚行动和安全生产百日攻坚行动，加强民爆行业安全生产监管。深化化工生产企业评级评价结果运用，提升化工产业发展层次和本质安全水平。推进绿色制造体系建设，累计获评国家级绿色工厂（园区）13家，新认定市级绿色工厂41家。加强无线电频率台站发射设备管理，全面维护空中电波秩序，常态化打击黑广播。（陈　希）

【加快新旧动能转换】　高技术制造业引领增长，实现增加值同比增长22.2%，高于全市规上工业平均10个百分点，拉动全市增长3.7个百分点。装备制造业实现持续扩容，实现增加值同比增长24.3%，高于全省装备制造业11.7个百分点，拉动全市增长9个百分点。高耗能行业有序化解，全市六大高耗能行业占全市比重同比下降4.5个百分点。41个工业行业大类中，23个行业实现增加值同比增长，增长面为56.1%，增长行业合计总量占全部比重的71.1%，增长面持续稳定扩张，同比提高7.3个百分点。六大重点支柱行业合计实现增加值同比增长19.1%，占比57.6%，增长贡献率达83.7%，其中汽车制造业增长77.9%、医药制造业增长31.3%、计算机通信制造业增长20.3%。（张　涵）

【壮大规模以上工业企业】　坚持分类培育规上企业机制，引导促企业转型升级、做大做强。加大对后备企业的摸底调查、精准培育和跟踪服务，深挖上规入库工作潜力，及时将优质企业申报入库。加强政策宣传，发挥政策激励作用，奖励“上规入库”企业527家，激发企业升规纳统工作积极性。

（张　涵）

【概况】　全年有13家企业入选2020年国家及省级技术创新示范企

业，数量居全省首位。994 个项目列入山东省技术创新计划，占全省的 33.22%。2016—2020 年，累计 5759 个项目列入山东省技术创新计划，居全省首位。认定 42 家企业为市级企业技术中心，4 名人才获评泰山产业领军人才，数量均为历年之最。35 个产品保险入选山东省新材料首批次保险补偿公示名单，数量居全省第一。

【人工智能产业创新】 全年有 4 家企业入选工信部新一代人工智能产业创新重点任务揭榜项目；63 个项目入选山东省第二批“现代优势产业集群 + 人工智能”试点示范项目，入选数量占全省总数的近三分之一；7 家单位入选工信部科技支撑抗击疫情表现突出人工智能企业名单；91 个产品和解决方案入选山东省工信厅公布的全省应对疫情人工智能产品和解决方案。

【人工智能产业载体平台建设】 推动人工智能头部企业落户济南，华为人工智能创新中心、“鲲鹏 + 昇腾”生态创新中心、软件开发云创新中心落地济南，推动百度“一基地两中心三平台”落地济南。举办 2020 中国人工智能产业峰会暨昇腾计算产业峰会、2020 中国“AI + 工业互联网”峰会。成立济南（国际）先进材料产业联盟，联盟成员已发展到 40 余家企业、科研机构和协会组织，并于 2020 年 8 月 5 日，在中国—白俄罗斯新材料产业园召开济南（国际）先进材料产业联盟成立大会暨先进材料产业链供需对接会。

【中国新材料资本技术大会】 2020 年 9 月 25—26 日，2020 中国新材料资本技术大会在济南召开。大会围绕“新形势下新材料产业投资机遇与挑战”“科技内循环，产学研协同发展之道”两大主题，结合全球新材料产业的大环境，从中国的经济形势出发，对新材料行业的投资机遇、产学研结合、行业变革、科技内循环等内容进行的对话。

（付守锋）

【概况】 以企业需要为出发点，持续聚焦“五位一体”融资服务、企业家培训、常态长效服务企业三大体系建设，打造“济企通”服务企业云平台，完善体制机制建设，释放服务企业效能，以最新理念、最大力度、最优服务助力全市企业健康发展。

【构建精准融资服务体系】 提升融资服务质效，助力实体企业发展，促进中小微企业融资“增量、降本、提质、扩面”。其中，风险补偿体系 2020 年入库中小微企业贷款 1.7 万家次（累计 3.8 万家次），贷款金额 397 亿元（累计 835 亿元），复核不良贷款补偿申请 1 笔，补偿额度 320 万元；阳光转贷体系 2020 年解决中小微企业转贷金额 12.2 亿元（累计 130.6 亿元）；数字金融一贷通 2020 年为小微企业提供融资 173.2 亿元（累计 273 亿元，惠及 20.2 万家小微企业），建立疫情防控应急融资贷款备用金 30 亿元；政府性担保 2020 年为 185 家企业提供担保金额 7.9 亿元（累计为 2370 余家次企业提供担保金额 81 亿元）；普惠金融、供应链金融、动产质押等特色融资服务平台 2020 年共帮助 339 家次小微企业对接融资 1.89 亿元（累计帮助 439 家次小微企业对接融资 3.89 亿元）。融资服务体系全年服务企业 5.9 万家，覆盖企业融资金额 460 余亿元。

【惠企融资服务】 制定《济南市小微企业融资担保业务降费奖补实施细则》，组织全市融资担保机构申报 2017、2018、2019 三年度奖补资金，共惠及 11 家次企业，奖补资金 2466 万元。加大“政银惠企”服务力度，扩大战略合作覆盖面，与 36 家驻济银行签订“政银惠企”战略合作协议，送政策进区县、进园区、进企业，2020 年共开展服务活动 68 次，对接融资 20 亿元，惠企融资服务水平得到有效提升。

【企业家队伍建设】 联合市发改委、商务局、住建局建立全市“四上”企业家培训体系，组织培训班“进区县、进园区、进企业、进高校、进平台”，全年共组织 43 个线下班和 1 个线上班，培训企业家 3459 名。疫情期间，建立云平台网络直播系统，开展“抗疫助企，培训千企”线上公益培训，全年举办 175 期，惠及企业 56250 家。组织济南市 15 名“十强”产业重点企业的企业家参加第 6 期山东省中青年企业家培训、6 名经营管理人才参加省级“雏鹰”人才挂职实训，推进济南市中青年企业家队伍更加现代化、国际化。

【开展服务企业活动】 印发《关于做好集中服务企业活动的实施方案》，明确集中服务工作机制，确立对口服务、沟通协调、信息通报、问题解决、政策响应、动态监测、跟踪问效7项工作机制。16个区县（含功能区）陆续出台集中服务企业活动方案，全市集中服务企业活动联系企业数量近1700家。依托济企通“亲清在线”帮助企业解决困难问题896余件，通过对各级领导及联络单位梳理的问题建立工作台账解决企业问题485件。

（孔 青）

【概况】 聚焦数字经济引领，推动数字产业化、产业数字化、城市数字化协同发展，数字经济规模占GDP的比重达42%。制定《济南市加快大数据与新一代信息技术产业发展实施方案》。2020年，大数据与新一代信息技术产业实现营业收入4301.6亿元，济南市入选省级大数据“三优两重”项目104个，入选山东省大数据发展创新平台17个项目，上榜数量位均居全省首位。组织开展济南市2020年星级上云企业评定工作，三星级以上上云企业数量177家，全市上云企业累计数量突破4万家，居全省首位。

（陈 希 高立娟）

【数字产业化优势持续彰显】 大数据与新一代信息技术产业实现营业收入4301.6亿元，其中软件业务收入3160.7亿元，同比增长12.7%，规模总量占全省比重的54%。出台《中国算谷发展规划》，建立部省市共建机制，推动中国算谷扬帆起航。4个项目获批国家“2020年大数据产业发展试点示范项目”，获批国家数字服务出口基地。

（陈 希）

【提高产业数字化水平】 智能制造与高端装备产业实现营业收入4050亿元。企业数字化、网络化、智能化转型升级步伐加快，新认定智能制造试点示范项目46个，新增两化融合贯标企业78家，两化融合指数居全省首位。培育浪潮云洲国家级双跨工业互联网平台和34个省级产业互联网示范平台；累计企业上云数量突破4万家，均居全省首位。国家人工智能创新应用先导区和创新发展试验区“两区”同建，“AI泉城”赋能行动实施，华为3个创新中心、百度“一基地两平台三中心”落地济南，加速构建人工智能产业生态。 （陈 希）

【提升城市数字化水平】 相继出台智慧城市、5G、人工智能、工业互联网、区块链等创新发展行动计划，建立起“五位一体”的新基建政策推进体系，累计建成5G基站设施1.7万余处，培育省级5G产业试点示范项目76个，获批建设星火链网超级节点和4个工业互联网标识解析二级节点，城市数字化、网络化、智能化支撑能力提升。出台《关于进一步加快新型智慧城市建设的实施意见》，深化拓展智慧应用水平，新型智慧城市建设蝉联全国“十大样板工程”，济南市连续三年获评“中国领军智慧城市”。

（陈 希）

【规范信息化项目管理】 2020年5月，调整充实济南市信息化建设专项小组成员单位，制定《济南市信息化建设专项小组工作规则及办公室工作细则》。持续做好信息化项目依规审查工作，全年完成信息化项目立项审核202个。 （高立娟）

【工业互联网建设】 2020年3月，在全国率先出台《济南市工业互联网创新发展行动计划（2020—2022年）》（济政字〔2020〕16号），明确工业互联网发展目标和路径，每年拿出不少于1亿元财政资金支持工业互联网发展，推动济南市工业互联网核心供给能力、应用创新能力提升。 （高立娟）

【通信网络发展】 5G创新发展走在全省前列，超额完成全年新建1万个基站任务，累计建设5G基站1.7万处，主城区实现5G网络连续覆盖，重点应用场景深度覆盖。中国联通5G核心网北方大区建成开通，智慧客服北方中心启动运营，打造重汽集团智能网联汽车等10余家5G联合实验室，培育一批5G产业试点示范项目。配合开展美丽乡村建设和农村弱电线缆集中整治，推进黄河滩区、农村地区光纤网络和移动通信网络覆盖，实现100兆以上宽带接入能力100%覆盖。2020年，济南市固定互联网宽带接入达445万户，同比增长7.7%；移动互联网接入达1036万户，同比增

长 11.6%。（林庆亭）

【骨干企业培育】 2020 年，全市纳统电子信息制造业企业累计 179 家，实现营业收入 1040 亿元，电子信息产业对全市经济增长的贡献率稳步提升。浪潮集团连续入围全国电子信息百强，服务器市场份额蝉联全国第一、全球前三、增速全球第一；山东天岳成为全球第四家可批量供应 4H-Sic 衬底产品的企业，拥有碳化硅半导体材料研发技术“国家地方联合工程研究中心”；国网智能变电站智能巡检机器人、华芯动态存储器、晶正铌酸锂薄膜材料、量子研究院量子通信器件、概伦电子 EDA 产品、神戎激光夜视仪、华光激光二极管、晶恒肖特基二极管等产品在国内处于领先水平，一批“专、精、特、新”的小巨人企业正在加速崛起。

（尹卫超）

【第十三届中国（济南）国际信息技术博览会】 2020 年 9 月 17 日，第十三届中国（济南）国际信息技术博览会暨 2020 中国（济南）数字经济高端峰会在济南举办。来自国内的 100 多位院士、专家和学者共同参会，围绕数字经济如何引领行业发展、大数据与实体经济的深度融合实践、数字经济赋能产业升级以及助力企业发展新动能等内容展开深度交流和探讨。“信博会”展示面积达 5 万平方米，浪潮集团、中国移动、中国联通、京东等 360 家国内外信息技术领军企业参展。

（尹卫超）

化工产业

【概况】 调整优化化工产业布局、转型升级产品结构，基本形成以石油化工、煤化工、生物质化工、无机原料、氟化工、专用化学品为主的六大制造业，其中化工新材料、精细化学品的比重不断增大，化工产品结构逐步向高端化、功能化、精细化转型。济南市化工产业发展形势总体稳定，规模以上企业主营业务收入 597.8 亿元，比 2019 年同期降低 4.28%，其中石化行业降低 17.1%、化学原料及制品行业增长 13.9%；实现利润 27.3 亿元，同比增长 50%；实现利税 110.7 亿元，同比增长 4.24%；实现销售收入、实现利税分别占全市工业行业主营业务收入、实现利税的 8.1% 和 17.7%，与 2019 年相比减少 1.6 个和增加 15.6 个百分点。其中，化工园区主营业务收入为 520 亿元，占化工行业的 87%，从经济总量上看，化工园区成为济南市化工产业集聚发展的主载体。（孙延强）

【化工企业入园发展】 持续开展化工产业转型升级、环保督察化工行业问题整改，淘汰和转型一批管理水平差、存在安全环保隐患的化工生产企业。落实山东省化工投资项目管理规定，推动原有企业搬迁入园、新建项目园区建设，化工企业入化工园区率达 35%，入省级以上各类园区（高新区、开发区等）达 60% 以上。（孙延强）

【推进新旧动能转换项目】 明泉集团利用现有煤化工资源衍生的高新技术、实现高附加值项目稳步推进：燃料电池用高纯氢项目开工建设；芯片制造与封装的关键材料光敏聚酰亚胺（PSPI）项目入库山东省重大研发专项；八大宇航材料之一的聚苯硫醚（PPS）项目，引进国外先进技术，已完成一期设计工作；优秀的有机合成透明材料聚甲基丙烯酸甲酯（简称 PMMA）逐渐完备项目建设的各项手续。

（孙延强）

【民爆生产销售企业监管】 对济南市民爆生产、销售企业完成 4 次隐患排查、2 次安全专项督导和 1 次仓库改造符合性核查工作，排查出隐患 97 项（均为一般隐患），并全部整改完毕。完成 5 家民爆销售企业销售许可证年检资料审核上报及网上申报工作。完成对盘化（济南）化工有限公司生产许可证换证资料审核上报及安全生产许可证年检资料审查上报工作。配合省禁化武办组织专家对尚博生物科技有限公司监控化学品生产特别许可事项进行现场考核，下发生产特别许可证。

（郭景阳）

装备制造业

【概况】 2020 年，全市装备制造业规模以上企业实现营业收入 3447 亿元，同比增加 768 亿元，同比增长 28.6%；实现利润总额 217.1 亿元，同比增长 79.8%，创济南市历史最好水平。由邦德激光科技公司研发的全球首批30000瓦激光切割机产品交付用户，邦德激光公司作为济南市激光企业的龙头企业，2020年销售收入达13.4亿元。1月5日，济南市机器人与高端装备产业协会、济南（国际）机器人与高端装备产业联盟成立，是国内第一个机器人与高端装备产业协会，成员单位涵盖10个省市150家单企业；10月17日，山东省会都市圈电力装备产业联盟成立，山东电力设备有限公司当选联盟理事长单位。

【重汽集团智能网联（新能源）重卡项目】 2020年2月，中国重汽集团智能网联（新能源）重卡项目在莱芜区开工建设。该项目总投资86.9亿元，占地207.07公顷；产品主要为NG17、T7H、TG5、A7、HOWO等整车系列。已投资项目顺利实施后，形成年产16万辆智能网联（新能源）重卡生产能力，将巩固山东省和济南市作为中国重要的载货汽车制造基地的地位。2020年9月，中国重汽重磅发布“黄河”品牌新一代重卡，主打高端干线物流牵引车市场。

（刘馨厚）

【概况】 2020年，成立济南市促进工业产品消费工作领导小组，统筹协调全市工业产品消费促进工作，同时成立济南市促进工业产品消费工作推进落实专班。依托“济企通”服务企业云平台搭建“济南工业产品供需对接平台”，全年平台登录注册企业1033余家，发布工业产品4847多个。为促进各行业产业链协作配套，组织举办钢铁产品、机电产品、汽车零配件产品、食品行业、工业互联网牵手行动、纺织服装行业、新材料产业、生物医药产业8场大型供需对接活动，有700多家企业（院校、事业单位）参加，达成近30亿元的合作意向。

2020年7月9日，全市加快建设工业强市动员大会召开 （市工信局 供稿）

【品牌建设】 引导食品、家电、轻工、纺织服装企业，加大研发投入，加大宣传力度，注重品牌建设，增强企业竞争力。2020年，济南市的山东宏业纺织股份有限公司高性能阻燃纱线生产、山东省永信非织造材料有限公司高清洁无浆料医用消毒水刺材料关键技术被省工信厅命名为新技术（成果）企业，韩都衣舍电子商务集团股份有限公司等3家企业命名为重点培育品牌企业。

【济南地产品展示交易会】 2020年6月6—9日，在济南舜耕国际会展中心首次举办济南地产品展示交易会。参展企业近300家，参展类别涉及济南市食品饮品、保健、服装纺织、家具家电、文化娱乐、生物医药、电子信息、机械装备等优质工业企业产品。交易会期间，观展人员逾9万人次，现场销售额达1.26亿元，意向订单额近8亿元。

【第十四届山东国际糖酒会】 2020年11月27—29日，第十四届山东国际糖酒会在济南国际会展中心举办。展会以“促进国内消费、拉动国内经济、占领国内市场”为主题，展览面积近3万平方米，约600余家国内外知名企业参展。展会期间，接待观众8.5万余人次，实现交易额11亿余元，意向订单额突破15亿元。

【第一百零三届全国糖酒商品交易会】 2020年10月13—15日，2020第一百零三届全国糖酒商品交易会在山东国际会展中心举办。济南市50多家知名食品企业参加展会，并专门搭建济南展区，受到参展企业的欢迎和广大客商及观众的关注。

【食盐专营管理】 定期组织和指导调度全市食盐专营管理工作，及时向省工信厅报送食盐销售、库存等相关数据和汇总材料；及时受理和转办12345来电反映关于食盐专营管理相关问题和诉求，宣传食盐专营相关政策；配合卫健委等部门参与涉盐引发地方病的调查摸底和有效预防工作，引导群众科学合理选用食盐；起草食盐供应应急预案和储备管理办法，做好应急储备工作。（迟广顺）

【华能黄台电厂】 2020年，华能黄台电厂落实电量计划59.29亿千瓦时，折合设备利用小时4360小时，完成各项年度目标任务，年度绩效考核清算在山东公司排名前列，保持了山东公司先进企业称号。（刘学杰）

【安全生产】 截至年底，实现连续安全生产4837天。7、9、10号机组实现全年无非停。通过山东公司“三创”创一流验收；完成网络攻防演练，获评山东公司“HZ2020”工作先进集体称号。9号机组被评为山东电网“网源协调性能十大金牌机组”，10号机组在全国电力可靠性指标对标中被评为优胜机组。在2020年华能集团公司设备评级中，7号、9号机组获A级。（刘学杰）

2020年4月，黄台电厂电热队继电保护班获得山东省工人先锋号称号

（华能黄台电厂 供稿）

【发展升级】 济阳生物质项目于12月28日完成72+24试运行，实现年内投产目标。齐河20万千瓦农光互补综合智慧能源项目取得备案，厂内储能项目已完成备案。厂内汽车充电站项目完成备案并经山东公司审议通过，已上报集团公司投委会研究决策。（刘学杰）

【创新攻坚】 开展“创新攻坚年”活动，全厂确立重点攻坚项目47项，完成创新攻坚成果34项，厂内评选出17项优秀成果上报山东公司参加评优。栾俊劳模创新工作室获得集团级认定。年内全厂获科技创新奖3项、授权专利10项、全国企业管理创新成果奖1项、市级及以上QC成果奖12项。（刘学杰）

【人才建设】 制定《专业技术技能职务序列管理实施细则》，加强教育培训和职工技能竞赛。荆鑫同志获得第十二届全国电力行业职业技能竞赛继电保护员决赛个人第一名，并被授予“全国技术能手”、集团公司劳动模范等称号；周伟同志被评为“济南工匠”并同时被授予济南市五一劳动奖章；电热队继电保护班获评山东省工人先锋号。（刘学杰）

【国网济南供电公司】 2020年，公司营业区（不含莱芜区、钢城区）全社会用电量为303.42亿千瓦时，同比上升2.68%。其中，第一产业用电量为2.81亿千瓦时，同比上升11.58%；第二产业用电量为133.09亿千瓦时，同比上升4.36%；第三产业用电量为95.23亿千瓦时，同比下降1.57%；城乡居民生活用电量为72.29亿千瓦时，同比上升5.23%。（刘 申）

【疫情防控】 开展“亮旗抗疫保供电”等专项行动，投入保电人员13.6万人次、车辆3.1万台次，保障191家疫情防控重点客户安全可靠供电。开展“同舟度时艰、四进送服务”大走访活动，推动欠费不

停供、不收滞纳金、降低工商业电价等政策不折不扣执行到位，全年降低企业用电成本7.14亿元。1个党支部、1个集体分别获评省市抗击疫情先进称号。（刘　申）

【电网提速】　科学编制济南电网“十四五”规划，累计58座变电站纳入国际金融城、新旧动能转换先行区等重点片区规划。完成699项配电网工程，新建改造10千伏线路627公里、新增配变582台。组建富能等重点客户工程建设服务领导小组和工作专班，建立定期调度和工作简报机制，做好项目用电保障。争取国网山东省电力公司支持，将32项110千伏及以上输电线路迁改纳入停电计划，累计迁改输配电线路158条，保障济莱高铁、轨道交通等重点工程推进。

（刘　申）

【服务脱贫】　提前竣工7个扶贫捐赠和10个惠农富民项目，高质量完成43个贫困村电网升级改造项目和27项黄河滩区迁建配套电网工程，农村户均容量提升至3.46千伏安，位居全省前列。畅通光伏接网工程绿色通道，全额消纳光伏扶贫电站上网电量2.16亿千瓦时，转付国家补贴1.01亿元。全年采购扶贫农产品128.51万元，公司8个定点帮扶村全部脱贫摘帽，扶贫工作连续三年获得“好”的最高等级评价。

（刘　申）

【电能替代】　强化“煤改电”客户供电保障，累计完成“煤改电”清洁取暖20万户，年均替代电量约2.7亿千瓦时，相当于减少煤炭消耗10.8万吨、减排二氧化碳26.92万吨。新能源并网46.17万千瓦，其中集中式风电31.5万千瓦，分布式光伏9.67万千瓦，生物质电厂5万千瓦。投运全省首个400千瓦直流充电弓，累计建成电动汽车充电站136座，在470个小区、33.84万个居民停车位建设充电桩配套设施，充电配套设施数量和充电电量居全省首位。（刘　申）

【营商环境】　推广“三省”“三零”服务，“网上办、零证办、一链办”应用覆盖率100%，高低压客户电网侧平均办电时长分别较年初下降7.3%、16.6%，办理环节、时间、成本等指标全国领先，“获得电力”典型经验入选《中国营商环境报告2020》。推行“阳光业扩”，完成济南市传染病医院东院区、国家超算济南中心等165项省市重点项目送电。省内开展“预安排客户零停电”检修，取消市县中心城区影响客户的10千伏计划停电，全市用户平均停电时间同比下降70.46%。

（刘　申）

【概况】　2020年，全市民营经济保持平稳健康发展态势。截至四季度，全市民营市场主体达128.31万户，同比增长16.38%，占全市市场主体的98.66%；实现营业收入23664.07亿元，同比增长10.63%；实现税收612.25亿元，占全市税收的45.6%；新增城镇就业14.4万人，占全市新增城镇就业人数的88.3%；进出口总值877.1亿元，同比增长35.4%，高于全国24.3个百分点、高于全省21个百分点，占同期全市进出口总值的63.5%；全市民营高新技术企业达2763家，同比增长28.27%，占全市高新技术企业总数的91.2%；全市民营企业拥有国家专精特新小巨人9家，省级独角兽企业3家、瞪羚企业122家、专精特新企业429家；新增上市及过会企业超过前3年上市企业数量总和，8家民营企业首发上市、募集资金59.64亿元，境内外上市民营企业达28家。

【完善领导机构和工作机制】　根据《关于调整山东省促进非公有制经济发展工作领导小组的通知》，健全完善济南市促进非公有制经济发展工作领导小组。印发《济南市促进非公有制经济发展工作领导小组议事规则》《济南市促进非公有制经济发展工作领导小组办公室工作细则》，强化对全市非公有制经济、民营经济高质量发展的组织领导和统筹协调力度。每季度发布监测分析报告，综合研判民营经济运行态势和存在问题，提出意见建议，为精准服务民营企业、促进高质量发展提供决策参考。

【帮助民营企业应对疫情影响】　面对突如其来的新冠肺炎疫情，第一时间发布《致全市民营企业家公开信》和《疫情期间减免经营用房租金倡议书》，编发《民营企业战“疫”政策便利手册》17期。组织民营企业参加政银企对接，帮助1201家企业新增授信贷款119.3亿元。下沉帮扶100多家重点民营企业抗击疫情、复工复产。连续举办民营企业“泉城好品”融媒体直播推介活动17期，为45家民营企业207个产品进行直播带货。联合团市委举办青年人才“空中招聘会”，线上发布民营企业岗位需求6680个。

2020年6月29日，济南市服务民企12345专席开通仪式在“12345”市民热线服务中心举行

（市民营经济局 供稿）

【促进民营企业转型升级】 实施小微企业治理结构和产业结构“双升”战略，持续推进“个转企、企升规、规改股、股上市”，引导小微企业走“专精特新”发展之路。2017年7月至2020年7月，全市累计实现“个转企”9400多家，其中新转公司制小微企业4400多家；小微企业“企升规”3200多家，新发展股份有限公司近1200家。研究制定《济南市百强民营企业培育办法》，建立100家企业培育库，通过“联系服务、政策惠企、诉求解决、培训交流、融资支持、运行监测”6项机制，促进入库企业做大做强，2020年实现新增营业收入过50亿元企业2家、过百亿元企业1家。牵头做好高端装备“链长制”工作，形成全市1.9万家装备制造企业基础数据库，推进山东激光装备产业创新创业共同体建设，省内37家高新技术企业中15家已进驻。

【提升服务效能】 开展服务民营经济“十大行动”，围绕“稳岗援企、稳链强链、消费拉升、政策惠企、金融助企、人才强企、法治护企、能级提升、平台搭建、环境营造”10个方面，实施33项具体举措，促进民营经济回暖复苏、平稳发展。2020年，新增民营市场主体数量由一季度1.63万户，上升至四季度12.2万户，同比增长25.2%。加强政策统筹和部门协同，推动惠企政策落实，编印《济南市民营经济政策指引（2020版）》，为民营企业和商协会上门提供政策服务，同步制作二维码和小程序开展线上解读推送，查阅量40余万人次。开通服务民企12345专席，建立“一号对外、分类处置、各方联动、限时办结”的运行模式，月均受理民营企业咨询、求助、建议等6000余件。启动惠企“直通车”一体化平台建设，为民营企业提供全方位、智能化、一站式服务。

【探索融资服务新模式】 创新搭建“投资论道面对面”融资服务平台，以有股权融资、债券融资需求的民营企业为重点，坚持“政府引导、市场运作、合作共赢、创新务实”的原则，采取“资本、资金、资产、资源”四资并举、“政府部门、专家学者、行业协会、投资机构、民营企业”五方联动、线下和线上相结合的方式，搭建主题沙龙、面对面对话、融资路演、洽谈签约等活动载体，邀请民营企业家与投融资专家、知名学者等面对面交流对接，对企业融资计划以及企业管理、战略规划等进行剖析，帮助企业明晰发展路径，规范公司治理，提高融资能力。2020年，举办“投资论道面对面”活动10期，3家公司实现融资5500万元，2家企业进入科创板上市培育库，创建4个创新创业共同体，推动总投资15亿元的凯丰智能掘进装备产业园在平阴落地。

（张在亮）

栏目编辑 魏添乐

农业

农村工作综述

【概况】 2020年，全市农林牧渔业总产值671.66亿元，增长2.6%；农林牧渔业增加值380.3亿元，增长2.3%；全市农村居民人均可支配收20432元，增长5.0%。

【乡村振兴】 组建五个专班共同推进的工作体系，健全逐级传导压力动力的考核体系，搭建起涵盖乡村“五个振兴”的政策体系，构筑“四个优先”有效落实保障体系，形成支撑乡村全面振兴的制度框架。市县两级新时代文明实践中心全部建成使用，村级实践站建成率96%。基层综合性文化服务中心基本实现全覆盖，文明村镇覆盖率90%以上。新增“出彩人家”4.7万户，建成总数达12.2万户；“戏曲进乡村”覆盖率79%。红白公事简办新办成为新风尚，“婚礼式颁证”获得央视点赞推广。实施“头雁队伍提升”行动，公开遴选240名优秀人才到村任职，回引1200余人进入村级班子，新选聘1100余名“乡村振兴工作专员”。全市在岗第一书记1362人，实现贫困村、软弱涣散村、乡村振兴示范创建村派驻第一书记全覆盖。组建175支驻村工作队，264个软弱涣散村完成整顿转化。聚焦跑好全面小康“最后一公里”，补齐“三农”领域短板弱项，农村水电路讯等基础设施加快建设，教育、养老、医疗等公共服务水平不断提升，乡村治理体系进一步完善，乡村面貌焕发新气象。

（苏立静　尹朕朕）

【示范村和样板村打造】 完成105个乡村振兴齐鲁样板村、20条乡村振兴齐鲁样板示范线路创建任务，建成章丘区三涧溪村、长清区马套村、槐荫区席庄村、平阴县北市村等一批省内外有影响的样板示范村庄，在莱芜区、钢城区追加打造15个样板村，启动新一轮120个样板村建设。新建成39个省级美丽乡村示范村，全部通过省验收，全市累计建成市级以上美丽乡村示范村284个。

（薛　峰）

【农村人居环境整治】 聚焦村容村貌整治提升、农村厕所革命、污水治理、生活垃圾治理道路硬化、农业生产废弃物利用等重点任务，开展村庄清洁夏季、冬季集中攻坚行动，残垣断壁和废弃房屋整治、黑臭水体清零行动等集中整治活动，按照两月一排名曝光要求，开展5次评估排名，农村人居环境得到全面改善。2020年全市创建1000个清洁村庄（累计达到2000个），清理整治残垣断壁3.1万余处，3901个村完成弱电线缆整治，农村生活垃圾收运处置实现全覆盖，非正规垃圾堆放点排查整治率达到100%，中央电视台《新闻联播》对农村垃圾处置“商河模式”进行报道；农村无害化厕所普及率达90%以上，农村生活污水治理覆盖率达到45%以上，街巷道路硬化基本实现全覆盖。槐荫区被评为全国村庄清洁行动先进区县。

（朱奕颖）

【十大特色产业】 将莱芜生姜、莱芜黑猪纳入特色产业振兴范围，扶持产业增加到12个。新建10处百亩精品园和10处千亩示范区，精品园和示范区总数分别增加到20处，特色产业面积发展到4.67万公顷，其中商河花卉生产规模由60万平方米增长到102万平方米，花卉品种发展到红玉珠、秋菊、绣球、木槿、海棠等300余个品种（花色），全年生产能力达到5000万盆。

（张建军）

【农业品牌创建】 构建“1+10+N”

农业品牌发展格局，发布市级农产品区域公用品牌“泉水人家”，创新搭建“济南泉水人家”电商平台，成立市领导挂帅的“泉水人家”品牌创建工作专班，出台《济南市农产品区域公用品牌授权使用管理办法（试行）》。举办第三届农产品品牌“双十佳”评选活动，全市“双十佳”总量达到60个。5家企业获评省知名农产品品牌，省知名品牌总量达到44个、总量列全省第2位。全市农产品出口额达到61.55亿元，同比增长32.3%，占全省的5.38%。莱芜区被评为全省农产品出口产业集聚区，莱芜泰丰食品有限公司和山东省万兴食品有限公司被评为全省农产品出口示范企业。

（田明　杨文华）

【科技兴农】　全年培训农技人员860余人次，培训高素质农民32期3236人，超出省定计划410人。建设农业劳动力培训输出基地150余处，全市累计培训农业劳动力15万人次。打造12个市级田园综合体，6个项目基本完工。实施147处省级农产品仓储保鲜设施项目。建成益农信息社4820个，基本实现涉农行政村全覆盖。实施26项农业应用技术创新项目，科创团队达到14支，做大做强农作物、蔬菜种苗、畜禽良种三大种业集群，农业科技贡献率达69%。创建3个全国主要农作物生产全程机械化示范县和1个全省“两全两高”农机化示范县。加大农业招商引资力度，联系引进泉脉主要农作物核不育育种体系产业化等8个重点项目。

（王艳真　吴岳）

【农业农村改革】　培育新型农业经营主体，全年全市农民合作社达到10626家，较2019年年底增加1624家，莱芜区、商河县入选农民合作社质量提升整县推进试点工作省级试点；农业社会化服务组织超过2000家，农业适度规模化经营率达到72.2%。基本完成农村集体产权制度改革任务，全市所有（5828个）涉农村（居）全部完成集体资产清产核资，5826个村（居）完成改革任务，建立起农村集体经济组织；5825个村（居）完成登记赋码任务，依法取得独立特别法人地位；9月通过山东省产权制度改革验收；11月初，章丘区、平阴县代表山东省通过农业农村部产权制度改革验收。制定《济南市农村集体经济组织管理规定（试行）》，走在全省前列。深化农村产权交易、农业融资担保、产权信息管理“三台共建”模式，全市11个涉农县区农村产权交易服务中心全部投入运转，实现涉农区县全覆盖。全市农村各类产权项目共成交1057个，成交金额25.99亿元，成交面积1.93万公顷。开展乡村治理工作。平阴县王桥村、钢城区里辛街道、章丘区入选省农业农村厅《2020年度乡村治理典型案例》。

（张陆阳　孙长明）

【产业融合发展】　新认定市级农业龙头企业30家，新晋升省级农业龙头企业13家、国家级农业龙头企业1家，全市市级以上农业龙头企业发展到480家，其中国家级8家、省级以上72家，13家农业企业入选中国农业企业500强。全市共评选43家农民合作社示范社、33家农业社会化服务市级示范组织。截至2020年年底，全市农民合作社共计10364家，其中国家级、省级、市级示范社分别达到20家、152家、934家。新认定国家级农业产业强镇1个（商河县白桥镇），新认定全国“一村一品”示范村镇2个（莱芜区大王庄镇、商河县玉皇庙镇），全国乡村特色产业十亿元镇2个（济阳区曲堤镇、商河县白桥镇），中国美丽休闲乡村1个（莱芜区大王庄镇王石门村），省级农业产业强镇13个，省级乡土产业名品村93个。截至2020年年底，国家级农业产业强镇发展到4个（历城区唐王镇、平阴县孝直镇、莱芜区杨庄镇、商河县白桥镇），国家级“一村一品”示范村镇发展到21个，省级“一村一品”示范村镇27个。

（张陆阳　杨凯）

【田园综合体建设】　2019年济南市立项实施第一批12个田园综合体项目，建设期2年（2020—2021年），计划总投资15.9亿元。截至2020年年底，12个项目已完成投资13.5亿元，完成2年全部项目投资的84.8%。其中南山区“积米峪”等7个项目完成计划投资的105.6%，长清区“神秀谷”等5个项目完成2年计划投资的56.4%。超额完成市委、市政府要求的“年底前开工建设12个田园综合体，年内完成6个”任务目标。（吴红斌）

【土壤污染防治】　完成耕地土壤环境质量类别划分和受污染耕地安全利用工作任务，全市受污染耕地安全利用率达100%。突出做好“四减四增”工作，全市水肥一体化技术推广面积累计达3.75万公顷，其中2020年全市水肥一体化技术推广面积新增1.24万公顷。以小麦条锈病为主要防治对象的中后期病虫害专业化统防统治覆盖率100%，统防统治面积26.67万公顷以上，小麦病虫草害统防统治面积550万亩次，玉米统防统治覆盖率40%以上，苗期和中后期玉米病虫统防统治近8.67万公顷。

（郝桂喜　盖瑞）

【绿色农业】　全市秸秆综合利用率达到98%以上，未发生重大秸秆焚烧事故。全市1001个畜禽规模养殖场粪污处理设施配建率达100%，粪污综合利用率达87.43%。全面开展农药包装废弃物回收处理工作，共回收农药包装袋（瓶）1873万个，总重量约450吨。全市生态循环农业技术推广面积达到9.27万公顷。

（盖　瑞）

【高标准农田建设】　完成2019年度高标准农田建设任务1.93万公顷，在全省综合评价中位列第三名，获得省政府专项奖励资金3000万元。落实2020年高标准农田建设任务1.87万公顷，其中高效节水灌溉面积9333.33公顷。截至2020年年底，完成整体进度的80.6%。济南市代表山东省接受农业农村部对2019、2020年高标准农田建设实地评价。（霍秀娜）

【农业执法】　开展农资打假“春雷”行动、农产品质量安全“利剑”行动、“瘦肉精”专项整治行动、渔政亮剑2020等专项行动，全市共出动农业执法人员10682人次，巡查涉农生产经营主体4357个次，立案查处农业行政案件255件，其中支队直接查办52件，通报及转交区县案件线索120余个，集中销毁假劣农资30余吨。无农药生产经营许可证生产农药案被农业农村部评为全国农业行政处罚优秀案卷和全国农业行政处罚优秀文书，实现“双优”新突破，支队连续五年被评为全国农业行政处罚优秀案卷，居全国领先，全省第一。（郑博　郭君）

【粮食生产】　全市粮食收获面积48.04万公顷（其中小麦21.73万公顷、玉米23.53万公顷），总产290.81万吨（其中小麦137.37万吨、玉米139.16万吨），单产403.53公斤/亩，分别较2019年增加1133.33公顷、5.35万吨、6.49公斤/亩，增幅0.24%、1.87%、1.63%，实现粮食面积、总产、单产三增加，乡村振兴粮食稳定度考核获得满分。按照每亩137.97元标准，落实国家耕地地力保护补贴42175万元，补贴面积20.39万公顷。

（冯文军　李瑞欣）

【蔬菜生产及保供】　全市蔬菜生产面积9.87万公顷，其中设施生产面积1.88万公顷，总产量674万吨。现有蔬菜生产专业镇（街道）27个、专业村517个；蔬菜集中片区203个，其中万亩以上专业片区15个；市级蔬菜标准园75个，50亩以上“菜篮子”生产基地（园区）723个。“菜篮子”直通车运营单位20家、直通车207辆，覆盖全市近千个居民小区。成立菜篮子工程产销联盟，绘制生产基地地图、菜篮子直通车地图和产销对接地图并实现“三图合一”。（魏英华）

【畜牧生产】　全市生猪存栏122.86万头、牛存栏15.2万头、羊存栏66.01万头、家禽存栏2523.33万只，“肉蛋奶”总产量92.75万吨。大北农集团、雨润集团、山东奥克斯等重点生猪、奶牛建设项目落地济南。新增国家畜禽品种名录的地方品种1个（莱芜黑兔），培育具有自主知识产权的新品种1个（鲁中肉羊），山东奥克斯畜牧种业有限公司“试管奶牛”全国首次迈入产业化轨道。全市现有饲料生产企业115家、兽药生产企业52家、兽药经营企业183家，饲料兽药年产值87.47亿元。（王鹏飞　王永军）

【渔业生产】　全市水产品养殖面积4333.33公顷，总产量1.3万吨。加快济南市养殖水域滩涂规划实施，开展“放鱼养水”行动。新认定渔业标准园22家，累计认定87家，在章丘白云湖、商河龙桑寺等地建设6处现代渔业示范基地。

（尹永波）

【农业保险】　16个政策性险种覆盖全部涉农区县，全年保险规模2.4亿元，实现理赔0.91亿元。商河县、章丘区承担农业大灾保险试点，济阳区开展小麦全成本保险试点，并在全省率先开展玉米收入保险试点，成为全国首个小麦、玉米两季主要粮食作物高保障区县。全国首创的日光温室蔬菜寡照指数保险参保3373.33公顷，创新开展生姜、大葱、大蒜种植保险。在商河县试点开展农业保险协管员绩效奖励机制，完善农业保险服务体系。

（李瑞欣）

【农业疫病防控】 全市开展4轮整建制小麦条锈病防治，有效防控玉米草地贪夜蛾，保障粮食安全生产。做好养殖、屠宰、冷储、无害化处理、道路检查站等场所的非洲猪瘟、高致病性禽流感等重大动物疫病排查和监管工作，实现重大动物疫病“应免尽免”。全年处理病死畜禽339.7万余头（只）、8168.4吨，对全市畜禽养殖、无害化处理场、畜禽屠宰、道路检查站等环节清洗消毒8480万平方米。

（李秀深 魏杰）

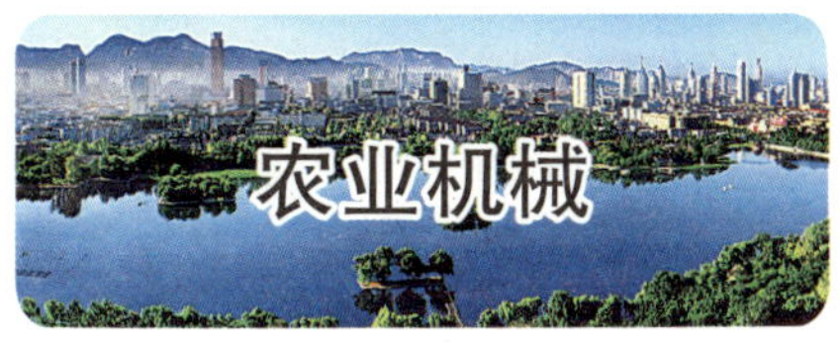

【概况】 2020年，全市农机总动力达555万千瓦，拖拉机保有量达7.36万台，其中大中型2.47万台，谷物联合收割机保有量1.64万台。大中型、复式、智能化机具比例加大，经济作物机械不断增加，水产、养殖、林果、植保、农业品初加工等机械保有量快速发展。全市农作物耕种收综合机械化率达89.54%，农业机械作业已涵盖农林牧副渔各个领域，主要农作物如小麦、玉米等的主要生产过程基本达到机械化，经济作物、设施农业、特色种养、农产品加工、林果养殖等机械化程度都有提高，全市农业机械化已迈上全面机械化发展的高级阶段。

【“两全两高”农机化创建】 2020年申报的3个全国主要农作物生产全程机械化示范县（长清、莱芜、商河）、1个全省“两全两高”农机化示范县（平阴）全部创建成功。全市累计创建5个全国主要农作物生产全程机械化示范县，2个全省“两全两高”农机化示范县，为创建示范市打下基础。

【农机购置补贴】 全年共落实购机补贴资金4900万元。重点补贴联合收获、高效植保、粮食烘干、畜牧等高效多能的农业机械，并向农业示范园区、品牌基地和农机专业合作社倾斜。全年共补贴机具8972台套，其中拖拉机914台、联合收获机510台、高效植保机械306台、粮食烘干机31套、畜牧机械272台套，受益农户及合作服务组织达7334户。

【“智慧农机”示范建设】 分别在长清区、平阴县、高新区试点开展智慧农机“无人驾驶”技术示范，全市共推广“无人驾驶”辅助装备46台（套），其中拖拉机安装36台（套），小麦联合收获机安装10台（套）。6月5日，在长清区孝里镇庞道口村进行“智慧农机”小麦“无人驾驶”机械化收获作业展示，获得《人民日报》、人民网、中央电视台等国内主流新闻媒体称赞。

【农作物秸秆综合利用】 “三夏”“三秋”期间协助市政府办公厅召开3次全市秸秆综合利用与禁烧工作电视电话会，与市生态环境局联合成立6个督导组分片对各区县秸秆综合利用与禁烧工作开展督导检查和巡查暗访，“三夏”期间未发生1起秸秆焚烧现象。通过采取现场会、技术服务、现场指导等方式，推广秸秆还田、秸秆青贮、秸秆气化等技术，全市秸秆综合利用率达98%以上。

【“三夏、三秋”农机作业情况】 印发《济南市农机跨区作业应急处理预案》和《济南市“三夏”农机作业应急处置预案》。夏秋两季共检修各类农机具10万余台（套），培训机手和修理工1.5万余人。组织跨区机收服务队55个，全市小麦和玉米机收率分别达99%和98%，机播和机耕率达99%，实现主要粮食作物主要生产环节机械化。

（王瑞芳）

【概况】 2020年，全市水务工作坚持“供、排、蓄、引、治、保、工、管”系统治水，水务基础保障能力不断增强，水务管理规范高效，继续保持全国文明单位称号。

【重点水利工程建设】 以“根治水患、防治干旱”为总目标，按照“兴建、提升、整治”要求，投资75.6亿元，完成小清河干流防洪综合治理、水毁工程修复、小水库除险加固、城区道路积水点改造等157项重点水利工程，为全市安全度汛奠定基础。长平滩区护城堤项目累计完成投资22亿元，堤防填筑34千米。投资26亿元，在全省率先开工引黄灌区农业节水工程，惠及沿黄7个区县14处引黄灌区14.73万公顷农田。

【城市供水能力建设】 东湖水库扩容增效工程建设完成，每年可增加全市东部城区供水量7000万立方米。完成临空经济区应急供水工程，初步具备2000立方米/日的应急供水能力。完成306处居民住宅二次供水设施改造。加快完善旅游路水厂、东湖水厂配套加压站、供水管网等设施，建成唐冶南、唐冶北加压站，新增加压供水能力40万立方米/日，旅游路水厂实现并网运行，年底前东湖水厂实现并网运行，城市公共供水管网覆盖面积进一步扩大。

【农村饮水安全两年攻坚行动】 投资32.56亿元，全面完成农村饮水安全两年攻坚行动，新建规模化水厂7处，改扩建规模化水厂25处，建设单村工程232处，铺设各类供水管道3.45万余千米，配套建设14处水厂水质化验室，解决全市2650个村225万名群众饮水安全问题。

【城市污水治理】 以国家黑臭水体治理示范城市为契机，开展污水处理设施建设、雨污分流改造。完成东客站片区、唐冶新区污水处理厂工程；玉顶山、雪山等五处污水处理站工程，新增污水处理能力13万吨/日。完成水质净化一厂、二厂连通工程主体工程建设，污水处理能力不平衡问题得到缓解。实施雨污分流工程，完成万盛大沟、山化一前后引河片区工程建设。启动50个老旧居民小区雨污分流工程，逐步从根源上解决雨污混流问题。

【农村生活污水治理】 印发《济南市农村污水治理行动方案》，建立联席会议制度，多部门合力推进农村生活污水治理。全市5125个行政村中，已完成农村生活污水治理村庄2248个，超过省定41.1%的目标任务。

2020年5月10日，山东省暨济南市2020年全国城市节水宣传周启动仪式在百花洲举行

（市城乡水务局 供稿）

【水土流失治理】 完成钢城区柳桥峪、南部山区管委会出泉沟国家水土保持重点治理工程和莱芜区、平阴县、长清区小流域水土保持综合治理项目，治理水土流失面积16平方千米。

【水环境提升】 实施大辛河、全福河、柳行河等河道有水工程，小清河环境综合整治工程完成两岸48千米风貌带建设，为市民提供休闲娱乐的去处。

【水资源管理】 强化最严格水资源管理制度，制定下达年度水资源管理控制目标，用水总量控制在21.2亿立方米以内。强化多水源联合调度，开展玉符河、小清河、兴济河、历阳湖、华山湖等生态补源工作，生态环境得到保护和修复。加强济阳区、商河县超采区整治，压采水量155万立方米，保障地下水采补平衡。

【节约用水】 修订《济南市节约用水条例》，印发《济南市落实国家节水行动方案》，深入开展农业节水增效、工业节水减排、城镇节水降损、教育节水引导，全面加强节水型社会建设，全市用水效率和效益进一步提升。

【防汛抗旱】 强化责任落实，修订完善防汛预案，全面落实行政、技术、巡查责任人，明确责任人防汛职责。强化督导检查，成立督导检查组对各区县水利工程备汛、山洪灾害防御、水毁工程修复等进行全面督导检查，建立隐患台账，落实应急度汛措施。强化指挥调度，及时分析研判雨情、汛情、工情，发布汛情蓝色预警1次、黄色预警2次，发布山洪预警135次，组织转移安置可能受灾害威胁群众598人，采取预泄、分洪滞蓄等措施，确保全市安全度汛。

【泉水保护】 综合采取水源置换、生态补源、严厉查处私采地下水、开展自备井封停等工作，实现趵突泉等重点泉水17年持续喷涌。

【泉水申遗】 举办2020中国古迹遗址保护暨济南泉·城文化景观学术研讨会。开展泉水普查，全市泉水达到1073处。启动遗产核心区遗产要素点整治，完成明府城西城墙遗址考古和城墙修复、钟楼寺台基修缮等文物保护工程，推进72名泉景观提升，进一步提升“泉城济南”品牌形象。

【河长制湖长制】 健全完善各级管理保护责任体系，深入实施河湖清违、划线定界、秀美河湖、精细管护、共管共享“五大行动”，各级河湖长、河管员运用App巡河位居全省前列。修订完善《济南市河道管理保护条例》，强化河湖管理法律支撑。加快推进河湖划界工作，在全省率先完成河湖划线定界任务，河湖岸线规划编制和政府批复率达100%。开展美丽河湖示范工程，推荐上报小清河、华山湖等10条（段）首批省级美丽河湖。深入开展清违整治回头看，提前完成29处延期销号问题清零工作。

【水务科研】 完成国家十三五“水专项”课题，完成30余项检测方法类地方标准立项及文本修订，制定19项省内标准，9项标准在全国同行业推广。完成济南泉水保护地下水监测点网规划研究，委托中国工程院何继善院士团队采取广域电磁法查明济南市区西部、东部岩溶地下水与市区四大泉群的水力联系，为实现科学保泉供水提供依据和决策参考。

（尹　涛）

2020年9月10日，2020中国古迹遗址保护暨济南泉·城文化景观学术研讨会在济南召开

（市城乡水务局　供稿）

【黄河治理概况】 济南黄河处于窄河段上端，是山东黄河的咽喉河段，上起平阴县东阿镇后姜沟，下止济阳县仁凤镇老桑家渡，流经9个区（县、功能区），全长183.35千米，纵比降约万分之一，河道上宽下窄，属受工程控制的弯曲型河道。有各类堤防188.78千米，险工23处、888段坝（岸）；控导工程51处、801段坝（岸）；水闸18座，其中引黄水闸11座，设计引水流量225立方米每秒。

（徐兴涛　安红心）

【服务黄河流域生态保护和高质量发展国家战略】 作为济南市推进黄河流域生态保护和高质量发展专班成员，参与市委、市政府黄河专题调研活动，提供黄河行业建议，配合编制《济南市推进黄河流域生态保护和高质量发展实施规划（框架思路稿）》《济南黄河生态风貌带规划》，配合省河务局编制《山东黄河生态廊道建设规划》。推进引领性项目落地，由市政府投资1985万元完成堤防绿化提升工程（一期），按照5∶3的比例种植以白皮松、雪松、蜀桧为主的常绿带和以白蜡、栾树、五角枫为主的落叶乔木带，共计植树8万株，绿化淤背区空白段22.33千米，面积181.58公顷。市政府投资2062万元完成生态风貌带城区段睦里闸小清河源头环境整治、毛主席视察黄河纪念地周边景观提升工程、泺口古渡口、津浦铁路桥游客文化广场、堤顶路骑行绿道、生态停车场、游客驿站7个项目建设。历城区政府投资1800万元完成4.5千米环境整治提升。济阳区政府投资建成14.5千米的油菜花带，沿黄生态景观大幅提升。

（徐兴涛　安红心）

【黄河防汛工作】　立足防御超标准洪水，全面提升防灾减灾救灾能力，开展防汛各项工作，保障济南沿黄地区人民生命财产安全，实现黄河安全度汛。2020年，黄河流域来水偏多，整个汛期济南黄河出现2次大流量过程。自6月24日小浪底加大泄量以来，泺口站4000立方米每秒左右的流量维持在6月29日至7月8日，历时10天；最大流量4680立方米每秒发生在7月1日11时54分，对应水位28.65米。8月以来，黄河中游多地发生强降雨过程，先后出现3号、5号、6号编号洪水，泺口站3500立方米每秒以上流量维持在8月23日至9月10日，历时19天，最大流量4470立方米每秒发生在8月26日10时21分，对应水位28.63米。泺口水文站4680立方米每秒的流量是自1996年洪水以来最大一次流量，对比“96·8”洪水泺口站4700立方米每秒时水位30.6米，水位下降1.95米。整个汛期，济南段河势基本平稳，没有发生大的变化。期间，全市7处黄河河道工程共发生险情12坝次；发生滩岸坍塌6处，长度3700米，面积0.988公顷；未出现生产堤、大堤偎水情况。合计抢险用石3829.98立方米，机械投入423台时，用工710个工日，耗资110.92万元。

（安红心）

【落实防汛责任制】　6月30日，济南市召开防汛抗旱指挥部成员（扩大）会议，部署黄河防汛工作意见，要求严格落实以行政首长负责制为核心的各项责任制，全市共签订防汛责任书37份，各级领导检查、认领责任段145人次，落实行政领导包黄河防洪工程99人，新闻媒体公布防汛责任人115人。落实防洪工程、涵闸、滩区观测行政责任人，滩区群众转移安置县乡村责任人，黄河洪水预警信息白名单。

（安红心）

【防汛预案的编制和会审】　立足防御“黑天鹅”事件，编制防御黄河超标准洪水预案和防汛抗旱应急预案；修订完善黄河防洪预案、滩区运用预案、专业机动抢险队抢险方案等。在修订完善本级防洪预案的基础上，对各县区局防洪预案进行审查。对辖区内非防洪建设项目进行详细普查，审查规范非防洪建设项目度汛方案。细化组织保障、指挥调度、工程防守与运用、滩区群众安全等各项具体措施，确保各类防洪工程和滩区安全运用。

（安红心）

【防汛队伍建设】　对全市群众防汛队伍防守力量进行调整，共组织落实各类群众防汛队伍71812人，其中一线队伍36457人，二线队伍35355人。进入5月以后，各区县局联系区县防指开展民兵抢险队实战演练、滩区群众迁移安置演练，共参加、组织演练12次（其中包括滩区迁安救护演练4次），开展培训18次。6月23日，配合省河务局开展2020年防御超标准洪水演习，济南河务局设立分中心及实战演习现场，完成演前准备与动员、工程巡查、决口复堵和退水期防汛会商四个项目的演习任务。采用“师带徒”模式，加强济南黄河抢

2020年6月23日，济南河务局参加山东黄河防汛抢险演习　（张庆民　摄）

险指挥专家的培养与管理；加强黄河专业抢险队伍建设，充实副队长1名，专职管理人员达16人；自筹资金完成基地建设，6月19—28日专业机动抢险队开展集结训练。对专业机动抢险队周边30千米范围内大型抢险机械设备社会资源进行调查，落实51台大型抢险机械设备作为应急抢险的潜在力量。

（安红心）

【落实防汛物资】 国家常备防汛物资方面，共落实石料30.85万立方米、铅丝154.75吨、麻绳64.99吨、编织袋9.15万条、帐篷12顶、土工布42300平方米、覆膜编织布15600平方米、救生衣2277件、冲锋舟6艘、发电机组419千瓦、木桩7700根。社会团体和群众备料方面，共落实铅丝233吨，编织袋50.09万条，绳类17.44万公斤，柳秸料1051.21万公斤，土工布142664平方米，木桩9.58万根，照明设备1704台套，运输车2037辆。

（安红心）

【防汛应急值守】 加强防汛值班和应急值守工作。6月24日启动大流量过程防御工作，成立综合调度组、水情组、工情灾情组，明确职责分工，24小时防汛值班，密切监视水情、雨情、工情发展变化。每天及时向济南市防办报送黄河水情。整个汛期，各类防汛信息报送及时，各类险情及时抢护，确保各类防洪工程安全。（安红心）

【防汛宣传月活动】 5月，围绕“增强忧患意识，树立底线思维，建设幸福黄河”主题开展一系列防汛宣传活动。共出动宣传车辆23车次、宣传人员211人次，到达村庄113个，张贴标语悬挂横幅289条，发放宣传单、宣传册等材料6950余份，同时通过微信平台、抖音短视频等新媒体进行宣传，受教育群众达27000余人，提高沿黄群众防汛意识和法律意识。（安红心）

【防洪工程建设】 2020年，济南河务局超额完成防洪工程建设年度任务，完成移民投资3074.54万元，占计划的100.25%。完成工程投资3732.53万元，占计划的119.86%。征地移民完成永久占地0.43公顷，临时占地9.40公顷，土地复垦13.87公顷，清除树株1005棵，完成26.52千米堤顶防汛路工程辅道翻修16条。“十三五”黄河下游防洪工程完成土方2.89万立方米，石方2.23万立方米，道路翻修26.52千米，适生林种植7.65万株，行道林7335株，辅道硬化1条。克服移民迁占和新冠疫情影响，完成长清燕刘宋控导上延工程、天桥大王庙控导新建工程，完成2个设计变更新增堤顶防汛路翻修工程，合同投资2829.95万元。对20个单位工程里的45个分部工程进行验收，黄河下游“十三五”防洪工程（济南段）全部竣工。“十四五”黄河下游河道综合治理工程可研完成，22处险工、控导项目列入工程整治范围，4座涵闸列入改建工程。完成“十四五”防洪工程项目选址、用地预审等相关前期工作。

（安红心）

【防洪工程管理】 2020年，济南河务局全面加强工程日常管理，签订维修养护合同17份，完成维修养护投资3817.65万元，完成土方17.55万立方米，石方1.74万立方米。春季植树16.8万株，完成计划的109.77%。完成37处工程管理难点治理任务。在黄委组织的年终工程管理检查中，取得较好成绩。槐荫河务局、章丘河务局通过国家级水管单位复核。长清河务局管理段庭院、天桥河务局鹊山东控导、历城河务局云家控导创建黄委示范工程。局属7家水管单位划界工作全

2020年3月13日，“十三五”防洪工程济南段建设任务全部如期完工 （张庆民 摄）

部完成。（安红心）

【引黄供水】 2020年，济南河务局落实最严格的水资源管理制度，累计开展引水督查、飞检259余次，坚决遏制跑冒滴漏、农水工用。完成54个取水口的核查登记工作，实时掌握辖区内各口门引水和重点用水户取水情况；加强取水许可管理，杜绝超计划取水。当好参谋、优化服务，开展取用水项目年度普查，全面摸清取用水户现状，细化分配各取水口取水计划。在春节及疫情期间坚持供水不间断，全力保障居民生产生活和农业灌溉用水需求。全年累计引水7.19亿立方米，其中农业引水2.69亿立方米，非农业引水4.5亿立方米。全年生态取水9559万立方米，是2019年的三倍多，有效改善小清河、玉符河、白云湖、玫瑰湖湿地生态环境。

（安红心）

【依法治河】 创新完善联合执法机制，与公安部门建立黄河河道生态环境保护联勤联动工作机制，召开联席会议24次、开展联合执法22次，联合查处案件2起，现场制止违法行为4起。与市人民法院建立黄河生态保护司法保障机制，成立"济南市中级人民法院环境资源黄河巡回法庭""黄河生态环境司法修复济南基地"和"历城区人民法院环境资源黄河巡回法庭"，建立法官工作室。探索"河长+检察长"治河模式，加强与地方政府、检察院联系沟通，建立历城检察官工作室、济阳黄河生态保护检察工作站等。2020年，水政监察队伍巡查1089次，制止水事违法行为394起，清除违章建筑11.98万平方米，阻水片林6.71万株。48项"清河行动"任务全部通过省河长办验收，黄河济南段"四乱"问题得到有效解决。对在建涉河项目进行专项检查35次，完成洪评修改9项。开展浮桥整治规范提升专项行动，实现"一桥一账一策"。开展黄河岸线利用项目专项整治和河道采砂专项整治行动。（安红心）

2020年9月6日，济南黄河文化展览馆建成开放，成为展示济南黄河生态保护成果的窗口

（王翔宇 摄）

【黄河文化保护传承弘扬】 完成济南百里黄河风景区提升改造，特别是济南黄河文化展览馆提升改造后，参观人数是往年的数十倍。泺口爱国主义教育基地和济阳黄河文化体育公园被确立为"山东黄河文化建设示范点"。济南黄河文化传承基地建设开工。与济南日报报业集团签署战略合作协议，配合中央、省、市各级电视媒体采访报道50余次，联合举办"千里走黄河""济南黄河少年行""沿黄九市自行车赛"等大型活动，提高社会各界和广大市民对黄河的关注度、认同感。

（安红心）

栏目编辑 谷 雪

【商贸概况】 全年社会消费品零售总额4469.1亿元，同比增长1.1%；货物进出口总额1382.7亿元，同比增长23%；对外承包工程合同额44亿美元，完成营业额42.7亿美元，同比增长4.5%；全市服务贸易进出口额282.8亿元，位列全省第三；境外实际投资19.1亿美元，同比增长72.7%。

【抓防控稳民心】 推出商场超市、批发市场等5项行业复工规范，帮助复工商贸企业解决口罩30余万只，为安全有序复商复市提供保障。振大郎茂山社区商业中心、C7社区商业艺术中心被评为“中国社区商业抗疫保供先进集体”。帮助重点商贸流通企业拓展供应渠道，分4个批次投放政府储备肉1607吨、储备大白菜1500吨。为企业协调减免租金2亿多元、落实贷款4.4亿元，提前兑现各项商务政策奖补资金近1亿元。成立济南市菜篮子工程产销联盟，对接销售农产品1360吨。协调家家悦、济南华联等商贸流通企业收购商河等区县滞销蔬菜3000余吨，带动销售蔬菜近18000吨。支持零售、餐饮企业“共享员工”，解决用工缺口1000多人。

【强政策惠民生】 印发《大力发展电商经济打造直播经济总部基地的实施方案》，首批打造齐鲁创新谷、汉峪金谷媒体港、智汇蓝海、西城新媒体等4个直播基地，吸引贝壳视频、蜂群文化等40余家国际国内知名企业机构入驻；新建电子商务园区5个、电商店铺近22万个，形成10个特色电商直播产业集群。全市共举办各类电商直播16万场，吸引消费者观看5.5亿人次，实现实物商品网络零售额713.9亿元，同比增长11.2%。开展“春夏购物节”“金秋消费促进季”“暖冬消费季”、家电以旧换新等系列促消费主题活动，举办专场活动64场，发放10亿元消费券和购物大礼包，带动消费70亿元。举办第103届全国糖酒商品交易会，总展览面积26万平方米，2500家企业、3万余种商品参展，实现交易总额300亿元，拉动消费35亿元。全年共举办各类展会107场。济南市获评“中国最具竞争力会展城市”和“中国会展品牌城市”称号。

【促消费稳增长】 出台《济南市推动商业（步行）街区改造提升工作的实施方案》，推动泉城路、马鞍山路（西段）、黑虎泉西路等步行街商业业态提质升级，引入高端业态商家300余家、各类品牌首店50余家，融汇济南老商埠纳入山东省第二批步行街改造提升试点。新打造15分钟便民商圈50个，新建主食加工配送中心1处、放心早餐连锁店65处，新建传统老店、智慧小店、连锁便利店450多处。

【强主体促服务】 出台支持外贸发展10条具体措施、稳外贸稳外资24条政策措施，对119家重点外贸企业实行“点对点”联系服务，累计协调解决20多类152个困难和问题。全年新增外贸进出口获权企业2082家，新增外贸进出口实绩企业941家，新增进出口额135.2亿元，拉动全市进出口增长15个百分点。为178家企业办理防疫物资进出口权，指导27家企业进入商务部防疫物资出口“白名单”，农产品和防疫物资两大重点产业链实现出口108.2亿元。跨境电商综试区实施方案获省政府批复，山左跨境电商供应链产业园、云麓科技跨境电商小镇等7家跨境电商产业园初具规模，跨境电商综合服务平台已上线供应链企业15家，跨境电商进出口逾3亿元。组织757家企业参加第三届进博会，展位成交订单142笔、成交额26.18亿美元，均居省交易团首位。

【齐鲁软件园入选首批“国家数字服务出口基地”】 4月，商务部、中央网信办、工业和信息化部联合公布首批“国家数字服务出口基地”名单，全国共有12家园区入选，齐鲁软件园成为省内唯一一家入选园区。

【济南章锦综合保税区正式获得国务院批复】 5月，国务院下发《国务院关于同意设立济南章锦综合保税区的批复》(国函〔2020〕66号)，标志着济南章锦综合保税区的申报工作取得成功。济南章锦综合保税区规划面积1.52平方公里，位于自贸试验区济南片区的中心位置，东至刘公河，连接济南药谷、唐冶新城、侨梦苑（山东产研院）、超算中心，西至绕城高速公路东环线，连接济南中央商务区、高新区核心区、汉峪金谷、万达文旅城，南至港源七路，北至港源一路。

【首届济南电商直播节暨济南地产品展示交易会】 6月，“济南制造天下共享”2020首届济南电商直播节暨济南地产品展示启幕。2020首届济南电商直播节暨济南地产品展示交易会活动携手淘宝、抖音、快手、拼多多、京东、腾讯、微信等直播平台，在济南市全域范围内，举办百期直播活动，邀请千家企业共同开展万场电商直播，全方位助力济南打造全国直播经济总部基地。

【济南入围全面深化服务贸易创新发展试点】 8月11日，国务院批复商务部关于全面深化服务贸易创新发展试点的请示，并同意在北京、天津、上海、重庆、厦门、深圳、石家庄、南京、苏州、杭州、合肥、济南、威海、武汉、广州、成都、西安等28个省、市（区域）全面深化服务贸易创新发展试点。全面深化试点期限为3年，自批复之日起算。

【济南市获评“2020年中国最具竞争力会展城市”】 10月22日，由中国会展经济研究会主办，ICCA国际会议研究及培训中心、成都会展经济发展研究院承办的“2020中国城市会展业竞争力指数发布会暨会展业高端论坛”在成都举行，在本次论坛活动上，济南市获评“2020年中国最具竞争力会展城市”。

（韩　岳）

【烟草专卖】 截至年末，全局（有限公司）共有从业人员1097人。总资产302433万元，资产负债率为25%。2020年，全年销售卷烟25.6万箱，单箱销售额31046元元，实现利税19.48亿元。（李雅楠）

【卷烟经营】 “精准施策”试点任务启动落地，形成云POS分级管理、数据规则“双驱”投放等工作模式，以及“四个一”精耕市场、“三型”精育品牌、“121”精细服务等工作体系，12月第四周期社会存销比降至0.42，零售价格指数达到100.97、提升1.17个百分点，建设基层服务站23个。两个“壮腰工程”成效明显，月销量120—800条零售户比重从55%提高到75%；普一类到高三类卷烟比重达到70.88%，提高5.32个百分点；销售百元以上鲁产卷烟8.02万箱，增长14.28%，占总销量比重为31.34%，列全省第一位；鲁产卷烟单箱销售额22622元，列全省第二位，增长4.74%。四个“一把手工程”深入推进，建成品牌店235家、精品店5557家，终端提升面达到82.16%，云POS用户达到9251户、占比35.3%；零售户毛利率达到15.4%，列全省第二位，提升1.75个百分点；建成吸烟室42个、吸烟亭113个、吸烟点19069个。“涌泉云商”新零售平台上线运行，轻资产平台化运作迈出关键一步。

（李雅楠）

【专卖管理】 专卖打头、销售跟进工作落地，烟草市场监管纳入社区网格化管理，智慧“云眸”“慧眼识烟”等智能系统投入使用，物流“责任田”、专销协同等工作机制逐步健全，市场整治持续推进，查获涉烟案件3952起、占全省10%、增长144.25%，违法卷烟3005.62万支、占全省12%、增长45.17%，案值2869.55万元、占全省13%、增长56.97%，查扣量和案值均列全省第一位；其中，破获“国标”案件3起，5万元以上大要案件104起、列全省第二位。规范经营持续强化，“灰名单”、异常订单监管和外流处罚等制度流程健全完善，“虚拟户”“敏感户”等问题有效遏制，外流占销比2.24条/百箱，低于全省1.54条/百箱。设立分享会、“点题—破题”等机制，开展“扛旗夺标争先锋”“全员练兵、尖子比武”等活动，专卖履职能力提升。施行行政许可“网上办”“便捷办”“马上办”和轻微案件快速处理，“放管服”改革深入推进。“七五”普法收官，案卷、合同受到省局（公司）表扬，法治建设取得良好成果。

（李雅楠）

【石油供应】 2020年，中国石化山东济南石油分公司履行国有企业政治经济社会责任，坚持融入地方、合作共赢的工作思路，始终坚守“为服务地方经济发展添动力、为美好生活加油”的使命和担当，在保障能源供应、提供优质产品与服务、安全生产运营、绿色企业创建、支持公益事业和落实精准扶贫等方面发挥了央企的骨干、带头和表率作用。（杨雅涵）

【打造综合服务平台】 以大数据平台为支撑，创新线上线下一体、油品非油融合的零售新模式，疫情期间推出“一键加油”无接触加油体验，开通电子钱包、支付宝、微信、无感支付等多样化支付方式，建设集数字化营销、客户消费新体验、多元服务新生态为一体的新型智慧加油站，实现“人·车·生活”的综合服务商转型发展。

（杨雅涵）

【践行绿色低碳发展】 落实“每一滴油都是承诺”和“易捷万店无假货”的经营理念，加强油品数质量和商品质量管理。树立“发展决不能以牺牲安全为代价”“绿水青山就是金山银山”的理念，坚持安全发展、质量至上、环保优先、以人为本，开展绿色企业创建，构建完善安全环保责任体系和长效机制，完成油气回收改造和防渗改造。运行HSSE管理体系，落实黄河流域生态保护修复任务，推进污染防治、节能降碳、风险管控、隐患治理工作，夯实绿色高质量发展基础。

（杨雅涵）

【概况】 全年实现营业总收入33.23亿元、利润7414万元，同比分别增长10%以上，继续保持良好发展势头。市供销社系统所属9家直属企业，主要涉及农业生产资料、再生资源、茶叶、家具、农产品、文化用品、日用小商品、资产管理等经营领域。截至年底，直属企业资产总额9.06亿元。

【夯实基层基础】 新建村级供销社8家，实现供销社服务下沉、与村级组织融合共建。钢城区社与棋山观村按合作制原则共同出资成立棋山观村供销社，入选2020年全市第一批改革攻坚典型案例，受到《中华合作时报》《大众日报》《济南日报》等媒体关注报道。历城区社整合资金1000万元设立合作发展基金，服务带动弱小基层社。探索多种形式的“三位一体”综合合作，新发展农民合作社94家、总数达到605家，其中，发展土地股份合作社34家。组织申报国家级农民合作社示范社2个、完成评定省级示范社4个、市级示范社1个。

【拓展为农服务】 实施章丘黄河滩区土地规模化服务创新实践，探索形成“村党支部+土地股份合作社+供销社农服公司全程托管”新模式，带动土地托管服务升级，列入全市“省市一体化推进济南加快发展”重点事项。全系统土地托管等农业社会化服务面积达到10.2万公顷、同比增长18%。规范提升为农服务中心12处，建成为农服务中心总数达到39处。参与农村人居环境整治，探索统筹推进再生资源回收利用体系建设，在乡村生态振兴中创建“美丽供销”环保服务品牌。以“合作社+贫困户”为主要方式，突出“5+1”措施，拓宽贫困户增收渠道，全系统认领对接的146户259人贫困群众全部脱贫。

【流通网络建设】 实施“新网工程”和“互联网+供销合作社”行动计划，建网织络，推动传统业务商业模式创新，巩固提升城乡现代流通水平。新建和改造提升农资日用品经营服务网点208个、各类经营网点总数达到3532个；开展多种形式的产销对接，探索构建农产品流通全产业链；形成“供销e家”等一批具有供销社特色的电商品牌，电商公司、站、点达到300多个，“网上供销”成为农村电商发展的重要引领力量；构建消费合作社，推进向“经营+服务”转型。

【社有企业发展】 落实新发展理念，推动社有企业深化改革。市社直属企业在已组建运营茶叶集团和供销资本投资集团的基础上，整合市农资总公司、商贸中心为主体的7家单位，组建成立济南供销农业服务集团有限公司，打造传统优势经营服务“龙头企业”。举办中国（济南）第十四届国际茶产业博览会暨第八届茶文化节、中国（山东）第六届文房四宝暨珠宝玉石博览会，形成“一年两展”的规模。市社所属市场总面积达到16万多平方米，经营业户近3000户、从业人员8000余人。3个市场保持“山东省文明诚信市场”并被列入全国重点市场、绿色市场或定点市场，济南茶叶市场“江北第一茶市”、英雄山文化市场“江北文玩第一家”等区域“品牌市场”和物流中心地位更加巩固。

【服务能力提升】 召开2020年全市供销合作社工作会议和区县供销社、直属企业半年工作会，推动综合改革各项任务落地落实。完善应急预案体系，组织系统开展安全生产月活动。举办2020年度市民服务热线业务培训，加强12345热线承办工作效率和质量。加大招商引资工作力度，落实领导班子和“一把手”招商引资责任制。

（孙　铮）

【第一百零三届全国糖酒商品交易会】 10月13—15日，由中粮集团旗下中国糖业酒类集团公司主办，济南市和中糖新世纪公司共同承办的第一百零三届全国糖酒商品交易会在山东国际会展中心举办。本届糖酒会展览面积26万平方米，其中，山东国际会展中心展览面积11万平方米，参展企业2500家，专业采购商及参观人数21万人，现场交易额206亿元；线上观众访问量120万人次，交易洽谈超过1亿频次，达成交易额40亿元；会外展展览面积15万平方米，客流量63万余人，现场交易额54亿元，以上累计实现交易总额300亿元。（韩　岳）

【第二十三届中国国际机床及自动化展览会】 6月11—13日，第二十三届中国国际机床及自动化展览会在山东国际会展中心召开，本届展会将工业自动化、工业节能环保、仪器仪表、机器人技术、流体动力传动、机械传动、压缩空气技术、轴承产品科学划分为八大精品展区，并启用山东国际会展中心9大展馆，12万平方米展出面积。

（韩　岳）

【首届中国国际文化旅游博览会】 9月17—21日，首届中国国际文化旅游博览会在山东国际会展中心举办。展会以“促文旅融合 展全面小康”为主题，室内外展览面积约10万平方米，折合国际标准展位3500余个；吸引37个国家和地区集中参展，国内27省区组团参展，参展商共计2500余家。展会上，济南开心麻花剧场项目等10个优质项目签约，总投资531.2亿元。现场参观人数约20万人次，现场销售额1.9亿元，现场订单额超过3亿元，线上销售额0.437亿元。（韩　岳）

【齐鲁国际车展（春季、秋季）】 6月4—8日、9月3—7日，由齐鲁晚报主办、齐鲁晚报天一国际会展有限公司承办的2020齐鲁国际春秋车展分别在山东国际会展中心开幕，展览面积各6万平方米。此次车展成交订单和成交额再创新高，其中春季车展成交订单2.4万台，成交额约为72亿元。（韩　岳）

【第二十二届山东国际水展】 6月11—13日，第二十二届山东国际水展于在山东国际会展中心召开。展会展览面积达4万平方米，682家展商参与，展出万余种水处理解决方案，现场接待4.6万人次专业观众到会参观，现场交易额达7亿元，并同期举办十余场专业论坛与技术讲座。（韩　岳）

【第十四届全国食品博览会】 6月30日，第十四届全国食品博览会在山东国际会展中心开幕，展会共吸引专业观众80000人次参观，展出面积40000平方米，签约成交额达36.9亿元。（韩　岳）

【第三十五届山东畜牧业博览会】 10月24—25日，第三十五届山东畜牧业博览会在山东国际会展中心举办，共有国内外400多家企业参展，1000多个展位。设有品牌馆、机械设备馆、动保饲料馆、智慧畜牧展区、畜禽粪污处理设备区、优质畜产品展区、总展览面积35000平方米，参观人数逾50000人次。（韩　岳）

【济南地产品展示交易会】 6月6—9日，“济南制造·天下共享”2020济南地产品展示交易会在济南舜耕国际会展中心举办，是“千店万品惠聚泉城——济南春夏购物节”百千万主题活动的重要组成部分。4天现场观展逾9万人次，线上直播观展逾百万人次，现场销售额达1.26亿元，意向订单额近8亿元。（韩　岳）

【舜耕山庄集团】 2020年，济南舜耕山庄对标“六个一流”的发展定位，统筹新冠肺炎疫情防控和经营管理工作，实现疫情防控工作的科学有效和生产经营工作的平稳有序。（高　群）

【疫情防控】 投资30余万元购置红外体温监测仪、紫外线消毒灯、消毒洗手液等防疫物资；开展全员健康筛查，定期进行员工核酸检测；对重点区域做好日常清洁消毒；严格对宾客进行体温测量、查验健康码、信息上报等工作。（高　群）

【服务社会】 为租赁写字间的中小微企业减免租金886.4万元，承担社会责任；完成山东省赴英国联合工作组成员、比利时、俄罗斯等国际货运航班机组人员等多项医学留观任务；组建“四进”工作组，派出近百名党员干部组成社区疫情防控服务队，在85天中共有1099人次下沉到社区。（高　群）

【强抓经营】 2020年，面对疫情挑战，舜耕山庄坚持以市场为导向，保经营、促收入，在疫情防控常态化的前提下，二季度经营收入环比提升，三季度已超同期，全年实现经营收入21599.8万元，经营收入增长好于预期。（高　群）

【获评“好客山东饭店业最具影响力单位”等称号】 全年获得好客山东饭店业最具影响力单位、中国会议酒店百强、山东省首批分餐制示范单位、山东饭店业优秀企业、济南文明旅游模范单位、好客山东饭店业抗疫先进集体等称号，知名度和业内影响力得到提升。（高　群）

【推出分餐制工作标准】 舜耕山庄在安全就餐方式上进行探索，推出《餐饮分餐制设计实施指南》地方标准，并主导《餐饮分餐制设计实施规范》国家标准的编写，在餐饮行业内起到引领示范作用。（高　群）

对外经济贸易

【概况】 全年全市实现进出口总额1382.7亿元，同比增长23%，增速高于全国、全省21.1个和15.5个百分点。其中，出口755亿元，同比增长17.2%；进口627.6亿元，同比增长30.7%。进出口总额由全省第六位上升至第五位。（韩　岳）

【出口贸易】 全年出口机械设备333.3亿元，增长25.9%，占全市出口的44.1%，占全市出口总额的比重最大，拉动全市出口增长10.6个百分点。2020年，全市农产品出口67.7亿元，增长28.7%。通过建立防疫物资出口联盟、帮助企业进入商务部防疫物资出口“白名单”等措施，促进防疫物资出口大幅增长，全年实现出口40.5亿元，增长8.7倍。（韩　岳）

【进口贸易】 铁矿砂、纸浆、原油、水海产品、煤的进口额分别为111.8亿元、27.4亿元、19.9亿元、9.7亿元、9.6亿元，分别增长17.9%、16%、203.4%、26.7%、97.2%。以上五类大宗产品共实现进口额178.4亿元，同比增长29.7%，拉动全市进口增长8.5个百分点。（韩　岳）

【重点市场贸易】 2020年，全市对亚洲、欧洲、北美洲、拉丁美洲、大洋洲、非洲分别进出口647.1亿元、252.6亿元、157.5亿元、123.5亿元、100.8亿元、100.5亿元，分别增长22.4%、33.3%、23.7%、26.2%、10.2%、15.6%。其中，对“一带一路”沿线国家进出口482.4亿元，增长13.9%。（韩　岳）

【对外经济合作】 全市对外承包工程新签项目65个，合同额44亿美元；完成营业额42.7亿美元，同比增长4.5%。新设境外投资项目77个，实际投资19.1亿美元，同比增长72.7%。派出各类劳务人员11966人，同比增长48.7%。四项指标均居全省首位。（韩　岳）

2020 年 11 月 5 日，济南中央商务区（上海）专题推介活动在上海举行

（市投资促进局　供稿）

【招商引资】 2020 年，全市引进市外投资 2065.3 亿元，同比增长 21.8%。全年签约内资项目 866 个，签约额 7500 亿元以上。2020 年，全市新设外商投资企业 203 家，实际使用外资 19.25 亿美元。全年签约外资项目 43 个，签约额 323 亿元以上。2020 年，市党政主要负责人带队招商引资 12 次，累计到位内资 249.71 亿元，实际使用外资 3.2 亿美元，到位内外资总量均列全省第二位。（张　磊）

【招商活动】 举办“1+12”济南云招商、第二届儒商大会暨青年企业家创新发展国际峰会、跨国公司（济南）高层对话暨高质量发展交流会、“山东与世界 500 强连线”济南专场、济南中央商务区（上海）专题推介等多场活动。深化全球招商合伙人行动计划，促成与 30 余家跨国公司及行业领军企业交流洽谈，其中苏伊士、法国电力等世界 500 强项目落地。拓展日韩招商合作基础，与三菱重工、住友商事、乐敦中国、SK 等日韩综合商社保持常态化对接，储备了银丰生物与日本乐敦干细胞制备、住友商事与省机场集团、三菱重工（华北）综合能源技术创新中心等项目。（张　磊）

【投资服务】 成立 4 支工作队、16 个组和 10 支稳外资企业服务队，实现 954 家外资企业走访全覆盖，帮助外企解决影响复工复产的问题。加大政策引导和扶持力度，疫情期间出台实际到账外资翻倍奖励政策，全年兑现利用外资奖励资金 1.5 亿元，惠及 89 家外商投资企业。（张　磊）

【园区建设】 完成全市省级以上开发区改革。通过改革，全市开发区内设机构数量压减 51.4%，人员降幅 34.1%，剥离 422 项社会事务管理职能和 166 项开发运营职能，管理体制更加高效；专职招商服务人员增加 26.3%，经济管理类内设机构占 60% 以上，运营机制更加实用；拿出 15% 的员额面向全国公开招聘优秀专业人才，干部队伍活力增强。（张　磊）

栏目编辑　魏添乐

【概况】 全年全市一般公共预算收入906亿元，完成年初收入预期931亿元的97.32%，比上年可比增长7.2%，加上级税收返还、各项补助、调入预算稳定调节基金、上年结转收入等713亿元，收入总计1619亿元；全市一般公共预算当年支出1287亿元，完成调整预算1314亿元的97.92%，比上年增长7.51%，加上解省支出、补充预算稳定调节基金、债务还本支出及结转下年支出等332亿元，支出总计1619亿元，全市收支平衡。

（叶 楠）

【保障疫情防控和企业复工复产】 拨付防疫资金17.56亿元，争取国开行防疫应急低息贷款12.12亿元，用于医疗救治、公共卫生补短板及防疫一线人员补助等。第一时间兑现疫情防控税费优惠政策，提前兑付鼓励企业创新发展奖励5.1亿元，对中小微企业融资费用贴息3.76亿元，支持市政府融资担保机构壮大，将更多待增信的中小微企业纳入担保体系。拨付市级开放型经济发展引导资金7600万元，增加出口信用保险保费扶持2000万元，对国际航线补贴1.45亿元、欧亚班列补贴2.21亿元，支持开放型经济渡过难关。（叶 楠）

【落实减税降费政策】 全年实现新增减税降费327.96亿元，开拓资金来源渠道，市政府与国开行签订开发性金融合作备忘录，争取国开行政策性贷款额度5536亿元，全年争取新增专项债券401.3亿元，中央财政直达资金49.88亿元，落实资金分配、拨付、监控三个“一竿子插到底”工作机制，确保中央直达资金直接惠企利民。（叶 楠）

【支持新旧动能转换】 设立工业强市专项扶持资金，兑现先进制造业和数字经济发展专项资金4.5亿元。成立市财政投资基金控股集团有限公司，围绕12条产业链和重点产业项目，新组建生技医疗产业母基金、产研中翔创投基金等9只基金，规模181亿元。整合设立20亿元科技资金池，支持落地14家“中科系”科研院所。拨付市级人才资金4.3亿元，落实“5150”引才倍增计划，兑现人才租房和生活补贴、人才交通卡等政策。拨付企业研发补助1.03亿元，将知识产权质押融资纳入风险补偿资金池，为2682家市场主体核发专利创新奖励和商标国际注册奖励6327万元。对区县实施财政激励奖补，落实商河、平阴、莱芜、钢城等区县扶持政策，全年市对下转移支付492亿元，支持区县落实基层“三保”任务。

（叶 楠）

【推动城乡融合发展】 投入235.7亿元用于新旧动能转换先行区、中央商务区和济南国际医学科学中心等重点片区的土地熟化和基础设施建设。投入194.2亿元，支持轨道交通、城市主次干道路网、跨黄通道、济郑高铁等重点交通枢纽建设，拨付10.54亿元补贴公交政策性亏损和购置氢能源公交车。各级财政累计投入113.76亿元，吸引社会资本138.46亿元，完成北方冬季清洁取暖三年试点和山水林田湖草生态保护修复工程任务，累计兑付老旧柴油车报废更新补贴5.56亿元，投入环保专项资金3.68亿元，支持打赢蓝天、碧水、净土保卫战，加快打造“生态济南”。整合市以上涉农资金66.88亿元，助力打赢脱贫攻坚战，支持实施农村饮水安全、人居环境整治、道路村村通、改厕和危房改造等工程，打造乡村振兴齐鲁样板村和示范区，全市1006个贫困村全部摘帽退出。

（叶　楠）

【保障民生和社会发展】　民生和社会重点事业支出1023.74亿元，占比达到79.54%，支持办成了23件民生实事。就业投入35.9亿元，兑现稳岗补贴、岗位补贴、社保补贴和吸纳就业补贴等，实施阶段性失业补助金政策。教育投入211.01亿元，实施中心城区教育基础设施建设三年规划，支持普惠性幼儿园覆盖率达到87%。社会保障投入169.87亿元，企业退休人员基本养老金待遇实现“十六连涨”，城乡低保和特困人员救助、居民基础养老金、城乡居民基本医疗保险、基本公共卫生等补助标准继续提高，支持新建提升养老服务设施327处，实现基本殡仪服务全免费，推进打造“康养济南”。住房保障投入39.57亿元，促进城市更新、老旧小区改造和加装电梯，推进住房租赁市场试点。文体传媒投入12.91亿元，建成12个“泉城书房”，“五馆”免费开放，保障全国第六届非物质文化博览会举办，支持“文化济南”建设。投入17.28亿元，用于公检法司办公办案和智能交通安全系统建设，支持城乡社区治理，保障扫黑除恶专项工作经费。

（叶　楠）

【财政收支平稳运行】　全市一般公共预算收入可比口径增长7.2%，税收收入完成696.6亿元，税收比重76.9%。同时，压减一般性和非急需非刚性支出，全年一般性支出压减50.73亿元，压减率29.05%，严控预算追加和调整，严把资金支出

2020年10月20日，济南市市级国库集中支付电子化上线运行　（市税务局　供稿）

关口，提高财政资金使用绩效。

（叶　楠）

【政府资金集中结算统一核算】　全年共为307个结算单位，设立会计账套310个，受理资金结算业务91190笔，审核原始凭证108.03万张，核算实有资金925.97亿元，审核国库授权支付金额398.25亿元。提示不合理支出45笔，4175.8万元。全年服务质量满意度调查中，政府资金集中结算统一核算满意度99.98%，办公用品集中采购与供应满意度99.85%；2020年度全市党风政风行风正风肃纪民主评议，在市属行政部门中排名第九位；被市委、市政府评为“济南市2020年度全国文明城市创建工作先进集体”；被中央文明委授予“第六届全国文明单位”称号。（张　瑾）

【推进服务制度创新】　印发《集中结算单位走访制度》（济结这字〔2020〕8号），建立走访交流机制，变“坐等服务”为“上门服务”。全年累计走访（座谈）结算单位306家，走访座谈基本达到全覆盖。其中上门走访182家，上门走访率59.28%。印发《编写结算单位财务管理建议书试行办法》（济结字〔2020〕17号），实行财务报告建议书制度，多提供财务建议，减少使用拒付提示单。（张　瑾）

【助力全市重点工作】　支持疫情防控与复工复产工作，开通资金结算“绿色通道”，坚持全天24小时结算，资金支付秒批秒办，提供高效快捷结算保障。上半年，共支付防疫抗疫资金13.45亿元，复工复产资金23.48亿元。保障“五个济南”建设，对承担重点工作单位进行“点对点”服务，主动上门解决资金结算困难，提供个性化的业务培训服务，对重点项目支出开辟绿色通道、延时结算和容缺受理。全年结算招商引资服务资金9716.25万元，科创教育类资金11.92亿元，文化产业发展类资金1.58亿元，康养产业发展类资金6.12亿元，“生态济南”建设资金2.84亿元。（张　瑾）

【强化科技赋能】 对财政与预算单位会计核算一体化系统进行升级，对会计核算中常见问题建立政策法规查询系统，并对会计核算中常见的问题采用“一问一答一链接”的方式。智能审核系统设置监控点及预警规则21个，全年触发并处理红灯预警47个，涉及金额586.94万元，黄灯预警7161个，涉及金额7210.69万元。（张 瑾）

【创新资产核算管理】 提出“模块化入账”“模式化管理”等创新性解决方案。研究成果《济南市经管类资产核算研究》被国内知名专家组给予“具有鲜明创新性和国内推广价值”的高度评价，《中国会计报》《人民日报》客户端、光明网大篇幅报道此项创新创优成果。省委常委、市委书记孙立成书记给予充分肯定。（张 瑾）

【提升监管服务效能】 全年办公用品超市办理领用业务6861笔，供应额5880多万元。全年质量检测631款商品，发现1款不合格，质量合格率99.99%；价格检测607款商品，发现4款商品优惠幅度不达标，价格合格率99.34%。

（张 瑾）

【税收征管】 2020年，全市共计组织入库国内税收收入1342.3亿元，同比下降4.6%，减收64.4亿元。其中，市以下级税收收入完成715.5亿元，同比增长1.7%，增收12亿元。完成非税收入97.7亿元，同比增长126.1%，增收54.5亿元。另外，征收社会保险费收入137.1亿元；征收工会经费2亿元；办理出口退税80.8亿元。

【减税降费】 组织开展“千名干部进万企、税企同心战疫情”专项行动，全市选派1000多名税务干部，组成200多个“进企业服务小分队”，累计进企业3万余户，为企业解决各类问题困难3000余条，办理缓缴税款25.3亿元，帮助企业通过“银税互动”获得贷款5.8亿元，帮助企业享受疫情防控期间税收优惠10.81亿元。推出19条扶持政策和服务措施，开设“应对疫情、提升服务，济南税务在行动”系列网上直播课，依托“鲁税通”征纳互动平台、“济南税务”微信服务号，为26.8万户纳税人提供个性化辅导服务。落实新增减税降费125.7亿元，落实高新技术、小微企业等原有税收优惠政策722.6亿元。

【税收监管】 实现企业社保费“平稳式”划转，全市完成企业社保费“社保（医保）核定、税务征收”模式的划转工作，共划转企业养老保险缴费人17.5万户、医疗保险缴费人17.4万户；灵活就业人员养老保险缴费人37.5万人、医疗保险缴费人20.8万人。推进个人所得税汇缴“网格化”落地，建立300余人的专家师资团队、退税审核团队，在办税场所增设1个专厅、17个专区、40个专窗、60名专员，完成4.4万户107.5万人的个人所得税汇缴工作。推进房地产涉税数据“全链条”共享，完善和落实《济南市地方税收保障条例》，建立涉税数据“全链条”共享工作机制。创新加油站监管数据“实时化”采集，在全市推行加油站数据信息实时采集系统，该系统已覆盖全市400个加油站、1699个加油机、3607个加油枪，覆盖面达到98.2%。探索“以

2020年3月6日，济南市税务局召开“千名干部进万企 税企同心战疫情”专项行动动员部署会议
（市税务局 供稿）

人追案”大数据战法，严厉打击增值税专用发票暴力虚开案件，查处济南当地涉案企业119户，涉案金额3.05亿元；追踪发现外地案件线索涉及全国11个省市3000余户企业，涉案金额超过300亿元。

【纳税服务】 开展税收专家顾问制度，成立302人专家顾问团队，“一户一策”帮助企业享受政策红利、防范涉税风险。全年累计办理出口退税“当天办”5650户次、退税27.76亿元。与国库部门联合建立会商衔接、限时办理、退税机审、效能反馈“四位一体”协作机制，税收退库平均用时从8.4天大幅压缩到1.4天，压缩幅度达到83%。编制发布济南税收经济指数，客观反映全市经济运行成效。

（刘祥祥）

【金融业概况】 2020年，全市实现金融业增加值968.52亿元，居全省首位，同比增长8.7%，较上年提高1.3个百分点，高于地区生产总值增速3.8个百分点，占全市地区生产总值比重为9.6%，较上年提高0.7个百分点。金融业增加值在全市地区生产总值分行业排名中仅次于工业、批发和零售业、建筑业，位居第四位，占服务业增加值的比重为15.5%。

金融业税收量增质优。全年全市金融业实现税收收入173.6亿元，增收3.35亿元，同比增长2%，为全市20个纳入税收统计核算行业中实现增收的8个行业之一，高于全行业税收增幅6.6个百分点，剔除非即期缓缴因素，同比增长7.5%。金融业税收占总税收收入的比重为12.9%，较上年提高0.8个百分点。

存款增量创历史新高。截至年末，全市本外币存款余额21064.98亿元，居全省首位，同比增长13%，占全省的比重为17.8%。存款余额较年初增加2418.9亿元，增量是上年全年的4.4倍，同比多增1873.7亿元，创历史新高。

各项贷款增速趋缓。截至年末，全市本外币贷款余额20720.24亿元，同比增长10.4%，占全省的比重为21.2%。贷款余额较年初增加1951.5亿元，同比多增121.7亿元。如果剔除企业债券融资归还银行借款（697亿元）以及贷款核销、资产证券化（108亿元）等因素，全市贷款实际新增2819亿元。

不良贷款实现“双降”。截至年末，全市金融机构不良贷款余额235.35亿元，较年初减少31.59亿元。不良贷款率1.14%，较年初下降0.28个百分点，低于全省平均水平（2.03%）0.89个百分点，居全省第五位。

保费收入增速维持高位。2020年，全市保险业实现保费收入628.04亿元，稳居全省首位，同比增长18%。其中，财产险125.57亿元，同比增长6.9%；人身险502.47亿元，同比增长21.1%。

企业上市创历史最好水平。截至年末，全市上市公司数量达到45家，股票47只。全年新增上市及过会企业11家，超过前三年上市企业数量总和，其中新增首发上市企业7家（金现代、中泰证券、山大地纬、恒誉环保、兰剑智能、科兴制药、数字人），首发融资59.64亿元，外地迁入企业1家（玉龙股份），过会企业3家（齐鲁银行、普联软件、漱玉平民），首发融资企业数量及规模均居全省首位。全市新增新三板企业9家，其中新挂牌企业6家（同方德诚、莱易信产、树茂盛、球温保、乡村绿洲、勤成健康），引进企业3家（联创集团、山东通航、润生保险）。在板企业总数132家，居全省首位，新增融资2.09亿元。

直接融资规模再创新高。2020年，全市实现直接融资额2269.53亿元，稳居全省首位，同比增长12.2%。其中，股权融资114.23亿元，债券融资2155.3亿元。基金业保持平稳增长。截至年末，全市在中国证券投资基金业协会登记的私募基金管理机构190家，管理基金435只，管理基金规模993.24亿元，同比增长24.5%。

地方金融组织稳步发展。全年全市39家小额贷款公司累计发放贷款145.46亿元；26家民间资本管理公司累计投资116.8亿元；30家典当行典当余额4.85亿元、典当总额10亿元；26家融资担保公司在保余额89.43亿元。

金融招商成效显著。全年全市新增金融机构和地方金融组织65家，其中，新增法人金融机构华泰集团财务公司1家，证券期货类金融机构省级分公司11家，上海证券交易所资本市场服务山东基地、全国第一家科创板企业培育中心实现落地。

【华泰集团财务公司正式开业】 3月25日，华泰集团财务公司成立启动活动在山东大厦举行，华泰集团财务公司正式开业并落户济南。至此，济南市财务公司数量达到12家（法人总部11家，分公司1家），跃居全国十五个副省级城市首位。

【全省首家融资担保公司在济南高新区获批】 12月7日，济南融资担保集团有限公司获批，并于当日办理营业执照，系省级行政权力委托下放以来全省首家获批的融资担保公司。该公司为市属一级企业、国有独资公司，首期注册资本金12亿元。

【济南市首家新三板精选层企业挂牌】 12月8日，山东数字人科技股份有限公司（简称“数字人”）在新三板精选层挂牌，成为济南市第一家新三板精选层挂牌企业，首发募集资金1亿元。数字人成立于2002年，2016年1月在新三板挂牌；2020年9月27日在新三板精选层挂牌首发获得证监会核准，2020年12月8日正式首发挂牌。

驻济银行名录

国家开发银行
中国农业发展银行
工商银行
农业银行
中国银行
建设银行
交通银行
上海浦东发展银行
中国邮政储蓄银行
中信银行
光大银行
华夏银行
招商银行
兴业银行
民生银行
平安银行
恒丰银行
渤海银行
浙商银行
广发银行
齐鲁银行
北京银行
天津银行
青岛银行
莱商银行
日照银行
东营银行
齐商银行
泰安银行
威海市商业银行
济南农村商业银行
莱芜农村商业银行
山东济阳农村商业银行
山东章丘农村商业银行
山东平阴农村商业银行
山东商河农村商业银行
青岛农商银行章丘支行
汇丰银行（中国）有限公司
渣打银行（中国）有限公司
东亚银行（中国）有限公司
恒生银行（中国）有限公司
中德住房储蓄银行
章丘齐鲁村镇银行
长清沪农商村镇银行
槐荫沪农商村镇银行
山东历城圆融村镇银行
山东商河汇金村镇银行
济阳北海村镇银行
济南高新北海村镇银行
平阴蓝海村镇银行
莱芜珠江村镇银行
莱芜中成村镇银行

驻济保险公司名录

泰山财产保险股份有限公司
和泰人寿保险股份有限公司
德华安顾人寿保险有限公司
中国人民财产保险股份有限公司山东分公司
中国太平洋财产保险股份有限公司山东分公司
中国平安财产保险股份有限公司山东分公司
天安财产保险股份有限公司山东分公司
太平财产保险有限公司山东分公司
永安财产保险股份有限公司山东分公司
中国大地财产保险股份有限公司山东分公司
中华联合财产保险股份有限公司山东分公司
华安财产保险股份有限公司山东分公司
大家财产保险股份有限公司山东分公司
阳光财产保险股份有限公司山东分公司
永诚财产保险股份有限公司山东分公司
安华农业保险股份有限公司山东分公司
都邦财产保险股份有限公司山东分

公司
渤海财产保险股份有限公司山东分公司
亚太财产保险有限公司山东分公司
中银保险有限公司山东分公司
安盛天平财产保险股份有限公司山东分公司
长安责任保险股份有限公司山东分公司
华泰财产保险有限公司山东分公司
中国人寿财产保险股份有限公司山东省分公司
浙商财产保险股份有限公司山东分公司
英大泰和财产保险股份有限公司山东分公司
泰山财产保险股份有限公司山东分公司
紫金财产保险股份有限公司山东分公司
国任财产保险股份有限公司山东分公司
国泰财产保险有限责任公司山东分公司
安诚财产保险股份有限公司山东分公司
鑫安汽车保险股份有限公司山东分公司
利宝保险有限公司山东分公司
华海财产保险股份有限公司山东分公司
中煤财产保险股份有限公司山东分公司
长江财产保险股份有限公司山东分公司
中路财产保险股份有限公司山东分公司
众诚汽车保险股份有限公司山东分公司
鼎和财产保险股份有限公司山东分公司
国元农业保险股份有限公司山东分公司
中航安盟财产保险有限公司山东分公司
中国人寿保险股份有限公司山东分公司
中国太平洋人寿保险股份有限公司山东分公司
中国平安人寿保险股份有限公司山东分公司
新华人寿保险股份有限公司山东分公司
泰康人寿保险股份有限公司山东分公司
太平人寿保险有限公司山东分公司
民生人寿保险股份有限公司山东分公司
合众人寿保险股份有限公司山东分公司
长城人寿保险股份有限公司山东分公司
农银人寿保险股份有限公司山东分公司
中国人民健康保险股份有限公司山东分公司
中英人寿保险有限公司山东分公司
中荷人寿保险有限公司山东分公司
中信保诚人寿保险有限公司山东分公司
同方全球人寿保险有限公司山东分公司
恒安标准人寿保险有限公司山东分公司
北大方正人寿保险有限公司山东分公司
中宏人寿保险有限公司山东分公司
平安养老保险股份有限公司山东分公司
富德生命人寿保险股份有限公司山东分公司
华夏人寿保险股份有限公司山东分公司
中国人民人寿保险股份有限公司山东分公司
华泰人寿保险股份有限公司山东分公司
国华人寿保险股份有限公司山东分公司
陆家嘴国泰人寿保险有限责任公司山东分公司
信泰人寿保险股份有限公司山东分公司
阳光人寿保险股份有限公司山东分公司
英大泰和人寿保险股份有限公司山东分公司
中德安联人寿保险有限公司山东分公司
中意人寿保险有限公司山东分公司
幸福人寿保险股份有限公司山东分公司
招商信诺人寿保险有限公司山东分公司
太平养老保险股份有限公司山东分公司
百年人寿保险股份有限公司山东分公司
中国人寿养老保险股份有限公司山东分公司
大家人寿保险股份有限公司山东分公司
和谐健康保险股份有限公司山东分公司
泰康养老保险有限责任公司山东分公司
工银安盛人寿保险有限公司山东分

公司
昆仑健康保险股份有限公司山东分公司
天安人寿保险股份有限公司山东分公司
建信人寿保险股份有限公司山东分公司
德华安顾人寿保险有限公司山东省分公司
中邮人寿保险股份有限公司山东分公司
交银康联人寿保险有限公司山东分公司
利安人寿保险股份有限公司山东分公司
光大永明人寿保险有限公司山东分公司
复星保德信人寿保险有限公司山东分公司
前海人寿保险股份有限公司山东分公司
东吴人寿保险股份有限公司山东分公司
长生人寿保险有限公司山东分公司
和泰人寿保险股份有限公司山东省分公司
中银三星人寿保险有限公司山东分公司

驻济证券公司名录

中泰证券股份有限公司
爱建证券有限责任公司山东分公司
东方财富证券股份有限公司山东分公司
安信证券股份有限公司山东分公司
东北证券股份有限公司山东分公司
东兴证券股份有限公司济南分公司
方正证券股份有限公司济南分公司
广发证券股份有限公司山东分公司
国都证券股份有限公司济南分公司
国海证券股份有限公司山东分公司
国开证券股份有限公司山东省分公司
国融证券股份有限公司山东分公司
国盛证券有限责任公司山东分公司
国泰君安证券股份有限公司山东分公司
国信证券股份有限公司山东分公司
海通证券股份有限公司山东分公司
华福证券有限责任公司山东分公司
华林证券股份有限公司山东分公司
华龙证券股份有限公司山东分公司
华融证券股份有限公司山东分公司
华泰证券股份有限公司山东分公司
华西证券股份有限公司济南分公司
金元证券股份有限公司山东分公司
九州证券股份有限公司山东分公司
开源证券股份有限公司山东分公司
联储证券有限责任公司山东分公司
民生证券股份有限公司山东分公司
申港证券股份有限公司山东分公司
申万宏源证券有限公司山东分公司
世纪证券有限责任公司山东分公司
首创证券有限责任公司山东分公司
天风证券股份有限公司山东分公司
万和证券股份有限公司山东分公司
西部证券股份有限公司山东分公司
西南证券股份有限公司山东分公司
湘财证券股份有限公司山东分公司
兴业证券股份有限公司山东分公司
英大证券有限责任公司山东分公司
粤开证券股份有限公司山东分公司
长城国瑞证券有限公司山东分公司
长江证券股份有限公司山东分公司
招商证券股份有限公司山东分公司
浙商证券股份有限公司山东分公司
中国国际金融股份有限公司山东分公司
中国中金财富证券有限公司山东分公司
中山证券有限责任公司山东分公司
中泰证券股份有限公司电子商务分公司
中泰证券股份有限公司济南分公司
中泰证券股份有限公司莱芜分公司
中天国富证券有限公司山东分公司
中信建投证券股份有限公司山东分公司
中信证券（山东）有限责任公司济南分公司
中银国际证券股份有限公司山东分公司
中邮证券有限责任公司山东分公司
中原证券股份有限公司山东分公司
财达证券股份有限公司山东分公司
华金证券股份有限公司山东分公司
渤海证券股份有限公司山东分公司
财信证券有限责任公司济南分公司
信达证券股份有限公司山东第一分公司

驻济期货公司名录

鲁证期货股份有限公司
安粮期货股份有限公司山东分公司
渤海期货股份有限公司山东分公司
财达期货有限公司济南分公司
创元期货股份有限公司山东分公司
大地期货有限公司山东分公司
大有期货有限公司山东分公司
东方汇金期货有限公司山东分公司
广州金控期货有限公司山东分公司
广州期货股份有限公司山东分公司
国金期货有限责任公司山东分公司
国信期货有限责任公司山东分公司
海证期货有限公司山东分公司
宏源期货有限公司济南分公司

华联期货有限公司济南分公司
华闻期货有限公司山东分公司
金信期货有限公司山东分公司
津投期货经纪有限公司山东分公司
鲁证期货股份有限公司济南分公司
美尔雅期货有限公司济南分公司
南华期货股份有限公司济南分公司
瑞达期货股份有限公司山东分公司
山金期货有限公司山东分公司
上海中期期货股份有限公司济南分公司
盛达期货有限公司山东分公司
天富期货有限公司山东分公司
新湖期货股份有限公司山东分公司
兴业期货有限公司山东分公司
兴证期货有限公司山东分公司
银河期货有限公司山东分公司
永安期货股份有限公司山东分公司
招金期货有限公司山东分公司
中辉期货有限公司山东分公司
中天期货有限责任公司山东分公司
中信建投期货有限公司济南分公司
中信期货有限公司济南分公司
中银国际期货有限责任公司山东分公司
国泰君安期货有限公司山东分公司
建信期货有限责任公司山东分公司
混沌天成期货股份有限公司山东分公司
河北恒银期货经纪有限公司山东分公司
中钢期货有限公司山东分公司
倍特期货有限公司济南分公司
浙商期货有限公司山东分公司
云财富期货有限公司山东分公司
中衍期货有限公司山东分公司
民生期货有限公司济南分公司

（王敬茂）

【概况】 截至年末，济南市银行业资产总额30420.89亿元，增长10.36%，较上年同期提高7.24个百分点，全省占比20.41%，较年初增加2855.48亿元，同比多增2020.5亿元。负债总额29225.81亿元，全省占比20.34%，较年初增加2790.53亿元，增长10.56%。全市银行业资产、负债存量均居全省首位，增量均居全省第二位，增速均居全省第十四位。（王敬茂）

【存款余额增量创新高】 截至年末，全市本外币存款余额21064.98亿元，居全省首位，15个副省级城市第九位，较年初提升2位，同比增长13%，较上年同期提升9.9个百分点，与全省增速持平，占全省的比重为17.8%。存款余额较年初增加2418.9亿元，增量是上年全年的4.4倍，同比多增1873.7亿元，创历史新高，新增额居全省次位，15个副省级城市第七位。

（王敬茂）

【各项存款呈现同比多增发展态势】 住户储蓄存款增量首次年内过千亿，余额7647.5亿元；非金融企业存款增量过千亿，余额8723.9亿元；广义政府存款（财政性存款+机关团体存款）同比多增，余额3635.1亿元；非银行业金融机构存款增长平稳，余额924亿元。

（王敬茂）

【各项贷款平稳增长】 截至年末，全市本外币贷款余额20720.2亿元，居全省次位，15个副省级城市第十位，同比增长10.4%，占全省的比重为21.2%。贷款余额较年初增加1951.5亿元，同比多增121.7亿元。剔除企业债券融资归还银行借款（697亿元）以及贷款核销、资产证券化（108亿元）等因素，全市贷款实际新增2819亿元。

（王敬茂）

【中小微企业贷款占比提升】 截至年末，全市大型企业贷款8276.9亿元，在全部企业贷款中占比60.1%；中型企业贷款3155.8亿元，在全部企业贷款中占比22.9%；小微企业贷款2328.5亿元，在全部企业贷款中占比16.9%。普惠口径小微企业贷款（单户授信1000万元以下小微企业贷款、个体工商户经营性贷款、小微企业主经营性贷款之和）增势良好，年末余额1279.9亿元，同比增长44.6%，高出企业贷款整体增速33.8个百分点。

（王敬茂）

【贷款资金使用效率提高】 全市金融机构全年共发放短期贷款11115.7亿元，较上年同期增加2290亿元，短期贷款周转率为2.6次，较上年同期增加0.2次。中长期贷款发放额4026.6亿元，较上年同期增加298.8亿元，中长期贷款周转率为0.31次，较上年同期提升0.03次。贸易融资发放额698.3亿元，较上年同期增加121亿元，贸易融资周转率为1.85次，较上年同期提升0.08个百分点。（王敬茂）

【打通惠企政策落地“最后一公里”】 截至年末，全市各级辅导队与1959

家辅导企业的对接率达100%，对接有融资需求辅导企业1002户，明确资金需求274.5亿元，已解决1002户，发放贷款274.5亿元，打通了金融服务实体经济的“最后一公里”。相关做法相继在《人民日报》、山东省委内刊《山东通讯》、大众网等主流媒体刊发。（王敬茂）

【不良贷款处置力度加大】 截至年末，济南市银行业不良贷款余额和不良率实现“双降”态势，不良贷款余额235.35亿元，较年初减少31.59亿元，不良率1.14%，较年初下降0.28个百分点，低于全省平均水平0.89个百分点，居全省第五位。济南市银行业2020年累计处置不良贷款289.32亿元，同比多处置33.62亿元。（王敬茂）

【中国人民银行济南分行营业管理部】 2020年，人民银行济南分行营业管理部强化责任担当，坚持疫情防控和经济建设两手抓，对接“五个济南”建设，为支持济南建设“大强美富通”现代化国际大都市贡献金融力量。（冯小津）

【货币政策取得实效】 先后4次完成下调存款准备金率操作，释放可用资金74.9亿元。高效落实3000亿元、5000亿元和1万亿元再贷款再贴现政策，累计为法人机构办理再贷款、再贴现197.7亿元。推动两项直达实体经济货币政策工具落实，全年为2072户普惠小微企业办理贷款延期46.2亿元，为8834户企业发放普惠小微信用贷款36.1亿元。推进LPR利率机制改革，新发放贷款LPR运用占比和存量浮动利率贷款转换均达100%。引导银行对疫情防控重点企业贷款利率下浮10%以上，降低个体工商户贷款成本0.5个百分点。开展民营和小微企业“首贷培植行动”，全年累计培植企业4781户，实现首贷3488户，贷款58.5亿元。实施“金融诊疗”助企行动，帮助148户企业恢复正常经营能力。发挥“央行资金产业扶贫贷”作用，对扶贫主体和贫困户累计贷款24.4亿元，带动1.2万人稳定脱贫。聚焦乡村产业高质量发展，年末特色产业贷款余额3.7亿元，支持农业龙头企业110户。推动提高债务融资工具发行规模，助力企业通过银行间债券市场发行债券1846.5亿元，同比增长20.6%。助力跨境人民币业务逆势增长，全年跨境人民币业务结算额662.3亿元，居全省第二位。截至年末，全市金融机构各项存款余额21065亿元，同比增长13%，各项贷款余额20720亿元，同比增长10.4%。（冯小津）

【防范化解金融风险】 综合运用存款保险核查、央行评级等方式，密切监测风险，提升监测数据质量，打造“立体化”金融稳定工具箱、开发3个金融风险监测核对工具在全省推广。强化对济南农商行风险管控，稳妥化解西王财务公司再贴现风险；有效处置出险企业，将2家企业移出风险名单。执行差别费率，启用存款保险标识，实现存款保险主监管员制度在辖区全覆盖。（冯小津）

【构建金融营商环境】 推进金融“放管服”改革，创新推动“泉城链”平台在全国率先实现信贷领域试点应用，实现不动产抵押登记“不见面服务”、自贸区出口退税当天办。联合市反诈中心、公安部门严厉打击电信网络诈骗、跨境赌博违法犯罪。加强企业银行账户风险管理，清理核查存量企业人民币银行结算账户。推广“手机号码支付”功能，签约数与业务量均居全省首位。正式上线济南市金融与卫生系统互联互通项目，建成2个人脸识别线下支付示范商圈。提高征信服务水平，实现二代征信系统切换上线，征信查询量继续保持全省前列，应收账款融资业务量居全省首位，“征信服务助力普惠金融”连续三年入选“济南市文明城市建设百件实事”。进法治央行建设，强化执法检查及行政执法信息公示，完成金融机构综合评价和新设机构金融管理与服务工作。规范处理信访、举报、金融消费投诉，创新金融知识教育形式，在145所中小学开展金融知识线上直播课，受众近5万人。（冯小津）

【概况】 2020年，济南市保险业实现保费收入628.04亿元，同比增加95.77亿元，增长17.99%，同比增幅居15个副省级城市首位。分险种大类看，财产险保费收入125.57亿元，同比增加8.15亿元，增长6.94%；人身险保费收入502.47亿元，同比增加

87.62亿元，增长21.12%。（王敬茂）

【健康保险保费收入实现较快增长】从细分险种来看，机动车辆保险保费收入72.93亿元，同比增长5.82%，意外伤害保险保费收入13.81亿元，同比下降0.75%；人寿保险保费收入362.31亿元，同比增长18.24%，健康保险保费收入126.36亿元，同比增长33.67%。责任保险、农业保险等政策支持型险种继续保持快速增长，保费收入同比增速分别达到60.16%、28.03%。

（王敬茂）

【保险业累计赔付同比多赔】全年济南市保险业累计赔付支出160.31亿元，同比多赔付38.39亿元，增长31.48%。分险种看，财产险赔付支出68.33亿元，同比多赔付12.11亿元，增长21.53%，其中机动车辆保险赔付支出41.52亿元，同比多赔付2.78亿元，增长7.16%；人身险赔付支出91.98亿元，同比多赔付26.28亿元，增长32.98%，其中健康保险赔付支出30.15亿元，同比多赔付12.25亿元，增长40%。

（王敬茂）

【保险公司经营效益持续向好】济南市财产险公司主要经营效益指标呈现向好趋势，行业综合费用率38.38%，较上年同期下降6.56个百分点；承保利润2.72亿元，较上年同期增加0.93亿元。人身险公司业务转型推进，简单退保率5.72%，较上年同期下降5.7个百分点。

（王敬茂）

【金融100户重点税源企业保险公司入围23家】全年全市纳税100户重点企业中无保险公司。全市金融100户重点税源企业保险公司入围23家，纳税额排名前五位的企业分别是中国平安财产保险股份有限公司济南第一中心支公司、中国人寿保险股份有限公司山东省分公司、中国人民财产保险股份有限公司山东省分公司、中国平安财产保险股份有限公司山东分公司、太平人寿保险有限公司山东省分公司，合计完成税收5.52亿元。（王敬茂）

【济南市保险行业协会】2020年，济南市保险业共实现保费收入346.29亿元，同比增长6.64%。其中：财产险公司保费收入106.96亿元，同比增长6.46%。人身险公司保费收入239.32亿元，同比增长6.72%。为社会提供保险保障456608亿元，同比增长88.59%。赔款支出98.89亿元，同比增长14.13%。赔付率28.56%，同比上升2.07个百分点。其中：财产险公司赔款52.85亿元，同比增长18.15%，简单赔付率49.41%，同比上升6.23个百分点。人身险公司给付46.04亿元，同比增长9.83%。给付率19.24%，同比上升0.37个百分点。（以上数据为协会统计系统获取的会员公司数据，包含财产险公司34家、人身险公司29家，不包含驻济非会员保险机构）。全市保险从业人员超六万余人。

（孙士磊）

【规范市场竞争行为】治理车险市场乱象。关注车险市场动态，多渠道搜集车险市场手续费信息，对违规公司进行点名通报。10月中旬配合省局产险监管处开展3批次车改调研工作，传达省局下发的鲁保监财险〔2020〕60号文《关于严格执行车险综合改革有关政策的通知》及省协会下发的鲁保协〔2020〕118号《〈山东省车险报行合一自律检查办法〉的补充通知》，要求车险综合成本率过百的公司剖析亏损原因并改善车险经营。（孙士磊）

【严厉打击骗保骗险】全年共受理12378渠道投诉472件，经法院转办诉调对接及纠纷调解案年91件，通过市协会公示投诉电话受理投诉116件，有效案件结案634件，结案率93%。全年共侦破交通事故保险骗赔案件6笔，为保险公司挽回经济损失9.91万元。调取道路监控1158次，协查拒赔案件58笔，通过调取监控拒赔金额48.27万元，以上为保险公司累计减损近58.18万元。（孙士磊）

【开展保险行业宣传】与省级报刊《齐鲁晚报》旗下《齐鲁壹点APP》签订协议，就当前保险行业热点新闻、政策推出，做好多渠道行业宣传和推广，设立“规范建设深化年”宣传专栏，专题阅读量达5.5万，通过选取刊登保险行业相关内容，利用齐鲁晚报的融媒优势，多方位多频次传播全年共推送各类报道87余篇，总阅读量达到39.8万余次。（孙士磊）

【概况】2020年，上证指数从3066.34点上涨至3473.07点，涨幅

13.87%；深证指数从10509.12点上涨至14470.68点，涨幅38.73%。沪深两市股票基金交易总量206.83万亿元，同比增长62.3%。

【证券及期货交易额增长迅速】 截至年末，济南地区有证券公司1家，分公司59家，较年初增加5家，证券营业部91家，较年初增加1家。2020年济南地区证券经营机构资产总额153.83亿元，同比增长29.05%；总交易额4.78万亿元，较上年同期（3.65万亿元）增长31%，提高6.2个百分点。证券投资者开户数289万，客户交易结算资金余额150亿元，较上年（105.71亿）增长41.9%。截至年末，济南地区期货经营机构营业收入6.5亿，同比增长41.8%；交易额10.99万亿元，较上年同期（7.93万亿元）增长38.6%。期货投资者开户16万户，期货保证金118亿元，较上年（64.37亿元）增长83.3%。

【企业上市势头迅猛】 全年全市6家企业（金现代3.79亿元、中泰证券30.52亿元、恒誉环保4.96亿元、山大地纬3.25亿元、兰剑智能5.03亿元、科兴制药11.09亿元）首发上市，募集资金总额58.64亿元。中泰证券登陆上交所主板，成为省内首家非银行金融机构上市公司；齐鲁银行于12月10日通过发审会审核，将成为山东辖区第一家上市银行。2020年，全市有7家公司（齐鲁银行、普联软件、漱玉平民、恒誉环保、山大地纬、兰剑智能、科兴制药）上会，全部通过审核，过会率100%，高于全国和全省平均水平。截至年末，全市拟上市企业26家（过会待发3家，正在审核6家，在辅导17家），居全省第二位。

【直接融资规模创新高】 全年全市企业直接融资额2269.53亿元，稳居全省首位，较上年增加246.4亿元，同比增长12.2%。其中，股权融资114.23亿元，债券融资2155.3亿元。债券融资首次突破2000亿元，已成为企业募资的重要渠道。

【私募投资基金稳定发展】 全市有9个区县设立私募基金集聚区，为私募投资业的发展营造了良好的发展环境。截至年末，全市登记的私募投资基金管理机构190家，管理基金435只，管理规模为993.24亿元，较上年同期增长24.5%。

（王敬茂）

济南金融控股集团

【概况】 截至年末，资产总规模达到209.55亿元，同比增长30.78%，实现营业收入6.55亿元，同比增长5.77%，利润总额2.58亿元，同比增长12.42%，持有银行、信托、期货、融资租赁、基金管理等12个金融、类金融牌照。全年各板块新增服务实体经济1101.39亿元，较2019年增加428.39亿元，增长63.65%，有力支持实体企业发展；新增服务实体企业1401家，较2019年增加209家，增长17.53%；共为3227家实体企业提供资金支持218亿元；在增强基金投资效能上，集团及所属子公司在投基金33支，基金规模余额168.37亿元。集团信用评级达到AA+水平，金控资本品牌和影响力持续提升。

【发展主营业务与履行社会职责】 2020年，济南金控集团秉持“整合金融资源，服务实体经济”的初心，按照“全牌照经营，全区域发展”的战略思路，推进资产投资与管理、银行与非银行金融服务业务、基金业务三大主营业务，收购江海汇鑫期货公司51%股权，该公司成为济南市首家市属法人控制的期货公司。集团履行好社会职责，在疫情防控、乡村振兴、志愿服务、社区共建等方面取得优异成绩，并被评为2020年度市级文明单位。集团党委书记、董事长王玉柱在第十二届“影响济南”经济人物评选颁奖活动中，获评“影响济南”经济人物。

（崔　丹）

栏目编辑　魏添乐

交通·邮电

交通运输

【概况】 全年完成固定资产投资560.2亿元，同比增长19.2%。其中，铁路建设投资完成101.1亿元、航空建设投资完成14.5亿元、公路建设投资完成189.3亿元、水运建设投资完成9亿元、城市道路建设投资完成153.3亿元、轨道交通建设投资完成85.1亿元、场站建设投资完成3.7亿元，其他项目（包括更新改造、车辆购置、设备购置等）投资完成4.2亿元。

【铁路运输】 济南市境域内铁路营业里程达673.321公里，其中国铁260.084公里，合资铁路413.237公里；高速铁路283.605公里，普速铁路389.716公里。济南市境域内铁路旅客发送量2417.4万人，同比下降41.77%，客运周转量62.8亿人公里，同比下降57.99%；货物发送量463.8万吨，同比增长12.93%，货运周转量166.0亿吨公里，同比增长17.31%。

【航空运输】 济南机场完成飞机保障10.23万架次；2020年，济南机场共执飞航线208条，其中国内航线178条，国际航线27条，地区航线3条；通达城市116个，其中国内城市91个，国际城市22个，地区城市3个。济南机场完成旅客吞吐量1238万人次；完成货邮吞吐量14.66万吨，同比增长8.4%。济南国际机场二平滑和北指廊项目建成，机场旅客吞吐能力提升至2600万人次。商河通用机场开工建设。

【公路运输】 全市公路客运量完成1209万人，旅客周转量完成17.1亿人公里；公路货运量完成28177万吨，货运周转量完成562.4亿吨公里。推进省会城市经济圈班线客运公交化改造，开通济南至高唐、禹城、邹平、肥城等城际公交线路。优化济南至泰安、齐河、茌平等已开线路，提升服务质量，助力省会经济圈一体化发展。鼓励定制客运发展，已开通济南至河口、仙河镇、日照等十三条定制客运线路。

【水路运输】 全市共完成水路客运量2.95万人，客运周转量7.7988万人公里；完成水路货运量95.4966万吨，货运周转量7.293亿吨公里。小清河复航提前1个月完成省政府确定的“6.30”航道拓挖疏浚工程，超额完成年度任务，济南港全省率先开工建设。

【城市公交】 全市公交车8188辆，同比下降2%；运营线路650条，同比增长9%；运营线路总长度13204.7公里，同比增长22%；BRT线路长度245.5公里，同比持平；客运量5.3亿人次，同比下降38%。公交营运收入6.2383亿元，同比下降40%。济南市主城区出租汽车8365辆，客运量8296.06万人次，总运营里程61800万公里。济南轨道交通运营线路2条，分别为1号线和3号线一期。线路总长47.7公里，配属列车42列，车站24座。全年客运量总计867.62万人次，最高日客运量6.68万人次，最大断面客流量3025人次/小时，最大载客率47.27%；实际开行总列次17.78万列次，运营总里程达404.12万列公里；列车正点率99.98%。

建设国内领先的公交MaaS平台（出行即服务）系统，促进公交创新发展。新开公交线路21条，优化调整61条，填补空白38.5公里，减少重复83.8公里，减少重复设站128处。建设改造公交场站25处，

轨道交通3号线 （济南市城乡交通运输局 供稿）

新改建站台（候车亭）300个。

（陈旭宁）

【公路建设】 公路通车总里程18117.2公里，公路密度176.9公里每百平方公里。其中，国省干线公路1902.2公里（含高速公路737.8公里），农村公路16215.0公里。济乐高速南延、济泰高速、绕城大东环等5条116.4公里新改建项目建成通车，数量、里程、投资额均创历史最高纪录；六车道以上高速公路占比达到66%，是全省平均水平的2.5倍。国道105等3条44公里普通国省道改扩建为一级公路，省道240等6条129公里国省道实施了养护大中修，12条国省道前期工作全面展开。跨黄通道实现跨越式发展，济泺路隧道全线洞通，齐鲁大桥、凤凰大桥加快建设。黄岗路穿黄隧道、济南黄河大桥复线等“三隧一桥”实现集中开工。“四好农村路”攻坚任务收官，完成农村公路建设提升1700余公里，40%以上的农村公路旧貌换新颜。完成2201个村庄的硬化任务，实现村内道路“户户通”，打通群众出行“最后一米”。出台深化农村公路管理养护体制改革方案，为全市农村公路持续健康发展提供制度保障。

【城市道路建设】 望岳快速路隧道段通车，规划“两横三纵”快速路网闭环成网。完成北部片区二环北路改造提升，推进建设内陆港片区温梁路、春晖路及科创城片区春博路，打通浆水泉路等27条瓶颈路。新建5条17公里地下综合管廊，“十三五”期间累计新增近70公里，发布《城市道路工程HSE管理规范》济南市地方标准，国内首创，行业领先。济南市市政部门管养的城市道路长度2113公里，其中快速路116公里，主干路1021公里，次干路595公里，支路381公里。整治提升30余条城市主次干道，完成路面修补110余万平方米，检查井整治提升2.1万余座。加强城市交通拥堵治理，完成玉函路高架桥下调头车道改造、经七纬二路口改造、唐冶公交枢纽站台改造、纬二路沿线路口、天成路东辅路、韩仓公交场出入口、工业南路金达路、工业南路舜旺路、经十路物流大道等十余处拥堵点改造。

【智慧交通建设】 综合交通运行监测中心和大数据中心启动运行，汇集全行业40个业务系统的信息数据，汇聚数据量已达101亿条。搭建完成路网监测及决策支持平台、公共交通管理平台、巡游车网约车管理平台、长途客运管理平台、危化品运输管理平台、设施施工平台、综合视频平台、交通执法平台、桥隧健康监测系统、安全智慧监管平台等10大平台，接入公交MaaS系统与两客一危车辆监控调度系统，实现数据资源的共享互用。会同研发济南交通防疫信息管理系统、国省道出入口督导管理系统和个人健康承诺书手机上报3个微信程序，建成23处视频会议室和1处电话会议室。14个科技项目、5项标准获批立项，35个项目入选交通强省科技项目库，居全省第一。

（陈旭宁）

【概况】 2020年，济南轨道交通集团完成投资291.2亿元，推进包

括轨道交通正线工程、济莱高铁、商河通用机场、安置房、市政配套、租赁式住宅等30余项重点项目工程建设。做好已开通线路运营工作，1号线、3号线全年运营近405万列公里，安全运送乘客近870万余人次，列车运行质量持续向好。获得“全国交通运输行业文明示范窗口”，山东省委、省政府授予“攻坚克难奖”。

【济南轨道交通2号线通车】 12月29日，济南轨道交通2号线通车活动在彭家庄站举行。省委常委、市委书记孙立成在活动上讲话并宣布通车；市人大常委会主任殷鲁谦，市政协主席雷杰，市委常委、副市长郑德雁出席活动。2号线作为济南市城市轨道交通第一期建设规划的收官之作，开通后可实现与1号线、3号线换乘，构筑一横两纵的“H”型网络格局，实现从单一线路运营到初步成网的重大跨越。

2020年7月10日，山东省内轨道交通领域唯一学术交流平台——山东轨道交通学会在济南揭牌成立 （济南轨道交通集团 供稿）

【济南商河通用机场项目开工】 6月28日，济南商河通用机场开工奠基仪式举行，标志着距山东省会城市最近、级别最高的通用机场建设迈出实质性步伐。济南市委常委、副市长郑德雁出席活动并宣布济南商河通用机场项目开工。济南商河通用机场投资建设由济南轨道交通集团主导推进，同时规划建设通用航空产业园。机场建设工程分为飞行区和航站区两部分，总占地面积36公顷。

【济南市首个整地块租赁住房项目开工建设】 8月25日，济南市首个整地块租赁住房项目——范村车辆基地租赁住房项目开工建设，这也是济南市第一个地铁场段上盖物业开发项目。范村车辆基地租赁住房项目位于长清赵营片区，项目总占地16公顷，总建筑面积29.87万平方米，总投资22.97亿元，共建设住房2328套，配建幼儿园和小学。

【济南轨道交通1号线入选詹天佑奖】 12月23日，中国土木工程学会公布，济南轨道交通1号线工程入选第十八届中国土木工程詹天佑奖。济南轨道交通1号线是济南市第一条建成运营的地铁线路，起于工研院站，途经长清区、市中区、槐荫区，止于方特站，线路全长26.1千米，大致呈南北走向。2015年7月16日正式开工，2019年4月1日正式开启商业运营，创造地铁建设的济南速度。

【山东轨道交通学会在济南揭牌成立】 7月10日，山东轨道交通学会在济南揭牌成立。山东轨道交通学会是经山东省科协批复、山东省民政厅备案成立的，致力于山东省轨道交通学术发展的非营利性机构。学会由济南轨道交通集团，联合省内各大高校、中车四方等单位共同发起，已发展单位会员30余家，个人会员350人以上。济南轨道交通集团党委书记、董事长陈思斌当选学会第一任理事长。

【济南轨道交通集团重组济南重工集团】 12月30日，市政府正式批复轨道交通集团重组济南重工集团。济南重工集团承揽粤港澳大湾区珠江三角洲水资源配置工程土建施工6台盾构机项目。截至2020年12月底，济南重工集团全年完成工业总产值达14.5亿元，工业增加值1.2亿元，销售收入12.98亿元，其中盾构机类产品收入达9亿元，上缴税金1345万元。

【济南轨道交通集团为爱普电气注入

新活力】 2019年济南轨道交通集团入股爱普电气，开启爱普电气多元化发展之路，为产业链升级发展奠定基础。混改后，爱普电气利用国家电网和轨道交通两大企业的优势互补，取得显著成效。全年实现收入9037.11万元，同比2019年增长21.37%，实现利润2879.72万元，同比2019年增加11138.45万元。签订销售合同505项，合同额9.79亿元，订单总量12.66亿元。

（张媛媛　付新航）

【概况】 2020年，济南公交围绕提升公交精准服务水平、推进企业改革改制和加强疫情防控开展工作，较好地完成了各项工作任务。面对突然爆发的新冠肺炎疫情，公交集团党委调整工作重点，落实防控措施，组织17万人次参与测温、消毒等工作，打造"免疫车厢"，实现职工和乘客零感染。科学安排运力，实现公交线路不停运、不缩点，保障城市正常运转；投入近4000部车辆，安全运送乘客5.2万人次，完成火车站应急疏散任务；开通复工、复学专线520条，累计运送乘客160余万人次，为助力全市经济复苏做出贡献。公交集团公司、恒通公司分别被评为山东省和济南市抗击新冠肺炎疫情先进集体，济南公交东部公司党委、北部公司党委分别被授予济南市"抗疫榜样"和担当作为"出彩型"好团队，济南公交职工管力峰、李力、董丹、崔学峰分别获得交通部及省、市抗击疫情先进个人称号。

【深化公交改革】 落实市委、市政府对公交改革发展的指示精神，按照国企改革目标要求，加快推进改革改制工作。完成企业工商注册，开展机构优化、资源整合、管控调整、流程再造等顶层设计，启动集团机关"大部制"改革，推进企业管理向"扁平化"发展。实施文旅公司、文化传媒公司、研究院等二级单位改制工作，完成公交职高的移交，将公交医院推向市场，初步实现主辅分离、"分灶吃饭"。推进城乡公交一体化整合，与蚂蚁金服、浙大网新等优质社会资本开展合资合作，拓展发展空间。

【规范经营管理】 以控制成本开支、提升管理效率和经营效益为目标，深化内部改革。启动全面预算管理，实施管理人员全员绩效管理，为实现精细化管理提供机制保障。开展全员定编定岗、竞争上岗，严控人员招录，加强劳动定额管理，在物资公司试点推行职业经理人制度并取得良好效果。完成176条线路的班制调整，车辆、人员投入更加科学，线路运营效益不断提高。拓展通勤、快递、网约车、矿泉水、加油加气等产业，向市场要效益。

【改善营运服务】 开辟公交线路14条，优化调整61条次，填补公交空白53.1千米。开展大规模客流调查，实施"一线一工程"及班制优化调整，节约低效无效里程约100万千米。挖掘企事业单位、学生通勤及购物休闲等出行需求，开通夜间特色专线，推出定制公交线路820余条，年运送乘客超过550万人次，同比增长2.7倍。搭建公交MaaS平台，智能调度系统实现突破性升级。完成全国文明城市复审等任务，落实人才卡、拥军卡及老年人免费乘车政策，推进省会都市圈公交支付"互联互通"。推出369

2020年6月11日，济南公共交通集团有限公司在公交集团驻地挂牌成立

（济南公共交通集团有限公司　供稿）

出行APP“泉城云卡”，上线智能客服功能，开展“一分钱乘公交”等便民活动，提升市民乘车体验。

【加强安全管理】 落实安全主体责任，夯实全员安全生产责任制，加大责任追究力度，健全安全管理制度体系。开展不文明驾驶行为专项治理，推进山区线路安全综合管理平台项目研究。2020年，济南公交安全事故总起数比上年同期下降45.2%，千公里事故费用63.6元，安全间隔里程达449.14万千米。济南公交被交通运输部评为“平安交通”创建先进单位。

【提升车辆技术保障】 2020年，济南公交采购新能源车251辆，加大氢燃料电池公交车推广，清洁能源和新能源车辆占比达88%以上。建立标准维修体系，推进车辆全生命周期维修保障，完善车辆电子档案，实现单车核算，车辆管理更加科学。建成充电站15处，开工建设韩仓加氢站，能源保障进一步提升。持续开展驾驶员、修理工技能培训，参加省、市驾驶、维修技能大赛并取得优异成绩。

【基础设施建设】 完成全运媒体村、解放桥等8处场站提升工程，开工建设济泺路、汉峪片区旅游路及舜华南路3处首末站项目，黄岗立体停车场、孙村综合维修基地工程进展顺利。结合道路施工，完成刘长山路延长线、钢化路场站建设，推进宜家西地块、彭家庄、历山北路场站配建，加快高新区场站配建工作落地。协调收回经四路、工业南路等4条主干道候车亭经营权，在舜华路、玉函路南段等20余条道路新建电子站牌71个，新建候车亭300个。

（济南公共交通集团有限公司）

【概况】 全年全市邮政行业业务收入（不包括邮政储蓄银行直接营业收入）累计完成85.12亿元，同比增长22.40%；全市邮政行业业务总量累计完成146.54亿元，同比增长28.60%。全市邮政寄递服务业务量累计完成22517.76万件，同比增长7.61%；全市邮政寄递服务业务收入累计完成4.37亿元，同比增长11.46%。全市快递服务企业业务量累计完成65179.20万件，同比增长26.30%。其中，同城业务量累计完成12494.35万件，同比增长6.54%；异地业务量累计完成52597.33万件，同比增长32.62%；国际及台港澳业务量累计完成87.52万件，同比下降60.07%。全市快递服务企业业务收入累计完成66.75亿元，同比增长19.21%。其中，同城业务收入累计完成8.07亿元，同比增长3.56%；异地业务收入累计完成43.13亿元，同比增长17.21%；国际及港澳台业务收入累计完成2.19亿元，同比增长5.29%。（张张龙）

【服务乡村振兴】 以商河县郑路镇为试点推进“邮快合作”模式，通过邮政便民服务站叠加快递代投代收业务。以平阴县为试点开展“快快合作”模式，实现乡村网点末端服务的资源共享，进村设点辐射周边村庄。以南部山区为试点开展“交快合作”模式，通过农村公交线路剩余运力运输、村级末端扶贫超市代理点投递的运营模式，打通快递进村的运输线路。商河县“邮快驿站”和平阴县“快快合作”进村示范点揭牌仪式举办，快递进村工作得到当地县委县政府的肯定和支持。与11家快递企业签订了“邮快合作”战略协议。截至年底，全市乡村快递覆盖率已达90%以上。

（张张龙）

【推进快递进厂】 印发《关于加快推进快递业与制造业深度融合发展的实施意见》，对快递业深度融入高端装备、生物医药、智能家电等制造领域给予政策支持。推进EMS、顺丰服务中国重汽，顺丰服务齐鲁制药，圆通、中通服务世纪开元等重点服务制造业项目，培育业务量超千万金牌项目4个，带动地方产值400余亿元。推进农产品上行，参与市政府办公厅《济南市农村电商发展三年行动计划（2020—2022年）》和《关于加快全市农产品冷链物流体系建设的实施意见》制定，明确对线上销售农产品发件量超过50万件的企业主体，按照发件数量给予最高30万元奖励。（张张龙）

【崇尚绿色发展】 实行“98928”工程，召开行业绿色发展培训会，印制发放1万余份绿色环保宣传手册。加强行业生态环保监督执法，在全省行业范围内率先开出首张绿色环保罚单。截至年底，全市电子运单使用率达到99.5%，89.6%的电商邮件快件未二次包装，符合国家标准包装材料使用比例达到87%，快递瘦身封装胶带使用比例达到90%，新增包装废弃物回收装置200个，在用新能源汽车367辆。（张张龙）

【提升服务质量】 启动“服务质量提升年”工作，围绕使用文明用语、规范末端投递服务、顺畅处理投诉等目标任务，细化提升措施。全年行业服务质量提升明显，共处理申诉2222件，消费者满意率为100%，全市快递业务有效申诉同比下降59.3%；同时收到12345转办工单24037件，其中紧急工单1690件。（张张龙）

【中国邮政集团济南市分公司】 中国邮政集团有限公司济南市分公司（以下简称济南邮政）共有提供普遍服务网点207处，全部普遍服务网点均开办函件、印刷品、包裹、汇兑四项普遍服务业务，建制村实现100%通邮。其中，设在农村的邮政支局（所）92处，电子化营业场所207处。2020年，全市邮政业务总量累计完成18.25亿元。其中，函件业务量完成1915.45万件；完成机要通信任务2.09万件；报刊业务量完成1.33亿份；邮政特快专递业务量完成1188.70万件，包裹快递业务量完成5382.84万件，国际及港澳台快递业务量完成22.15万件；集邮邮票业务量完成893.81万枚，集邮品业务量完成27.59万册；代收话费、代收公共事业费、代办公安交管等代理平台业务量123.62万笔。（刘　丽）

2020年4月30日，济南邮政与济南时报签订“云助农”战略合作协议

（济南邮政公司　供稿）

【履行普服义务】 全年新增普遍服务网点3处，普服网点分级管理日趋完善，29个网点完成升级。全市县级以上党报党刊当日见报率、邮政营业服务达标率、乡镇网点覆盖率、投递频次及深度达标率、建制村直接通邮率、全程时限达标率均达到100%。给据邮件信息断点率0.1‰，较上年底压降1.5个百分点。各渠道转办申（投）诉派单同比下降7.82%。（刘　丽）

【推进绿色邮政行动】 开展绿色邮政建设行动，推动包装绿色低碳化，实现新标准箱、免胶带循环箱在全市邮政支局（所）100%覆盖；包装材料减量化，胶带全部采购应用45毫米，推行轻量化封装法，80%以上的快递包裹不再进行二次包装；推动快件包装可循环，采购124个废弃物回收箱投入使用；加速推广电子化下单，电子面单使用率达到98%以上，散户、规模客户电子面单使用率达100%；推进绿色运输管理，新采购70余辆新能源车辆作为运输车辆替换原燃油车辆，提高运输组织集约化程度实现节能降耗。（刘　丽）

【服务三农工作】 依托全市4611个农村邮乐购站点，打通工业品下乡和农产品进城双向流通渠道，全年实现工业品下乡交易额1763.6万元，农产品进城交易额2050.9万元，配送农资7419吨。联合邮储银行开展金融普惠服务助力乡村振兴，对接走访农民合作社、家庭农场1.3万家，为243家农户提供小额贷款，使用邮政农村金融服务客户数达7.9万户，同比增长11.6%，为农户脱贫致富提供有力支持。（刘　丽）

【提升服务能力】 全市邮政营业服务网点增至207处，普邮投递部123处，速递营业部34处，快递包裹邮路从10条发展到2020年的70条，实现济南市所有乡镇社区、行政村100%通邮。全年建成济南邮政仓

储处理中心，配置全省邮政最先进的小件分拣机，具备16个自动供包台、300个分拣格口，日均处理邮件能力达到17万余件，直发省际一干邮路10条，直发邮件占比达到55%。（刘　丽）

电信业

【中国联合网络通信有限公司济南市分公司】 2020年，济南联通勇当“逆行者”，坚决扛起央企责任，发送7.75亿条公益短信，保障会议150余场次，为86家企业提供热成像测温平台，助力复工复产；为309所学校部署在线教育平台，推动线上教学。推进信息化扶贫、乡村振兴工作，投入资金完成5项扶贫项目，通过企业开放日等活动超额完成消费扶贫任务。（李　娟）

【解码数字化转型】 济南联通强化岗位协同，发挥存量营服主力军作用，提升用户价值；聚焦四项保有，精准派单维系，托稳存量大盘；用好用活“金融+融合”工具，加强用户在网黏性；坚持拓展异业标杆店、中性门店，加强有效门店保有，提高社会渠道产能；拓展线上代理渠道，丰富引流触点，扩大线上引流规模；依托派单营销，主推专线融合，强化业务量收双增长；纵向穿透、横向贯通行业BD，促进市县联动；激活网络、房产等生产要素，向成本要效益，凸显资源价值。（李　娟）

【优化企业“三能”机制】 建立能上能下机制，对业绩突出者优先提任，业绩不达标实行强制退出；实施员工能进能出机制，用工薪酬开展联动，用工数量与劳产率挂钩；完善能多能少机制，设置收入贡献系数，实行差异化基础绩效包，提高人员效能。（李　娟）

【纵深推进划小改革】 济南联通结合组织体系变革，划小单元再布局，增设公众线划小单元，调整市区部分划小单元，与行政区划基本保持一致；增设政企线划小单元，挖掘市场潜力；继续深化网络线运营组织体系变革，加快聚焦云网一体；优化调整部门机构；盘活合同制员工，让中老弱员工各尽所能，机构人员向高价值领域倾斜。

（李　娟）

【中国电信股份有限公司济南分公司】 2020年，中国电信济南分公司作为央企驻地分公司，实施云改数转战略，加快推动云网融合，持续深化企业改革，统筹推进疫情防控和生产经营。在网络强国、疫情防控、5G融合应用等方面做出贡献。

（孙　超）

【夯实网络强国】 全年完成新建5G共享基站4113个，综合业务区4个，5G网络覆盖率达到95.8%；率先完成5G SA组网商用，面向社会提供更加丰富多样、差异化、个性化的5G应用和服务。以打造“千兆5G”“千兆光宽”“千兆WIFI”的精品网络为指引，全面提升济南信息通信网络的基础和信息安全服务支撑水平。宽带光端口总数达125万。300M宽带业务覆盖全网，建成千兆小区187个。（孙　超）

【助力疫情防控】 配合各级政府部门向全市在网用户发送防疫公益短信2.8亿条次；利用“山东通平台+定制审批流程”为市行政审批服务局、济南历城区、槐荫区区级政府实现了电子政务内网的移动审批；利用“应急调度平台”为历下区自然资源局，实现“应急指挥调度系统”需求；为省立医院、千佛山医院、山东省妇幼保健院、省立三院、济南市中心医院、济南市妇幼保健院、济阳卫健委等全市73家医院单位提供应应急指挥通信、应急调度服务和远程医疗服务。

（孙　超）

【探索“5G+工业互联网”】 依托中国电信在“云网”“平台”“服务能力”方面的核心优势，构建以“智慧园区”“协同制造”“产品销售服务”“一体化安全防护”“安全态势感知”为核心能力的工业互联网平台系统，并以此为基础与山东重工集团联合，在“绿色制造产业城”“重汽后市场信息系统”“云计算及仿真设计”等平台应用方面进行合作，塑造“济南制造”新辉煌。中国电信济南分公司推进的重汽5G+智慧园区项目，已被认定为省级5G试点示范项目。重汽私有云资源池作为全省最大的私有云平台已投入使用。（孙　超）

【中国移动通信集团山东有限公司济南分公司】 2020年，济南移动落实党中央重大决策部署，统筹推进疫情防控和改革发展工作，公司生产经营保持较好态势，客户感知提

升明显。（张　颖）

【打造5G智慧营业厅】 5月17日，济南移动在共青团路营业厅举办“来移动 抢5G 全民5G生活节”发布会，并在会上为第300万位5G用户颁发奖品、奖牌。11月19日，在广州举行的中国移动全球合作伙伴大会上，济南移动八一旗舰厅作为中国移动唯一展示的标杆示范厅，通过视频宣传片方式，面向所有到场嘉宾、合作伙伴，展示5G智慧营业厅的实力和能力。

（张　颖）

【筑牢网络安全屏障】 建立发送点对点垃圾短信用户黑名单制度，严厉打击网上涉黄涉非信息，为济南市网警支队提供技术支持保障，配合济南反诈骗中心打击网络诈骗犯罪46例，涉及号码301个，破获电信诈骗案件11起，捣毁固定、流动窝点5个，抓获电信诈骗团伙成员嫌疑人9人；查扣涉案银行卡35张、手机卡361张、GOIP、多卡宝、单卡宝等诈骗设备60余套；关停涉案电话号码227个。

（张　颖）

【提升疫情服务能力】 济南移动紧跟客户需要，全市近1500家营业厅坚守在战“疫”一线，确保到厅客户安全办理业务；启动疫情期间投诉应急响应机制，确保客户问题24小时解决；成立疫情应急短信发送保障小组，通过短信、视频彩铃向济南全量移动用户发送防疫温馨提醒，累计发送防疫短信18亿条。

（张　颖）

【优化网络质量关卡】 增强居民区、商务楼宇、工地等用户密集、流量需求大的区域的覆盖，通过5G反开、FDD建设、拆闲补忙等方式提升热点区域容量。发挥网络对CHBN的支撑作用，非高校流量占比从53%提升至66%，规模超过90%的大众客户流量需求得到有效拉动和支撑。4G高负荷小区由3%降至1%以下，无线日均流量翻倍提升到2000T以上，非高校流量累计增幅165%，全年家宽新增端口37.2万，累计开展小区现场义诊活动3000余场次，解决客户各种问题2万余个；集客专线开通5000余条，完成114个大型政企项目支撑。

（张　颖）

【践行社会责任】 开通70余条抗疫专线，24小时建成开通章丘“小汤山”式防疫医院4/5G基站，创新性为市传染病医院组装完成“便携式云视讯系统”，基于5G网络打通医院隔离区内外、济南与黄冈援助医疗队前线的实时视频连线。组织云数据中心市电T接、开发区机房空调改造等重大项目，消除网络运行隐患。打造应急保障团队，完成黄河入海演唱会等大型活动保障20余次。（张　颖）

栏目编辑　魏添乐

城乡建设·生态环境保护

综 述

【住房和城乡建设概况】 出台《关于促进建筑业高质量发展的实施意见》。建筑业全年完成总产值4422.8亿元，实现增加值1037.1亿元，房地产市场保持平稳运行。成立房地产市场监测评价中心，健全房地产市场全周期监管制度体系，出台加强预售资金监管等10个文件，制定《济南市人民政府关于全面推进绿色建筑高质量发展的实施意见》，推广高品质建筑。入选首批16个“新城建”国家试点城市，创新培育“新城建”产业链。出台12项住房保障配套政策、5个工作导则，培育10家专业化、规模化住房租赁企业，筹集租赁住房8.62万套。筹集政策性租赁住房房源3万套（间）、租赁型人才住房房源1.3万套（间），公租房新增房源1012套；发放租赁住房补贴12216户、4330万元，核准高层次人才购房补贴申请506名、5700余万元；分配市本级人才公寓409套（间）。安置房新开工18281套，基本建成25420套；国有土地房屋征收9764户、195.9万平方米。老旧小区改造开工50个项目、605万平方米，惠及居民6.2万户。修订既有住宅增设电梯办法，既有住宅加装电梯开工273部。落实《济南市历史文化名城保护条例》，将历史文化名城保护纳入全市“中优”战略部署。累计建成海绵城市180平方千米。年度计划的111个公共停车场项目全部开工。建立城建项目预算绩效全过程管理机制，打造“济南样板”。黄河北片区入选首批省级城乡融合发展试验区，形成国家级、省级试验区联动推进模式。农村改厕及危房改造超额完成，美丽村居及街镇五小建设取得实效。组建济南能源集团有限公司，加快打造供热“一张网”。推进“泉城红色物业”建设，中心城区开工新建（改扩建）学校88所。棚改旧改、村镇建设、建筑业、装配式民用建筑、扬尘治理、扫黑除恶专项斗争、既有住宅增设电梯7项工作在全国、全省名列前茅。住房租赁市场试点、完善住房保障体系试点、“新城建”试点、城乡融合发展试验区建设4个国家级试点创出济南经验。成立全国首个黄河流域绿色装配式建筑城市联盟。承办第五届山东省绿色建筑与建筑节能新技术产品博览会。全面督导全市2900余家建筑施工、房地产开发和物业企业落实疫情防控责任。

【住房和城乡建设制度体系建设】《中华人民共和国民法典》颁布后，对于存在内容冲突的2个规范性文件进行修改，新制定规范性文件14件；组织对即将到期的20件市政府规范性文件进行清理，并报市政府同意后公布。出台《济南市住房和城乡建设局全面推行“双随机一公开”监管实施方案》，做好在建筑市场、房地产市场、勘察设计行业、物业服务行业、供热燃气领域的信用监管工作。精简再造政务服务流程，缩减办事人提报材料，简化申办流程，公开承诺办理时限，接受社会监督。通过网上办事、邮寄送达等方式，54项政务服务事项实现全程网办，群众、企业办事“零跑腿”，26项依申请政务服务事项全部进驻市政务服务大厅及建设大厦分厅办理。编制市区县共权3个清单，共111项事项，其中市级专有事项18项、区县专有事项5项、市区县共有事项88项。配合行政审批部门加快工程建设项目审批改革，编制完成工程建设项目审批改革三、四阶段“一张表单”；牵头做好“跨省通办”“全省通办”服务事项。

【“防疫情、促复工”保障工作】 督导全市1610家建筑施工和房地产开发企业、1306家物业企业落实疫情防控责任。出台《关于进一步做好建筑工程“防疫情、促复工”保障工作的紧急通知》《关于做好辖区房地产业、建筑业企业开工复产工作的通知》等文件和调整预售形象进度等60多项政策推动企业复工复产。搭建市区沟通调度平台和企业供需服务平台，开通全省首趟建筑务工人员返岗复工专列，协调点对点大巴接送3300余次、3.25万人。济南市住建领域复工率保持在全省首位，得到住建部、省住建厅的充分肯定。

（关学军　刘建华）

【概况】 全面开展国土空间总体规划编制，制定《济南市国土空间总体规划编制工作方案》，完成城市总体规划和土地利用总体规划实施评估、资源环境承载力和国土空间开发适宜性评价、国土空间现状“一张底图”、两规一致性处置规则等工作。完成“大强美富通”现代化国际大都市愿景规划研究、济泰山脉一体化保护与发展规划、济西—齐河一体化发展规划、雪野片区生态保护和高质量发展专项规划、泉城特色风貌带城市设计、绿道网规划等专项规划研究。落实“东强、西兴、南美、北起、中优”城市发展新格局战略部署，发布《城市发展新格局之“中优”——近期重点打造片区和项目行动方案》，济南新旧动能转换起步区空间战略研究完成国际方案征集，编制完成齐鲁科创大走廊规划，完成中科院电工所、理化所、空间应用中心等项目选址、方案设计和项目审批。开展国土空间综合交通战略规划、国际内陆港“四港联动”交通规划研究，完成国际机场综合交通枢纽规划。编制片区控规28项，实现中心城区片区控规全覆盖。组织完成全市城镇开发边界外4253个村庄分类甄别，形成村庄布局规划初步成果，编制完成村庄规划170余个。

【智慧济南时空大数据平台建成】 济南市自然资源和规划局建成智慧济南时空大数据平台，整合汇聚历史与现状基础地理信息、国土空间规划等5大专题、700多个图层、超过15TB的数据，实现1∶500电子地图的按月更新，倾斜摄影数据基本覆盖济南中心城区；建设智慧水务、智慧环保等多个示范应用，在智慧济南建设中起到空间地理数据“底版图”的支撑作用，通过国家验收并受到自然资源部国土测绘司的高度评价。

【推进工程建设项目审批“多测合一”】 制定《济南市工程建设项目“多测合一”管理办法》及相关配套文件，明确各部门职责，确定数据标准，建设“多测合一”数字平台，并通过验收。启动济南市“十四五”基础测绘规划编制工作，初步提出“十四五”期间建议开展的五大任务和六大重点工程。完成丙、丁级测绘资质单位质量监督检查，共检查26家测绘资质单位。

（彭飞　王振东）

【提升城市建设品质】 推动城市品质提升试点片区建设，2020年重点项目已基本建设完成。历下区燕山街道城市品质提升试点片区成为全省5个获2000万元省级财政补助资金的片区之一。开展无障碍建设改造，制定三年行动实施方案及三年计划，印发改造指导手册。推动绿色社区创建，联合11家单位印发行动实施方案，2020年确定74个试点社区率先启动创建工作。推进经十路凤凰路交叉口杆件模拟整治。

【城市体检工作】 搭建城市体检信息平台，编写完成城市自体检报告。探索创新制度建设、技术方法及成果应用，济南市立足城市特质，精准推进城市体检的具体做法被住建部在《建设工作简报》推广。

【市政基础设施建设管理】 建立市政基础设施（含地下管线）建设三年滚动项目库。库内共有项目274个、地下管线2818条。出台2020年地下管线建设计划，受疫情等因素影响，2020年计划完成率约为60%。完成济南市全国城市市政基础设施建设"十三五"规划实施情况总结评估，配合推动住宅小区、公共停车场等充电基础设施建设。

【"新城建"工作】 2020年，济南市入选首批国家试点城市，成立由分管市长任组长的工作专班，统筹谋划"新城建"试点建设及产业链发展工作。印发《济南市加快推进新型城市基础设施建设试点及产业链发展实施方案》，确定推进CIM平台建设、推动智能建造与建筑工业化协同发展、加快智慧物业建设、建设城市运行管理服务平台4项主要任务，同步推进绿色建筑、装配式建筑、传统建筑业高质量发展、BIM、装饰装修、智慧建筑和市政公用7条产业链发展。组建新动能金云（济南）股权投资基金，以BIM产业链为切入点，统筹要素资源。住建部"新城建"试点办认为济南市把"新城建"试点建设与培育产业链相结合，建立"新城建"产业链的做法是全国唯一，以BIM技术为核心的住宅使用说明书管理系统是全国首创，济南"新城建"系列实施方案在所有调研城市中最翔实完善。

【城市更新】 棚改安置房新开工18281套、基本建成25420套，完成率分别为117.6%、136.2%，安置房新开工率和基本建成数量均居全省第一位。济南市被评为全国10个、省内唯一的"棚改激励支持城市"，获国务院通报表扬，棚改工作入选"改革攻坚典型案例"。全年累计完成24个棚改项目，27501户棚改居民回迁安置。制定《济南市棚户区改造项目回迁安置管理规定》，作为省内第一个棚改回迁安置长效管理文件，被省住建厅向全省推广；在"两快两早"专项行动中期评估中，济南市作为唯一"推进好、进展快、完成率高"的城市，被省住建厅在全省通报表扬。形成《关于统筹推进棚户区、城中村改造等城市更新工作的报告》（济建字〔2020〕116号），提出"留改拆并举""国开行贷款支持，功能性国企实施"的总体思路。

【历史文化名城保护】 参与《济南市历史文化名城保护条例》立法调研和草案起草工作，推动《条例》出台及贯彻实施。通过市、区联动，推进名城保护宣传"进单位、进社区、进街区、进村镇、进住户"。印发《关于加强历史文化街区、历史建筑监督管理工作的通知》，压实区县属地管理责任，明确检查范围、内容、频次和具体措施；组织签订《历史建筑保护责任书》，落实历史建筑保护责任。

【"中优"战略实施】 成立济南市"中优"战略工作领导小组及办公室，搭建工作专班，推动工作落实。印发《关于加强历史文化保护深入推进城市有机更新的通知》等5个政策文件。按照"项目化、清单化、责任化"的要求，组织策划"中优"战略实施项目。市政府与国开行山东分行签订《"十四五"济南市高质量发展暨城市更新开发性金融合作备忘录》，"十四五"期间国开行将在城市更新等七大领域向济南市提供5536亿元贷款支持，"中优"城市更新资金保障更加畅通。

【房屋征收】 修订《〈济南市国有土地上房屋征收与征收办法〉实施细则》，针对旧城改建项目认定、评估价格备案等房屋征收流程管理方面的问题，制定印发《关于规范我市国有土地上房屋征收与补偿若

2020年11月10日，《济南市历史文化名城保护条例》宣传活动在历下区百花洲举办

（市住建局 供稿）

干问题的通知》，为依法征收、规范征收提供政策保障。完成雪野专项整治评估指导工作。保障佛慧山开元寺入口改造、郑济高速铁路、机场二期改扩建等重点项目顺利推进。开展全市房屋征收项目“扫尾清零”百日攻坚行动，全市完成“扫尾清零”项目20个，1369户完成搬迁。

（关学军　刘建华）

【概况】　2020年，济南市住房和城乡建设局主动融入、服务服从黄河流域生态保护和高质量发展重大国家战略，构建国家级、省级城乡融合发展试验区错位发展新格局，印发《济南市高质量推进城镇化暨城乡融合发展三年行动方案》和《2020年济南市新型城镇化和城乡融合发展重点任务》，明确工作目标与重点任务。启动编制《济南市城镇化发展报告2020》，举办全市新型城镇化与乡村振兴专题培训班，完成省住建厅新型城镇化综合试点监测评估、“十四五”规划编制调研等工作，推进新型城镇化与城乡融合高质量发展。国家级、省级城乡融合发展试验区建设全面展开。成立市城镇化暨城乡融合发展工作领导小组，搭建工作专班，制定工作规则，指导各试验区参照市级模式搭建工作专班。按照“试任务、搭平台、建载体、推项目”原则，制定《国家城乡融合发展试验区先行区工作推进方案》，明确试验任务和先行区域，搭建平台载体，谋划一批重点实施项目。省级城乡融合发展试验区争创成功，济阳区、商河县、济南新旧动能转换先行区联合成片以黄河北片区入选省级城乡融合发展试验区。编制黄河北片区试验区实施方案，明确发展目标与路径。

【新型城镇化与城乡融合】　围绕“农业转移人口市民化、城乡融合发展”等重点内容组织开展国家、省市相关调研、座谈20余次。开展省级城乡融合发展试验区观摩交流活动，实行边试点边总结，形成一系列可复制可推广的典型做法和制度成果。全面放开落户限制、加快推进农业转移人口市民化改革经验，“让农民工更好融入城市”，商河县“一证保三权”等典型经验做法被国家发改委、《人民日报》、省住建厅等单位、媒体宣传推广；《城乡融合、共谋发展，打造新型城镇化与城乡融合发展“济南样板”》典型经验在《大众日报》《济南日报》等媒体刊发。

（关学军　刘建华）

【农村贫困人口住房安全保障】　组织开展房屋安全等级鉴定和住房核验工作，确保不漏一村、不落一户。全年实地入户抽检15个区县（含功能区）、107个街镇、722个村、1.47万贫困户；累计反馈省、市各类检查问题2.9万个，督促区县逐一落实整改。2020年，计划农村危房改造1656户，实际完成2372户，完成计划的143%，完成农村贫困人口住房安全有保障各项工作任务。

【农村改厕】　组织区县对67万改厕户开展过筛子整改验收，完成300户以上自然村公厕配建任务，健全完善改厕规范升级和后续管护长效机制。2020年，计划户厕改造3549户、建设农村公厕662座，实际完成户厕改造3951户，完成计划的111.33%，建设农村公厕802座，完成计划的121.15%，实现农村无害化卫生厕所普及率达90%以上、300户以上自然村公厕建设全覆盖目标。“农村‘厕所革命’”在乡村振兴考核中获全省第一。

【第二批美丽村居省级试点建设】在全省首创村庄设计方案市级评审制、项目清单制，实行进度月报制，确保村居建设不走样、项目不跑偏；打造出章丘施家崖、平阴北石硖、长清西李等一批产业强、环境优、家园美的美丽村居新范式。“省级美丽村居建设试点”在乡村振兴考核中排名全省第一。

【特色小镇培育创建】　在年底考核中，济南市15个街镇，除孙耿街道、马山镇因整体规划调整主动退出外，其余小镇在全省149个参创小镇中，1个小镇获得省政府命名，3个小镇列入新生小城市和重点示范镇名单，9个小镇进入全省前60名。2020年，全市特色小镇累计完成投资86.23亿元，实现产值474.72亿元，实现财税收入56.44亿元，带动周边农民就业18600余人。

【农村房屋安全隐患排查整治】 完成5293个村、77.37万户的农房排查工作，其中用作经营的农村自建房排查5.98万户。顺利完成排查整治第一阶段任务目标。

【传统村落和历史文化名镇名村保护】 对传统村落进行发掘整理，组织编撰《走进济南传统村落》，开展国家级传统村落挂牌保护工作。组织区县围绕保护规划成果编制、报批、实施等方面开展历史文化名镇名村自查评估工作。

（关学军 刘建华）

建筑业和房地产业

【建筑业概况】 出台《关于促进建筑业高质量发展的实施意见》《关于加快推动建筑装饰装修业发展的指导意见》，推动全市建筑业快速健康发展。2020年，根据山东省建筑市场监管与诚信一体化平台统计数据，完成建筑业总产值4422.8亿元，同比增长13.3%；实现增加值1037.1亿元，同比增长9.2%，主要经济指标领跑全省。总产值过百亿元企业11家，新增升规纳统企业269家，连续3年蝉联全省建筑业5强市首位。出台《关于进一步做好建筑工程“防疫情、促复工”保障工作的通知》等10余个文件，帮助全市908家规上企业复工复产，复工率100%。印发《济南市房屋建筑和燃气、热力工程标后评估工作规定》等10个文件，实施电子招标投标，完善“互联网+”招标监管模式。完成1553项工程招投标监督，建筑面积2408万平方米，中标金额1086.6亿元，标后评估项目90个。办理建造师、结构师业务10346人次，组织22017人参加二级建造师执业资格考试。出台《济南市建筑市场主体信用评价管理办法》《关于进一步加强建筑市场监管从严处理违法违规行为的通知》《关于开展工程监理改革试点的通知》，规范建筑市场秩序。开展“双随机、一公开”市场检查，核查238家企业，检查500余个项目。推进工程建设信息化，拟定《推动智能建造及建筑工业化协同发展工作方案》，分析研究传统建筑、装饰装修、智能建造产业链，填报企业库46家、项目库11个。

【工程质量安全管理】 抓好安全生产专项整治三年行动，部署各类专项行动12次。疫情初期，牵头搭建建筑原材料供需信息共享平台，全面助力复工复产。全面压实企业主体责任，以危大工程为重点，排查治理风险隐患。组织市区两级1万余人次，检查项目8000余个次，查出问题隐患2.1万余个次，并限期整改到位。强化安全教育培训，建成推广3家体验式教育基地，组织3轮全员教育培训，受训从业人员10余万人次。将事故项目参建各方纳入重点监管，落实不良行为等信用措施，对各类违法违规行为的项目，责令停工600余个次，信用扣分180余个次，移送处罚256个。在全市范围内开展专项检查，出动检查组1207组次、人员5978人次，检查项目1766个次，抽查2405个单体工程。出台《关于进一步加强建筑工程质量风险分级管控的通知》等文件，细化参建各方主体的质量责任。开展第三方辅助巡查和监督抽测工作，在2020年第一轮房屋建筑工程第三方辅助巡查中，被检项目主体钢筋、混凝土检测合格率均为100%。

【建设扬尘治理】 建立条块结合、以块为主、各司其职、齐抓共管的扬尘综合整治工作机制。严把源头管控措施，细化线性工程针对性防治标准，开展包挂督查专项行动，强化信用评价管理，严格督查惩戒违规行为。全年出动市级扬尘督查1493组次、4524人次，检查项目13696个次，下达整改告知单1849份，移交行政处罚59件，通报表扬项目270个，通报批评项目30个、责任单位13个，约谈项目29个、87家单位。利用在线监测监控平台开发三级管理系统，上线“扬尘随手拍”，不断创新监管方式。四季度末，全市施工工地裸露地面扬尘源面积较一季度减少232.18公顷，比年初减少12.1%。在全省住建领域扬尘治理工作综合评价中获第一名。

【勘察设计管理】 疫情期间，出台资质延期、复工复产等10条优惠政策，组织防疫基地项目技术论证，设计3处备用方舱医院。依托数字化图审系统，开展3D线上协同设计和审查，保证疫情期间勘察设计行业的高效运转。在全国首创以建筑信息模型（BIM）为技术核心的住宅使用说明书管理系统。出台《关于推行BIM版商品住宅使用说明书的通知》，提升商品住宅交付标准，自2020年7月1日起执行。试点推行工程设计施工总承包模式，吸引国内外知名设计机构与本土团队协同开展规划设计。开展“双随机、一公开”监管，对24家勘察设计企业进行核查。强化图审绩效评价考核，共审查工程1100多项，其中超限建筑10项。编印《勘察设计质量常见问题暨市民投诉热点问答》。联合地震、交通、教育等部门印发《济南市既有房屋建筑和市政工程抗震普查工作方案》，制定普查导则，启动既有房屋抗震普查工作。出台《关于做好社会投资简易低风险工程建设项目施工图审查改革工作的通知》《关于印发〈中国（山东）自由贸易试验区济南片区施工图审查制度改革实施方案〉的通知》《关于印发济南市施工图设计文件数字化联审实施方案的通知》等文件。

【绿色建筑节能与科技】 印发《济南市绿色建筑创建行动实施计划》《济南市民用建筑节能管理工作实施细则》等14份文件，研究起草《济南市人民政府关于全面推进绿色建筑高质量发展的实施意见》。全市新增绿色建筑1538.9万平方米，新开工装配式建筑691.18万平方米，新增太阳能建筑应用1307.42万平方米，分别完成全年任务的154%、144%、261%。牵头成立全国首个跨省（区）的区域性住建领域城市联盟——黄河流域绿色装配式建筑城市联盟，承办第五届山东省绿色建筑与建筑节能新技术产品博览会。全年新建节能建筑1621.24万平方米，新增节能监测项目43个，建筑70栋、建筑面积280万平方米。既有居住建筑节能改造立项139万平方米。完成8532户、建筑面积130.61万平方米的既有农房节能改造。完成31个公共建筑能效提升改造项目，改造总体节能率19.0%。研究规范合同能源管理措施，提升建筑能源利用效率。提高建筑节能技术产品认定核查和办理效率，将行政确认时长压缩到5个工作日，共办理建筑节能技术产品认定256个，含墙体类产品193个、门窗类产品63个。组织推荐2020和2021年度优秀科技计划项目81个，经省住建厅评审，入选科研开发类项目22个、科技示范工程类项目13个、重大科技攻关与能力建设项目1个、软科学研究项目11个。

2020年11月13—15日，山东省第五届绿博会在济南举办 （市住建局 供稿）

【建设工程消防验收】 2020年9月，成立建设工程消防验收处，负责消防验收工作。3月，联合市民政局印发《关于推进解决养老服务场所消防设施配置有关问题的通知》，集中解决已经用于养老服务但未依法配置消防设施有关问题。6月，印发《济南市房屋建筑工程安全质量专家管理办法》，组建济南市消防验收专家库，为特殊重大项目验收提供技术支持。10月，印发《关于贯彻落实〈关于化解校园既有建筑消防验收历史遗留问题的指导意见〉的通知》等文件，推进校园既有建筑历史遗留问题的消防验收工作。11月，印发《关于落实建设工程项目消防验收、消防验收备案与抽查行政权力“全链条”下放工作的通知》，促进“市县同权”改革落实。落实《建设工程消防设计审查验收管理暂行规定》，申报材料由原来的10项缩减到3项。年初疫情期间，实行网上申报、网上受理，做到不见面审批。新建项目消防验收纳入联合验收，统一受理，整体统筹，验收时限由原来的15个工作日压缩至7个工作日。

【培育和发展住房租赁市场试点工作】 创新“商改租”“工改租”房

源筹集模式，突破改建非居住房屋需变更建设用地规划性质的难题，经验做法被新华社等媒体报道，并在住建部专题会议上做典型发言。住房租赁市场发展试点先行先试，在全国率先构建较为完备的政策体系，牵头制定《济南市国有建设用地租赁住房建设和运营管理办法》等12项配套政策文件及5个工作导则，为房源筹集、主体培育、资金管理、规范市场、维护承租人权益等提供政策支持。培育10家专业化、规模化住房租赁企业，筹集租赁住房8.62万套，超额完成2年7.4万套的任务目标，可解决10万新市民的住房问题。搭建住房租赁综合服务平台，已有85家住房租赁企业、340家经纪机构在平台登记备案，6家线上企业完成系统对接，上传房源超过25万套。

【房地产市场监管】 在疫情期间，对于符合条件的房地产项目降低预售形象进度要求，提前一个节点返还预售监管金，逐步开放售楼处、中介门店，鼓励线上营销和预约办理有关手续，帮助企业解决实际困难。2020年3月，房地产业复工复产效果明显，住宅日均成交量保持在280套左右，超过以往3年日均成交200套水平。坚持“房住不炒”定位，落实“一城一策”主体责任，住房价格等指标始终保持在合理区间内波动。成立房地产市场监测评价中心，加快构建济南市房地产市场监测评价运行机制。全年完成房地产开发投资1707.63亿元，同比增长8.3%。新建商品房销售19.93万套、1595.95万平方米，同比增长5.18%；均价11768.35元/平方米，同比下降1.13%。制定《关于落实〈房地产开发项目用地配套基础设施建设条件意见〉的通知》《关于进一步规范商品房买卖合同网签行为的通知》等10余个文件，建立健全房地产市场全周期监管制度体系。改变以批代管模式，开展双随机一公开市场检查，强化事中事后监管。推进监管重心下移，市、区监管合力逐步形成。继续推行主体公司和子公司的资质通用。加强信用评价体系建设，实行开发企业信用信息及信用评价结果动态管理。

（关学军　刘建华）

【公租房管理】 编制《济南市公共租赁住房运营管理规范标准及评分细则》，明确公租房运营管理的9大管理事项44项具体内容150条规范标准，省住建厅将此《细则》作为《山东省公租房管理服务导则（试行）》出台实施。在市本级38个公租房片区实行政府购买公租房运营管理服务，完成乐天居、八里桥新居2个小区购买运营管理承接主体工作，引入市场竞争机制，促进运营管理机构进一步提升管理服务水平。围绕群众反映集中的房屋维修、物业服务等问题，开展专项整治行动。加大入户巡查力度和再分配工作。通过复查复核、一室户调二室户等措施，加大房源腾退力度，持续推进公租房调整分配，组织5批次轮候家庭分配工作，2018年轮候家庭清零。做好公租房小区防疫和扶持政策落地。对全市公租房小区严防严控，全市38个市本级公租房小区未出现疫情。落实企业扶持政策，印发《关于积极应对疫情减免公租房小区经营性公建承租人房租有关事项的通知》，助力企业发展，为250余户承租商户减免房租1000余万元。

【住房保障体系试点工作】 向住建部报送《济南市完善住房保障体系发展政策性租赁住房试点实施方案》，印发《济南市租赁型人才住房户内装修配套标准及服务内容》《引导鼓励住房租赁企业为新市民提供政策性租赁住房实施方案（试行）》等政策。济南市做法得到住建部高度认可，并通过《建设工作简报》专刊推广。盘活市场存量房源，接洽相关企业及市、区两级建设平台，落实房源3万套间，对接万科泊寓等优质租赁企业，公布首批人才租赁住房6838套。为解决新市民租房难、租赁企业监管难两大问题，以“政府搭台、银行助力、企业唱戏，共同服务新市民”为设计思路，以“一网一卡一专户”为主线搭建泉城安居信息系统平台，为新市民提供安全便捷的租赁平台、为租赁企业提供有力的支持政策、为政府提供有效的监管渠道。加大金融支持力度，建设银行济南分行与各建设单位对接，向市城投集团投放租赁住房专项贷款5.6亿元。

【保障人才安居】 市委、市政府办公厅印发《关于完善人才住房保障制度的若干意见（试行）》。开展高层次人才购房补贴申请受理工作，共审核通过硕、博研究生及高层次人才506人，补贴资金5700余万元。起草并由市人才办印发《济南市市级统筹人才公寓分配及使用管理规定（试行）》。为山东产业研究院、山东高等技术研究院等5家单位引进的400余名高层次人才办理市本级人才公寓丁家庄项目的入住手续。在市委人才办组织下，参与修订人才购房补贴政策及受理审核系统，优化流程，方便人才申领。

【直管公房管理】 制定《关于进一步做好直管公房及租赁户新型冠状病毒感染的肺炎疫情防控工作的通知》，指导、监督全市直管公房疫情防控工作。印发《关于在疫情防控期间减免直管公房（非住宅）租金促进中小微企业健康发展的通知》《关于进一步减免直管公房（非住宅）租金促进小微企业和个体工商户发展的通知》，年内累计减免租金472.21万元。开展安全隐患大排查，全年投入1408万元，维修601处，实现1.2万租住户居住安全。组织开展直管公房管理专项督查，为规范公房管理提供指导。

【住房制度改革】 印发《关于解决企业职工房改集资建房历史遗留问题的通知》，破解10余年来集资建房办证难题。开展机床二厂的企业集资建房房改历史遗留问题处理试点工作。完成审批房改件1800余件，归集资金1.16亿元，划转维修资金656.5万元。启用网上房改勘误系统，完成房改勘误1600余件。主动服务济郑铁路、小南营等市区重点征收项目，参与项目的房改认定、政策完善等工作，优先审核项目涉及的房改申请件，审核600余户。组织召开市住房公积金管理委员会四届三次会议，对增加受理银行等事项做出决策并督导落实。调整市住房制度改革领导小组和市公积金管委会成员，制定《济南市住房制度改革工作领导小组工作规则及办公室工作细则》《济南市住房公积金管理委员会工作规则及办公室工作细则》，规范议事机构的运行。

【老旧小区改造和加装电梯】 制定出台《济南市人民政府办公厅关于深入推进老旧小区改造的实施意见》《济南市2020年度老旧小区改造实施方案》，50个老旧小区项目均按时间节点进场施工，基础类公共设施改造完成总工程量的60%以上，全年累计投资5.08亿元。修订《济南市既有住宅增设电梯办法》《济南市既有住宅增设电梯有关手续办理导则》，开工建设电梯273部，发放财政补助资金5909万元。

【“泉城红色物业”建设】 全面搭建起市、区县、街道、社区四级物业工作体系，制定《济南市住宅小区物业服务监督检查办法（试行）》《关于建立住宅小区物业管理矛盾纠纷排查化解工作机制的通知》等配套政策，强化市级统筹协调、区级组织推进、街道主体责任和社区工作落实的上下整体联动、齐抓共管物业管理工作体系。创新党建引领模式，探索建立起“党建+物业”的“六位一体”社区治理新模式。指导15个区县（含功能区）依托住建部门成立物业服务行业党组织，组织有序推进“泉城红色物业”建设工作；印发《推进“泉城红色物业”建设实施方案》，召开全市推进“泉城红色物业”建设工作会议，通过开展“十大提升”行动和22项举措，全面构筑“泉城红色物业”建设工作新格局。

【《济南市物业管理条例》立法调研和起草】 《济南市物业管理条例》草案坚持党建引领，探索党建引领社区治理的有效路径，把党的政治和组织优势转化为基层治理优势；坚持问题导向，重点解决实践急需解决的问题，有效回应社会需要；坚持底线思维，维护法制统一，保护业主以所有权为核心的基本民事权利，按照上位法确立的基本制度和立法精神，围绕满足业主生活需要创新制度设计，预防和化解物业纠纷。

【物业管理行业监管】 开展全市物业行业监督检查，进行为期半年的“大排查、解难题、暖万家”专项行动，解决群众反映强烈的重点、难点、堵点和痛点问题7346件。制定《济南市新建商品住房物业承接查验实施细则》《关于住宅小区物业管理招投标工作的通知》等政策文件，规范物业服务招标程序，营造公开、公平、公正的招投标环境。

（关学军　刘建华）

【城市燃气】 全市管道天然气用户300.9万户，管道燃气普及率达92.42%，天然气消费量16.65亿立方米，瓶装液化石油气消费4.4万吨。中压及以上压力级别干线燃气管道8481千米，除偏远山区，全市已实现管道天然气“镇镇通”。完成全市83家燃气企业和104座燃气供应站点的燃气经营许可年度登记检查工作，组织各类燃气从业人员培训考核一批次、通过人员406人。加快LNG储气调峰设施建设进度，城燃企业已形成储气能力9333万立方米，济南南曹范LNG储配站(一期)3万水立方已完成主体工程施工，准备运行调试。加快推进天然气高压外环管网建设，截至2020年年底，高压东环线黄河乡—唐王段18千米已施工完成，唐王—曹范段38千米已基本完工。

【城市供热】 截至2020年年底，全市集中供热面积2.81亿平方米。组建济南能源集团有限公司，完成辛百成供热公司整合，将甸柳部分片区、九麓府片区纳入供热“一张网”。制定《济南市中心城区热源建设近期实施方案（2020—2022年）》，完成唐冶热源厂、华山燃气热源厂、东盛热源厂、新旧动能转换先行区燃气锅炉热源项目建设。印发《济南市中心城区住宅小区自管站（网）接管改造工作方案》，完成中心城区济南能源集团服务区域内464个住宅小区自管站（网）接管工作。解决23个、44万平方米孤岛小区供热。疫情期间为满足群众居家防疫采暖需求，延长2019—2020供热季供热时间20天。

【清洁取暖攻坚】 按期完成平原地区冬季清洁取暖攻坚改造37.44万户。2020年4月15日，召开全市清洁取暖工作视频会议，印发《济南市2020年平原地区冬季清洁取暖推进攻坚工作实施方案的通知》。落实市政府办公厅《关于明确我市冬季分户式清洁取暖运行资金补贴的通知》，运行补贴“后补”变“前补”、据实补贴，每户最高不超过1200元。会同市财政局制定清洁取暖市级资金补贴计划，累计拨付市级清洁取暖补贴约21.7亿元。完善清洁取暖数据管理，建立一户一档信息档案，并实现数据共享。组织开展信息审核录入操作和政策宣传培训，印发冬季分户式清洁取暖运行补贴发放政策解读明白纸和挂图，累计开展培训12次，培训人员300人次。

【海绵城市建设】 在前期已完成试点区域建设基础上，推进试点区域外推广工作，以规划管控、顶层设计、系统治理为抓手，科学规划和统筹实施城市水系、园林绿地、道路交通、建筑小区四大系统建设，系统化全域推进海绵城市建设。截至2020年年底，已累计建成180平方千米（含试点区域），占建成区面积的25.1%，顺利完成2020年国家及省定目标任务。

（关学军　刘建华）

【概况】 2020年，全市园林和林业绿化系统贯彻落实市委、市政府“东强、西兴、南美、北起、中优”城市发展新格局工作部署，树牢绿水青山就是金山银山理念，统筹山水林田湖草城等生态要素，聚焦“生态济南”建设，实施绿化提质增效行动，加快推动园林和林业绿化高质量发展。全市林地总面积306987.31公顷，其中有林地面积244670.07公顷、国家特别规定灌木林面积17214.79公顷。建成区绿地率36.45%，绿化覆盖率40.85%，人均公园绿地面积12.84平方米。有湿地面积27713.49公顷；其中，河流、湖泊、沼泽等自然湿地14184.82公顷，水库、塘坝等人工湿地13528.67公顷。

【重要区域生态修复】 高水平设计、高质量完成雪野风景名胜区10个地块72万平方米的生态恢复任务，改造提升既有绿化6.6万平方米，实现还绿于民、还湖于民、还景于民。“推动雪野湖生态恢复工程再现绿水青山”获评2020年全市改革攻坚优秀案例，入选省自然资源厅“改革创新典型案例”。高标准完成黄河生态风貌带建设和三涧溪村生态景观提升工程。

【城乡绿化美化】 全年建成各类公园136处，建设提升特色景观道路、街区109条（处），布置花卉3000

万盆（株），裸土覆绿385.5万平方米，立体绿化1.6万延长米，治理渣土山98处，打造花海景观11处、22万平方米。开展行道树复壮、大树培育和破“硬”工程，完成68条道路行道树复壮、62条道路绿化基础破硬，治理杨柳飘絮24.5万株。科学实施经十路绿化景观提升，连通树池3400米、更新行道树942株。持续推进国土绿化，完成造林10680公顷、森林抚育400公顷，建设生态廊道151千米、绿道133.76千米，绿化黄河堤防空白段168.73公顷，创建市级绿化模范村100个。

燕翅山山体公园　　（市园林和林业绿化局　供稿）

【生态资源保护管理】　全面推进林长制，相关做法被《中国绿色时报》专题报道。组织1.8万人包村居守山头盯坟头，成立26个督导组不间断督查森林防火重点乡镇，开展防火宣传“五进”活动，全市森林防火形势持续平稳。开展林业有害生物防控，“闫家河林业有害生物监测防治研究事迹”入选国家林草局“践行习近平生态文明思想先进事迹”。编制完成“十四五”期间森林采伐限额和森林经营方案。自然保护地整合优化工作有序推进，野生动物保护监管不断加强，古树名木资源保护项目顺利验收。

【林业产业发展】　开展林业行业扶贫“回头看”行动，超额完成省、市下达的扶贫任务。创建全国森林康养基地试点建设单位26家、省乡村林场3家。启动增选玫瑰为市花工作，指导成立济南市花卉产业研究院，与商河县签订花卉订单610万盆，新建百亩核桃精品园1处，对平阴玫瑰、商河花卉、南山核桃等优势产业的支持力度不断加大。参加山东省第七届花卉博览会，获金奖12项、银奖23项、金花奖1项。推进食用林产品合格证制度和产品追溯体系建设，完成监测抽检900批次，有效维护“舌尖上的安全”。

【公园景区管理】　强化“公园姓公”，公园景区运营管理更趋规范。开展优美环境打造、优良秩序营造、优质服务创建、优秀文化培育四大行动，11处读书屋建成开放，配套服务经营项目管理不断规范，“书香公园”成为创建全国文明城市的生动实践。参与主办首届泉城市民登山节，城区山体绿化修复和山体公园建设管理经验获中国中央电视台专题报道。改变公园年票传统发行模式，创新推出多票种组合、不限时办理、不限次充值等6大举措，淄博、东营等8市市民享受济南市民同城待遇。

【园林和林业执法】　加强制度建设，提请市政府出台《济南市关于推进全市园林和林业绿化高质量发展的实施意见》《关于贯彻鲁政办字〔2020〕46号文件加快推进城乡绿化行动的通知》。坚持改革创新，《公园服务管理规范》被省住建厅予以全省推广。深化“一次办成”改革，协助办理临时占用林地、绿地、自然保护地审批事项169件，审查附属绿化工程设计方案236件。办理人大建议、政协提案51件，12345热线办理综合满意率100%。

（李云亮）

【概况】　2020年，济南市城市管理局围绕全市中心工作，在城市品质提升攻坚行动中担当作为、狠抓落实，用心擦亮全国文明城市“金字招牌”，推进“全周期、全覆盖”的城市治理体系，城市管理工作实现新的突破，城管队伍建设得到新

2020 年 7 月 16 日，市城管局联合历下区城管局在宽厚里开展创城迎评督导 （夏琨 摄）

的提升。路长制、圆桌对话、城市家具一体化综合保洁等工作得到上级主管部门的肯定和推广。

【提升环卫水平】 推进城乡环卫一体化，垃圾分类示范区域覆盖 2421 个居民小区，得到国家住房城乡建设部调研组的高度评价，章丘区、商河县垃圾分类工作纪实在《中国建设报》、中国中央电视台《新闻直播间》等媒体宣传报道。建成投运长清马山垃圾焚烧发电厂，新增垃圾焚烧能力 1300 吨 / 日，厨余垃圾处理达 700 吨 / 日。全面完成垃圾处理二厂渗滤液大量积存中央环保督察整改工作，渗滤液日均处理达 2462 吨，积存渗滤液风险得到有效控制。清疏化粪池 3.5 万处，清运粪污水 36.4 万吨。紧抓大气污染防治，全域禁烧治理露天烧烤和餐饮油烟，全市 9 处渣土消纳场、359 处渣土利用点运转正常，5 家资源化利用企业落地试运行；全市主次道路机扫率、洒水率均达 100%，深度保洁达标道路全省第一，93% 的镇驻地实现机械化保洁，城乡人居环境明显改善。

【规范市容市貌】 发挥牵头抓总作用，合力攻坚城市品质提升、铁路沿线治理、文明城市总评等重点工作。拆除经十路沿线 34 个大型立柱广告，拆除整治提升广告牌匾标识 1.3 万处、10.13 万平方米，组织门店（橱窗）优秀创意评选活动；出台照明管理办法，节能改造路灯设施 5.8 万盏，提升市区 51 条道路路灯设施，进一步提升夜景亮化水平，市区 1000 余栋楼体亮化运行良好；清除非法小广告 48 万余处，打造精细管理示范街 30 条，提前完成 2261 处铁路沿线问题整改，市城管局被评为全省高铁沿线环境综合治理工作先进集体，全市城管系统 13 人受到表扬。拆除违建 4857 处、309.2 万平方米，87% 的街镇通过无违建验收。新建改造公共卫生间 109 座，超额完成民生办实事任务目标；保障重大活动 60 余次。

【完善城管法规体系】 贯彻落实市委全面依法治市委员会第二次会议精神，推进主题公园、信用城管、说理执法等 14 个普法项目试点，到社区、建筑施工企业、各类学校开展法制宣传 42 次，市城管局被评为全市法治研究工作先进单位，《济南市餐饮油烟管理与处罚研究》等 3 项成果获奖。制定《济南市生活垃圾减量与分类管理条例》，2021 年 5 月 1 日起施行；修订完善

2020 年 10 月 23 日，市城管局开展环卫技能大比武 （夏琨 摄）

《济南市城市管理标准》，出台《济南市城市管理综合行政执法人员行为规范（试行）》《济南市城市管理执法协管人员管理办法（试行）》，进一步提升城市管理和综合执法的法治化水平。

【规范文明执法】 创新“执法+服务”“引导+规范”新模式，首推城市管理行政处罚“四张清单”制度，出台服务夜经济“新八条”，及时主动引导规范有序摆卖，为企业、工地、商户复工复产保驾护航。组织实地考评验收基层执法中队79个，推动基层执法中队规范化建设水平跃升；取缔流动商贩10.8万处次，规范店外经营7.3万处次，各类行政处罚1.24万件、7952万元。

【解决市民诉求】 突出抓好市民最关注的道路保洁、环卫设施、市容秩序等问题整改，用“马上就办”解决群众的操心事、烦心事，用“办就办好”给市民增添更多幸福感和获得感，全面完成5项重点承诺事项。承办12345热线5.65万件、满意率99.64%，在全市政府序列部门承办满意率排序中位居前十。发挥城市管理综合考评“指挥棒”作用，实现“以考促管、以考促改、以考促靓”。

【城市治理体系改革创新】 发挥城管委统筹作用，总结提炼来自一线、务实管用、操作性强的经验做法，先后推出40余项新举措、新办法，推进城市治理体系和治理能力整体提升，“圆桌对话破解城市治理难题，济南城管开启共商共治共享新模式”等4项创新做法被省住房城乡建设厅推广。首创以道路为载体的城市家具一体化综合保洁模式，中央、省、市40余家新闻媒体在全国宣传推广。完善“1+1+N”路长制工作体系，全市9区、685条道路、567名路长主动发现、协同处置城市治理问题111万件，处置率93.64%，试点经验被《央广新闻》点赞、在全省推广。深推“行走城管”行动，开展“最美行走城管人”评选，全员“包区挂办”行走一线，发现问题20万处，整改率100%，为实现全国文明城市创建年度测评“三连冠”贡献力量，5个单位、21人被评为济南市全国文明城市创建工作先进集体、先进个人，“行走城管+路长制”作为创城重要经验之一，在中国中央电视台《新闻联播》报道。

（夏　琨）

2020年10月23日，济南市举办庆祝山东省第26届环卫工人节主题活动　（夏琨　摄）

【概况】 2020年，全市新增缴存职工21.72万人。缴存公积金301.59亿元，提取205.79亿元，发放个人住房公积金贷款130.06亿元，同比分别增长8.9%、10.75%和13.38%，各项业务指标居全省首位。

【省会经济圈公积金业务协同办理】 发挥省会城市牵头作用，与圈内其他6城市沟通、协商，签订合作协议，在公积金缴存互认、贷款互贷、信息互查、学习互鉴等方面达成合作意向，搭建起区域缴存、贷款、婚姻、房产等信息共享快捷通道，异地转移业务打造跨区域业务一链条办理，实现圈内城市异地转移即接即办，真正将两地间业务环节实现无缝衔接。

【打造“公积金泉城办”服务品牌】 以推进“互联网+公积金”建设为抓手，打造“公积金泉城办”品牌。以综合服务平台为支撑提供全方位服务，建立集网上办事大厅、公众微信号、手机端、自助终端、服务热线及短信平台、柜面多渠道综合服务平台，以优秀等级在全省首个通过住建部验收。与政务服务平台、支付宝、爱城市网、银行、服务热线等链接，扩大公积金综合服务平台辐射半径。在全省首个进驻省政务平台，全国第二家用支付宝区块链开具缴存证明，全市首创热线公积金专家座席。串联相关职能部门，让信息“多跑路”，依托省市政务服务统一认证平台、银行卡、人脸识别、数字证书、银行联网等方式解决业务对象身份问题。缴存证明、缴存明细、异地贷款等证明材料全面实现线上开具，电子回单、电子凭证全面应用于各业务场景。13类提取业务、14项归集业务、5项贷款业务可网上办理或申请。

【提高服务水平】 借助银行网点拓展住房公积金办理的空间范围，提取由公积金服务大厅一点扩展到市内140个银行网点，贷款拓展到市内330个网点，更好地方便群众就近办理公积金业务。优化住房公积金单位缴存登记流程，与社保、工商、税务等部门加强联动，从工商登记注册到公积金单位开户，只需一份材料、一次提交、一窗受理，实现企业工商登记与住房公积金缴存登记一站式完成。全市为民办实事之一公积金跨行提取通兑业务正式上线运行，打通全市建行等5家归集业务委托银行提取支付结算通道，线上、柜面业务跨行支付全覆盖，实现跨行“秒”到账。

（张小溪）

【概况】 截至2020年年底，济南城市建设集团资产总额达2539.69亿元，同比增长14.47%。全年实际完成投资299.5亿元，超额完成投资任务。新签约内资项目17个，总投资706.4亿元，到位资金约200亿元；实际利用外资2.76亿美元。集团获得惠誉“BBB+”、穆迪“Baa2”国际评级，位列市属企业最高、全省市属企业前列；成功定价发行2亿美元债券。集团获评“山东省攻坚克难奖先进集体”“山东省企业思想政治先进单位”“山东省模范职工之家”“济南市十佳职工之家”；陈德国获评“全国劳动模范”，2人获评“山东省三八红旗手”，1人获评全市担当作为“出彩型”好干部。

【夺取疫情防控和复工复产“双胜利”】 组织587人分16批次下沉济北、济阳2个街道11个社区开展志愿服务工作，选派11人投入“进社区”攻坚行动。践行国企社会责任，落实有关扶持政策，累计减免中小微企业和个体工商户房屋租金1.15亿元。在抓好常态化疫情防控的前提下，多措并举抓好复工复产。跨黄桥隧、科创城等重点项目春节期间加班加点，组织人员连续施工，节后在市级重点项目中率先全面复工，组织开展“大干一百天、打赢歼灭战”等活动，项目建设实现既定节点目标。集团1人被评为济南市疫情防控工作担当作为“出彩型”好干部，1个党支部获“济南战疫团队”称号。

【项目建设】 跨黄桥隧建设 济乐高速南延工程提前4个月竣工通车，为落实“北起”战略、推进“拥河发展”再添1条跨黄通道，济泺路穿黄隧道全线贯通，凤凰黄河大桥三塔封顶，齐鲁黄河大桥420米跨拱肋完成卧拼，新建“三

2020年10月21日，齐鲁黄河大桥首跨拱肋顺利合龙 （房龙飞 摄）

隧一桥”举行集中开工活动。

重点片区开发 先行区引爆区安置西区（一期）基本完成内装施工，孙耿安置区（一期）陆续主体封顶；引爆区市政道路一期工程基本具备通车条件，二期工程有序实施；黄河防护林初具景观效果，石济客专高铁沿线防护林快速推进；大桥安置五区、太平安置区等4大安置区约145万平方米建设工作正式启动；都市阳台国际社区、总部经济产业园区等四大园区约31千米道路开工建设；山大二院先行区新院正式开工；济南黄河体育中心前期准备工作加快推进。科创城片区电工所项目试验区一期工程交付使用，二期工程单体建筑（除轨道工程外）达到交付使用条件；科研区（除产业研发大楼外）全部单体建筑主体封顶。理化所项目一期工程A—1车间主体封顶，配套工程同步建设。高研院主院区项目北地块全面开工。西客站片区省科技馆新馆项目完工，省会文化艺术中心“三馆”二期完成主体验收，山东国际会展中心项目工程入选“鲁班奖”。大学城片区重点推进华谊兄弟电影城一期“老济南街”招商运营工作。华山片区齐烟揽华项目一期完工，华山公园整体园林绿化景观框架和华山湖基本形成。北湖片区全力推进安置房建设，泉城印象段绿化景观工程完成施工，云锦湖公园具备初步景观效果。

黄河生态风貌带重点项目建设 济西湿地国庆期间有序、安全开放。骑行绿道、生态停车场、驿站建设完工，黄河文化传承基地正在推进基础施工。

其他项目建设 全力保障济南国际机场二期改扩建项目和佛慧山开元寺入口改造项目建设，完成12339套租赁住房开工任务。

【实施企业改革】 成立集团改革领导小组，建立集团改革事项台账。组建集团战略咨询委员会，完善企业发展战略规划，编制完成集团“十四五”规划。结合实际调整优化集团组织架构体系、薪酬体系，分门别类探索制定绩效考核办法。将集团所属子公司分类整合至六大业务板块，确立板块龙头企业，理顺子公司管理关系，实现子公司三级管理。成立集团混改专班，加强风险防控，完成金衢公司混改工作。完成万融置业公司、金龄健康公司市场化改革试点工作，制定权力清单，促进子公司面向市场自主发展。

（徐国辉　陈瑞）

2020年6月25日，省会文化中心三馆二期项目主体封顶　（房龙飞　摄）

【概况】 2020年，济南城投集团克服种种不利因素，率先复工复产，各项工作组织有序、推动有力、稳中有进，实现疫情防控和经济发展双胜利。多方筹措资金，拓展融资渠道，出色保障全省新旧动能转换“两高地”等百余项工程建设任务。集团获“全国文明城市创建工作先进集体”“济南市东西部扶贫协作社会捐赠先进单位”等称号。全年实现资金收入601.67亿元，资金支出596.18亿元，缴纳各项税金5.86亿元，超额完成年度投资任务；完成重大项目投资310亿元，投资完成率106.08%；偿还到期债务本息279.88亿元，连续16年保持项下债务履约率100%。

【项目建设】 2020年，城投集团纳入市级重点投资项目7项，共涉及83个具体项目，计划总投资292.72亿元。围绕“东强、西兴、南美、北起、中优”城市发展新格

山东第一医科大学图书馆　（济南城投集团　供稿）

局，有序推进济南国际医学科学中心、中央商务区、济钢、长清马山等片区建设。为有效提高资金利用率，实现资金效益最大化，集团逐一梳理项目，分析建设投入资金与土地出让、房产出售出租等回笼资金的周期、金额，科学拟定年度投资计划。新冠疫情发生后，狠抓复工复产，咬定投资计划不放松，截至年底累计完成投资310亿元，投资完成率106.08%。全年实施园林绿化项目84万平方米、市政道路项目28千米、房建项目274万平方米。新开工建设树兰医院、医疗硅谷、济钢森林公园等项目，北方大数据中心、山东医科大学二期、安置片区、中央商务区安置片区等项目约171万平方米建筑竣工交付，48千米小清河生态景观工程、中央商务区东西绿廊已成为泉城景观的新亮点、新地标。聚焦民生工程，做好供水、原水建设，保障供水安全、城市照明建设维护、教育配套设施建设。培育发展住房租赁市场，在历城、历下、槐荫、市中4区选取6个地块建设租赁住房，已开工建设3000套。

【招商引资】　聚焦济南国际医学科学中心、雪山等大片区开发建设，突出“招大引强”，兼顾产业落地和开发建设良性互动，主动对接行业内实力企业，联合辖区政府和职能部门对入驻产业业态严格甄选把关，实现片区健康有序发展。全年完成招商引资落地项目25个，总投资约180亿元。

【拓展融资渠道】　全年新增融资342.40亿元，其中新增直接融资150.13亿元。按照构建多层次、多渠道、多元化、可持续融资体系的思路，不断改善融资结构，降低融资成本，提高资金保障的稳定性，确保重点项目资金需求。对接申请重点工程专项债券工作，13个项目获批，发行金额10.2亿元。先后发行100亿元私募公司债、30亿元公募公司债，提高直接融资比例，融资成本由4.95%下降至4.5%，与上年同期相比下降10%。

（李萌萌）

小清河生态景观提升项目　（济南城投集团　供稿）

【概况】 2020年7月12日，市政府向市国资委下达《关于同意组建济南城市发展集团有限公司的批复》（济政字〔2020〕49号），同意组建济南城市发展集团有限公司，明确集团党委由市委管理。11月3日，集团在济南市行政审批服务局注册成立，集团统筹承接全市土地一级开发任务。

【组织建设】 按照建立现代企业制度的要求，集团按规定建立企业党组织、董事会、经理层、监事会等法人治理结构。加强组织建设，设10个职能部室和土地资源整理开发、城市更新、乡村振兴、资产运营管理4家全资子公司。成立党支部3个，均由集团业务骨干任支部书记，支部党建工作与业务工作高度融合。

【业务开展】 划转优质国有资产，不断扩大规模；对标深圳、上海、广州等发达城市，与市内区县对接，与各区县（开发区）合作成立合资公司，和市内相关单位一起，统筹整合、转化全市山水林田湖草等自然资源为优质的生产要素；配合市土地储备机构编制2021年市级土地储备计划；按照市委、市政府要求，开展城市更新和与乡村振兴有关工作；进行金融创新活动，探索发行境外债等低成本融资渠道。

（济南城市发展集团）

【概况】 2020年，全市空气质量综合指数为5.16，同比改善12.8%；$PM_{2.5}$浓度为47微克/立方米，达到自有监测记录以来的最好水平，超额完成蓝天保卫战目标任务；空气质量优良率62%，同比增加39天，完成蓝天保卫战目标任务，泉城蓝逐渐成为常态。全市10个国省控断面水质全部达到省考核要求，国控断面好三类水体比例达85.7%，同比提高14.3%，水质指数居全省第一位，除地质原因外地级以上集中式饮用水水源100%达标。在全国率先完成企业用地土壤调查，加强重点部位土壤监管，受污染耕地和建设用地污染地块安全利用率达100%，危险废物和医疗废物实现100%安全处置，裕兴化工厂红石膏历史遗留问题得到妥善解决。在全省率先完成排污许可清理整顿和发证登记任务，核发排污许可证2018家，延续134家，变更1336家，排污登记12139家。全年争取中央、省级环保专项资金19007万元。高质量完成全国第二次全国污染源普查工作，形成报告获全国一等奖。

【污染防治攻坚战】 蓝天保卫战 强化目标责任管理，每日分析研判空气质量形势，实施重点区域精细化管理；强化工业污染管控，完成4家钢铁联合企业钢铁超低排放改造，对93台炉窑实施改造、16台燃煤热风炉停产拆除，完成莱芜区剩余4台35蒸吨燃煤锅炉淘汰任务，“一企一策”整治116家涉VOCs企业；强化移动源污染管控，开展联合路检1226次，省内率先启动非道路移动机械环保编码登记工作，实现2.14万辆重型柴油车车载诊断的远程信息监控，在已报废老旧柴油车3.69万辆的基础上鼓励报废柴油货车2132辆；组织应对重污染天气。

碧水保卫战 加强河流断面水质管控，每半月对区县重点河流断面开展考核，定期开展水污染形势分析会议并联合排查，及时解决断面不达标问题；做好饮用水水源地保护，开展城镇地下水型饮用水水源地和农村水源地排查及清理整治工作；狠抓黑臭水体治理，推进专项整治行动，对发现的问题及时督导整改；狠抓污水处理能力建设，推动新增污水处理能力13万吨/日；加强入河排污口排查，累计排查各类排口7006个。加强地下水环境监管，强化化工企业集聚区及周边地下水污染防控，完成地下水污染防治分区划分试点，全年地下水质量保持稳定。

净土保卫战 开展土壤调查，高质量完成345家重点行业企业信息采集以及49个地块采样分析工作；推进受污染耕地安全利用，开展受污染耕地安全利用工作；做好两类用地土壤风险管控，建立疑似污染地块清单和用途变更存量清单并完成土壤污染状况调查，对4个污染地块进行治理修复。

【生态保护修复】 推进生态文明

创建工作，济阳区入选国家生态文明建设示范区，南部山区、莱芜区雪野街道房干村入选省级首批“绿水青山就是金山银山”实践创新基地；推进自然保护区突出问题治理，提前一年完成自然保护区问题整改销号等重点任务；推进农业农村环境保护，完成130个农村环境综合整治污水治理项目。

【督察反馈问题整改】 对照整改任务清单和整改时限，推进重点难点问题整改，159项中央及省级督察整改问题中已完成133项，正在推进26项；督察期间转办信访件4194件，已完成4174件，正在推进20件。

【防范化解生态环境风险】 规范辐射管理工作，组织开展环境风险源企业环境安全隐患排查治理行动，加强环境安全应急能力建设，在省生态环境监管技术比武竞赛活动中获第一名；规范固废、危废及重金属管理工作，新增危废处置能力27.6万吨/年，推进裕兴红石膏问题整改。

【推进生态环境高质量发展】 推进黄河流域生态保护和高质量发展。推进国家空气质量数值预报系统移植济南市，实现第一个国家级超算应用系统落地济南。启动黄河生态风貌带生态保护与修复专项研究，开展黄河流域的入河排污口排查工作。优化营商环境。严格环境准入，做到从源头防控环境风险；推行不见面审批，开展环评告知承诺制审批改革试点和环评豁免制度，办理告知承诺制建设项目694个；对受理的293个重点项目加快完成环评审批或备案；下放48类项审批权限，优化审批流程。推动绿色低碳发展。探索低碳社区建设，推进力诺集团低碳工业园区等4个全市首批低碳社区试点建设工作，提升应对气候变化能力水平，推进碳交易市场基础建设，强化消耗臭氧层物质管理。

【提升环境治理水平】 落实多指标量化考核机制。持续开展镇街环境空气质量考核工作，奖励资金180万元、扣缴225万元；持续开展道路颗粒物考核工作，实现资金奖惩1816万元。提升智慧监管监测水平。深化网格化监管，组织网格员巡查42万余次，发现环境问题线索4万余个；探索非现场执法科技手段，加强微站、走航监测和渣土车GPS等数据的综合及应用排查；推进重点污染源自动监控体系建设，新建180套自动监测设备。提升执法效能。行使行政处罚自由裁量权，规定减轻和免除环境行政处罚的16种具体情形，将6类共784家企业纳入监督执法正面清单，实现对守法企业无事不扰、对违法企业严惩重罚；严格秸秆禁烧，全年未发现秸秆焚烧火点和黑斑；办理12345市民服务热线交办件13845件，办结率100%，满意率为99.31%。

【生态环保法治建设】 规范权力运行，制定并动态更新权责清单，强化环境行政执法监督；深化生态环境损害赔偿制度改革，启动生态环境损害赔偿案件45件；探索开展环保信用体系建设，对有关企业及个人进行审核。

（薛 洁）

栏目编辑 王 炜

【概况】　2020年，济南教育围绕“建设现代化教育强市”的战略目标，一手抓疫情防控，一手抓教育发展，多项工作走在全国全省前列，“有温度有品质的济南教育”品牌深入人心。

【优化教育资源配置】　2020年度开工建设中小学校幼儿园144所，完成119所问题幼儿园整治。11月底，完成投资130.2亿元，竣工校舍336.25万平方米，新增中小学学位27.76万个，排名全省第一。在全省率先编制完成《济南市2030年中小学及幼儿园布局规划》。第三期学前教育行动计划收官，新建改扩建幼儿园68处，新增学位2万余个，普惠性幼儿园覆盖率87%，公办园幼儿占比超过53%。至12月底，全市共开工建设、改造厕所4.42万平方米，完成率156.7%，排名全省第一。实施产教融合“145+X”项目培育计划，参与订单培养、现代学徒制、1+X制度试点学生达到41728人。出台《济南市外商独资营利性教育培训机构设置与管理办法》，建立外商独资经营性教育培训机构设立路径。

【教师队伍建设】　2020年，教育部门根据全市学校编制空缺情况“空编即补”原则，通过公开招聘、统筹调剂、“双一流”高校引进、公费师范生定岗招聘等方式补充教职工4978名。全市33964名学生参加教师资格面试，设置20个考点702个考场，组织4000余名考官和工作人员参与面试。完成市直学校新一轮岗位设置工作，新增正高级教师岗位159个，副高级岗位223个，中级岗位1117个。率先在全省开展基层中小学职称评定，46名教师取得基层中小学正高级教师职称资格，274名教师取得基层中小学副高级职称资格，1763名教师取得高级教师资格。引导干部教师跨学段、跨学校、跨区域合理流动，全年义务教育学段交流校长教师4160人，选派176名教师赴武隆、湘西等地支教，组织1021名师范生参加实习支教。继续开展171名济南名师和“优管”建设工程人选高端培训，1381人次参加中小学教师“国培计划”与“山东省万名骨干教师培训”项目，320名参加湘西州、武隆区、临沂市校长和骨干教师培训，820名参加乡村骨干和薄弱学科教师培训，681名参加高中新教师岗前培训，8.2万名教师报名参加“互联网+教师专业发展”工程培训。

【增加教育经费投入】　2020年全市教育经费总投入为291亿元，比2019年增加35.84亿元，增长14.05%。其中，财政性教育经费收入237.83亿元，比2019年增长15.7%，非财政性教育经费收入53.17亿元，比2019年增长7.20%。2020年全市各类学校生均一般公共预算教育经费增长情况如下：幼儿园8104.98元，比2019年增长7.16%；普通小学15212.97元，比2019年增长7.33%；普通初中23404.11元，比2019年增长11.96%；普通高中23471.23元，比2019年增长15.31%；中等职业学校23438.86元，比2019年增长16.26%；普通高等学校生均一般公共预算教育经费为18872.08元，比2019年增长16.33%。持续保障学前教育到高等教育学生资助全覆盖，落实学生资助金4.34亿元，惠及15.49万名家庭经济困难学生。

【安全防控体系建设】　推进全市

中小学校幼儿园安全防范基础设施建设，完成校园安防专职保安员配备、封闭化管理、一键式紧急报警和视频监控系统建设及“护学岗”设置“4个100%”年度建设任务。出台《济南市中小学校幼儿园安全管理规定》，建立全市中小学校幼儿园安全管理的总体系统框架。推进“泉校安”学校安全风险防控监管平台研发应用，构建校园安全风险隐患“双重预防”体系。出台《济南市中小学幼儿园安全工作考评方案》，科学考核评价区县教育部门和学校安全工作实绩。出台《关于建立济南市校园周边安全综合治理工作机制的意见》，健全部门联席会议制度。出台《开展“预防未成年人溺水安全月”活动的实施方案》，多部门联合开展防溺水督导检查活动。联合公安、交通等部门建立校车安全督查工作机制，强化校车安全监管和“黑校车”整治，消除“黑校车”624辆，增加定制公交310辆，全市918辆校车安全运行无事故。联合相关部门开展9次学校安全督导检查活动，共检查学校676所，整改各类安全隐患4480项。投入市级财政资金982万元，实现全市中小学幼儿园（含民办）校方责任险全覆盖，受益学生137万人。

【促进学生全面发展】 梳理提炼10个大中小学思政课一体化教学主题，组织两场全市大中小学思政课一体化建设教学现场会，构建8大类100所实践教学基地。组织“青春版商量”活动，学生模拟政协委员身份参与提案、调研与商量，首次组织师生参加“两会”旁听。新建济南市学生心理健康指导中心，开通全市学生心理关爱热线“87-525-525”。推进学校体育“一校一品”“一校多品”特色发展，全年新增全国足球特色学校26所、幼儿园22所，全国篮球特色学校7所，全国排球特色学校5所。整合优化赛事体系，组织市级比赛30余项，启动冰雪项目，组织冰雪教练员培训。推选优质节目参加省级评比，37个节目获奖。推广非遗项目进校园，遴选20所学校作为非遗传承与学校教育融合工程项目单位。

【学校及社会语言文字的规范化建设与普及】 根据《教育部国家语委关于进一步加强学校语言文字工作的意见》要求，2020年完成842所学校的达标验收工作。开展以语言文字为载体的优秀传统文化教育活动，在全市中小学生中开展“诵读红色经典，不负韶华使命”和“我们的节日——中秋”经典诵读活动。印发《济南市第23届全国推广普通话宣传周活动实施方案》，推选2位“济南市推广普通话形象大使”；组织开展“推普校园行”活动，开展“推普乡村行”宣传，提高学生和居民的规范用语用字意识。

【普通话测试工作】 2020年在全省范围内率先实现测试工作网上缴费，实现普通话测试工作“零跑腿”，完成全市各区县测试站点的选址、建设工作，满足考生在家门口考试的需求。全年9378人完成普通话水平测试，测试等级证书的核发时限由60个工作日缩短为45个工作日。

【提高教育国际化办学水平】 按照教育部要求和巴西里约中国国际学校办学需要，牵头制定《海外中国国际学校建设工作方案》，选派1名校级干部赴里约中国国际学校从事教师管理及教育教学工作。24项政务服务事项“一网通办”，流程再造共压减处室流程11项、办理时限数11项，办理时限25个工作日。组织学校参加中泰、中俄、中德、中英、中日、中美线上交流、中外人文交流项目说明会、上合示范区杯俄语大赛、参与培养留学生“护航计划”项目等活动。推进济南大学与慕尼黑工业大学和哈尔科夫理工大学、波兰肖邦音乐大学与山师大音乐学院、德国维尔茨堡大学与山东大学、山东第一医科大学开展合作办学。与汇点中国教育集团、思爱普山东省分公司在自贸实验区济南片区合作办学进行洽谈。分别与美国MTI教育集团、亚龙集团探讨开办济南市第二所国际学校，目前全市已规划4所外籍人员子女学校。组织编制惠台26条措施办事指南，为台生就学提供便利。

【打造优质高教资源集聚区】 出台《支持引进优质高等教育资源创新发展若干措施》，实现全市在高等教育资源引进方面的制度创新，也是山东自贸试验区内第一份引进高等教育资源的政策文件。引进北京奥特思鼎国际教育投资集团在自贸区建设国内外优质高等教育资源起步区和项目孵化器——济南虚拟大学创新产业园，注册成立中国第一家以“虚拟大学”为名称的市场主体——济南云创虚拟大学创新产业园管理有限公司，开创“虚拟大学”这一数字教育新业态新模式。

【“双贯通”精品思政课改革】 2020年，济南市委教育工委在全国首提“双贯通”思政课改革（即纵向贯通的“大中小学思政课一体化建设”和横向贯通的“理论 + 实践”教学），以核心改革项目统筹驱动全市思政课整体改革创新，让思政课真正成为立德树人的关键课程。举办多轮次“全市思政课改革建设教学现场会”，集中展示和专题研讨教学成果，144 万人同步观看；在全国率先出台《关于深入推进思政课实践教学改革的实施意见》，构建 8 大类 100 所思政课实践教学基地，高品质“行走的思政课”在泉城铺开。该项目列为省级教改重点项目，改革经验全省推广并呈报中央教育工作领导小组，央视以《济南：100 个教学基地 让思政课扎根广袤大地》为题做深入报道。

【2020济南教育十件大事评选】“2020济南教育十件大事”分别为：“双贯通”精品思政课改革力准行深绽光芒，全市学前教育快速迈进普惠发展新时代，“家访进万家，满意在教育”推进家校社协同育人，稳妥有序复学复课打造“济南模式”，教育为民办实事项目超额完成，全市推进职业教育创新发展高地建设，流程再造为机关效能“加速”，平阴义务教育优质均衡发展创建获媒体广泛关注，济南职业学院获评“2020 全国职业院校产教融合 50 强”，省实验中学入选“普通高中新课程新教材实施国家级示范校”。

【复学复课】 新冠肺炎疫情发生以来，市教育局坚持把师生生命安全和身体健康放在第一位，“精准有效、全面细致”推进学校疫情防控。率先开启济南“云课堂”，上线优质课程 10345 节，全力做好家庭经济困难学生“空中课堂”线上学习全覆盖；率先对假期留校民族学生和外籍学生实行全封闭管理；率先启动一线医务人员子女“温暖在线”关爱行动；14 部门联手全方位立体化包校督导，“一校一策、一班一案”制定开学预案，稳妥有序组织好各学段复学复课。复学核验 50 条等多项经验在全省推广，云课堂、心理健康教育、定制公交、复工助产等多项工作获央视、《人民日报》、新华社、《中国教育报》等国家级媒体报道，多项经验被誉为“济南模式”。

【完成为民办实事项目】 2020 年，“开工新建、改扩建 130 所中小学（幼儿园）”列入全市“为民办实事”承诺项目。全市各级教育部门克服疫情影响，“一手抓防疫，一手抓建设”，开工新建改扩建中小学及幼儿园 144 所，以 110.7% 的完成率超额完成为民办实事重点任务，建设总量领跑全省、领先全国。解决大班额问题、居住区配套园整治工作排名全省第一，56 人及以上大班额在济南市成为历史。

【山东省实验中学入选“普通高中新课程新教材实施国家级示范校”】 7月，教育部公布普通高中新课程新教材实施国家级示范校名单，山东省实验中学名列其中。实验中学在课程体系建设、组织管理方式创新、课堂教学改革、学生评价和考试评价、教师队伍建设等教育教学关键领域制定一系列举措，深化课堂教学改革，重视教材育人功能，加强校本课程建设，开设“崇德”“渝智”“强体”“悦美”“爱劳”五类校本课 130 余门，开展以“指向学科核心素养的情境教学”为主题的校庆课展示活动，在深化新课程改革进程中形成了一批可借鉴推广的经验成果。

【家校社协同育人】 济南市把做好家访作为传统教育教学管理的常态回归，在疫情防控常态化状态下，将“万名教师访万家”活动拓展为“家访进万家，满意在教育”全员家访工作机制，在每年寒暑假“万名教师访万家”活动基础上，疫情期间推进线上线下“双线制家访”，组织市、区县教育局局长和中小学、幼儿园校长、园长带头入户家访“问教问学”，指导家长转变教育观念，推动学校、家庭、社会形成“有温度、有故事、有感动”的济南家庭教育发展势态。截至 2020 年 12 月初，全市各中小学、幼儿园已开展家访活动 1461225 人次，召开家委会教育恳谈会 5689 次，在家庭、学校和社会之间搭建起沟通的桥梁。

【招生考试工作】 普通高校招生考试。新高考改革下首次普通高校招生外语听力考试报名49889人，普通高校招生艺术类统考报名3383人，春季高考报名9358人，夏季高考报名52881人，高等教育专科升本科考试报名10268人。完成驻济高校本科走读生计划1350名，其中济南大学700名、山东财经大学350名、山东建筑大学300名；招收飞行学员114人，其中：空军54人（双学籍飞行学员3人）、海军7人、民航53人。

部分大学录取分数线一览表

表6

科类 / 院校	本科录取线	
	全省线	走读线
山东财经大学	564	548
山东建筑大学	505	496
济南大学	538	520

2020年山东省夏季高考分数线（普通类）一览表

表7

	分数
特殊类型招生控制线	532
一段线	449
二段线	150
“3+2对口贯通分段培养”高职志愿填报资格线	399

注：享受65%优惠政策的高水平运动员文化录取控制线为291分。

2020年山东省夏季高考分数线（艺术类）一览表

表8

	文学编导、播音主持、摄影类专业	美术、音乐、书法类专业	舞蹈、影视戏剧表演、服装表演（模特）类专业
本科文化控制线	381	314	291
专科文化控制线	150		

注：独立设置及参照独立设置本科艺术高校执行的高校和专业（湖北美术学院、中央民族大学除外），自主划定艺术类本科文化控制线。

2020年山东省夏季高考分数线（体育类）一览表

表9

	分数
一段线	561
二段线	457

注：体育类划线成绩为综合成绩，其中专业成绩占70%，文化成绩占30%。

研究生招生考试。硕士研究生考试报名48290人，比2019年增加12359人。

初中学业水平考试。完成初中学考试题命制、印刷、考试、阅卷及成绩发布等工作任务，共有179068名考生报名参考。7月完成高中阶段学校录取工作，普通高中最低录取资格线369分；“3+4”高等师范教育、“3+4”高等职业教育（非艺术类）最低录取资格线385分；“3+4”高等职业教育艺术类最低录取资格线为313分；五年制师范教育最低录取资格线300分；五年制高等职业教育、三二连读高等职业教育最低录取资格线150分。

全市普通高中共录取41053人，职业类学校共录取新生18249人，较2019年增加4570人。

普通高中学业水平考试。高中学业水平考试报考144984人（夏季报考94875人，冬季报考50109人），较2019年增加2567人。

高等教育自学考试。组织两次高等教育自学考试，共报考122805人，333381科次，较2019年持平；全年共注册新生27932人；组织三次毕业申报工作，共申报10130人，通过审核取得专、本科学历的共有9666人，通过率95.42%，比2019年增加393人。

成人高考和非学历社会证书考试。受疫情影响，上半年全国计算机等级考试、中小学教师资格证书考试（笔试）等及其他各类非学历社会证书考试均暂停考试。成人高考报名90290人，较2019年增长16269人；非学历社会证书考试报考445064人。　（蔺立华）

【概况】　2020年，济南市全面构建“广覆盖、促基本、促公平、有质量”的学前教育公共服务体系，实施公办幼儿园增量工程，“新建、改扩建、内部挖潜”等多形式提供公办学位2万余个。全市94个镇街建成105个中心幼儿园，实现乡镇中心幼儿园全覆盖，出台疫情期间普惠性民办幼儿园扶持政策，全市认定普惠性民办幼儿园790余处，普惠性幼儿园覆盖率87%。组建43个幼教集团、99个镇村一体化、196个公办+民办共同体，在全省率先出台《济南市全面推进“以游戏为基本活动”的幼儿园课程改革实施方案》和《济南市幼小衔接攻坚行动计划》，引领全市幼儿园遵循学前教育规律，促进幼儿健康快乐成长。

【幼儿园扶持政策】　出台《关于印发济南市新冠肺炎疫情防控期间幼儿园扶持保障措施的通知》，在全省率先提出减免两个季度的租金、免缴生活垃圾费、免费发放防疫物资、发放专项补贴等规定，并落实到位。全市拨付资金5亿元，为98所幼儿园减免租金1224.77万元，为169所幼儿园减免生活垃圾费近4万元，为600所幼儿园发放补贴1亿元，为1088所幼儿园发放价值777余万元的防疫物资。协调北京银行，为45处民办幼儿园提供“园薪贷”2648万元。

【完成第三期学前教育行动计划】2018年实施第三期学前教育行动计划以来，全市新建、改扩建及提升幼儿园280余处，增加学位近6.9万余个。联合出台《关于印发〈济南市普惠性民办幼儿园认定工作指导意见〉的通知》，进一步规范普惠性民办幼儿园的认定和监督管理，督促区县加快普惠性民办幼儿园认定进度，全市普惠性幼儿园覆盖率87%，为社会提供更多的普惠学位，进一步满足群众多元化入园需求。

【推广网格化触点式管理经验】　建立动态网格化触点管理机制，制定51项《幼儿园安全管理工作检查标准》和28项《幼儿园食品安全管理工作检查标准》。全市设立14个一级网格、197个二级网格、406个网格组，2346处幼儿园均处于网格化管理体系中。在槐荫区召开全市网格化管理现场会，并进行现场直播，省内外近2万个幼儿园点击观看。

【推进“优质园+”发展模式】　在25个幼教集团、57个镇村一体化、44个公办+民办共同体“优质园+”模式上继续推广，发展成43个幼教集团、99个镇村一体化、196个公办+民办共同体，发挥公办幼儿园示范辐射作用，扩大公办幼儿园规模，提升民办幼儿园办园质量，在安全、普惠、优质的学前教育发展路上，不断前行。

【市十佳、省一类幼儿园评估验收】联合市发改委、财政局、卫健委对新申报的市十佳、省一类幼儿园进行验收，确定济南市莱芜实验幼儿园等8所幼儿园为济南市十佳幼儿园，济南市历下区领航光谱幼儿园等61处幼儿园为山东省一类幼儿园。

【奠定幼小衔接基础】 印发《济南市幼小衔接攻坚行动计划的通知》（2020—2024），推进幼儿园与小学实现双向对接，开展丰富多彩的幼小衔接主题活动，激发幼儿上小学的愿望，做好入学准备，并为幼儿可持续发展打下基础。

【推进幼儿园课程改革】 印发《济南市全面推进“以游戏为基本活动”的幼儿园课程改革实施方案的通知》，全面改革以游戏为基本活动的幼儿园课程目标、课程内容、学习方法和评价方式，在新的儿童观、游戏观、课程观和评价观引领下，遵循幼儿身心发展规律，转变教学方式，科学把握学前教育规律，促进幼儿身心全面发展。

【提升幼儿教师队伍素质】 开展幼儿园园长任职资格培训、普惠性民办幼儿园园长培训、幼儿园园长及骨干教师人文素养提升高级研修班培训，共1100余人次参与培训，有效提升幼儿园园长及教师素养，为园长及教师的持续发展与终身学习奠定良好基础，带动全市幼儿教师队伍的整体发展。

【开展学前教育之星选树活动】 为树立典型、弘扬先进，在全社会营造关心、支持学前教育发展的浓厚氛围，推选40名热爱学前教育工作、关心关注幼儿成长的先进个人，促进家庭、社会和幼儿园三位一体协同育人。

（蔺立华）

【概况】 全面完成脱贫攻坚控辍保学任务。开启教育信息化新征程。加速教育信息化进程，以“大数据分析驱动下的精准教学”理念为指导，构建基于大数据的智慧学习服务和教育评价体系。劳动教育各项工作全面展开。依托劳动教育项目组，出台《济南市教育局关于全面加强新时代中小学劳动教育的实施意见》。受疫情影响，调整2020年济南市初中学考考试时间，保证初中学考顺利进行。对区县政府履行教育职责评价，指导平阴县开展义务教育优质均衡发展县创建。

【完成控辍保学任务】 会同公安、大数据、扶贫、残联等5部门建立多部门参与的控辍保学联动机制。依法建立强制入学制度，建立失学辍学联合劝返机制，充分发挥乡镇（街道）、学校和村居作用，建立发现失学辍学强制报告制度。共进行8次专项排查、3次教育综合督导、4轮全覆盖核查，截至2020年6月底，共排查出10339名贫困家庭儿童少年。

【保障特殊群体儿童教育】 强化政策驱动，在全省率先出台《济南市义务教育阶段适龄残疾儿童少年入学鉴定工作流程（试行）》，配发工作流程图，在政策范围内最大程度保障残疾学生实际教育获得。加强资源升级，建立以市级特教学校为龙头校、区县特教学校为成员校的“1+X”区域特殊教育发展共同体。各区县新建资源中心8所、资源教室75个，形成“市级资源中心—区级资源中心—学校资源教室”三级支持体系。充实师资力量，成立由特殊教育专家顾问、特殊教育巡回指导教师、心理辅导教师及家庭教育指导教师组成的济南市特殊教育巡回指导教师专家库，为全市随班就读教师提供培训和指导。

【加强生命教育】 2020年9月，下发《关于加强生命教育促进学生身心健康发展的实施意见》，实施课程一体化实施工程、生命体验提升工程、成长发展护航工程、“家校社”三位一体协同育人工程、人生导师培养工程、减负提质促进工程等六个工程，推进中小学生命教育科学有序健康发展。

（蔺立华）

【中职招生】 中职招生全面“回暖”，同比增长9.4%，1100名中职新生录取线超过普通高中分数线；1243名高职新生录取线超过本科线。中职学生就业率为98.2%，本地就业率为76.9%。高职院校毕业生就业率为96.4%，本地就业率

为84%，在全市加工制造、现代物流等8大快速发展行业中，一线新增从业人员70%以上来自于职业院校。

【产教融合】 6所学校首次承办全国职业院校技能大赛试点赛，职教技能、教学能力等国赛、省赛成绩取得新突破，共获得35项一等奖。牵头成立全国文物修复与保护职业教育联盟、全国工业互联网职教集团，机电一体化职业教育集团被评全国首批示范性职业教育集团。全国教学改革设计一体化与实践研讨会、全国职校“文化育人”论坛在济南举办。5G和大健康实训基地纳入国家发改委重点支持项目，争取资金1.5亿元。6个实训基地入围教育部生产性实训基地项目，中兴通讯ICT产教融合创新项目等10个项目被纳入国家级校企合作实验实训中心，17个专业入围教育部骨干专业，“海右国际学院（泰国）”入选第三批“中国—东盟高职院校特色合作项目”。12个项目获批省技艺技能传承创新平台，4个应用技术协同创新中心被认定为省应用技术协同创新中心，6所学校被评为省教育信息化示范单位，省级品牌专业、精品资源共享课程达36门。

【加强规范管理】 全面提升职业院校依法治校能力。开展职业院校办学情况综合检查，指导学校完善内部管理制度，进一步完善中等职业学校学生学籍管理、毕业证书发放等管理办法。继续实施中等职业教育发展与质量年度报告制度，开展毕业生就业质量报告工作。支持引导民办学校依法规范办学。落实《职业学校学生实习管理规定》，督促学校建立完善实习实训工作日常自查机制，开展学生实习工作专项检查。

【建立中职教学质量评价机制】 创造性开展网络测试工作，建立济南市中职学校教学质量评价机制。通过完善平台信息、制定网络测试方案、审核题库、组建试卷、考试安排、督导检查等一系列工作，打造“技能教学有抽测，理论教学有测试”的济南评价模式。建立济南市35所中职学校46439名学生和4080名教师的信息，开启全市中职学校网络测试工作，选取全市17所学校，16351名学生参加此次网络测试，测试覆盖公共基础课和专业课，在专业课测试方面，以机电专业和汽修专业为试点专业。组织济南市2020年中等职业学校教师教学能力比赛，较好地达到以赛促教、以赛促练的目的。

【深化职业教育改革】 把职业院校用人自主权改革作为市委教育工委书记的重点突破项目，出台《济南市属职业院校聘用优秀人才担任专任教师实施意见》《济南市属职业院校落实办学自主权的实施意见（试行）》，破解机制性瓶颈，激发学校、教师的内生动力，聘请院士1人，面向社会遴选二级学院院长4人。把职教资源优化整合项目作为副市长的重点突破项目，加快管理机制改革。成立资源优化整合工作专班，完成初步优化整合方案，完成济南交通技师学院和济南工程职业技术学院、济南公交职业高中与济南理工中等专业学校的优化整合，促进职业学校与技工学校融合发展。把双元制职业教育制度创新项目作为教育局局长的重点突破项目，深化人才培养模式改革。印发《济南市双元制职业教育制度创新工作方案》，9所学校、10个重点专业、22家企业开展双元制试点，AHK-济南项目（中德合作“双元制”职业技术培训济南项目）被誉为“济南模式”向国内外推广。

【建设职教创新发展高地】 遵循类型教育特点和规律，市政府出台《关于提质培优建设济南职业教育创新发展高地的实施方案》，制定“1+247”工作体系，立足制度创新，立柱架梁，明确40项工作任务清单、3个重点突破项目、7大指标体系，确立职业教育创新发展的制度、体系和模式。市委、市政府主要领导挂帅成立高地建设领导小组及办公室，建立若干个工作专班。“一区一案”“一县一案”“一校一案”，整市推进，起步成式。出台12个配套文件，建立完善校企合作、职教集团、专业水平评估、示范区建设一批重要制度，部署职教资源优化整合、办学自主权、教师招聘等一批重大改革；启动大型智能公共实习实训基地、高水平职业院校和专业、人才供给与需求平台建设等一批重大项目，为国家职业教育创新发展高地建设提供具体实践经验支撑。省教育厅3次发文推广济南市经验做法。

【改革创新】 启动历城区、章丘

区建设全市职业教育创新发展示范区建设，在关键领域、关键环节进行探索创新。筹建山东（济南）智能仿真公共实习实训基地建设，占地72公顷，打造江北最大、标准最高的现代公共实训基地。实施产教融合“145+X”项目培育计划，参与订单培养、现代学徒制、1+X制度试点学生达到41728人。合作办专业、订单培养185个，在校学生22551人；17个学校、90家企业、近2600名学生参与现代学徒制试点；24所学校437个专业开展国家“1+X”证书制度试点，参与试点学生达16577人。建立产教对话制度，出台校企合作16项扶持措施，认定22家市级产教融合型企业，校企共建产业学院23个，规模以上校内外实训基地813个，7处生产性实训基地，成立5家法人企业，4家职业培训机构、开展直播电商活动学校4所，对外培训额4000余万元；1所混合所有制中职学校正在筹建。优化专业建设布局，新增中职专业点16个，“三二连读”专业点35个，高职、本科专业点38个。一贯制招生12049人，占中职招生总计划33.2%。实施职教赋能计划，15所中职学校112个专业点（工种）面向社会开展无偿专业技能培训28.6万个学时，培训28264人次。创新2020年职教活动周形式，推出直播助农、技能服务等七大主题活动，立德树人与技能培养同向发力，72万余人次线上参与。启动首届泉城奖学金评选，500名优秀大学生受到表扬奖励。

【济南职业学院获评“2020全国职业院校产教融合50强”】 11月，在由联合国教科文组织、博鳌亚洲论坛和中国教育部国家留学基金管理委员会共同主办的“2020年亚洲教育论坛年会”上，济南职业学院获评“2020全国职业院校产教融合50强”。济南职业学院聚焦山东省新旧动能转换产业布局规划，深化职业教育办学体制机制改革，围绕区域产业和行业企业发展需求，搭建产教融合育人平台，坚持产教融合多元共建，探索三维融合育人路径，试行校企立体合作模式，打造产教互融互促机制，增强人才培养的适应性，人才培养质量得到全面提高。

【疫情防控】 打好疫情防控阻击战，率先在全市实行全封闭管理，率先在全市成功研发生产“AI+红外热成像测温”科技产品，助力社区解决防控疫情与通行效率两难问题。特别是在上半年疫情比较严重时期，组织近2000名学子到福田山东多功能汽车厂、海尔集团等近百家企业顶岗帮助复工复产。《人民日报》《大众网》等主流媒体进行宣传报道。

（蔺立华）

【概况】 助力高校打赢新冠肺炎疫情阻击战，强化市校合作联防联控机制建设，组织47所驻济高校71个校区开学核验，持续37天完成186831名高校学生返校复课。启动实施长清大学城、章丘大学园区、历城东部高校集聚区建设升级行动，协调有关部门、区县帮助高校解决困扰发展的困难问题25个。

【校地合作】 印发《关于加强区县委教育工委联系服务驻地高校工作的通知》《关于进一步加强市属高校创新能力建设的通知》《济南市关于推进大学科技园建设的实施意见》《支持引进优质高等教育资源创新发展若干措施》《济南市市校融合发展战略工程实施方案》等文件，规范济南市市校合作工作，为国内各城市推进校地合作提供经验。市校融合发展战略工程实施方案形成项目化支持驻济高校的统一政策，各高校服务全市经济社会发展的热情高涨。3所驻济高校与市政府签署合作协议。3月18日，市政府与山东大学签订战略合作协议，发布《打造“山大系”品牌，服务济南高质量发展工作方案》，全力支持山东大学创建世界一流大学。7月11日，市政府与山东工艺美术学院签订合作协议，共同推进市校合作发展，共建一流艺术创意设计大学。10月14日，市政府与山东中医药大学签订战略合作协议，打造一流的市校融合发展平台和中医药人才队伍，共建一流高水平中医药大学，助力打造康养济南。

【校地企合作】 围绕全市产业发展需求，实施首批“揭榜制”市校合作项目及“一校一案”重点支持项目，26所驻济高校申报项目91个。推动驻济高校围绕全市重点产业新增特色优势学科专业51个，17所驻济高校与驻济企业合作举办 58 个校企合作本科专业，新增校地企合作项目 82 项。校地企合建山东国家应用数学中心、山东中医药抗病毒研究基地、明湖细胞产业园等科创园区、创新综合体 10 家。推动齐鲁大学科技园新增 6 所驻济共建高校，与山东师范大学等高校共建齐鲁创新谷地理空间信息产业园产教融合基地。

【支持驻济高校“双高”建设】 在支持高校“双一流”建设纳入《关于推进新时代济南高等教育及科研机构高质量发展的若干意见》的基础上，出台《济南市市校融合发展战略工程实施方案》，将国家“双一流”建设、中国特色“双高计划”、山东省“双高”建设、山东省优质高职院校建设等国家、省高等教育立项建设或培育类项目作为认定类高水平大学项目直接列为市校融合发展战略工程项目支持范围。

（蔺立华）

【民办教育】 从 2020 年 1 月下旬开始，根据国家和省的相关要求全市停止所有线下培训，5 月中旬以后根据社会需求逐步对通过核验的机构开放线下培训，2020 年年底已有 95% 以上的机构正常营业，拉动全市教育消费市场复苏。截至 12 月共有证照齐全的培训机构 3046 处，增加近 500 处。

完成自贸区相关工作。出台《济南市外商独资营利性教育培训机构设置与管理办法》，建立外商独资经营性教育培训机构设立路径，在降低审批门槛、告知承诺、信用监管三大方面创新服务。与英国 RED ROVER 有限公司签署协议，支持其创办山东利博国际教育培训学校有限公司，为自贸区外商独资经营性教育培训机构落地“趟路子”。

全面完成“双随机、一公开”工作，本年度检查对象是在市场监管部门及民政部门登记的校外培训机构以及涉及“教育”的有限公司，全市共抽查 1079 家，是 2019 年工作量的 10 倍。

针对民办培训机构治理难度大、反复性强的特点，加大治理力度，加强部门间协调沟通。先后开展整顿助考培训机构考试秩序专项行动、暑期校外培训机构专项治理、民办教育培训机构专项安全检查和 16 所民办非学历高等教育机构年检。利用“创城”迎评检查契机督促全市民办教育培训机构提高硬件场所环境条件，严格依法规范办学。

【继续教育】 槐荫区、钢城区、莱芜区分别于 6 月 28 日、11 月 18 日、11 月 30 日建立社区教育学院。6 月，组织全市街道（镇）社区教育中心校达标验收工作。在区县初审基础上，确定 140 所社区教育中心校为合格学校，占全市街道（镇）总数 87%，提前完成教育部等九部门确定的到 2020 年年底，镇（街道）建立社区教育中心学校达到 80% 以上的社区教育发展目标。评出 11 所优秀社区教育中心校。

启动以“推动全民终身学习，加快建设学习型城市”为主题的全市 2020 年全民终身学习活动周系列活动。会同市全民学习服务中心持续开展“社区教育示范工程项目建设”工作，利用、开发和拓展社区内的各类文化教育资源，开展社区教育品牌打造和特色项目建设，提高居民学习积极性。确定 35 个社区教育示范项目，并将近几年的项目汇集成册。

在社区教育评先创优方面，市中区舜华社区王速成同志被评为 2020 年度全国“百姓学习之星”；两个项目被评为全国“终身学习品牌项目”；10 人被评为 2020 年全省“百姓学习之星”；6 项目被评为全省“终身学习品牌项目”。

10 月，对市全民学习服务中心创建的泉城学习网进行改造提升，将“泉学 e 站”原来需要在电脑上学习的形式，改变为在个人手机微信小程序中进行学习的模式，将社区新闻、通知公告、社区活动、学习积分的终身学习综合服务平台全部搬到手机上，为市民提供更加方便快捷的学习方式。

（蔺立华）

【概况】 2020 年济南市电化教育馆围绕统筹疫情防控和教育系统“停课不停学”在线教育、复学复课工作，贯彻落实上级有关部署，为在线教育提供技术服务，组织教

育资源公共服务平台普及应用，推进优质教育资源建设。全市开通教研中心1911个，其中市级60个，区县410个，校级1441个。8348位教师加入教研中心，组织教研活动1798个，访问次数25.3万次。3月初完成全市教研管理人员线上直播培训。组织针对教师应用的线上课程，上线3个应用的49个培训课程。济南市天桥区被教育部评为网络学习空间应用普及活动优秀区域，是山东省唯一的优秀区域，天桥区汇文实验学校、莱芜职业技术学院被评为优秀学校。

【教育教学信息化交流展示成果】 组织全市教师进行教育教学信息化交流展示活动，共有1240件课件、课例、微课、案例等作品参加市级评审，评出504件作品参加省级评选，获奖383件，一等奖121件、二等奖176件、三等奖86件。在全省教育技术论文评选活动中，全市上报的350件论文获奖239件，一等奖85件、二等奖90件、三等奖64件。以上两项活动成绩数量和质量都位居全省首位。2020年全省新媒体、新技术中小学创新课堂教学实践交流展示活动全市有15节课例获奖。在全国信息技术与教学融合创新展示培训活动中，济南市电化教育馆被评为中学组和小学组区域优秀组织奖。在全国教师教育信息化交流展示活动中取得11件全国证书，全国教育技术论文中取得62件证书。

【"空中课堂"深度应用】 2月10日开始，在市教育资源公共服务平台开设"空中课堂"，面向全市中小学提供在线教育服务，实现师生"离校不离教，停课不停学"。紧急扩容和升级平台，加强技术运维，确保"空中课堂"平稳运行。延期开学期间，平台总访问次数9.26亿次，访问人数9372.16万人次。上线优质课程9062节，课程下载量2.78亿次，同时在线学习人数最多为64.2万人。教师上传个人课程资源共计51.41万份。教师使用教学助手的课前导学、智能检测、课后作业等功能组织在线检测5.9万场，学生提交226.95万份；发布导学、作业共计50.2万份，学生提交903.7万份。延期开学，居家防疫，组织实施在线教育教学，及时为全市中小学生开展教学和生活指导服务，受到社会各界好评，央视、新华社、《人民日报》《中国日报》《中国教育报》等多家国家媒体对全市"空中课堂"情况进行报道。

【智慧校园建设】 出台《济南市智慧校园建设与应用指导意见（试行）》，推动智慧校园建设和应用。为三十四中和大学城实验高中建设26套智慧教室设备。组织全市中小学智慧校园示范校和智慧教育应用典型案例征集工作，经过专家评审和实地考察，确定10所智慧校园示范校，50个智慧教育应用典型案例。

【济南市教育局被评为全省教育信息化试点工作优秀组织单位】 2020年12月省教育厅公布山东省第二批教育信息化试点验收结果，市教育局被评为全省教育信息化试点工作优秀组织单位。天桥区教育和体育局、济南职业学院、济南市历城第二中学等36个试点单位验收结果为优秀，排在全省首位。

（蔺立华）

【命题考试研究】 推进初中学业水平考试济莱融合。组织济南和原莱芜地区学校学考研讨和征求意见会，全面了解学情和教情。针对原济南、莱芜不同学制和教材的实际，组织一套班子命制适合两个地区特点的两套试题，完成2020年初中学考阅卷工作。高中阶段坚持科学备考、精准备考、绿色备考。指导高三一线教师深入理解疫情下高考命题的方向和重点，提高学生复习备考效率，进行精准服务、精准提质、精准施策的教学专项视导；指导全市各高中学校班主任、任课教师和学生家长密切沟通、加强协作，对学生做好暖心教育、安抚教育和激励教育。组织开展新高考、新学考相关研究，为学校提供专业支持，完成高考模拟考试命题、高中学考和高考评卷及分析工作。

【全面育人研究】 推动大中小学思政课改革。开展全市中小学、中职学校思政课教学改革示范点推介活动和精品课巡讲活动，提升思政课教师理论功底和专业素养，组织全市中小学、中职学校思政课教师参加系列专题理论培训活动。推动学科课堂德育渗透，各学科采取多种形式深化立德树人研究，探索符合新时代要求的学科课堂德育渗透的途径和方法。初中学段开展"指向核心素养创新课堂"研讨活动，以核心素养为统领，推动全市初中数学教学研究与改革，获得课堂中渗透德育的途径和方法。推动劳动教育落地实施。举办"济南市中小学劳动教育课程实施研讨会"，落实中共中央国务院、教育部关于劳动教育的政策文件要求，研究中小学开展劳动教育的途径和方式，指导学校开展劳动课程建设，将劳动教育落到实处。

【"空中课堂"教学资源开发与研究】 整体统筹调度，为资源开发做好技术保障，确保疫情期间全市"停课不停学，停课不停教"。新冠疫情背景下，为全市基础教育各学段中小学生提供学习支持，完成16周空中课堂线上教学资源录制，共录制中小学"空中课堂"学习支持资源5128节，上万名中小学教师参与资源研究和录制。义教阶段各学科发挥教研指导作用，组织骨干教师开发教学内容指导、阅读指导、探究活动指导、复习指导、学习评价指导等形式的学习支持资源1200余节。开展"复课复学调研"活动，调查学生的线上学习效果、调研学生教师的心理状况，为做好线上、线下教学的有效衔接，为"复课复学"提供保障。高中阶段各学科组成网络课程资源团队，为全市12万名普通高中学生提供课程资源一千余节，数学、物理、化学、生物为济南市"强基计划"开发线上同步学法指导资源600多个单元。组织高中优秀师资力量录制课程资源，以微视频、推送点播课、直播课等多种形式，实现"空中课堂"精准服务。

【课题管理】 在课题管理方面，组织完成省"疫情与教育"专项课题申报与审核推荐，最终获准立项42项，申报数及立项数均居全省各地市之首，其中41项课题均通过省规划办审核完成结题。完成267项省市级课题的集中鉴定验收工作，完成原莱芜市承担的省市级各类课题141项课题的鉴定验收。配合省规划办组织市级规划2020年度课题立项评审工作，择优筛选150项确定为市级立项课题，并推荐其中的70项上报省规划课题（其中31项获准立项），85项上报省教研课题（另行组织补报职教课题25项）。初步完成济南市教育科学"十四五"规划相关文件资料的修订、研制，为"十四五"开局之年启动市级课题申报做好准备。

【课题培训】 遵循"评审即培训"的原则，在市级立项评审之后，整理汇编所有课题对应的专家评审意见，通过各课题管理群分享，引导一线教师学习与思考。应区县及学校需求，先后多人次深度参与长清区科研相关培训、南部山区课题研究指导以及莱芜区省市级课题集中开题培训活动。

【教育质量综合评价】 反馈2019年中小学教育质量综合评价结果，发布综合评价系列分析报告。从学生发展和成长环境两大维度出发，以学业质量评价、学科教学与学习、学生综合素养发展等为重点，涵盖学科学业质量评价和学生综合素养评价，指导各区县教育局、各教研室（教研中心）和学校读懂、用好监测数据，帮助学校明确教育教学中存在的问题及原因，切实促进教育教学质量提高。

【教育发展专题评价】 开展"停课不停学"线上问卷调查、参与校长职级制调研、开展初中教师专业化发展专项调研、实施初中生语文阅读能力发展水平评价等，并逐步探索增值评价，启动长清区与南山区义务教育质量增值评价项目，了解学生品德发展水平、身心健康状况、学业发展水平和学科素养等方面的增值状况，创新教育质量评价方式。

【减负提质工作】 落实减负提质任务，深入推进教育教学改革。义教阶段各学科开展"减负提质"交流研讨活动，促进"减负提质"工作向纵深发展。初中学段以"优化学习方案，提高复习效率，促进学生知识、能力、素养的全面提升"为导向，组织各科骨干教师编写"初中知识图谱"丛书，确定框架体例，完善样章，组织编写，精准校对，为济南毕业学子提供高质量复习丛书，探索出一条落实"减负提质"重点任务的新路径。高中阶段聚焦"提质培优"，完善《济南市高三教学工作指导意见》《济南市特优生培养方案》，强化"强基计划"专项工作落实，抓好学科竞赛，着力研究高端学生上升渠道；召开四次全市高三教学工作部署会，利用大数据平台，做好可视性的学习质量增量分析，为学校、学生提供科学高效、个性化的教学质量诊断；明确特优生培养目标，实地考察杭州二中、杭州学军中、西北工大附中等名校，拓展思路，明确提质培优路径。

【教育扶贫】 持续开展“送教送学送研”活动。秉承“依据订单、按需送研、精准扶教”的理念，组织系列名师“送教送学送研”帮扶活动。义教阶段开展51次送教送学活动，120余名名师骨干教师走向农村学校课堂，促进农村学校教师队伍专业化发展，提升区域教学质量。开展“高中学段服务基层”活动，定点服务高新实验中学、莱芜十七中，赴济南中学开展“高中学段学习、调研、服务周” 等活动。开展“城乡帮扶城乡共建行动”。充分调研需求，融合全市资源，推动市域优质资源与教育教学薄弱地区、学校的有效对接和深度融合，切实提高教研帮扶的针对性、持久性和实效性。构建“教研共同体”，促进区域教学均衡发展。牵头组织成立济南市学前教研共同体、市直小学教学共同体、市直初中教学共同体、市直高中发展共同体、高中选课走班协同攻关共同体等各类发展共同体，在共同体组合中，相互学习、相互借鉴、共同提升。

【打造“济南品牌”】 开展学科教研示范学校审核和认证工作。对各区县和直属幼儿园、中小学校推荐的园本教研示范幼儿园与学科教研示范学校通过审阅报告、查阅资料、听课检查和组织座谈等方式进行审核认定，审核通过241所学科教研示范学校（园），并召开2017—2019年度济南市学科教研示范学校创建成果展示会，表彰全市241所学科教研示范学校（园），同时启动新一轮学科教研示范校创建活动。以“新时代 新形势 新政策”为主题举办第三届中小学“教研之道”论坛，呈现不同层面、不同角度的基层教研部门、学校或学科团队、教师为顺应落实国家层面发布的某一教育政策而做出的新尝试、新举措，为基层教育组织政策执行提供范本。组织2020年度“一师一优课，一课一名师”展评活动，评审优课2634节，其中幼儿园202节、小学段1146节、初中段751节、高中段535节。

（蔺立华）

栏目编辑 谷 雪

【概况】 全年全市技术合同成交额337.75亿元，居全省第一；新备案省级院士工作站23家，总数达53家；新增省重点实验室9家，省级以上重点实验室总数达104家，居全省第一；吸引大院大所大企业在济新建研发或成果转移转化机构68家，累计达245家；新建海外科技企业孵化器2家（总数6家）、海外科技企业研发机构10家（总数51家）；新增国家标准15项；新增有效商标注册5.94万件。全市高新技术产业产值同比增长23.22%，高出全省15.31个百分点；高新技术产业产值占规模以上工业比重达55.29%，较上年度增长4个百分点。全市万人有效发明专利拥有量达33.18件。

【综合性国家科学中心创建】 10月29日，山东省、中科院、济南市共建中科院济南科创城合作协议在京签署，济南科创城建设进入中科院战略，三方联合成立中科院济南科创城共建领导小组，加速推进济南科创城及14个“中科系”项目建设；获批建设国家新一代人工智能创新发展试验区。制定印发《济南市国家新一代人工智能创新发展试验区建设若干政策》和建设方案，海康威视、颐高、甲骨文、京东集团等一批“AI国家队”、人工智能独角兽企业、项目和园区先后落地；组建山东省实验室。泉城实验室、微生态生物医学、粒子科学与应用技术三家省实验室建设方案均通过省科技厅组织的专家论证，获得省政府批准筹建。编制《济南创建综合性国家科学中心中长期规划（2021—2035年）》（送审稿），济南创建综合性国家科学中心进入省级战略。

【新型研发机构和重大创新载体建设】 山东区块链研究院等一批新型研发机构注册成立，备案入库省级新型研发机构48家，获批省级创新创业共同体8家，总数达9家，均居全省第一。山东产业技术研究院已转化200多项前沿产业技术成果，孵化99家企业，带动社会资金投入超过200亿元。加快建设齐鲁科创大走廊，推进超算中心项目建设。获批建设12家省级技术创新中心，省级以上研发平台达985家。推动省会经济圈一体化发展，牵头成立省会经济圈科技创新联盟。

【企业创新能力提升】 启动市级应急科技攻关29项，一批产品取得医疗器械证书或投入临床研究。出台《济南市高新技术企业培育三年行动计划（2020—2022）》，高新技术企业总数达3029家，国家科技型中小企业评价系统审核入库2600家。落实企业研发财政补助1456家、4.09亿元，居全省第一。推动关键领域技术攻关，获批27项重大科技创新工程项目，争取省级财政资金3.75亿元，居全省第一。

【科技“双招双引”成效显著】 与清华大学签订全面合作协议。500强央企国药集团国药生命健康科技城等一批重大产业化项目相继签约落地。实施先进材料产业链“链长制”，围绕金属材料与非金属材料两大主攻方向加快构建完善济南市先进材料产业链。引进培养高端领军人才，印发《济南市“海外工程师（专业人才）”引进计划实施办法（试行）》。组织开展第三届中国·济南新动能国际高层次人才创新创业大赛，48个项目获奖，注册落地24项。

【区域科技创新能力建设】 全年度指标完成情况中，R&D占GDP比重指标，济南高新区、钢城区、章丘区分别达5.62%、3.9%和3.10%，位列全市前三；高新技术企业总量指标，济南高新区、历下区、历城区位列全市前三；技术合同成交额指标，市中区、济南高新区、历下区分别达到81.29亿元、80.93亿元、73.16亿元，位列全市前三，三个区的总和占全市技术合同成交额的66.94%。历城区科技局被省科技厅评为“山东省科技管理系统先进集体”；槐荫区被评为“山东省技术转移人才培养基地”；天桥区、历城区、长清区被省科技厅评为“山东省技术转移先进区”。

2020年10月29日，共建中科院济南科创城会谈暨签约仪式在北京举行

（市科技局 供稿）

【济南市获批建设国家新一代人工智能创新发展试验区】 3月9日，科技部官网正式公布《关于支持济南建设国家新一代人工智能创新发展试验区的函》（国科函规〔2020〕15号），支持济南建设国家新一代人工智能创新发展试验区，济南市成为全国同时建设国家级人工智能创新应用先导区、新一代人工智能创新发展试验区的三个城市之一。

【引进“中科系”院所项目取得新突破】 全年引进“中科系”院所4家，总数达14家，涉及新一代信息技术、生物医药、航空航天、电磁技术、先进制造等众多前沿技术领域，初步实现多领域、多产业、多主体共同发展的良好局面。

【济南市量子信息技术领域发展迅猛】 济南市推进量子信息技术领域的战略谋划和系统布局，量子信息产业发展实现突飞猛进，位居全国前列。浪潮集团围绕量子芯片、量子测控和量子云等关键核心技术，研制出实用化、小型化的量子计算测控系统，实测技术指标优于国际同类水平；研发省内首款量子云，突破量子云图形编排与语言编程技术；申请量子计算相关发明专利40余项，位居全球第三十二，国内第五。

【关键领域技术攻关取得重大突破】 组织开展2020年度山东省重大科技创新工程项目申报工作，济南市共有27项重大项目（不含省属企业8项）获得立项支持，争取省级财政资金3.75亿元，撬动社会资本投入超过15亿元，项目数量、争取省级资金均约占到全省的三分之一，居全省第一。立项项目领域涵盖了新一代信息技术、高端智能装备、生物医药、新材料等全市十大千亿级产业领域。济南市获评2020年度国家科学技术奖4项、山东省科学技术奖81项。

【推进“科技战疫”成效显著】 在新冠肺炎疫情最困难时期，济南市面向新冠肺炎防控一线的实际需要，快速设立新冠肺炎防控应急科技专项，组织实施7个重点研究方向29个项目。截至年底，全部项目已完成结题验收；快检类4个产品取得医疗器械证书，4个微生态制剂和中成药产品投入临床研究；新冠肺炎防控公众服务平台在市传染病医院微信公众号上线；智能防控和筛查产品在车站、公交、写字楼、社区等人群防控领域广泛应用。

【“1+10+N”新型研发体系初步形成】 构建以企业为主体、市场为导向、产学研深度融合的技术创新体系，逐步形成“1+10+N”的总体布局：“1”即山东产业技术研究院；“10”即加快建设山东工业技术研究院、山东中科院产业技术协同创新中心、山东中科先进技术研究院等10个新型研发机构；“N”即多点部署，建设一批不同主体、不同模式、不同路径、不同方向的新型研发机构和创新创业共同体。山东产业技术研究院已转化200多项前沿产业技术成果，孵化99家高技术企业，带动社会资金投入超过200亿元。

（李明强 何庆春 刘全祥 刘倩）

【复杂三维形状的高效生成、分析与制造】 完成单位：山东大学、中国科学院深圳先进技术研究院。项目简介：该项目重点面向智能制造领域新型大规模个性化定制战略需求，围绕复杂三维形状的“几何、语义与物理仿真联合表达及计算”这一科学问题，攻克结构多样、语义复杂的三维形状生成局限，解决微几何结构设计分析与智能制造之间隔离难题，实现三维复杂形状的快速生成、语义分析与高效制造算法。项目提出的复杂形状的生成、分析和制造方法提高和扩展处理具有高度细节和复杂拓扑（复杂）形状的能力，如可用蜂窝状多孔结构表达既轻且坚固的物体、用高度精密几何纹理表示三维人体皮肤等，成果应用于智能制造领域。

【EtherMAC网络化运动控制关键技术及系列装备】 完成单位：山东大学、山东建筑大学、山东日发纺织机械有限公司、国家机床质量监督检验中心、中国石油大学(北京)。项目简介：该项目创建EtherMAC网络化运动控制关键技术体系，开发系列化装备并实现产业化规模应用，取得系列原创性发明，发明一种工业实时以太网EtherMAC，发明软硬件协同的网络化运动控制平台，发明跨行业应用的工艺智能集成方法，开发系列装备。获发明专利35项，主导制定IEC国际标准1项、立项ISO国际标准1项，制定国家及行业标准12项，培养博士17名，硕士85名，建立完备的网络化运动控制系统关键技术体系，实现核心技术的自主可控，满足国防军工、国计民生等重点行业对高端装备高速高精运动控制需求。产品出口至美国、欧盟、印度等国家（地区），近3年累计创造经济效益10亿余元，经济和社会效益显著。

【复杂地质油气井增强型光纤分布式地震波检测关键技术、装备及应用】 完成单位：山东省科学院激光研究所。项目简介：该项目发明复杂地质油气井增强型光纤分布式地震波检测技术，研制出完全自主知识产权的高密度、宽频带、高灵敏度、低噪声的井中精细化检测装备。获授权发明专利36项，其中国际专利4项；近三年专利成果转化收入1739万元，累计新增销售额2.38亿元。该技术与装备的应用开启复杂地质精细地震勘探新途径，提升中国油气勘探服务保障能力。

【高效智能全环境模拟道路加速加载实验系统研发】 完成单位：山东交通学院。项目简介：该项目重点开展路面加速加载关键技术研究，攻克了加载模式与结构、道路全环境（温度、湿度、光照、淋雨、风）模拟、轮荷精确加载控制等难题，研发高效智能全环境模拟道路加速加载实验系统。累计新增利润50602.42万元，获批“山东省路面加速加载装备工程技术研究中心”和“山东省高速公路全寿命周期大数据分析与安全保障工程技术研究中心”两个省级科研平台，促进交通行业进步。相关技术获PCT国际专利11项，国内发明专利5项，实用新型专利25项，软件著作权4项。

【4英寸高纯半绝缘4H–SiC单晶衬底制备关键技术及产业化】 完成单位：山东天岳先进材料科技有限公司。项目简介：该项目主要研究高纯SiC粉料合成、高纯半绝缘SiC单晶生长、缺陷控制、电学性能控制、衬底加工等关键核心技术，一举将中国SiC半导体衬底材料产业化技术发展到国际先进水平，成为国内唯一、国际上极少数大批量供应高品质4英寸高纯半绝缘SiC单晶衬底的企业，实现中国新一代半导体关键战略材料的高水平产业化。获国家专利132项，其中发明专利22项，实用新型专利110项，在核心期刊发表论文4篇。

【中药“效—毒整合”评价体系构建与应用】 完成单位：山东大学、山东省中医药研究院鲁南制药集团股份有限公司、山东省分析测试中心、山东省药学科学院、山东第一医科大学第一附属医院。项目简介：该项目提出中药“毒性—功效”整合分析与关联评价的研究策略，构建“中药毒性一功效—iIE候系统分析与关联评价”“基于If伍床生物学替代指标集的中药药效评价”和“基于效一毒相关的Q-marker合理辨识”技术体系，并用于临床合理用药、中药上市后再评价、创新药物发现。获发明专利19件、实用新型专利15件，发表论文215篇，其中SCI论文20篇，副主编专著4部，培养博士后6名，研究生81名。

【非霍奇金淋巴瘤关键诊疗技术的建立与临床应用】 完成单位：山东省立医院。项目简介：该项目针对当前NHL诊治中未明和疑难问题展开深入探索攻关，创新性确立致病关键基因及信号通路，创建靶向诊疗新策略：紧扣难治/复发NHL的生物学行为，提出化疗增效新方案：建立新型预后分子模型，补充完善NHL预后及疗效评价体系，系统构建阳L关键诊疗技术体系。项目发表相关论文200余篇，其中SC1论文112篇。培养青年泰山学者2名，博士后、博士和硕士研究生60名。

【脑胶质瘤恶性进展机制及靶向诊疗新策略研发和推广应用】 完成单位：山东大学齐鲁医院、山东大学、山东众阳健康科技集团有限公司。项目简介：该项目针对胶质瘤靶向诊疗及临床应用的瓶颈问题，阐明胶质瘤的恶性行为的多个分子信号调控机制，验证基于分子信号调控机制的胶质瘤新型靶向治疗方案，研发基于胶质瘤异常信号通道及临床影像的智能分析诊断系统，推广应用了胶质瘤靶向治疗新方案和智能诊断分析系统。获发明专利3项，在省内27家三甲医院全面推广应用。引进培养博士后7名、博士35名、硕士26名。

【城区超大跨度小净距隧道群建设关键技术及工程应用】 完成单位：山东高速建设管理集团有限公司、山东大学、山东省交通规划设计院、西南交通大学、石家庄铁道大学、济南轨道交通集团有限公司、山东省路桥集团有限公司、中铁四局集团有限公司、中铁十二局集团有限公司。项目简介：该项目解决城区超大跨度小净距隧道群勘察、设计和施工难题，形成成套关键技术，突破城区超大跨度小净距隧道群富水泉域地层勘察与设计难题，解决超大跨度小净距隧道软弱围岩控制与中隔墙保护技术难题，攻克了超大跨度隧道快速安全、绿色环保施工与隧道群风险控制技术难题。形成行业标准5项，保障世界最大规模双向八车道公路隧道群的安全建设，创造同等跨度隧道建设长度的世界纪录，首次树立富水泉域地层超大跨隧道建设的示范样板工理，获评“中国公路勘察设计协会公路交通设计一等奖”。

（张根生）

【概况】 济南市地震监测中心获2020年度全省市级防震减灾工作考核先进单位，获全省震情趋势会商报告评比第一名，实现“七连冠”，继续保持省级文明单位称号。济南成为全省首批地震烈度速报与预警试点示范城市。

【地震监测预警】 山东省地震局确定济南市为全省首批地震烈度速报与预警试点示范城市。在全省率先安装设备、布设终端，完成辖区内地震预警71处一般站设备安装及28处预警示范学校、地铁R1、R3线控制中心地震预警终端部署；市地震监测中心、省地震局及市轨道交通集团签订轨道交通地震预警系统建设三方合作框架协议，率先探索地震预警信息在重点行业的应用；完成平阴、莱芜地震台2套测震设备更换以及8套流体设备的安装，测震、强震及前兆台网运行率均达99%以上，确保地震监测数据稳定可靠。

【震情服务】 印发年度震情跟踪工作方案，严密监视全市及周边地区的地震活动；辖区内共发生52次地震活动，开展震情速报90余次，2月18日长清区4.1级地震发生后，立即启动应急预案，及时向市委、市政府发送震情信息报告；全年开展震情速报80余次，完成周月震情会商50余次，编制的年度震情趋势会商报告在全省评比中连续7年获第一名。

【抗震设防】 建设“济南市建设工程抗震设防要求管理系统”并试运行，将众多技术成果组成“GIS一

2020年7月27日上午，唐山大地震暨济南市“十三五”防震减灾事业大型图片展在龙奥大厦北大厅开幕

（市地震监测中心　供稿）

张图”，平均每件审批节约12个小时；市地震监测中心与市行政审批服务局联合制定《关于深化建设工程抗震设防要求审批监管联动机制的实施意见》，完善审管协同机制，优化营商环境；联合检查组赴钢城区、莱芜区检查，重大建设工程地震安评开展率100%，409所学校、25所医院、156个一般建设工程均符合抗震设防要求。

【服务社会】　分期推进市域范围内重要断层断裂探测与地震危险性评价项目，莱芜区、钢城区断裂探测与活动性评价项目已完成初步鉴定工作；开展主城区活断层探测及地震小区划结果推广应用，对新旧动能转换先行区崔寨片区、济南新东站片区等12个控制性详规及近期建设项目进行联审，对济南高官寨220千伏输变电工程、高新区通用机场选址等项目方案进行审核等控制性详规进行审查；创建防震减灾示范工程，3所学校被评为“国家防震减灾科普示范学校”，数量居全省第一。

【科普宣教】　防震减灾进社区三年行动收官，新增200个社区开展“六个一”活动，累计培训500多名防震减灾社区宣传员；举办唐山大地震暨济南市“十三五”防震减灾事业图片展，省地震局局长倪岳伟、市人大副主任李胜利、市政府副市长孙斌、市政协副主席段青英等领导出席启动仪式；举办全市社区防震减灾宣传员网络直播培训、网络有奖知识竞赛，微信、“爱济南”专栏紧跟地震时事热点，市地震科普馆免费对外开放，共接待参观2400余人次。

（满　超）

【概况】　全年发布重要天气预报27期，预警信号72期，森林火险等级5级以上16期，道路洒水预报104期，春运气象服务专报40期，中（高）考气象服务专报10期，文明城市验收气象服务专报9期，国际文旅博览会气象服务专报6期，公祭日气象服务专报7期等。联合发布地质灾害气象风险预警8期，农业气象灾害预警7期，重污染天气预警5期。

【气象服务】　做好灾害性天气预报预警服务，发布服务材料1092期，发挥气象防灾减灾第一道防线作用；落实预警发布与传播“早、准、快”要求，市政府总值班室下发《关于进一步做好气象灾害预警信号发布和传播工作的通知》。完善人影综合业务指挥系统，增加作业点信息交互功能，实现区县监控指挥分平台业务化；建成人影物联网智能管理系统，提升人影安全作业水平；实施增雨雪作业632轮次，发射火箭弹1077枚，燃放碘化银烟条835根。做好重污染天气预报预警。加强会商分析研判，联合签署重污染天气预警5次，与市生态环境局联合召开重污染天气新闻发布会2次；加大重污染天气预警科技攻关力度，实现重污染天气自动相似离度分析和未来7天逐24小时6项污染物浓度预报，实现基于格点的未来7天混合层高度预报。

【气象业务与现代化建设】　完成山东省气象局和中国气象局观测质量体系内审抽查。设备稳定运行率、到报率、数据可用率均为100%，地面观测综合指数得分99.98分。

山东省气象局将章丘高标准氢气房建设和商河探测环境保护的做法在全省推广。依托暴雨、强对流预报技术研发团队，加大灾害性天气分区研究和会商研判，加强 FY-4A 卫星数据等新资料的应用研究。开展面向公众基于位置的智能网格精细化预报服务，开展灾害性天气预报概念模型二期建设。暴雨预警准确率 97.6%，暴雨预警提前量 104 分钟。9 项课题通过验收，获山东省气象局研究开发与应用三等奖 1 项。1 人被评为第二届“影响济南”科技人物，2 人被评为市优秀科技工作者。

【气象法制建设】 《济南市人工影响天气管理条例》立法工作列入 2021 年市人大常委会调研类项目。加大 698 家营业的易燃易爆危化企业执法检查监管力度和 23 家在济防雷装置检测公司的监督监管。线上依托“济南市防雷减灾社会监管平台”，动态监控提醒企业 800 余次，线下通过“双随机一公开”现场检查 8 家防雷检测机构、25 家防雷重点单位，施放气球巡查 24 次。继续优化“你不用跑，我来跑”“零跑腿”事项。气象灾害证明由线下“一次办”转为线上服务“零跑腿”。根据《济南市政务服务事项标准化清单公布实施方案》有关要求，梳理 47 项政务服务工作标准化流程。行政事项办结率、群众评议满意率均为 100%。

【气象科普宣传】 开展世界气象日、全国防灾减灾日等专题活动，实现 360 度全景气象科普馆云光临、天气预报制作云直播、科普云进课堂等，线上科普受众约 7.5 万人次。科普作品获省应急管理科普大赛作品创意设计类一等奖 1 项、第三届山东省科普创作大赛二等奖 1 项、三等奖 1 项，人影科普作品获版权专利 1 项。科普馆被中国气象局、科技部认定为首批国家气象科普基地，被市教育局列入首批思政教育基地。

【济南市气象局完成 2019 年生态气候监测报告】 济南市气象局利用 124 个气象观测站资料和美国国家航空航天局陆表数据中心网站提供的 MODIS 卫星遥感资料，对 2019 年主要气候要素和生态环境等进行监测分析。分析结果显示，2019 年济南市气温偏高、风速偏小、降水偏少，阶段性干旱明显，夏季城市热岛强度继续减弱。受气温明显偏高、降水明显偏少影响，热岛范围有所扩大。2019 年全市热岛强度超过 3℃的热岛面积为 870 平方千米，较 2018 年增加 475 平方千米，南部山区冷岛范围减小、强度减弱。海拔高度在 200 米以上山区的植被覆盖度达 43.66%，总体呈上升趋势，但受高温干旱等不利气象条件影响，相比 2018 年有所下降。此外，大气能见度平均为 22.8 公里，为 2001 年以来次高值，继续保持良好态势。首要污染物为臭氧的天数居首位，达 143 天，占全年天数的 39.2%。

【山东济南气象科普馆被认定为首批国家气象科普基地】 12 月 16 日，中国气象局、科学技术部印发《关于认定首批国家气象科普基地的通知》，山东济南气象科普馆被中国气象局、科学技术部认定为首批国家气象科普基地。

（殷　青）

栏目编辑　魏添乐

【概况】 搞好顶层谋划。完善文旅规划体系，编制“十四五”文旅发展规划，编制精品旅游规划（2020—2022），出台完善产业链打造产业集群工作方案等，为“十四五”文旅发展提供依据和规范。加强黄河文化保护传承弘扬。开展黄河文化保护传承弘扬专题研究、沿黄文旅资源普查，梳理434处市级以上文保单位、534项市级以上非遗项目现状特征、发展潜力，建立黄河文化遗产数据库。谋划黄河文化中心、齐长城国家文化公园、大辛庄国家考古遗址公园等一批重大文旅项目。推进省会经济圈文旅一体化发展。与圈内其他城市分别签署合作协议，在资源整合、市场开发、市场管理等方面推进一体化合作。出台发挥济南在“一山一水一圣人”中华文化旅游轴龙头作用的实施意见，加快推进济泰曲文化旅游带建设。

坚持惠民利民。提升公共服务。市区（县）镇村四级公共文化服务设施网络体系基本建成，组织市属院团走基层、戏曲进校园公益演出618场，“戏曲进乡村覆盖率”超额完成省考核指标。放映农村公益电影48283场，受益群众485万人次。打造儒学活动品牌16个，组织讲座、培训活动3000余场次。完成46779户建档立卡贫困户广播电视户户通扶贫工作。繁荣艺术创作。推进“百人行动计划”。创作公益广告、电视剧、纪录片等获国家、省级扶持资金277.8万元，16部电影在国家电影局备案立项，4部电影获省扶持资金。加强文物保护，实施重点文物保护、拯救行动，举办线上线下精品文物展143次，国有建设用地考古前置走在全省前列。做优非遗传承，举办第六届中国非遗博览会。开展非遗活态传承，扶持建设56个历史文化展示工程，扶持32项市级非遗项目、10名非遗传承人。

做强文旅产业。激发文旅消费活力。济南市入选第一批国家文化和旅游消费示范城市，开展第四届文旅惠民消费季活动，使用消费券3600万元，带动消费1.5亿元。在全省居民消费财政奖励中，全市旅游消费、文体消费列全省第一、第二，获得2000万元奖励。举办“非遗购物节”“云游泉城品味生活”“文

2020年4月25日，山东第四届文化和旅游惠民消费季暨“山东人游山东”活动启动仪式（济南文化和旅游惠民消费季启动仪式）在百花洲举行 （市文化和旅游局 供稿）

旅云端好物节”直播活动、“好客山东·百团山东行”等活动，提振文旅消费市场。推动文旅融合发展。自贸试验区济南片区影视文化产业孵化基地成立，9家影视文化企业签约落户自贸区。新评定3A景区7家，新增省级工业旅游示范基地4家、康养旅游示范基地3家、体育旅游示范基地2家。马套村、黄鹿泉村入选第二批全国乡村旅游重点村。开展市场营销。组织文旅企业赴沿黄、东北、广东、江苏等客源城市开展专题推介。启动“百万车友自驾游济南”活动，发布十大主题、45条自驾游线路。自媒体营销成效明显，中央网信办联合新浪微博发布的全国政务微博排行榜中，济南市5次月综合排名第一。

2020年6月20日，“二安”带您游泉城——2020济南文旅“云端好物节”直播活动启动

（徐舟 摄）

提升城市形象。办好重大活动。承办2020山东省旅游发展大会暨首届中国国际文化旅游博览会、第六届中国非遗博览会，受到国家部委和省市领导高度评价。组织举办首届济南国际双年展，这是2020年全球唯一美术类国际展览，30多个国家596件作品参展。发起成立山东黄河流域城市文化旅游联盟，在济南举办成立大会。举办“大师之光”吴天明青年编剧高级研习班。2020年多项文旅活动受到央视关注和点赞，其中《泉城书房：借书比外卖还方便》《济南：“泉水游”持续升温》《山河无恙 家国圆梦》《第六届中国非遗博览会在济开幕》《夜游活力泉城》等登上央视黄金时段。

落实监管责任，加强监管服务。梳理权责清单397项，推进政务服务事项标准化。加强社会组织管理，加强新闻出版行业管理督导，完成2459家印刷企业、出版物批发零售单位年度核验。落实广播电视管理意识形态责任制，确保舆论导向正确、播出网络安全。强化管理创新。创新民宿审批服务，全省率先构建“1+2+4”民宿业发展制度保障体系，民宿成为全年唯一正增长的旅游接待业态。出台街头艺人管理办法，省内首个对街头艺人实行持证上岗管理。引导社会力量参与，擦亮“旅游啄木鸟”志愿服务品牌。净化文旅市场环境。深化“扫黄打非”和“扫黑除恶”专项斗争，文化旅游市场平稳有序，安全零事故。

统筹做好安全与发展工作。为企业纾困解难。省内最早以市政府名义出台《应对新冠肺炎疫情影响促进文化和旅游业健康发展的若干意见》，配套完善民宿业发展专项资金使用办法、地接奖励资金管理办法。对省级全域旅游示范区章丘区、长清区分别给予300万元、200万元奖励，发放企业奖励440万元，为311家旅行社暂退质保金1亿多元，为新评定303个“泉城人家”星级民宿发放扶持资金1573万元。严格市场开放管理。制定下发复工复产通知、方案、预案、工作指南等文件11个，全省率先出台景区复工、剧场复演、文化场所开放指导方案，影院开放做法被央视专题报道。发挥文化战疫力量。创作700多件文艺作品，举办全省首个抗疫主题大型美术专题展览“众志成城·抗击疫情”主题书画展，编辑出版《抗击新冠肺炎优秀文艺作品集》。创新推出“云上博物馆”“云上游泉城”“艺术在线教学”“云阅读”等线上服务项目，丰富疫情期间人民群众文化生活需求。（刘贵民）

【济南市入选首批国家文化和旅游消费示范城市】 2020年全市文化和旅游消费数量和质量迈上新台阶。举办第四届文化和旅游惠民消费季。整合贴票票、携程、银联、猫眼、滴滴、美团等平台优质资源，实现消费多样化、便利化。2020年投入文化旅游惠民引导资金4500余万元（含2019年结余），直接带动消费1.4亿元。济南市旅游消费、文体消费居全省前列，获得全省居民消费财政奖励。在全国文化旅游消费工作现场会上，市文化和旅游局就经验做法作典型交流发言。

（任诺扬）

【“文旅+”产业融合发展】 年内新增省级工业旅游示范基地4家、中医药健康旅游示范基地3家、体育旅游示范基地2家、中小学生研学旅行基地2家。腾讯2020年FIFA Online4职业联赛落地济南，举办“山东济南·蓝海领航”第一届电竞节。市文化和旅游局获评2020首届山东省研学旅行创新线路设计大赛和精品旅游文创发展大赛优秀组织单位，全市获奖总数和一等奖数量均位居全省第一。文化旅游类大项目、新业态项目陆续落户。引进北京开心麻花、广东长鹿集团、苏州东庆童话等文化演艺类大品牌、大公司。融创文旅城、明水古城、绣源河华侨城等重大文化旅游项目按计划完成建设投资。11个文化旅游项目纳入省级重点项目库。66个文化旅游项目累计完成投资150.3亿元，名列全省第一。

（任诺扬）

【加强文化交流】 开展“东亚文化之都”创建，设立9个文旅交流中心工作站。联合绿地集团举办毕加索真迹2020全球巡展、“奢尚之美——全球顶奢珠宝钻石国际艺术展”。联合国际时尚创意中心举办山东国际球鞋潮流嘉年华和东亚国际文化交流展等东亚文化交流活动。承办第二届“泉城风尚”国际时装周，在开幕式上成立“亚洲时尚联盟”。举办“书香墨韵 情聚泉城”济台书画家联展。克服疫情影响，打造济南海外文旅交流驿站，提升泉城济南国际影响力和美誉度。济南市杂技团“勇者无惧——蹬人”节目组赴德国参加“世界百名杂技明星聚集斯图亚特艺术节”。

（侯静　刘贵民）

【毕加索真迹2020全球巡展举办】 5月1日，市文化和旅游局联合绿地集团共同举办毕加索真迹2020全球巡展，市文化和旅游局党组书记、局长郅良、绿地集团山东区域领导共同出席活动。毕加索真迹2020济南首秀，揭开全市文旅对外开放的新篇章，以国际视野推动济南文旅对外开放，提升济南的国际知名度和美誉度。

（侯　静）

2020年9月5日，2020年FIFA Online4职业联赛暨山东济南·蓝海领航第一届电竞节在山东体育学院举办

（市文化和旅游局　供稿）

【第八届济南国际摄影双年展暨“丝路亚洲”国际摄影季举办】 为更好开展“一带一路”沿线国家特别是亚洲国家之间的摄影文化交流与合作，2020年12月，在山东工艺美术学院举办第八届济南国际摄影双年展暨“丝路亚洲”国际摄影季并成立丝路国家摄影组织国际联盟亚洲国家交流与合作联盟。此届双年展共展出来自30多个国家的600多位摄影家的作品1500余幅。丝路国家摄影组织国际联盟亚洲国家交流与合作联盟将会定期举办展览、论坛、比赛和采风等国际性活动，为亚洲各国间的文化与合作发挥积极作用。

（侯　静）

【第十二届中国—葡语国家文化周】 为有效促进中国与葡语国家和地区之间的人文交流，进一步推动与葡语国家和地区开展更深入全面的交流合作，市文化和旅游局受文化和旅游部派遣精选济南优秀非遗项目皮影、吕剧、鲁绣参加10月23日举行的“第十二届中国—葡语国家文化周”展演活动。中国—葡语国家文化周由中葡论坛（澳门）常设秘书处与中国澳门文化局、市政署、旅游局、贸易投资促进局以及澳门旅游学院等合作举办，始办于2008年。该届中葡文化周继续以“丝路经济带，中葡文化路”为主

题，首次以线上为主线下为辅的形式进行。（侯 静）

【泉城书房建设】 持续实施泉城书房建设项目，继续将泉城书房建设作为提升市民素质，推动书香社会建设的重要举措。10月底，全市新建成开放12家泉城书房，提前完成2020年为民办实事任务，其中泉城书房浙商银行济南分行分馆是首个社会力量参与、政府企业共建的书房，也首次实现24小时无人值守自助服务。全市泉城书房累计26处，遍布历下、市中、槐荫等11县区，2020年为书房采购、分编图书7万余册，全部实现与市图书馆的通借通还，累计接待读者106万人次，借还图书21万余册次，举办各类阅读推广活动820多场次，央视等媒体多次报道。（邢 杰）

【泉城图书馆联盟网络平台建设】 深化泉城图书馆联盟建设，完善规则制度，优化系统平台，推进技术平台（二期）试运行，推动联盟工作规范化、标准化发展。召开驻济高校图书馆加入泉城图书馆联盟调研座谈会，完成与使用汇文系统、金盘系统的11家高校的技术对接。300余家公共文化服务单位和高校图书馆纳入联盟体系，实现联盟内全部成员单位的通借通还。联盟服务社会效益显著，完成区域借还图书24239册，服务市民1.2万人次，呈现省馆、市馆、区县馆、高校馆四级图书馆服务联动化、网络化的发展格局，促进公共文化服务共建共享共融。（邢 杰）

【街头艺人展演】 街头艺人展演既是对传统群众文化表演模式的一次创新，也是将社会力量引入公共文化服务的一次有益尝试。已完成首批90余名街头艺人招募工作，举办济南市首批街头艺人岗前培训、发放“济南街头艺术表演证”，组织两场次街头艺人展演和直播活动，一场表演点击量40余万人次。（邢 杰）

【全市10家博物馆通过第四批全国博物馆定级评估】 2020年12月，经报国家文物局备案，中国博物馆协会发布第四批全国博物馆定级评估结果，通过的520家国家一二三级博物馆中山东占99家，济南市10家博物馆榜上有名，通过率和提质升级数量均居全省前列，一级馆数量位居全省第一。济南市博物馆、章丘区博物馆、山东大学博物馆被核定为国家一级博物馆；历城区博物馆、济阳区博物馆被核定为国家二级博物馆；济南市莱芜博物馆、章丘区城子崖遗址博物馆、商河县博物馆、山东省刘氏古钟表博物馆、山东自生堂年画雕版博物馆被核定为国家三级博物馆。其中，非国有博物馆山东省刘氏古钟表博物馆和山东自生堂年画雕版博物馆首次参加全国博物馆定级评估就跻身国家三级博物馆行列，实现全市非国有博物馆发展质的飞跃。（鹿 云）

【省会经济圈一体化博物馆联盟成立】 为贯彻落实省会经济圈一体化发展指导意见，由市文化和旅游局倡导成立的“省会经济圈一体化博物馆联盟”12月线上交互会签成立。省会经济圈博物馆联盟是由济南市博物馆、淄博市博物馆、泰安市博物馆、聊城中国运河文化博物馆、德州市博物馆、滨州市博物馆、东营市历史博物馆等七家国有博物馆共同发起，融合吸纳省会济南及周边国有博物馆、特色非国有博物馆，搭建适应新时代需要、符合新发展理念和增强行业创新能力的文博交流平台。按照省会经济圈一体化博物馆联盟章程和协议，首届理事会会长单位济南市博物馆打造的联盟首秀《松鹤延年说颐园——济南市博物馆藏松年书画特展》，于2020年12月22日至2021年1月3日在德州市博物馆展出。省会经济圈一体化博物馆联盟的成立，开创博物馆事业发展新局面。（鹿 云）

【精品展览获奖】 济南市博物馆《一曲书词留余韵——济南市博物馆“曲山艺海”基本陈列》获全省博物馆十大精品陈列展览“优秀奖”，市文化和旅游局获得全省博物馆十大精品陈列展览“优秀组织奖”。12月15日，全国文化创意产品推介活动初评会议在北京召开。济南市推荐参评的济南市博物馆“亚丑罍温酒器”“模块折枝花纹坚果盘”和章丘区博物馆“李清照茶具”“一刀圆尺”4项作品入围初评名单进入终评阶段。（鹿 云）

【济南市文物参展“齐鲁汉风”展】 6月5日，“齐鲁汉风”展在广州西汉南越王墓博物馆开幕，市考古研究所、长清区博物馆、章丘区博物馆等单位收藏的西汉玉枕、金饼、错金银铜环等109件文物精品亮相羊城。该次馆际交流是济南市保护传承弘扬历史文化，宣传打造省会文化新高地的重要举措，对提高济南市对外影响力、知名度和美誉度具有积极作用。（庞　云）

【全市文化综合执法】 全市文化综合执法工作围绕市文化和旅游局党组中心工作和抗疫工作部署，着力在疫情防控、规范执法、市场监管、案件查办上下功夫，深入开展“扫黄打非”和“扫黑除恶”专项斗争，结合开展各项集中整治和专项治理活动，严厉打击文化市场各类违法违规行为，全面加强文化市场安全生产隐患排查整改，规范市场经营秩序，确保全市文化市场发展平稳健康有序。全市共检查文化市场经营单位3万余家次，当场处罚案件43起，立案调查41起，办结案件84起，罚款金额25.98万元，受理12345举报投诉205件，回复满意率100%。通过12345热线、12301全国旅游监管平台等渠道处理旅游咨询和诉求990余件，对旅行社下达行政处罚决定10份。被国家版权局评为2019年度查处重大侵权案件有功单位，2件案件上榜2019—2020年度山东省文化市场综合执法十大重大案件，被山东省“扫黄打非”工作领导小组评为2019年全省“扫黄打非”工作先进集体。

【疫情防控和复工复产】 强化市场管理，落实主体责任。开展防疫宣传，做好舆情引导，确保各经营单位严格按照上级会议和文件要求停业休业、复工复产，利用网络媒介、远程管理系统、微信群等渠道为各经营业户派送防疫小贴士，不断强化各经营主体预防意识。严格落实市场检查“日报告”制度。做好舆情引导，妥善化解纠纷。疫情期间联合市中级人民法院和市司法局出台8条保障措施构建旅游纠纷多元化解机制，建立市区两级旅游投诉协同处理机制，依法妥善化解涉疫情旅游纠纷，耐心引导群众合理表达诉求。主动开展服务，深入基层走访。支队调研组先后走访山东麦德森文化传媒集团、济南黄氏印务有限公司等10余家印刷发行企业，了解解决企业困难，推进疫情防控常态化，实施精准指导。旅游啄木鸟组织开展“护航行动”，精准化、差异化推动旅行社恢复旅游经营活动。通过“云课堂”组织“泉城旅游法律大讲堂”等，共组织86堂直播课堂，300余家旅行社、1.6万余人次从业者参加培训。做客FM90.9《“法在我身边”分享会》节目，发布旅游提示，在3·15消费者权益保护日发布《旅游战疫维权热点10问答》，警示市民游客加强防护、理性消费。

【提升执法效能】 推进执法人员在线学习和线下专题指导，组织全市文化执法人员线下集中培训2次，在线考试2场，在线学习参训率100%、达标率达到98%以上，支队3人入选文化和旅游部第四届文化市场综合执法培训师资库。完善制度规范，制定下发《2020年全市文化市场综合执法考评细则落实方案》和《济南市文化和旅游局行政处罚“四张清单”》。组织双随机抽查，抽查经营单位256家次，并向社会公示。推广使用文化市场移动执法系统，全市文化执法机构移动执法系统应用率达到100%，全市使用移动执法系统录入执法检查13873次，占全部执法检查总数的83%。

【落实济南—泰安—曲阜“中华文化带”联合执法机制】 推进省会经济圈联合执法机制建设，制定《济南—泰安—曲阜文化带文化市场联合执法联席会议制度》《济南—泰安—曲阜文化带文化市场联合执法协作制度》，开展一系列联合执法检查行动，加强“扫黄打非”和旅游市场执法的交流合作，共同维护区域市场稳定和繁荣。

【加强网吧技术监管】 在对重点区域、重点网吧、重要时段加强网吧执法巡查力度和频度的同时，实施网吧线上线下双渠道监管，充分利用在线系统、监管平台等在线监管措施，实现网吧24小时远程监管巡查，严厉打击网吧接纳未成年人等违规经营行为。

【加强广电传媒领域监管】 开展“净网2020”专项行动，以打击非法互联网视听节目和“黑广播”为主战场，充分发挥跨省办案工作机制，加强与北京、上海、重庆等省区市联动合作，实现在线同步网络排查，累计排查网站1700余家，各类网络应用程序2000余个，立案查处网络视听案件6件，关闭涉案网站、微信公众号、手机客户端和百度网盘帐号13个，清除渲染色情暴力视频30部，删除服务器影视侵权作品2万余部，向公安部门移交并立案侦办传播淫秽色情信息案件2起，通过省版权局向安徽省移交影视作品侵权案件1起。严厉打击“黑广播”违法犯罪行为，与市公安、市工信局联合监听检测各广播电台信号，开展联合执法23次，查处黑广播案件26起，移交公安部门立案侦办1起。

【加大执法力度】 加大巡查执法力度，全面推动“双随机，一公开”工作，深入开展“扫黄打非”斗争，开展新闻出版（版权）市场治理，加强出版物市场和印刷企业行业监管，依法查缴各类侵权盗版及非法出版物33万余册，打掉非法出版物转运存储窝点2处，取缔无证出版物发行游商摊点9处，移交刑事案件1起，函告行政审批部门吊销3家销售侵权盗版图书网店的相关证照。会同市公安局济阳分局侦破一起侵犯著作权案，抓获犯罪嫌疑人8人（其中逮捕2人，取保候审6人），查处销售窝点2处、存储窝点1处，查获涉案侵权盗版中小学教科书30万余册，涉案价值达300余万元。工作成果受到全国、省“扫黄打非”办公室肯定。

【净化互联网生态环境】 开展网上侦查与网下打击相结合，依法查处济南移趣网络科技有限公司提供载有危害社会公德文化产品案，被全国“扫黄打非”办公室列为八起全国第一批“扫黄打非”典型案件之一，中央广播电视总台、《人民日报》等中央媒体和主流媒体均对此进行报道。

【开展“扫黄打非”基层示范点培育选拔】 全市3家“扫黄打非”基层工作站点被评为全国“扫黄打非”进基层示范点，18家基层站点被评为省级“扫黄打非”进基层示范点，4家基层站点被评为省级“扫黄打非”进基层示范标兵，先进基层站点数量、质量均位居全省前列。

【加强娱乐场所监管】 开展节日期间娱乐场所专项整治行动，对全市170余家文化娱乐经营场所进行全面检查，依法关停无证娱乐场所4家，对12家消防通道有杂物、不畅通、经营场所地面有烟头的经营单位现场责令整改。

【加大文物保护力度】 加强文保单位的日常执法巡查和文物保护相关法律法规宣讲，减少对文物及文保单位的破坏、损坏，全程督导郑州黄河工程有限公司在长清区南大沙河大觉寺段清淤工程施工中发现文物未停止施工，造成文物损毁一案，最终给予责令改正，罚款十万元的行政处罚。根据省文旅厅《关于核实智能网络（新能源）重卡项目涉嫌违法建设情况的通知》进行实地调查核实，形成调查报告。及时查处“原天主教方济圣母传教修女院涉嫌违法迁移案”，责令建设单位即时停工，责令其在未取得审批手续前，不得进行施工建设，该案交由历下文化执法大队做进一步处理，经报请省政府批准，天主教方济圣母传教修女院已平移到位。

【强化旅游市场监管】 开展春节、两会期间旅游市场专项整治，严厉查处节假日期间未经许可经营旅行社业务、未依法租用旅游客运大巴、“不合理低价”等市场隐患，开展重点旅游信息网站、App、公众号等网上巡查，针对6家旅行社风险预警企业加大检查频次、加强检查力度，走访了解各企业经营现状、疫情期间受损情况，联合旅游啄木鸟举办“防疫情·促发展——旅游纠纷人民调解在行动”主题活动，现场提供法律咨询、援助服务。

【制定全国旅游行业标准通过立项】 承担的由国家文化和旅游部发起制定的行业标准——《旅游市场社会监督志愿服务指南》已通过国家文化和旅游部立项，通过国家行业标准的形式推广济南市公众参与社会治理的经验。

（郑向新）

【概况】 创排儿童剧《童年》、幻景杂技影画《泉城记忆》等5台优秀剧目，获省级以上艺术奖50余项。推进“百人行动计划”，首批成立7

个老艺术家工作室、2个艺术大师工作室，认定10名“文化艺术新秀”。

（王晓黎）

【舞台艺术创作】 2020年，济南市有5个项目入选国家重点扶持项目，在全省位居首位。其中，儿童剧《宝贝儿》、杂技《炫彩车技》分别入选文化和旅游部“庆祝中国共产党成立100周年舞台艺术精品创作工程”“百年百部”传统精品复排计划重点扶持作品和“百年百项”小型作品创作计划；杂技《炫彩车技》同时入选文化和旅游部“中国杂技艺术创新工程”重点扶持作品；国画《大河奔腾》入围文旅部“全国黄河文化主题美术创作工程”重点作品；儿童剧《童年》入选第六届全国少数民族文艺汇演。市曲艺团三个项目入围第十一届中国曲艺牡丹奖全国曲艺大赛，青年演员宋攀攀摘取牡丹奖“新人奖”提名奖；儿童剧《我是美人鱼》、莱芜梆子《生日惊喜》入选2020年度山东省舞台艺术青年人才创作扶持项目。2020年度全市优秀舞台艺术作品和演职人员获得省级以上奖励50余项。

（王晓黎）

【抗疫主题文艺创作】 创作推出300余个战“疫”主题文艺作品，涵盖歌舞、曲艺、戏剧、杂技、朗诵、美术、书法等多种艺术形式，编辑《济南市抗击新冠肺炎优秀文艺作品集》，举办全省首个抗疫主题大型美术专题展览“众志成城·抗击疫情”主题创作书画作品展。通过“济南艺术创作交流平台”发布53期《艺术战“疫”·泉城在行动》，连续被人民网、新华网、学习强国App、《光明日报》等国家级、省级媒体转发转播。

（王晓黎）

【惠民演出】 以城市剧场为主要演出阵地，举办“戏聚周末”“开心甜沫”“亲子剧场”等“泉城大舞台”品牌系列演出，演出260余场。组织市属7家文艺院团深入全市乡镇街道、社区农村、学校军营、厂矿企业等地举办“深入生活·扎根人民”公益演出进基层活动391场。开展“花开戏苑·艺润童心”济南市戏曲进校园活动，深入全市中小学校园举办演出227场。协调督导各县区开展“戏曲进乡村”暨“一村一年一场戏”免费送戏工程。全市范围内完成演出任务的行政村4079个，“戏曲进乡村覆盖率”达79%。

（王晓黎）

【“和动力——首届济南国际双年展”举办】 12月12日，由省文化和旅游厅、市政府主办，山东美术馆、市文化和旅游局承办，济南市美术馆（济南画院）协办的“和动力——首届济南国际双年展”于山东美术馆开幕。作为山东省第一个由政府主办的国际双年展活动，该展览集结来自30多个国家和地区的385位艺术家，展出十余个门类596件艺术作品，展现不同地域、不同种族、不同文化背景的艺术家对“和动力”这一主题的思考与表达。济南国际双年展的举办，为打造“五个济南”、建设“大强美富通”现代化国际都市注入新的生机和活力。

（王晓黎）

【“泉荷奖”济南市第八届新剧目评比展演举办】 10月9—18日，“泉荷奖”济南市第八届新剧目评比展演的8场专业赛事在山东省会大剧院、济南群星剧场、北洋大戏院、铁路文化宫等剧场进行。9部作品参加展演，其中包括儿童剧《童年》、音乐剧《不一样的焰火》、情景曲艺书场剧《清风颂》、莱芜梆子《嘶马河》、京剧《大舜》、大型幻景杂技影画《泉城记忆》、吕剧《生命日记》7部大型舞台艺术作品和莱芜梆子小戏《养老榜》和吕剧小戏《团圆饭》2部小型舞台艺术作品。

（王晓黎）

【“大河奔腾”2020济南市美术家黄河写生暨优秀作品展览举办】 9月18日，由市文化和旅游局主办，市美术馆（济南画院）承办的“大河奔腾”2020济南市美术家黄河写生作品展在济南市美术馆开幕。展出各类作品144件，讴歌党领导人民在治理黄河、保护黄河、建设黄河中取得的成就，展现中华民族自强不息、奋斗不止的智慧和精神。展览作品涵盖国画、油画、书法、综合材料、雕塑等艺术门类，通过“黄河文化”“黄河英雄”“黄河治理”“黄河建设”“黄河风光”等板块予以呈现，为观众展现新时代黄河胜景，弘扬新时代黄河精神。

（王晓黎）

【“声动泉城”与“泉声曲韵”】 11月21—22日，在省会大剧院举办“大河之畔·声动泉城——2020名家名篇诗文咏诵会”“泉声曲韵——2020京剧名家名段演唱会”，邀请朗诵名家陈铎、虹云、徐涛，著名主持人倪萍、任志宏，影视金声季冠霖、配音大咖狄菲菲、荧屏“戏骨”严晓频等，为泉城市民带来一场视听盛宴。著名京剧表演艺术家裴艳玲、康万生、赵葆秀，文武老生王平、张派青衣王蓉蓉、老旦名家袁慧琴、程派名家李海燕、张派青衣赵秀君、叶派小生宋小川、花旦名家耿巧云和嫡传新秀李博、梅派青衣付佳等名角大咖齐聚泉城，倾情演绎京剧“国粹”经典，再现老济南“曲山艺海”盛况。

（王延锋）

【农家书屋建设】 做好农家书屋出版物补充更新工作。根据疫情发展情况，要求各县区局做好相关工作，不断跟踪补充更新工作进度，督查监管采配过程。不定期检查书目执行情况，核查各单位采购目录是否符合国家和省级关于农家书屋出版物补充更新的品种、结构、比例等，摸清农家书屋出版物补充数量、采购方式、出版物配送工作开展情况以及农民自主选书工作开展情况。按照中宣部和省委宣传部通知要求，将5000多份《农民文摘》防疫专刊发到各区县农家书屋，向农民宣传防疫知识，协助做好疫情防控工作。部分区县农家书屋推出数字化阅读方式代替聚集性阅读活动，配合线下做好疫情防控工作。

（市文化和旅游局版权处）

【加强著作权宣传普及】 开展知识产权宣传周活动。充分利用微信公众号、今日头条公众号、微博、头条号、抖音公众号等，播放2020年国家版权局提供的版权宣传公益片及阅览国家版权局制作的版权宣传公益海报。加大版权登记宣传力度，通过各种网络媒体发布版权知识问答，在新闻出版市场经营业户及广大市民中开展版权保护知识答题活动，宣传版权保护相关知识，为版权宣传周营造良好氛围。以视频会议形式，在部分区县组织版权保护普法培训，向经营业户讲解出版物经营相关的法律法规，播版权宣传公益片，讲解有关版权知识，加强知识产权的宣传，受到经营业户的好评。

（市文化和旅游局版权处）

【加强版权社会服务】 为服务好版权登记人，加快版权登记审核速度，同时协调省版权局，为版权企业节省时间。为方便与版权企业沟通交流，利用微信、QQ等方式，随时了解版权企业在登记中遇到的问题，第一时间给予答复。对需打印版权证书的著作权人，实行版权证书快递，免费将版权证书快递给著作权人。便捷惠民的版权服务得到企业的认可。建立市级软件正版化联席会议制度，为全市软件正版化工作奠定组织基础。

（市文化和旅游局版权处）

【济南出版有限责任公司】 连续5年被省委宣传部授予“书香企业”称号，被中国出版协会城市出版工作委员会授予会长单位，被中宣部表彰为全国新闻出版统计工作先进单位，被省政府评为“2020年度山东省高端品牌培育企业”，转型升级经验被省委宣传部作为双效统一重点成功案例报中宣部，被山东省委讲师团授予“全省理论宣讲基地”。2020年，公司共出版新版图书541种，重印图书353种；上报图书选题1604种，申领书号及CIP编目数据541条，按时按比例缴纳新版图书342种、重印图书353种。《会计基本技能》《心理健康教育·高职版》被列入十三五职业教育国家规划教材书目，《红色齐鲁365》等2本教材被市委组织部推选入围第五届全国党员教育培训教材展示交流活动，全省只有济南出版有限责任公司一家入围。国家出版基金项目《传统文化大家谈》结项并获得全国优秀项目。52种图书获全国城市出版社优秀图书、第三十四届华东地区优秀哲学社会科学图书奖等省部级以上奖项。打造《文学新势力文丛》。出版精装本“黄河札记”系列图书。围绕明星产品《小学生小古文100课》，打造集教研、大赛、活动、线上平台等于一体的2.0版的“小古文”全国性传统文化平台。启动2020年“知识图谱”惠民工程。编写《劳动教育》丛书小学版和中学版。推进红色基因传承工程和济南省会红色文化建设工程，打造《红色印记：写给中（小）学生看的济南党史》丛书。围绕健康中国国家战略，打造《中医文化与健康丛书》，入选《山东教育社图书推荐目录》。创新多媒体智慧会展服务，创下一个多月连续承办4场国家级会议的新纪录。探索建立“济南跨境电商综合服务平台”，打造跨境电商直播，让自贸区企业真正享受到政策优惠，形成跨境电商产业集群，为版权贸易增加新出口。运营济南12家泉城书房。把电视老年大学品牌向全省推广，推出线上+线下相结合的模式，继续强化图书出版、数字化多媒体阅读方面的音、视频技术和老年教育的深度融合，项目经验已推广到潍坊、临沂等地市。通过“三下乡”“扶贫救孤”向社会各界捐赠图书约23000册，价值码洋90余万元。（姜　萌）

【济南日报报业集团】 策划推出“济南战‘疫’，融媒出击——报业总编1+1”特别直播。策划贯彻落实十九届五中全会精神、习近平总书记视察山东两周年、黄河流域生态保护和高质量发展、贯彻落实市委全会精神等大型系列报道。实施精品化、栏目化、品牌化“三化”战略，名记者、名编辑、名栏目“三名工程”，头版、头条、头屏“头部”工程，打造时政融媒工作室、理响泉城工作室，开展百名记者百村行等活动。协助打造“商量”“掌上问政”“泉城总客服”等品牌。开发慢直播项目“24小时直播济南”。搭建“践行者”人型全媒体宣传平台、设立济南市“智汇泉城”市民智库、启用济南融媒服务议事厅等。与济南市12345市民服务热线联手打造泉城服务“总客服”——掌上12345平台。打造互联网短视频创业创新基地。建成济南市首个新媒体电商直播基地。承办全国首个电商直播节。济南国际泉水节提档升级，举行敬泉盛典、花车巡游等主要活动。发起中华“二安”·文化济南“五个一”推广行动。推出“云招商”“云招聘”等“云系列”活动。“影响济南”成为以年度经济人物评选为核心，名企名牌名家评选、科技人物评选、“影响济南”亲清行等为重要组成部分的城市服务品牌。泉城广场完成“最美奋斗者”主题文化长廊建设任务。获“十三五”中国报业媒体融合创新单位，在第七届中国新兴媒体产业融合发展大会上获技术创新大奖——融合创新奖。旗下的舜网先后被认定为济南市“新经济领军企业”、全省首批5G试点示范企业、省优秀软件企业、国家级高新技术企业、山东省瞪羚企业、省级“专精特新”中小企业，自主研发技术获60余项国家发明专利和软件著作权。研发的“5G新闻媒体传播应用项目”获评全省首批5G试点示范项目。完成“大舜云”技术平台上线。（李泉云）

【《济南日报》】 实施“头部”工程，对日报头版版式进行改革，在横竖题、字体、字号、线框、色块等方面改革创新。打造“理响泉城”理论宣传平台，组建工作室和理论智库，建设巩固理论宣传阵地。2020年度《济南日报》获山东新闻奖一等奖3项、二等奖4项、名专栏1项，获得山东省市地报新闻奖一等奖3项、二等奖3项。策划出版88个版的《战疫史记》特刊，被学习强国等央级媒体和平台报道。围绕重要宣传节点，推出“牢记总书记嘱托 书写新时代答卷——济南报业大型全媒体系列报道”“决战决胜 全力攻坚”“沿着习近平总书记指引的方向前进”“深入学习贯彻党的十九届五中全会精神”“回眸十三五 展望新未来”等专栏。结合黄河国家战略，推出“跟着记者走黄河”系列报道，开设“拥抱母亲河、奋进新时代——家住黄河边”栏目，策划“大河奔流——聚焦济南践行黄河战略特别报道”，举办山东城市党报黄河高峰论坛系列活动。策划“牢记嘱托 决胜脱贫 振兴乡村”巡回宣讲活动，做好“助力脱贫攻坚 报业全媒出击”专栏，策划推出3期60个版的“答卷——济南决战决胜脱贫攻坚特别报道”，全方位宣传展现脱贫攻坚和乡村振兴取得的历史性成就、发生的历史性变化。济南发布新闻客户端改版升级至4.0版，强化“掌上《济南日报》”定位。在重点策划报道中，广泛采用融媒报道形式，文字、视频、图片、直播等全媒体报道模式。启动《济南记忆》融媒专题栏目及济南记忆影像保护工程典藏作品巡展。承办2020平阴玫瑰节，推出直播带货、薇娅推荐宣传、抖音挑战赛、文创产品创意大赛等线上与线下结合的活动。（韩劲松）

【《济南时报》】 《济南时报》对报纸产品进行升级改版，根据报纸和新媒体的用户需求，生产各具特色的新闻产品。改版方向聚焦“四化”：内容生产深度化、传播方式融合化、视觉表达杂志化、民生关切服务化。2020年，济南时报·新时报获评“年度全国城市报业十佳融合创新客户端”、2020年度“最具增长力App”等荣誉称号，获2020年度全国传媒经营工作5项“金推手”奖，成为媒体融合发展中走在前列的主流媒体。在新时报App上开设专题、头条推荐，在报纸上开设专版、专栏，全方位全景式重点报道全市战疫攻坚的举措。

推出《新时报记者探访济南唯一一家新冠肺炎治愈者隔离点：为了190人的安康，6个人坚守52天》《镜头下的济南战疫：繁花终将盛开，加油！》等大量抗疫作品，连续推出七期大型直播——“济南战疫，融媒出击·报业总编‘1+1’”，传播战疫正能量；策划推出《战疫志——2020济南抗击新冠肺炎疫情特刊》，展现社会各界在抗击疫情中的使命担当及抗疫事迹；推出全民战疫系列公益广告，向参与抗疫的所有单位和集体致以最崇高的敬意，此策划被中国广告协会报刊分会作为经典案例向全国推广。现场直播“攻坚决胜扬起龙头”第十二届“影响济南”经济人物评选颁奖活动，推出76个版的特刊《奔流——第十二届“影响济南”经济人物评选特别报道》全方位对活动进行报道。“云助农”爱心公益活动精准助农，刊发《爱心“云助农”一周售9万斤胡萝卜》等数十篇稿件，帮助农民解决滞销难题。联合市民营经济发展局开启连续直播带货活动——为民企带货 为名牌代言“泉城好品”融媒体直播推介活动。联合市商务局启动“济南制造 天下共享”2020乐享城市礼品·济南品牌“云”展览展示交易会活动，邀请济南市副市长尹清忠为“济南制造”代言并走进直播间带货。

（郭　萧）

【“爱济南”新闻客户端】 2020年，爱济南被第十四届中国传媒大会授予“2019中国传媒融合发展年度影响力新闻客户端”称号，被中国传媒大会授予“金长城传媒奖”、2019中国传媒融合创新年度影响力客户端”称号，被第三届中国新媒体发展年会授予“年度全国报业十佳影响力直播平台”称号。疫情防控常态化形式下，推出云招商、云招聘、云课堂、云展播、云党课等近30项云系列活动。云招聘共举办8个专场，全市471家企业提供21609个就业岗位。云招商共举办13场，相关报道综合点击量达1.2亿。利用移动直播平台，实时视频直播市委、市政府战“疫”新闻发布会20余场，国家、省、市、区县的各类发布会和重要活动上百场。推出《水陆空》大型直播，通过航拍、慢直播、水下摄影等手段全景展示济南城市新形象。推出24小时慢直播项目，打造城市形象展示平台。与济南文旅集团、中国移动等合作，接入视频信号200多路，包括大明湖、趵突泉、泉城广场、解放阁等济南著名景点，直播资源面向人民网、央视频、百度、学习强国、等平台进行全网传播，全年浏览量超过1000万人次。入驻人民日报客户端、央视频、百度、腾讯、学习强国等主流媒体平台。申请山东省首个强国号——“爱济南学习强国号”。成立抖音虚拟工作室，进行泉城广场喷泉慢直播，40天直播时长超过910小时，观看人次超过460万，评论数量超过4.5万条。与12345打造泉城服务“总客服”，实现市民服务热线移动服务升级，探索形成城市政务服务与媒体融合一体化推进新方向，属全国首创。开设“直奔现场、为民办事”“直通一把手”等媒体监督品牌栏目。

（李　雁）

【《人口健康报》】 做好疫情防控宣传报道。派出记者跟随援湖北医疗队深入黄冈一线，在报纸和新媒体开辟多个“抗击疫情”专版和专栏，对一线抗疫工作情况、医护人员事迹及时报道。开设“致敬伟大抗疫精神”专栏，传播卫生健康人的抗疫精神。做好重要新闻的宣传报道任务。对《山东省中医药条例》的发布等重要信息，及时报道；对全省卫生健康工作会议、全省中医药大会等重要会议，全程宣传；对全省卫生健康工作如何落实国家以及全省部署进行跟进和解读。开设“卫生健康当家人话改革”“两会声音”栏目，对相关话题、内容进行及时报道。配合全省卫生健康重点工作，开设《山东中医药周刊》周刊，针对全省中医药领域的重要政策和典型人物进行深度报道，给大众普及中医药科普知识。针对健康扶贫、康养结合等，推出相关版面和栏目及时关注和报道。健康山东App逐步成熟，对人口健康报微信号进行定位调整，接手运营省卫生健康委官方微信号和微博，在新媒体融合发展方面迈出新的一步。

（丁艳萍）

【《当代健康报》】 2020年，《当代健康报》发挥医疗康养专业媒体的权威作用，率先推出《济南战“疫”》特刊，参与12批山东援鄂医疗队出征、返回报道和患者出院、清零报道，组织直播30余场，时长400多小时，全网总点击量超过一千万。当代健康报部分采编人员先后获全国城市党媒抗击疫情新闻宣传先进个人、济南市抗疫榜样、济南市疫情防控工作新闻宣传先进个人等称号。组织参与公益事业、公益捐赠，获得中国报业协会、山东省新闻工作者协会、山东省地市报研究会的奖励10余项。策划“最美健康守护者”“影响济南”医养健康品牌展等系列活动，做好“康养济南”建设的宣传优质平台，汇聚医养事业与产业力量。参加承办第八届中国生殖健康新技术新产品博览会暨中国生殖健康产业发展（济南）高峰论坛，利用全媒体形式广泛宣传国字号展会，助力济南打造“会展之都”，擦亮“康养济南”新名片。加速融合发展，通过开办直播栏目、制作科普漫画产品带动立体化全媒体传播。创新宣传报道形式，在所属新媒体推出“战疫科普课堂”系列主题漫画，向公众传递战疫最新动态、权威信息，普及防疫知识。大医堂“人气医生”直播栏目与抖音号正式上线，定期邀请各科专家走进直播间，与患者面对面答疑解惑，解决群众看病难题。栏目自创办之日起，在线点击量每期近万人，“健康姐妹花，帮您找专家”成为市民耳熟能详的服务品牌。（杨晓莹）

【《都市女报》】2020年，《都市女报》出台多项制度，严格落实“三审”制；通过流程再造明确审稿流程；严格执行选题制，确保舆论导向和意识形态宣传工作无偏差。加强未成年人思想道德建设，以“行走的思政课”项目为试点，探索媒体与学校思政课教育教学的结合，将学校中小课堂的理论与社会上大课堂的实践链接。坚持用人民群众喜闻乐见的方式讲述济南教育战线新闻，选树济南教育战线典型。通过《抗疫特刊》《六一特刊》等特刊专辑及《非常静距离》《尹萍姐姐上学去》等名专栏专版，反映济南教育战线风貌、济南教育人形象，扩大济南教育的影响力，推动教育事业健康发展。面对新冠疫情，依托新闻资源和教育资源，通过融媒手段做好各项宣传工作。疫情发生的第一个月，新媒体日均发稿80篇；开设网课近500节；将部分活动从线下转到线上，发起“武汉加油——我用画笔抗疫情”全国中小学生公益绘画活动、“‘罩靓’春天·期待最美的微笑”创意口罩设计公益活动；主办近五十场“济南报业小记者直播课”活动。通过多种渠道、途径和手段加快媒体融合进程，尤其在视频内容制作、新技术运用推广等方面下大功夫。先后策划、制作市教育局“开学第一课”“云六一”“防溺水专题片”“我是人民教师”公益片等多个视频节目、视频专题、宣传片等。每个月基本都能推出一到两个百万级流量的爆款产品。联合市教育局建设济南教育融媒体中心项目，为济南打造“有温度、有品质教育”提供强大的融媒矩阵。（杜　超）

【舜网】2020年，舜网获评山东省瞪羚企业，被团省委评为“山东省青年文明号”。围绕中央和省市重大宣传主题，策划制作专题专栏百余个，全年刊发新闻40万余条。疫情期间成立宣传报道组，多路全媒体记者40余人次奔赴一线，发布科普视频50余个，稿件4万余篇，制作的“济南市民防疫服务手册”互动性H5融媒体服务平台，入选工信部优秀案例。对PC端首页和移动端首页头版、头条、头屏进行改版提升。在学习强国平台上线“舜网”学习强国号。以舜网与人民网合作内容风控项目为基础，参与济南市建设“新媒体之都”调研工作。创新政务服务模式，与省市应急局、市民政局、市委宣传部等开展系列“云”活动。举办夏日送清凉公益活动、拜月大典等创意线下活动。在成立20周年之际，开展“融媒所向 舜时飞扬”系列庆祝活动，推出全新新媒体社交平台“舜时针”客户端。舜网中标合肥报业传媒集团市级“媒体云”平台建设，为软件产品化以及开拓全国市场打下基础。舜网软件研究院上线“大舜云”技术平台，整合报业集团优质技术产品和服务。科技创新硕果累累，申报8项发明性专利，取得1项外观专利，获得14款软件著作权登记。媒体融合、人工智能、5G等技术产品获10余项全国及省市奖项。舜网软件研究院承接省内外多个单位融媒体系统建设项目，持续维护全市各单位几十个新媒体平台运维工作。报业集团打造的西城新媒体电商直播基地挂牌为“济南电商直播基地”，舜网依托于此开展多项直播活动，举办首届济南电商直播节等，推动电商经济，被市委、市政府评为“新经济领军企业”。（郭　菲）

【济南广播电视台】 围绕中心、服务大局，创新主题主线宣传，推出《牢记总书记嘱托，书写新时代答卷》等50余个新闻专栏，开辟“牢记总书记嘱托书写新时代答卷——总书记视察山东两周年”“走进我们的小康生活”等网络专题。一手抓疫情防控，一手抓新闻宣传和舆论引导，率先提出“宣传就是战斗”，快速推出“十个一”组合拳，构建网上网下一体、内宣外宣联动、宣传服务并举的应急宣传新机制。打造品牌栏目节目，推出《909名医说》《以案说法》《关爱慢飞天使公益助残直播》等一批新节目新版块，改版提升《城市爱生活》《博闻天下》《有戏》等品牌节目，天下泉城客户端推出“后窗”“看见”“深一度”等专栏。获“金长城传媒奖”五项大奖，获评中国十大影响力城市台。在山东省优秀广播电视节目评选和山东新闻奖评选中，获奖数量名列全省首位。加快媒体融合发展，坚持移动优先，拓展“一网六端”新媒体、广播、电视、户外媒体等全媒体矩阵，构建无处不有、无时不在、无人不用、无所不及的传播格局。携手全国50家移动电视机构组建中国户外数字媒体联播平台，打造国内最大的户外媒体平台和短视频数字媒体平台。天下泉城客户端获全国广电十佳融合创新客户端，叮咚FM获年度全国主流媒体新锐十佳客户端，“学习强国”济南平台注册学员120万余人，6个技术项目获评金帆奖和华东电视技术进步奖。大力发展“一老、一少、一婚、一教”产业及政务服务、研学、文旅、会展等项目，探索“媒体+电商”“广告+电商”“直播+短视频”“节目+产业”新模式，发力直播电商总部基地建设，在全省率先实现5G+4K直播，打造“黄河V谷”5G+超高清视频产业基地，被列入《济南市国民经济和社会发展第十四个五年规划和二〇三五年远景目标的建议》。 （王延锋）

【全媒体战“疫”】 推出大型融媒体直播《济南战“疫”》，42期播放量突破4亿；发起《我的战“疫”生活》短视频全网征集展播，播放量突破4.3亿；组织抗疫公益歌曲征集展播，在全国征集作品1000余件，在中宣部《学习强国》推广；联合沿黄九省区省会城市台和武汉台特别策划《黄河长江——守望相助》共同战“疫”诗歌朗诵征集活动，征集作品1100余件；依托济南广电“鹊华读书会”，打造《我在，我阅读》网上读书公益项目；重磅推出纪实性专题片《济南战“疫”》。在中国传媒年会分享济南广电全媒战“疫”经验，中宣部《宣传工作》刊文《济南广电发挥全媒体优势做好抗疫宣传引导》、新华社《山东要情动态》以《应对“大考”的舆论担当》为题予以重点介绍。 （王延锋）

【助力复工复产和脱贫攻坚】 推出“政府产业扶持”“企业优惠券消费扩容”“金融融资纾困”“校企合作招聘”“网红品牌孵化”五大计划和“鹊华通”网上公益服务平台，创新“媒体+直播+电商”模式，打造“鹊华严选”电商品牌，推出“银座带您云扫货”直播，跨省开展“广电严选嘉年华”，联合黑龙江广电打造直播助商公益盛典。与贝壳视频推出网红副县长王小帅带货商河扒鸡短视频，掀起全国县长

2020年6月10日，章丘区双山街道三涧溪村党委书记高淑珍和济南电视台主持人海沫在鹊华严选平台进行直播带货 （徐舟 摄）

直播带货风潮，联合市商务局推出“济南制造 天下共享”云展览展示会。建立乡村振兴齐鲁样板“三涧溪”品牌电商直播间，培育乡村发言人和乡村网红。聚焦东西部扶贫协作，开展“茶旅古丈 情动泉城”直播专场、“我在古丈有亩茶”茶园认领计划，组织“微爱助农”等助农助企直播百余场，拉动消费近10亿元。（王延锋）

【媒体融合发展】“鹊华MCN”入选山东省网络视听（短视频）基地、全国广电十佳MCN机构，同时登上抖音、快手两大平台榜单前十名。媒体融合发展案例入选全省改革试点成果，济南广电被国家广电总局评为全国广播电视媒体融合先导单位，鹊华MCN城市IP孵化项目获全国广电媒体融合成长项目，在全国280家参选单位和339个项目中，成为唯一揽获两项荣誉的城市台。（王延锋）

【打造精品】重磅推出济南大型历史文化形象片《大河之畔》，联合推出电视剧《正是青春璀璨时》、纪录片《枫叶大篷车》、微电影《使命》、情景喜剧《今天我是角儿》等。纪录片《悠然见南山》、消息《小橱窗里有“乾坤”》、大型系列纪录片《四十城四十年》、公益广告《保国家平安做人民英雄》、新媒体作品《济南人大吉祥物系列漫画》分别获全国纪录片行业最高奖、中国新闻奖、中国广播电视大奖、全国广播电视公益广告扶持项目电视类优秀作品和中国人大新闻奖。《众志成城的力量》入选新华社《情系武汉 大爱中国》抗疫优秀歌曲系列。新闻综合广播和音乐广播分别获全国广播频率综合影响力指数城市电台新闻资讯频率TOP10和全国广播频率融媒体成长性指数城市电台广播频率TOP10。（王延锋）

2020年12月31日，天下泉城合唱团在济南广电跨年晚会上演出（徐舟 摄）

【塑造城市文化品牌】举办中国新媒体年会、首届泉城市民登山节、“大爱泉城温暖你我”文明城市建设主题活动、天下泉城合唱团周末合唱课、沿黄九省（区）省会城市青年“阅读马拉松”云挑战、2020敬泉盛典暨第八届国际泉水节、泉水人家大舞台、绿丝带爱心助考、民谣济南等品牌活动。联合中国李清照辛弃疾学会成立济南二安研究院，助推“文化济南”建设；创新提升天下泉城合唱团，摘获中国国际合唱节金奖；策划推出鹊华读书会“中秋诗会”“网红济南”第二季、“声动泉城”2020名家名篇诗文咏诵会、“泉声曲韵”2020戏曲名家名段演唱会，打造城市品牌IP，提升济南影响力。（王延锋）

【电视问政与掌上问政】聚焦城市治理体系和治理能力现代化，打造问政、商量、有话好好说、警民共建等“解困式”大型宣传服务平台，完成12场电视问政直播和区县大型直播季，推出电视问政直播五周年“五个一”创新工程，融媒体“掌上问政”平台入选《中国广播电视年鉴》，成立泉城“榜样”公益联盟，《商量》入选全国政协培训班重点课程，《人民日报》客户端、《人民调解》杂志重点推介《有话好好说》电视调解经验。省委常委、市委书记孙立成给予充分肯定。（王延锋）

【中国（济南）新媒体产业园建设】率先建成并启用济南智慧全媒体中心（鹊华云），推出全国首个城市台AI虚拟主播“小沫儿”，打造信息汇聚、生产、分发、反馈、监测兼具新闻宣传及社会服务功能的综合平台，构建包括“5G+4K+AI”智媒研究、短视频运营、中国（济南）新媒体产业园在内的“6+1”智媒生态圈。依托济南广电媒体港大厦，推进省市共建短视频双创基地，建设直播经济总部基地，打造济南新媒体之都。鹊华云被评为全国广电十佳融媒体，中国（济南）新媒体产业园以第一名成绩入选山东省数字经济园区。（王延锋）

【市民文明平台运营】 建成并运营全国首个市民文明行为激励回馈平台暨文明建设智慧管理总平台，实现理念、技术、应用及服务等多项突破创新，入选济南市重大社科课题、2020年济南文明城市建设十大行动百件实事工程，被中宣部、中央文明办列入第二期全国文明城市创建工作培训班重点教学项目和示范教学点，承担全国70多个城市培训学员现场教学任务，接待云南、海南、青海、浙江等30余家省内外考察团参观学习，受到中宣部、中央文明办及社会各界高度评价。《人民日报》、新华社、中央电视台等多次介绍平台有关做法。

（王延锋）

【第二届全国巾帼家政服务职业风采大赛颁奖展示活动】 10月20日，第二届全国巾帼家政服务职业风采大赛颁奖展示活动在济南广播电视台演播大厅举行。全国人大常委会副委员长、全国妇联主席沈跃跃出席活动并颁奖。省委书记刘家义，全国妇联党组书记、副主席黄晓薇致辞。第二届全国巾帼家政服务职业风采大赛由全国妇联、国家发展改革委、商务部、人力资源社会保障部、省政府共同举办，来自全国32支代表队的160名选手参加大赛。省、市领导，全国妇联有关部门、各省（区、市）和新疆生产建设兵团妇联组织、省直有关部门负责人等参加活动。10月29日，沈跃跃专门做出批示，全国妇联致函，对济南广电工作给予高度肯定。

（王延锋）

【电影行业疫情防控】 按照中央、省市防疫要求，1月下旬，督促全市65家电影院暂停营业，筑牢疫情管控防线。抓好电影院暂停营业后的管控，严防疫情期间恢复经营；妥善做好电影放映取消后观众退费纠纷的处理和解释工作，指导观众按照合同约定和相关法律法规解决纠纷。加强宣传引导和信息上报，会同文化执法部门，落实好24小时电话值守和执法巡查制度，确保信息畅通、响应迅速、报告及时，保障疫情防控工作有效开展。

（刘海鹏）

【支持电影企业发展】 针对新冠疫情对全市电影放映业的影响及复工前后的各种需求，通过网上发放调查问卷、电话沟通、视频连线等多种方式，调研汇总电影企业的需求，及时给予回应。指导电影企业通过线上技能培训、开源节流及线上营销等开展行业自救的同时，做好复工经营准备工作。及时与市财政部门对接，将下达的中央级、省级国家电影专项资金按要求分配、拨付到各区，督促各区财政及时下发到影城。与发改、商务、金融等部门沟通，按照国家、省市支持中小企业和文化旅游产业发展等系列政策，协调各方将减免中小企业房租、减免相关税费、延期缴纳税款、阶段性延长社会保险补贴和岗位补贴期限等具体措施落实到电影企业。（刘海鹏）

【农村公益电影放映】 对各区及济南新农村院线公司、莱芜新农村院线公司进行工作调度。在做好疫情防控的前提下，开展设备维修与保养、管理人员管理、工作协调、监控平台使用方法和放映员培训等工作，做好2020年农村公益电影放映工作。截至11月底，全市共放映农村公益电影48283场，观众485万人。（刘海鹏）

【吴天明青年编剧高级研修班】 举办“大师之光”吴天明青年编剧高级研习班。9月20—27日，由市文化和旅游局与中国电影基金会、市委宣传部、莱芜区政府联合主办，吴天明青年电影专项基金会承办的“大师之光”吴天明青年编剧高级研习班在莱芜区举办。来自全国各地的200多名学员参加培训，高研班邀请刘震云、刘浩良等具有国际视野、国内一流的导师团队现场授课。该次培训，对于提高青年电影编剧创作水平，推动编剧撰写以济南历史人文、风土人情、文化传统等为题材的电影作品，起到积极推动作用。（刘海鹏）

【影院复工经营】 修改完善《济南市疫情防控期间电影院复工经营指南（修订版）》，下发《关于有序推进电影院复工经营的通知》。指导区县文旅局及各影院按要求做好复工准备。7月16日，国家电影局《关于在疫情防控常态化条件下有序推进电影院恢复开放的通知》下发后，市文化和旅游局组织各区县文化主管部门会同疫情防控等部门制定影院恢复营业疫情防控检查方案和实施细则。7月17日开始，连续三天对全市电影放映市场进行反复现场督导检查和风险隐患排查，督促辖区内每一家电影院制定应急预案，明确疫情应对措施和岗位职责。对于整改到位，防控措施符合复工条件的，开具核查合格证明，准予开放。7月20日复工首日，全市23家电影院安全有序开放，复工率排名全国第二。央视综合频道《晚间新闻》以《山东济南：影院恢复营业疫情防控不放松》为题，对济南影院有序恢复营业的情况进行报道、经验做法予以推广。7月28日至10月20日，组织59家重点电影院开展文旅惠民观影行动，活动历时85天，带动票房收入2053万元。在省委、省政府实施的《居民消费财政奖励政策》中，城市影院观影人次及票房收入两项指标进入全省第一档，获得400万元电影消费奖励。2020年，全市电影院累计观影人次482万，累计票房1.75亿元，主要指标居全省前列。（刘海鹏）

【首批影视文化企业落地自贸试验区】7月24日，首批影视文化企业落地山东自贸试验区济南片区，市文化旅游局与9家影视文化企业签订合作协议，自贸试验区济南片区影视文化产业孵化基地同时揭牌。文化产业是自贸试验区济南片区重点发展的五大产业之一，自贸试验区济南片区影视文化产业孵化基地的揭牌和9家以“影视”为特色企业的集中落地，是推动济南影视文化产业发展的重要行动，加快“文化济南”建设的实际举措，标志着自贸试验区济南片区的文化产业发展进入新发展阶段。12月6日，橙果影视的电影项目《中国救援 矿难36天》开机，创造“当年签约、当年落户、当年立项、当年开机”的济南电影速度。（刘海鹏）

【电影创作生产】全市共有54部电影作品向省局备案公示，通过完成片初审20部。2021年建党100周年献礼影片《中国救援 矿难36天》开机拍摄。电影《坚守1200秒》举办首映礼，纪录片《悠悠乡戏》通过国家电影局备案公示；电影《牛王》《戏里戏外》、电视剧《青山遮不住》杀青，进入后期制作。《生死30分》《崮上情天》等4部电影入选2020年度山东省影视精品专项资金扶持项目。电影《中国推销员》获得济南市第十二届精神文明建设“文艺精品工程”特别奖，《生死30分》《沃土仁心》《崮上情天》《公主的战俘》获得优秀作品奖。（刘海鹏）

【重点项目建设】华谊兄弟电影城（济南）项目一期工程完工，正在进行项目招商，预计2021年五一对外开放。星工坊影视文化产业园5月中旬全面复工。华谊兄弟电影城、星工坊两个项目获得省级贷款贴息。章丘绣源河文旅综合项目之国家级IP项目极限360球幕影院建设加快推进。莱芜709影视文化产业园入选“山东省革命文物保护利用示范典型案例”。（刘海鹏）

2020年5月18日，电视剧《青山遮不住》在济南市莱芜区709文化产业园开机

（市文化和旅游局 供稿）

【电视行业扶贫】全面完成电视户户通行业扶贫工作。坚持因地制宜、因户施策，统筹利用有线、无线、直播卫星三种方式，对建档立卡贫困户收看数字电视进行帮扶，全面解决广电行业扶贫中存在的问题，完成全市建档立卡贫困户46779户安装任务。其中有线数字电视41024户，无线地面数字电视91户，直播卫星5664户。（张 轲）

【电视剧精品创作】推动广播电视精品创作生产，支持、引导、鼓励全市广播电视节目制作单位制作

强信心、暖人心、聚民心的优秀作品。电视剧《青山遮不住》完成制作，电视剧《我们的小康时代》《奋勇向前》获得省电视剧项目二类奖项，共获扶持资金240万元 。

（张　轲）

【概况】 2020年，市档案馆统筹推进疫情防控与业务工作，举办《记录奋进征程 见证时代荣光——济南市决胜全面建成小康社会档案图片展》，牵头建立黄河流域省会（首府）档案馆战略合作机制，开创档案工作高质量发展新局面，为全市加快建设“大强美富通”现代化国际大都市做出新贡献。被评为中国档案杂志“2019—2020年度全国省会城市和计划单列市宣传工作先进单位”“山东省档案宣传工作先进单位”，获省档案学会优秀成果评选一等奖4项，5人获选“山东省档案专家”。国家档案局科研项目《大数据时代下智能查档模式与应用研究》取得进展，1个项目通过省档案馆结题验收，1个项目获得省档案馆立项。

【档案业务指导】 依照《档案法》《各级各类档案馆收集档案范围的规定》，为50余个单位提供档案业务指导服务，验收市直机关2018—2019年各门类档案3.8万余卷件、数码照片6000余张，接收档案7.1万余卷件。指导平阴县数字档案馆通过“国家级数字档案馆”验收。开展档案业务培训。为市政协、市信访局、市中区、商河县等部门、区县举办培训班5期，培训人员300余人次。

【推进档案业务建设评价】 与市档案局联合推进档案业务规范化建设，制定《济南市区县综合档案馆业务建设指标体系》，对区县档案馆开展业务建设评价，章丘区档案馆成功试点，通过“济南市业务建设规范化档案馆”验收；组织对全市134个机关企事业单位档案工作开展业务建设评价。

【档案利用】 为群众提供高效便捷的查档服务，档案利用服务做到“跑一次为上限，不用跑为常态”。实现黄河流域省会城市档案馆跨馆查档服务全覆盖。年内共接待利用者1.13万余人次，提供利用档案2.7万余卷件，鉴定档案2.4万余件。与郑州、重庆、潍坊、荣成、昌乐等地档案馆合作为群众提供跨馆利用服务。深入挖掘档案资源，为社会各界提供高质量档案文化产品。撰写《福牌阿胶历史档案》等史料研究文章，拍摄《精准扶贫 档案同行》微视频，开展第八届“档案馆开放日”活动，开通馆藏珍品档案陈列馆网上展厅。

【档案安全】 狠抓日常安全管理，成立档案安全风险隐患排查整治工作领导小组，定期排查安全风险隐患，完善提升档案库房智能化管理系统，对库房设备进行更新换代，确保档案实体和档案数据安全。

【档案信息化建设】 电子档案共建共享一体化管理平台进展顺利，基本建成“馆室一体化”和“区域共享”系统。完成馆藏档案数字化加工100万页，实现13家综合档案馆164万条目录、3.5T数据量的婚姻档案数据共享，民生档案数据共享已覆盖8家档案馆，数据量3.9T。

【档案馆建设】 市档案馆新馆建筑面积59425平方米，用地约3.53公顷，总投资约54462万元，已纳入省市“馆群”规划，争取在中央商务区西片区选址。平阴县新馆建设全面完成，莱芜区、钢城区档案馆改造（改建）工程已经完成，历下区、长清区、天桥区、商河县、高新区完成主体施工，槐荫区、历城区、市中区已开工。

【服务中心工作】 围绕省市一体化推进济南加快发展，指导并参与一体化工作专班的档案业务。围绕中央提出的“六保”、省市一体化发展等主题，编写《档案资政参考》3期。起草《关于在深化市级事业单位改革试点中加强档案工作的通知》。参加全省档案工作服务农村基层社会发展现场会并作典型发言。拍摄市级重大活动38次，拍摄照片资料4600余张、视频900余分钟，采录济南新闻视频378G。

【服务黄河战略】 牵头建立“黄河流域城市档案馆战略合作机制”，推动黄河流域9省区省会（首府）城市档案馆签署战略合作协议和民生档案跨馆利用服务协议，在民生档案跨馆利用，档案征集、编研、展览及相关档案目录交换、档案复制件交流等方面开展深度合作。推动服务黄河战略，在全国城市档案部门中是第一家，也是档案部门第一次开展的跨东、中、西部多边合作，是全国最大范围的区域档案合作。

【服务疫情防控】 总结抗击非典的经验做法，第一时间编纂《档案资政参考》呈市领导参阅。开展疫情防控档案业务指导和资料征集，征集到实物档案270余件，电子档案资料9000余件22G，确保疫情防控珍贵档案得到有效收集和安全保管。保管利用处获市直机关“最美抗疫女性集体”荣誉称号。

【举办“记录奋进征程 见证时代荣光——济南市决胜全面建成小康社会档案图片展”】 11月23日，市档案馆、济南日报报业集团联合举办“记录奋进征程 见证时代荣光——济南市决胜全面建成小康社会档案图片展”。展览分8大篇章，包括前言、结束语和“经济更加发展篇”“民主更加健全篇”“科教更加进步篇”“文化更加繁荣篇”“社会更加和谐篇”“人民生活更加殷实篇”6个主体部分，展出图片150余张，LED电子屏幕滚动播放馆藏影像视频和300余张“见证小康路”档案图片，近100家单位5000余人参观展览。“济南发布”App线上同步观展，线上线下观众累计突破5万人次，展出的300余张档案图片及影像资料被市档案馆永久保存，成为济南新城市记忆。《人民日报》《中国档案报》《济南日报》、新华网、舜网、齐鲁壹点、山东档案信息网、“学习强国”平台等主流媒体进行报道。

【编辑出版《小康之路——全面建成小康社会济南档案文献选编》】 全书共28万字，立足济南市档案馆馆藏，充分挖掘改革开放40余年间，不同历史时期和重要历史阶段、历史节点的档案文献、史料资源，以“三农”（农业、农村、农民）领域为切入点，从200多份初选档案中撷取39份典型文献，真实、系统记录改革开放至今济南市在全面建成小康社会道路上的奋斗发展历程，为实施乡村振兴战略、做好新时代“三农”工作提供济南实践、济南经验。开展“小康路上”口述档案史料征集，山东新闻联播对此进行报道。

（赵国健）

2020年11月24日，市直部门党员参观济南市决胜全面建成小康社会档案图片展

（市档案馆 供稿）

【非物质文化遗产保护传承】 做优非遗传承。举办第六届中国非遗博览会，受到文旅部、省市领导高度评价。《非遗传承与学校教育融合工程》《济南市百花洲历史文化街区让城市更美好》入选全国典型优秀案例。《山东济南：百花洲历史文化街区让城市更美好》入选“2020非遗与旅游融合发展”优秀案例。开展非遗活态传承，扶持建设56个历史文化展示工程，扶持32项市级非遗项目、10名非遗传承人。

（刘贵民 王晓萌）

【第六届中国非物质文化遗产博览会举办】 10月23—27日在济南市举办。博览会以“全面小康 非遗同行”为主题，以“线上为主、线下为辅，线上线下相结合”方式举办。活动包括开幕式、非遗助力精准扶贫和乡村振兴论坛、黄河流域非遗保护与发展座谈研讨会、非遗优秀案例发布会。博览会线上“云展会”

2020 年 10 月 23 日，文旅部、省文化和旅游厅、市领导为第六届非博会开幕式揭幕

（市文化和旅游局　供稿）

设云展厅、云销售、云赏非遗、云竞技、直播带货等板块，731 项非遗代表性项目线上展示，416 部非遗题材纪录片、专题片在线展播，对入驻京东、淘宝等电商平台的 507 家非遗传承人店铺进行公益性引流和推介。线下展馆有来自全国的 84 个代表性非遗项目、46 个重点非遗扶贫就业工坊、447 位传承人集中参展参演，现场观众近 10 万人次。展会期间，市文旅局定向投放 300 万元的文旅惠民消费券，开展 30 余场次“网红非遗”直播带货活动。890 位手艺人参加快手平台“匠人匠心”云竞技海选，视频累计播放量 3656 万次。举办现场直播 61 场次、网红直播 41 场次、传承人访谈直播 10 场次。户外设置宣传图片和视频，全市 7869 辆出租车 LED 屏每日滚动播出 192 次博览会信息，面向市民推送近 1000 万条短信，形成全方位、立体式宣传格局，扩大非遗传承保护工作影响力。

（王晓萌）

【非遗传承与学校教育融合工程】　贯彻落实《关于实施中华优秀传统文化传承发展工程的意见》，市文旅局联合市教育局、市财政局，共同实施“济南市非遗传承与学校教育融合工程”，打造“带不走的非遗课堂”。2020 年“济南市非遗传承与学校教育融合工程实践案例”在文化和旅游部非物质文化遗产司、中国青年网主办的第二届“非遗进校园”优秀实践案例评选活动中，被评为全国“十大优秀实践案例”。

（王晓萌）

【非遗扶贫】　百花洲传统工艺工作站探索搭建扶贫就业平台，举办全国非遗扶贫就业工坊产品展示展销活动，帮助贫困地区搭建销售平台，推动传统工艺产品项目与市场对接，巩固“非遗＋扶贫”工作成果。在由中国文化传媒集团有限公司主办，中国手艺网承办的“非遗扶贫品牌行动和优秀带头人”名单发布仪式上，历下区历史文化街区保护中心组织的全国非遗扶贫就业工坊产品展示展销活动获非遗扶贫品牌行动。

（王晓萌）

【非遗网络销售】　2020 年文化和自然遗产日期间，采取线上方式，进行网上视频展播、领导直播带货和网上购物等系列活动，重点围绕传统体育、传统医药和餐饮类非遗项目，宣传非遗在防控新冠肺炎疫情中的作用，普及非遗知识和健康生活理念，弘扬中华优秀传统文化。举办非遗传承人电商知识培训班，100余位传承人提升网络销售技能。举办文化和自然遗产日非遗购物节，90 个非遗项目参与线上线下销售，直播带货 30 余场。

（王晓萌）

【非遗动漫】　为加强非物质文化遗产保护宣传，进一步传承好、讲述好济南故事，市文化和旅游局开展民间文学推广工程，将民间文学类非遗项目，以现代科技手段进行传播，适应现代媒体传播需求。2020 年先后推出《济南民间传说故事之秦琼传说》《闵子骞传说》《扁鹊传说》《鲍叔牙传说》等 4 部动画片，以动漫的形式讲述济南民间传说，寓教于乐。动画片同时在腾讯视频、B 站、优酷、爱奇艺、搜狐视频、微博话题等各类门户网站、媒体平台进行宣传推广。

（王晓萌）

【“非遗说”　济南市首届非物质文化遗产论坛举办】　11 月 27 日，在胶济铁路博物馆召开“非遗说”　济南市首届非物质文化遗产论坛暨天桥区级项目授牌仪式。会上举行非遗项目及代表性传承人的授牌仪式，现场发放项目扶持资金。市文旅局、天桥区委、区政府、各区县文旅局、山东中铁文旅发展集团、济南市非物质文化遗产协会等单位的领导、专家和70名非遗传承人参加会议。《中国文化报》《济南日报》和“天下泉城”等媒体进行报道。

（王晓萌）

【非遗传承人抗疫作品展】 2020年春节期间，组织济南非遗人创作非遗作品，在网上开展“和衷共‘济’同心战‘疫’——济南市非遗传承人抗疫作品展”，发挥文化引领、宣传的作用，坚定大家战胜新冠肺炎疫情的信心和决心。创作剪纸、泥塑、戏曲、梆子、落子、篆刻、快板、粗陶、蛋雕等各类非遗作品167件（个）。2件作品被国家级媒体采用。（王晓萌）

【考古前置改革】 在全省率先开展考古调查勘探发掘前置。推进市政府出台《济南市人民政府关于推进国有建设用地考古调查勘探发掘前置工作的实施意见》，设定在土地供应前完成考古调查勘探、发掘工作，考古前置改革走在全省前列。印发《关于做好济南市工程建设项目区域文物影响评估工作的通知》，对依法设立的各类开发区、功能区、工业片区开展文物影响评估的流程、评估报告的实施等做出详细规定。（赵英梅）

【实施重点文物保护工程】 实施重点文物保护、拯救行动，举办线上线下精品文物展143次。坚持重点文物保护项目带动战略，实施完成文物修缮保护工程20余项。加强重点文物保护，实施完成平阴永济桥、莱芜茶业口摩云山梯田、嬴城遗址、平阴县学文庙、灵岩寺防雷工程、吴伯箫故居等重点文物修缮保护工程。实施灵岩寺石刻及千佛殿部分罗汉像、汉济北王墓—双乳山汉墓、大峰山古建筑群、孟氏古楼、平阴东峪南崖建筑群等修缮保护工程。实施文物拯救保护行动，实施完成峨眉山古建筑群等修缮保护工程。梳理黄河流域、古城区、商埠区等区域文物资源，加强分类指导，统筹推进各类文物资源保护利用和传承发展。

（赵英梅 刘贵民）

【加强乡村文物保护】 实施完成市中尹家堂观音堂、南山邱家三观庙、南山崔家三官庙、历城刘姑店村九圣堂、平阴孝直村孙家楼、平阴赵桥村岱西桥等乡村不可移动文物抢救保护工程。实施长清前夏三官庙、五峰讲书院土地庙及壁画、章丘张肇铨自修堂等文物修缮保护工程。编制完成长清胜利玉皇庙、靳庄真武阁、神宝寺遗址、衔草寺等一批乡村不可移动文物修缮保护方案，助力全市乡村振兴战略。

（赵英梅）

【开展考古调查勘探发掘】 配合省市重点工程，组织市考古研究所对济南轨道三区二期等20个项目进行考古调查勘探，调查勘探面积40余万平方米。对章丘合庄墓地等8个项目进行考古发掘，发掘墓葬近

2020年11月27日，市文化和旅游局在胶济铁路博物馆举行“非遗说” 济南市首届非物质文化遗产论坛暨天桥区非遗项目授牌仪式

（市文化和旅游局 供稿）

2020年7月28日，修缮维护灵岩寺石刻及千佛殿部分罗汉像（市文化和旅游局　供稿）

300座，发掘面积8300平方米，出土文物近300件。开展泉·城文化景观申遗定向考古工作。完成高都司巷小学遗址发掘工作，共发现明清至民国时期的房址、排水沟、道路、墙体等遗迹20处，展示明清至民国时期济南居民房屋建造方式以及对泉水的利用方式，丰富泉·城文化景观遗产要素。（赵英梅）

【概况】 2020年，济南市社科联坚持以习近平新时代中国特色社会主义思想为指导，围绕打造“五个济南”、建设“大强美富通”现代化国际大都市的目标任务，创新思路、强化措施，提升标杆、加压奋进，各项工作取得新成绩，为推动省会社科事业繁荣发展做出贡献。

（韩建玲）

【社科优秀成果奖评选】 完成济南市第35次社科优秀成果奖评选工作，评选出优秀成果80项，其中：一等奖10项，二等奖20项，三等奖50项。（韩建玲）

【加强应用对策研究】 组织召开“打造‘五个济南’、加快建设黄河流域中心城市”主题学术年会，围绕创新驱动发展经济转型升级、提升文化济南软实力、建设生态美丽乡村、打造国际医疗康养名城、落实黄河重大国家战略、保护传承弘扬黄河文化等方面，提出一系列有针对性、可操作性的对策建议。聚焦“五个济南”建设，组织全市社科工作者深入开展重大课题研究，全市共有13项成果获省优秀社科成果奖，16项课题获省人文社科课题立项。（韩建玲）

【深化社科普及活动】 面对新冠肺炎疫情的严峻挑战，创新社科普及方式方法，打造“社科云科普”体系，把理论课堂搬到线上，开设云讲堂、云专栏、云直播，实现理论传播“全时空”。推动线下社科普及深入开展，举办报告会、主题图片展、主题讲座、咨询服务、专家基层行、知识竞赛、展板展示等一系列社科普及活动。“打造全省社科普及新高地”被列为省市一体化推进济南发展的重点事项。《守正创新接地气，社科春风入万家》社科普及工作纪实获得市领导肯定性批示，并在《山东社科界》《济南日

2020年5月26日，山东省暨济南市第十七届社会科学普及周活动在章丘区三涧溪村启动

（济南市社会科学联合会　供稿）

报》刊发。“理论传播‘全时空’工作创新”被评为全省 2020 年度社会科学工作创新提升优秀案例。（韩建玲）

【抓好社科阵地建设】 加强对社科类社会组织的指导管理、组织联络、协调服务，不断拓展社科工作覆盖面和影响力，新增 39 个省社会科学普及示范乡镇（街道）、村（社区），新增 1 个省级社科普及教育基地。推进社科类社会组织党建工作，召开直属学会、基地座谈交流会，传达学习党的十九届五中全会精神，总结推广先进经验，抓好党建工作任务落实。推进社科类社会组织规范化建设，指导直属学会完成年检，指导 3 家学会换届，指导 49 支志愿服务队开展各类新时代文明实践社科普及志愿服务活动 200 余项。（韩建玲）

【《济南社科论坛》编辑工作】 坚持政治上负责、内容上严谨、思想上健康的编辑风格，组织好《济南社科论坛》编辑工作，引领全市广大社科工作者站稳政治立场、服务发展大局，为巩固壮大主流思想舆论做出新的贡献。全年编辑出版《济南社科论坛》6 期，刊登理论文章 120 余篇，70 余万字。（韩建玲）

【山东省暨济南市第十七届社会科学普及周活动】 5 月 26 日，山东省暨济南市第十七届社会科学普及周在章丘区三涧溪村党群服务中心开幕。社科普及周以“决胜全面小康、决战脱贫攻坚”为主题，从 5 月下旬至 6 月集中开展，举办报告会、主题图片展、主题讲座、咨询

2020 年 8 月 20 日，“新时代文明实践社科普及专家志愿服务乡村行”走进文化路社区开展专题讲座（济南市社会科学联合会 供稿）

服务、专家基层行、网上交流、知识竞赛、展板展示等 100 余项形式多样的新时代文明实践社科普及活动，推动社科普及向基层延伸，进一步拓展社科普及工作的覆盖面和影响力。（韩建玲）

【新时代文明实践社科普及专家志愿服务乡村行】 坚持群众在哪里、社科普及活动就开展到哪里，邀请省市社科专家学者到最基层的社区农村进行社科知识普及，实行“点餐”式服务，讲群众所需、送群众所盼，围绕民法典知识、家庭教育、爱国主义等群众关心关注关切的主题，举办 16 场专题讲座，着力打通社科理论普及大众化的“最后一公里”。（韩建玲）

【社科云讲堂】 依托“爱济南”融媒移动平台，开设“社科云讲堂”，邀请专家学者进行在线宣讲，小视频讲大主题，小故事说大道理。相继推送《初心的力量》《铭记抗美援朝战争伟大胜利》《新发展阶段 新发展理念 新发展格局——党的十九届五中全会精神解读》《坚持以人民为中心》4 期节目。（韩建玲）

【济南社会科学院】 2020 年，济南社科院统筹疫情防控和科研工作，围绕经济社会发展的重大现实问题开展应用对策研究，聚焦“打造五个济南，建设大强美富通现代化国际大都市”中心工作，突出课题研究，发挥智库作用。相继出版《济南城市发展研究（2019）》《黄河与济南》《舜城济南》等科研著作。全年申报、完成山东省社会科学重点规划项目《国家治理现代化视阈于全面建成小康社会的文化发展研究》2020BSHJ01 1 项；获 2020 年济南市社科规划立项课题 4 项，获济南市第三十五次社科优秀成果奖 3 项，其中一等奖 1 项、二等奖 2 项、三等奖 4 项。应用对策研究《关于新辟千佛山北广场命名大舜广场举办祭舜大典的建议》《关于历史文

2020 年，济南市社科联开设“社科云讲堂”，邀请专家学者在线授课

（济南市社会科学联合会　供稿）

化名城保护条例草案的几点建议》《疫情防控常态化背景下济南市提高居民消费的思路与对策》《关于我市黄河文化保护传承弘扬问题的思路》等 4 项成果得到市委主要领导肯定性批示。2020 年 10 月，济南社科院被第三十次“全国城市社会科学院院长联席会”评为全国城市社会科学院先进单位。（梁永贤）

【社科研究成果】　策划完成《济南城市国际化研究》《济南建设国家黄河文化龙头城市研究》《济南推进乡村产业振兴研究》《济南推进社会治理体系与治理能力现代化研究》《济南市黄河文化保护传承与弘扬研究》等 43 项课题（其中，院重大课题 3 项、重点课题 11 项、一般课题 29 项）。完成 2019 年度市社科规划课题《明清时期济南城垣变迁研究》《基于国际城市区域视角的济南国际大都市建设研究》《济南市促进居民消费转型升级对策研究》《济南儒商文化研究》等 11 项，获批 2020 年度市社科规划重点课题《济南创建国际消费中心城市的基本思路和路径研究》《济南市文化旅游业发展的基本思路与对策研究》《新时代提高全社会道德素养与道德治理水平研究》《习近平新时代中国特色社会主义思想对马克思主义哲学的创新与发展研究》等 4 项。

（梁永贤）

【《济南通史》出版】　1 月，济南社会科学院组织专家学者编纂的《济南通史》，由人民出版社正式出版。《济南通史》包括《先秦秦汉卷》《魏晋南北朝隋唐五代卷》《宋金元卷》《明清卷》《近代卷》《现代卷》和《文物考古与山水园林卷》七卷，总计 450 余万字，系统全面地记述济南的历史发展和社会变迁，丰富济南历史文化内涵。《济南通史》的修订出版是贯彻落实习近平总书记关于优秀传统文化重要讲话精神的重要举措，是“文化济南”建设的一件大事，是传承弘扬济南历史文化的重要力作，是济南历史研究的又一重大成果。它的编纂出版标志着济南地方史研究和书写达到一个新高度，对于推动“文化济南”建设具有重要现实意义。

（梁永贤）

【2020 济南城市国际化发展蓝皮书】济南社科院持续跟踪济南城市国际化发展研究，2020 年组织国内知名专家学者和市直有关职能部门编撰完成《济南城市国际化发展研究报告 2020》，由济南出版社正式出版。该书以“聚焦济南城市国际化战略升级”为主题，由年度总报告和 4 个专题板块组成，以专题性和专业性的分析视角，对 2019 年济南城市国际化进程做出总结，并对今后一个时期济南城市国际化的方向趋势和发展策略展开深入探讨，提出济南城市国际化战略升级的对策建议，为济南城市国际化战略的深入实施提供理论支撑。（梁永贤）

【纪念张养浩诞辰 750 周年研讨会】10 月 20 日，市委宣传部、济南社会科学院、天桥区政协主办，柳云社区党委、居委会承办的“纪念张养浩诞辰 750 周年”学术研讨会在张养浩的家乡柳云社区举行。来自山东大学、山东师范大学和济南市从事张养浩研究的专家学者以及全国各地的张养浩后裔代表出席研讨会。与会专家学者以“张养浩与济南名士文化”为主题，围绕张养浩文学成就及其贡献、张养浩与“文化济南”建设、张养浩廉政思想及其当代价值、张养浩吏治成就及其启示、张养浩《家训》与中华优秀传统文化传承发展等内容展开深入研讨，并对如何弘扬张养浩文化，

加快“文化济南”建设提出意见建议。会前，与会代表还参观云庄遗址、文忠园，瞻仰张养浩墓，举行凭吊张养浩仪式。（梁永贤）

【黄河流域生态保护和高质量发展国际论坛】 11月7—8日，由济南社科院承办的中国社会科学院“2020年经济学论坛”——黄河流域生态保护和高质量发展国际论坛在济南举行。论坛主题为“构建共谋共治共建共享新格局，谱写黄河流域生态保护和高质量发展新篇章”。会议期间，分别举办黄河文化论坛、黄河流域国家战略理论研讨会、黄河流域脱贫攻坚与生态振兴研讨会等分论坛。（梁永贤）

【首届中国（济南）大舜文化论坛】 12月1日，市委宣传部、济南社会科学院主办，济南市舜文化研究会协办的首届中国（济南）大舜文化论坛在济南舜耕山庄举行。来自中国社科院、山东大学、山东师范大学等社科研究机构、高校和考古、教育领域的知名专家学者齐聚泉城济南，以“大舜文化与济南”为主题，围绕舜与济南，舜与龙山文化、东夷文化，舜与中华文明起源，舜与三代礼乐制度，大舜文化与儒家文化、齐鲁文化，大舜文化与社会主义核心价值观，济南大舜文化旅游资源及文化产业的开发利用等议题，交流研讨大舜文化，为“文化济南”建设献计献策。与会专家学者多角度多层次论证大舜与济南、大舜文化与济南优秀传统文化的内在联系，系统阐述大舜文化是中华优秀传统文化的重要组成部分，是济南非常响亮的城市名片，是“文化济南”建设珍贵的精神财富。各位专家还对深入挖掘济南丰厚的历史文化资源，促进文化济南建设，推进中华优秀传统文化创造性转化创新性发展提出意见建议。（梁永贤）

2020年11月7日，黄河流域生态保护和高质量发展论坛在济南举办

（济南出版责任有限公司　供稿）

【政策支持】 市文化和旅游局应对新冠肺炎疫情影响，推动出台《济南市精品旅游规划（2020—2022年）》，协同市委宣传部起草《关于在新旧动能转换中做大做强文化产业的若干政策措施实施细则》，制定复工复产政策工具包，帮助文化旅游企业在金融扶持、减税降费等方面用好用足扶持政策。在疫情影响严重的情况下，全年实现旅游总收入702.5亿元，接待游客6048.8万人次，同比恢复到2019年的54.6%和60.3%。（任诺扬）

【乡村旅游】 2020年9月，文化和旅游部、国家发展改革委发布第二批全国乡村旅游重点村名单，长清区万德街道马套村、南部山区管委会西营街道黄鹿泉村入选，实现全市乡村旅游发展新突破。12月，省文化和旅游厅、省发展改革委发布山东省乡村旅游重点村（精品旅游特色村）名单，长清区万德街道马套村、南部山区管委会西营街道黄鹿泉村、章丘区双山街道三涧溪村等7个村庄成功创建山东省乡村旅游重点村（精品旅游特色村），入选数量位居全省第二位。章丘区成功创建“国家全域旅游示范区”，是全市第一个、也是唯一一个上榜区县。（田迎晓）

【民宿业发展】 1月，市文化和旅游局在历下区举办全市第二批“泉

城人家”民宿授牌仪式，省文化和旅游厅副厅长孙树娥，市文化和旅游局党组书记、局长郅良为历下区“泉水人家”民宿揭牌，同时对第二批“泉城人家”民宿进行集中授牌。3月，在全省率先出台《关于加快推进民宿业发展的实施意见》《济南市民宿管理办法》，联合制定印发《济南市民宿业发展专项资金使用管理办法》，构建起民宿发展“1+2+4”制度体系。12月，市文化和旅游局新评定303个“泉城人家”星级民宿，发放引导资金1361.5万元，民宿市场逆势上扬，年收入平均增长40%以上。

（田迎晓）

【旅游商品宣传推介】 9月，市文化和旅游局组织旅游商品企业参加“2020中国特色旅游商品大赛”，“晶荣·果酱礼盒”“润荷·杀菌清洁湿巾”系列获银奖，宗师铁锅·臻三环古法宗师章丘铁锅作品获铜奖。11月组织旅游商品企业参加“2020中国旅游商品大赛”，“九阳生活旅行套装”作品获金奖。12月组织旅游商品企业参加“第二届山东省文化和旅游商品创新设计大赛”，获得两金六银三铜的成绩，市文化和旅游局获优秀组织奖。（田迎晓）

【2020山东省旅游发展大会暨首届中国国际文化旅游博览会】 9月，2020山东省旅游发展大会暨首届中国国际文化旅游博览会在奥体中心开幕。该届大会是历年来山东省规格最高、规模最大的文旅主题活动。大会以“文旅融合发展，乐享好客山东”为主题，来自38个国家和地区的嘉宾相约线上交流，共同推动山东文化和旅游业的发展。大会设济南主会场、各市分会场和网络会场。省市领导王书坚、孙立成、于杰、刘强、于晓明、凌文、孙述涛，韩国驻青岛总领事朴镇雄、日本驻青岛总领事井川原贤，文旅部有关司局、省直有关部门负责同志，文旅企业代表等在主会场参加活动。（王小曼）

2020年9月，2020山东省旅游发展大会暨首届中国国际文化旅游博览会——黄河入海音乐会在奥体中心举办

（市文化和旅游局 供稿）

【第七届济南国际定向寻泉赛】 8月27日，第七届济南国际定向寻泉赛在世贸中心广场开幕。济南国际定向寻泉赛是以泉水为主题、运动元素为特色，旅游方式为载体的大众赛事。为适应常态化疫情防控的新要求，2020年第七届济南国际定向寻泉赛由过去集中性的大型比赛调整为分组式、分时段、分散化的比赛。根据参赛选手的性别、年龄段，发布六种不同的寻泉地图。参与活动的市民和游客深入到老城大街小巷，寻找名泉，了解泉水故事，体验泉水文化。（王小曼）

【济南文旅发展集团有限公司】 济南文旅发展集团抢抓机遇，以建设全国一流、具有国际影响力、文旅融合创新发展的千亿文旅集团为目标，承担起创建国家全域旅游示范市和国际知名旅游目的地城市的使命，一方面抓已有项目整合提升，做好做优存量；一方面抓新项目建设，做大做强增量，为加快打造“五个济南”，建设“大强美富通”现代化国际大都市贡献文旅力量。在全省乃至全国文旅行业中率先复工复产，并购一批优质运营资产，资产规模大幅提升；完善投融资管理机制，资产负债率大幅下降；立足产业资源优化整合，资产管理运营能力不断提升，完成年度目标任务。

集团在第八届中国旅游产业发展年会中获评“2020年度中国十大旅游影响力社会责任企业”称号，获“山东省五一劳动奖状”“济南市五一劳动奖状”，在山东省精品旅游促进会暨2019年度表彰大会上

获“山东省精品旅游先进单位”等多个奖项，集团党委书记、董事长修春海获得“2020年全国商业优秀企业家奖”称号，山东国际会展集团获2019—2020年度中国十佳品牌会展中心、中国会展经济杰出贡献奖、“优秀会展企业奖”等多个奖项。济南文旅发展集团下沉社区先锋队获评“战疫团队”榜样，集团员工姚文达获评“战疫先锋”榜样。（吕　晶）

2020年8月8日，由济南文旅发展集团、山东省互联网传媒集团等联合举办的泉水盛宴·新青年音乐市集在大明湖畔启幕　（济南文旅发展集团　供稿）

【文旅重点项目建设】　集团始终坚持“项目为王、项目优先”理念，加快文旅项目布局，通过高标准策划规划、高质量建设运营，打造济南市公益性农产品批发市场、山东德云综合演艺中心、山东（济南）乐华城、跑马岭国际实弹射击中心、“赛石·花朝园”田园综合体、山东（济南）应急文化综合体验中心等一批文旅标杆项目。6月12日，举办重点项目集中签约仪式。国内外共46家知名企业、单位与集团签订战略合作及合作协议，签约意向金额达150亿元。完成2020山东省旅游发展大会、首届中国国际文化旅游博览会、大型交响合唱音乐会《黄河入海》三项重大活动保障任务。山东国际会展集团对山东国际会展中心A3馆进行全面改造提升，举办第103届全国糖酒商品交易会。济南文旅集团扶贫项目“拯救消失的名泉”入选2020年山东扶贫创客培育计划，并在腾讯公益开展线上募捐。（吕　晶）

栏目编辑　谷　雪

医疗健康

综述

【概况】 2020年，全市卫生健康系统围绕“康养济南”建设和新时期卫生与健康工作方针，发挥主力军作用，坚持新冠疫情防控和卫生健康事业产业发展两手抓，着力推动公共卫生管理攻坚改革、全市卫生健康事业产业高质量发展。市全民健康信息平台通过国家医疗健康信息互联互通标准化成熟度四级甲等测评，是省会城市中第四家通过的。建成预检分诊系统和发热症候群监测网，获评全国新冠肺炎防控大数据与人工智能最佳应用案例。高危孕产妇健康管理信息化案例入选“2020年全国妇幼健康信息化建设典型案例”。济南市在全省中医药大会上做交流发言，在全国卫生健康行业网络安全技能大赛获第三名。

截至2020年年底，辖区内共有各级各类医疗卫生机构7514所，其中三级医疗机构36所，委属医院（含门诊部）19所，县区属医院20所；妇幼保健机构15所，疾病预防控制机构14所，卫生监督机构14所，采供血机构2所，专科疾病防治院（所、站）9所，社区卫生服务机构371所（其中社区卫生服务中心119所，社区卫生服务站252所），乡镇卫生院53所，村卫生室3679所。共有床位6.89万张，卫生技术人员10.21万人，执业（助理）医师4.02万人，注册护士4.57万人。每千人口拥有床位7.48张、在岗卫生技术人员11.10人、在岗执业（助理）医师4.37人、在岗注册护士4.97人。全市医疗机构完成总诊疗人次6760.6万人次（含部、省属医疗机构床位、人员、诊疗人次数）。

【健康济南建设】 印发《关于推进健康济南行动的实施意见》，成立健康济南行动推进委员会，出台《健康济南行动（2020—2022）》，制定15项健康济南行动三年计划，35项主要指标设定均优于国家和省定指标。全域卫生创建实现跨越式发展，全市新创建14个国家卫生乡镇，15个省级卫生乡镇、1220个省级卫生村和169个省级卫生单位，同比增长均在200%以上，国家卫生乡镇覆盖率达35%，省级卫生村覆盖率达45%。开展“防疫有我，爱卫同行”爱国卫生月活动和家庭保“卫”战“五个一”活动，出台《济南市民卫生健康公约》。全年累计投放病媒生物消杀药品1.4万吨，消杀面积达到7.8亿平方米，规范市场门店22万个，建成18个精品示范农贸市场，打造健康细胞1346个和示范点85个。开展无烟党政机关创建活动，完成《济南市公共场所控制吸烟条例》调研起草工作，列入2021年人大立法审议类项目。

【医疗康养产业发展】 牵头组建济南市生物医药和大健康产业链链长制工作专班。举办对话山东—中日医养健康产业对接交流洽谈会、跨国公司（济南）高层对话会等活动，集中宣传推介全市医养健康产业投资环境，有效对接日本东丽株式会社、佳能医疗、加拿大施普生医疗等一批行业领军企业。签约自贸区国际医疗科技园等项目20个，到位资金24.16亿元。举办山东（济南）中医药产业创新发展项目启动活动和第二届世界中医药互联网产业大会。推动北方健康医疗大数据科技有限公司成立。国家健康医疗大数据中心（北方）主数据中心试运行。树兰（济南）国际医院开工建设。

【省市一体化工作】 市儿童医院获评省级儿科医师培训基地、儿童医学检验中心。山东第一医科大学临床研究中心、生殖医学中心、心血管病研究中心落户市中心医院，山东第一医科大学妇幼临床研究中心落户市妇幼保健院。山大二院先行区分院项目有序推进。推进与省卫生健康委、山东大学共建国家健康医疗大数据研究院，签约中国新媒体运营平台、中国家庭医生平台、中国呼吸专科联盟平台等国家级平台。与山东中医药大学签订战略合作协议，合作建设15个中医药重点项目。打造中医药文化国际交流中心城市，引进2个国医大师工作室。

【市全民健康信息平台通过国家医疗健康信息互联互通标准化成熟度四级甲等测评】 9月26日，在2020（15th）中国卫生信息技术/健康医疗大数据应用交流大会暨软硬件与健康医疗产品展览会上，济南市全民健康信息平台通过2019年度国家医疗健康信息互联互通标准化成熟度四级甲等测评。市全民健康信息平台通过全量数据采集和智能治理模式，对医院数据可管、可控、可见，对不同机构、不同业务系统的数据进行高度融合，形成集中且闭环的问题管理跟踪机制。各医疗卫生机构之间实现互联互通、信息共享和业务协同。市民可通过“健康济南”App等途径实现个人健康信息安全无障碍查询，已向居民本人开放公卫健康档案663万份、就诊记录5128万份、检查检验记录4554万份。同时以电子健康卡为索引，实现妇幼保健闭环服务，贫困人口就诊一站式结算，新生儿电子健康卡替代预防接种卡，疫苗使用和预防接种全程管理体系，无偿献血临床用血直接减免全覆盖，开展25个专病队列研究等。特别是在疫情期间，市全民健康信息平台快速搭建预检分诊、发热门诊、新冠肺炎辅助筛查等新型互联网服务，率先实现新冠肺炎患者数据管控闭环。

（杨　静）

2020年9月26日，济南市全民健康信息平台通过国家医疗健康信息互联互通标准化成熟度四级甲等测评 （市卫健委　供稿）

【新冠肺炎疫情防控】 2020年，累计报告本地新型冠状病毒肺炎确诊病例47例、境外输入新型冠状病毒肺炎确诊病例13例、境外输入新型冠状病毒无症状感染者18例，均治愈出院。自2月12日起无本地新增确诊病例，在副省级城市中首个实现本地确诊病例“零新增”。国务院办公厅政务信息平台刊发济南市防控工作经验信息15篇。中医药防疫治病经验在《中国中医药报》上刊发。派出7批次125名医务人员赴鄂支援，派出5名核酸检验人员赴京赴新支援、派出200名采样队员赴青支援。

筑牢防控屏障。组建疫情处置专家组和应急队伍，形成全市疫情防控专业指挥调度网络。坚持“严”“细”标准，针对确诊病例、密切接触者、不明原因发热患者、境外或疫情重点地区入济人员等重点群体和公共场所、集中医学观察点、养老机构、学校等重点场所，逐一制定管控措施，出台防控指南规范200余个，实现重点人群、重点场所、重要活动精准防控。规范建设发热门诊62家、预检分诊点148家、留观病房1372间。抽调二级以上医院专家组建170个“1+3+1”团队下沉基层。累计出动1.45万人次对发热门诊、预检分诊、隔离点等重点场所持续督导，对精神卫生机构、医养结合机构实行封闭式管理。对新出现的疫情局部反弹情况，按照市委“三个严防”要求，果断采取输入关口监控、社区网格摸排、分类健康管理、严格核酸检测等重点人群管控措施。

坚守救治底线。按照“四集中”要求，确定市传染病医院为集中收治定点医院，省市专家驻院指导，中西医综合施治，严格院内感染控制和出院患者管理，实现确诊病例“零死亡”、医务人员“零感染”。除2例婴幼儿患者外，中医药参与救治率100%。

抓好常态防控。持续做好动态风险评估，严格落实分级分区精准防控措施。牵头制定《济南市新冠肺炎疫情控制应急预案》并适时调整，更新新冠肺炎疫情常态化防控工作方案至第四版。加强医疗机构院感控制，强化住院病人探视陪护管理，做好医务人员防护。派出巡诊团队1005支，指导3630个村卫生室的日常诊疗和疫情防控工作。加强学校疫情防控，累计核验各类学校及培训机构5638家，实施医师驻校指导、定期巡查巡诊、应急联动管理。加强入境人员保障，累计派出医务人员531人次，完成11班临时航班2302名回国人员的服务保障工作。严防秋冬季疫情，牵头制定《济南市秋冬季新冠肺炎疫情防控工作方案》《济南市应对秋冬季新冠肺炎医疗救治工作方案》并组织实施；组建疫情处置机动队17235支76224人，储备集中隔离医学观察场所90处7172个房间。组织5轮新冠肺炎疫情处置应急演练桌面推演。有序开展新冠疫苗接种工作。完成市“两会”、省旅游发展大会、全国糖酒会等重要会议活动和全市各类重大考试的疫情防控保障工作。

【重点疾病防控】 免疫规划疫苗接种率保持在90%以上，预防接种门诊、产科接种室扫码接种覆盖率达100%，生物制品免疫规划云管理平台覆盖率100%，疫苗使用全程追溯体系获全省卫生健康政策研究重点课题评选一等奖。市疾控中心获全国死因登记报告工作“先进集体”称号。莱芜区被评为第五批国家慢性病综合防控示范区。市级癌症中心实现规范化管理，建成3个县级示范癌症中心。在全省率先建立环境健康风险评估体系，城乡生活饮用水监测风险评估报告被国家卫生健康委评为全国模板。严重精神障碍患者规范管理率、服药率居全省首位。依托市心理健康中心和12345政务服务热线，建立提供24小时公益服务的心理援助平台，累计为2008人次提供电话心理咨询服务。

【尘肺病防治】 开展全市尘肺病防治攻坚行动，完成980家粉尘危害专项调查，整治重点行业企业261家，启动2个尘肺病康复站试点建设。开展新中国成立以来3353例职业性尘肺病患者健康状况调查工作。完成3304家企业职业病危害现状抽样调查任务。开展呼吸系统疾病患者尘肺病免费筛查311例。用人单位职业病危害项目申报2695家，增幅219%。

（杨　静）

【健全公共卫生管理体制】 成立市委重大疾病和传染病防治领导小组和综合协调、监测预警、疫情研判、科技攻关4个工作组，实行实体化运作，配备工作人员20名。市人大常委会先后审议依法防控疫情

2020年9月，省市共建山东省公共卫生临床中心启用　（市卫健委　供稿）

和公共卫生应急管理工作。市政协开展公共卫生专题调研和“商量”。

【完善公共卫生服务体系】 209家传染病哨点机构接入省传染病监测数据采集预警系统，全市哨点机构注册率、对接率均实现100%。建立覆盖343家医疗机构的预检分诊系统和发热症候群监测网，与省公共卫生大数据平台无缝对接。市疾病预防控制中心、精神卫生中心、急救指挥调度中心、应急医疗储备保障中心、应急医学中心和省公共卫生临床中心“六大中心”建设全面启动。区县疾控中心全部建成生物安全二级实验室，均具备新冠病毒核酸检测能力。建立全省规模最大的核酸检测网络，91家机构日检测能力达24.68万份，在全国率先成立核酸检测质控中心。制定《重大活动疫情防控预案》《核酸检测全员筛查预案》，初步形成完整的预案体系。

【提升重大疫情救治能力】 市传染病医院新院投入使用，整合省胸科医院、市传染病医院组建省公共卫生临床中心，二期工程已获市发改委立项批复。二级以上综合医院全部建立感染性疾病科。成立市促进中医药发展领导小组，出台《济南市公共卫生事件应急处置中西医协作方案》，评选出第四批20个市级中医药重点专科，第四批薪火传承指导老师20名、传承人40名。推荐全市6家中医医院的9个专科加入齐鲁中医药优势专科集群。市中心医院、儿童医院通过省级紧急医学救援基地验收。

2020年11月底，全市农村妇女“两癌”检查“为民办实事”项目提前完成

（市卫健委　供稿）

【公共卫生人才队伍建设】 落实济莱区划调整政策，完成两家市级疾控中心整合，核定编制400人；市疾控中心升格配置，挂牌市预防医学研究院、山东大学附属疾控中心，与山东大学共建科研基地，优化人员职称比例，高、中、初比例调整为40%、40%、20%。市、区两级疾控中心完成首次遴选首席专家16名，市、区两级新招聘公共卫生人才186人。落实“疫情防控一线医务人员服务保障15条”，发放工作补助648.09万元，为303人晋升岗位职级，为245人落实子女教育政策。

【“两癌”检查实现目标人群全覆盖】 2020年，市委、市政府将农村妇女“两癌”检查项目列入市政府为民办实事，市卫生健康委与市妇联、市财政局、市民政局等部门联合印发《济南市农村妇女“两癌”检查项目实施方案（2020年版）》，并建立“两癌”检查项目长效投入机制。依托全民健康信息平台，配套建设“两癌”信息系统，实时开展个案信息的收集和随访管理。制发《“两癌”检查项目服务指南》，广泛宣传惠民政策。市、区妇幼保健机构作为项目管理单位，创新采用“线上+线下”模式开展质量控制，确保项目规范开展。同时与市妇联、市慈善总会分别联合开展“农村贫困母亲两癌救助项目”“慈心爱家——贫困家庭妇女重大疾病救助项目”，救助患有“两癌”的贫困妇女1591名，救助金额730.95万元。年度“两癌”检查任务于11月底超额完成，全市共完成宫颈癌检查19.59万人次，乳腺癌检查19.29万人次，完成年度任务量的102.5%。

（杨　静）

【现代医院管理制度建设】 全面

推开现代医院管理制度建设。加强全市医改重点任务指标监控，将公立医院绩效考核的主要指标纳入医改监测内容，实行季度通报。开展公立医疗机构医用耗材专项治理，全年百元医疗收入（不含药品）消耗的卫生材料费21.3元，较2019年下降3.2元。

【基本药物制度综合试点市】 率先启动省级国家基本药物制度综合试点市工作，加快推动形成以基本药物为主导的“1+X”用药模式，出台《关于加强医疗机构临床营养科建设 促进特殊医学用途配方食品合理使用的通知》，为全国首个临床营养诊断治疗应用规范。

【综合监管】 部署市级智慧卫监平台，开展全市综合监督“重点任务攻坚年”活动，全市共监督检查26679户次，监督覆盖率达99.41%，人均办案14.37件。4人获评全省执法能手。推进医疗卫生行业综合监管制度改革，迎接国家医疗卫生行业综合监管督察。

（杨 静）

医疗服务

【提升医疗服务能力】 市中心医院（东院区）、市中医医院东院区、市三院医疗康养综合楼开工建设。推进分级诊疗制度和城市医联体网格化布局建设。实施“双十提升计划”，市中心医院、市儿童医院分别创建为省级综合、专科区域医疗中心，创建省级临床重点专科或建设单位、县域临床重点专科26个。在全省率先实现无偿献血者临床用血费用直接减免工作，首个实现临床用血直接减免全覆盖。推进胸痛、卒中、创伤腹痛、脊柱关节疾病诊疗康复中心和癌症规范化诊疗病房等“八大中心”建设，截至年底共创建国家级胸痛中心、卒中中心等12个、省级中心23个。申报遴选医疗质量控制中心83个，数量在全省乃至全国副省级城市中领先。完成30家大型医院巡查。探索建立全市医患纠纷暨医疗责任保险信息管理系统。选派48人组成3支医疗卫生队驻地服务重庆市武隆区、湖南省湘西州和西藏白朗县。

【完善基层医疗卫生服务体系】 全面完成基层医疗卫生机构标准化建设任务，全市四类基层医疗卫生机构标准化建设达标率100%。创建省级示范标准村卫生室21个，38家基层医疗卫生机构达到社区医院建设标准。推进家庭医生签约服务工作，建立家庭医生服务团队2760个，全人群签约率达42.22%、重点人群签约率达75.13%，农村建档立卡和计划生育特殊家庭应签尽签。开展全市居民健康档案质控，建立电子健康档案796.43万份，质控率96.66%。开展“优质服务基层行”活动，13家社区卫生服务中心和镇卫生院达到国家“优质服务基层行”推荐标准。济阳区、平阴县紧密型县域医疗卫生共同体试点建设有序推进。

（杨 静）

中医药管理

【概况】 中医药传承发展取得新突破。开展“智慧中医药服务”试点工作，在槐荫、历城、平阴搭建智慧中医诊疗平台及智慧中药服务平台，实现线上线下全流程中医药信息化诊疗服务，已正式运行。在全市范围内开展区县中医药创新发展先行先试示范区创建工作，在提升服务能力、优化人才环境、做强产业等方面创新探索。备案制中医诊所达到443家，工作经验在国务院《深化医药卫生体制改革领导小组简报》（第108期）上刊发。市自贸区管委会、医保局等有关部门发布《中国（山东）自由贸易试验区济南片区支持备案制中医诊所发展若干措施》。市政协以“唱响‘扁鹊故里’，传承创新发展中医药”为主题，开展专题商量。获批齐鲁医派中医学术流派传承项目7个，其中工作室建设项目3个、培育项目1个、特色技术整理推广项目3个。山东名老中医迟景勋获山东省中医药杰出贡献奖。

【推进中医药发展】 11月25日，省委、省政府在济南市召开全省中医药大会，济南市在会上以《文化传承、守正创新，聚力打造“扁鹊故里、康养济南”》为题做交流发言。济南市将发展中医药作为打造“康养济南”、建设“健康济南”的重要支撑，传承发扬齐鲁中医文化，大力实施中医药振兴工程。全省率先出台《关于促进中医药传承创新发展的实施意见》，世界中医药互联网产业大会永久落户济南，世界数字化中医药（扁鹊）研究院、扁鹊智慧中药房等中医药创新项目签约落地。织牢中医药服务网，90%的社区卫生服务站和村卫生室能提供中医服务，社区卫生服务中心、镇卫生院“国医堂”实现全覆盖。组建全国首个区域脐疗联盟、中医诊所联盟、高血压专科联盟，开展“智慧共享中药房”试点，建成集远程会诊、处方流转、智能煎药、网上配送于一体的中医药诊疗服务平台。构建中医药全产业链条，与山东中医药大学合作推进中医药特色防疫应急产品研发等15个医养健康项目，宏济堂制药“人工麝香研制及其产业化”项目获得国家科技进步一等奖。建成全国首个省际中药材采购联盟，同步启动山东互联网中药材交易平台，推动“中医药+”融合发展，建成2个省级中医药特色医养结合示范基地、5个健康产业园区、25个中医药特色小镇。开展“扁鹊文化泉城行”活动；建成国家和省级中医药文化宣传教育基地示范单位17个，建设扁鹊广场、主题公园、健康小镇等文化景点。

（杨　静）

2020年10月18日，市医保局、市卫健委与济南日报报业集团联合举办济南市基本医疗保险癌症早诊早治项目主题宣传活动　　（市医保局　供稿）

医疗保障

【概况】　全市医疗保障水平进一步提高，截至2020年年底，济南市参加基本医疗保险人数821.14万人，比2019年增加30.74万人，增长3.89%。其中参加职工医保313.52万人（包含在职职工245.59万、退休职工67.93万）、居民医保507.62万人。

2020年，全市医保基金总收入131.52亿元，总支出125.13亿元，当期结余6.39亿元。其中职工医保（含生育保险）收入130.68亿元，同比降低18.54%，支出125.13亿元，同比增长12.82%。居民医保收入46.46亿元，同比增长15.42%，支出46.84亿元，同比增长34%，当期结余-0.38亿元。全年累计为4426.7万人次群众结算医保待遇，为12.43万人次结算生育保险待遇，济南市在全省医保系统行风建设考核中获第一名。

【助力疫情防控】　将确诊、疑似、留观患者的医疗费用全部纳入医保支付范围，实行先救治后结算，累计报销新冠肺炎治疗费用905万元；会同市财政部门，向全市定点医药机构预付医保基金10.5亿元，确保患者不因费用问题影响就医，确保收治医院不因支付政策影响救治。全面助力复工复产。在市级统筹降低缴费比例的基础上，再次阶段性降低医保缴费比例，全年为企业减轻缴费负担37.5亿元，为4766家经营困难企业缓交费用2.7亿元。

【医保扶贫】　围绕“基本医疗有保障”目标，建立完善贫困人口综合医疗保障体系。贫困人口参保实现全覆盖，取消贫困人员居民大病保险报销封顶线，起付线由1.4万元降低至5000元，报销比例最高达85%，使用大病保险特药不设起付线，实行医疗再救助政策。全年为15.6万名医保扶贫对象办理免费参加基本医疗保险手续。9.2万名医保扶贫对象享受报销待遇，基本医疗保险、大病保险、医疗救助基金共计支出5.1亿元，医保扶贫倾斜待遇政策得到有效落实。

【提升医保待遇】　针对群众不同病

情阶段的诊疗需求精准设计政策，探索出一条“防大病、诊小病、保重病、管慢病、护失能”的新路子。大病防治更加精准，癌症早诊早治累计诊察6865人次，发现阳性指标1572人，早期癌症22人，均得到有效治疗。门诊保障政策进一步优化，提高社区医院门诊报销比例，扩大门诊诊疗项目范围，全市81万余人享受待遇，减轻个人负担3.8亿元，推动全市签约二级以下医疗机构作为定点的患者占比达85.1%，同比增长18.1%。重病患者负担减轻，加大大病保障力度，累计为职工“二次报销”医疗费用5.3亿元，为居民结算大病保险9.05亿元，形成“费用负担越重、报销比例越高”的合理局面。慢病管理方式不断创新，推行线上线下相结合的慢病服务新模式，慢病患者平均复诊时间从近2小时缩短到30分钟，试点4个月以来，累计为2.4万人次慢病患者结算医保费用839万元。长期护理保险不断优化，建立与服务绩效挂钩的激励约束机制，累计为1.9万人次失能半失能人员报销费用3.4亿元，800余名重症失能患者转入专护后，日均医疗费用下降80%，济南市被列为国家长期护理保险试点城市。总结出的“打造一体化、全覆盖、有温度的医保服务新格局”经验入选“山东省地方改革案例”，“创新医保支付链 织密民生保障网”经验被人民网评为全国“六保”15个创新案例之一。

【互联网医保大健康服务平台建设】 省市共建山东省互联网医保大健康服务平台。整合省内外优质企业资源，组建山东互联网医保大健康集团，搭建山东省互联网医保大健康服务平台，构建“互联网＋医保＋医疗＋医药”综合保障服务体系。依托平台探索出线上线下相结合的慢性病服务新模式。线下，在部分管理水平高、门诊慢性病患者集中的定点公立医院，开设慢病管理专区，解决群众多窗口跑路、长时间排队等问题。线上，为患者提供慢病续方、医保结算、药事服务、送药上门、健康管理等“一站式”诊疗服务，逐步实现从线下就诊到线上复诊的分流。市中心医院、千佛山医院等已投入运行。

【出台《医疗保障基金使用监督管理暂行办法》】 全省率先出台市级医保基金监管办法，有效填补济南市医保监管制度建设空白，为强化监管工作提供制度支撑。联合发改、工信、公安、财政、卫健、市场监管、税务部门，建立医保基金监管工作联席会议，与公安部门建立联合打击机制，构建多部门联动、有机衔接的工作模式，形成对欺诈骗保行为的严打高压态势。

【实现个人账户家庭共济】 在全省率先实现职工医保个人账户家庭共济，职工医保个人账户金可为近亲属支付定点医疗机构就诊费用和定点药店购药费用。推行“1+7”模式，每个医保个人账户可绑定父母、子女、配偶、配偶父母7位亲属，服务范围覆盖全市21家定点医院和全部定点药店，有效盘活个人账户存量资金，半年来累计支出3160万元。

【“保医通”平台服务】 联合市大数据局，在全国率先建立“保医通”服务平台，实现商业保险与社会医保数据互通共享、快速结算，极大减少群众医保、商保窗口往返跑路报销的现象。平台已办理商业健康保险理赔业务近3万笔，实现赔付

2020年12月11日，济南市医保局在全国医保精细化管理座谈会上做典型发言

（市医保局　供稿）

金额近 1 亿元；普通健康保险平均赔付时间由 10 余天压缩到 1 天，最快赔付时间为 2 分钟。

【生育保险待遇医院端“一站式”结算】 全国首创生育保险待遇医院端“一站式”结算。推动生育保险报销流程再造，待育群众住院前网上备案，出院时医院端即时报销结算，生育津贴次月发放到群众手中，在生育报销过程中群众不垫资、不跑腿、不排队。市级医保大厅生育待遇结算日均办件量大幅度下降，被国家医保局评为管理增效典型案例，在全国医保精细化管理座谈会上做典型发言，得到国家医保局党组书记、局长胡静林高度肯定。

（褚兴鲁）

【概况】 聚焦人口政策落实，推动计生服务转型发展，全市妇幼健康服务体系日臻完善，全面两孩政策稳妥有序实施，家庭发展支持体系渐趋健全。全年全市分娩出生 80749 人，出生人口性别比 109.73。

【提升妇幼健康服务能力】 落实母婴安全五项制度，推进母婴安全行动计划，全市孕产妇、婴儿和 5 岁以下儿童死亡率分别降至 5.28/10 万、1.77‰和 2.51‰，再创历史新低。实施降低 5 岁以下儿童贫血患病率“小铁人”专项行动和 0—6 岁儿童眼保健和视力检查工作。加强爱婴医院和托幼机构管理，复审创建爱婴医院 35 所、保健示范幼儿园 23 所。整合婚检孕检项目，提高检查率和服务质量，建立济南市产前诊断（产前筛查）技术指导专家库，推进出生缺陷三级预防规范开展。农村妇女“两癌”检查首次实现城乡目标人群全覆盖。市妇幼保健院妇科获国家级更年期保健特色专科，市中心医院等 10 家医疗机构获首批市级母婴安全优质服务单位。济南市高危孕产妇健康管理信息化案例入选“2020 年全国妇幼健康信息化建设典型案例”。

【全面两孩政策稳妥有序实施】 继续实施计划生育服务管理改革，针对城区地域广和人口流动频繁的特点，完善以常住人口为基础的均等化服务管理体系，强化办证地、居住地、户籍地等相关方的沟通协调，群众自愿选择办证服务地，相关方互通信息，实现信息多流动、群众少跑腿。全市分娩出生上报 80749 人，同比减少 3.14 万人，减幅 28.4%，其中一孩出生 2.51 万人，占出生总数的 40.76%，二孩出生 4.11 万人，占出生总数的 50.86%，人口出生情况符合预期。出生人口性别比为 109.73。落实人口目标管理责任制，对全市 1986 个单位和 13219 名个人进行计划生育审核，对其中 30 个单位和 517 名个人提出“一票否决”建议。

【扶持计生家庭发展】 按时完成全市计生家庭奖励扶助发放工作，为 28.8 万名符合政策的农村奖扶和特别扶助人员发放奖扶资金约 3.734 亿元，为 23630 户农村双女绝育家庭发放扶助金 2268 万元，为新增计划生育特殊家庭发放一次性抚慰金 428.7 万元，为 30941 名城镇其他居民独生子女父母落实奖励补助金共计 3359.86 万元。完成省属企业 383 名职工的申报、资格认定和资金发放，共发放一次性养老补助 748.8 万元。重大节假日期间，市、区县走访慰问计生特扶家庭人员共 8128 户，发放慰问金 346.7 万元。为计划生育家庭发放其他类补贴共计 2616 万元。

【关爱计生特殊家庭】 深入开展计划生育特殊家庭关怀，强化落实“联系人制度”“就医绿色通道”“家庭医生签约”三项制度为重点的计生特殊家庭扶助关怀工作，明确任务分工，加强督导检查，确保各项关怀措施落到实处。

【婴幼儿照护服务】 印发《济南市人民政府办公厅促进 3 岁以下婴幼儿照护服务发展的实施意见》，成立市婴幼儿照护服务指导中心，全市备案托育机构 23 所，数量在全省前列。6 家托育机构申报国家示范性普惠托育服务机构项目，获得国家奖补资金 523 万元，艾比象国际育儿中心获评省级普惠性托育示范机构。

（杨　静）

栏目编辑　谷　雪

体育

综述

【概况】 2020年，全市体育系统围绕“1+495”工作体系和建设体育强市目标任务，在全力做好抗击新冠肺炎重大传染疾病的同时，促进全市体育工作有序发展。探索群众健身新路径，推进赛事活动形式多元化，提升赛事品牌力；加大体医融合工作力度，进一步扩大体质监测影响力，增强体育文化传播力，不断推动体育产业创新发展，激发体育新动能。中国济南冬季畅游泉水国际公开赛获评“2020年度中国体育旅游精品项目”，并入选“山东省十大自主知识产权精品体育赛事”，市体育局获“山东省第十届全民健身运动会优秀组织奖”“2020年山东省国家体育锻炼标准达标赛总决赛二等奖”，群众体育处被评为“济南市脱贫攻坚先进集体”。

【疫情防控】 市体育局先后为125名市卫健委系统医护人员、535名省驻济医护人员、57名驻济部队人员，共计717名抗疫一线疫情工作者办理免费健身卡。应对疫情不利影响，做好重点体育企业及体彩站点的调研指导工作，协调属地疫情防控部门帮助解决困难问题。及时向各运动队发出通知，要求各训练单位、教练员、运动员减少不必要的外出、做好自身防疫。利用微信、视频、直播等方式，对运动员居家训练进行监督监控，将疫情对训练工作的影响降到最低。

【体育扶贫】 累计投入体彩公益金3000余万元，配建健身器材11000余件，在保障贫困村基本公共体育服务的基础上，因地制宜，高标准配建全民健身设施，建设一批乡村振兴体育样板村，推动体育活动向农村和社区延伸，打造“一区一品牌”“一镇一特色”，推进体育行业扶贫常态化。

（张一培）

群众体育

【概况】 线上线下结合，推动全民健身活动的开展。整合各方资源，利用网站、微信公众号、短视频等多种形式推广居家健身方法，共录制发布健身视频3711条，组织网络健身讲座、教学5864场，累计浏览量590余万人次，受到群众欢迎。紧紧依托“济南市第十届全民健身运动会”“全民健身月”“全民健身日”开展系列主题活动，市、区（县）、街镇三级联动，以“全民健身＋互联网”“线上＋线下”等方式，在全市开展系列群众体育活动。举办济南市第二届农民丰收节趣味运动会、“线上录泉”马拉松挑战赛、“云走齐鲁”健步走、市直机关广播体操比赛、2020泉城（华山湖）夜跑节、国家体育锻炼标准达标测试赛等多项特色活动。“春渡明湖、夏赛龙舟、秋寻百泉、冬游泉水”系列泉水体育品牌赛事成为济南靓丽名片。共组织市级全民健身活动（线上及线下）51次，区县、乡镇（街道）级全民健身活动334次，带动参与群众225万人次。

【2020年济南市元旦登高健身跑】 1月1日在千佛山风景名胜区举行。活动由市体育局主办、济南千佛山风景名胜区管理中心、市小球运动中心承办。活动现场，来自历下、市中、天桥、槐荫、历城五区的健身队伍分别进行太极拳、广场舞等健身项目展示。网络报名的1200余名参跑市民以健步走或慢跑的

形式，不计排名，完成5公里活力征程。

【第八届中国济南冬季畅游泉水国际公开赛】 1月11日在大明湖风景名胜区举行。比赛以“坚持你的勇敢”为主题，由省体育局、市政府主办，省游泳运动管理中心、省游泳运动协会、市体育局承办，国际冬泳联合会主席玛瑞亚、芬兰驻中国大使馆公使谭碧天等出席开幕式，30个国家、102支代表队、1195名冬泳健儿参加，是参赛国家、参赛人数最多的一届。中国马拉松游泳领军人物、世界马拉松游泳冠军辛鑫以济南国际冬泳赛形象大使的身份，出席开幕式并为参加比赛的冬泳选手加油助威。为推动赛事与城市景观、泉水文化的深度融合，此次活动沿小东湖前，自鹊华桥起，设置“一步一泉”“冬泳文化街”等系列活动，成为本届冬泳赛的一大亮点。

2020年1月11日，国际冬泳世界杯（济南站）暨第八届中国济南冬季畅游泉水国际公开赛在济南大明湖风景区开幕
（市体育局 供稿）

【“全民健身月”主题活动】 5月8日在济南市全民健身中心举行。此次全民健身月活动以“众志成城 共克时艰 乐享健身 共享健康”为主题，由市体育局主办、市全民健身中心承办。启动仪式以线下+线上的模式进行，全程网络直播。启动仪式上，援助湖北医护人员代表宣读全民健身倡议书。启动仪式后，健身爱好者们带来健身气功《八段锦》、少儿街舞《舞动一起来》以及抗疫歌舞《生命的防线》等全民健身节目展演。全民健身月期间，开展一系列“云健身”技能比拼等线上健身活动以及场馆公益开放等活动，通过互动式、场景化、体验性的“体育+互联网”模式，为城乡居民搭建起一个突破时空限制的全民健身“云舞台”。

【“全民健身日”主题活动】 8月8日在市全民健身中心举行。此次活动以“推动全民健身，助力全面小康”为主题，由市体育局主办、市全民健身中心承办。受疫情影响，此次全民健身日不再安排大规模、聚集性的展演活动，而是创新形式、整合资源，选取群众喜闻乐见、小型多样的广播体操、武术、广场舞等项目，运用“全民健身+互联网”“线上+线下”的方式，既有线上比赛展示、又有线下健身体验，既有线上科学健身讲堂、又有线下体育公益培训。多样的“全民健身日”系列活动，在泉城掀起新一轮的全民健身热潮。启动仪式上，济南籍世界游泳冠军辛鑫、举重冠军杨哲、射箭冠军孟凡旭、中国女排队员王梦洁与四位健身市民代表，以直播连线的方式，共同宣读全民健身倡议书。正式开启“济南市第十届全民健身运动会线上报名平台”，并向广播体操、球类、游泳、棋类、广场舞、轮滑、武术等10余支全民健身志愿服团队授团旗。

【济南市第十届全民健身运动会】 9月9日在大明湖风景名胜区启幕。开幕式上，举办第八届济南国际泉水节龙舟赛，12支队伍近200名运动员报名参赛，受到全省城市、特别是沿黄城市的广泛关注。第十届全民健身运动会在新冠疫情防控常态化形势下举办，5月开赛，11月结束，历时6个多月，共设36个竞赛项目，既有群众喜爱的传统体育项目，又有轮滑、航空模型、健美健身等新兴时尚项目。同时新增自行车、龙舟等项目，直接参与总人数达36万人次。

【济南市第二届“中国农民丰收节”

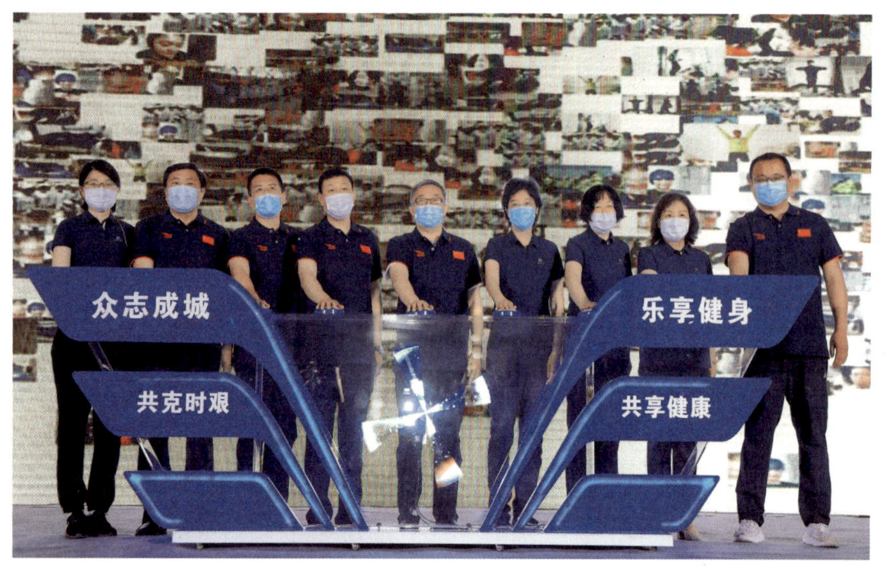

2020 年 5 月 8 日上午，济南市全民健身月主题活动暨“泉城云健身”技能大比拼启动仪式在济南市全民健身中心举行 （市体育局 供稿）

【趣味健身运动会】 9 月 19 日在平阴县芳蕾玫瑰花乡田园综合体伴山广场举行。此届运动会由市体育局主办，平阴县人民政府承办，平阴县教育和体育局、平阴县文化和旅游局、玫瑰镇人民政府、平阴县芳蕾玫瑰花乡田园综合体协办。开幕式上，《欢庆丰收》《中国范儿》《天堂怎比玫瑰乡》等节目展演展现农民庆丰收、全民参与享丰收的荣耀、喜悦以及广大农民的时代风采。来自全市各区县的 15 个代表队 300 余名农民健身爱好者参与此次趣味健身大赛。此届运动会利用平阴县芳蕾玫瑰花乡田园综合体现有的游乐设施，为运动员量身定制体现农民生产生活的 22 个特色趣味健身项目，如抗旱保苗、协力插秧、钓鱼（瓶）跑、丰粮归仓、徒手摸鱼、趣味投沙包等，分男子、女子和团体三大组别，为期两天，以“体育＋农事”的形式进行体育健身活动，紧贴农村实际，在脱贫攻坚和乡村振兴实践中发挥了作用。

【2020 年山东沿黄九市社会体育指导员健身技能精品项目展示活动】 11 月 15 日在市广播电视台举行。活动由省体育局指导，市体育局、市广播电视台发起主办，淄博、东营、济宁、泰安、德州、聊城、滨州、菏泽等市体育（教体）局支持。活动展演设置个人和集体项目，来自山东沿黄九市的 30 支代表队、332 名一线社会体育指导员骨干代表带来民族、传统、绝活、时尚的全民健身和体育类非物质文化遗产项目。在展示高超的专业技能风采、普及科学健身的同时，弘扬黄河文化，为新时代现代化强省建设汇聚体育力量、注入体育新动能。

【济南市第三届冬季全民健身运动会】 12 月 25 日在鲁能领秀城贵和购物中心世纪星滑冰场开幕。此次比赛由市体育局主办，市全民健身中心承办。开幕式上，花样滑冰世界冠军、济南冰雪运动形象大使张丹，以视频连线的方式致辞。冰雪节目展演以济南市冰雪运动员的成长为主线，分为《种下梦想》《锐意进取》《初露锋芒》《成就冠军》四个篇章，展现冰雪运动冠军的成长之路。运动会设 10 个比赛项目，其中雪上项目 7 个，冰上项目 3 个，让全市人民共享冰雪运动带来的激情与欢乐，掀起济南市冬季全民健身运动的新高潮。济南市冬季全民健身运动会创办三年以来，参赛人数不断增加、办赛规模逐步扩大、竞赛水平持续提高，为普及推广冰雪运动、提高冰雪运动成绩、推动冰雪产业发展提供强劲动力。

【健身指导】 开展社会体育指导员培训，推动全民健身服务科学有效。2020 年社会体育指导员培训工作以助力脱贫攻坚和乡村振兴为中心，加大农村特别是省市贫困村社会体育指导员培训力度，提升社会体育指导员在基层辐射能力和传授健身技能方面的作用。举办二级、三级社会体育指导员培训班 48 期，培训人数 3364 人。开展“体质监测大篷车”“科学健身大讲堂”“体质达人联赛”等健身指导服务 40 场，为全市 2849 人提供体质监测服务。

【体育社团服务】 面向社会提高服务标准，规范做好体育社团工作。与市行政审批服务局配合，对拟申请申办的体育社团组织进行严格审查，加强跟踪服务，通过实地考察，坚持“成熟一家审批一家”的原则开展工作。全年经审查、审批，成立 4 家体育民间组织，完成 3 家体育社团的换届工作。扩大体育民间组织在全市的覆盖范围，为提高全市人民群众的身体健康和生活质量创造条件，促进体育总会工作的开展。做好体育社团脱钩工作，需要脱钩的37家体育社团已完成脱钩34家，较好完成工作任务。

（张一培）

【概况】 在做好疫情防控工作的前提下，组织运动员参加全国和省级比赛，取得优异成绩。在全国赛场上，济南市运动员共获得15个冠军、7个亚军、10个季军。其中，举重运动员杨哲在全国举重锦标赛中打破两项由他本人保持的全国纪录，继续保持在109公斤这个级别的领先优势；张梦雪在全国射击冠军赛上取得女子10米气手枪个人和团体两个第一，展现较强的竞技水平。2020年，济南市共组织2185名运动员参加31个大项的省锦标赛，获得285.5枚金牌、182枚银牌、216枚铜牌，金牌总数位列全省第一。

【完成冬训任务】 围绕完成25届省运会周期第二年备战任务，总结经验教训，查找选材组队、设施建设、后勤保障等方面工作短板，突出重点抓好梯队建设。把提升运动员体能作为日常训练和提高成绩的一项基础性工作，进一步强化冬训系统性、规范性、科学化的措施方法，承训单位较好实现冬季训练目标，疫情期间及时采取视频签到、视频训练等措施，督促运动员居家训练，切实做到“停学不停练，在家不放松”。

【国家二级运动员授予情况】 根据国家体育总局颁布的《运动员技术等级管理办法》和《运动员技术等级标准》，2020年共授予514名运动员“国家二级运动员”的称号。“国家二级运动员”等级称号不仅是对运动员运动成绩的认定，也让运动员有了参加体育专业考试单独招生资格，有利于拓宽运动员继续教育和就业门路。

2020年济南籍运动员全国比赛成绩统计表

表10

项目	姓名	性别	比赛名称	比赛时间	比赛地点	成绩
田径	孙　松	男	“锦州银行杯”2020年全国竞走邀请赛	2020年7月	辽宁锦州	1
游泳	辛　鑫	女	全国冠军赛	2020年8月	山东淄博	1
自行车	于晓晓　王晓月	女	2020年中国自行车场地联赛暨全国冠军赛	2020年9月	山西太原	1
游泳	刘绍烽	男	全国冠军赛	2020年9月	山东青岛	1
射击	张梦雪	女	2020年全国射击手枪冠军赛	2020年9月	陕西宝鸡	1
自行车	张　淼	男	2020年中国自行车场地锦标赛	2020年10月	山西太原	1
蹦床	李嘉萱	女	2020年全国蹦床青少年锦标赛	2020年10月	江苏淮安	1
蹦床	朱忠昊	男	2020年全国蹦床青少年锦标赛	2020年10月	江苏淮安	1
跆拳道	尹元红	女	2020年全国跆拳道锦标赛	2020年10月	江苏无锡	1
柔道	商　义	男	全国柔道大师赛	2020年10月	山西运城	1
网球	徐辰玥	女	2020郑洁杯网球比赛泰安站	2020年10月	山东泰安	1
橄榄球	刘鲁达　邢世龙 贾博伟　张　赛	男	2020年全国英式七人制橄榄球（男）冠军赛	2020年10月	河北唐山	1
橄榄球	宫雯雯　杨飞飞 孙　悦	女	2020年全国英式七人制橄榄球（女）冠军赛	2020年10月	河北唐山	1
蹦床	武浩然	女	2020年全国蹦床青少年锦标赛	2020年10月	江苏淮安	1

续表 10

项目	姓名	性别	比赛名称	比赛时间	比赛地点	成绩
跆拳道	尹元红	女	2020 年全国跆拳道锦标赛	2020 年 10 月	无锡	1
柔道	商　义	男	2020 年全国柔道大奖赛	2020 年 10 月	山西	1
举重	杨　哲	男	2020 年全国举重锦标赛挺举	2020 年 10 月	浙江	1
举重	杨　哲	男	2020 年全国举重锦标赛抓举	2020 年 10 月	浙江	1
举重	杨　哲	男	2020 年全国举重锦标赛总成绩	2020 年 10 月	浙江	1
赛艇	张　敏	女	2020 年全国赛艇锦标赛	2020 年 11 月	上海	1
赛艇	张元泽	男	2020 年全国赛艇锦标赛	2020 年 11 月	上海	1
篮球	张　含　程清娜 张　婧　满玉涵 曹陆雨　高方园 李玉洁　李佳嵘 杨盛洁　詹欣歆 王贻诺	女	2020 年全国 U15 女子篮球决赛（长治赛区）	2020 年 11 月	长治	1
篮球	李佳嵘　胡嘉迅	女	2020 年全国篮校杯篮球比赛女子组决赛	2020 年 11 月	浙江	1
柔道	商　义	男	2020 年全国柔道锦标赛暨冠军赛	2020 年 11 月	江苏	1
柔道	张　帅	男	2020 年全国柔道少年锦标赛	2020 年 12 月	江西	1
柔道	刘宇航	男	2020 年全国柔道少年锦标赛	2020 年 12 月	江西	1
柔道	彭玉晓	女	2020 年全国柔道青年锦标赛	2020 年 12 月	江西	1
羽毛球	张坤重　徐化雨	男	2020 年全国 U15 总决赛	2020 年 12 月	湖北	1
射击	李越宏	男	2020 年全国射击手枪冠军赛	2020 年 9 月	陕西宝鸡	2
拳击	吴宇峰	男	2020 年全国男子拳击锦标赛	2020 年 9 月	河南洛阳	2
排球	王梦洁　宋欣瑜 梅笑寒　孙　杰 宋立琪	女	2020 年全国女子排球锦标赛	2020 年 9 月	广东江门	2
跆拳道	刘朝阳	男	2020 年全国跆拳道锦标赛	2020 年 10 月	江苏无锡	2
跳水	张　超	男	2020 年全国冠军赛	2020 年 10 月	河北	2
网球	任逸恒轩	男	2020 郑洁杯网球比赛北京站	2020 年 10 月	北京	2
短道速滑	安　凯	男	2020 年全国短道速滑锦标赛	2020 年 12 月	蓟州	2
排球	张可凡　王文涵 解盛岩　马广赢	女	2020 年全国女子排球 u18 锦标赛	2020 年 1 月	漳州	3
网球	金羽全　李泽楷	男	2020 中国网球巡回赛 CTA1000 安宁站	2020 年 8 月	安宁	3
游泳	刘宗毓	男	2020 年全国冠军赛 400 米混合泳	2020 年 8 月	山东淄博	3
游泳	刘宗毓	男	2020 年全国冠军赛 200 米仰泳	2020 年 8 月	山东淄博	3
游泳	刘宗毓	男	2020 年全国冠军赛 200 米混合泳	2020 年 8 月	山东淄博	3

续表 10

项目	姓名	性别	比赛名称	比赛时间	比赛地点	成绩
游泳	辛　鑫	女	全国冠军赛	2020 年 9 月	山东青岛	3
体操	周才松	男	全国体操锦标赛	2020 年 9 月	广东肇庆	3
帆船	石赫彤	女	全国帆船锦标赛	2020 年 9 月	河北秦皇岛	3
网球	李泓沄	女	2020 郑洁杯网球比赛泰安站	2020 年 10 月	山东泰安	3
网球	耿诗烁	女	2020 郑洁杯网球比赛泰安站	2020 年 10 月	山东泰安	3
网球	任逸恒轩	男	2020 郑洁杯网球比赛泰安站	2020 年 10 月	山东泰安	3
乒乓球	全开源　牛泽乾	男	2020 年全国乒乓球锦标赛	2020 年 11 月	山东威海	3

（张一培）

【市级联赛办赛情况】 2020 年，疫情进入常态化防控以来，在省锦标赛、联赛密集开赛的情况下，市级赛事实现数量、规模不降反增的良好局面。2020 年度市级足球联赛、篮球联赛在相关区县教体局的支持下，协调落实校园竞赛场地，保障篮球有 91 支队伍、2037 名运动员进行 208 场次比赛；篮球联赛有 108 支校队、1500 余名运动员参赛，2020 年足球、篮球联赛的参赛队伍、参赛人数、比赛场次等均创历史新高。

【体育项目进校园】 为响应国家体教融合工作的号召，提升青少年参加体育运动的兴趣、丰富在校学生课余活动，更好地扩大选材面，开展体育运动项目进校园活动。活动共走进全市 50 余所中小学，参与学生数量 4800 余人，每周开展一次兴趣课，确保进校园活动的机制化、常态化。2020 年由于疫情原因，改变思路、创新形式，由“走出去”到“请进来”，举办射击夏令营作为运动项目进校园活动的延续，并邀请家长同学生一起参加开营仪式。

【游泳普及和超体重学生健康营】 根据《关于 2018—2020 年继续推进全省中小学生普及游泳运动和超体重学生健康夏令营工作的通知》要求，采取市体育、教育部门统一部署，各区县分头组织的模式，按标准开展相关活动。2020 年游泳普及在全市 6 个游泳场馆同步推进，开办 70 余个培训班次，培训 1500 余名儿童。2020 年度超体重学生健康营创造性采取线下线上相结合的模式，在活动经费不增加、活动时间不缩水、无自费活动项目的情况下，参与人数达 1100 余人，同比增加 120%，财政资金投入 43 万元，同比降低 14.6%。线上活动增进亲子交流、强化家长的参与度，为超体重儿童养成长期健康生活习惯奠定基础。

【青少年线上体育活动】 贯彻《体育强国建设纲要》，结合疫情防控相关要求，向上级体育行政部门争取 2020 年线上亲子体育活动专项经费 18 万元，通过购买第三方服务组织活动实施。全市 600 余所小学、幼儿园的 40038 组家庭报名参加此次活动，参与人数超过 12 万人。制定以周末线下集中、居家线上训练为主要模式的超体重儿童健康营活动方案，取得良好社会效果。

【县级体校建设】 2020 年，济南市 12 个区县已基本实现县级体校全覆盖。其中，商河县少年儿童体育学校为新建体校，省体育局及市体育局给予资金扶持，历下区依托区运动项目管理中心开展中小学生业训工作，市中区、天桥区体校的职能由区体育事业发展中心承担。全市各县级体校在训项目有：田径、篮球、足球、跆拳道、自行车、乒乓球、羽毛球等 20 余项，在训学生 1800 余名，从业教练员、相关工作人员近百人。

（张一培）

【概况】 扩大全民健身设施覆盖面，推动全民健身设施提档升级。制定《济南市室外公共健身设施管理办法》，为全市公共体育设施管理提供政策依据。推动市、区、镇、村四级公共体育设施建设。利用拆违拆临腾出的“金角银边”，建设“街心体育公园”，打造城区“15分钟健身圈”。推进为民办实事“社会足球场项目”建设，成立市体育局社会足球场建设领导小组，列支专项经费，建立周调度、月通报制度，全年完成48块社会足球场建设。

【全民健身设施建设】 通过“基层建场地、体育部门配器材”的办法，加强市、区、镇、村四级公共体育设施建设，服务乡村振兴和脱贫攻坚。2020年，市及各区县累计投入8700余万元，新建健身场地861处，配建健身器材8526件，更新维护健身器材10204件，行政村（社区）健身设施覆盖率达到98.4%。实施全民健身提升工程，为26处体育公园（社区）配建室外智能健身器材307件。

【公共体育设施管理维护】 制订《济南市室外公共健身设施管理办法》，明确各单位在公共健身设施规划与建设、使用与维护、监督与检查等方面的职责。2020年，市体育局抓住公共体育健身设施管理纳入城市管理综合考评工作机遇，通过三级联动、建章立制、规范管理，破解公共体育设施维修难题。在省体育局组织的《全民健身实施计划》第三方评估中，省体育局领导及专家组成员对济南市的做法提出表扬，《体育晨报》以平阴县为例做专题报道。

【社会足球场建设】 2020年，“加快社会足球场建设”列入济南市为民办实事项目。市体育局成立工作领导小组，列支专项经费，细化分解任务，建立周调度、月通报制度，全年完成新建社会足球场48块，其中十一人制10块，五人制35块，七人制3块，在全市初步形成布局合理、覆盖面广、类型多样、普惠性强的足球场地设施网络。“十三五”期间全市社会足球场建设总数达到160块，位居全省第二。

（张一培）

【概况】 启动济南市《体育事业“十四五”规划（2021—2025）》《体育产业“十四五”发展规划（2021—2025）》编制工作。出台《关于促进体育服务业发展的实施意见（2020—2022）》，明确发展体育服务业的目标任务、重点项目、扶持政策、保障措施，对全市体育产业发展有重要指导作用。联合市财政局出台《市财政局、市体育局关于印发济南市返还区县体彩公益金分配使用管理办法的通知》。完成组织申报大型公共体育场馆免费或低收费补贴工作，全市有16个公共体育场馆申报成功，申报资金650余万元。组织济南市力生体育、森林雪等7家企业参加首届山东体育用品博览会，力生体育获中国体育智能制造创新大赛优秀奖、2020年中国体育用品博览会银奖。壮大体育产业经营主体，培育济南市体育健身龙头企业集团、体育器材用品创新生产企业，打造一批体育产业优秀品牌企业或企业集团。

【体育产业统计工作】 开展四项普查统计工作，按照国家体育总局要求，完成全市体育事业单位年度统计工作。完成2019年度全市体育场地统计调查工作，全市室内外体育场地合计19957个，体育场地总面积1897.7414万平方米，平均每万人拥有体育场地22.4个，人均体育场地面积2.13平方米。启动2020年度全市体育场地统计调查和体育产业统计工作，按照省体育局通知要求，完成2019年体彩公益金使用情况统计及公告工作。

【体育产业示范基地、单位和项目】 为促进济南市体育产业高质量发展，充分发挥体育产业带来的聚集和带动效应，经过审核并推荐优质企业参加山东省体育产业示范基地、示范单位及示范项目的申报工作，其中3个单位获山东省体育产业示范单位，1个单位获体育产业示范项目。深入推进体育产业供给侧结构性改革，促进体育服务综合体培育建设，济南市参加2020年度山东省体育服务综合体申报工作，经过审核并推荐获得山东省体育场馆型和商业中心型体育服务综合体2个单位。

【体育旅游精品赛事、精品路线】 为深入贯彻党的十九大精神，全面落实“健康中国”国家战略，践行“绿水青山就是金山银山”的发展理念，经过审核并推荐，中国济南冬季畅游泉水国际公开赛获评“中国体育旅游精品赛事”，这是济南体育赛事首次获评中国体育旅游精品项目。雪野航空科技体育旅游线路获评“2020年十一黄金周山东省体育旅游精品线路”，促进了体育旅游消费，满足人民群众日益增长的美好生活需求。

【成立山东沿黄九市体育产业协作联盟】 为深入贯彻落实习近平总书记关于黄河流域生态保护和高质量发展和视察山东重要讲话批示精神，紧紧抓住国家推进黄河流域生态保护和高质量发展国家战略机遇，做好体育发展的“黄河文章”，11月发起成立“山东沿黄九市体育产业协作联盟”。联盟深度融合黄河精神和体育精神，挖掘黄河流域体育文化旅游资源，传播中华文明，弘扬黄河精神，打造体育赛事品牌，推进沿黄九市体育产业交流合作，助力新旧动能转换，推进山东沿黄九市经济社会发展。

【发行体育消费券】 围绕常态化疫情下推动全市体育企业复工复产的任务，加大对体育企业的支持与帮扶力度，济南市作为省发行体育消费券三家试点城市之一，做好体育消费券发行工作。全市推荐试点场馆单位47家，累计发放冰雪消费券等体育惠民消费券555万元、企业配套消费券512万元，带动各类体育消费922万元，有效激发体育消费市场活力。

2020年11月14日，沿黄九市自行车骑行系列赛启动仪式暨“黄河骑迹·无限极杯”2020济南百里黄河自行车赛在济南百里黄河风景区启幕　（市体育局　供稿）

【体育彩票销售】 2020年全市销售体育彩票24.42亿元，同比下降27.25%，略高于全省降幅26.09%，市场份额创历史新高，达76.83%，同比增长5.11%，排名全省第一，完成既定目标，实现系统平稳有序运行。受疫情影响，销售天数同比减少39天。竞彩销售9.18亿元，同比减少7.96亿元，降幅46.4%；超级大乐透销售4.06亿元，同比降幅11.7%，市场份额达57.17%，创历史新高；即开销售2.16亿元，同比下降6%，市场份额达73.82%。四季度在售网点1456个、有效网点1201个，星级网点818个，小终端便利店扩容70家。

【体育场馆专项检查】 开展年度全市公共体育场馆和经营高危险性体育项目专项检查工作，采取区县普查和市级抽查方式，随机抽查全市公共体育场馆2个、经营高危险性体育项目场所18个，对检查发现的问题隐患限期整改，保证场馆和项目单位安全运营。

（张一培）

栏目编辑　谷　雪

【婚姻登记】 打造“泉城·爱帮”婚姻登记服务品牌，推出结婚、离婚登记“四个一”服务，推广亲人见证婚礼式颁证服务。2020年，依法办理结婚登记50486对，离婚登记29617对。在全省率先启用婚姻电子证照，实施跨区域婚姻登记试点，婚姻登记机关实现市域全覆盖，最大限度方便群众。2020年依法办理儿童收养登记78件。

【殡葬管理】 落实《关于倡导移风易俗推动绿色殡葬建设的实施意见》，完成《济南市公益性公墓规划》编制任务，到2035年共规划公益性公墓（骨灰堂）184个。常态化落实基本殡仪服务全免费政策，按照1300元/人标准，减免费用7221.24万元。开展散埋乱葬坟墓摸排定位，普查面积1326.9平方千米。推广绿色节地生态安葬，举办第八届海葬活动。完成清明节等文明祭扫服务保障任务，火化遗体57594具。

（李　涛）

【完善就业政策】 始终把就业放在突出位置，推进实施更加积极的就业政策。全年实现城镇新增就业16.3万人，城镇登记失业率2.03%。及时出台《济南市人民政府关于积极应对新冠肺炎疫情进一步做好稳就业工作的实施意见》《关于印发济南市应对疫情落实稳就业政策实施细则的通知》等一系列稳定扩大就业政策措施，先后召开7次市政府新闻发布会，多措并举推动落实。全年发放创业担保贷款22.9亿元，落实创业补贴4.2亿元，扶持小微企业和个体工商户3万余家，发放金额和扶持企业数均位居全省第一。发放一次性用工补贴、吸纳就业补贴、职业介绍补贴等4.2亿元，支持企业发展和稳岗扩岗保就业。完善困难人员就业援助政策，延长岗位补贴和社保补贴享受期限，累计援助就业困难人员3.3万人，发放社会保险补贴1.2亿元。

【搭建求职招聘平台】 开展线上“春风行动”“选择济南　共赢未来”网络招聘会、“百日千万网络招聘行动”等一系列招聘活动365场，参加招聘企业1.8万家，发布用工岗位46万个。在“齐鲁壹点”“爱济南”等新闻客户端开辟就业招聘专栏，创新建立济南云人才市场，为求职者和企业搭建更多求职招聘平台。

【开展用工服务】 为重点企业、重点项目设立320名用工服务专员，为7082家企业解决用工6.1万人次。开通务工人员返岗复工“点对点”服务，免费包机、包车、包专列三管齐下，实现“出家门、进厂门”，累计开行包车2255车次、包机2班次、包专列1车次，保障4.1万名外来务工人员返济复工。《人民日报》、新华社、中央广播电视总台等中央媒体对济南市“稳就业”“保就业”的做法给予宣传报道。

【抓好农民工精细化服务】 牢记习近平总书记“坚持下去，在实践中完善起来”重要指示，依托市、区县、街镇、村居、企业五级农民工服务平台和农民工网上服务（维权）平台，解决农民工现实难题，开展“情系农民工”系列活动，让农民工更好融入城市。6月27日，

2020年12月24日，济南市委农民工工作委员会开展“情系农民工·温暖健康行”活动（市人社局 供稿）

《人民日报》头版头条以《济南，让农民工更好融入城市》为题，报道济南市实施农民工精细化服务的成果成效。

【劳动关系调控】 全市共有劳动用工备案单位4.7万家，涉及职工115万人，建筑业备案单位4000余家，涉及农民工38.3万人。开展企业薪酬统计调查，调查样本企业1719家，涉及职工18.4万人。评选命名“济南市劳动关系和谐企业”67家、“济南市劳动关系和谐工业园区”1家。

【劳动关系调解仲裁】 创建“调裁审援”一体化工作模式，设立拖欠农民工工资争议速裁庭，推进“互联网+调解仲裁”。全市仲裁机构共立案受理12335件，结案率达100%；调解结案6313件，调解成功率为72.6%，为劳动者挽回经济损失3.3亿元。

【加强劳动保障监察】 推进劳动保障监察大数据系统建设，健全完善劳动保障一体执法体系，全面推行劳动保障守法诚信等级评价。全市1065个在建工程项目全部纳入省农民工监管平台，开通市、区县两级网上投诉通道，发放30余万张农民工维权卡。开展根治欠薪攻坚行动，检查用人单位837家，涉及职工6.2万人，立案984件，为1145名劳动者追发工资835万元，298家企业被通报责令整改，12家企业（个人）被列入“黑名单”或实施信用扣分，依法维护广大农民工的合法权益，在省保障农民工工资支付考核中取得A级等次。

【便民服务】 推进“减证便民”，依托数据共享取消37项证明材料，缩短54项业务办理时限共计956个工作日。全年受理答复12345市民热线10.4万件，服务满意率99%。“不见面、零跑腿、居家办、附近办”的人力资源社会保障线上公共服务体系基本建成，170项业务实现“网上办”、72项实现“掌上办”、43项实现“秒批秒办”、90项业务纳入自助终端服务范围。新冠肺炎疫情期间，累计提供服务400多万人次，“不见面”“零跑腿”服务率达到99%以上。利用大数据、人工智能技术，建设社保待遇无感知认证系统，方便182万名老年人开展待遇资格认证；稳岗补贴、养老金计算器、人才服务金卡等服务实现

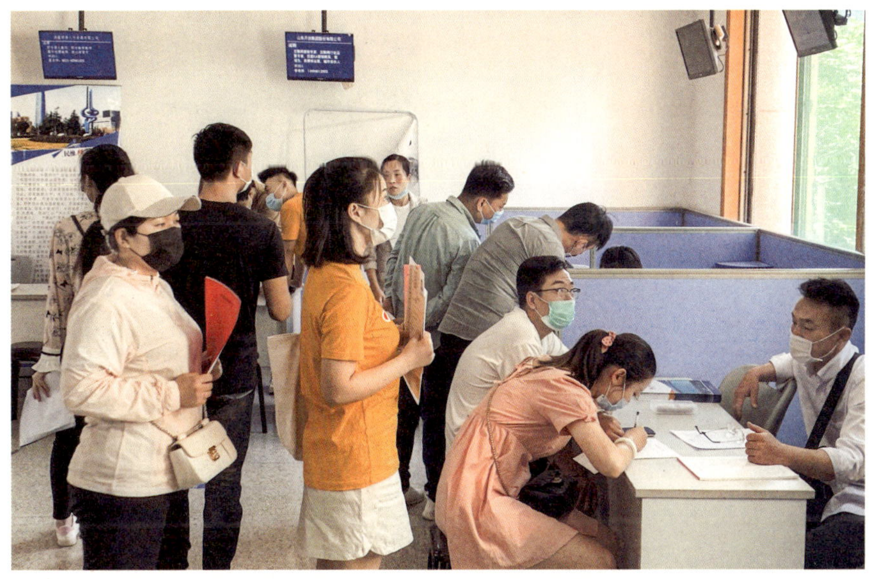

2020年5月28日，济南人才市场举办疫情以来首场线下招聘会（市人社局 供稿）

政策找人、待遇找人。

【推进就业扶贫】 组织开展线上线下春风行动招聘会182场，提供岗位25.9万个。举办就业扶贫招聘会30余场，提供岗位1.7万个，提供就业服务2.8万人次。制定出台就业扶贫车间、就业扶贫基地系列奖补政策，设立产品加工、生态养殖、家纺纺织等22家就业扶贫车间、9家就业扶贫基地，累计带动贫困劳动力400余人实现就业。开发农村公益性岗位安置816人，促进农村贫困劳动力和农村零转移就业家庭人员实现就近就业。为15名自主创业的贫困人员发放个体工商户一次性创业补贴5.8万元。建立55家市、区（县）级创业孵化基地，优先推荐有创业意愿的贫困人员到创业孵化基地创业。为吸纳贫困人员的单位和个人发放创业扶贫担保贷款600余万元。

【推进技能扶贫】 落实贫困家庭适龄学生“五免一享”帮扶，为22所驻济技工院校1422名学生落实费用1494.24万元，其中免学费989.26万元、免住宿费61.98万元、免教材费136.3万元、国家助学金306.7万元。累计为936人次贫困劳动力提供技能培训和创业培训。

【推进社保扶贫】 为35588名符合条件的贫困人口代缴居民养老保险保费382.06万元，为符合要求的1329名贫困人口、1101名低保对象、182名特困人员发放居民养老待遇，做到应保尽保、应发尽发。

【推进人才扶贫】 建立首批11家乡村振兴专家服务基地，统筹推进脱贫攻坚和乡村振兴有机衔接。扩大高校毕业生“三支一扶”招募规模，招募123名优秀高校毕业生到基层乡镇扶贫和支农等工作。

【推进对口劳务扶贫】 做好对口湘西州劳务扶贫协作工作，组织专场招聘会13场，济南市参会企业33家，提供岗位2200个，现场达成就业意向554人。湘西州759名贫困劳动力在济南实现就业。湖南阳光阿娅职业培训学校落户湘西州后，培训各类学员2000余人，其中贫困劳动力420人。选送76名贫困家庭学生到蓝翔技师学院本部就读。选派优秀教师赴湘西送技能进村进乡进镇，联合培训农村劳动力1000余人。对接重庆武隆区劳务扶贫协作工作，武隆籍转移来济就业105人，就近就地就业243人，发放转移就业31.7万元、交通补贴10.5万元，技能培训333人次。开展省内对口临沂劳务扶贫协作工作，以线上“互联网＋就业”招聘模式，开展线上专场招聘活动，帮助贫困人口实现转移就业增收脱贫。

（王　帅）

社会保障

【扩大社会保险规模】 按照“兜底线、织密网、建机制”的要求，努力构建覆盖全民、城乡统筹、权责清晰、保障适度、可持续的多层次社会保障体系。实施全民参保扩面行动，全市职工养老保险、失业保险、工伤保险、居民养老保险参保人数分别达到437.3万人、223.6万人、278.6万人、302.7万人，基本实现法定人群全覆盖。

（王　帅）

【提高社会保险待遇】 连续16年提高企业退休人员基本养老金待遇、月人均达3070.1元；居民养老

2020年11月23—24日，重庆武隆区有关人员到济南共商东西劳务扶贫协作工作

（市人社局　供稿）

保险基础养老金待遇第9次调整，从每人每月120元提升至147元；失业金标准提高至最低工资标准的90%，实现14连涨；提高工伤职工伙食补贴和1—4级工伤职工定期待遇标准，人均增长200元以上。

（王 帅）

【减轻社会保险负担】 打好社会保险费“减、免、降、返”组合拳，减轻企业和职工负担163.6亿元，其中：为企业减免养老、失业、工伤三项社保费119.9亿元；养老保险单位缴费比例降至16%，为企业减负20.6亿元；落实阶段性降低失业、工伤保险费率政策，为企业和职工减负近10亿元；落实缴费基数口径调整政策，为企业和职工减负6.8亿元；为6.5万家企业返还失业保险金6.4亿元，返还金额全省第一。

（王 帅）

【强化社会保险监管】 依托社会保险基金网络监管系统，开发“区块链”社会保险待遇直发平台，实现“数据离库不离线、中途不落地”。聘请第三方单位组成联合检查组，在全市范围内开展社会保险基金内控专项检查，核查重复领取、死亡冒领疑点人员532名，追回社会保险基金447.1万元，确保社会保险基金运行安全。 （王 帅）

【城乡最低生活保障和特困人员供养】 持续提高社会救助标准，城乡低保及特困供养标准分别提高到821元/月、614元/月和1232元/月、1071元/月，均居全省首位，五个区率先实现城乡社会救助标准一体化。全年共发放各类救助资金7.39亿元，保障困难群众11.5万人。济南市代表山东省参加全国困难群众救助工作绩效评价，获得优秀等次。兜底保障脱贫攻坚，开展社会救助兜底保障专项行动，推出扶贫补助不计入家庭收入、贫困户单独纳入低保等特色政策，全省率先将低保渐退期延长至最长12个月，将56987名建档立卡贫困户纳入社会救助，全市脱贫享受政策人口中，低保和特困供养人员占比达到59.14%。市民政局社会救助处被表彰为“全市脱贫攻坚先进集体”。完善社会救助机制，修订《济南市最低生活保障管理办法》，以市政府名义出台《关于统筹完善社会救助体系的实施意见》，统筹各部门救助政策资源，构建大救助体系，社会救助机制更加科学完善。将救助审批权限下放到镇街，审批时限压缩至15个工作日，急难型临时救助在24小时内完成，“放管服”改革走在全省前列。历下区、市中区、钢城区入选全省社会救助改革创新试点单位。 （李 涛）

【阳光救助】 出台《关于印发2020年全市民政领域漠视侵害群众利益问题专项整治方案的通知》《关于印发2020年全市农村低保专项治理工作要点的通知》，密集开展脱贫攻坚“回头看”、全面检视、遍访核查等专项行动，核对建档立卡贫困户信息85.3万人次，确保社会救助精准精细。专项社会救助方面，2020年共向困难群众发放价格临时补贴6196.35万元，保障困难群众958986人次。 （李 涛）

【流浪乞讨人员救助】 依托四级救助网络，发挥基层联络员作用，及时发现、报告求助线索，全年共救助流浪乞讨人员46782人/天/次，救助未成年人66人，护送受助人员返乡236人次，为12名受助人员采集DNA，确认3名受助人员身份。

（李 涛）

【慈善事业】 推进慈善事业发展，开展“中华慈善日”主题活动，宣传展示优秀慈善项目18个，全市慈善总会募集善款（物）1.553亿元，惠及困难群众17.41万人。加强慈善组织监管，全市慈善组织达到65家，年报率达95.59%。依法开展公开募捐备案和慈善信托备案，11个慈善组织、8个红十字会取得公开募捐资格，备案慈善信托项目8个。与中华慈善总会合作，启动“幸福家园”村社互助工程，济南成为全国首批试点城市和唯一省会城市。2020年全市福利彩票销售额达7.37亿元。 （李 涛）

【养老服务】 完善养老政策体系，以市政府办公厅名义出台《关于加快推进养老服务发展的实施意见》，发布《济南市基本养老公共服务清单》，制定敬老院改造提升、农村幸福院建设管理等15项配套政策措施，全省率先推进城乡养老服务一体化，最大限度释放政策红利。发展居家社区养老，投入资金900余万元，对3457户经济困难老年人家庭进行适老化改造，改善居家生活环境。发放补贴资金4990.59万元，兜底保障经济困难老年人49260名。新建城市社区长者助餐场所416处，依托农村幸福院设立助餐站点1040处，提供助餐服务80余万人次，让老年人享受优质餐饮服务，中央电视台综合频道《晚间新闻》对济南市相关做法进行报道。提高养老服务质量，开展养老院服务质量提升行动，完善市级养老服务综合信息平台，培训养老护理员、养老院院长6000余人次，全市养老机构基础设施、管理服务质量类指标合格率均达100%。成立省会经济圈一体化发展养老服务联盟，2个街道、1个基地入选全国第四批智慧健康养老应用试点。 （李 涛）

【留守儿童关爱保护和孤儿保障】 出台农村留守儿童、困境儿童关爱服务体系建设政策文件，建立留守困境儿童保障工作联席会议机制，全省率先启动“政策法规宣讲进村居”活动，开展儿童福利信息动态管理精准化提升行动，全面摸清孤困儿童底数。全省率先将孤儿和事实无人抚养儿童纳入社会救助和保障标准与物价上涨挂钩联动机制，机构养育孤儿、社会散居孤儿（事实无人抚养儿童）、重点困境儿童生活费保障标准分别提高到1760元/月、1400元/月、980元/月，全年共落实资金2168万元，保障孤儿751人、事实无人抚养儿童747人、重点困境儿童118人。

（李 涛）

【残疾人保障】 建立残疾人“两项补贴”标准动态调整机制，重度残疾人护理补贴标准提高到137元/月，残疾人“两项补贴”计发时间由“申请当月计发”调整为“符合条件当月计发”，全年共落实残疾人“两项补贴”2.16亿元，惠及12.73万人。 （李 涛）

【概况】 2020年，济南市贯彻落实习近平总书记关于扶贫工作重要论述和重要指示批示精神，按照中央决策部署和省委工作要求，坚持目标导向，保持攻坚态势，开展脱贫攻坚自查评估和全面检视，补齐短板弱项，21.13万名贫困人口、1006个贫困村脱贫成效进一步巩固提升，建档立卡贫困人口年人均纯收入达10826元，脱贫攻坚取得决定性进展。

【即时帮扶机制】 市扶贫开发领导小组先后出台《关于加强即时帮扶工作的通知》《关于推进即时帮扶机制建设的通知》，明确即时帮扶人口的认定范围、认定程序、帮扶措施、责任主体，提出有落实方案、有帮扶措施、有专人负责、有台账管理、有工作档案的工作要求，健全完善即时帮扶工作机制。截至2020年12月，全市即时帮扶人口1651户、4196人，按脱贫享受政策人口管理200户、523人。开展全市脱贫攻坚政策落实数据信息比对工作，全面掌握脱贫攻坚各项政策落实情况，实现与行业部门扶贫信息交流共享。对全市建档立卡贫困户自2014年以来收入、“三保障”和帮扶措施等有关情况进行统计分析，形成《2019年扶贫对象动态调整数据信息统计分析》报告。做好2020年度扶贫对象动态管理工作，开展基础信息采集和录入工作，核实修正2020年度帮扶措施信息。补充规范贫困户户内档案资料目录和帮扶责任公示牌信息内容，组织开展全市扶贫对象动态调整暨户内档案建设提升工作，提升扶贫档案建设水平。

【扶贫资金投入及管理】 2020年，争取省级及以上财政专项扶贫资金1.15亿元；市级财政安排财政专项扶贫资金2.78亿元，同比增长10.71%；区县财政安排专项扶贫资金2.61亿元，主要用于产业扶贫和金融扶贫等脱贫攻坚巩固提升工作。完善财政专项扶贫资金管理办法，市扶贫办、市财政局印发《关于加强2020年度财政专项扶贫资金使用管理的意见》，指导区县做好财政专项扶贫资金使用和监管。推进扶贫开发多因素量化绩效考评，开展2019年财政专项扶贫资金支出绩效自评工作；聘请第三方机构做好2019年财政专项扶贫资金重点项目绩效评价工作；在全市范围内开展2020年度财政专项扶贫资金绩效评价，对市级及以上财政专项扶贫资金的分配下达及使用情况开展自评，对各区县财政专项扶贫资金使用情况进行评价。全面推行扶贫资金项目公告公示制度，按照《济南市扶贫资金项目公告公示制度实施细则》的相关要求，在做好市级及以上财政专项扶贫资金公告的同时，指导各区县做好财政专项扶贫资金分配、扶贫资金项目计划安排、扶贫资金项目计划完成情况公告及县级项目库公示公告工作。强化财政专项扶贫资金监督检

2020 年 5 月 25 日，济南—临沂扶贫协作联席会议在临沂召开　　（市扶贫办　供稿）

查，市级及各区县通过审计、第三方检查、部门联合检查等方式对财政专项扶贫资金进行监督检查，对于查出的问题全部督促整改落实到位。

【驻村帮扶】 2020 年，全市广大第一书记牢记组织重托，立足村庄实际抓党建筑根基、育产业促脱贫，推动帮包村脱贫成效再提升。累计帮助新建党组织 67 个，调整选配村支部书记 173 人，发展党员 600 余人，改造提升村级组织活动场所近 200 处；协调落实帮扶资金 2 亿多元，实施帮扶项目 900 余个；整修道路 1300 多千米，帮助群众解决通水通电等生产、生活难题近 3000 余件。加强帮扶责任人管理，全市共有贫困户帮扶责任人 19545 人，实现享受政策建档立卡贫困户全覆盖，市委督查室、市政府督查室牵头，对帮扶责任人履职尽责情况进行专项督导，对 6 个区县帮扶责任人不到位问题进行 2 次通报。

【行业扶贫】 落实年度教育资助，资助贫困学生 14750 人、3285 万元。深化医疗扶贫，128 家健康扶贫定点医疗机构全部实现门诊、慢病帮扶、住院“一站式”信息化结算，累计帮扶 14 万人次，减轻贫困群众就医负担 9.6 亿多元。动态监测住房安全情况，对新增危房应改尽改；持续改善贫困户人居环境，累计投入 8000 余万元，改善 21718 户。深化饮水安全保障，实施贫困村饮水安全改造工程和两年攻坚行动，贫困村供水普及率达 100%，入户率达 98% 以上。强化兜底保障，将无劳动力、无生活来源、无法依靠产业就业帮扶脱贫的 6 万余名贫困人口，分别纳入农村低保和特困供养。

【产业扶贫】 加强脱贫攻坚项目库建设，2020 年度入库项目 200 个。因地制宜发展特色优势产业，全年全市投入财政扶贫资金 3.85 亿元，实施产业扶贫项目 103 个，其中镇级统筹实施项目 78 个，带动建档立卡贫困户 2.27 万户、4 万余人；印发《关于强化村级光伏扶贫电站管理有关工作的通知》，推进村级电站接入监测系统工作，规范光伏扶贫电站运维管理。强化扶贫资产监管，探索建立产业发展长效机制，印发《关于加强扶贫资产管理工作的通知》，明确扶贫资产管理职责分工，规范产业扶贫项目建设，明晰“四权分置”要求，确保扶贫资产持续发挥作用。坚持问题导向，

济南市章丘区垛庄镇下射垛村食用菌种植产业扶贫基地　　（市扶贫办　供稿）

做好问题排查和销号清零，制定《济南市产业扶贫项目自查评估工作方案》，印制《济南市产业扶贫项目自查评估手册》，开展产业扶贫项目评估工作；制定《济南市扶贫项目专项检视工作方案》，市扶贫办、市发改委、市财政局、市农业农村局等部门联合开展产业扶贫项目专项检视；组织第三方审计，聘请第三方会计师事务所开展扶贫资金项目建设管理提升工作，实现项目档案检查全覆盖，全市产业扶贫档案管理水平明显提高。保持政策连续性，接续做好产业发展工作，印发《关于接续做好产业发展有关工作的通知》，在资产确权、收益分配、产业谋划方面巩固拓展脱贫攻坚成果，做好同乡村振兴的有效衔接。

【金融扶贫】 累计发放扶贫小额信贷和富民生产贷3.86亿元，带动建档立卡贫困人口7787人次，累计贴息198笔、1077万元。其中，扶贫小额信贷发放648.5万元，惠及贫困户179户；富民生产贷发放3.8亿元，惠及68个经营主体，带动建档立卡贫困人口7608人次。以建档立卡贫困户、贫困人口为对象，以促进贫困群众稳定脱贫为目标，投入各级财政资金2072.61万元，为98800名贫困人口投保意外伤害保险，为98938名贫困人口投保医疗商业补充保险，实现保险精准扶贫全覆盖、风险保障全方位、保险服务全配套。

【社会扶贫】 健全社会力量参与扶贫机制，筹建济南市社会扶贫基金会，筹集资金9000多万元。解决扶贫产品“卖难”问题，印发《关于深入开展消费扶贫助力打赢脱贫攻坚战的实施意见》，出台《济南市消费扶贫行动实施方案》，成立“济南市消费扶贫联盟”，发布2批扶贫产品目录，对200余种产品进行集中认定；依托智慧社区协会建设154个精准扶贫公益摊位，累计销售扶贫产品2亿多元。开展“出彩人家”创建活动，全市创建“出彩人家”示范户近10万户、示范村421个，其中贫困村103个。组织实施“济南市精准扶贫专家服务行动”，完成农业专业技术培训指导200场。组织同城尚品等侨资企业参与扶贫，开展产业技能帮扶项目420多个。开展“金晖助老”——青春扶贫志愿者行动，针对466名建档立卡贫困人口中65岁以上、不集中供养的留守、失独贫困老年人，招募932名志愿者开展接力结对帮扶。开展牵手关爱行动，招募组织志愿者结对帮扶全市2200名6—16岁农村贫困、留守儿童，累计募集并发放爱心物资价值约20万元。多措并举帮助困难群众温暖安全过冬，修缮保暖房屋2852座，发放清洁煤炭4892吨，发放棉被等物品12644件（套），发放肉蛋奶等物品194679千克。

【易地扶贫搬迁】 投资3.8亿元的易地扶贫搬迁顺利完成，南部山区西营街道老峪村和积米峪村147户、308名贫困群众搬迁入住。加快建设集农业种植、高端民宿、医疗养老于一体的田园综合体产业项目，通过产业扶贫、就业扶贫、孝善养老扶贫、兜底保障扶贫等，多措并举做好易地扶贫搬迁后续扶持，确保搬迁贫困户能够“搬得出、稳得住、逐步能致富”。

【雨露计划】 2020年，投入雨露计划补助资金514.95万元，惠及贫

2020年7月29日，市城建集团帮助济阳区新市镇付家村成立济南鑫富嘉建筑工程公司。图为集团帮扶村付家村及周围村庄的建筑工人接受专业化、系统化的技能和安全培训

（市扶贫办 供稿）

2020年，南部山区积米峪村易地扶贫搬迁新旧面貌对比　　（市扶贫办　供稿）

困家庭子女3433人次。其中，为1712位贫困家庭子女发放2019年秋季学期雨露计划补助资金256.8万元，包括国省标1157人、市标555人；为1721位贫困家庭子女发放2020年春季学期雨露计划补助资金258.15万元，包括国省标1160人、市标561人，农村贫困家庭子女初、高中毕业后接受中、高等职业教育的比例逐年提高。

【创新推行“积分+扶贫”】 把贫困群众的日常脱贫举措，量化为“看得见、摸得着”的积分，贫困群众以表现换积分，凭积分到社会捐资设立的爱心扶贫超市兑换基本生活用品，贫困群众脱贫参与度大大提升，内生动力显著增强。截至2020年年底，全市累计设立爱心扶贫超市113个，覆盖村居1600余个，参与兑换的达7万人、40万次。“积分制”扶贫成功经验，作为2020年度全市创新创优项目，获评“第三届中国优秀扶贫案例”，并提报国务院扶贫办征集的第二届全球减贫案例，被《人民日报》等全国各大媒体平台报道20余次，省级媒体报道30余次，引起较大反响。

【提升贫困户人居环境】 印发《关于持续推进贫困户人居环境改善提升工作的通知》，围绕脱贫成果巩固提升，坚持分类施策、注重长效，在做好贫困户人居环境改善提升扫尾工作的基础上，优化贫困户居住环境布局、补齐基本家居用品，重点关注缺乏照料的老弱病残等失能人员特困群体，采取长效措施改变“脏乱差”现象。2020年，全市投入资金5063余万元，新改善11749户。

【孝善扶贫】 按照市扶贫开发领导小组《关于在全市推行孝善扶贫助力脱贫攻坚的实施意见》的要求，面向全市农村65周岁及以上建档立卡贫困老人实施孝善扶贫。2020年6月23日，市扶贫办印发《关于进一步规范孝善扶贫工作的通知》，解决孝善扶贫工作中存在的参与主体不规范的问题。截至2020年年底，贫困户子女累计缴纳孝善金1.31亿元，发放孝善补贴3209.53万元，3.58万名贫困老年人受益。

【扶贫专岗】 按照市扶贫开发领导小组《关于在全市推行扶贫专岗的指导意见》的要求，规范互助照料类扶贫专岗，解决在推行过程中互助照料类扶贫专岗设置不规范、服务不到位等问题。截至2020年年底，共设置扶贫专岗1.62万个，发放资金5480万元。

【督查评估】 制定《济南市脱贫攻坚自查评估实施方案》，组织开展全市脱贫攻坚自查评估。先后召开全市脱贫攻坚问题排查整改工作会议、全市脱贫攻坚自查评估推进暨政策落实信息比对会议、全市脱贫攻坚自查评估重点工作推进会和全市脱贫攻坚自查评估问题整改推进会议等，推进自查评估。组织开展全市脱贫攻坚自查评估市级评估验收工作，市委、市政府成立7个市级评估验收组，由市级领导带队，对全市脱贫攻坚工作进行全面验收评估。召开全市决战决胜脱贫攻坚推进会议，印发《关于开展脱贫攻坚全面检视活动的通知》，市委、市政府成立6个专班，对全市脱贫攻坚工作进行全面检视。印发《关于在全市扶贫系统开展“抓重点促攻坚、大调研大整改”工作的通知》《关于做好脱贫攻坚县乡遍访核查工作的通知》，组织扶贫系统开展大调研大整改和遍访核查工作。组织开展2020年度精准扶贫攻坚行动专项考核。

【干部培训与正向激励】 市级层面举办济南市脱贫攻坚与乡村振兴专

题班、济南市决战决胜脱贫攻坚业务专题培训班、济南市新选派驻村干部和新上任的乡村干部轮训班、全市扶贫系统干部学习十九届五中全会精神专题班等，指导市扶贫开发领导小组成员单位和各区县全面开展扶贫培训，实现扶贫干部培训全覆盖。加强干部正向激励，2020年10月16日，市扶贫开发领导小组对全市107个脱贫攻坚先进集体和599名先进个人进行通报表扬。与市人社局联合在全市事业单位集中开展脱贫攻坚专项奖励。济南市环境保护产业协会副秘书长王堃获全国脱贫攻坚奖奉献奖，1人被省人社厅记大功，平阴县孝直镇获评全省脱贫攻坚先进集体，5人获评全省脱贫攻坚先进个人。

【脱贫攻坚宣传】 构建大宣传格局，印发《关于扎实开展2020年脱贫攻坚宣传报道工作的通知》，开展贯穿全年的系列深度报道、典型推广、融媒宣传、主题宣讲等活动。提升大宣传层次，聚焦抗疫背景下的脱贫攻坚，全年省级以上新闻媒体报道6000余篇，同比提升近3倍，高层次媒体发声的能力持续增强，《人民日报》等中央媒体刊发大部头文章50余篇。丰富大宣传内涵，开展“百年圆梦 100个济南扶贫脱贫故事征集”“精准扶贫·文艺进百村”等活动，筹划拍摄“千年脱贫梦·决胜在今朝”专题片，总结策划《济南脱贫攻坚纪事》丛书，积分制扶贫、“插花式”扶贫模式等特色工作获评“第三届中国优秀扶贫案例”，《残缺依然美丽》等4个作品分获全省“脱贫攻坚·我身边的故事”短视频大赛一、三等奖和优秀奖。

（刘刚　亓秀）

【概况】 2020年，不断完善全市老年健康服务体系，推进医养结合示范先行市建设，开展高龄补贴、银龄安康等涉老惠老民生工程，老龄事业发展水平稳步提升。

【完善老年健康服务体系】 出台《济南市建立完善老年健康服务体系实施方案》，着力构建包括健康教育、预防保健、疾病诊治、康复护理、长期照护、安宁疗护的综合连续、覆盖城乡的老年健康服务体系。出台《济南市积极应对人口老龄化实施方案》。开展老年人心理关爱项目，启动6个试点社区，共评估、录入2775名老年人，筛查出临界人群413人和高危人群117人。开展贫困失能老年人照护工作，核实核准失能贫困老年人、失能老年人1593人，协调有关部门全面落实社会救助和医疗救助保障政策。加强安宁疗护省级试点市建设，举办世界安宁疗护宣传日活动，安宁疗护宣传片《让生命温暖的谢幕》获2020年度全国老龄新闻宣传好作品三等奖。6家单位、12人分获“全国敬老文明号”“全国敬老爱老助老模范人物”称号。

【推进涉老惠老民生工程】 高龄津贴发放工作稳步有序，全年为17.79万名80岁以上老人发放高龄津贴2.7亿元。银龄安康工作取得突破，全年参保老人83.12万人、保费3722.56万元，同比增长22.92%、24.91%。推动基层老年协会规范化建设，扶持优秀老年协会40个。家庭电视老年大学取得新成效，全年制作课程588节，开设健康大讲堂、营养与烹饪、运动与健身、

2020年10月10日，世界安宁疗护日专题宣传活动在启明星生命关爱中心举办

（市卫健委　供稿）

运动康复等20门课程。开展敬老月活动，全市共走访慰问老年人74107人，赠送慰问金、慰问品价值1107.3万元。组织义诊656场，文体活动1180场，老年维权活动89场，志愿服务活动1028次。

【医养结合示范先行市建设】 推进医养结合示范创建并高标准通过全省医养结合示范创建阶段性评估，省级示范区县由7个增加到10个，省级示范街道（镇）由15个增加到50个。规范医养结合服务，制定《济南市老年人医养结合健康服务项目工作指南》，推广章丘区科学规范做法，确保老年健康与医养结合服务有序展开。2020年，60岁以上老年人医养结合服务率达64.9%，失能失智老年人摸底调查完成率100%、老年人健康服务率84.88%。推进养老服务平台与健康信息平台互联互通，建立济南市医养健康信息服务系统，全市有3个区、8个街道、3家企业获评国家智慧健康养老示范点。

【百岁老人】 截至2020年年底，全市共有百岁老人470人。其中，年龄最大的是历下区张永贵，女，114岁，1906年11月23日生。

2020年济南市百岁老人一览表

表11

序号	姓名	性别	出生年月	年龄
1	张永贵	女	1906-11-23	114
2	陈兴英	女	1910-08-05	110
3	刘维要	男	1913-01-16	107
4	魏习纯	女	1913-03-12	107
5	刘万玉	女	1913-04-19	107
6	孟照其	男	1913-06-28	107
7	孙延海	男	1913-06-29	107
8	郜兰芬	女	1913-07-15	107
9	陈登玲	男	1913-09-12	107
10	吴焕英	女	1913-10-13	107
11	王允升	男	1913-10-16	107
12	兰培英	女	1913-11-11	107
13	车尹氏	女	1914-05-29	106
14	牛桂兰	女	1914-06-10	106
15	谷李氏	女	1914-09-16	106
16	张继功	男	1914-09-25	106
17	吴法云	女	1914-09-28	106
18	吴振英	女	1914-12-28	106
19	李　媛	女	1915-01-15	105
20	焦桂荣	女	1915-02-13	105
21	韩彭氏	女	1915-04-05	105

续表11

序号	姓名	性别	出生年月	年龄
22	王在兰	女	1915-05-15	105
23	彭连贵	男	1915-05-19	105
24	郭有忠	男	1915-06-15	105
25	刘　氏	女	1915-07-15	105
26	张秋云	女	1915-08-17	105
27	高玉臣	女	1915-11-15	105
28	张爱莲	女	1915-12-23	105
29	李兴林	女	1915-12-30	105
30	王永英	女	1916-01-16	104
31	李传香	女	1916-02-12	104
32	胡殿英	女	1916-02-23	104
33	单盛甫	男	1916-04-12	104
34	张平兰	女	1916-05-19	104
35	于蕴兰	女	1916-06-15	104
36	叶恒清	男	1916-07-13	104
37	王　氏	女	1916-07-16	104
38	张凤英	女	1916-08-06	104
39	梁秀英	女	1916-08-29	104
40	王鲁夫	男	1916-09-11	104
41	沈德英	女	1916-10-02	104
42	孙步新	女	1916-10-13	104

续表 11

序号	姓名	性别	出生年月	年龄
43	陈同寿	男	1916-10-13	104
44	张上兰	女	1916-10-20	104
45	楚俊锡	女	1916-10-29	104
46	丁宗兰	女	1916-11-13	104
47	周庆莲	女	1917-01-04	103
48	李秀章	女	1917-01-07	103
49	于圣连	女	1917-01-10	103
50	李金兰	女	1917-01-11	103
51	薛兰芳	女	1917-01-13	103
52	李荷亭	男	1917-01-16	103
53	李寿凯	男	1917-01-27	103
54	杨俊青	女	1917-02-13	103
55	韩秀廷	女	1917-02-14	103
56	程俊兰	女	1917-02-18	103
57	杨松美	女	1917-02-20	103
58	白秀坤	女	1917-02-23	103
59	石秀英	女	1917-02-25	103
60	秦丽文	女	1917-02-25	103
61	刘福昌	男	1917-03-17	103
62	杨洪光	男	1917-03-21	103
63	王长英	女	1917-03-23	103
64	罗　明	女	1917-04-14	103
65	董校兰	女	1917-05-10	103
66	朱桂兰	女	1917-06-15	103
67	袁召论	男	1917-06-18	103
68	杨素秋	女	1917-06-30	103
69	刘吉兰	女	1917-07-28	103
70	窦青云	女	1917-08-04	103
71	程振英	女	1917-08-11	103
72	尹燕荣	女	1917-08-13	103
73	朱耿氏	女	1917-09-02	103

续表 11

序号	姓名	性别	出生年月	年龄
74	王秀兰	女	1917-09-07	103
75	王玉珍	女	1917-09-29	103
76	唐秀花	女	1917-10-23	103
77	王金华	女	1917-10-23	103
78	于长英	女	1917-11-05	103
79	陈学亮	女	1917-11-13	103
80	于致强	男	1917-11-19	103
81	张兆贞	女	1917-11-20	103
82	李秀贞	女	1917-11-24	103
83	叶成志	女	1917-11-25	103
84	贺桂香	女	1917-11-30	103
85	郭桂兰	女	1917-12-03	103
86	刘道贵	女	1917-12-07	103
87	孙传美	女	1917-12-21	103
88	刘绪英	女	1918-01-02	102
89	张桂英	女	1918-01-13	102
90	王殿英	女	1918-01-18	102
91	齐庆秀	女	1918-01-25	102
92	刘传芝	女	1918-02-21	102
93	许王氏	女	1918-02-23	102
94	杨文凤	女	1918-03-01	102
95	吕兰芳	女	1918-03-02	102
96	张增惠	女	1918-03-03	102
97	刁俊吉	男	1918-03-15	102
98	崔养霞	女	1918-03-25	102
99	程学思	男	1918-03-25	102
100	姬广风	女	1918-04-09	102
101	闫桂兰	女	1918-04-12	102
102	张宝林	男	1918-04-19	102
103	芦树松	男	1918-04-19	102
104	臧修英	女	1918-05-02	102

续表 11

序号	姓名	性别	出生年月	年龄
105	刘张氏	女	1918-05-03	102
106	刘乃芳	女	1918-05-06	102
107	苏江湖	男	1918-05-06	102
108	冯玉水	男	1918-06-07	102
109	商凤英	女	1918-06-13	102
110	秦会英	女	1918-06-21	102
111	亓顺刚	男	1918-06-26	102
112	于文惠	女	1918-07-09	102
113	吕朝芹	女	1918-07-13	102
114	张传英	女	1918-07-13	102
115	孙寿荣	女	1918-07-19	102
116	董吉孟	男	1918-07-27	102
117	刘清琴	女	1918-07-28	102
118	张义滨	男	1918-07-28	102
119	刘西英	女	1918-08-13	102
120	卢庆英	女	1918-08-15	102
121	刘润生	女	1918-08-31	102
122	车长英	女	1918-09-09	102
123	刘玉英	女	1918-10-04	102
124	吕马氏	女	1918-10-08	102
125	宋业青	女	1918-10-12	102
126	亓克香	女	1918-10-16	102
127	程子芬	女	1918-10-21	102
128	李英文	女	1918-10-22	102
129	左士秀	男	1918-10-28	102
130	李桂芝	女	1918-10-29	102
131	苏毅然	男	1918-11-01	102
132	陈振家	男	1918-11-01	102
133	赵广英	女	1918-11-02	102
134	韦珍瑄	女	1918-11-03	102
135	张慧芳	女	1918-11-08	102

续表 11

序号	姓名	性别	出生年月	年龄
136	张玉美	女	1918-11-13	102
137	王成河	男	1918-11-16	102
138	张凤英	女	1918-12-01	102
139	刘桂花	女	1918-12-03	102
140	谷秀兰	女	1918-12-03	102
141	张镇兰	女	1918-12-10	102
142	赵洪英	女	1918-12-22	102
143	李敦星	男	1918-12-24	102
144	张九英	女	1918-12-26	102
145	肖川英	女	1919-01-02	101
146	张甲善	男	1919-01-10	101
147	王学增	男	1919-01-11	101
148	刘凤英	女	1919-01-18	101
149	王教宝	男	1919-01-18	101
150	王　斌	男	1919-01-26	101
151	张　兰	女	1919-01-29	101
152	李玉实	女	1919-01-29	101
153	朱王氏	女	1919-02-01	101
154	杜洪英	女	1919-02-08	101
155	魏述朋	男	1919-02-09	101
156	李保英	女	1919-02-16	101
157	李桂兰	女	1919-02-23	101
158	游树喜	女	1919-02-26	101
159	陈克明	男	1919-02-28	101
160	王孝英	女	1919-03-04	101
161	于桂芳	女	1919-03-08	101
162	胡士连	女	1919-03-15	101
163	李韩氏	女	1919-03-19	101
164	谭　顺	男	1919-03-19	101
165	陈石氏	女	1919-03-21	101
166	赵玉贞	女	1919-03-29	101

续表 11

序号	姓名	性别	出生年月	年龄
167	张丙兰	女	1919-04-05	101
168	郝林之	男	1919-04-05	101
169	吴玉兰	女	1919-04-09	101
170	王同英	女	1919-04-09	101
171	杨培芳	女	1919-04-11	101
172	李以林	男	1919-04-14	101
173	王付英	女	1919-04-18	101
174	宋长亮	男	1919-04-19	101
175	刘君来	男	1919-05-04	101
176	于桂荣	女	1919-05-05	101
177	苏长云	女	1919-05-10	101
178	王士才	女	1919-05-15	101
179	张玉兰	女	1919-05-16	101
180	聂丙英	女	1919-05-22	101
181	杨锡文	男	1919-05-23	101
182	刘婉华	女	1919-05-27	101
183	张子明	男	1919-06-05	101
184	朱明英	女	1919-06-08	101
185	尹作玫	女	1919-06-13	101
186	金毅民	女	1919-06-16	101
187	宋若兰	女	1919-06-20	101
188	朱毕氏	女	1919-06-24	101
189	葛少华	女	1919-06-24	101
190	亓英兰	女	1919-07-08	101
191	郭念禾	女	1919-07-12	101
192	朱葵东	女	1919-07-20	101
193	王传秀	女	1919-07-30	101
194	董德英	女	1919-08-16	101
195	常太玉	男	1919-08-19	101
196	张召修	女	1919-08-21	101
197	杨松芳	女	1919-08-23	101

续表 11

序号	姓名	性别	出生年月	年龄
198	傅青山	女	1919-08-27	101
199	孙淑卿	女	1919-08-30	101
200	李文英	女	1919-09-07	101
201	刘桂美	女	1919-09-08	101
202	巩秀生	男	1919-09-19	101
203	王国华	女	1919-09-19	101
204	高元荣	女	1919-09-27	101
205	宋　玉	女	1919-09-29	101
206	刘风喜	女	1919-09-30	101
207	赵风芝	女	1919-10-03	101
208	侯清玉	女	1919-10-05	101
209	张吉耀	男	1919-10-05	101
210	张衍华	男	1919-10-05	101
211	王维兰	女	1919-10-07	101
212	臧贵花	女	1919-10-07	101
213	范培福	男	1919-10-08	101
214	韩功友	男	1919-10-08	101
215	冯业平	女	1919-10-10	101
216	张学彬	男	1919-10-13	101
217	李张氏	女	1919-10-15	101
218	马荣符	男	1919-10-15	101
219	毕先孝	女	1919-10-17	101
220	左宝兰	女	1919-10-18	101
221	王秀英	女	1919-10-18	101
222	王玉英	女	1919-10-19	101
223	滕玉香	女	1919-10-20	101
224	寇振英	女	1919-10-26	101
225	于炳兰	女	1919-10-31	101
226	韩照信	男	1919-11-02	101
227	李启兰	女	1919-11-08	101
228	刘殿英	女	1919-11-11	101

续表 11

序号	姓名	性别	出生年月	年龄
229	杨孟兰	女	1919-11-11	101
230	常陶氏	女	1919-11-16	101
231	亓李氏	女	1919-11-18	101
232	薛崔氏	女	1919-11-20	101
233	刘保荣	女	1919-11-21	101
234	王兆伦	男	1919-11-22	101
235	靳化爱	女	1919-11-24	101
236	姜秀花	女	1919-11-26	101
237	刘爱琪	女	1919-11-28	101
238	房洪泽	男	1919-11-29	101
239	齐如珍	女	1919-12-01	101
240	贾书英	女	1919-12-03	101
241	胡玉英	女	1919-12-05	101
242	韩会兰	女	1919-12-05	101
243	肖翠兰	女	1919-12-06	101
244	刘仁兰	女	1919-12-07	101
245	蒋启明	女	1919-12-07	101
246	宋福英	女	1919-12-08	101
247	纪秀芳	女	1919-12-08	101
248	康诵柱	男	1919-12-12	101
249	逯宝娥	女	1919-12-15	101
250	燕萃香	女	1919-12-20	101
251	张俊英	女	1919-12-21	101
252	闫玉英	女	1919-12-21	101
253	徐善英	女	1919-12-23	101
254	王美兰	女	1919-12-24	101
255	房义英	女	1919-20-10	101
256	曹金华	女	1920-01-01	100
257	林洪泉	男	1920-01-01	100
258	王本翠	女	1920-01-01	100
259	闫秀兰	女	1920-01-01	100

续表 11

序号	姓名	性别	出生年月	年龄
260	于文秀	女	1920-01-02	100
261	刘云珍	女	1920-01-03	100
262	林风各	男	1920-01-03	100
263	王瑞文	男	1920-01-03	100
264	郝淑萍	女	1920-01-05	100
265	冉向敏	女	1920-01-07	100
266	辛延萍	女	1920-01-10	100
267	孙桂珍	女	1920-01-11	100
268	张庆兰	女	1920-01-11	100
269	肖如祥	男	1920-01-11	100
270	雷树兰	女	1920-01-11	100
271	马传珍	女	1920-01-11	100
272	张达干	男	1920-01-12	100
273	徐中芳	女	1920-01-12	100
274	庞德津	男	1920-01-16	100
275	张居华	男	1920-01-16	100
276	毕德英	女	1920-01-20	100
277	张茂美	女	1920-01-21	100
278	刘兆平	男	1920-01-23	100
279	齐　氏	女	1920-01-23	100
280	仇淑秀	女	1920-01-24	100
281	刘爱莲	女	1920-01-25	100
282	李宝岚	女	1920-01-26	100
283	王庆云	女	1920-01-26	100
284	张张氏	女	1920-02-02	100
285	于亭兰	女	1920-02-04	100
286	孙树芝	女	1920-02-04	100
287	魏清云	女	1920-02-05	100
288	王潘氏	女	1920-02-08	100
289	许年华	女	1920-02-10	100
290	王政英	女	1920-02-14	100

续表 11

序号	姓名	性别	出生年月	年龄
291	孙精言	男	1920-02-16	100
292	时风英	女	1920-02-16	100
293	刘秀璋	女	1920-02-20	100
294	刘金花	女	1920-02-20	100
295	杜吉英	女	1920-02-20	100
296	张德英	女	1920-02-21	100
297	王合兰	女	1920-02-23	100
298	周元美	女	1920-02-27	100
299	胡　氏	女	1920-03-02	100
300	郝庆珍	男	1920-03-07	100
301	刘恒兰	女	1920-03-17	100
302	曹存兴	男	1920-03-19	100
303	李大荣	女	1920-03-21	100
304	王振荣	女	1920-03-23	100
305	孙士英	女	1920-03-26	100
306	王殿平	男	1920-03-31	100
307	郭凤英	女	1920-04-01	100
308	张菲林	女	1920-04-02	100
309	冯爱芳	女	1920-04-04	100
310	马万贞	女	1920-04-06	100
311	刘月凤	女	1920-04-07	100
312	张秀玉	女	1920-04-08	100
313	张新芝	女	1920-04-10	100
314	赵希苓	女	1920-04-11	100
315	王世英	女	1920-04-12	100
316	孙士英	女	1920-04-13	100
317	陆振东	男	1920-04-17	100
318	鲁文张	男	1920-04-20	100
319	陈元斗	男	1920-04-23	100
320	葛志芳	女	1920-04-28	100
321	潘玉华	女	1920-05-03	100

续表 11

序号	姓名	性别	出生年月	年龄
322	刘玉珍	女	1920-05-10	100
323	潘永兰	女	1920-05-12	100
324	褚圣娥	女	1920-05-13	100
325	高振苓	女	1920-05-18	100
326	周登兰	女	1920-05-19	100
327	孙法聪	男	1920-05-20	100
328	刘秀云	女	1920-05-21	100
329	冷　芳	女	1920-05-22	100
330	邹京美	女	1920-05-29	100
331	袁克兰	女	1920-06-03	100
332	徐佐先	男	1920-06-07	100
333	杨维积	男	1920-06-07	100
334	梁绪芳	女	1920-06-07	100
335	张现英	女	1920-06-14	100
336	任光英	女	1920-06-16	100
337	刘家盛	男	1920-06-16	100
338	付秀荣	女	1920-06-20	100
339	李绍长	女	1920-06-21	100
340	林润亭	男	1920-07-01	100
341	王道兰	女	1920-07-01	100
342	段明珍	女	1920-07-03	100
343	颜京花	女	1920-07-05	100
344	刘会英	女	1920-07-06	100
345	刘成美	女	1920-07-07	100
346	杨福臣	男	1920-07-07	100
347	秦佑莲	女	1920-07-15	100
348	乔正连	男	1920-07-17	100
349	王伦水	男	1920-07-19	100
350	王善荣	男	1920-07-20	100
351	王宗英	女	1920-07-20	100
352	高法芳	女	1920-07-20	100

续表 11

序号	姓名	性别	出生年月	年龄
353	郭德云	女	1920-07-26	100
354	郭朝梅	女	1920-07-26	100
355	毕泗水	男	1920-08-03	100
356	李庞氏	女	1920-08-04	100
357	吕德兰	女	1920-08-05	100
358	远贵兰	女	1920-08-08	100
359	李永桂	女	1920-08-15	100
360	袁兴英	女	1920-08-15	100
361	孔祥英	女	1920-08-18	100
362	王举强	男	1920-08-19	100
363	李云芝	女	1920-08-20	100
364	何孔月	女	1920-08-21	100
365	亓汉英	女	1920-08-22	100
366	赵功臣	男	1920-08-25	100
367	李继初	男	1920-09-02	100
368	宋可梅	女	1920-09-04	100
369	王尚志	女	1920-09-05	100
370	于惠千	女	1920-09-07	100
371	付绍云	女	1920-09-09	100
372	刘秀英	女	1920-09-09	100
373	曹洪兰	女	1920-09-10	100
374	李文兰	女	1920-09-12	100
375	张忠兰	女	1920-09-14	100
376	焦淑华	女	1920-09-14	100
377	朱纪坤	女	1920-09-15	100
378	王安荣	女	1920-09-20	100
379	肖玉英	女	1920-09-20	100
380	尹福荣	女	1920-09-22	100
381	张凡金	女	1920-09-23	100
382	张云美	女	1920-09-25	100
383	赵士英	女	1920-09-25	100

续表 11

序号	姓名	性别	出生年月	年龄
384	刘光秀	女	1920-09-26	100
385	马云武	男	1920-09-26	100
386	周风英	女	1920-09-29	100
387	张恒彦	女	1920-09-29	100
388	郭兰英	女	1920-09-29	100
389	王曼英	女	1920-09-30	100
390	张显宗	男	1920-10-01	100
391	位之贵	女	1920-10-02	100
392	郑淑琴	女	1920-10-02	100
393	陈馥兰	女	1920-10-03	100
394	候秀兰	女	1920-10-06	100
395	马秀兰	女	1920-10-06	100
396	苗万卷	男	1920-10-08	100
397	张英霞	男	1920-10-09	100
398	于希香	女	1920-10-11	100
399	尹玉娥	女	1920-10-11	100
400	马松花	女	1920-10-11	100
401	陈杨氏	女	1920-10-12	100
402	于良娥	女	1920-10-15	100
403	赵田美	女	1920-10-15	100
404	张秀芬	女	1920-10-16	100
405	李忠亮	女	1920-10-18	100
406	柳洪英	女	1920-10-18	100
407	王刘氏	女	1920-10-18	100
408	贾刁氏	女	1920-10-20	100
409	赵倩倩	女	1920-10-20	100
410	张宝生	男	1920-10-21	100
411	王秀兰	女	1920-10-21	100
412	亓守英	女	1920-10-23	100
413	王庆云	女	1920-10-25	100
414	张义顺	男	1920-10-26	100

续表 11

序号	姓名	性别	出生年月	年龄
415	徐学英	女	1920-10-27	100
416	谭洪顺	男	1920-10-28	100
417	童绍庚	男	1920-10-29	100
418	宁延芬	女	1920-10-30	100
419	尹玉环	女	1920-10-30	100
420	王秀兰	女	1920-10-30	100
421	高曹氏	女	1920-10-30	100
422	郝文之	男	1920-10-31	100
423	张允梅	女	1920-11-05	100
424	王奎花	女	1920-11-06	100
425	耿相柏	女	1920-11-06	100
426	寇英香	女	1920-11-07	100
427	于生花	女	1920-11-08	100
428	冯张氏	女	1920-11-09	100
429	褚兴兰	女	1920-11-09	100
430	赵玉琴	女	1920-11-09	100
431	于秀芹	女	1920-11-12	100
432	朱学英	女	1920-11-16	100
433	程淑英	女	1920-11-16	100
434	张心泽	男	1920-11-19	100
435	刘　琏	男	1920-11-20	100
436	夏继林	女	1920-11-21	100
437	徐广兰	男	1920-11-21	100
438	徐广兰	女	1920-11-21	100
439	董培兆	男	1920-11-22	100
440	夏宝珍	女	1920-11-23	100
441	胡咸英	女	1920-11-24	100
442	单相英	女	1920-11-26	100

续表 11

序号	姓名	性别	出生年月	年龄
443	孙孟英	女	1920-11-26	100
444	颜士英	女	1920-11-26	100
445	孙秀兰	女	1920-11-28	100
446	庄怀俭	男	1920-11-28	100
447	张玉贞	女	1920-11-28	100
448	卢凤英	女	1920-11-30	100
449	侯庆军	女	1920-12-06	100
450	张庆英	女	1920-12-06	100
451	李爱花	女	1920-12-07	100
452	李秀英	女	1920-12-07	100
453	李凤英	女	1920-12-10	100
454	陈素卿	女	1920-12-11	100
455	高永苓	女	1920-12-11	100
456	吴保祥	男	1920-12-13	100
457	张俊花	女	1920-12-13	100
458	张陈氏	女	1920-12-14	100
459	孙培玉	女	1920-12-15	100
460	吴国选	男	1920-12-18	100
461	崔春普	男	1920-12-18	100
462	王　辉	女	1920-12-21	100
463	刘宗英	女	1920-12-23	100
464	张桂兰	女	1920-12-23	100
465	李玉英	女	1920-12-23	100
466	吴淑敏	女	1920-12-24	100
467	王思民	男	1920-12-26	100
468	胡桂英	女	1920-12-27	100
469	宁玉洁	女	1920-12-29	100
470	刘士兰	女	1920-12-30	100

（杨　静）

【概况】 2020年，市退役军人事务局严格落实退役军人各项政策规定，健全完善退役军人服务保障体系，维护军人军属合法权益，全市退役军人工作取得新成绩，实现新发展。结合基层区划调整，调整设立街道（镇）、社区（村）退役军人服务站，全市163个街道（镇）、6149个社区（村）设立服务站，市、区县、街镇、村居四级退役军人组织管理体系贯通顺畅。传承红色基因，筹拍56名新中国成立前入伍老战士、老英雄口述史。推荐命名“山东省退役军人思想政治教育基地”2处、“山东省退役军人思想政治工作示范点”1处；评选命名市级退役军人思想政治教育基地和工作示范点各5处。1人获评“全国百名优秀退役军人服务中心（站）主任（站长）”，2人获评山东省首届“优秀兵支书”，7人获评“2020年度全省百名雷锋式退役军人服务工作标兵”。评选表扬20名“泉城最美退役军人”、50名“抗疫优秀退役军人”。

【退役军人移交安置】 坚持“四公开一监督”安置模式，会同组织、编制部门科学制定安置计划。全市接收安置的计划分配军转干部，91%安置到公务员或参公岗位。退役军人事务局牵头，会同组织、编制、人社、国资等部门联合制定安置计划。全市接收的符合政府安排工作条件退役士兵，54%安置到事业单位，其余全部安排到市属以上国有企业。完成移交政府安置的军队离退休干部安置任务。

【服务保障体系建设】 印发《区县（基层）退役军人工作清单》，将9个方面工作，分解为135项具体内容，让基层工作更加清晰、明确、具体；出台《专职联络员管理细则》，加强规范管理，落实普遍联系退役军人制度，精准采集退役军人信息，畅通服务保障“最后一公里”。瞄准“走在前列、全面开创”目标要求，出台《示范型服务中心（站）考核验收细则》，拉高标杆、提升标准，全面提升服务中心（站）建设质量水平，创建示范型服务中心（站）169个，标杆型服务站4个，精品型服务站1个。

2020年12月12日，“泉城最美退役军人”“抗疫优秀退役军人”发布仪式在济南广播电视台举行（李欣蔚 摄）

【维护退役军人权益】 出台《困难帮扶基金使用管理细则》，建立困难帮扶清单，2020年为困难退役军人发放490万元，救助815人。落实退役军人各项政策，维护退役军人合法权益，探索形成“一三六”工作机制，经验做法被退役军人事务部向全国推广。接听退役军人来电咨询6500余人次，处理各类信访事项785件，按时办结率达100%；开展法律咨询服务121人次，化解信访积案233件、矛盾问题620个。牵头协调退役士兵社会保险接续问题，组织12个部门（单位）成立工作专班，市、区县、街镇三级设立经办点186个，经办窗口590个，印制宣传资料12万余份，累计投入专项资金2.17亿元，为16882名符合条件人员办理相关手续。

【助力退役军人就业创业】 对标全国一流标准，建成山东省退役军人就业创业孵化基地——济南中心，2020年12月18日正式挂牌，中心是全省首家由政府主导的退役军人专属创业孵化基地，建筑面积1.7万平方米，可供140家军创企业入

2020年12月18日，山东省退役军人就业创业孵化基地——济南中心揭牌仪式在济南军休大厦举行 （王鑫 摄）

驻。启动“5+X”退役军人就业创业推进工程，组织网上“微直播”专场招聘、“军岗日”专场招聘、“送岗位进军营”活动50余场，提供岗位2万多个。开展适应性培训和技能培训6625人次。出台《创业扶持基金使用管理细则》，发放创业贷款、贴息、奖励1730万元。建立数据库，登记企业1200余家，建档立卡1.3万余人。联合10部门组织退役军人创业创新大赛，200余家企业（团队）报名参赛。

【军休服务保障】 优化创新保障模式，承担山东省军休服务机构医养结合试点工作，在市本级“一所一处”及历下区率先试点，在预约就诊、上门巡诊、日常生活照料等方面探索创新，打造居家养老新模式。严格落实各项待遇，及时为军休干部办理各类安置手续，严格落实政治、生活、医疗待遇，按时足额发放退休金及各类补助金；为4596名军休干部审核数据信息，换发2016式军休干部证件；组织2000余名驻济省直军休干部健康体检；为1138名无军籍职工办理市医保手续。打造济南军休干部“文化养老”服务品牌，丰富军休所、军休服务处文化内涵，用好军休大厦各类活动场馆，更新设施设备，保障军休干部健身娱乐；组织纪念抗美援朝出国作战70周年书画展览等活动，军休干部获得感、幸福感不断提升。

【落实优待抚恤政策】 市退役军人事务局牵头，会同财政、交通运输、园林等部门，在全国副省级省会城市中率先推出“泉城拥军交通卡”，退役军人持卡免费乘坐城市公交地铁、免费游览市属公园景点，截至2020年年底，办理“拥军卡”18万余张，日均使用6万人次。义务兵家庭优待金实现“八连涨”，为全市优抚对象发放各类抚恤补助金4.21亿元，发放价格临时补贴3153.57万元、门诊补助和住院报销1494万元，为1.4万名优抚对象缴纳医疗保险851万元，为159名遗属发放一次性抚恤金6766.97万元，为1284名遗属发放丧葬补助金268万元，完成54717名优抚对象信息审核工作；元旦、春节期间，走访慰问退役军人及优抚对象13861人，发放慰问金（品）3234万元。

【拥军优抚工作】 保障部队练兵备战，完成军供保障任务3万多人次；筹拍“书记话双拥”访谈，与市妇联联合举办“十佳好军嫂”评选表彰活动；接收安置38名机关事业单位随军家属，为744名未就业随军家属发放补助1110万元；为135名现役军人子女落实中考加分政策；组织随军家属线上专场招聘会，协调235家企业提供就业岗位6000余个。

【开展军地互动】 全市各级走访慰问部队单位172个、现役军人家庭570余户，送发慰问金（品）767万元；在全省率先开展“五个一”活动，慰问援鄂一线军队医务人员家庭178人次，送发拥军包205个，为部队协调防疫物资3670件，工作做法被全国双拥办宣传推广。

【褒扬纪念工作】 完成山东省、驻济部队暨济南市烈士公祭活动保障工作。组织抗战胜利75周年、志愿军抗美援朝出国作战70周年纪念活动，发放纪念章2389枚、慰问金477.8万元。投入2578万元用于烈士纪念设施维护改造。组织清明代

2020 年 9 月 30 日，山东省、驻济部队暨济南市在英雄山革命烈士纪念塔广场举行烈士公祭活动　（陈炳忠　摄）

祭扫、“致敬 · 2020 清明祭英烈”网上祭扫，23.6 万人参与。

【实现全国双拥模范城“九连冠”】 高标准完成各项迎检迎评任务，济南被表彰为“全国双拥模范城”，实现“九连冠”；平阴县、商河县获评全省双拥模范县，全市实现省级双拥模范县“满堂红”；济南革命烈士陵园（济南战役纪念馆）被表彰为“全国爱国拥军模范单位”，是全省唯一获此荣誉的单位；全市 6 个单位、1 名个人获山东省爱国拥军模范称号，15 名个人被表彰为山东省双拥先进个人。

（秦东亮）

栏目编辑　谷　雪

区县

历下区

【概况】 春秋战国时属齐国，因在历山（今千佛山）之下而得名。历下区位于济南市东部，2020年全区总面积100.89平方千米，辖14个街道办事处（舜华路街道由济南市高新技术开发区管理）、131个社区居委会。2020年末常住总人口108万人，人口出生率7.33‰。

中共历下区委

书　记　江　山

副书记　李国强* 尹红梅（女）*

常　委　江　山　李国强* 尹红梅（女）*
　　　　刘海峰　纪　亮　续　明　杜宝现
　　　　李乐军　王海清　李　克　武　毅

历下区人大常委会

主　任　韩宏伟（女）

副主任　邓向东　栾　杰（女）　郭向平（女）
　　　　郭宝龙　荆甫荣

历下区人民政府

区　长　李国强*

副区长　续　明　刘　佳（女，满族）　张　涛
　　　　石永先* 赵　琳　王　锐　王禄山*

政协历下区委员会

主　席　曹　辛

副主席　胡秀成　房玉萍（女）　刘　岩（女）
　　　　刘　军（回族）　石永先
　　　　曾素燕（女）　郭振南

中共历下区纪委（历下区监察委）

书　记（主任）　刘海峰

历下区人民法院

院　长　牟宗伟

历下区人民检察院

检察长　曲立春* 刘爱国

历下区人民武装部

部　长　苏圣泳

政　委　李　克

全年实现生产总值1910.4亿元，比上年增长4.5%。其中，第二产业增加值432.9亿元，第三产业增加值1477.5亿元。固定资产投资增长10.9%。完成一般公共预算收入151.57亿元，一般公共预算支出77.91亿元，完成税收139.17亿元，增长2.12%。社会消费品零售总额完成997.11亿元，同比增长1.1%，进出口总额77.7亿元。

全区规模以上工业企业38家，工业增加值同比增长0.8%，占GDP比重7.2%。完成营业收入286.90亿元，工业利润9.04亿元，高新产业产值占规模以上工业总产值比重7.59%。全年工业投资12.8亿元，同比增长66.8%。完成技改投资3.9亿元，同比增长35.2%。现代服务业比重超过63.9%。全年新增金融机构17家，实现金融业增加值424亿元、税收70.5亿元，分别占到全市的44%、40%。新增市级总部企业9家，总数达到49家，占全市的27%，总量居全市首位。全区累计实施重点建设项目128个，形成固定资产投资1704亿元，建成高端商业商务楼宇562万平方米。通过“云招商”模式累计对接项目507个，引进

市外投资 225 亿元，增长 25%，落地过亿元项目 117 个。实际使用外资完成 5.17 亿美元，增长 10.7%，新引进世界 500 强项目 5 个、国内 500 强项目 8 个。

全年累计建设安置房 1.6 万套，新建改建中小学、幼儿园 32 所。实施棚改旧改项目 8 个，完成征收拆迁 854 户、21 万平方米。老旧小区整治 154 万平方米，加装电梯 65 部。敷设雨污水管线 2.3 万米，消除雨污混接点 182 处。打造经十路、旅游路等 5 条城市管理精细化样板路。完成浆水泉路等 9 条重点道路建设改造，解放路等 12 条城区道路整治提升。创建垃圾分类示范社区 55 个。新建停车设施 22 处，新增停车泊位 5000 余个。完成破损山体治理和渣土山整治 23 座，建设山体绿道 5 公里，建成全福河等 4 条沿河公园，新建荆山、雪山等 9 座山体公园，打造 38 条花漾街区，城市绿化覆盖率达 46.51%。全区国家 5A 级旅游景区 1 家，4A 级旅游景区 1 家，2A 级旅游景区 1 家。

全区共有义务教育阶段在校生 82662 人。小学 32 所（其中单位办 2 所，部门办体育学校 1 所），在校生 59270 人（其中单位办学 5273 人、民办学校 1459 人，特殊教育学校 50 人）。初中 8 所、九年一贯制学校 14 所（其中单位办 2 所，民办 1 所，特殊教育学校 1 所），初中在校生 23392 人（其中单位办学 3916 人，民办学校 1379 人，特殊教育学校 21 人）。十二年一贯制学校 2 所（民办 2 所）。中等职业学校 1 所，在校生 1777 人。普通高中 1 所，在校生 788 人。2020 年高新技术企业数量达到 362 家。设立院士工作站 4 处，位居全市首位，新增省级以上企业技术研发中心、工程实验室 11 家。新增省级瞪羚企业 7 家、国家专精特新“小巨人”企业 1 家，2 家企业获科技部“科技助力经济 2020”重点专项立项，发明专利申请量、授权量、万人有效发明专利拥有量均位列全市第一、全省前列。有公共图书馆 1 所，社区分馆 100 家，文化馆 1 个，泉城书房 5 处和 136 处社区文化中心。全国重点文物保护单位 2 处，省级文物保护单位 31 处，市级文物保护单位 31 处。全区医疗卫生机构 705 家（医院 58 家，基层卫生机构 634 家，专业公共卫生机构 8 家，其他卫生机构 5 家），共有床位 16278 张，医疗卫生人员 24663 人，职业、助理医师 9314 人，注册护士 11733 人。完成千佛山等 3 处社区医院升级改造，新建长岭山等 3 家社区卫生服务站；新建正大城市花园等 5 处健身广场和 20 条健身路径。

全年民生和重点社会事业支出累计达 278 亿元，年均占比 76% 以上。全年发放各类救助补贴 7500 余万元，惠及低保、残疾等困难群众 8 万人次。安置城镇就业 59786 人，完成全年任务的 146%。城镇居民人均可支配收入 62716 元。年末医疗保险参保人数 33.1 万人，其中职工医疗保险参保人数 14.8 万人，居民医疗保险参保人数 18.3 万人，生育保险参保人数 13.9 万人。居民养老保险参保人数达到 3.81 万人，2020 年城镇最低生活保障人数 1.99 万人次，保障标准 740 元/月。全区各类养老服务机构和设施 68 个，各类养老床位 1473 张，新建长者食堂 45 处。全年为 23180 名老年人发放高龄津贴 6131.87 万元，为 128593 名老年人投保“老年人意外伤害保险”312.42 万元。区街居三级 142 个退役军人服务中心（站）全部挂牌运转，开发退役士兵公益性岗位 1000余个。安置残疾人员就业 150 人。

历下区开展防疫工作 （历下区委党史研究中心 供稿）

【中央商务区扩容】 根据济南市的整体规划，中央商务区范围从原来的 3.2 平方公里扩到 8.9 平方公里，向东至奥体中路、向西至二环东路，即茂岭山周边片区全部囊括其中，中央商务区占地面积增加近两倍。茂岭山周边片区商业商务建筑规模配比不低于55%，功能定位为中央商务区核心区的补充引擎，包括金融科技、人才孵化、物联网+。同时，在片区内还将规划建设省市馆群，打造丰富市民群众文化生活、展示城市功能形象的“城市客厅”。

【“云”招商】 4月21日，济南市“云招商”推介活动历下专场在济南日报报业集团融媒体中心演播室举行，在全省率先启用“云”招商服务平台，将招商政策、商务载体搬上云端、3D呈现，让广大客商足不出户就能了解到最新投资环境。全年累计对接项目507个，引进市外投资225亿元，增长25%，落地过亿元项目117个，总投资额创历史最好水平。实际使用外资完成5.17亿美元，增长10.7%，新引进世界500强项目5个、国内500强项目8个，华为、安永、法国阳狮等世界顶尖企业落地户历下。

【网格化管理】 历下区建“1+4+4”社会治理工作体系，将所有社区（村）统一划分为1214个网格（基础网格860个、专属网格354个），边界明确、相互衔接、全域覆盖、不留空白。全区参与网格化服务管理工作的各类人员达到7548人，实现“基础力量一员一格，专业力量一员多格，联动力量一格多员”。在辖区常住居民中选聘910名专职网格管理员，每年投入7000万元保障开展工作。工作开展以来，网格员及时处理解决发生在群众身边涉及城市管理、民生服务、矛盾纠纷等方面各类事项6万余件，赢得了居民群众的认可，收到锦旗50余面、感谢信80余件。历下区基层社会治理被评选为全市政法十大惠民实事暨政法改革创新亮点。

【济南百花洲历史文化街区入选2020年度中国非遗与旅游融合发展优秀案例】 12月26—27日，在吉林省长春市举办的以“高水平复苏高质量发展”为主题的第八届中国旅游产业发展年会上，发布“2020年度中国旅游产业影响力案例”，济南百花洲历史文化街区“让城市更美好”入选“2020非遗与旅游融合发展优秀案例”。（刘　佳）

【概况】 市中区位于济南市市区中部，东与历下区相邻，西与槐荫区、长清区相邻，南与历城区相邻，北与天桥区相邻。2020年，全区总面积280平方千米，辖17个街道，116个社区、77个行政村。年末户籍人口68万人，常住总人口过百万人，人口出生性别比104.9。

中共市中区委

书　记　韩永军

副书记　翟立波　李冬利

常　委　韩永军　翟立波　李冬利　闫培胜　王书信　王友进*　程　伟　陈国华（满族）　王云刚　李海永　王　蒙

市中区人大常委会

主　任　邵登功

副主任　钱　城*　王盛元　赵延生　董德海　苗　萌（女）

市中区人民政府

区　长　翟立波

副区长　程　伟　李咸梁　孟庆顺　付　华（女）　殷继明　刘　松（挂职）

政协市中区委员会

主　席　王其广

副主席　孙振华*　陈淑平（女）　刘秀才*　管延勇　刘　健　杨文华（女）

中共市中区纪委

书　记　王　蒙

市中区监委

主　任　王　蒙

市中区人民法院

院　长　温　磊

市中区人民检察院

检察长　赵性雨

市中区人民武装部

部　长　董　凯

政　委　李海永

全年实现生产总值1059.6亿元，比上年增长7.1%。其中，第一产业增加值1.6亿元，第二产业增加值214.8亿元，第三产业增加值605.3亿元。固定资产投资1252亿元，地方一般公共预算收入100.3亿元，地方一般公共预算支出68.1亿元。社会消费品零售总额474.9亿元，进出口总额92.8亿元。金融业增加值276.8亿元，增幅8.3%，占全区GDP的26%，实现金融业税收42.1亿元，增幅6.9%，占全区税收的24%。银行业总部15家，占全市29%，保险业总部29家，占全市32%，证券期货业总部26家，占全市30%。各类银行、保险、证券期货业营业网点及其他各类金融、类金融机构共计600多家。

农林牧渔业及服务业实现增加值1.71亿元，其中农业增加值1.6亿元，下降4.7%。全区粮食播种面积0.4万公顷，粮食总产1.9万吨。肉类总产量0.23万吨，禽蛋产量0.42万吨，牛奶产量0.08万吨。全区新增市级农业龙头企业1家、市级新增规模以上农产品加工企业1家，为新型农业经营主体争取市级奖励扶持资金30万元。水肥一体化推广面积完成年初任务计划的111.88%，实施小庄省级美丽乡村示范村和3个区级美丽乡村示范村建设项目。加强农村“三资”清理整顿，增加集体经济收入超3000万元。全部工业增加值125.5亿元，比上年增长13.5%。规模以上工业增加值增长37.2%，实现主营业务收入624亿元，实现利润21亿元，完成区级税收收入84.17亿元。高新技术产业产值占规模以上工业总产值比重达92.0%。全区有资质的建筑企业128家，完成建筑业总产值293.9亿元，建筑业实现增加值89.7亿元。

完成征收拆迁78万平方米，经四纬一、机床一厂城市更新项目实现回迁安置。压力容器厂地块、大涧沟安置房二期、北康幼儿园等项目实现供地175.87公顷，批而未供处置面积99.02公顷，处置率达到129.7%，收回国有土地99公顷。“一带一城”功能布局和产业规划深度细化，城乡融合先行区策划包装四大重点项目，大涧沟—复兴生态型总部经济发展示范区、老商埠—大观园片区启动新一轮规划策划，上新街等片区实现拆迁冻结，储备项目计划总投资达到1500亿元。顺河高架南延工程通车，党杨路、红符路一期启动拓宽改造，提升文庄东路等14条道路，新铺“四好农村路”11条，硬化32个村村庄道路。完成路口路段改造20余处，增设路内停车泊位1269个，增加“绿波带”路段7条。新建改建公厕32座，三级无违建率达到88%，“提升城市风貌形象”排名全市前列。打造历阳大街、东山路、共青团路、顺河西街等特色道路、特色街区21条，口袋公园12处，完成搬倒井互通立交匝道节点绿化，对开放式和老旧小区近1万株大树进行修剪，对经四路、经八路等5条道路进行绿化提升，对经十路、济微路等38条道路进行大树补植。绿化覆盖率、绿地率及人均公共绿地面积分别是44.22%、42.9%、16.41平方米，绿化三项指标与绿地养护管理工作成绩始终位于全市前列。全区空气质量综合指数为4.85，同比改善9.3%；优良天数为233天，优良率为63.7%，同比改善8.7%。广场西沟等河道（段）移动式污水处理设施投入运营，腊山水质净化厂完成配套管网建设，河道清淤5.8万立方米，铺设污水管道115公里。完成4处渣土山治理和3处自然覆绿工作，面积约21.2万平方米。建设舜耕、青年桥厨余垃圾就地处置项目，增设大件可回收垃圾暂存点17处，完成垃圾分类示范创建。国家A级旅游景区2家，其中3A级以上1家。

有普通高等学校80所，其中小学56所、初中11所、九年一贯制学校12所，特殊教育学校1所，在校生8.44万人。有幼儿园187所，其中区属公办及公办性质幼儿园85所、民办园102所，在园幼儿3.45万人。全区在职教职工6710人，全国优秀教师、全国优秀教育工作者、全国模范教师4人，齐鲁名师名校长4人，省特级教师16人（含城郊特级教师3人），省优秀教师10人，省教学能手23人；获评市优秀教育工作者27人、市优秀教师97人、市教学能手36人。全区拥有国家级众创空间2家、国家级孵化器1家，省级众创空间7家、省级孵化器1家，市级众创空间12家、市级孵化器3家。新获批省级新型研发机构3家，组织申报市级新型研发机构2家，新建山东省区块链金融重点实验室1家，全区共引进高校院所和知名企业设立研发和成果转移转化中心7家。有博物馆12家（国有4家，非国有8家），档案馆1个，公共图书馆1所，图书馆分馆43个，泉城书房两家，文化馆1个，全国重点文物保护单位87处，国家级文物保护单位10处，省级文物保护单位20处，市级文物保护单位14处，区级文物保护单位7处，登记保护的36处。提升社区（村）综合性文化服务中心10个、图书馆分馆10家，农家书屋10家和建设历史文化展示工程示范点10处，分别为图书馆分馆配送图书7400余册，农家书屋配送更新图书7150余册。提升打造舜玉街道办事处儒学讲堂1座、“孔子学堂”儒家品牌1个，组织开展优秀传统文化讲座5场。以抗击疫情为主题，采取歌曲、书画、摄影、曲艺、诗歌等多种形式精心原创文艺作品300余幅。基本公共卫生服务经费由60元提高到65元，共拨付基本公共卫生服务经费5031.65万元。全区54家社区卫生服务机构共建立居民电子健康档案70.12万份，其中管理高血压患者53368人，管理糖尿病患者23445人，管理65岁以上老年人67152人，管理0—6岁儿童54279人，早孕建册6978人。安装、更新健身路径45条，建设生态健身节点4处，建成11人制足球场2处，“五人制”足球场4处，组织开展全民健身活动10余次，参与人数2万余人次。

城镇居民人均可支配收入61192元，居民养老保险实际参保102082人。基础养老金标准由120元提高至147元，实现九连涨，累计发放养老金7306万元，社会化发放率达到100%。累计发放丧葬补助金130.06万元。为机关事业单位开设社保专户220个，涉及参保人数9399人，新增参保303人。代发民办教师教龄补助和乡村医生、电影放映员生活补助512.13万元。落实工伤保险待遇，审核企业450家，一次性待遇590人次、金额1475.8万元，定期待遇1366人次、金额223万元。受理工伤认定申请241起，做出工伤认定书188份。新增城镇就业20668人，完成就业创业培训15636人，城镇登记失业率控制在3%以内。为23257人次发放失业保险金4209.93万元，发放临时物价补贴206万元，发放稳岗补贴8306.82万元，发放疫情期间专项补贴1.02亿元；为493名创业者发放创业担保贷款9740万元，为2497名灵活就业人员发放社保补贴1350万元，为6337人发放培训补贴398.44万元，为139家个体工商户发放一次性创业补贴41.7万元，为987家小微企业发放一次性创业补贴和一次性岗位开发补贴2364.2万元。开发大学生公益岗50个，申报见习基地26家，吸纳见习人员351人。城市低保标准由每人每月685元提高到821元，城市低保对象1348户1929人，全年发放城市低保金1600.77万元。农村低保标准由每人每月457元提高到821元，农村低保对象717户1127人，全年发放农村低保金695.18万元。开展第十三届“寒冬送温暖，关爱进万家”活动，救助活动以发放救助金为主，救助金、慰问品合计约181.6万元，受助家庭3252户。建成16处养老服务设施（街道综合养老服务中心4处，社区老年人日间照料中心12处），惠及居家养老政府购买服务需求的居家养老、居家照护老年人共计757人，居家照护2020年度支出约106万元。新增山东和孚养老中心和山水大润发两处残疾人就业基地，安置残疾人12人。

年内获得首届中国国际文化旅游博览会“优秀展示单位”、第四批智慧健康养老应用试点示范基地、国家备案众创空间、2019年山东省人才工作先进单位、第六届全省未成年人思想道德建设工作先进区、山东省政务服务“一链办理”试点单位、全省社会救助改革创新试点单位、2020年全省“安全生产月”活动优秀组织单位。

【经济质量效益持续提升】 现代金融稳步发展，税收贡献率提升至25%。中泰证券成为全省首个登陆A股的省属券商，赤子城在港上市“反哺”外资2121万美元，新增上市后备企业5家。新引进金融、类金融项目18个，山东新金融产业园管理基金规模突破1800亿元，对外投资超过600亿元。首创两级专班金融监管模式，实现P2P全面清零，金融监管效能提升。数字经济提速发展，山东数字经济产业园获评年度成长型数字经济园区，中科5G技术应用与示范基地开工建设，山东安可区块链产业发展研究院正式揭牌，首创·富恒（山东）数字创新产业中心和“微软—云暨移动技术孵化计划”数字经济创新中心实现签约，中国信通院星火·链网超级节点、安恒信息山东总部等工业互联网项目取得进展。新建5G基站设施1321个，互联网覆盖率达到99%以上，初步构建了多场景5G产业生态体系。举办第三届综合能源系统峰会等国际创新活动，山东电力设备厂获批国家级企业技术中心，蓝魔方众创基地获评国家级众创空间。山东大学国家大学科技园引进iTOT总部、山大功能性实验室和玲珑轮胎研发科创基地等项目，导入山大“大医科”“新工科”大数据应用等衍生项目。山东科创大厦新引进山东省中药产业创新创业共同体和多家世界500强企业，全省首家能源互联网中心落户经八纬一商务楼。济南国际创新设计产业园引入欧阳晨曦和亚历山大·苏沃洛夫两个院士专家团队，济南国家海外人才离岸创新创业基地投入运营，园区年度税收增长125%。

【抗疫防疫能力持续提升】　投入2128万元用于应急物资保障，排查省外来济、湖北入济返济、北京入济和境外来济人员3.72万人次，启用集中医学留观点11个，核酸检测、采集运送标本31.5万人次，开展流行病学调查390例，确诊病例和境外输入病例都能治愈出院。助推复工复产，市中“13+3”减税降费举措补贴企业超亿元，银企对接金额达到273亿元，在全市首发“全民消费券”600万元，“稳外贸、促消费、保民生”政策直接惠及各类商户3400余家，打通疫情期间省际物流渠道和运输出海“绿色通道”。

【杆石桥街道乐山小区社区获评全国抗击新冠肺炎疫情先进集体称号】　作为全市第一个建成的开放式小区，率先在全市老旧开放小区中实施封闭管控，4个疫情防控临时党支部迅速成立，2个流动巡逻队、20支抗疫突击队尽锐出击，结合35个庭院，充分动员和引导庭院长、楼组长、党员志愿者、入党积极分子和网格员等100余人成立自防自控队伍，引导双报到单位、区域化成员单位以及志愿者队伍“到庭院报到”，同心共战疫情。杆石桥街道乐山小区社区综合党委获得全国先进基层党组织、全国抗击新冠肺炎疫情先进集体称号。

（刘静　韩妮娜）

【概况】　槐荫区位于济南市区西部，地处北纬36°37′～36°45′、东经116°47′40″～116°59′之间，东与天桥区、市中区接壤，南与市中区相邻，西与长清区相连，北与德州市齐河县隔黄河相望。2020年，全区土地总面积151.61平方千米，辖16个街道，92个村、107个社区。年末户籍人口46.6万人。

中共槐荫区委

书　记　国承彦（女）*

副书记　朱玉明　周　敬（女，回族）

常　委　国承彦（女）*　朱玉明　周　敬（女，回族）　胡民安　熊高翔　赵晨光　李　强　张新村　李国华　郭　凯（挂职）*　高太吉

槐荫区人大常委会

主　任　孟宪伟

副主任　董传师　印　东（女）　汪　浩　朱庆胜　李　刚

槐荫区人民政府

区　长　朱玉明

副区长　胡民安　刘惠恩　朱　军（女）　潘兴华　陈　锐　高　珂（挂职）*

政协槐荫区委员会

主　席　徐　宾

副主席　赵宏海　马厚强　吕红艳（女）　李庆甲　米卫东（回族）　李宗孝

中共槐荫区纪委

书　记　李　强

槐荫区人民法院

院　长　刘文明

槐荫区人民检察院

检察长　郭一星（女）

槐荫区人民武装部

部　长　李军杰

政　委　高太吉

全年实现生产总值624.3亿元，比上年增长0.2%。其中，第一产业增加值2.1亿元，第二产业增加值182.4亿元，第三产业增加值439.7亿元。固定资产投资同比增长2.2%。地方一般公共预算收入52.8亿元，地方一般公共预算支出43.9亿元，社会消费品零售总额512.6亿元，进出口总额31.4亿元。

农林牧渔总产值3.8亿元，增加值2.2亿元，比上年下降5%。全区粮食播种面积2140.5公顷，粮食总产1.3万吨。无公害农产品、绿色食品、有机农产品和农产品地理标志获证企业5家、共17个产品。

全年工业增加值81.8亿元，比上年下降4.5%。规模以上工业增加值下降14.7%，实现主营业务收入178.4亿元，实现利润6.9亿元。高新技术产业产值占规模以上工业总产值比重达58.19%。全区有资质的建筑企业92家，完成建筑业总产值307.3亿元。建筑业实现增加值100.9亿元。

国家A级旅游景区共5处，其中AAAA级旅游景区1处，AAA级旅游景区4处；全年接待国内外游客458.06万人次，实现旅游消费总额55.89亿元。

中等职业学校1所，在校生2194人。义务教育阶段学校67所，在校生67182人，其中初中11所、九年一贯制学校8所、小学47所（含民办小学1所）、特殊教育学校1所，初中在校生16776人、小学在校生50317人、特殊教育学校在校生89人。共取得重要科技成果13项，获得市级及以上科学技术奖12项，专利申请量5077件，授权专利4243件。档案馆1个，公共图书馆14处（市图书馆1处、区图书馆及分馆共13处），文化馆18处（市文化馆1处、区文化馆及分馆共17处），全国重点文物保护单位1处，省级文物保护单位13处，市级文物保护单位11处。医疗卫生机构566所，共有床位11700张，卫生技术人员1.76万人。

城镇居民人均可支配收入55197元。年末职工基本医疗、生育保险参保人数分别达27.9万人、19.2万人，居民基本医疗保险参保人数19.3万人。城镇最低生活保障人数17275人次，年人均保障标准9609元；农村最低生活保障人数4691人次，年人均保障标准7236元。全区各类养老服务机构和设施94个，各类养老床位3200张。

【"京沪会客厅"建成启用】　2020年底，在齐鲁之门围绕"两展馆、两中心"，打造面积为5600平方米的"京沪会客厅"展示窗口已建设完工并启用。"两展馆"为城市规划馆和企业品牌馆，主要展示省、市、区重点发展方向及战略布局、产业功能布局及项目展示。"两中心"为商务会务中心和招商服务中心，其中商务会务中心建设有大中小型多功能会议室及VIP洽谈室、贵宾接待室等，最大会场面积2200平方米，可容纳1200余人同时参会；招商服务中心由7个风格不同的洽谈室组成。2020年3月13日，"京沪会客厅"列入《山东省新旧动能转换综合试验区建设2020年工作要点》，成为山东省加快济南"四个中心"建设的突破重点。

2020年10月28日，华东地区残疾人文创大赛颁奖晚会在济南举办

（槐荫区委党史研究中心　供稿）

【全市首个总体国家安全观主题公园建设完成】 2020年11月，槐荫区委国家安全委员会依托槐苑广场，建设完成济南市首个总体国家安全观主题公园——槐荫区总体国家安全观主题公园。槐荫区总体国家安全观主题公园位于槐荫区道德街街道办事处槐苑广场，总占地约5000平方米，包含总体国家安全观论述、国家安全人民防线建设、国家安全历史革命英雄人物介绍三个部分内容。

【全国残疾人文创就业联盟在槐荫区成立】 10月28日，由中国残疾人联合会宣文部、山东省残疾人联合会主办，济南市残疾人联合会、济南市槐荫区人民政府承办的2020年残疾人文化周——华东地区残疾人文创作品展暨全国残疾人文创就业联盟成立仪式在济南市槐荫区举办。此次华东地区残疾人文创作品展共征集华东地区六省一市作品2544件，其中精选出900件获奖作品进行展出。

【山东省青少年宫西部分宫落地济南西城】 8月20日，西城时光美育综合体签约仪式在时光艺术之城举行。"省青少年宫西部分宫"建在时光艺术之城，位于济南高铁西站东广场，总建筑面积约2000平方米，拥有20余个设施齐全的专业教室，将开设音乐、书画、舞蹈、体育、科技、文化、表演、棋类等10余个专业。

【迪卡侬山东旗舰店开业】 1月11日，法国迪卡侬在山东的旗舰店——迪卡侬济南西城店正式开门纳客。该店是山东省第一家迪卡侬单体概念店，毗邻济南宜家家居、山东国际会展中心，占地面积1.55万平方米，建筑面积3.2万平方米。

（彭丁山）

【概况】 天桥区位于济南市区北部，因横跨胶济、津浦两铁路的立交桥——天桥而得名。2020年，全区总面积258.97平方千米，辖15个街道，110个社区，120个行政村，年末常住人口53.89万人，人口自然增长率2.67‰。

中共天桥区委

书　记　韩　伟

副书记　窦　虎*　亓　伟　刘小兵

常　委　韩　伟　窦　虎*　亓　伟　刘小兵　韩利师*　程　松　韩卫英（女）　张建明　赵　博　张永强　尹少华　周晓军

天桥区人大常委会

主　任　刘建忠

副主任　宋光强　李　建（回族）　陈乐敏（女）　侯庆水　毕思忠

天桥区人民政府

区　长　窦　虎*　亓　伟

副区长　韩利师*　王　睿*　刘敬涛　刘可鑫　李向峰（女）

政协天桥区委员会

主　席　樊　瑞（回族）

副主席　马敬民　仲　涛　王洪新（女）　上官生　陈士阳　刘群群（女）

中共天桥区纪委

书　记　赵　博

天桥区人民法院

院　长　沈　迎*　孙维民

天桥区人民检察院

检察长　马建华（女）*　封　政

天桥区人民武装部

政　委　周晓军

全区实现生产总值564.64亿元。其中，第一产业增加值1.34亿元，第二产业增加值199.69亿元，第三产业增加值363.61亿元。固定资产投资同比增长1.4%，低于全市平均水平2.6个百分点，增速位列全市第十三名，市内四区第三名。地方一般财政预算收入44.12亿元；一般财政预算支出38.56亿元。截至年末，金融机构本外币存款余额624.06亿元，金融机构本外币贷款余额544.71亿元。

农业增加值1.35亿元，比上年增长1.6%。全区粮食播种面积1.23万公顷。粮食总产量6.94万吨，同比增长2.0%；蔬菜产量0.38万吨，同比增长6.2%；畜牧业稳定发展，肉、蛋、奶总产2800吨；水产品总产（252）吨。全部工业增加值44.96亿元，同比增长11.1%。规模以上工业增加值增长9%，实现主营业务收入124.54亿元，实现利润1.19亿元。高新技术产业产值占规模以上工业总产值比重达64.4%。全区有资质的建筑企业68家，完成建筑业总产值616.15亿元，实现增加值155亿元。

2020年6月20日，天桥区举办"象霞工作室""春霞工作室"揭牌暨"党员教育实践基地"授牌仪式

（天桥区委党史研究中心　供稿）

全区公路通车里程140千米。邮政业务总量5340.19万元。核准发放租赁住房补贴764户。发放金额399万余元。完成公共租赁住房资格审核5681户。完成农村公路"三年集中攻坚"建设任务，实现农村通户道路100%全覆盖。持续改善水环境质量，全区市控考核断面水质达到国家地表水Ⅴ类标准值；推进黑臭水体整治环境保护专项行动，完成城区内黑臭水体整治并通过验收。在省生态环境厅组织的多次黑臭水体交叉监测中天桥区黑臭水体河流均达标。

全区有普通高等学校3所，在校生4100人。中等职业学校8所，在校生1.33万人。普通中学11所，在校生1.32万人；小学46所，在校生3.9万人。共取得重要科技成果2项，获得市级及以上科学技术奖5项，专利申请量945件，授权专利231件。有博物馆3个，档案馆1个，公共图书馆21所，文化馆1个，全国重点文物保护单位2处，省级文物保护单位10处，市级文物保护单位8处。医疗卫生机构568所，共有床位7862张，卫生技术人员1.15万人。新建公共健身场地30个。城镇居民人均可支配收入54198元，农村居民人均可支配收入19205元。年末职工基本养老、职工基本医疗、失业、工伤、生育保险参保人数分别达0.75万人、31.73万人、3368人、885人、19.26万人。居民基本养老保险参保人数6744人，医疗保险参保人数21.9万人。城镇最低生活保障人数4万人，年人均保障标准740元；农村最低生活保障人数0.56万人，年人均保障标准494元。全区各类养老服务机构和设施99个，各类养老床位0.3万张。安置残疾人员就业258人。

【普洛斯济南天桥冷链及供应链管理项目】 普洛斯投资（上海）有限公司成立于2004年，注册资本9亿美金，是中国最大的现代产业园的提供商和服务商，中国物流地产市场份额稳居行业第一。普洛斯济南天桥冷链及供应链管理项目，占地20公顷，总投资10亿元，项目拟建设总建筑面积约34万平方米，建成后拟引入世界500强及中国500强公司山东区域总部不少于5家。

【双招双引项目视频签约仪式】 2月24日，天桥区举行"双招双引"项目集中签约仪式，以主会场现场签约、分会场视频签约的方式进行。此次共集中签约15个项目，项目占地面积约160公顷，总投资约160亿元，主要涉及5G纳米新材料、智能制造与高端装备、科技服务、产业地产等领域。

【"天桥机遇·共享共赢"云招商推介活动举行】 5月8日，济南市"云招商"天桥专场——"天桥机遇　共享共赢"招商推介活动在济南日报报业集团融媒体中心演播室举行。本次推介活动旨在通过"云端"的方式，让大家更好地认识天桥、走进天桥、选择天桥。济南新材料产业园区管委会副主任刘传利与济南高新发展股份有限公司等2个项目进行签约。

【第二届儒商大会暨青企峰会分会场洽谈签约活动】 6月30日，由山东省委、省政府主办的第二届儒商大会暨青年企业家创新发展国际峰会召开，天桥区承办分会场项目洽谈签约活动。本次大会采取线上推介路演、线上洽谈签约。天桥区邀请19家企业参会，洽谈项目4个，计划总投资395亿元；签约项目2个，总投资70亿元。

（杨桂华）

【概况】 西汉景帝四年（前153年）设历城县，因地处历山（千佛山）下而得名。境域位于济南市区东、南部。2020年，全区面积1301平方千米，年末户籍人口111.03万人（区划口径）。全年实现生产总值1017.05亿元，比上年增5.6%。其中，第一产业增加值21.23亿元；第二产业增加值266.86亿元；第三产业增加值728.96亿元。固定资产投资增长11.9%，地方一般公共预算收入111.3亿元；地方一般公共预算支出87.62亿元；社会消费品零售总额577.17亿元；进出口总额98.22亿元。

中共历城区委

书　记　吕　涛

副书记　曹殿军　孟　帅

常　委　吕　涛　曹殿军　孟　帅　张庆国
　　　　任启民　李成刚　孟祥民　申世平（女）
　　　　桑逢德　郭　凯

历城区人大常委会

主　任　孙德顺

副主任　王长元　王连平　张书才
　　　　李云爱（女）　张宝贤　宋士奎

历城区人民政府

区　长　曹殿军

副区长　张庆国　李金国　付修琍（女）
　　　　闫立彬　高　博　钟耀华（挂职）

政协历城区委员会

主　席　寇少杰

副主席　张福胜　贺光幸　宫玉玲（女）
　　　　王钢城　时连勇　吕大海

中共历城区纪委

书　记　桑逢德

历城区人民法院

院　长　李忠林

历城区人民检察院

检察长　刘　建

历城区人民武装部

部　长　于　涛

政　委　轩福健

全区农林牧渔总产值39.67亿元，实现增加值22.42亿元，比上年增长3.3%。全区粮食播种面积1.97万公顷，粮食总产10.41万吨。全区粮食种植面积19726.04公顷，年总产104104.98吨，平均单产5.277吨/公顷。全区草莓种植面积1833公顷，新增80.06公顷，同比增长4.6%；草莓总产值13.1亿元，增幅为4.8%。全区共有养殖场户98家，生猪存栏7260头。农用机械总动力507716千瓦。其中，大中型拖拉机1367台，小麦联合收割机190台，玉米联合收割机110台，深松联合整地机266台，其他配套机具2215余台套。

全区124家规模以上工业企业完成工业增加值70亿元，同比增长10.2%。主营业务收入262.64亿元，同比下降1.49%，实现利润24.65亿元，同比增长60.75%。按规模分年主营业务收入过5000万元企业74家，其中，过亿元企业48家，过5亿元企业13家，过10亿元企业5家。五大主导行业全年实现主营业务收入207.5亿元，占全区规模工业的79%。实现利润20.86亿元，占全区规模工业的84.62%。全区新增高新技术企业112家，高新技术产业产值占规上工业总产值比重达完成68.85%，提高幅度5%。

新建续建飞跃大道、凤鸣路南延等59条道路，整治提升道路28万平方米，铁路黄台联络线、济莱高铁、小清河复航完成征迁，全区建筑业总产值380亿元，同比增长24%。累计销售商品房62479套，销售面积494.15万平方米，同比增长8.6%，为全市销售量最大区域。销售均价12430元/平方米，销售金额614.22亿元。其中住宅销售30850套、销售面积376.51万平方米，销售均价13672元/平方米，销售金额514.77亿元。老旧小区整治改造67万平方米、既有建筑节能改造40万平方米。加装电梯31部。拆除违建47.5万平方米。

全区共有驾校10所，教练车564台，全年共培训驾驶员12780人。供电面积1193.95平方千米，完成供电量33.48亿千瓦时，同比增长3.04%。建设62公里“四好农村路”，硬化73个村的通户道路。提升59个村供水设施，改造农村厕所1402户、危房76户。旅游路水厂正式启用，东湖水厂具备供水条件，110千伏凤鸣变电站投入使用，建成8个公共停车场，新建1077个5G基站。有旅行社、旅行社分社和服务网点137家，其中出境社6家，国内社25家，分社19家，网点87个。

有各级各类学校103所，在校生100877人。其中，义务教育段学校学校95所，在校生85145人，入学率100%，巩固率99.9%；特殊教育学校1所，在校生139人；民办学校3所，在校生5299人；企业办学1所，在校生291人；高中2所，在校生7461人；职业学校1所，在校生2542人。

获批2020年度国家重点科研项目（国家重点研发计划）1个；获批国家级外国专家项目2个；获批2020年山东省重点研发计划2个；获批2020年度中央引导地方科技发展资金项目2个；万人有效发明专利拥有量达到65.3件。文化馆1处，博物馆1处，图书馆1处、藏书量12万册。有体育场馆2处。建成社区卫生服务中心3处，基层公立医疗机构中医角建成比例达到90%。医疗卫生机构692家。开放病床4927张，床位数6.1张/千人口，卫生技术人员8312人。

城镇居民人均可支配收入51393元，农村居民人均可支配收入22942元。居民基本养老保险参保人数236827人，医疗保险参保人数364934人。发放城市低保金354.28万元，4629人次；发放农村低保金1034.29万元，18404人次；发放特困供养资金315.52万元；全区农村特困供养对象275人，集中供养81人，分散供养194人。新增城镇就业1.7万人，城镇登记失业率控制在1.77%。城乡低保、特困人员基本生活标准分别增至每人每月821元、1232元。全区共有8处养老机构（含1处敬老院）、9处街道综合养老服务中心、28处社区日间照料中心及41处农村幸福院。培训各类残疾人504人，安置残疾人员新增就业198人。

2020年，历城区获评全国百强主城区（第七十三位）、中国县域综合实力百强区（第二十六位）、中国县域科技创新百佳县市（第二十四位）、全省新旧动能转换重大工程专项评价先进区、全省技术转移先进区。

【疫情防控】 疫情初期，2.9万余人投入防控一线，266个村、81个社区实行封闭管理；每天出动900多人在高速出入口、机场、火车站、汽车站筛查车辆，检测体温108万人；全区财政投入防控资金5971万元，社会各界捐款捐物1000余万元。全国首批包机入境人员疫情防控和服务保障工作，164名密接者无一感染。靠投资拉动经济增长，150个重点项目全部开工，完成投资926亿元，在全市重点项目观摩评议中名列第四；出台扶持企业复工复产51条措施，落实扶持资金近9亿元，为企业申报贷款35亿元；选派476名机关干部担任服务专员，深入企业开展遍访活动，帮助企业找订单、拓市场、解难题、渡难关，全区841家规上企业率先复工复产。

【新旧动能转换】 出台扶持先进制造业18条奖励措施，规模以上工业增加值增长10.2%，工业投资增长77.5%、工业技改投资增长56.4%。空天信息产业园、济钢防务卫星总装基地落地建设，行波管自动化装配试验线运行。新增规模以上服务业企业68家，规上服务业完成营业收入133.9亿元、增长10.5%，税收“亿元楼”总数达到5座。成立全省首家国资控股的“金融超市”服务平台，金融税收增长54%，服务实体经济能力更强。社会消费品零售总额增长3.8%，增幅全市第一，是全市首个实现正增长的区县。举办“首届

618 狂欢购物节暨千万消费券发放”活动，上线“历城优品”服务平台，悦立方、环联夜市成为全市夜间经济聚集区。实施“千企千亿”计划，设立 4 亿元产业发展引导资金，新增规模以上企业 333 家，主营业务收入过亿元企业达到 280 家。举办“云招商”历城专场推介等招商活动，新增市场主体 4.9 万家，新增注册资本过 5000 万元企业 789 家，均居全市第一；引进市外投资 337 亿元，实际使用外资 2.1 亿美元，新认定市级总部企业 11 家。新认定高新技术企业 112 家，高新技术产业产值占规模以上工业总产值的比重达到 68.8%，新增省级以上研发机构 13 家、院士工作站 2 家，市级以上众创空间 6 家、孵化器 2 家、研发和成果转移转化机构 11 家。建成“智汇历城”人才服务平台，认定首批高层次人才 1714 人。

2020 年 11 月 30 日，历城区举办“选择历城　共赢未来”招商引资重大项目签约仪式暨济南国际内陆物流信息交易结算中心启动仪式　（历城区委党史研究中心　供稿）

【生态环境改善】　打好蓝天、碧水、净土、绿地保卫战，“四减四增”工作成效评估全市第二。开展企业排污、建筑工地、道路扬尘、渣土运输等重点领域专项治理。完成 5.5 万户清洁能源替代，空气质量良好以上天数达到 226 天。推进小清河、巨野河防洪综合治理工程，新东站、唐冶水质净化厂投入运行，刘公河、土河、杨家河成为济南城区生态河道治理新样板，地表水断面、饮用水水质全部达标。推进山区造林和森林生态廊道建设，完成森林生态修复与保护工程 376 公顷，云台山、捎近和力诺中医 3 个项目获批全国森林康养基地试点。新建郊野、山体、社区等各类公园 40 处，打造 17 条绿化特色道路和 4 处绿化特色街区，治理渣土山 24 处，新增绿化面积 161 万平方米。

【优化营商环境】　承接市级下放权力 81 项，725 个服务事项实现全领域无差别“一窗受理”，1 万余平方米的区政务服务大厅投入使用。开展“一链办理”流程再造，上线公共资源电子交易平台，餐馆、超市、门诊等开办手续半日内完成审批。建成全省首个 24 小时线上帮办中心，开展政府事项代办服务，免费邮寄各类审批证照 33112 件。开办“亲商沙龙”政企协商平台，开展现场交流活动 24 次，参与企业 298 家。完成 10 家生产经营类事业单位改革，616 名人员安置到位。创新国资监管体制，完善内部治理结构，盘活国有资产 41.6 亿元。自贸区完成微信视频办税、零接触评审等 40 余项制度创新，搭建起大数据、对外经济贸易、金融、文化、医疗康养五大产业发展平台。推进内陆港建设，陆港大厦基本竣工，董家货运中心多式联运综合物流枢纽加快建设，“齐鲁号”欧亚班列开行突破 500 列、增长 2 倍以上。外贸进出口总额完成 98 亿元，第三届进博会签约额 16 亿美元。

（李国靖）

【概况】　长清区位于山东省西部，省会济南西南，黄河下游东岸，泰山西北麓。地理坐标为东经 116° 30′ 38″ ~ 117° 4′ 14″，北纬 36° 14′ 37″ ~ 36° 41′ 50″。北邻济南市槐荫区，东接济南市历城区，东北接济南市中区，东南与泰安市岱岳区相连，南与肥城市为邻，西南与平

阴县接壤，西与西北濒黄河，隔河与东阿县和齐河县相望。隋开皇十四年（594年）始置长清县。2001年6月26日，经国务院批准，山东省撤销长清县设立济南市长清区。长清区总面积1178平方公里，辖街道8个、镇2个，行政村（社区居委会）639个，共18.4万户，总人口57.2万人，人口出生率9.34‰，人口死亡率8.13‰，自然增长率1.21‰。

中共长清区委

书　记　王勤光* 赵居安

副书记　赵居安* 肖　辉　曹　军* 王友进
　　　　徐龙义（挂职）*

常　委　王勤光* 赵居安　肖　辉　曹　军*
　　　　徐龙义（挂职）* 董庆哲* 李广霞（女）
　　　　曲京鹏　魏宏新　刘广东　潘建军
　　　　梁艳玲（女）　戴雪峰

长清区人大常委会

主　任　刘延文

副主任　李本文　时华勤（女）　卢云成
　　　　周　杰　呼　强

长清区人民政府

区　长　赵居安* 肖　辉（代）

副区长　董庆哲* 刘永亭　周　波　丁　勇
　　　　张广大　高　明（挂职）*

政协长清区委员会

主　席　张昭森

副主席　马训生　张　勇　郭卫东　赵　洁（女）
　　　　张春阳　刘宝林

中共长清区纪委

书　记　刘广东

长清区监委

主　任　刘广东

长清区人民法院

院　长　毕惠岩（女）

长清区人民检察院

检察长　王　文

长清区人民武装部

政　委　戴雪峰

部　长　陈晓军* 李京进

全年实现生产总值338.8亿元，比上年增长3.1%。其中，第一产业增加值33.9亿元，第二产业增加值162.1亿元，第三产业增加值142.7亿元。固定资产投资186.4亿元，地方一般公共预算收入26.6亿元，地方一般公共预算支出53.7亿元，社会消费品零售总额106.4亿元，进出口总额11.3亿元。年末金融机构存款余额479亿元，贷款余额249亿元。

农林牧渔服务业增加值62亿元，其中农业产值42.4亿元，比上年增长15.5%。全县（区）粮食播种面积4.41万公顷，粮食总产23.36万吨。全区获证“三品一标”主体74家，认证产品总数221个，其中无公害农产品认证主体58家、产品162个；绿色食品认证主体23家、产品50个；有机食品主体1家、产品5个；地理标志产品4个。肉、蛋、奶总产量分别为3.74万吨、2.2万吨、3.63万吨，水产品总产850吨。全县（区）拥有农业机械总动力50.25万千瓦，农作物耕种收综合机械化水平达93.6%。全部工业增加值80.2亿元，比上年增长10.3%。规模以上工业增加值增长13.5%，实现主营业务收入242.6亿元，实现利税12.7亿元。高新技术产业产值占规模以上工业总产值比重达44.4%。全区有资质的建筑企业87家，完成建筑业总产值285.6亿元，实现增加值82.1亿元，累计施工面积1674.3万平方米，缴纳建筑业总税款7.05亿元。

全区通车总里程1727.69公里，其中高速公路81.52公里、国省道110.82公里、县道156.27公里、乡道275.59公里、村道1089.23公里、专用道路14.26公里。完成电信业务总量2985万元，邮政业务总收入7798.1万元。市政公用设施投资8908万元。工业企业废水排放达标率100%，城市空气质量良好率62%，交通噪声年均值62.55，饮用水源水质达标率100%。国家A级旅游景区11家，其中AAAA级2家、AAA级7家，全年接待国内外游客447.2万人次，实现旅游总收入42.3亿元。

有普通高等学校12所，在校生20万人。全区共有各级各类学校104所，其中小学64所、小学教学点15所、初级中学16所、九年一贯制学校2所、完全中学1所、高级中学2所、特殊教育学校1所、中职学校3所；在校生5.09万人，其中小学在校生2.72万人、初中在校生 1.49 万人、高中在校生 7312 人、特殊教育学校在校生 130 人、中职学校在校生 1308 人；专任教师 4416 人，其中小学专任教师 1952 人、初中专任教师 1500 人、高中专任教师 665 人、特殊教育学校专任教师 39 人、中职学校专任教师 260 人。全区共有幼儿园 134 所，其中普惠性幼儿园 117 所，在园幼儿 1.79 万人。发明申请量 975 件，发明授权 219 件，有效发明量 1197 件，马德里商标国际注册申请 11 件，累计 47 件，有效国内商标注册量 5956 件。全区申报高新技术企业 72 家，公示 55 家，总数达 110 家。有博物馆 1 个，档案馆 1 个，公共图书馆 1 个，文化馆 1 个。全国重点文物保护单位 6 处，省级文物保护单位 16 处，市级文物保护单位 25 处。全区共有二级及以下医疗机构 12 家，编制床位数 1403 张，卫生技术人员 1363 人，全年总诊疗 152.72 万人次，业务总收入 5.08 亿元。

城镇居民人均可支配收入 43578 元，农村居民人均可支配收入 20417 元。年末职工基本养老、职工基本医疗、失业、工伤参保人数分别达 7.7 万人、6.35 万人、5.61 万人、1.72 万人。居民基本养老保险参保人数 31.96 万人，医疗保险参保人数 38.7 万人。城镇最低生活保障标准每人每年 8880 元，农村最低生活保障标准每人每年 5928 元，全区共有城乡低保对象 6591 户 1.11 万人，发放低保金和种类补贴共 6123.9 万元。全区共有街道综合养老服务中心 7 处，委托第三方机构运营的社区养老服务中心 2 处、农村幸福院 160 处、城市社区日间照料中心 27 处、街镇敬老院 10 处、民办老年公寓 4 处。安置残疾人员就业 274 人。

【郑济高铁长清段开工建设】 郑济高速铁路，又名郑济客运专线，简称郑济高铁、郑济客专。郑济高速铁路山东段起自京沪高速铁路济南西站，向西途经济南市槐荫区、市中区、长清区、德州市的齐河县、聊城市的茌平区、东昌府区、阳谷县和莘县，至山东省与河南省省界，正线全长 168.694 千米。郑济高铁起自郑州东站，止于济南西站，设计时速 350 公里 / 小时。项目初设批复 2 台 4 线，站房 5000 平方米，区政府根据长远规划与城市发展需要，经协调中国国家铁路集团有限公司、山东济青高速铁路有限公司，将高铁站台线规模调整为 2 台 6 线，站房面积扩大到 1 万平方米。

【全国蔬菜登记品种观摩会暨中国·山东国际蔬菜种业博览会开放周启动仪式在济南市长清区举行】 10月29日，2020 年“全国蔬菜登记品种观摩会暨中国山东国际蔬菜种业博览会开放周”启动仪式在山东济南市长清区举行。来自全国 30 多个省份的种子主管部门、育种企业、种子经营企业、合作社、家庭农场、种植基地等 1 万余人参加。

开放周的实地展示场所位于济南农耕示范园，园区占地 12 公顷，设有冬暖棚展示区、大拱棚展示区和露地展示区，拥有约 1000 平方米智能化育苗温室 1 栋；冬暖棚 4 栋面积约 4000 平方米；连栋温室 1 栋约 4200 平方米；大拱棚 11 栋面积约 1.2 万平方米；露地展示区约 5 万平方米。园区共展示番茄、黄瓜、甜辣椒、西瓜、甜瓜、白菜、甘蓝等 20 余类蔬菜品种 5000 余个。开放周共展示国内外番茄、黄瓜、西甜瓜等 20 余类蔬菜品种 2346 个，其中登记蔬菜品种 872 个、承担国家安排的小西瓜验证品种 76 个。

【长清区获山东省技术转移先进区称号】 9 月 4 日，山东省科技技术厅下发关于公布 2019 年度技术转移先进县的通知，长清区获评山东省技术转移先进区称号。2019 年，长清区新申报高新技术企业 39 家，总数达 84 家，同比增长 33%。高新技术产值占比 53%，增速 5%。

【济南市 2020 年“中国农民丰收节”启幕】 9 月 22 日，济南市 2020 年“中国农民丰收节”在长清区泉城茶博园启幕。活动现场同时举办长清区第四届农产品展销会，农业龙头企业、农民专业合作社、家庭农场等生产的粮食作物、瓜果蔬菜以及具有当地特色加工业的农产品在现场展示销售。截至年末，济南市长清区有农民专业合作社 859 家、市级以上农业龙头企业 60 家、家庭农场 530 家、市级以上都市农业园区 30 家。

【长清区孝里米粉、翟庄“瘸巴”烧鸡非遗项目入选第五批省级非物质文化遗产代表性项目名录】 2020年10月，山东省文化和旅游厅部署开展第五批省级非物质文化遗产代表性项目名录的申报工作。经推荐申报、形式审核、专家小组初评、专家评审委员会评审等程序，提出第五批省级非物质文化遗产代表性项目名录推荐名单165项。其中长清区非遗项目《孝里米粉制作技艺》与《翟庄“瘸把”烧鸡制作技艺》入选名单。

【国道220长清段拓宽改造工程竣工通车】 12月30日，长清区委副书记、代区长肖辉宣布国道220正式通车。国道220东深线长清前三至长清平阴界段改建项目，北起长清前三村，沿线经过长清区文昌、归德、孝里3个街镇，终点位于长清—平阴界，全长25.79公里，总投资11.06亿元。改建项目全线采用一级公路标准，双向四车道，路面宽度拓宽至22米。该项目建设大桥2座、中桥8座、小桥5座，涵洞51道，新建隧道1座、互通立交1处，改造利用养护工区1处。

【山东特殊教育职业学院新校区建设项目开工奠基】 12月30日，山东特殊教育职业学院新校区建设项目开工奠基仪式在平安街道举行。山东特殊教育职业学院新校区位于平安街道原北汝村，总占地面积32.68公顷，总建设规模22.6万平方米，其中一期建筑面积13.52万平方米，主要建设教学实训综合楼、图书办公综合楼、学生宿舍、学生中心、校医院、山东省残疾人创业就业培训中心以及相关配套用房、室外绿地、运动场等。

（边绍林　邢菊）

【概况】 章丘区位于山东省中部，济南市区东，泰山东北，黄河南岸；地理坐标：北纬36° 25′ ~ 37° 09′，东经117° 10′ ~ 117° 35′。西邻济南市历城区，东连淄博市周村区、淄川区，南接泰安市岱岳区、济南市莱芜区，东北与滨州市邹平市接壤，西北隔黄河与济南市济阳区相望。章丘因章丘山（女郎山）而得名。总面积1719平方千米，辖18个乡（镇、街道），940个村（社区）。2020年年末，常住人口105.52万人，人口自然增长率0.69‰。

中共章丘区委

书　记　马保岭

副书记　边祥为　孟学峰

常　委　马保岭　边祥为　孟学峰　魏志胜　李宝燕（女）　王士强　滕永军　刘红军　王　勇　黄凯东　吴继鹏　徐法贤

章丘区人大常委会

主　任　王继民

副主任　程秋霞（女）　李兴贵　李忠新　柴启德　王　勇

章丘区人民政府

区　长　边祥为

副区长、代理区长　边祥为

副区长　王士强　滕培汤　王玉洁（女）　黄洪占　徐法贤*　蒋　奇*　李屹东

政协章丘区委员会

主　席　赵立元

副主席　韩　军　林　虎　刘乃娟（女）　牛凤学（女）　李会德　王　琳（女）

中共章丘区纪委

书　记　魏志胜

章丘区人民法院

院　长　赵悦红（女）

章丘区人民检察院

检察长　赵建新

章丘区人民武装部

部　长　吴继鹏

政　委　董庆海

全年实现生产总值1002.5亿元，比上年增长7.2%。其中，第一产业增加值82.1亿元，第二产业增加值523.9亿元，第三产业增加值396.4亿元。固定资产投资比上年增长0.7%，地方一般公共预算收入70.0亿元，地方一般公共预算支出 82.2 亿元，社会消费品零售总额 278 亿元，进出口总额 74.5 亿元。年末金融机构本外币存款余额 1016.2 亿元，年末金融机构本外币贷款余额 732.0 亿元。

农林牧渔业增加值 87 亿元，其中农业增加值 61.6 亿元，比上年增长 7.5%。全区粮食播种面积 10.7 万公顷，粮食总产 62.3 万吨。无公害农产品、绿色食品、有机农产品和农产品地理标志获证企业 11 家。肉、蛋、奶总产 12.2 万吨，水产品总产 0.15 万吨。全区拥有农业机械总动力 97.2 万千瓦，主要粮食作物耕种收综合机械化率达 97%。全部工业增加值 461.9 亿元，比上年增长 11.4%。规模以上工业增加值增长 24.5%，实现营业收入 1357 亿元，实现利润 124 亿元，实现利税 157 亿元。高新技术产业产值占规模以上工业总产值比重达 76.1%。全区有资质的建筑企业 56 家，完成建筑业总产值 99.1 亿元，实现增加值 62.4 亿元。

全区公路通车里程 2502 公里，高速公路通车里程 54.7 公里。货物运输量 3067 万吨。完成电信业务总量 7 亿元，邮政业务总量 17216 万元。对铸锻、印刷、环保设备、涉塑等 1197 家特色产业企业分类处置，淘汰落后工业炉窑 90 台。实施 23 处破损山体治理，4 处市控以上河流断面水质全部达标，空气优良天数同比增加 14 天。耕地、建设用地安全利用率全部达标。实施“满城花香”建设行动，完成省道 102 线生态廊道，4 条特色街区和 5 条城区绿道建设，建成 6 处街头游园，新建提升绿化面积 100 万平方米，新增造林 1733 公顷。国家 A 级旅游景区 18 家，其中 AAA 级及以上 13 家，全年接待国内外游客 706.07 万人次，同比增长 -38.96%，实现旅游总收入 90.25 亿元，同比增长 -44.7%。

有普通高等学校 13 所，在校生 13 万人。中等职业学校 4 所，在校生 0.56 万人。普通中学 37 所，在校生 4.6 万人；小学 98 所，在校生 5.8 万人。共取得重要科技成果 18 项，获得市级及以上科学技术奖 6 项，专利申请量 5166 件，授权专利 2646 件。有博物馆 1 个，档案馆 1 个，公共图书馆 1 所，文化馆 19 个，全国重点文物保护单位 6 处，省级文物保护单位 11 处，市级文物保护单位 64 处。医疗卫生机构 34 所，共有床位 4600 张，卫生技术人员 6860 人。新建公共健身场地 130 个。

城镇居民人均可支配收入 42793 元，农村居民人均可支配收入 24208 元。年末职工基本养老、职工基本医疗、失业、工伤、生育保险参保人数分别达 19.8 万人、16.6 万人、11.2 万人、17.9 万人、11.7 万人。居民基本养老保险参保人数 546141 人，医疗保险参保人数 73.9 万人。城镇最低生活保障人数 807 人，月保障标准 821 元；农村最低生活保障人数 18468 人，月保障标准 614 元。全区各类养老服务机构和设施 351 个，各类养老床位 9116 张。

年内，章丘区获评全国百强新城区、全国工业百强区、国家全域旅游示范区、全国城市品牌形象百优县、中国医疗服务百佳县、全国健走示范城市、全省创业型城市、全省打赢污染防治攻坚战先进区、全国知识产权强县示范区、“中国生态富硒之乡”。

【《我们的小康时代》入选脱贫攻坚重点剧目】 3 月 16 日，国家广电总局发布《关于做好脱贫攻坚题材电视剧创作播出工作的通知》，研究确定 22 部脱贫攻坚题材重点电视剧。以章丘区为主要拍摄地，以双山街道三涧溪村党委书记高淑贞为原型的长篇电视剧《我们的小康时代》名列其中。《我们的小康时代》是山东省 2018—2022 重点影视剧目、报送国家广电总局百部优秀作品之一，是一部向全国推广山东新时代闯关东精神的具有时代烙印和鲁剧风格的长篇电视剧。

【章丘城市区域品牌发布会举行】 5 月 16 日，章丘区举行章丘城市区域品牌发布会，发布“中国龙山　泉韵章丘”城市区域品牌宣传语及 LOGO 标识。解读“新时代闯关东精神、新时代铁匠精神、新时代儒商精神”三大硬核精神，展示章丘发展成就。

【章丘大葱成功挑战“吉尼斯世界纪录”称号】 11 月 15 日，以“中国葱乡·葱满希望”为主题的“2020 中国·章丘大葱文化旅游节”在章丘区城市文博中心开幕。本届大葱文化旅游节评选现场，绣惠街道王金村的苗发润获得“大葱状元”，同村的苗发勇种植的一株大葱以 2.532 米的成绩成功挑战“吉尼斯世界纪录”

称号。吉尼斯世界纪录认证官吴晓红见证新纪录的诞生，并授予“章丘大葱吉尼斯世界纪录”证书。

“章丘大葱吉尼斯世界纪录”证书

（章丘区委党史研究中心　供稿）

【章丘区获评国家全域旅游示范区】　12月17日，国家文化和旅游部在山东省威海市荣成市召开会议。大会公布第二批国家全域旅游示范区名单。其中，章丘区获评国家全域旅游示范区，跻身“国家全域旅游示范区”行列，是济南市第一个、也是唯一一个上榜区县。

（杜晓媛）

【概况】　济阳因地处古济水之北而得名，位于济南市东北部，面积1098.81平方公里，2020年6月，撤销曲堤镇、垛石镇，设曲堤街道、垛石街道，截至年底，全区辖2个镇，8个街道，811个行政村，42个居委会。截至年末，户籍人口59.91万人。

中共济阳区委

书　记　吕灿华

副书记　孙战宇　张　鹏

常　委　吕灿华　孙战宇　张　鹏　高继锋　李　莉（女）　呼廷贵　宋　琳　张　方　李红雨　李光耀　主如学　苏卫东（挂职）*

济阳区人大常委会

主　任　孙良才

副主任　王向军　杨玉美（女，回族）　董树村　马庆军*　李　勇

济阳区人民政府

区　长　孙战宇

副区长　高继锋　李永军　纪东明　白宝强（回）　牟晓丽（女）　代杰瑞（挂职）*

政协济阳区委员会

主　席　任道胜

副主席　张乃杰　张学兰（女）　卢士平　魏长亭　乔红兵　于爱华（女）

中共济阳区纪委、区监委

书　记、主　任　李红雨

济阳区人民法院

院　长　韩　刚

济阳区人民检察院

检察长　赵性雨*　张传文

济阳区人民武装部

部　长　马　杰

政　委　主如学

全年实现地区生产总值205.46亿元，比上年增长3.1%。其中，第一产业增加值33.13亿元，第二产业增加值97.64亿元，第三产业增加值74.69亿元。固定资产投资较上年增长9.8%，地方一般公共预算收入31.65亿元，地方一般公共预算支出47.87亿元，社会消费品零售总额91.35亿元，进出口总额26.48亿元。年末金融机构人民币存款余额346.21亿元，年末金融机构人民币贷款余额236.28亿元。新引进金融及类金融机构5家，金融业增加值完成10.52亿元。

农林牧副渔业增加值34亿元，按可比价格计算，比上年增长4.14%；其中农林牧渔服务业增加值0.88亿元，比上年增长3.8%。全区粮食播种面积9.93万公顷，粮食总产61.30万吨（含崔寨、孙耿、太平3个街道）。新增绿色食品认证10个，“国家曲堤黄瓜生产标准化示范区”通过验收，“垛石番茄”获评全国第

二十一届绿博会金奖，“好味知济”天猫店、抖音店开通运营。肉、蛋、奶总产5.68万吨，水产品总产0.26万吨。全区拥有农业机械总动力67.16万千瓦，农作物耕种收综合机械化水平达97.32%。

全部工业增加值47.9亿元，比上年增长0.8%。规模以上工业增加值增长2.6%，实现营业收入135.7亿元，实现利润12.5亿元。丁鼎陶瓷、墨海生物等一批新兴产业项目建成投产，全年完成技改投资10.4亿元，增长67.7%，高于全市平均增速47.7个百分点。高新技术产业产值占规模以上工业总产值比重达33.3%。全区有资质的建筑企业45家，实现增加值49.76亿元。鑫方盛、正创新零售等项目正式签约，三级电商服务体系更加完善，直播带货、“宅经济”等新业态日益火爆，电子商务网络零售额实现23.2亿元，同比增长109%。

全区公路通车里程1813千米，其中高速公路通车里程52.4千米。有轨电车济阳通道完成工程量的20%；新建改造顺义街西延、纬四路等市政道路29条，改造提升农村公路99公里，完成157个村约370公里的通户道路硬化工作。更新城乡纯电动公交车34部。公路旅客运输量940万人次。完成电信业务总量2005万元，邮政业务收入7295万元。新建游园、景观节点等11处，实施裸土复绿6万平方米，完成新造林466余公顷，补植苗木2万余株，新增“省级森林乡镇”1个、“省级森林村居”5个。国家A级旅游景区2家，梁氏庄园（AA）、泉城花海（A），梁氏庄园2020年被评为“泉城人家”民宿称号。全年接待国内外游客171.83万人次，实现旅游消费总额19.84亿元。

有普通中学21所，在校生3万余人；小学31所，在校生3.9万人。年内新建改扩建中小学2所，幼儿园9所，新增学位4680个。取得重要科技成果3项，获得市级以上科学技术奖1项。有博物馆1个，档案馆1个，公共图书馆1所，文化馆1个，全国重点文物保护单位1处，省级文物保护单位2处，市级文物保护单位14处。医疗卫生机构584所，共有床位1800张，卫生技术员3203人（含先行区代管的3个街道）。建成全省首家卫生监督信息中心，新建“一分钟诊所”8处，医共体改革实现人、财、物、管理等“六统一”。成立12支应急队伍，建成2处基层规范化发热门诊，2家区级医院、8家基层医疗机构防疫功能全面提升，新建3家核酸检测机构，核酸日检测能力近4万人份，应急物资动态足额供应。

城镇人均可支配收入35404元，农村居民人均可支配收入19236元。年末职工基本养老、职工基本医疗、失业、工伤、生育保险参保人数分别达1.01万人、5.59万人、0.88万人、1.01万人、4.38万人。居民基本养老保险参保人数22.07万人，医疗保险参保人数43.67万人。城镇最低生活保障人数1253人，年人均保障标准545元；农村最低生活保障人数7.71万人，年人均保障标准390元。全区各类养老服务机构和设施145个，其中养老服务设施26处，农村幸福院108家，各类养老床位0.3万张。安置残疾人就业154人。

年内济阳区获全省推进乡村振兴战略考核“一等”县（市区）、第四批国家生态文明示范县（区）、“平安济南建设先进区县”、农业生产托管服务被省农业厅推荐位全国试点，新增省级文明村镇4个。济北经济开发区位列全省省级以上开发区（含高新区）总排名第四十四位、省级开发区排名第二十四位，在济南市13家省级以上开发区中排名第二位。

【“7+2”插花式扶贫获评第三届中国优秀扶贫案例】 12月25日，济阳区在脱贫攻坚工作中探索出的“7+2”插花式扶贫模式获评第三届中国优秀扶贫案例。济阳区因地制宜，把培育产业作为推动脱贫攻坚的根本出路，累计投入资金1.68亿元，建设产业扶贫项目253个，实现收益4236万元，户均增收1325元，建立稳定的利益联结机制。

【济阳区博物馆获评国家二级博物馆】 12月21日，中国博物馆协会公布第四批国家一、二、三级博物馆名单，济阳区博物馆越过三级馆获评国家二级博物馆。区博物馆作为区县级博物馆从799家申报博物馆评选中获评国家二级博物馆，填补济阳区文博历史上的空白，标志着区博物馆的基础建设和管理、展览及影响等开始迈入国内博物馆行业的先进水平行列。

【山东（济南）乐华城项目落户济阳】 12月30日，山东（济南）乐华城项目签约仪式在山东大厦举行。山

2020 年 12 月 30 日，山东（济南）乐华城项目签约仪式举行

（济阳区委党史研究中心　供稿）

东（济南）乐华城项目位于济阳区滨河片区，计划总投资额 205 亿元。该项目年游客接待量可达 550 万人次，年产生税收可达 2.3 亿元，年文旅营业收入约 10 亿元，年总产值约 40 亿元，将吸纳就业岗位 3500 个，带动间接就业岗位超过 15000 个，将成为山东地区规模最大、业态最丰富的复合型文化旅游项目。

【“垛石”牌番茄获中国绿色食品博览会金奖】　在第二十一届中国绿色食品博览会上，济阳区垛石街道参展的“垛石”牌樱桃番茄摘得金奖。辖区高温蔬菜大棚已突破 1.4 万个，年产量达 1.5 亿千克，年产值超 9 亿元，是长江以北最大的优质樱桃番茄生产集散基地。

（卢成燕）

【概况】　莱芜区位于济南市东南部，地处北纬 36° 02′ 46″ ~ 36° 33′ 10″，东经 117° 19′ 04″ ~ 117° 58′ 05″之间，北临济南市章丘区，东靠淄博市博山区，南接济南市钢城区和泰安市所辖的新泰市，西连泰安市岱岳区。因地处莱芜而得名。2020 年全区总面积 1642.12 平方千米（不含原莱芜高新技术产业开发区），辖 14 个镇（街道）（不含鹏泉街道），771 个村（社区）。年末常住总人口 95.66 万人，人口自然增长率 2.9‰。

中共莱芜区委

书　记　朱云生

副书记　秦　蕾（女）　吕宝泉

常　委　朱云生　秦　蕾（女）　吕宝泉　刘训涛　薛　亮　李秋超　亓军杰　于炳基　王　宁　丁晓红（女）　吴慎宝

莱芜区人大常委会

主　任　高永胜

副主任　董成林　李祚峰　周长珍（女）　崔　文　张学凯

莱芜区人民政府

区　长　秦　蕾（女）

副区长　李秋超　李娅丽（女）　高学常　时　波　郑　磊（挂职）*　张新建

政协莱芜区委员会

主　席　冯美玲（女）

副主席　李润亭*　杨　军　张法迎　王启壮　孙晓昕（女）　张卫静（女）

中共莱芜区纪委

书　记　丁晓红（女）

莱芜区监察委员会

主　任　丁晓红（女）

莱芜区人民法院

院　长　赵景来

莱芜区人民检察院

检察长　杨雪梅（女）

莱芜区人民武装部

部　长　于　涛*　刘付员

政　委　吴慎宝

全年实现生产总值641.61亿元，按可比价计算，比上年增长5.0%。其中，第一产业增加值59.54亿元，第二产业增加值277.33亿元，第三产业增加值304.73亿元。固定资产投资增长11.21%，地方一般公共预算收入33.43亿元，地方一般公共预算支出62.6亿元。社会消费品零售总额278.06亿元，进出口总额122.99亿元。年末金融机构人民币存款余额914.19亿元，年末金融机构人民币贷款余额694.73亿元。

农林牧渔业总产值106.21亿元，比上年增长6.5%。全区粮食播种面积3.14万公顷，粮食总产19.34万吨。新增国家重点龙头企业1家，认定“三品一标”农产品142个，无公害农产品、绿色食品、有机农产品和农产品地理标志获证企业53家。肉、蛋、奶总产12.21万吨，水果总产量10.36万吨。全区拥有农业机械总动力64.38万千瓦，农作物耕种收综合机械化水平达95%以上。全部工业增加值比上年增长14.8%。规模以上工业总产值826.82亿元，比上年增长12.01%。规模以上工业增加值增长14.8%，实现主营业务收入1312.28亿元，实现利润27.71亿元，实现利税46.3亿元。高新技术产业产值占规模以上工业总产值比重达7.62%。全区有资质的建筑企业106家，完成建筑业总产值58.9亿元。

全区公路通车里程3502.9千米，其中一级公路82.663千米，二级公路278.047千米，公路密度201.3千米/百平方千米。全区开工建设保障房3110套。生态环境持续优化，取缔主城区小煤炉、小柴灶近2万户，完成115台工业炉窑淘汰提升；完成97台燃气锅炉低氮改造和淘汰任务，完成清洁取暖改造约18000余户，空气质量改善率达到14.5个百分点。严格落实“河湖长制”，国控断面、饮用水水源地水质全部达到三类水标准。国家A级旅游景区18家，其中国家AAAA级景区3家、AAA级景区12家、AA级景区3家，全年接待国内外游客601.7万人次，实现旅游消费总额31.8亿元。

全区有中等职业学校1所，在校生0.26万人。普通中学21所，在校生3.56万人；小学68所，在校生3.79万人。新认定国家高新技术企业77家，国家科技型中小企业评价入库135家，验收原莱芜市“科技小巨人”企业20家，专利申请量4369件，发明专利授权136件。有博物馆1个，档案馆1个，公共图书馆1所，文化馆1个，全国重点文物保护单位2处，省级文物保护单位12处，市级文物保护单位33处，国家级非物质文化遗产名录4项、省级12项、市级非遗项目130项。医疗卫生机构954所，共有床位1497张，卫生技术人员2232人。新建公共健身场地110个。

城镇居民人均可支配收入38473元，农村居民人均可支配收入19324元。年末职工基本养老、职工基本医疗、失业、工伤、生育保险参保人数分别达18.8万人、23.04万人、10.9万人、14.33万人、9.1万人。居民基本养老保险参保人数33.66万人，医疗保险参保人数83.26万人。新增城镇就业11500人，其中下岗失业人员再就业6150人。城镇最低生活保障人数36402人次，年最低保障金1618.78万元；农村最低生活保障人数171179人次，年最低保障金5473.28万元。全区各类养老服务机构和设施163个，各类养老床位9201张。安置残疾人员就业361人。

【“六级联动”铸造莱芜品牌】 2020年，莱芜区围绕“一定二实三用四严”做足文章，探索建立“六级联动”网格化包挂联系制度，各镇街通过制作“党群联心卡”“党员联系群众户”公示牌、“六级联动”记录本等，做到随时联系互动，全区1004名镇（街道）机关干部联系771个村（社区），2805名党员“两委”干部联系3094名党小组长，3094名党小组长联系28651名党员，18539名有行动能力的党员联系242615户群众，打通党组织联系服务群众“最后一环”。“六级联动”开展活动20.2万次，解决困难问题2.3万个，推动96个软弱涣散村转化提升。相关做法中宣部《党建》杂志、新华社《高管内参》、省委《今日信息》、省委组织部《山东组织工作》刊发推广，省委书记刘家义作出批示。

【加快重工项目建设】 2月12日，山东重工绿色智造产业城项目正式开工建设。全年累计投入资金60亿元，拆除16个村6870户，完成场平200多公顷，新建道路4.4公里，重卡、叉车等产业链核心项目相继开工建设，16家配套项目集中入驻。省委书记刘家义、省长李干杰年内两次出席项目开工投产仪式。首批重卡于11月19日下线，从开工到投产仅用280天；重

2020 年 3 月 14 日，莱芜区"双招双引"项目视频签约仪式在莱芜大厦举行

（莱芜区委党史研究中心　供稿）

卡二期、凯傲叉车于 8 月 17 日开工，凯傲叉车拿地当天实现"四证齐发"。

【"双招双引"发展】　借力首届山东 5G 峰会、全国"万步有约"健走激励大赛、姜博会等媒介平台招大引强，全区 40 个重点建设项目一季度全部开复工。全年实际利用外资 3563 万美元，完成率 234.39%，排名全市第二位；引进市外投资到资额 84.03 亿元，完成率 105.53%，位居全市第三位。

【大项目观摩全市第三】　2020 年 12 月 7 日，全市 2020 年重点项目建设暨重点工作攻坚年观摩评议活动到莱芜区进行现场观摩。经过观摩评议，莱芜区获重点项目观摩全市第三名。

【莱芜区获评全省法治政府建设示范区】　莱芜区委区政府开展法治乡村"十个一"创建、"民主法治示范村"创建等活动，全区 431 个村（社区）达到"十个一"创建标准，22 个村（社区）被评为"全国、全省民主法治示范村"，2 个村（社区）获评全国、全省"民主法治示范村（社区）"。2020 年 10 月，莱芜区被命名为第一批"山东省法治政府建设示范县（市、区）"，是全省 30 个示范县（市、区）之一，是全市 2 个示范区之一。

【莱芜特产玉顺斋南肠】　莱芜南肠由济南历城人苏志廷于 1849 年在莱芜口镇创立生产，其子苏乐颜于 1909 年继承父业。1927 年，樊金水跟随苏乐颜学习南肠制作技艺。1975 年，樊玉顺接替父亲樊金水继续从事南肠的制作和经营。2005 年，樊玉顺成立山东玉顺斋食品有限公司。公司占地 1.33 公顷，有员工 60 余人，生产经营"玉顺斋"莱芜南肠、风干肉、酱腌菜等系列产品 20 多个品种，年产值 1000 余万元。公司先后获评"济南老字号""山东老字号"，"玉顺斋"南肠产品加工制作工艺被莱芜区政府命名为"非物质文化遗产"。

（刘少波　韩丽）

【概况】　钢城区位于山东省济南市东南部，北面、西面接莱芜区，东连沂源县，南邻新泰市。因境内有国有大型钢铁企业——莱芜钢铁总厂而得名。全区总面积 506.42 平方千米，辖 5 个街道，235 个村（社区）。2020 年末常住总人口 28.70 万人，人口自然增长率 -0.27‰。

中共钢城区委

书　记　武树华

副书记　郅　颂（女）　刘燕飞

常　委　武树华　郅　颂（女）　刘燕飞　张富林　亓　勇　毕泗柏　孙秀梅（女）　陈庆宏　范盛海　王　璞

中共钢城区纪委

书　记　陈庆宏

钢城区人大常委会

主　任　王纪青

副主任　张　勇　侯尚俭　魏育江　郭本忠

曹凤英（女）

钢城区人民政府

区　长　郅　颂（女）

副区长　郅　颂（女）* 张富林　李秀芳（女）
史秀卫　吴加庆　郭玉华（挂职）*
高　宇

政协钢城区委员会

主　席　李全义

副主席　邹　峰　李智笃　张明三　吴金学
尚翠芹（女）　潘长喜

钢城区人民武装部

部　长　刘　峻* 赵清明

政　委　范盛海

钢城区人民法院

院　长　陈　刚

钢城区人民检察院

检察长　张传文* 张红广

全年实现生产总值300.16亿元，比上年增长5.50%。其中，第一产业增加值10.54亿元，第二产业增加值198.95亿元，第三产业增加值90.67亿元。地方一般公共预算收入21.26亿元，地方一般公共预算支出24.36亿元。全年社会消费品零售总额87.5亿元，进出口总额21.71亿元。

农林牧渔业总产值19.38亿元，其中农业总产值9.83亿元。全区粮食播种面积4308.2公顷，粮食总产24153.7吨。蔬菜总产量19.38万吨；油料总产量0.96万吨；水果总产量10.56万吨。全区拥有农业机械总动力31.5万千瓦。全部工业增加值190.06亿元，比上年增长7.0%。规模以上工业增加值增长9.3%，规模以上工业营业收入921.64亿元，利润总额13.96亿元。新增规模以上工业企业25家。全年建筑业增加值9.26亿元，比上年增长0.3%，占GDP的比重3.1%。资质等级以上建筑企业达到61家，实现建筑业总产值21.18亿元，增长3.4%。

全区公路通车里程1039千米，其中高速公路通车里程33.01千米。公路货物运输量12267.35万吨。全区城镇化率达69.79%。国家A级旅游景区2家，其中3A级以上1家，全年接待国内外游客70余万人次，实现旅游消费总额19.96亿元。

普通中学12所，在校生11811人；小学30所，在校生13725人。获得专利申请量1153件，授权专利56件。有档案馆1个，公共图书馆1所，文化馆1个，全国重点文物保护单位2处，省级文物保护单位3处，市级文物保护单位9处。全区卫生机构床位数1919张，卫生技术人员2397人，其中执业医师及助理医师963人。

全年城镇居民人均可支配收入44914元，比上年增长2.5%；农村居民人均可支配收入20507元，比上年增长4.1%。

城乡低保每人每月分别提高136元、157元，城市特困人员供养生活补助每人每月提高204元。实施残疾人家庭无障碍改造346户，精准康复实现全覆盖。开展贫困儿童关爱活动，建成“希望小屋”19处。建成公益性公墓5处。新增“出彩人家”示范户3716户。

【工业强区纵深推进】　制定《关于加快建设工业强区的实施意见》，确定了企地融合发展、产业能级提升等“八大工程”。精品钢产业，主营业务收入达到1200亿元，提前一年突破千亿级。装配式建筑产业，钢结构加工能力达到200万吨、部品部件生产能力突破200万平方米，莱钢建安成为冶金工程施工总承包、机电安装施工总承包一级资质单位，钢城区入选全省钢结构建筑装配式住宅产业集中示范区。推进焦炉煤气分离制氢、加氢站等项目落地，争创全国氢能源冶金耦合应用示范基地。出台《关于扶持鼓励工业企业加快发展的33条意见》政策措施，设立扶持资金过亿元，鼓励引导企业实施重点技改项目20多个，3家企业成为国家级制造业单项冠军企业，3家企业被认定为绿色工厂，10余家企业建设智能车间，4个项目列入市智能制造试点示范项目，35家企业纳入国家科技型中小企业信息库。

【项目建设提速增效】　坚持“项目为王”，确定重点项目30个，其中工业项目24个，占比80%；12个市级重点项目，完成投资110亿元，增长108%，占年度投资计划的121%。省重大项目山钢新旧动能转换项目，累计完成投资 51 亿元，实现钢铁企业超低排放标准，吨钢污染物排放达到清洁生产一级水平。总投资 20 亿元的汇锋高端汽车部件产业园，新上传动部件、智能制造等 5 个项目，与山钢股份联合成立齿轮材料应用研发中心，打造百亿级产业集群，主导产品螺旋锥齿轮国内市场占有率达到 60% 以上。海上风电主轴项目，建成后全球市场占有率将由 30% 提升到 40%。5G 电子基材项目，超细线路材料、导电材料、高导热材料打破高端电子材料的国外垄断，实现国产化替代。

【柳桥峪村获评全国文明村】 11 月 20 日，在全国精神文明建设表彰大会上，济南市钢城区颜庄街道柳桥峪村获中央文明委表彰，获评“全国文明村”称号。柳桥峪村位于济南市钢城区颜庄街道办事处西南 8 公里处，曾获全国生态文化村、全国村民自治示范村、国家森林村居、山东省文明村、山东省卫生村、山东省美丽村居、山东省“十百千”乡村振兴示范村、山东省民主法治示范村等称号。

【钢城区文体中心项目开工奠基】 12 月 9 日，钢城区文体中心项目举办奠基仪式。文体中心项目是钢城区建区以来规模最大、投资最多、标准最高的单体城建项目，也是全区首个开工建设的 PPP 项目；它搭建服务群众的新载体，能更好满足人民精神文化生活新期待。

（高 涛）

【概况】 平阴县位于济南市西南部，是济南、泰安、聊城 3 个市的交汇点，东北至济南 67 千米，东南至泰安 72 千米，西至聊城 63 千米。因地处古东原之阴而得名。2020 年，全县总面积 715 平方千米，辖 2 个街道、6 个镇，358 个村（社区）。年末常住总人口 37.20 万人，人口自然增长率 -1.37‰。

中共平阴县委

书　记　杨旭东

副书记　王秀成　孟克非（挂职）* 赵治文

常　委　杨旭东　王秀成　孟克非（挂职）*
　　　　赵治文　李子元* 于瑞民* 尚海成
　　　　刘忠亮　张吉忠　舒启东* 乔　梁

平阴县人大常委会

主　任　宋广炎

副主任　陈士新　付　丽（女）　邢学忠
　　　　李文波　陈万昌

平阴县人民政府

县　长　王秀成

副县长　于瑞民* 张　军　侯秀贞（女）*
　　　　林　景　张海军　游伟民（挂职）*
　　　　李起文（挂职）

政协平阴县委员会

主　席　赵敬成

副主席　刘玉霞（女）* 宫建泉　崔召龙*
　　　　李希义

中共平阴县纪委

书　记　乔　梁

平阴县人民法院

院　长　司继月* 刘学宽（女）

平阴县人民检察院

检察长　刘爱国* 杜晓涛

平阴县人民武装部

部　长　赵开利

政　委　舒启东*

全年实现生产总值 233.3 亿元，比上年增长 2.4%。其中，第一产业增加值 34.2 亿元，第二产业增加值 130.44 亿元，第三产业增加值 68.66 亿元。固定资产投资增长 11.6%，地方一般公共预算收入 24.29 亿元，地方一般公共预算支出 36.89 亿元，社会消费品零售总额 74.59 亿元，出口创汇（海关口径）52.11 亿元。年末金融机构本外币存款余额 274.12 亿元，年末金融机构本外币贷款余额 182.74 亿元。

农林牧渔服务业增加值 36.91 亿元，其中农业增加值 26.31 亿元，比上年增长 8.7%。全县粮食播种面积3.51万公顷，粮食总产19.43万吨。建成高标准农田1333公顷，水肥一体化1066公顷。全县家庭农场达608家，各类专业合作社699家，获证“三品一标”主体51家，认证产品总数122个，新认证绿色产品6个，续展绿色产品4个，新增市级现代农业体验店1家，市级双十佳农产品主体2个。孝直镇获批全国农业产业强镇。“玉带玫香”齐鲁样板示范区、11个乡村振兴齐鲁样板村建设完成。玫瑰镇获评乡村振兴2020山东最美城镇，孝直镇入选全省乡村振兴“十百千”示范镇，玫瑰镇东唐村获评省休闲农业示范村。全县拥有农业机械总动力45.62万千瓦，主要农作物机耕率100%，机播率100%，机收率99.97%。玫瑰种植面积增加7%，“玫瑰花乡”田园综合体、花养花玫瑰小镇等重点项目加速推进，“花开泉涌、玫好生活”玫瑰文化节举办。省委常委、市委书记孙立成为平阴玫瑰代言，“淘宝第一主播”薇娅成为平阴玫瑰全球推荐官，营销收入增长45%。与中国林业科学院签订战略合作协议，山东省农科院（平阴）玫瑰产业研究院落户平阴县，省级玫瑰质量检测中心创建，华玫生物认定为国家级林业龙头企业。平阴玫瑰入选中欧地理标志协定保护名录，品牌价值达到27.9亿元，连续两年晋级区域品牌全国百强。

规模以上工业增加值增长4.3%，实现主营业务收入266.45亿元，实现利润30.48亿元。出台推进制造业高质量发展“金十条”，统筹推进传统产业提质增效和新兴产业提速扩量。实施总投资45亿元的技改项目43个，新增规模以上工业企业15家。济南玫德铸造有限公司位列省民营企业百强榜第二十八名，济南鑫贝西生物技术有限公司被工信部评为专精特新“小巨人”企业，山东齐发药业有限公司获批省制造业单项冠军企业。4家企业获评省瞪羚企业，2家企业获省资源利用先进企业，11家企业获批济南市绿色工厂。企业上云累计完成1046家。平阴县金融产业园建成运营，4家企业在齐鲁股权交易中心挂牌。贝壳视频、蓝色森林等电商平台入驻，电商企业达到125家。新增国家高新技术企业13家，高新技术企业达到49家，占规模以上工业的46%。新增省级院士工作站、省级研发平台、市级众创空间各1家，吸引国内外高校科研院所在平阴县建立研发或成果转移转化机构2家。全县有资质的建筑企业40家，完成建筑业总产值24.30亿元，实现营业收入24.73亿元，其中在省外完成的建筑业产值0.32亿元。签订合同额35.24亿元，同比增长8.7%，其中本年新签合同额23.44亿元，同比增长54.8%。房屋施工面积185.03万平方米，同比下降11.9%；房屋竣工面积93.46万平方米，同比增长20.6%。

全县公路通车里程990千米。营运载货汽车3154辆，营运载客汽车126辆。开通5G基站493处，5G工业场景应用企业26家。邮政业务总量3165万元，报刊流转额717万元。县城建成区面积23平方公里，城市道路长度和面积分别达到97千米和210万平方米。完成东关街、振兴街箱涵、五岭路箱涵建设等雨污分流管网工程，实施包括翠屏街、文笔山路建设在内的基础设施提升工程，完成锦川街建设、榆山路改造、青龙路南段改造等道路建设。完成会仙山、白庄、锦波园东、财源街北等片区2469户房屋征收。建设公共停车场5处，提升公共卫生间10处、便民市场3处。打造公园游园、绿化节点19处。打造精品小区5处，8个镇（街道）全部创建为无违建街镇。农村人居环境整治三年行动累计完成农村残垣断壁清理整治5717户，农村杆线整治243个村，户户通147个村515千米，出彩人家创建9674户，农村改厕完成户厕4.3万户，公厕91个。创建7个省级美丽乡村示范村、5个乡村连片治理村、9个县级美丽乡村示范村。管道天然气供气量5300万立方米，用气人口14.04万人。集中供热面积499万平方米。全年自来水供水量1069万吨。城乡居民生活用电2.07亿千瓦时。环境空气中PM10、PM2.5、二氧化硫、二氧化氮、平均浓度（标况）分别为94微克/立方米、51微克/立方米、19微克/立方米、39微克/立方米，空气质量综合指数为5.66。与上年相比，空气质量综合指数同比改善10.3%，PM10、PM2.5、二氧化硫、二氧化氮浓度分别改善16.1%、15%、13.6%、4.9%。空气质量优良天数227天，同比增加46天；优良率62%，同比提高12%。重污染天气11天，同比减少4天，无严重污染天气。农村生活污水设施实现镇驻地全覆盖，城区黑臭水体流域性治理基本完成。“林长制”体系不断完善，省级森林城市创建，洪范池镇入选全国森林康养示范镇，5个村被评为国家森林乡村。国家A级旅游景区7家，其中3A级以上4家，全年接待国内外游客115万人次，实现旅游综合收入41.4亿元。

有普通高中在校学生7493人，中等职业学校在校学生2664人，初中生在校学生9446人，小学生在校学生18974人。新高中完成主体建设，桥口小学基础施工。李沟幼儿园改造完成投入使用。腾跃园幼儿园、城南幼儿园、玫瑰西胡庄幼儿园、兴安幼儿园已完工。福廷御景、香格里幼儿园开工建设。专利申请量114件，授权专利24件，累计有效发明专利227件。1个人才项目获批泉城产业领军人才创新团队支持。获批紫金玫瑰高产创新农业科技特派员示范基地和道地药材规范化种植农业科技特派员示范基地，其依托单位与平阴县18个贫困村签订帮扶协议，基地内引进高校院所高层次人才7名。有博物馆1个，档案馆1个，文化馆1个。组织文化活动500余场次，放映公益电影1100余场，服务观众30万人次。图书馆年接待入馆市民达25万人次，年借阅量8万余册，年内办理借阅卡0.2万张，收藏古籍2457册，14部古籍入选第四批山东省珍贵古籍名录，1部古籍入选第六批国家珍贵古籍名录，建有泉城书房1个，图书馆1个，分馆8个，服务点43个。国家级数字档案馆顺利创建。全国重点文物保护单位2处，省级文物保护单位13处，市级文物保护单位20处。医疗卫生机构87所，共有床位2300张，卫生技术人员2279人。接纳各类健身人群18.6万人次，指导11个体育协会开展各级各类全民健身活动12项次。建成社会标准化足球场2处。初中生、小学生体质健康及格率达到90.3%。平阴县运动员在市级以上比赛中获奖牌27枚，其中，省级金牌5枚，市级金牌2枚。

孔村镇被评为全国文明镇，国家文明村达到3个。城镇居民人均可支配收入31706元，农村居民人均可支配收入16929元。全年安置城镇就业3297人，城镇登记失业率控制在0.95%以内；开展创业培训和技能培训1.5万人。全县参加企业养老保险的人数达6.51万人，参加机关事业单位养老保险的人数达1.5万人，参加城乡居民养老保险的人数达24.08万人，居民基本医疗保险参保人数23.75万人。失业保险审核通过1837人，为15958名失业职工支付失业保险金。城镇最低生活保障人数159人，年人均保障标准9852元；农村最低生活保障人数4116人，年人均保障标准7368元。集中供养床位1114张，农村特困供养救助人员1481人，入住农村特困供养机构629人，失能人员集中供养率达58%，每人每年基本生活标准达到12852元。安置残疾人员就业155人。新建养老服务设施9处，改造提升敬老院3处。建设公益性公墓（骨灰堂）13处。全国示范型退役军人服务中心（站）创建。

年内，平阴县被评为全国绿色矿业发展示范区、全国森林康养基地试点建设县、全国第四批率先基本实现主要农作物生产全程机械化示范县、全省双拥模范县、省级健康促进县、省级医养结合示范先行县。

2020年12月22日上午，全省双拥模范城（县）命名暨双拥模范单位和个人表彰大会在济南召开。平阴县再度获“全省双拥模范县”称号，实现“八连冠”

（平阴县委党史研究中心 供稿）

【G105京澳线平阴绕城段改建通车】 6月20日，G105京澳线平阴绕城段改建工程通车。项目位于平阴县城东外环沿线，全长12.4千米，穿过安城镇和榆山街道的8个自然村，采用双向四车道一级公路技术标准，路基宽度25.5米，设计速度80千米/小时。

全线设置波形梁护栏，大型平交口 10 处，小型平交 17 处，全线共计 27 处开口，并设置有完善的交通标志和标线。

【平阴县出台推进制造业高质量发展“金十条”】 8 月 1 日，平阴县委、县政府印发《关于加快工业强县步伐推动制造业高质量发展的实施意见》，出台推进制造业高质量发展十大行动，坚持“工业强县”战略不动摇，聚焦高端五金、炭素电极、医药食品、绿色建材、节能环保五大产业，在金融政策、土地保障、品牌创建、创新研发等方面给予奖补。

【道光《东阿县志（点校本）》整理出版】 10 月，中共平阴县委党史研究中心（平阴县地方史志研究中心）点校整理的道光《东阿县志》出版。该志由（清）李贤书修，（清）吴怡等纂，刊刻于清道光九年（1829）的《东阿县志》（24 卷，首 1 卷）。该志依据 1934 年 12 月济南午夜书店铅印本点校，整理过程中参校多种相关旧方志、二十四史以及多种其他古籍刻本文献等数百种，共校记 800 多条，改正原底本中存在的错误 1000 多处（含径改者）。整理本采用简体横排形式，全书约 40 万字。

【平阴县被评为“全国绿色矿业发展示范区”】 12 月 11 日，平阴县被国家自然资源部评为“全国绿色矿业发展示范区”。平阴县重视绿色矿业建设管理工作，坚持“五化同步”，实施“三生共建”，推动绿色矿山创建。

【平阴黄河滩区迁建工作全部完成】 自 2017 年 5 月起，平阴县启动黄河滩区居民迁建工作，共涉及 3 个镇的 15 个村，5056 户，15236 人。采取外迁社区安置、护城堤加固和临时撤离道路改造提升三种方式，项目总投资约 24.84 亿元。建设安置楼 140 栋，建设 47 条临时撤离道路 113.38 公里，解决 62 个村的安全撤离问题，护城堤加固工程解决了 19 个村的防洪安全问题。截至年末，平阴县黄河滩区迁建工作全部完成。

（付媛媛　葛聪聪）

【概况】 商河县位于济南市东北部，北靠德州市乐陵市；西与德州市临邑县毗邻；东与滨州市惠民县、阳信县接壤；南以徒骇河为界，与济阳县隔河相望。因由滴水流经而得名。2020 年，全县总面积 1162.9 平方千米，辖 11 个镇、1 个办事处，948 个行政村，14 个居委会。年末户籍人口 64.20 万人，人口自然增长率 1.5‰。

中共商河县委

书　记　翟　军

副书记　袁长奎　王　磊

常　委　翟　军　袁长奎　王　磊　陈晓东　张连福　闫志强　白承君　董泽勇　张才林

商河县人大常委会

主　任　李方金

副主任　李东武　吕丙翠（女）　张明亮　赵纯豹　张林堂

商河县人民政府

县　长　袁长奎

副县长　陈晓东*　崔泽花（女）　霍仁禄　张成伟　王志栋　王　帅（挂职）　旦增曲央（挂职）

政协商河县委员会

主　席　王玉忠

副主席　孙德祥　张立森　任道庆　康建华（女）　李和敏

中共商河县纪委

书　记　白承君*

商河县人民法院

院　长　孙维民*　司继月

商河县人民检察院

检察长　高成华*　王枢栋

商河县人民武装部

部　长　王朝建

政　委　谌　浩

全年实现生产总值179.94亿元，比上年增长5.5%。其中，第一产业增加值48.08亿元，第二产业增加值51.86亿元，第三产业增加值80.01亿元。固定资产投资增长15.8%，地方一般公共预算收入15.02亿元，地方一般公共预算支出50.60亿元，社会消费品零售总额55.23亿元，进出口总额12.81亿元。年末金融机构本外币存款余额251.68亿元，年末金融机构本外币贷款余额165.63亿元。

农林牧渔服务业增加值51.87亿元，其中农业增加值48.08亿元，比上年增长3.9%。全县粮食播种面积12.09万公顷，粮食总产79.12万吨。年末“三品一标”农产品362个，市级以上农业园区25个，农业龙头企业57家，农民专业合作社1519家。肉、蛋、奶总产27.71万吨。全县拥有农业机械总动力91.2万千瓦。全部工业增加值40.22亿元，比上年增长9.5%。规模以上工业增加值增长17.1%，实现主营业务收入121.24亿元，实现利润3.37亿元，实现利税5.47亿元。高新技术产业产值占规模以上工业总产值比重达45.2%。全县有资质的建筑企业34家，完成建筑业总产值15.6亿元，实现增加值11.66亿元。

全县机动车保有量12.8万辆，载货汽车保有量2647辆，总吨位39036吨，载客汽车253辆，载客汽车客运量292.4万人次。全县农村公路通车总里程2258.4公里。全县城区绿地面积823.5万平方米，绿地率44.1%。空气质量优良率提升25.3%。国家A级旅游景区6家，全年接待国内外游客185.15万人次。

全县有普通高中4所（含完全中学1所），在校学生9759人；义务教育学校85所（小学65所、普通初中11所、九年一贯制学校9所），在校生60122人；中等职业学校1所，在校生2550人；特殊教育学校共有1所，在校学生140人。共获得省、市各类科技项目123项，其中省级重点研发计划立项9项，专利申请量1087件，授权专利611件。有博物馆1个，档案馆1个，公共图书馆1所，文化馆1个，省级文物保护单位11处，市级文物保护单位9处。医疗卫生机构456所，卫生技术人员2050人。

城镇居民人均可支配收入30933元，农村居民人均可支配收入17046元。年末城镇职工基本养老、城镇职工基本医疗、失业、工伤、生育保险参保人数分别达4.4万人、5.2万人、2.3万人、2.3万人、3.5万人。居民基本养老保险参保人数38.3万人，医疗保险参保人数48.5万人。城镇最低生活保障人数336人，月人均保障标准821元；农村最低生活保障人数13467人，月人均保障标准821元。有县级社会福利服务中心1处，乡镇敬老院10处，各类养老床位1135张。安置残疾人员就业470人。

年内，商河县被商务部授予“电子商务进农村综合示范县”；被农业农村部授予“县域数字农业农村发展先进县”“全国第五批率先基本实现主要农作物生产全程机械化示范县”；被省委授予“山东省双拥模范县”。

【第六届济南花卉园艺博览会暨第三届济南都市农产品博览会召开】 9月28日至10月7日，第六届济南花卉园艺博览会暨第三届济南都市农产品博览会在商河召开，花博会农博会以“温泉花都　生态商河”为主题，应邀参展的花卉和农产品企业达120家、展品达1.5万件，200多种新优花卉和150多种特色农产品集中亮相，展会期间接待游客40余万人次、拉动消费6000余万元。

【教育强县项目建设】 全年集中开工16个教育重点项目，总投资36.5亿元，实现从学前教育、义务教育、高中教育到职业教育、高等教育的全面强化。

【水务基础设施体系建设】 2020年，商河县推进水供排、水生态、水环境、水灾害“四水同治”，新建重大水务项目9个，概算总投资18.92亿元。完成农村饮水安全两年攻坚任务，初步形成“两库联调、三厂联供、一网运行”的商河现代大水网供水格局。

【棚改旧改工作】 2020年，商河县将棚改旧改作为“开头箭”，在超额完成省级棚改任务的同时，实施大规模的棚改旧改，变以往以村（社区）为单位的小区域平衡，统筹县城建成区范围内的大平衡，引入央企等实力企业，多种渠道解决资金问题。完成签约2149户，拆迁36.1万平方米，实现零上访、零投诉。

（李增花）

栏目编辑　魏添乐

孙立成 男，汉族，1962年10月生，河北沧州人，1984年8月参加工作，1984年6月加入中国共产党，大学学历。2020年3月任济南市委书记兼市委党校校长。

1980年9月至1984年8月在山东大学中文系汉语言文学专业学习；1984年8月至1992年9月任中央纪委教育室干部；1992年9月至1993年1月任中央纪委教育室副处级检查员；1993年1月至1995年11月任中央纪委办公厅副处级检查员、监察员；1995年11月至2001年7月任中央纪委办公厅正处级检查员、监察员；2001年7月至2002年7月任中央纪委第五纪检监察室副局级检查员、监察专员；2002年7月至2007年7月任中央纪委第五纪检监察室副主任（其间：2004年8月至2005年2月公派美国杜克大学学习）；2007年7月至2012年1月任公安部纪委副书记、监察部驻公安部监察局局长，公安部督察委员会副督察长（2007年12月）；2012年1月至2013年3月任公安部纪委常务副书记、监察部驻公安部监察局局长；2013年3月至2013年4月任贵州省公安厅厅长、党委副书记；2013年4月至2013年5月任贵州省省长助理，省公安厅厅长、党委副书记；2013年5月至2015年1月任贵州省省长助理，省公安厅厅长、党委书记；2015年1月至2016年6月任贵州省副省长，省公安厅厅长、党委书记，省委政法委副书记；2016年6月至2016年7月任山东省政府党组成员、省公安厅党委书记兼督察长、山东警察学院院长；2016年7月至2019年4月任山东省副省长、省政府党组成员，省公安厅厅长、党委书记兼督察长（其间：2016年7月至2017年4月任山东警察学院院长；2016年10月至2016年11月任武警山东省总队第一政委；2016年11月至2018年1月任武警山东省总队第一政委、党委第一书记）；2019年4月至2019年5月任山东省委常委、秘书长，副省长，省委全面深化改革委员会办公室主任，省委国家安全委员会办公室主任，省委省直机关工委书记，省公安厅厅长、督察长；2019年5月至2019年7月任山东省委常委、秘书长兼省委全面深化改革委员会办公室主任，省委国家安全委员会办公室主任，省委省直机关工委书记，省公安厅厅长、督察长；2019年7月至2020年3月任山东省委常委、秘书长兼省委全面深化改革委员会办公室主任，省委国家安全委员会办公室主任，省委省直机关工委书记；2020年3月任山东省委常委、济南市委书记兼市委党校校长。

山东省第十一次党代会代表，山东省第十三届人大代表。

边祥慧 女，汉族，1963年5月生，山东郓城人，1983年7月参加工作，1994年7月加入中国共产党，省委党校研究生学历。2020年1月任济南市委副书记。

1979年8月至1983年7月在山东工学院基础部计算数学专业学习；1983年7月至1987年5月任省

统计局投资处干部；1987年5月至1990年8月任省统计局投资处科员；1990年8月至1993年2月任省统计局投资处副主任科员；1993年2月至1996年9月任省统计局投资处主任科员；1996年9月至2000年6月任省统计局投资处副处长；2000年6月至2001年6月任省统计局投资处副处长，挂职任垦利县委副书记；2001年6月至2002年1月任省统计局投资处调研员，挂职任垦利县委副书记；2002年1月至2002年12月任省统计局副局长、党组成员；2002年12月至2008年1月任威海市委常委、组织部部长（2001年9月至2004年6月在山东省委党校在职干部研究生班经济管理专业学习）；2008年1月至2011年12月任威海市委副书记（其间：2008年3月至2009年1月在中央党校中青年干部培训二班学习）；2011年12月至2012年1月任青岛市委常委；2012年1月至2020年1月任青岛市委常委、组织部部长（其间：2013年2月至2017年4月任青岛市委统战部部长；2016年2月至2016年6月借调担任中央巡视组副组长）；2020年1月任济南市委副书记。

山东省第十一次党代会代表。

陈　阳　女，汉族，1970年3月生，北京市人，1993年8月参加工作，1991年9月加入中国共产党，大学学历，经济学硕士。2020年10月任济南市委常委，2020年12月任济南市委常委、组织部部长。

1989年9月至1994年8月在北京大学英语语言文学系英语语言文学专业学习（其间：1989年9月至1990年8月在石家庄陆军学院军政训练）；1994年8月至1996年2月任中国人民保险公司营业部市场开发处科员；1996年2月至1997年10月任中国人民保险公司出口信用险部短期险业务管理处科员；1997年10月至1998年11月任中国人民保险公司出口信用险部短期险业务管理处副主任科员；1998年11月至2001年10月任中国人民保险公司出口信用险部短期险业务管理处主任科员（其间：1999年9月至2001年6月在中国人民大学经济学院世界经济专业在职学习，获经济学硕士学位；2000年1月至2000年9月参加中英政府FIST项目英国公司BPL海外工作）；2001年10月至2002年10月任中国出口信用保险公司风险管理部再保险处负责人；2002年10月至2004年3月任中国出口信用保险公司风险管理部再保险处处长；2004年3月至2006年11月任中国出口信用保险公司风险管理部总经理助理；2006年11月至2008年8月任中国出口信用保险公司风险管理部副总经理；2008年8月至2013年5月任中国出口信用保险公司风险管理部总经理；2013年5月至2014年9月任中国出口信用保险公司项目险承保部总经理；2014年9月至2016年12月任中国出口信用保险公司河北分公司总经理、党委书记；2016年12月至2018年6月任中国出口信用保险公司出口特险承保部总经理；2018年6月至2019年7月任中国出口信用保险公司贸易险承保部总经理兼出口特险承保部总经理；2019年7月至2020年10月任中国出口信用保险公司贸易险承保部总经理；2020年10月至2020年12月任济南市委常委；2020年12月任济南市委常委、组织部部长。

刘程华　男，汉族，1963年7月生，山东鄄城人，1985年7月参加工作，1992年6月加入中国共产党，大学学历，经济学硕士。2020年5月任济南市人大常委会副主任、党组成员。

1981年9月至1985年7月在洛阳工学院机械一系轴承专业学习；1985年7月至1987年12月任济南市轴承厂技术员；1987年12月至1991年3月任济南市第二市政公司助理工程师；1991年3月至1992年11月任济南市城建局工会干事；1992年11月至1995年1月任济南市城建局副主任科员；1995年1月至1997年2月任济南市城建局组织人事处副主任科员；1997年2月至1998年7月任济南市城建局组织人事

处主任科员；1998年7月至2000年4月任济南市城建局组织人事处副处长；2000年4月至2001年1月任济南市城建局办公室主任；2001年1月至2003年3月任平阴县委常委（原正处级待遇不变）、组织部部长（1999年9月至2001年7月在南开大学经济学院产业经济学专业攻读硕士学位，2003年12月获经济学硕士学位）；2003年3月至2009年2月任平阴县委副书记（原正处级待遇不变）（其间：2004年2月至2004年4月在省委党校县委书记培训班学习）；2009年2月至2009年12月任平阴县委副书记，平阴玛钢外国语学校党支部书记；2009年12月至2015年11月任济南市文化广电新闻出版局局长、市文化广电新闻出版局（市文化市场综合行政执法局）党委书记（其间：2015年9月至2015年11月在省委党校第四十三期市厅班学习）；2015年11月至2017年1月任济南市交通运输局局长、党委书记；2017年1月至2019年12月任济南市天桥区委书记、区委党校校长；2019年12月至2020年5月任济南市人大常委会党组成员；2020年5月任济南市人大常委会副主任、党组成员。

山东省第十一次党代会代表。

刘大坤　男，汉族，1964年9月生，山东济南人，1982年9月参加工作，1987年12月加入中国共产党，中央党校研究生学历。2020年5月任济南市人大常委会副主任、党组成员。

1982年9月至1983年10月任济南市财税局天桥区分局专管员（其间：1982年9月至1983年3月在济南市财政局财税业务培训班学习）；1983年10月至1986年1月任济南市财税局预算科办事员；1986年1月至1986年9月任济南市财税局预算科科员；1986年9月至1989年7月在山东省财政职工大学经济系财税专业学习；1989年7月至1995年12月任济南市财政局预算处科员；1995年12月至1997年6月任济南市财政局基本建设处科员（1994年9月至1996年12月在省委党校业余本科班经济管理专业学习）；1997年6月至2000年5月任济南市财政局农业处主任科员（1997年5月至1999年7月在山东省高校师资培训中心硕士研究生主要课程进修班世界经济专业学习）；2000年5月至2001年11月任济南市财政局综合与改革处助理调研员（其间：2000年5月至2000年8月在市财政局党校学习）；2001年11月至2002年11月任济南市财政局综合处副处长；2002年11月至2006年4月任济南市财政局综合处处长；2006年4月至2007年11月任济南市财政局社会保障处处长（2004年9月至2007年7月在中央党校在职研究生班经济管理专业学习）；2007年11月至2011年7月任济南市财政局副局长、党委委员；2011年7月至2014年7月任济南市财政局副局长、党委委员，市医改办兼职副主任；2014年7月至2016年1月任济南市财政局副局长、党委委员；2016年1月至2017年3月任济南市政府投融资管理办公室（市政府与社会资本合作管理中心）主任，市财政局党委委员；2017年3月至2018年8月任济南市国土资源局局长、党组书记；2018年8月至2019年3月任济南市财政局局长、党委书记，市政府投融资管理办公室主任；2019年3月至2019年12月任济南市财政局局长、党组书记；2019年12月至2020年5月任济南市人大常委会党组成员，市财政局局长、党组书记；2020年5月任济南市人大常委会副主任、党组成员。

尹清忠　男，汉族，1964年2月生，山东惠民人，1983年7月参加工作，1984年10月加入中国共产党，在职研究生学历，文学博士。2020年1月任济南市副市长、市政府党组成员。

1981年9月至1983年7月在滨州师范专科学校语文系中文专业学习；1983年7月至1985年5月任济南汽车运输公司教育科干部；1985年5月至1986年8月任济南汽车运输公司组织科科员；1986年8月至1988年12月任济南汽车运输公司党委办公室科员；1988年12月至1989年6月在济南市计划委员会人事处帮助工作；1989年6月至1992年12月任济南市计

委综合计划处干部；1992 年 12 月至 1993 年 9 月任济南市计委综合计划处主任科员；1993 年 9 月至 1997 年 8 月任济南市计委综合计划处副处长；1997 年 8 月至 1998 年 8 月任济南市计委长期规划和产业政策处处长；1998 年 8 月至 2002 年 2 月任济南市计委办公室主任（1997 年 5 月至 1999 年 5 月在山东大学经济学院政治经济学专业研究生课程进修班学习；2001 年 2 月至 2001 年 9 月在市委党校第十二期中青班学习）；2002 年 2 月至 2004 年 10 月任济南市发展计划委员会办公室主任（2001 年 3 月至 2004 年 1 月在中央广播电视大学开放教育本科班法学专业学习；2001 年 3 月至 2004 年 3 月下派任济阳县崔寨镇党委副书记）；2004 年 10 月至 2005 年 12 月任济南市发展和改革委员会办公室主任；2005 年 12 月至 2008 年 4 月任济南市发展和改革委员会规划与经济研究室主任；2008 年 4 月至 2008 年 12 月任济南市发展和改革委员会副主任、党组成员，规划与经济研究室主任（2006 年 3 月至 2008 年 6 月在山东大学机械工程学院工业工程专业攻读硕士学位，2008 年 6 月获工程硕士学位）；2008 年 12 月至 2012 年 3 月任济南市发展和改革委员会副主任、党组成员（2006 年 9 月至 2009 年 6 月在曲阜师范大学中国古代文学专业学习，2009 年 6 月获文学博士学位）；2012 年 3 月至 2015 年 12 月任济南市统计局局长、党组书记（其间：2015 年 3 月至 2015 年 5 月在省委党校第四十二期市厅级领导干部进修班学习）；2015 年 12 月至 2017 年 7 月任济南市财政局局长、党委书记；2017 年 7 月至 2018 年 8 月任济南市财政局局长、党委书记，市政府投融资管理办公室（市政府与社会资本合作管理中心）主任；2018 年 8 月至 2020 年 1 月任济南市政府秘书长、党组成员，办公厅党组书记；2020 年 1 月至 2020 年 2 月任济南市副市长、市政府党组成员，市政府秘书长、办公厅党组书记；2020 年 2 月任济南市副市长、市政府党组成员。

山东省第十一次党代会代表，山东省第十三届人大代表。

（市委组织部）

刁统武　男，汉族，中国重汽集团济南卡车股份有限公司钳工、高级技师。2020年11月被评为全国劳模。

他是工人中走出的攻关专家，立足岗位为企业降本增效，爱岗尽责做好本职工作，勇挑重任面对难题不低头，言传身教为企业输送精英力量。2011 年，获山东省技术能手及首席技师等称号；2012 年，获评济南市劳动模范、济南市五一劳动奖章、济南市杰出技术能手；2014 年，获评山东省富民兴鲁劳动奖章、齐鲁金牌职工；2016 年，获全国五一劳动奖章；2018 年，获评山东省劳动模范和齐鲁大工匠；2019 年，获国务院特殊津贴，获评泰山产业领军人才、山东省优秀共产党员和全省道德模范。

李云虎　男，汉族，中共党员，玫德集团研发中心铸造工、高级技师。2020年11月被评为全国劳模。

他工作上锐意进取、努力创新，在玫德集团 20 多年的工作中取得令人瞩目的成绩，多次获得山东省优秀质量管理奖、济南市质量管理成果一等奖和二等奖、济南现代化管理成果一等奖和二等奖，在绿色环保铸造方面做出卓越贡献，成为行业技术领头人。先后获中国铸造大工匠、山东省劳动模范、山东省技术能手、山东省轻工系统首席技师、山东省五金行业金牌工匠技师、济南市青年技术创新能手、济南市第八批突出贡献技师、济南工匠、济南五一劳动奖章等荣誉，是济南市第十一次党代会代表。

杨　铧　男，汉族，山东福牌阿胶股份有限公司副董事长、阿胶研究院院长。2020年11月被评为全国劳模。

他以振兴国药为己任，以专业人才强烈的使命感和责任感，坚持研发创新，促进阿胶技术升级，推动阿胶产业快速发展，打造世界一流的阿胶大健康养生集团，取得显著成绩。先后获济南市五一劳动奖章、济南市科技先锋、全国企业文化成果一等奖、山东青年五四奖章、山东省劳动模范等荣誉。

宗艳民　男，汉族，民建会员，山东天岳先进材料科技有限公司董事长、正高级工程师，享受国务院特殊津贴专家，山东省工商联第十三届副主席、山东省民营企业家协会第二届会长。2020年11月被评为全国劳模。

他于2010年自筹资金创办山东天岳先进材料科技有限公司，致力于碳化硅半导体材料的研发与生产，他带领团队历经8年奋斗，经过10000余次的工程化试验，突破和掌握了国际领先的新一代半导体材料核心技术，实现国家战略物资材料自主可控，他带领的团队获2019年度国家科技进步一等奖。他先后获济南市科技进步一等奖、山东省技术发明一等奖等科技奖励以及山东省优秀企业家、山东省优秀中国特色社会主义事业建设者、济南市劳动模范等称号，是十届山东省政协委员，十一届山东省政协委员、常委。

陈德国　男，汉族，济南城市建设集团所属济南西城高科农业发展有限公司首席农业技师。2020年11月被评为全国劳模。

他扎根一线，刻苦钻研，创新种植技术，做高品质安全农业；创新管理模式，助力农业发展与乡村振兴；勤于园、精于艺、忠于心，做行业守护人。2000年，带头建起商河县玉皇庙镇第一批蔬菜高温大棚；2011年，在济南市菜椒评比比赛中获“菜椒王特等奖”；2017年，获“济南市劳动模范”称号；2018年，获“山东省劳动模范”称号。

刘立民　男，汉族，济南利民种禽有限公司总经理。2020年11月被评为全国劳模。

他从事养殖业30余年，把一个家庭作坊式养殖场发展成为济南市最大的现代化蛋鸡养殖企业，公司2010年被农业部评为“国家级蛋鸡标准化示范场”，2011年被济南市认定为“农业产业化重点龙头企业”，2018年被授予“食安山东畜牧示范品牌引领企业”称号。他个人2012年被评为第六批“济南市优秀农村实用人才”，并获“济南市劳动模范”称号；2017年，被山东省人民政府授予“齐鲁乡村之星”称号；2018年，获“山东省劳动模范”称号。

田象霞　女，汉族，中共党员，天桥区工人新村南村西区联合党委书记、西区社区党委书记。2020年11月被评为全国劳模。

她从事社区工作30多年来，始终牢记为人民服务的宗旨和共产党员的本色，把岗位当作奉献的平台，时刻心系群众、处处为民着想，始终勤勤恳恳、任劳任怨，在平凡的岗位上收获着幸福和快乐。先后被评为“全国学习之星”、山东省“三八红旗手”、山东省文化“共享能手”、“济南市优秀党务工作者”和“济南市先进工作者”等荣誉，是济南市第九次、第十次党代会代表。

曲　鹏　男，汉族，中共党员，济南市公安局槐荫区分局党委委员、政治处主任。2020年11月被评为全国劳模。

他参加工作以来，始终把责任扛在肩、把群众放心中，重实干、讲担当、接地气，干出了群众交口称

赞的成绩。他任兴福派出所所长期间，派出所被评为“全国青年文明号”、公安部“一级公安派出所”，被省公安厅记集体二等功。因工作突出，他个人曾荣立二等功一次、三等功三次，被授予“泉城十大杰出青年”“山东省富民兴鲁劳动奖章”等称号；2018年5月，作为全省公安系统唯一代表获“全国五一劳动奖章”。

孙韶华　女，汉族，九三学社社员，济南市供排水监测中心副主任、工程技术应用二级研究员。2020年11月被评为全国劳模。

她从事水质监测服务及水处理技术研究30余年来，爱岗敬业、担当作为，2008—2020年，主持承担3项国家重大科技“水专项”课题，在平凡的岗位上干出了不平凡的业绩，是享受国务院特殊津贴专家，是山东省有突出贡献中青年专家，先后获山东省科技进步二等奖、济南市科技进步一等奖。

辛沙沙　女，汉族，济南市殡仪馆入殓部高级遗体整容师。2020年11月被评为全国劳模。

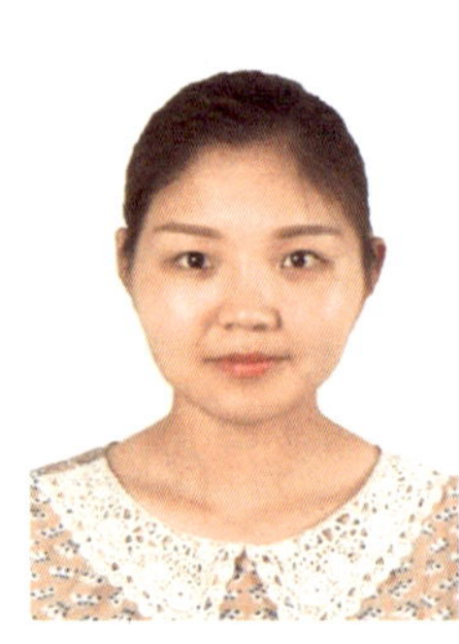

她已在入殓这个特殊岗位上工作8年，认真学习业务理论，在实践中总结探索，不断提高遗体化妆整容技术，成为全市殡葬系统的业务骨干，她用实际行动树立了“90后入殓师”这一响亮的殡葬服务品牌，谱写着济南民政人的华彩篇章。她先后获评山东省“大爱民政”先模事迹代表、泉城十大杰出青年、山东省最美青工、全国最美青工、全国青年岗位能手、齐鲁最美民政人、山东省先进工作者，获民政部“孺子牛奖”。

（市总工会）

逝世人物

朱继滨（1934.6—2020.3.13）　男，山东章丘人，济南市第十一届人民代表大会常务委员会原副主任、党组成员。1952年1月参加工作，1955年12月加入中国共产党。历任济南市第一卫生所统计员，市统计局统计员，上海财经学院计划统计专业学员，市统计局工业科副科长，市计委副科长，市统计局工业科副科长、科长、党组成员，市革委计划办公室干部，市计委计划组负责人，市革委计划委员会计划组副组长，市计委副主任、党组成员，市计委副主任、党组副书记，市计委主任、党组书记，市十一届人大常委会副主任、党组成员兼市人大财政经济委员会主任委员。曾当选济南市委委员，市第五次党代会代表，山东省第七届人民代表大会代表，济南市第十、十一、十二届人民代表大会代表。2005年6月退休。2020年3月13日在济南逝世。

（季伟新）

邢玉墀（1936.7—2020.5.24）　男，山东武城人，1956年3月参加工作，1958年10月加入中国共产党。历任济南汽车配件厂技校学员、团支部书记，济南汽车厂工人、人事科干事、党委组织部干事，济南汽车制造厂组织部、干部部干事，济南汽车总厂干部部干事、机关支部副书记，济南汽车总厂党委常委、组织组长、组织科长，济南市第二仪表厂党总支书记，济南市委组织部干部二科干事、干部二科副科长、干部一科科长，济南市人事局局长、党组书记，济南市委组织部副部长，济南市委常委、组织部部长，济南市政协副主席、党组副书记，济南市老龄委员会主任。2005年6月退休。2020年5月24日在济南

逝世。（市委组织部）

朱金河（1943.11—2020.9.11）　男，山东省肥城市人，济南市第十三届人民代表大会常务委员会原副主任、党组成员。1969年9月参加工作，1973年9月加入中国共产党。1964年9月考入山东工学院水利工程系学习，大学毕业后历任平阴县水利局技术员、政工干事，平阴县人事局干事，中共平阴县委组织部干事、副部长，县委常委、组织部部长，县委常委、纪委书记，县委副书记兼纪委书记，中共济南市委组织部副部长、副部长（正部级）、巡视员，市总工会主席、党组书记，市十二届人大常委会副主任、党组成员，市总工会主席、党组书记，市十三届人大常委会副主任、党组成员。曾当选济南市第九次党代会代表，市五、六、七届市纪委委员，九、十届市政协常委，市第十二、十三、十四届人民代表大会代表。2012年12月退休。2020年9月11日在济南逝世。

（季伟新）

2020 年济南市“山东省五一劳动奖状”获得集体名录

七兵堂国际安保集团有限公司
山东省建设建工（集团）有限责任公司
伊莱特能源装备股份有限公司
金雷科技股份公司
临工集团济南重机有限公司
济南文旅发展集团有限公司
中共济南市委办公厅
济南市纪委监委机关

2020 年济南市“山东省工人先锋号”获得集体名录

济南重工集团有限公司工程公司电焊一班
中电装备山东电子有限公司生产技术保障班组
中国石油化工股份有限公司济南分公司仪表作业部维护一班
华能济南黄台发电有限公司电热检修队继电保护班
山东小鸭精工机械有限公司汽车零部件事业部冲压焊装班
华电章丘发电有限公司检修分场炉控班
济南公共交通集团有限公司 K81 路线
国网山东省电力公司商河县供电公司输电运检班（运维检修部）
中国石化销售有限公司山东济南石油分公司济南第 88 加油站
中建安装集团有限公司一公司济南炼化项目部
济南森峰科技有限公司高功率工艺小组
维达纸业（山东）有限公司工程技术部电工班
山东水泥厂有限公司烧成车间甲班
济南连心物业有限公司山东省文化馆项目班组
山东平安建筑工业化科技有限公司预制混凝土构件生产班组
山东九羊集团有限公司 4 号高炉车间李乃周班组
济南槐荫鲁西南老厨子饭店后厨组
济南市法律援助中心业务科
山东汇锋传动股份有限公司半轴车间

2020年济南市“山东省五一劳动奖章”获得者名录

丁绍武　山东万豪生态农业集团股份有限公司董事长、总经理
王晓军　山东济华燃气有限公司管网运行部北郊综合队主任
王端鹏　济南日报报业集团时政新闻部主任
片　帅　山东黑旋风锯业有限公司硬质合金一车间主任
史富华（女）　华电章丘发电有限公司煤化验班班长
毕耜帅　中国重汽集团济南动力有限公司铸锻中心铸

造一部机电维修工
毕淑娟（女） 济南市莱芜区花园学校党委书记、校长
吕修军 济南市城肥清运管理二处一线清疏工
任冰涛 山东明泉新材料科技有限公司气化事业部副经理
刘 静（女） 中国工商银行济南分行党委委员、副行长
刘荣权 济南西城实验中学航空部副主任
刘顺卿 济南四建（集团）有限责任公司起重机械司机
刘路远 济南统一企业有限公司饮料充填段车间主任
江 峰 济南冶金化工设备有限公司车间主任
孙吉安 济南玮泉生物发电有限公司生产部检修主任
孙妍妍（女） 济南济锅华源锅炉有限责任公司探伤组组长
李 珉 中国移动通信集团山东有限公司济南分公司无线优化技术员
李广伟 中车山东机车车辆有限公司总经理、党委副书记、副董事长
李文杰 漱玉平民大药房连锁股份有限公司党支部书记、董事长
李华珍（女） 莱商银行股份有限公司济南分行行长
李矿水 济南市历城第二中学副校长
张立伟 积成电子股份有限公司配网部经理
郑永清 山大地纬软件股份有限公司总裁
郑晓云（女） 济南市历下实验小学党总支书记、校长
孟苓菲（女） 济南公共交通集团有限公司驾驶员
赵雪梅（女） 济南艺术创作研究院副院长
顾朝霞（女） 济南市历下区教育和体育局党组书记、局长
徐春雷 山东力诺特种玻璃股份有限公司高级工程师
黄善兵 济钢集团有限公司工会副主席
梁瑞华 济南万瑞炭素有限责任公司党支部书记、董事长、总经理
黎 虎 济南无线电十厂有限责任公司技术部副部长

（市总工会）

栏目编辑 张 阳

2020年济南市国民经济和社会发展统计公报[1]

济南市统计局
国家统计局济南调查队

2020年，面对错综复杂的经济形势，特别是新冠肺炎疫情严重冲击，在市委、市政府坚强领导下，全市上下坚持以习近平新时代中国特色社会主义思想为指导，全面贯彻党的十九大和十九届二中、三中、四中、五中全会精神，坚决落实习近平总书记对山东、对济南工作的重要指示要求，按照省委、省政府对省会建设提出的新目标、新定位，主动融入、服从服务黄河流域生态保护和高质量发展重大国家战略，统筹推进疫情防控和经济社会发展，扎实做好"六稳"工作，全面落实"六保"任务，全市经济稳步回升、逐季向好，全年地区生产总值迈上万亿新台阶，高质量发展加速起势，"十三五"实现圆满收官，全面建成小康社会取得历史性、决定性成就，实现经济实力城市能级新跨越，为新时代现代化强省会建设奠定了坚实基础。

一、综合

初步核算，全年全市地区生产总值[2]10140.9亿元，比上年增长4.9%。分产业看，第一产业增加值361.7亿元，增长2.2%；第二产业增加值3530.7亿元，增长7.0%；第三产业增加值6248.6亿元，增长3.7%。三次产业构成为3.6：34.8：61.6。分季度看，一季度实现2027.0亿元，下降4.4%；二季度实现2502.7亿元，增长5.1%；三季度实现2718.7亿元，增长7.1%；四季度实现2892.5亿元，增长8.8%。

全年新增城镇就业16.3万人，超额完成15万人左右的预期目标，年末城镇登记失业率2.03%，低于3%左右的预期目标。

全年居民消费价格指数（CPI）上涨2.4%，涨幅比上年缩小0.9个百分点，保供稳价成效凸显，八大类商品"两涨一平五降"。新建商品住宅销售价格指数环比涨幅基本保持稳定。

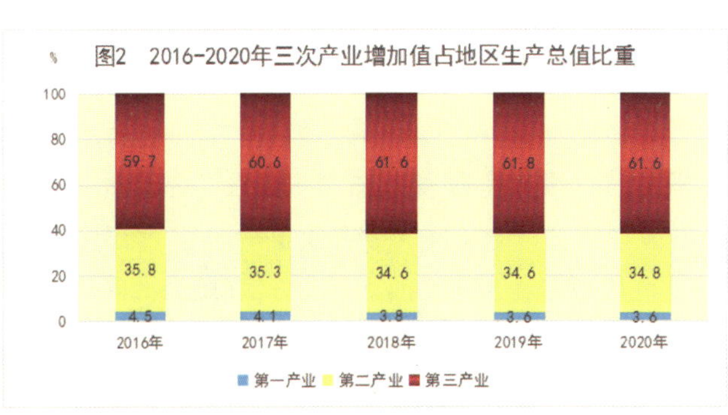

表 1　2020 年居民消费价格比上年涨跌幅度

指　　标	比上年增长（%）
居民消费价格指数	2.4
食品烟酒	9.9
衣着	-0.1
居住	-1.5
生活用品及服务	-0.6
交通和通信	-4.3
教育文化和娱乐	-0.4
医疗保健	0
其他用品和服务	8.6

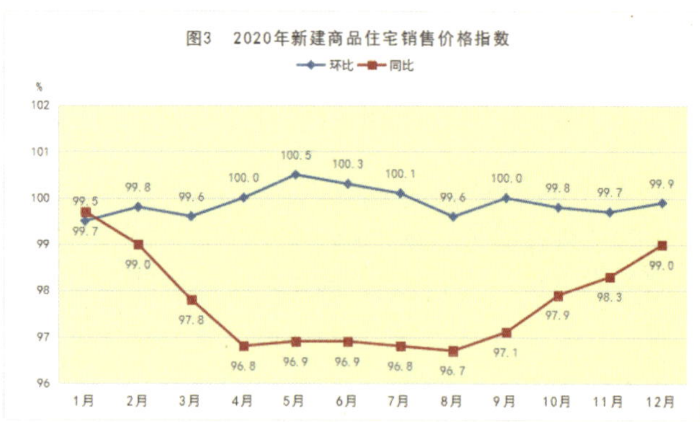

图3　2020年新建商品住宅销售价格指数

二、重点工作

重点改革有序推进。重大战略落地实施。黄河流域生态保护和高质量发展国家战略行动加快实施，城市发展战略规划编制完成，国土空间总体规划、重点区域专项规划编制取得积极进展。新旧动能转换起步区列入国家《黄河流域生态保护和高质量发展规划纲要》。山东自贸试验区济南片区形成 60 余项制度创新成果，累计新注册企业 1.8 万余家、总量突破 7 万家。建立健全省会经济圈一体化发展工作机制，省市一体化推进济南加快发展工作成效显著。体制机制改革精准发力。省级以上开发区体制机制改革基本完成，全市开发区实行“党工委（管委会）+ 公司”管理体制，内设机构数量压缩 51.4%。深化国资国企改革，全力推进落实国企改革三年行动计划，市属国有企业完成混改项目 25 个。营商环境持续优化。深入推进“一次办好”改革，商事登记实现全城通办、跨市通办、跨省通办，涉企事项 100% 容缺受理，高分通过政务服务标准化国家试点验收。开放活力持续提升。创新对外合作模式，跨境电商综试区综合服务平台搭建完成，线下产业园区建设初具规模。全年组织展会 107 场，展览面积超 180 万平方米，济南商贸服务型国家物流枢纽和济南国家骨干冷链物流基地成功获批。积极推进省会人才特区建设，与 133 名海内外院士建立合作关系，新增国家级人才工程人选 4 人，泰山系列人才工程人选 37 人，新引进泉城“5150”人才（团队）79 个，支持泉城产业领军人才（团队）43 个。全省首个“人才贷”金融服务窗口落地，在副省级以上城市中第 1 个全面放开落户限制，成功创建全国第 20 家、省内第 2 家国家级人力资源服务产业园，全市人才资源总量突破 200 万。

动能转换质效进一步提高。工业新动能加快成长。工业强市战略深入实施，规模以上工业增加值增速领跑全国主要城市。规模以上工业装备制造业实现增加值比上年增长 24.3%，拉动全市规模以上工业增长 9 个百分点；高技术制造业实现增加值增长 22.2%，营业收入总额突破千亿大关，增长 20.8%。高端产品快速增长，高端产品服务器产量超过 140 万台，增长 35.2%。消费结构优化升级。升级类产品势头良好，全年限额以上单位零售额中，新能源汽车实现零售额 20.1 亿元，增长 47.6%，智能家用电器和音像器材类实现零售额 29.9 亿元，增长 113.2%，体育娱乐用品类实现零售额 6.8 亿元，增长 26.4%。线上消费快速增长，限额以上单位通过公共网络实现零售额 136.8 亿元，增长 19.2%，线上消费成为消费品市场企稳回升的生力军。投资拉动量质齐升。产业项目亮点频现，莱钢集团新旧动能转换系统优化升级改造项目、重汽集团智能网联（新能源）重卡项目等一批优质项目正在有序建设。工业投资增长 27.9%，新兴产业投资进度加快，高端化工、新能源新材料、高端装备、新一代信息技术四大新兴产业投资分别增长 174.4%、66.6%、48.6%、30.2%。民生投资成果显著，轨道交通 R3 线一期竣工通车，R2 线竣工试运行，R3 线二期、R4 线一期开工建设。卫生和社会工作投资增长 59.6%，树兰（济南）国际医院、济南市中心医院（东院区）、济钢森林公园正在建设。服务业新动能不断增强。现代服务业[3]实现增加值3843.4亿元，增长7.1%，占服务业比重为61.5%。规模以上服务业实现营业收入2412.2亿元，下降3.0%。规模以上服务业中新兴行业保持较快增长，高技术服务业带动作用增强，营业收入比上年增长14.3%，占规模以上服务业比重为33.8%。其中，互联网和相关服务业、专业技术服务业分别增长89.3%、18.7%。物流运力提升，邮政业、多式联运和运输代理业分别增长35.9%、31.5%。绿色转型成效显著。随着煤炭、钢铁等行业去产能不断推进，原煤生产明显下降，全年原煤生产比上年减少73.7万吨。能源消费更加低碳清洁，规模以上工业煤炭消费比上年减少253.7万吨。节能降耗成效显著，初步核算，万元GDP能耗比上年下降7.5%，完成当年节能降耗目标任务。创新驱动作用增强。"四新"经济增加值占比超过36%，保持全省领先水平，"四新"经济投资占比较上年提高4个百分点。新认定高新技术企业1427家，总数达到3029家，其中，规模以上工业高新技术企业达到1014家，比上年净增59家；实现产值占全市规模以上工业比重为55.3%，比上年提高4.1个百分点。R&D经费投入[4]225.5亿元，占GDP比重为2.4%。中科院济南科创城建设加快推进，新增省级工程实验室48家，省级新型研发机构48家，省级创新创业共同体8家，省级技术创新中心12家，济南高新区获批建设国家级双创示范基地。

"三农"工作取得新成效。全力建设美丽宜居乡村。建成6个市级田园综合体，农村人居环境整治三年行动圆满收官，农村饮水安全两年攻坚行动全面完成，39个省级美丽乡村示范村、105个乡村振兴齐鲁样板村和123个区县级示范村全面建成。积极引导农用地经营权有序流转。全市土地流转面积126.9万亩，比上年增长22.9%；参与土地流转农户27.9万户，增长21.9%。流向家庭农场、农村合作社土地分别增长46%和40.2%。全力巩固脱贫攻坚成果。1006个贫困村脱贫成效进一步巩固提升，贫困人口稳定实现"两不愁三保障"和饮水安全，基本医保、慢病帮扶和大病报销实现全覆盖，贫困学生资助政策从学前教育到高等教育高标准全覆盖。

"六稳""六保"落实有效。稳就业保民生成效突出。发放稳岗补贴6.35亿元、稳定岗位123.3万个。23件为民办实事全面完成，企业退休人员基本养老金待遇、城乡居民基本养老保险基础养老金标准进一步提升。稳外贸稳投资稳预期进展良好。进出口总额同比增长22.9%，创近五年新高，新增外贸进出口实绩企业950家。开行欧亚班列542列，新开通国际（地区）航线12条，济南章锦综保区封关运行，济南综保区进出口额增长1.4倍。市场主体活力增强。全力落实助企纾困政策，新增减税降费328亿元，市场主体总量突破130万户，规模以上企业（"四上"企业）总量首次历史性突破10000家。粮食能源供给保持稳定。全年粮食总播种面积比上年增加1.7万亩，总产量提升5.3万吨，均达到历史较高水平。全年规模以上企业发电量276.7亿千瓦时，风力、太阳能、垃圾等新能源发电持续向好。产业链供应链保障平稳。打通产业链供应链卡点堵点，保障重点行业和产品生产。规模以上工业41个大类行业中，23个行业实现增长，增长面为56.1%，增加值合计占比71.1%，行业增长面与占比水平今年以来持续稳定扩张。稳金融保基层运转扎实有力。财政金融支撑稳定，年末金融机构本外币存、贷款余额双双突破2万亿元，达到历史最高水平。与国家开发银行签订开发性金融合作备忘录，全年争取新增专项债券401.3亿元，中央财政直达资金49.9亿元，落实直达资金分配、拨付、监控三个"一竿子插到底"工作机制，迅速将资金直达基层。

三、农业

农业经济综合保障能力不断增强。全年农林牧渔业总产值671.7亿元，比上年增长2.6%；农林牧渔业增加值380.3亿元，增长2.3%。粮食总产量290.8万吨，增长1.9%；蔬菜总产量673.7万吨，增长0.4%；油料总产量6.8万吨，增长3.7%；水果总产量63.2万

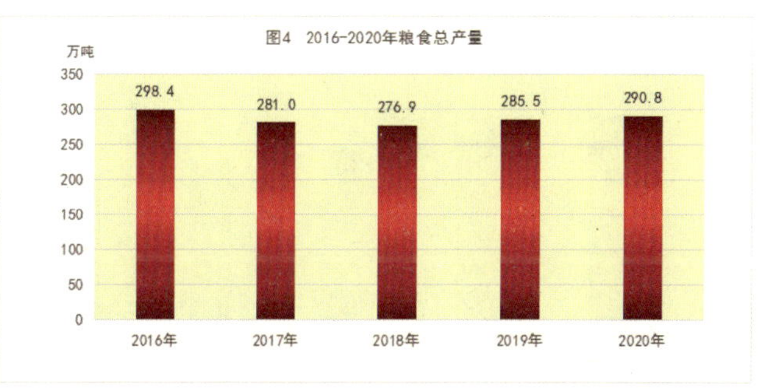

表 2　2020 年主要农产品种植面积和产量

指　标	单位	面积 / 产量	比上年增长（%）
粮食总播种面积	万亩	720.7	0.2
棉花种植面积	万亩	5.3	-7.9
油料种植面积	万亩	27.2	-5.7
蔬菜种植面积	万亩	147.9	-1.7
实有果园面积	万亩	59.2	1.5
粮食总产量	万吨	290.8	1.9
棉花产量	万吨	0.4	-22.0
油料产量	万吨	6.8	3.7
蔬菜产量	万吨	673.7	0.4
水果产量	万吨	63.2	0.4

吨，增长 0.4%。

特色农产品发展良好。以长清茶叶、章丘大葱、莱芜生姜、仁风西瓜、曲堤黄瓜等为代表的特色农产品声名远扬，稳定了疫情期间的市场供应，也带来了良好的经济效益。2020 年全市茶叶产量 61.2 万公斤，大葱 74.3 万吨，生姜 29.4 万吨，西瓜 29.2 万吨，黄瓜 107.8 万吨。

化肥、农药使用量逐年下降。全年化肥使用量（折纯）20.50 万吨，比上年减少 4.6%；农药使用量 0.32 万吨，比上年减少 7.1%，农业节本增效成果明显。

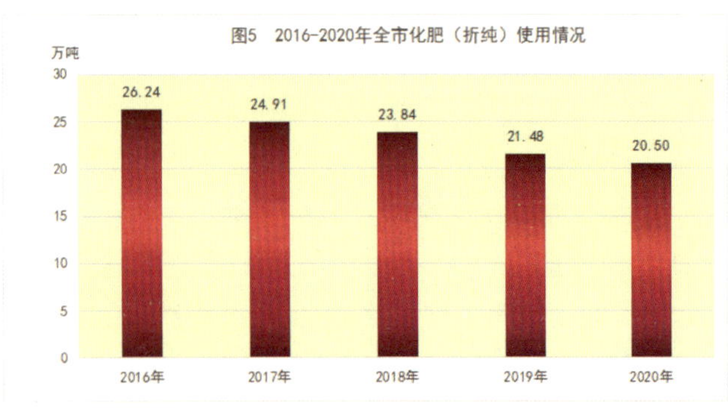

肉蛋奶供应基本稳定。全年生猪出栏 157.0 万头，肉产量 12.8 万吨；牛出栏 9.0 万头，肉产量 2.1 万吨，牛奶产量 41.4 万吨；羊出栏 86.9 万头，肉产量 1.5 万吨；禽肉产量 7.4 万吨，禽蛋产量 27.5 万吨。全年水产品产量 1.3 万吨。

全年完成造林面积 1.1 万公顷，森林抚育面积 966 公顷，建设生态廊道 151 千米、绿道 133.8 千米，绿化黄河堤防淤背区 2531 亩。创建市级绿化模范村 100 个，创建全国森林康养基地试点建设单位 26 家，省乡村林场 3 家。

现代高效农业发展较好。全市现代高效农业增加值 56.7 亿元，比上年增长 18.5%，提高 8.9 个百分点，现代高效农业增加值占农林牧渔业增加值比重 14.9%，比上年提高 1.6 个百分点。市级以上农业产业化龙头企业 480 家，其中国家级 8 家，省级 72 家；家庭农场 5960 个；农民专业合作社 10626 家，当年新增 2705 家。国家级畜禽养殖标准化示范场 2 个，新增 1 个，市级畜禽养殖标准化示范场 30 个，新增 6 个。

四、工业和建筑业

全年全部工业增加值 2360.5 亿元，比上年增长 8.2%。规模以上工业增加值增长 12.2%，分经济类型看，公有制经济增长 9.5%，非公有制经济增长 14.1%；分轻重工业看，轻工业增长 12.3%，重工业增长 12.2%。全市规模以上工业六大重点行业中，汽车制造业增长 77.9%，医药制造业增长 31.3%，计算机通信制造业增长 20.3%，黑色金属压延加工业增长 8%，石油煤炭加工业、非金属矿物制品业分别下降 9.9%、11.1%。

全年规模以上工业企业[5]完成营业收入7387.8亿元，比上年增长14.3%，利润总额407.3亿元，增长40.6%，营业收入利润率为5.5%。41个大类行业中，营业收入超百亿的行业达到15个，总量占比92.7%。其中，黑色金属冶炼和压延加工业、汽车制造业超过千亿规模。

表3 2020年规模以上工业重点行业营业收入增长速度

行业名称	比上年增长（%）
黑色金属冶炼和压延加工业	7.5
汽车制造业	63.1
计算机、通信和其他电子设备制造业	17.2
非金属矿物制品业	-14.0
通用设备制造业	0.3
电气机械和器材制造业	15.8
石油、煤炭及其他燃料加工业	-17.1
金属制品业	7.9
化学原料和化学制品制造业	13.9
医药制造业	28.7
专用设备制造业	15.7
电力、热力生产和供应业	-2.7
食品制造业	6.4

全年规模以上工业产品产销率为98.7%。所生产的174种大类产品中，有94种产品产量实现增长，增长面为54.0%。其中，增幅超过30%的产品有37种，占比为21.3%，比上年提高7.5个百分点。生产载货汽车39.4万辆，增长92.7%，汽车用发动机、汽车仪器仪表分别增长74.7%、55.4%。光缆、工业机器人、高温合金分别增长50.1%、24.6% 、13.4%。

全年建筑业增加值1181.8亿元，比上年增长3.9%，占GDP比重11.7%。房屋施工面积达到17089.9万平方米。主营业务为建筑业、具有总承包和专业承包资质的、有工作量的建筑业企业1033家，比上年增加168家。实现建筑业总产值3748.1亿元，增长6.7%。其中，国有及国有控股企业产值2842.9亿元，增长10.3%。签订合同额9823.0亿元，增长17.0%。其中，本年新签合同额5531.7亿元，增长22.0%。

表4 2020年规模以上工业企业主要产品产量及增长速度

产品名称	单位	产量	比上年增长（%）
鲜、冷藏肉	万吨	15.1	2.4
乳制品	万吨	49.0	1.4
饮料酒	万千升	26.8	-13.0
合成氨（无水氨）	万吨	60.0	-13.5
聚丙烯树脂	万吨	11.6	0.8
初级形态塑料	万吨	15.9	-5.8
中成药	吨	6038.2	69.5
水泥	万吨	1328.2	6.9
石墨及碳素制品	万吨	172.7	-4.1
钢材	万吨	2336.5	2.3
锻件	万吨	113.6	13.0
粉末冶金零件	万吨	1.3	-2.2
发动机	万千瓦	6167.1	72.1
数控金属切削机床	台	670	-34.0
气动元件	万件	1464.6	-12.6
矿山专用设备	万吨	6.4	9.0
工业机器人	套	1960	24.6
载货汽车	万辆	39.4	92.7
铁路货车	辆	3418	-35.6
变压器	万千伏安	13645.4	-11.9
太阳能电池（光伏电池）	万千瓦	36.2	-35.0
电子计算机整机	万台	144.9	34.8
服务器	万台	143.5	35.2
集成电路	万块	889.2	-43.0
发电量	亿千瓦时	276.7	-6.0

五、固定资产投资

全年固定资产投资比上年增长4.0%。分产业看，第一产业投资增长12.0%，第二产业投资增长27.3%，第三产业投资增长0.4%。重点领域中，民间投资增长3.9%，基础设施投资增长13.5%。年末亿元以上固定资产投资项目（不含房地产）1343个，增加235个，其中，五十亿元以上项目36个，比上年增加4个。中国航天科技园（济南）项目进度为43.9%，莱钢集团新旧动能转换系统优化升级改造项目进度38%，树兰（济南）国际医院项目进度35.4%，济南至莱芜高速铁路进度25.1%。

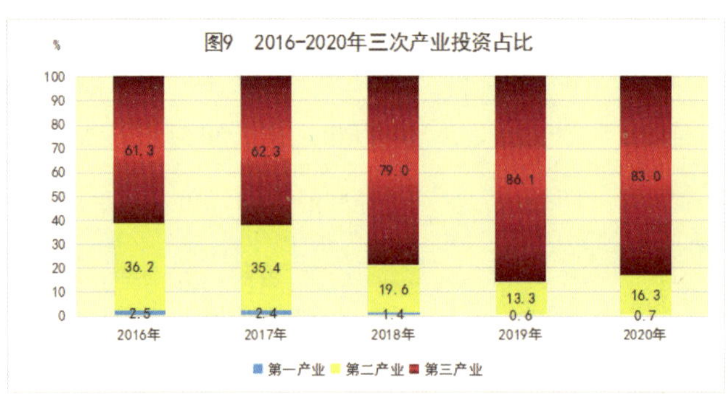

全年房地产开发完成投资1707.6亿元，增长8.3%，其中，住宅完成投资1204.3亿元，增长6.0%。房屋施工面积10353.0万平方米，增长3.7%，其中，住宅施工面积6700.9万平方米，增长2.7%。房屋竣工面积1273.0万平方米，增长19.0%，其中，住宅竣工面积913.6万平方米，增长18.5%。商品房销售面积1335.7万平方米，增长7.2%，其中，住宅销售面积1145.2万平方米，增长12.2%。商品房销售额1571.9亿元，增长13.8%，其中，住宅销售额1406.5亿元，增长19.8%。

六、国内贸易

全年社会消费品零售总额4469.1亿元，比上年增长1.1%。其中，商品零售3858.4亿元，增长2.6%；餐饮收入610.7亿元，下降7.2%。分城乡看，城镇社会消费品零售额4013.2亿元，增长1.2%；乡村社会消费品零售额455.9亿元，增长0.5%。限额以上单位[6]实现零售额1504.2亿元，下降0.9%。

限额以上单位商品零售额中，粮油、食品类156.4亿元，增长7.0%；家用电器和音像器材类85.6亿元，

表5 2020年限额以上批发和零售业单位主要商品零售额及增长速度

商品类别	零售额（亿元）	比上年增长（%）
粮油、食品类	156.4	7.0
饮料类	13.1	1.8
烟酒类	33.1	33.0
服装、鞋帽、针纺织品类	91.3	-19.2
化妆品类	32.3	0
金银珠宝类	32.7	-13.7
日用品类	38.1	-5.6
家用电器和音像器材类	85.6	6.7
中西药品类	56.9	15.4
文化办公用品类	47.1	4.6
通讯器材类	67.5	2.6
石油及制品类	183.5	-14.3
汽车类	477.2	7.4

增长6.7%；汽车类477.2亿元，增长7.4%。

七、开放型经济

全年货物进出口总额1382.7亿元，同比增长22.9%。其中，出口755亿元，增长17.2%；进口627.6亿元，增长30.7%。出口市场中，对欧洲国家和地区出口增长34.4%，对韩国、日本出口分别增长19%和12.4%，对美国出口增长19.9%，对“一带一路”沿线国家和地区出口增长15.9%。主要出口商品中，机电产品出口406亿元，增长11%；高新技术产品出口145.3亿元，增长59.3%；农产品出口67.7亿元，增长28.7%，防疫物资出口40.5亿元，增长

868.8%。全年经济外向度13.6%，比上年提高1.9个百分点。

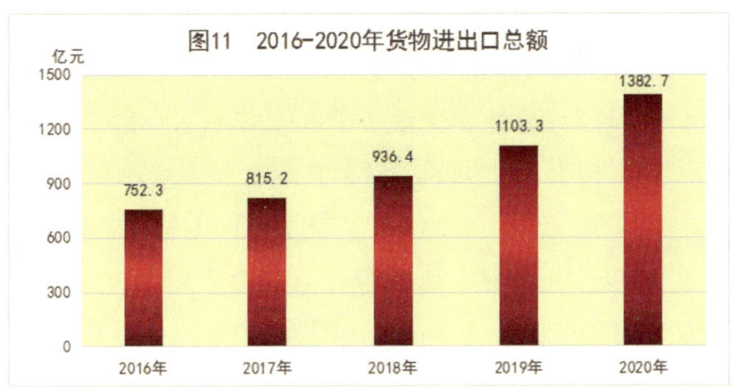

图11 2016-2020年货物进出口总额

全年实际使用外资19.2亿美元，比上年下降14.2%。其中，制造业使用外资1.5亿美元，三产使用外资14.6亿美元。全年实现合同外资额58.5亿美元，下降14.4%。新批外商投资项目203个，总投资过亿美元的项目34个，合同外资39.9亿美元。

全年对外承包工程新签合同额44.0亿美元，比上年下降23.2%；完成营业额42.7亿美元，增长4.5%；备案设立境外企业（机构）77家，实际投资19.1亿美元，增长72.7%。派出各类劳务人员11966人，增长48.7%。

八、交通、邮电和旅游

全市年末公路通车里程数18117.2千米，比上年增长2.0%。其中，境内高速公路里程数737.8千米，增长12.9%。公路客运量1209万人，下降62.7%；旅客周转量17.1亿人千米，下降68.4%。公路货运量2.8亿吨，增长0.4%；货运周转量562.4亿吨公里，增长0.2%[7]。年末拥有民用机动车313.9万辆，其中，民用汽车279.4万辆，增长8.1%。公交线路650条，比上年增加54条，线路总长度13204.7千米，增加2397.5公里，旅客运输量5.3亿人次，减少3.2亿人次。全年累计完成航班起降10.2万架次，下降21.2%；旅客吞吐量1238.5万人次，下降29.5%；货邮吞吐量14.7万吨，增长8.4%。

全年邮政行业业务收入（不包括邮政储蓄银行直接营业收入）85.1亿元，比上年增长22.4%；业务总量146.5亿元，增长28.6%。快递服务企业业务收入66.8亿元，增长19.2%；业务量6.5亿件，增长26.3%。年末移动电话用户1154.1万户，其中，4G电话用户922.7万户，增长3.8%。宽带网用户445.5万户，增长7.7%。

全年接待国内外游客6048.8万人次，恢复至上年水平的60.3%。其中，接待国内游客6037.9万人次，接待入境游客10.9万人次。实现旅游总收入702.8亿元，恢复至上年水平的54.6%。其中，国内旅游收入700.5亿元，入境旅游收入3322.0万美元。A级景区86家，其中，5A级旅游景区1家，4A级旅游景区16家。省级旅游度假区2家。

九、财政和金融

全年一般公共预算收入906.1亿元，比上年增长3.6%，可比增长7.2%。其中，税收收入696.6亿元，下降0.5%，占一般公共预算收入比重为76.9%。一般公共预算支出1288.4亿元，增长7.6%。其中，教育支出213.4亿元，增长14.7%；社会保障和就业支出176.3亿元，增长8.0%；城乡社区支出281.6亿元，增长11.7%。

图12 2016-2020年一般公共预算收入

年末金融机构本外币各项存款余额21065.0亿元，比上年增长13.0%；金融机构本外币各项贷款余额20720.2亿元，增长10.4%。法人金融机构41家，其中，银行20家，保险公司3家，证券公司1家，期货公司1家，财务公司11家，信托公司1家，汽车金融

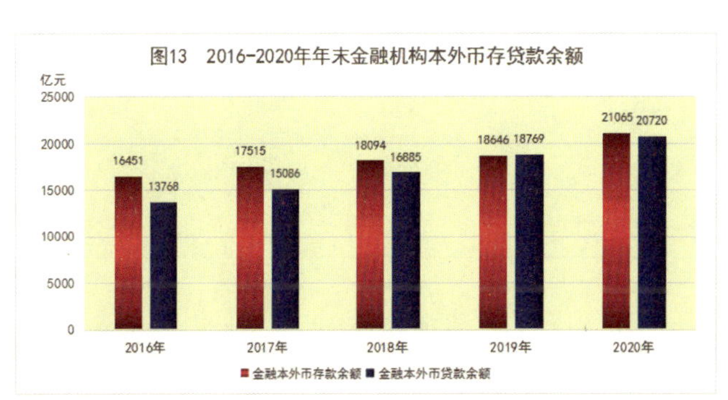

图13 2016-2020年年末金融机构本外币存贷款余额

1家，金融租赁2家，金融科技1家。

年末全市上市公司数量达到45家，股票47只，全年新增上市及过会企业11家，超过前三年上市企业数量总和。全年完成证券交易额4.8万亿元，比上年增长31.0%；期货营业部交易额11万亿元，增长38.6%；新增直接融资2269.5亿元，增长12.2%。年末全市在中国证券投资基金业协会登记的私募基金管理机构190家，管理基金435只，管理基金规模993.2亿元，增长24.5%。

全市保险业实现保费收入628.0亿元，比上年增长18.0%。其中，财产险125.6亿元，增长6.9%；人身险502.5亿元，增长21.1%。各项赔款与给付160.3亿元，增长31.5%。

十、科技、教育、文化、卫生和体育事业

全年万人有效发明专利拥有量33.2件，比上年增长13.4%。技术合同实现交易额337.8亿元，增长21.3%。全市获国家科技进步二等奖2项，省科技进步一等奖6项、二等奖37项。专利申请量69642件，其中发明专利申请量19859件。专利授权量40903件，其中发明专利授权量5827件。全市国家知识产权示范企业、优势企业共计80家。

全市开工新建、改扩建中小学校（幼儿园）144所，普惠性幼儿园覆盖率达到87%，义务教育阶段集团化建设率达到85.2%。全面实施市校融合发展战略，开展校地合作85项，围绕重点产业设置特色优势学科专业51个，签约引进高等教育项目25个。

表6　2020年教育事业基本情况

学校类别	学校数量（所）	在校生（万人）	专任教师（人）
驻济高等学校	52	89.85	42202
中等职业学校（不含技工学校）	41	6.28	3642
普通中学	320	39.84	34796
小学	666	57.01	37219
特殊教育学校	13	0.13	545

年末国有艺术表演团体14个，文化馆（站）174个，公共博物馆13个，档案馆17个，公共图书馆14个。市级以上文物保护单位435处，其中国家级30处。城市可统计票房数字影院64家，观众481.25万人次，票房收入1.75亿元。年末广播人口混合覆盖率99.7%，电视人口混合覆盖率99.3%。新建泉城书房12处，基层综合性文化服务中心覆盖率100%。

年末拥有卫生机构7514个，比上年增加27个，其中，医院、卫生院343个。卫生机构床位6.9万张，增长3.4%。各类卫生技术人员10.2万人，增长4.7%；执业（助理）医师4.0万人，增长5.0%。

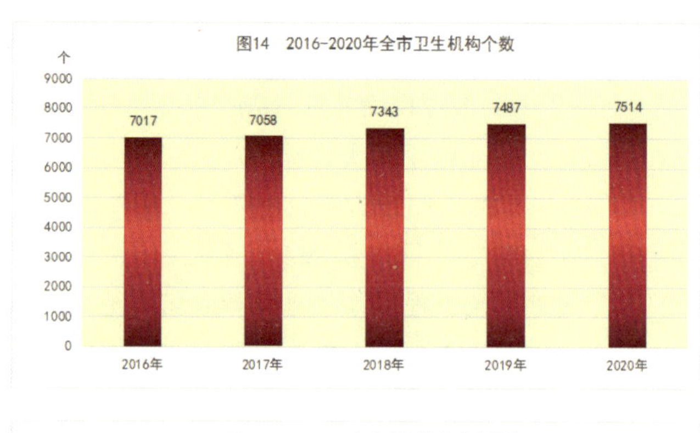

图14　2016-2020年全市卫生机构个数

图15　2016-2020年全市卫生技术人员数

全年新成立体育社会组织8个，培训社会体育指导员3364人。组织各类全民健身活动（赛事）385次，参与人数225万人次（含线上活动）。获省级及以上金牌407枚，银牌264枚，铜牌336枚。组织举办第六届全国大众冰雪季暨首届泉城冰雪运动嘉年华活动、第八届济南国际泉水节龙舟赛等大型赛事，举办第八届中国济南冬季畅游泉水国际公开赛，来自30个国家、102支代表队、1195名冬泳选手参赛，创历史新高。

十一、能源、环境、城市建设[8]和安全生产

绿色低碳能源体系建设取得积极进展。煤炭消费压减工作成效显著，规模以上工业煤炭消费2769.5

万吨，下降 8.4%；天然气消费 8.0 亿立方米，增长 19.4%，煤减气增，清洁能源消费占比逐步提高。规模以上工业能源加工转换效率比上年提高 0.5 个百分点，其中炼焦效率提高 2.9 个百分点，供热效率提高 0.9 个百分点，炼油效率提高 0.1 个百分点。新能源生产方兴未艾，规模以上企业风力发电 7.6 亿千瓦时，增长 1.7%，占发电总量的 2.8%；太阳能发电 1.4 亿千瓦时，增长 1.3%，占发电总量的 0.5%；垃圾发电 6.9 亿千瓦时，增长 23.5%，占发电总量的 2.5%。

表 7　规模以上（限额以上）企业能源生产情况

指　　标	累计	比上年增长（%）
原煤（万吨）	82.4	-47.2
发电量（亿千瓦时）	276.7	-6.0
火力发电量（亿千瓦时）	267.7	-6.0
风力发电量（亿千瓦时）	7.6	1.7
太阳能发电量（亿千瓦时）	1.4	1.3

表 8　规模以上工业能源消费情况

指　　标	累计	比上年增长（%）
煤炭（万吨）	2769.5	-8.4
天然气消费量（亿立方米）	8.0	19.4
焦炭（万吨）	1026.7	11.6
汽油（万吨）	0.5	36.7
柴油（万吨）	3.9	7.3

全市用电稳步增长。全社会用电 433.9 亿千瓦时，比上年增长 4.4%，其中，居民生活用电 79.7 亿千瓦时，增长 5.4%。分产业看，第一产业用电 3.3 亿千瓦时，增长 10.9%；第二产业用电 248.6 亿千瓦时，增长 6.3%，其中，工业用电 239.6 亿千瓦时，增长 6.1%；第三产业用电 102.3 亿千瓦时，下降 0.9%。

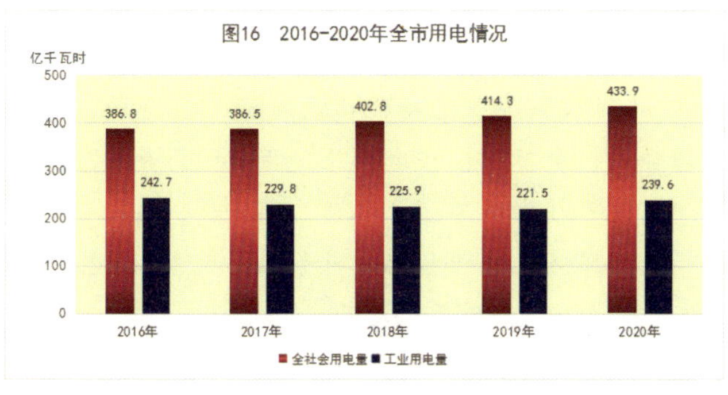

表 9　2020 年全市用电情况

指　　标	累计用电（亿千瓦时）	比上年增长（%）
全社会用电	433.9	4.4
城乡居民生活用电	79.7	5.4
第一产业	3.3	10.9
第二产业	248.6	6.3
工业	239.6	6.1
第三产业	102.3	-0.9

全年市区空气质量良好以上天数达到 227 天，城区环境空气中可吸入颗粒物（PM10）年均浓度 86 微克 / 立方米，细颗粒物（PM2.5）47 微克 / 立方米，二氧化硫 12 微克 / 立方米，二氧化氮 35 微克 / 立方米。小清河出境断面辛丰庄化学需氧量浓度 21.6 毫克 / 升，小清河出境断面辛丰庄氨氮浓度 0.83 毫克 / 升。区域环境噪声昼间平均等效声级 54.4 分贝，市区道路交通噪声平均等效声级 69.1 分贝。

年末城市建成区面积 839.7 平方千米，比上年增加 79.1 平方千米。建成区绿化覆盖率 40.7%，人均公园绿地面积 13.1 平方米。全年天然气供气量 16.2 亿立方米，增长 12.5%；液化石油气供气量 3.8 万吨，下降 15.7%。集中供热面积 27739.7 万平方米，增长 6.4%。自来水供水量 4.5 亿吨，增长 1.6%。垃圾无害化处理率 100%。

全年刑事案件立案 32965 件。破获当年刑事案件 21565 件。受理社会治安案件 68614 件。

全市共发生各类生产安全事故 293 起、死亡 192 人，分别比上年下降 36.2%、26.4%，实现了事故起数、死亡人数“双下降”，安全生产形势总体平稳。

十二、居民生活和社会保障

全年城镇居民人均可支配收入 53329 元，比上年增长 2.7%；城镇居民人均生活消费支出 34391 元，增长 2.8%。农村居民人均可支配收入 20432 元，增长 5.0%；农村居民人均生活消费支出 12947 元，增长 5.3%。城乡居民收入比由上年的 2.67：1 缩小为 2.61：1。城镇居民恩格尔系数[9] 23.5%，农村居民恩格尔系数 30.4%。

图17　2016-2020年居民人均可支配收入

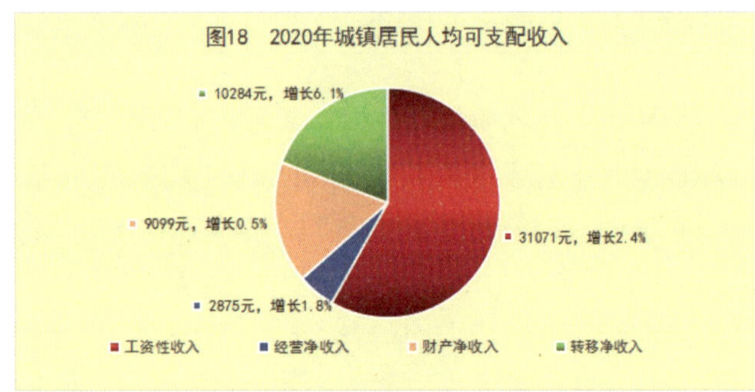

图18　2020年城镇居民人均可支配收入

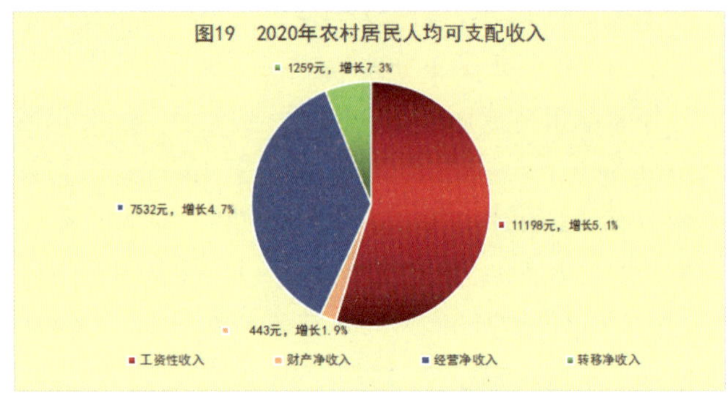

图19　2020年农村居民人均可支配收入

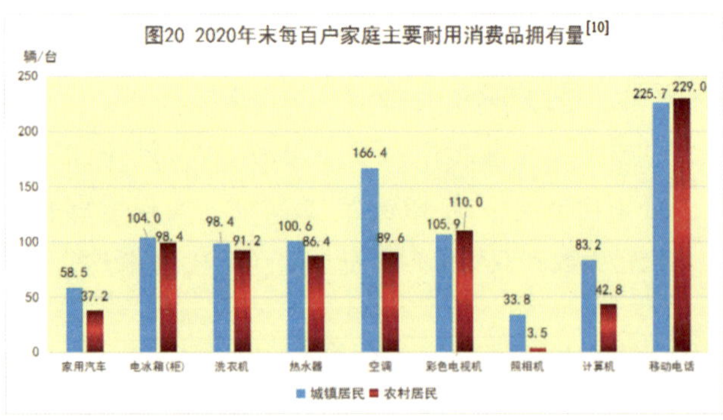

图20　2020年末每百户家庭主要耐用消费品拥有量[10]

年末城镇职工基本养老保险参保人数 437.3 万人，比上年增加 29 万人；职工医疗保险参保人数 313.5 万人，增加 25.5 万人；失业保险参保人数 213.6 万人，增加 23.9 万人；工伤保险参保人数 278.6 万人，增加 16 万人；生育保险参保人数 213.1 万人，增加 11.9 万人。居民养老保险和医疗保险参保人数分别达到 302.7 万人和 507.6 万人。

城市居民最低生活保障标准由上年每月 685 元提高到 821 元，保障城镇居民 0.96 万户、1.4 万人，发放保障金及各类补贴 1.3 亿元；农村居民最低生活保障标准由上年每月 457 元提高到 614 元，保障农村居民 5.87 万户、8.4 万人，发放保障金及各类补贴 4.9 亿元。城市特困人员基本生活标准由上年每月 1028 元提高到 1232 元，农村特困人员基本生活标准由上年每月 594 元提高到 1071 元，城市特困保障 682 人，农村特困保障 1.37 万人，共发放特困供养救助金及补贴 1.43 亿元。照料护理标准按照自理、半自理和完全不能自理人员分三种档次，自理标准由 191 元 / 月提高到 210 元 / 月，半自理标准由 318.3 元 / 月提高到 350 元 / 月，完全不能自理人员标准由 637 元 / 月提高到 700 元 / 月。市中区、槐荫区、天桥区、历城区、济南高新区五区实现了城乡社会救助标准一体化。

全市共有救助管理站 3 处，济南市未成年人救助保护中心 1 处。培训残疾人 7445 人次，安置残疾人员就业 3209 人，帮扶救助残疾人投入资金 2.5 亿元。

注释：

[1] 2020 年统计数据为统计快报数或初步核算数，正式数据以出版的《济南统计年鉴—2021》为准。部分数据因四舍五入影响，存在总计与分项合计不等情况。

[2] 全市地区生产总值、各产业增加值绝对数按现价计算，增长速度按不变价格计算。根据第四次全国经济普查结果，对国内生产总值、各产业增加值等相关指标的历史数据进行了修订。

[3] 现代服务业包括：信息传输、软件和信息技术服务业，金融业，房地产业，租赁和商务服务业，科学研究和技术服务业，水利、环境和公共设施管理业，居民服务、修理和其他服务业，教育，卫生和社会工作，文化、体育和娱乐业。

[4] R&D 经费投入相关指标错年使用 2019 年数据。

[5] 规模以上工业企业指年主营业务收入2000万元及以上的工业法人单位。

[6] 限额以上单位是指年主营业务收入2000万元及以上的批发业单位、500万元及以上的零售业单位、200万元及以上的住宿和餐饮业单位。单位包括法人企业、产业活动单位和个体户。

[7] 2019年交通运输部组织开展道路货物运输量专项调查，对公路货运数据进行重新核算，2019年和2020年公路货运量数据统一采用核算后的新数据。

[8] 城市建设指标来源于住建部城市建设统计年报，为初步上报数，口径为包含两县的整个济南地区。

[9] 恩格尔系数是指食品支出在消费支出中的比重。

[10] 数据来自住户收支与生活状况调查。

资料来源：本公报中改革相关数据来自市委改革办、发展改革部门；人才数据来自组织部门；扶贫数据来自市扶贫开发领导小组办公室；教育数据来自教育部门；科技数据来自科技部门；电信相关数据来自工业和信息化部门；户籍、社会治安、民用机动车数据来自公安部门；城乡最低生活保障、特困人员救助供养相关数据来自民政部门；财政、减税降费数据来自财政部门；城镇新增就业、登记失业率、城镇职工保险参保数据来自人力资源社会保障部门；环境保护相关数据来自生态环境部门；城市建设相关数据来自住房和城乡建设部门；公路里程、公交数据、公路运输、航空运输数据来自交通运输部门；邮政、快递数据来自邮政管理部门；水产品产量、农业数据来自农业农村部门；林业数据来自园林和林业部门；进出口、展会、新设境外企业、外派劳务人员数据来自商务部门；旅游、文化数据来自文化和旅游部门；卫生数据来自卫生健康部门；安全生产数据来自应急管理部门；国资国企数据来自国有资产管理部门；知识产权数据来自市场监管部门；市场主体数据来自行政审批服务部门；体育数据来自体育部门；医疗保险类数据来自医疗保障部门；金融数据来自地方金融管理部门；招商引资、园区、外资数据来自投资促进部门；物流数据来自口岸物流部门；残疾人保障数据来自残联；居民收入与支出数据、恩格尔系数、价格指数、粮食数据、城乡家庭主要耐用消费品拥有量来自国家统计局济南调查队；自由贸易试验区济南片区建设数据来自中国（山东）自由贸易试验区济南片区管委会；济南综合保税区数据来自济南综合保税区管理委员会；其他数据均来自市统计局。

栏目校对 谷 雪

说明：

本索引为综合性主题索引，标示正文部分32个类目的内容。索引标目按汉语拼音字母顺序，同音字按声调顺序，同音同声调者按笔画顺序排列。标目后数字为页码，字母a为左栏，b为中栏（两栏者为右栏），c为右栏。

J

K

L

T

W